读史记，成大器

第一册 上古春秋

王立群 著

人民东方出版传媒
People's Oriental Publishing & Media
東方出版社
The Oriental Press

写给小朋友的话

1

什么是历史？

历史就是现实，是过去的现实。

一个忘记过去的人，就是一个失忆的人，不仅是空虚的，而且是没有根柢的，面对现实时必然会无所适从、茫然无措。

所以，我们需要记忆，我们需要历史。

自古以来，中国就有记录历史、书写历史的优良传统。

在西汉时，有一个人，他把写作一部大历史当成了终生理想，当成了生命的最高追求。为此，他忍辱负重，隐忍苟活。最终，他完成了一部“究天人之际，通古今之变，成一家之言”的中国大历史。

这个人，名叫司马迁。这部大历史，名叫《太史公记》(或《太史公书》《太史记》)，后人称之为《史记》。

2

司马迁为什么要写一部大历史呢？

一是家族的传统。据说，司马迁的远祖，从颛顼（zhuān xū）帝的时候就开始担任史官。在古代，史官这个行业是高难度的，不但需要负责记录历史大事，还有观测天象变化、制定历法等一系列文化工作。完成这些工作，既需要博学，又需要非常专业的知识，所以史官经常在家族之中世代相传，从小开始接触、学习这些知识。

司马迁出身于史官家族，可惜的是，到了春秋战国时期，由于社会动荡不安，家族流离失所，传统曾一度中断。幸运的是，到司马迁的父亲司马谈的时候，他又当上了太史令，算是续上了家族的传统，继承、光大了祖业。

二是父亲的嘱托。司马谈大约生活于汉文帝至汉武帝元封元年（前 110）之间，做了三十多年的太史令。这是汉朝经过最初的休养生息，开始走向兴盛的时代。生活在如此盛世，司马谈立志要写一部大历史，弥补战国混战遗失的历史，记录汉代王朝兴盛、帝王圣明、臣子忠贤、君子为道捐躯的诸多事迹，歌颂这个蓬勃兴盛的统一王朝。这是他的职责所在，并且已经着手写了。

元封元年，汉武帝要到泰山封禅，这是千秋万代的大典。作为史官的太史公，司马谈自然要随队前往，亲自目睹、记录这件大事。不幸的是，行至洛阳南的周南时，司马谈身体不争气，因病滞留在周南，他愤懑着急，奄奄一息。就在这个时候，司马迁出使西南归来，拜见了弥留之际的父亲。太史公握着司马迁的手，流着泪，把自己著述一部大历史的宏愿交给了司马迁。他说："自周公死后五百年孔子出生，孔子死后到现在又是五百年了，谁能勇敢地站出来，接续《春秋》，撰述一部大历史呢？这是我们义不容辞的责任啊！完成这部大历史，扬名后世，光耀家族，这就是最大的孝啊。"

司马迁哽咽着说："儿子不敢推辞。"他立志，无论如何一定要完成父亲的遗愿。

三是个人的职责。司马谈去世三年后，司马迁继承父业，担任太史令，开始阅读、整理、抄录国家图书馆、档案馆收藏的文献。五年之后，司马迁参与修订的《太初历》完成，著述大历史的任务正式提上日程。

按照这样的发展，司马迁肯定能够完成一部历史著作，因为这也是他的职责所在。很可能，这部历史著作很优秀，因为他读了万卷书，行了万里路，已有充分的积累准备。但也极有可能，这部著作不能成为一部伟大的历史巨著。促成这部历史成为"大历史"的，是汉武帝天汉二年（前99）的一场飞来横祸。

这一年，名将李广的孙子——李陵，率领区区五千人马，配合贰师将军李广利讨伐匈奴。

李广利是汉武帝宠信的李夫人的哥哥。汉武帝派李广利出击匈奴，不仅是宣扬汉朝的鸿威，更是想借此让李广利的履历足够光彩，以便往更高的岗位上提拔。

结果，在居延一带，李陵五千步兵，竟与匈奴八万主力大军相遇。李陵率部奋战八天，转战千里，弹尽粮绝，进退无路，救兵不至，死伤成堆，最终兵败，无奈投降。

李陵军队覆没之前，曾取得了几次小的遭遇战胜利。使者送来捷报，朝廷的公卿王侯都高喊“万岁”，纷纷举杯为皇上庆贺。但是，当李陵兵败投降的消息传至长安、汉武帝龙颜大怒的时候，满朝文武马上转变阵营，对李陵痛加指责，纷纷列举李陵的种种罪恶。

司马迁生性就鄙视察言观色、趋炎附势的小人，又恰逢汉武帝询问他对李陵事件的看法，秉笔直书、直言敢谏的良史精神让他说了一番足以改变他命运的慷慨之词。他说：“从李陵平时的为人以及作战双方的具体情形来看，李陵投降可能是权宜之计，他可能是在寻找机会，以便日后报答汉庭。”言说之间，不无对贰师将军李广利没有尽职的旁敲侧击。

司马迁的直言触怒了汉武帝，汉武帝认为他是在为李陵辩护，讽刺无能的李广利，也就是指责自己的用人不当。于是，司马迁被冠以“诬上”（欺骗皇上）的罪名下狱，判处死刑。

按照汉朝法律，死刑可用钱自赎，无钱可以宫刑替代死刑。但司马迁微薄的钱财不足以赎罪，左右亲近无人敢替他鸣不平，旧交好友无人愿意奔走营救。万般无奈之下，司马迁只得接受了令家族蒙羞、让世人不齿的宫刑。

什么是勇？真正的勇敢不光是因为某件事壮烈地死去，有时还应包括为某件事而卑贱地活着。支撑司马迁坚持活下来的是他的史官家族的责任，是完成他父亲遗愿的孝心，是他成就一家之言的志向。

李陵之祸摧残了司马迁的肉体，然而并没有摧毁司马迁的人格、理想、勇气，反而激发了他发愤著书的斗志。他从生命底层的视角，重新审视历史；他用理解之同情，记录那些失败的英雄；他从自己的遭遇出发，记述过去，宣泄愤懑。

三千年的风云变幻、金戈铁马、帝王将相、贩夫走卒、英雄草莽、书生意气、人生沧桑、怨愤郁结，经过司马迁的大手笔，最终凝聚成一百三十篇、五十二万六千五百余字。

一部大历史，诞生了。

写给家长的话

1

司马迁，这位肉体残缺的精神贵族，用生命成就了伟大的历史巨著。《史记》这部大历史，“大”在哪里呢？

《史记》之大，在于通。它是一部通史，从传说中的轩辕黄帝一直写到汉武帝，梳理了中华民族三千年走过的轨迹。

《史记》之大，在于全。《史记》由十二本纪、十表、八书、三十世家、七十列传五个部分组成。本纪，按照时间顺序记录帝王的事迹，是历史的简明大纲。世家，记录诸侯贵族、能够数代传承爵位封地的家族的事迹。列传，记录身份地位再低一点、言行足以彪炳历史的人物的事迹。表，就是表格，通过列表的方式，列出世系、人物和史事。书，就是记的意思，主要记录典章制度，这是古代文化的重要组成部分，涉及礼乐制度、天文律法、山川河渠、文献典籍等方面。司马迁构建了记录历史的宏大体系，《史记》也因此被誉为“古代的一部百科全书”。

《史记》之大，在于实。“不虚美，不隐恶”“实录”是后人对它切中肯綮（qìng）的评判。对帝王将相，不因为他们身在高位，就阿谀奉承，故意掩盖他们的过失错误；对被历史否定的人，也不因为他们的缺点、罪恶，就一笔抹杀他们值得肯定的地方。不是好就写得“高大全”、完美无瑕，坏就写得从骨子里流脓流血、一无是处。好坏共存，优劣并见，性格复杂，这才是真实的、活生生的人。

《史记》之大，在于人。本纪、世家、列传，都是以人物为中心来展开叙述的，它忠实描绘了皇帝、诸侯、将相、游侠、刺客、医生、商贾、卜者等社会各阶层人物，名姓可考者接近四千人；它把人作为历史的主体，充分呈现人的历史作用。以人为本，这在历史上是第一次，这种撰述方式被后人称为纪传体，也理所当然地成为后世撰写史书的主要方式。

《史记》之大，在于情。鲁迅评价《史记》说：“史家之绝唱，无韵之《离骚》。”前者是说《史记》因秉笔直书成就的绝佳叙事，后者则是说《史记》字里行间饱含情感的抒情传统。《史记》的叙述，不是冷冰冰的零度叙述，而是饱含感情的有温度的书写，其中蕴含了一个痛苦灵魂的满腔愤懑，一颗不屈的、高昂的头颅的不平则鸣。

从此以后，编史者效仿它，习文者学习它，《史记》

如“长川大谷，探之不穷，揽之不竭，蕴藉百家，包括万代”，成了无可置疑的经典。

《史记》位居“二十四史”之先，荣列“前四史”之首，不单因为它记录的历史时段最早，更因为它的伟大成就。重要的是，它是司马迁“一个人”写成的历史，它陪伴着司马迁，度过了那些令人屈辱的漫漫长夜。

当司马迁写完最后一个字、投笔四顾的时候，内心了无牵挂，他的一生已然无法被超越，他的生命走到了极致，也走到了尽头。生命应该定格在了那一历史时刻。

2

我与《史记》结缘，源于过去那段苦难的岁月。

当《史记》被当作“四旧”，弃之若敝屣（xǐ）的时候，我有幸拥有了它。

在疲惫的体力劳动之后，《史记》成了慰藉我内心唯一的精神支柱。它默默地陪着我，度过了那段不堪回首的日子。

就这样，从用生命体验，到大学讲台上讲读，一直走到央视《百家讲坛》，很幸运，我有机会向广大电视观众分享我个人的读史心得。在《百家讲坛》这个平台上，我讲了项羽、刘邦、秦始皇、吕后、文帝、景帝系列，可以说将《史记》的主要内容给讲了一遍。在讲稿的基础上，我又经过多次修改，出版了《秦始皇》《大风歌》《汉武帝》《项羽》《吕后》《文景之治》《历史从未走远》等一系列图书，力求形成通过人物故事讲历史、通过历史讲人生、通过人生讲精神，通俗易懂、准确风趣的讲读特色。如今，《史记》陪伴我，已经走过半个多世纪。回首读《史记》、讲《史记》的日子，我深深体会到：历史虽然是过去，但历史从未过去；历史就是现实，现实让人读懂历史。

一直以来，我就有个强烈的愿望，不但要让《史记》这部大历史走向大众，还要让这部巨著走进孩子的世界。

读史明智，读史明理。阅读《史记》，能学到知识，增长智慧，明白做人处事的道理。

英国著名历史学家柯林伍德说："历史学的价值就在于，它告诉我们人已经做过什么，因此就告诉我们人是什么。"从这个意义上说，读《史记》，就是读人生。

《史记》能告诉我们，我们是怎么来的；《史记》也能告诉我们，我们该如何生活在当下；《史记》还能告诉我们，我们怎样才能走向美好的未来。

当然，给孩子们提供一套适合他们阅读的《史记》，也不是一件容易的事。

从司马迁写作《史记》到今天，已有两千多年。语言、地名、官职、制度等，都发生了变化。对孩子而言，让他们去阅读《史记》原文，困难重重，是不现实的。其实，司马迁在编纂《史记》的时候，也遇到了同样的问题。在处理《尚书》这类文字古奥的典籍时，他就有意识地进行了转译，将那些古奥难懂的文字，用汉代通行的文字重新表述，以便大多数人能够读懂。一句话，无论如何经典的著作，如果读不懂，或似懂非懂以致不想读，那都是没有任何意义的。

经过反复斟酌，这套少儿版的《史记》最终采用了浅白的语言、短小的段落、夹叙夹议的提示、讲故事的方法，诸如此类，目的只有一个，让孩子能读，愿读，喜欢读。只有如此，《史记》的现实意义才能够实现。

3

了解这套《史记》读本，有两个关键词。

第一个关键词是“《史记》”。

读本没有采用全传、全解、全译的方式，而是选取《史记》中故事性较强的六十个精彩片段，用孩子喜欢、接受的现代语言进行了重新改写。

改写不局限于《史记》中的某一篇，有些故事结合两篇或多篇进行重写，甚至个别故事适当利用《史记》以外的某些材料（如《左传》《战国策》等），每一则故事的最后都注明了材料来源。

考虑到孩子的接受能力与接受特点，不是十分重要的人名、地名、事件适当省略，避免过多的人名、地名、事件对孩子的阅读造成困扰，尽量做到故事性、趣味性、可读性几个方面兼顾。

故事的排列，基本以主要人物在世的时间先后为序，以便读者对历史人物在历史长河中的先后位置形成大致的定位，避免形成人物的时序错位。

第二个关键词是“读”。

目前已有的部分少儿版《史记》，或纯粹对原文进行白话翻译，或纯粹讲述《史记》中的故事。这套书在讲故事之外，特别强调“读”。

读，包括两个层面，一是不但知其然，还要知其所以然。

读懂《史记》中的故事，这叫知其然。除此之外，还要讲清故事的前因后果、来龙去脉，故事的真假，故事的材料来源，甚至司马迁为什么要写，为什么这样写，等等。在故事讲述的过程中，或者故事讲述之后，通过夹叙夹议、叙述议论结合的方式，把此类相关问题解读清楚，这叫知其所以然。目前出版的部分此类读物，在这个方面是有所欠缺的。

读的第二个层面，是如何读。

读史需要读故事，但根本目的是明智、明理。因为时代不同，价值取向不一，孩子认识问题的能力正在养成之中，对《史记》中记载的有些故事如何去读，从中学习什么，必须加以引导。司马迁写游侠、刺客，目的不是教人去杀人，而是歌颂守信重诺的精神，对这类问题必须讲清，不能只讲惊心动魄的故事，而缺少正确的引导，否则会让人误入歧途。当然，这种指导，需要根据《史记》不同的内容，采取不同的方式，有的需要斩钉截铁，该批判就批判，该歌颂则歌颂；有的只需要稍加引导，激发孩子自发思考。

总之，故事性、趣味性、知识性、指导性是这套《史记》读本始终坚持并认真努力的方向。

4

有人说：不读《史记》百三篇，阅尽群书也枉然；读《史记》，成大器；读《史记》的孩子，长大后不会平庸。这些话似乎都有点言过其实，但也不是毫无道理。

可以确定的是，读《史记》肯定是有益的。一句话，将《史记》这部“史家绝唱、无韵《离骚》”普及到孩子心中，这是对优秀传统文化的创造性转化、创新性发展，让孩子了解我们的过去，继承优秀的传统，弘扬民族精神，获取传统文化知识，增强文化自信，在潜移默化之中，提升思想境界，陶冶心灵情操。

这是我们一贯坚持并持续努力的方向。

王立群

2022年3月于北京

目录

尧舜禅让

鲧禹治水

汤武革命

周公辅政

伯夷叔齐

烽火戏诸侯

郑庄公小霸

齐桓公称霸

骊姬之乱

重耳流亡

晋文公称霸

楚庄王问鼎

尧舜禅让

天地玄黄，宇宙洪荒。

时光转到四千多年以前，广阔的黄河边，喝着黄河水的部落群里，先后出现了五个著名的部落联盟首领，他们是黄帝、颛顼、帝喾（kù）、唐尧、虞舜，这就是传说中的“五帝”。

得选接班人了

五帝时代，是华夏文明“梦想开始的地方”。

五帝时代，是后代人心中的“精神家园”。

它不先进，甚至有些野蛮，但是丝毫不妨碍后人那一声声的赞叹，丝毫挡不住后人那一遍遍的回望。

回望中，人们看到了一个特别美好的画面：尧帝把帝位传给了舜，舜帝又把帝位传给了禹。他们德行深厚，没有私心，想的从来不是“父死子继”，一代又一代传下去，无穷无尽。他们温情脉脉，一心为公，谁有道德，谁有才能，帝位就传给谁。他们是道德的标杆，他们是帝王的表率。

这个画面展现的，就是后人津津乐道的“禅让制”。

不过，细细看去，时光是否模糊了某些东西呢？

遥远的上古，一位老者，眉头紧锁，心思不宁。

他是陶唐氏尧帝，时任部落联盟首领。

联盟的首领，为何事而忧愁呢？

这是件大事，就是不知该让谁来接他的班。

尧帝年纪大了，他当部落联盟首领都当了七十多年了。“年龄不饶人”，这话真不假，尧帝最近明显感觉很多事情都力不从心了。他不能长生不老，他不能老霸占着这个首领的位置，他需要为部落的未来做些谋划了。

接班人很重要，决定着整个部落联盟的明天。尧帝很慎重，必须慎重。

他想了一个又一个人选，但是想来想去，也没有合适的。

这一天，尧帝召集身边的大臣，希望他们能推荐一位优秀、得力、有领导才能的接班人。

一个叫放齐的大臣，率先出面，推荐尧帝的大儿子丹朱。他推荐的理由是，丹朱聪明有才，明白事理，他能行，一定行。

理由很好，很亮眼，但是，放齐多多少少有些讨好尧帝的意思。

为什么这么说呢?

看看尧帝的反应，就知道了。尧帝想都没想，一口否决了丹朱这个候选人资格。尧帝否决的理由是，丹朱愚昧、顽劣、好斗，不是合适的人选。

尧帝与放齐所说的，似乎不是一个人!

丹朱是尧帝的儿子，正所谓“知子莫若父”，丹朱是一个怎样的人，尧帝比谁都清楚。他表态绝对不会让丹朱继承他的事业。

另一个叫讙兜（huān dōu）的大臣，又推荐共工为候选人。他的推荐理由为，共工很有才，共工能够动员众人，有群众基础，做了不少事，也很有影响。

结果，尧帝又给否决了。尧帝否决的理由是，共工虽然能说会道，然而心术不正，表面一套，背后一套，善于做表面文章，讙兜就是被他的表面文章给蒙骗了。这样的人，怎么能为部落联盟掌好舵呢?

尧帝连续否决了两个人，大臣们也想不到另外的理想人选了，这次会议只能是无疾而终了。

问题仍然存在，急需解决，于是，尧帝又召开了一次征求意见会。这次会议的参与者，是四方诸侯首领。

尧帝愁容满面，长叹了一口气，说:“唉，我在位七十年了，老了，你们当中谁能够顺应天命，继承我的帝位，光大我们的事业呢?”

四方诸侯首领面面相觑，他们自知还没有足够的能力来接管这个大摊子，几乎是异口同声地说:“我们几个德行浅薄，要我们治理国家，真的是无能为力。”

尧帝一见，又深深地叹了一口气，要求四方诸侯首领推荐人选。不管是在朝的还是在野的，不管是朝中权贵还是民间隐士，不管是什么出身，只要足够优秀，都可以推荐。

这次，四方诸侯首领又来了个“不约而同”，他们同时想到了同一个人。这个人就是来自民间的三十岁的单身汉虞舜。

这次的推荐人选，很集中，没有第二个人选。更为关键的是，尧帝没有否决这个人选。因为，尧帝也听说过舜，听说他是个不错的人。但一来耳听为虚，二来事关重大，尧帝必须考察考察再做决定。

就这样，舜成了传承尧帝事业的重点考察对象。

那么，舜到底是怎样的一个人呢？他有什么特别之处，能让四方诸侯首领联名举荐，成为传承帝位的候选人呢？

舜能活下来，真的不容易

算起来，舜是黄帝的八世孙。不过，黄帝的后裔众多，支脉浩繁，舜的这一支从他的五世祖开始，就已经沦落为普普通通的百姓了。

舜的父亲是个盲人，叫瞽（gǔ）叟。很有可能，因为他双目失明，所以才取这样的名字。瞽叟的儿子舜，偏偏每只眼睛有两个瞳仁，舜也因此被称为“重华”。不知这是不是上天的补偿？

舜的生母，在舜很小的时候，就去世了。舜的母亲去世不久，瞽叟另娶了一个女子，后妻为瞽叟生了一个儿子，起名叫“象”。

瞽叟特别宠爱后妻，更是异常宠爱小儿子象，对他溺爱得不得了，因此象从小就养成了桀骜不驯、无法无天的个性。截然不同的是，瞽叟不喜欢舜，后母更不喜欢舜。

舜就生活在这样的一个家庭中：父亲心术不正，不讲道义；后母两面三刀，不讲信用；同父异母的弟弟桀骜不驯，傲慢无礼。

一家四口人，舜成了最多余的那一个。另外三个人，站在同一条战线上，把舜视为眼中钉、肉中刺。

难得的是，舜的表现令人刮目相看。他小心谨慎地侍奉父亲、后母，看顾弟弟。对父母，他时刻想着自己的儿子身份，不忘为人之子的责任，谦恭顺从，从不怠慢；对弟弟，他时刻记得自己的兄长身份，不忘为人之兄的本分，对那个狠毒狂傲的弟弟，舜总是友善地呵护。

同样生活在一个屋檐下，做人的差距就是这么大！

即便如此，父亲、后母、弟弟还是经常串通一气，想方设法谋害舜，必欲置之死地而后快。

如果父亲、后母、弟弟把舜杀了，事情一旦暴露，对他们的名声也有损害，为此，舜更加谦恭谨慎，不让父亲、后母、弟弟找到杀他的借口。当他们绞尽脑汁勉强找到一个理由，准备杀害舜的时候，舜总是能躲得远远的，让他们的计划落空。但是，当他们什么时候需要舜，想找他的时候，舜又总是能够及时出现在他们眼前。

在这样的生存环境中，从小到大，舜能活下来，已经很不容易了。更不容易的是，舜以实际行动引导父亲、母亲、弟弟，避免他们作奸犯科，努力地和他们和睦相处。

时间一久，舜对父母孝敬、对弟弟友善的名声就传开了。四方诸侯首领知道了，尧也听说了，舜顺理成章地就成了继承帝位的重要人选。

第一次考验

一个“受气包”能不被家庭的“恶气”消灭，确实有两把刷子！但是，舜是否真正具备最高领导人的道德、智慧和才能？尧觉得还需要亲自考验一下舜，他要的是事实，不是听说。

怎样才能眼见为实呢？怎样才更有考验性呢？

尧帝决定从自己的身边人入手，让他们作为考验过程的参与者，近距离、无死角地观察舜。唯有如此，才能保证考验的真实有效！

尧帝为了考验舜，真的是下了血本，太舍得投入了。他竟然把自己的女儿嫁给了舜，而且一嫁就是俩。当时舜已经三十岁了，还是个单身汉。

尧的两个女儿，一个叫娥皇，一个叫女英。

尧的目的，就是要看看舜能不能把家庭治理好。家齐而后国治，只有把家中的方方面面处理好了，才有可能治理好国家。一个人，如果连只有几口人的家都不能治理好，处理得一团糟，那还能期望他把国家治理得井

井有条吗？

就这样，“光棍汉”虞舜结束了多年的光棍生涯。就这样，受气包舜成了众人羡慕的对象，有几人能有如此幸运？有几人能娶帝王的女儿？但是，幸运背后，也有别人看不到的辛劳。

娥皇、女英可是帝王的女儿，嫁给舜后，从白天鹅变成了丑小鸭，成了普通百姓的妻子，她们能适应这样巨大的变化吗？

这对娥皇、女英来说，是个挑战。对舜来说，未尝不是一个大课题。不过，舜着实是个能人，他成功地让课题“结项优秀”。

舜很会指导、调教自己的妻子，舜教导她们要摆正自己的位置，要勤俭持家，要尽妻子应尽的责任，要谨慎侍奉公婆，不能因为自己出身高贵就轻视他人、怠慢家人。

在舜的教导下，娥皇、女英恪守妇道，治家有道，将家庭事务处理得井井有条，对家人、亲戚、朋友和颜悦色，从不摆架子、甩脸子、耍性子，她们的品行赢得了众人的一致赞誉。

娥皇、女英做得很好，她们在别人眼中的优秀，来源于舜的引导。娥皇、女英对虞舜很满意，她们的满意，来源于舜的疼爱与平衡。

娥皇、女英向父亲尧帝汇报了她们对舜的看法，汇报了家里的情况，汇报了别人对她们的评价。尧帝听完很满意，也很开心。

第二次考验

治国与治家的道理相通，能治好家，就具备了治国的基本条件。但是，治国明显要更复杂、更艰难，舜在家庭之外，行不行呢？这也需要考察。

这次，尧帝派出参与考察的人员是他的九个儿子。尧帝让自己的九个儿子跟在舜的身边，这样做，有两个目的：

第一，了解舜在外劳作、待人接物的具体情况。

第二，从自己儿子的变化，看清楚舜到底是怎样的人。古人常说“近朱者赤，近墨者黑”，就是这个道理。

过了一段时间，九个儿子回来了，一起带回来的，还有他们的简要汇报：

以前，历山（今山西永济雷首山，一说今山东济南千佛山）的百姓，都不是“善茬”：经常越过地界，侵占他人的土地，一来二去，争讼不断。为此，舜亲自到历山耕作。一年后，百姓主动推让田界，一片和气，“好战分子”变成了“谦谦君子”。

以前，雷泽（今山西永济南，一说今山东菏泽东北）的渔民，都不懂“尊老”：年轻人经常抢占水中高地，年长的抢不过年轻的，往往收获很少。为此，舜亲自到雷泽打鱼。一年后，年轻人主动把水中高地让给年长之人，爱意浓浓。

以前，黄河边上烧制陶器的手工业者，经常粗制滥造，以劣充好，用不了多长时间，器皿就坏了。为此，舜亲自到黄河边烧制陶器。一年后，人们烧制的陶器都很精致，“假冒伪劣基地”转而变为“高端产业园区”。

舜每到一个地方，都有百姓向他自然靠拢，搭房而居。舜在那里居住一年，就自然形成一个村落；舜在那里居住两年，就会发展成为一个小镇；舜在那里居住三年，就变成一个城市了。

舜简直就是一个“行走的魔术师”，走到哪儿，变到哪儿。

这一切是怎么实现的？靠的是人品、人格，凭的是感化、榜样，借的是教导、管理。

这一切令尧帝很满意，啧啧不已。

令尧帝更加欣慰的是，他的九个儿子也改头换面，发生了巨大的变化，没有了从前贵公子的傲慢作态，愈发淳朴，更加厚道了。

这一切都是舜的功劳啊！

尧帝高兴，为舜建造了粮仓，送给他一些牛羊，赏赐给舜一些细布做的衣服，赠给他一张琴。

亡舜之心不死

舜的功绩、舜的影响，以及尧帝对舜的重视，并没有打消舜的父亲、后母和弟弟对他的极力排斥与阴谋谋害之心；相反，舜的妻子和舜的财产，让他们眼红、嫉妒，他们觊觎（jì yú）这些资产，一如既往，甚至加快了谋害舜的步伐，发起了“连环炮”。

第一炮，叫火烧炮。

有一次，舜家中的粮仓坏了，顶部出现了漏洞。粮仓有漏洞，就不能遮风避雨，粮食就容易腐败，所以急需修缮。

舜的父亲瞽叟，感觉这是个机会，“眼珠”一转，主意来了。

瞽叟叫来舜，让他爬到粮仓的顶部，在上面涂上一层泥。

舜不疑有诈，遵命而行。谁知，舜刚爬到粮仓顶部，他的生父，就是那个盲人瞽叟，不但手脚麻利地撤走了舜攀爬用的梯子，还迅速地在粮仓中放了一把大火。

滚滚浓烟，熊熊大火，几乎要吞没了舜，这是要“火葬”舜的节奏啊！

有个这样的爹，真的是倒大霉了！

梯子已经被拿走，舜无法在第一时间逃命。情急之中，他想起了自己携带的两顶斗笠。说时迟那时快，舜就用这两顶斗笠充当“降落伞”，从粮仓顶部快速跳下。

舜为什么带了两顶斗笠呢？很有可能，一顶是自己戴着的；另外一顶，估计是给粮仓戴的，要放置在粮仓最顶部，遮挡风雨。

由于两顶“降落伞”的缓冲，舜没有摔伤，平稳着陆。下来之后，他就迅速跑开了。

这一次舜侥幸没被烧死，或许冥冥之中自有天意吧。

第二炮，叫活埋炮。

这次的诡计，是他的弟弟象设计的。作案者还是那一家三口。先是瞽叟出面，让舜去挖一口井，这是作案的前导。作案目的，是准备借此将舜“活埋”“土葬”。

鉴于父亲、后母、弟弟的一贯不良表现，舜在挖井的时候多留了一个心眼，他在井壁上偷偷地挖了一个通道，通向外边，很隐蔽，从上面不容易看出来。

果不其然，当舜挖井挖到深处时，父亲和弟弟联合起来，将井填上。舜发现苗头不对，迅速躲到了井壁的通道中，由此得以逃脱，保全了性命。

瞽叟和象，并不知道舜挖了通道，他们断定这次作案成功了，舜必死无疑。他们开始狂欢，准备瓜分舜的财产。

象认为，这个好主意是他想到的，他的贡献最大，他应该先挑。象早就对舜的妻子、舜的琴觊觎已久，他挑的就是这些。至于舜的粮仓和牛羊，象不感兴趣，给了他的爹娘！

这一番“分赃”很顺利，象心花怒放，他的父母也心满意足。

事不宜迟，象立马搬到舜的居室住了下来，他坐在床上，抱着舜的琴，怡然自得地弹奏着。正在这时，舜从外边回来了，推门而入。象被吓得瞠目结舌，不敢相信自己的眼睛，以为见鬼了，又以为是出现了幻觉，觉得自己如在梦中一般。

当他最终确定自己不是在做梦时，马上换了一副嘴脸，说：“哥哥，看到你的琴，我就想到你的人，我正在伤心难过呢。”

象真是一位优秀的“艺人”，一秒入戏！

舜哪里不知道象的真实想法，但他不愿意揭穿他，他不想与弟弟反目为仇，就说：“不错，不错，是个好弟弟，咱们兄弟的情谊就应该这样。”

父亲、后母、弟弟虐他千遍，舜依然初心不变，依然恭谨地侍奉父母，友爱兄弟。这等心胸，着实了得！

还得看天意，归来是王者

尧帝对舜的表现很满意，他开始授予舜官职，让舜负责教化百姓、管理百官，参与国家一些部门的管理，以便考察舜在从政方面的实际能力。结果，舜干一行爱一行，干一行成一行，每一项工作都做得有声有色。

按常情推测，到这个时候，尧帝应该把位子传给舜了，但尧帝没有这么做，因为还有一项考验，那就是天意。

古时候，人们认为，上天拥有至高无上的权力，人间有什么大事，都要请示上天，看看上天的意志。

怎样知道上天的意志呢？尧帝决定，派遣舜到高山密林中去巡视。

即使在今天，我们偶然进入原始森林，依然面临着众多的凶险，往往会迷失方向，甚至丧命，何况在那个时代呢！野兽到处出没，没有什么先进的武器、仪器，能活着出来，真的是全看天意了。

舜走进密林深处的时候，仿佛惊动了上天一般，狂风暴雨，电闪雷鸣。舜没有退缩，没有慌乱，勇往直前，没有被野兽吃掉，没有被闪电劈死，没有饿死，没有迷路。凭借超凡的智慧，他走出了森林，安然无恙，平安归来。

归来之后是王者！

多次考验，舜都顺利而优秀地通过了，尧感觉是时候把帝位传给舜了。

这一天，尧帝把舜召来，郑重地对舜说："我考察了你好多年，你各项工作都很出色，完全有能力来继承我的事业。"

舜诚惶诚恐，说："那可不行，我德行浅薄，怎敢担此重任，还是让丹朱继承您的事业吧。"

舜就是这种性格，一直谦让，一直替别人考虑。在他心中，让他当继承人，这是女婿抢了儿子的活儿，不妥！

尧帝微微一笑，缓缓说道："这个问题我不是没有考虑过，但丹朱没有这个才能。让丹朱接任王位，只对丹朱一个人有好处，对整个天下没有一丝益处。让你来接任王位，只不过是丹朱的利益有所受损，对整个天下来说却是好事，利国利民。我不能让丹朱一人受益却让天下人受苦，这点利弊我还是能够权衡清楚的。”

在尧帝的坚持下，舜同意了，他愿意接过重担。

正月初一，在尧帝的先祖庙里，祭告先祖之后，尧帝郑重地将帝位传给了舜，让舜代理天子，管理国家。

一个不受家人待见的“受气包”，一个三十岁还没能娶上媳妇的单身汉，一个普普通通的老百姓，摇身一变为最高领导人，华丽转身。

这一切，很有话题感，很能激励人。

这一切，很好地诠释了“我是自己命运的主人”这一理念。

帝位来了，躲也躲不掉

八年后，尧帝驾崩。

尧在位七十年的时候选择将舜作为考察对象，考察了二十年才将帝位传给他，又过了八年才去世。这样算下来，尧都快一百二十岁了。

现代的条件这么好，要活到一百岁都费劲，古人怎么可能如此长寿呢？须知，这是史前的传说时代，真真假假，虚虚实实，十有八九是在传说过程中“神化”上古帝王的手段之一，没必要深究。

尧帝去世后，全国人民痛哭流涕，如丧父母，三年之中没有人演奏音乐，以此表达对尧帝的哀思。

舜为尧帝守丧三年，三年期满后，他本应该继承帝位。但是，出乎意料，舜逃了！他跑到南河之南躲了起来。

放着本就属于他的帝位不坐，太蹊跷了！

舜逃了，是想把帝位让给丹朱。

舜之所以这么做，有两种可能：

一种可能，舜是真心让位。虽然尧帝没选丹朱当继承人，但丹朱毕竟是尧的儿子，在舜的心目中丹朱继承帝位，名正言顺。

另外一种可能，舜不过是做做样子。毕竟丹朱身边还是有一批支持他的人，比如反对“以天下传之匹夫”的鲧（gǔn）、共工等族人，比如丹朱封地的三苗人，舜需要借助“让位”提升自己的影响力。

这是两种截然不同的心态，传统儒家认可的是第一种可能，第二种可能见于一些诸子作品中。

舜躲了起来，但是，人们还是找到了他。

原来，四方诸侯都不去朝见丹朱，而是跑到南河之南去朝见舜；民间出现了纷争，他们不去找丹朱帮忙解决，而是去找舜给他们评理；民间歌谣中不赞美丹朱，而是歌颂舜。

如此种种证明，舜登基为帝，为人心所向。

舜了解到这些情况后，喟然长叹：“这都是天意啊！我不能违背天意。”于是，舜决定不躲了，他要担起责任来！他回到中原，正式登上天子之位，这就是帝舜。

潇湘斑竹泪

回望帝舜的履历，就是一部传奇：

二十岁时，他因为孝行而名闻天下。

三十岁时，他成为尧帝重点考察的对象。

五十岁时，他开始代理天子，管理国家。

六十一岁时，他正式登上帝位。

当然，这样的传奇人物，即便是死，也死得传奇，与他死亡相关的事情也很传奇。

帝舜在帝位三十九年，也就是他一百岁的时候，他在去南方巡视途中，在苍梧这个地方驾崩，葬于九疑山，这个地方就在现在湖南的永州。永州这个地方很有名，是帝舜的埋葬之处。唐代文学家柳宗元曾被贬此地十年时间，写下了《永州八记》和《捕蛇者说》等著名的文章，让更多人知道了这个地方。

帝舜是怎么死的呢？有三种说法：

第一，自然死亡。一百岁的老人，自然死去，很正常。

第二，丹朱谋杀的。对丹朱一族来说，舜是旧敌，有夺位之仇。

第三，禹谋杀的。禹一族，则是新升起的力量，与舜有杀父之仇，也有夺权之念。

说法多，在于事有可疑。帝舜之死，颇多蹊跷，引起了后人的一些思索。唐代大诗人李白有一首《远别离》，其中有言：

或云：尧幽囚，舜野死。
九疑联绵皆相似，重瞳孤坟竟何是？

李白用了当时流传的说法：尧帝晚年被舜关押，父子不得相见，才不得不让位于舜。舜则死在野外，死得不明不白，甚至连坟都找不到。

可见，民间早就有一种认识，帝舜之死，似乎不是那么简单，似乎不太可能是正常死亡。

帝舜南巡，一去不返。舜的妻子娥皇、女英千里迢迢，往南方寻找丈夫。得知舜帝已死，埋葬在九疑山下，二人抱头痛哭，泪染青竹，泪尽而死。因为这个地方的竹子上洒满了滴滴眼泪，所以被称为“斑竹”，又称为“湘妃竹”。当然，这也是传说，但成为后世文人不断吟咏的一个题材。

后人的吟咏中，隐约出现了一个声音，这个声音不太美好：娥皇、女英不是殉情，而是被逼致死。真相，到底是什么呢？

禅让真的那么美好吗？

尧帝没有把帝位传给自己的儿子，而是传给了舜；帝舜也没有把帝位传给自己的儿子，而是传给了禹。这就是备受推崇的“禅让”。禅，就是把帝位传给他人。让，就是他人辞让帝位。

传位者把帝位传给他人，出于真心；他人辞让帝位，也是出于真心，最终接受帝位，还是出于真心。目的只有一个，为了天下百姓。这是一个天下为公的时代。

话说回来，这种最高权力的帝位传承，真的是如此温情脉脉吗？有可能，但可能性真的不大。

尧、舜、禹之间所谓的禅让，实质上是最高权力在不同部族之间的转移，是不同部族实力此消彼长的结果，背后也免不了斗争、逼迫与流血。

尧的部族是陶唐氏，舜的部族是有虞氏，禹的部族是夏后氏。在部落联盟的时代，哪一个部族的实力最强大，这个部族的首领就出任部落联盟的老大，相应地，权力与利益也会在不同的部族之间重新分配。

舜是有虞氏的部落首领，他联合、拉拢一些部族，如高阳氏、高辛氏，也打击一些反对他的部族，如帝鸿氏、少皞（hào）氏，对于阻碍他登上帝位的共工、谨兜直接流放，对禹的父亲鲧则直接杀死。这是一个逐步扩大实力的过程，也不是一朝一夕所能完成的，舜用了大约二十年的时间，也就是上面讲的尧帝对舜考验了二十年。这二十年，是新兴的有虞氏的舜与占有最高权力的陶唐氏的尧不断斗争的过程。这二十年的考验，只不过是陶唐氏阻挠有虞氏权力提升的缩影。最后，舜将尧、尧的儿子丹朱分别囚禁，逼迫让位，从而实现了权力的转移。这些在《竹书纪年》《韩非子》等典籍中都有记载。

无独有偶，后来的大禹也重复了舜的策略，篡夺了舜的帝位。帝舜所谓的南巡，很有可能是大禹逼迫的结果，差不多就是被流放了，娥皇与女英也是因为大禹的逼迫自杀的。

这是一个传说的时代，传说的过程中少不了遮遮掩掩、添油加醋，而影响传说内容和走向的是后继的胜利者，胜利者左右了历史的书写。所以，血雨腥风的夺位篡权，被蒙上了一层层温情脉脉的面纱。

后来的儒家、墨家，他们不满意所处时代的种种弊端，以为“人心不古”，所以都喜欢“往后看”，就把尧舜禹的时代美化成了一个理想的时代，一个天下为公的大同世界，与现实形成强烈的对比，以此作为他们批判现实的权威依据，推销他们的托古改制。这是他们想象出来的大同。在先秦时代，儒家、墨家，这两派的影响力最强大，他们的声音逐渐淹没了其他的“杂音”，于是禅让就变成一种理想的权力转移制度了。

在后来的历史中，类似的禅让还在不断上演，如汉献帝禅位给曹丕、后周的柴宗训禅位给赵匡胤等。有足够的文献资料证明，这些所谓的禅让，其实就是逼迫、篡权，当然靠的是实力，禅让成了篡权最合适的一块“遮羞布”。

虽然禅让背后免不了斗争、杀戮，但比较而言，这毕竟是一种相对温和的权力转移方式，减少了大面积的暴力、流血，避免了大范围的社会动荡，社会的发展不会因此而中断，不会因此而倒退。或许，这就是后人大力歌颂禅让的原因吧。

（本篇主要依据《史记·五帝本纪》）

原典

尧立七十年得舜，二十年而老[①]，令舜摄行[②]天子之政，荐之于天。尧辟位凡二十八年而崩。百姓[③]悲哀，如丧父母。三年，四方莫举乐，以思尧。尧知子丹朱之不肖[④]，不足授天下，于是乃权[⑤]授舜。授舜，则天下得其利而丹朱病[⑥]；授丹朱，则天下病而丹朱得其利。尧曰“终不以天下之病而利一人”，而卒[⑦]授舜以天下。

《史记·五帝本纪第一》节选

注释

①**老**：退位。

②**摄行**：代行。

③**百姓**：百官，贵族。春秋中后期之前只有贵族有姓，平民、奴隶无姓。

④**不肖**：不类其父，即“不成材”“没出息”。

⑤**权**：变通，不依常规。

⑥**病**：不利，遭殃。

⑦**卒**：最后，最终。

译文

尧在位七十年后找到了舜，又在二十年后退位，让舜代行天子之政，把舜推荐给上天。尧离开帝位二十八年后去世。百官悲痛不已，如同亲生父母去世。帝尧去世后三年中，天下臣民不演奏音乐，以悼念帝尧。尧知道自己的儿子丹朱不成材，因而不依照父死子继的常理，把天下交给了舜。禅让给舜，可使天下人得利，而只对丹朱一人不利；传给丹朱，则对天下人不利，而只对丹朱一人有利。尧说“怎么也不能让天下人受害而让一个人得利”，最终将天下交给了舜。

鲧禹治水

在传说的尧帝时期，一场特大灾难，弥漫开来。

这场灾难，是洪水之灾。

肆虐全国，破坏指数爆表。

只见洪水滔天，水势浩荡，无边无际。滔滔洪水包围了高山，淹没了丘陵。人类在洪水面前，显得那么渺小，那样无助，生命随时会消失，生活也很不便利。

因此，一股很浓的恐慌气氛，慢慢笼罩上了人们的心头。全国上下，一片惨淡，尽是忧愁。

不过，渺小的人类，并不总是渺小的。

鲧治洪水

恐慌之余，人们开始思索要控制这头洪水“猛兽”。

尧帝作为最高领导人，立志要还百姓一个安宁的生活，于是他做出了一个重大决定——治水。

治理洪水，是当时百姓最迫切的愿望，也是为突破困境必须做的事情。尧帝正是明白这一点，才决定治水。但是该派谁来负责呢？尧帝很费神。

看来，自古至今，人才都是必需品、紧俏品啊。

经过一番讨论、商议，大臣们达成了一致意见，向尧帝推荐了一个人。

这个人，就是鲧。

鲧这个名字，很有意思。要是放在现在，估计很少有父母会给孩子起这么个名字，毕竟谐音不好听啊。

鲧，从字面意思来看，是一条大鱼。这个名字，应该与鲧的父族有一定关系。鲧的父亲是颛顼帝，他生于若水，葬于鲋（fù）鱼之山，被称为北方水德之帝。水中生鱼，或许就是鲧名字的由来吧。

大臣们一致推荐鲧，但是尧帝直接拒绝了这一提议。

尧帝的拒绝，来源于平日里对鲧的不满。鲧平日里多次违背尧帝的命令，尧帝想惩罚他还没来得及，又怎么会把治水总司令这么重要的职务安排给他呢！这不是尧帝的风格。

尧帝都断然拒绝了，一般情况下，鲧就被排除在考虑之外了。但是这次很不一样，大臣们再次请求，希望能让鲧试一试。

大臣们其实也很无奈，鲧的缺点，或者说尧帝对鲧的不满，他们又怎么会不知道呢！但是不满归不满，谁让鲧有才呢，谁让当时缺少人才呢？在这一辈大臣中，没有谁比鲧更有才能，没有谁比鲧更适合治水了。

才能就是这么给力，总能在不经意间让你挺直身板，顺便送给那些漠视、打压甚至仇视你的人一记白眼。

迫于无奈，尧帝只好任命鲧为治水总司令，负责治理洪水。

尧帝对鲧的评价，在《山海经》中被敷衍成一个动人心魄的神话：天帝有一块能随着水位自我生长的神土，名叫息壤。鲧偷了天帝的这块息壤，前去治理洪水，这是“不待帝命”，也就是不听从天帝的指挥。拿了息壤的鲧，治水很轻松，息壤一放，洪水就被堵住了。

其实，现实中的鲧治理洪水，很尽心，很努力，也很辛苦。他治理洪水，一治就是九年。这九年，他与众人一起，在河边修筑堤坝，阻挡洪水，一定程度上，一定范围内，减少了灾害。

不幸的是，洪水上涨，没过了堤坝，灾难一次次发生。

不幸的是，朝夕辛劳，毁于一旦。

鲧治理洪水，一直是在堵堵堵，堵了毁，毁了堵，最后没堵住洪水，给自己添了堵。

尧帝这时很痛心，但同时又很得意，得意于他看人很准。相信他一定会对着群臣大声斥责:“看看，看看，当初我怎么说的来着，这个鲧就是成事不足败事有余，应验了吧！”大臣们也只有低头称是的份儿了。

很可惜，鲧始终没能证明自己。

好在，他用自己的失败证明了一个道理：方法不对，努力白费；方向错误，最终报废。

禹来接棒

鲧治水的这九年，尧帝年事渐高，后来人们推举舜为继承人。做继承人，也不容易，要经过一个“试用期”。

舜在试用期内主抓的一个重大议题，就是治水之事。他亲自巡视，视察治水工程，发现效果很不理想。他很无语，很生气。如此浪费人力物力，怎可饶恕？再这样继续下去，不但洪水治理不好，百姓的怨言也会越来越多，越来越大，等待他们的必然是重重危机。于是，舜将鲧就地免职，流放到羽山，以示惩戒。

鲧在羽山，回想起自己九年的辛苦，他无悔；再看如今得到的惩罚，他亦无怨。唯有一点不甘心，那便是没有治理好洪水。最后，鲧悄无声息地死在了羽山。

《吕氏春秋》《韩非子》对鲧死于羽山一事，都认为鲧是被诛杀的，至于诛杀的原因，都说是因为反对尧帝禅位于舜一事。如此看来，鲧的死亡，又不单单那么简单，而是权力争斗的结果。

不管如何，舜在试用期的第一把火，很成功，得到了天下人的认可。人们都认为舜对鲧的惩罚是正确的。

惩罚，算是对百姓的交代。但是惩罚不能代替治水，这项工作还得有人挑头来做。很显然，治水已经成了烫手山芋，谁愿意来接呢?

人选还没有确定好，尧帝就去世了，舜帝正式即天子位。确定治水人选，成为舜帝正式即位之后的第一个重大事务。

最后结果出来了，鲧的儿子禹为第二任治水总司令。

这个结果有些让人大跌眼镜，杀了父亲，任命儿子，这舜怕是疯了吧? 再说人家儿子能愿意吗?

舜帝没有疯，他很理智，很清醒。舜帝没有因鲧治水失败而弃用禹，他自己给出的理由，源自对禹人品、能力的肯定。禹聪敏机智，勤勉恭敬，做事稳重，不妄动，凡事都要先权衡轻重再行动，与他爹鲧动不动不听指挥很不一样。舜帝认为这样的禹，堪称百官的典范、百姓的楷模。同时，这也是一种权力的制衡，是对禹的拉拢。

与鲧当初的提名、任命不同，此次人员选择，舜帝与群臣神同步，众口一致，没有异议，全票通过。这似乎也在助推着禹成功治水。

面对这份任命，禹的心情很复杂，特别惶恐，非常忐忑。

父亲治水九年，都没有成功，这活儿不好干。

父亲治水九年，落了个惩罚，这活儿很不好干。

父亲治水九年，最后郁郁而终，死不瞑目。作为儿子，似乎应该做点什么。

只见他跪拜叩头，拜谢君恩，坦言自己能力有限，担不起重任，做不好这么大的事。他恳切希望舜帝另择人选，随后他还提供了一份人员名单。自然，舜帝没有同意。

舜帝为了解除禹的思想负担，也为了鼓舞禹能够不负所望，语重心长地与他谈了很长时间的话，希望他轻装上阵，打好这一仗。至此，禹也不再推辞，痛快地接过了这个烫手的山芋，接受了舜帝的任命。

《孟子》中有一句话，很有名，“天时不如地利，地利不如人和”，要成就一番事业，天时、地利、人和，缺一不可，而人和又是最重要的。“人和”是一种内部凝聚力量，心往一处想，劲往一处使，拧成一股绳，这才是团队的力量，这才是“1+1 > 2”的缘由所在。

尧帝、群臣、鲧组成的治水领导集团，内部意见不统一，因此鲧的治水可能是孤军作战，即便有点成就，因为他的不听指挥也难以继续推进。

舜帝、群臣、禹组成的治水领导集团，没有不同意见，禹很听话，舜帝也切切实实给予禹最大的信任与支持，保证人力到位。这种力量支撑着禹渡过了一个又一个难关。

大禹治水

禹，姓姒，名叫文命。

禹，本意为虫，这种虫，应该是螭虺（chī huǐ）一类的龙蛇之物，是部落的一种图腾。

禹接过治水的重任，他也是有目的的。他要证明给世人看，鲧没有做成的事情，鲧的儿子做成了。

因此，在神话记载中，禹成了鲧意念的化身。鲧死不瞑目，死后三年，尸体都没有腐烂。他的愤懑、不甘孕育成胎。后来，尧帝派人用全天下最锋利的吴刀剖开了鲧的肚子，一个孩子跳了出来，说他是鲧的儿子。

抱着为父亲雪耻的目的，带着为家族正名的念头，禹一头扎到了治水大业中。真正到达现场，禹的心灵震颤起来。水流中的木头、瓦盆、衣服等，曾经也支起房屋，盛过饭菜，送过温暖，如今那屋里的人又去了哪里呢？忍饥挨饿也罢，痛哭流涕也罢，终归还有一条命在。那些连呼喊都来不及就丢了性命的人儿，也同衣物一般，或躺在淤泥之中，或漂浮在洪水之中，惹人泪目！

近距离地接触到洪水的“罪过”，有一种声音从内心深处喷涌而出：“我一定要治好洪水，为了父亲，更为了百姓。”禹的心胸打开了，治水不再是他一家之事，更是为千家万户解忧的大事。有了这样的家国情怀，禹整日奔波劳碌，没有自我，心里想的只有“治水”两个字。

据说，当初禹在新婚第四天，就离开娇妻治水去了。他的妻子涂山氏女娇，待在家中，日夜牵挂，后来为禹生下了一个儿子。有一次，禹经过家门口，听到了儿子的啼哭声，他很想回家看看这个未曾谋面的儿子，最后还是忍住了，匆匆奔赴治水现场。又有一次，他路过家门口，儿子在妈妈怀中向他招手，他挥了挥手，又走了。还有一次，他路过家门口，十多岁的儿子硬拽着他往家走，他抱起儿子，抚摸着儿子，说了几句话，就又离开了。这便是“三过家门而不入”的故事。这便是古代版的“搬起砖就不能抱孩子，抱起孩子就不能搬砖”，禹牺牲了与妻子、儿子在一起的时光，他也无奈，他也纠结，但是为了治水，他只能牺牲小我了。

治水是个大工程，纷繁复杂，要做的事情很多。禹苦思冥想，确立了“三步走”的路线：

第一步，看。

世间万事，无论是交朋友，还是做斗争，最关键的一步，是要知其然。一切恐惧，源于未知。最大的失败，源自不真知。

于是，崇山峻岭上有了一个个穿梭的身影，陆地水流中有了一支测量队伍。禹左手拿着准和绳，右手拿着规和矩，测量着不同的地貌，竖立不同的树桩标志。一番实地考察下来，禹画好了高山大川的样貌，了解了水患的具体情形。

第二步，想。

了解对象之后，就要用一切方法打败它。方法很多，唯有科学的方法，才能药到病除。

禹确立的主导方针是“疏”。他依据水性，高处凿通，低处疏导，将四处蔓延的洪水引入小河，将小河引入大河，再将大河引入大海。

全国各地都有洪水，治水工作不可能全面铺开，需要重点突破，禹从国都开始，依次推进。

禹的治水规划，不单单是治水，还有其他配套工程支撑。他一边巡行，一边考察适宜种植的作物：因地制宜，分发稻种给百姓，将稻种种植在低洼潮湿的土地上；统筹规划，一个地方粮食不足，就从有余粮的地区调给一部分，让天下百姓都有粮食吃。

第三步，干。

治理对象、治理规划明确了，接下来的就是“加油干”了。从此以后，辛苦与苛刻，成为他的标签。

作为治水总司令，禹以身作则，在河边搭建简易的居所，节衣缩食，把钱财省下来用到治水上。在治水现场，他与老百姓一起劳作，戴着箬帽（ruò mào，竹帽），挖土挑土，挖山掘石，披星戴月，没日没夜。这样的生活，他一过就是十三年。

十三年后，经受了风吹日晒、水泡浪打的禹，累得都脱相了。他面色黧黑（lí hēi，形容人的脸色黑），身体瘦弱，手上的指甲全部被磨掉，大腿上的腿毛全都被磨光，得了偏枯病，走路都不能两腿交替行走。为了表彰禹的功绩，人们称这种步伐为“禹步”。

十三年隔着的似乎是两个人，禹真的是拿命在治水啊！

治水成功

功夫不负有心人，功夫更不辜负有头脑、有毅力的有心人。一幅美好的图景，在禹面前缓缓展开，是对这位勇敢的“斗士”的馈赠：

九条山脉都开出了道路。

九条河流都疏通了水源。

九个大湖都修筑了堤防。

九州划定完毕，洪水被引走，百姓又回到了安稳的乐园，筑房，耕田，捕鱼，打猎。四方诸侯也可以顺畅地到达京城会盟了。

望着这一幅美景，禹这才终于松了一口气。他对着清清流水，喃喃地诉说着对父亲的思念与安慰，希望他地下有知，可以瞑目了。他对着袅袅炊烟，想象着百姓们围坐在一起吃饭欢笑的情景，嘴角上扬，微笑爬上了脸庞。

洪水入海，按理说禹的任务已经完成了，但是禹却并没有止步于此。他在治水过程中看到了一种提升天子影响力的可能。为此，他又做了两方面的努力：

第一，在九州分封诸侯，赏赐土地，赐以姓氏，并告诫诸侯要把德行放在首位，不要违背天子的命令。

第二，规定五服（古代王畿外围的地方，以五百里为率，视距离的远近分为五等，叫“五服”）制度，定期向天子缴纳赋税，尽心担负责任。

如此一来，国家的控制范围，东到大海，西到沙漠，北方、南方所到达的区域都很远了，天子的声威、教化传达至四境。这些是治水的“副产品”，却是有长远眼光与阔大格局的人才会想到去做、才愿意去做的事情。

做好这一切后，禹带着自己的治水报告，回去向舜帝复命。

喜悦的舜帝，对禹大加称赞，连连说自己没有看错人。为了表示奖赏，舜帝赐给禹一块黑色圭玉，黑色在五行系统中代表水，并向全天下宣告治水终获成功。

从此，天下太平、安定了下来。

劫后余生，人们心怀感恩，尤其感谢拯救他们的英雄。人们将禹视为神人、英雄，尊称他为“大禹”“神禹”，拥戴着他。

治水，是禹人生的“第一桶金”，他靠着这一桶金收获了威望、名声与民心。此后，他一路凯歌，接了舜帝的班，又让自己的儿子启成功地接了自己的班，建立了中国历史上第一个王朝——夏朝。

（本篇主要依据《史记·夏本纪》《山海经》）

原典

禹乃遂与益、后稷奉帝命，命诸侯百姓兴人徒①以傅土②，行山表木③，定高山大川。禹伤先人父鲧功之不成受诛，乃劳身焦思，居外十三年，过家门不敢入。薄衣食，致孝于鬼神。卑宫室，致费于沟淢④。陆行乘车，水行乘船，泥行乘橇⑤，山行乘檋⑥。左准绳，右规矩，载四时，以开九州⑦，通九道，陂⑧九泽，度⑨九山。

《史记·夏本纪第二》节选

注释

①**人徒：**服徭役的民众。

②**傅土：**《尚书》作“敷土”，意为命众人分布各处；敷，分布。一说“傅”作“付”，指付出功役。

③**表木：**立木作为标记。

④**沟淢：**田间水道，沟渠。淢，音 xù，同“洫”，水沟。

⑤**橇：**音 qiāo，古代在泥路上使用的交通工具。

⑥**檋：**音 jú，古代登山穿的带锥头的木屐。

⑦**九州：**古代中国划分的九个大州。

⑧**陂：**音 bēi，水岸，这里指修筑堤岸。

⑨**度：**音 duó，测量。

译文

禹就与伯益、后稷奉帝舜命令，命令诸侯百官发动人员治理水土，翻山越岭竖立标志，测定高山大川的走势。禹因伤感于先父鲧治水不成功而遭到诛杀，所以为治水劳碌奔波，操心焦虑，在外奔波十三年，经过家门都不敢进去。禹缩减自己的衣食，用丰厚的祭品向鬼神祈祷。禹住的是简陋的房屋，把资财用在修筑沟渠上。禹乘车穿行过陆地，乘船渡过江湖，乘橇蹚过泥泞沼泽，蹬欅跨过崇山峻岭。他常随身携带准绳、圆规、直尺等工具，遵照四时节气，开划了九州区划，辟通了九条水道，修筑了九处堤障，测量了九大山系。

汤武革命

公元前21世纪的一天，一个人成了天子，一个王朝开始了。

此人名启，此王朝是夏朝。

这一天，这件事，是一个标志。

从此，世袭制代替了禅让制，“父传子，家天下”的时代开始了。

那么，这个世袭王朝又是怎么没的呢？

革命！

商汤是历史上第一个“革命者”。

商汤通过革命，建立了第二个世袭王朝商朝。

历史很有意思，革命者商汤建立的王朝，最后也被新的“革命者”取代了。

于是，历史上第二位“革命者”周武王诞生了。

何为革命

“革命”一词，最早见于《周易》，最初是指变换天命。

在古代，人们认为，上天拥有至高无上的权力，它俯视着人间，监控着人间，主宰着世间的一切。古代的帝王，之所以能够称帝称王，完全是因为上天的意志，是上天选定的人间代言人，上天赋予他们在人间拥有、行使最高的权力，这就是天命。

帝王们有一个重要的任务，就是要让众人相信，他们是上天在人间的唯一代表，以此来确立帝王至高无上的权威。

帝王受命于天，是不是说他们可以为所欲为，甚至胡作非为?

当然不是。

人在做，天在看呢!

如果违背天命，上天就会通过不同的方式警告他们，比如下场流星雨，来场旱灾，来一次日食、月食，甚至地震什么的。如果听从上天的警告，痛改前非，兢兢业业，天命还在，你还是做你的帝王；如果屡教不改，恣意妄为，上天就不会再眷顾你了。

今天看来，这种思想似乎有点可笑。但在古代，这套理论却发挥了相当重要的作用。

古代改朝换代的时候，新王朝推翻旧王朝，新帝王代替旧帝王，他们就搬出“天命”来，利用这一套理论，证明天命变化了，转移了，到了自己的头上来了，美名其曰“革命”。

中国历史上第一次改朝换代的成汤灭夏、第二次更朝换代的武王伐纣，都是以“革命”的名义进行的，后人习惯将这两段历史合起来，并称为“汤武革命”。

汤是商汤，武是周武王。

商汤是商朝的开国之君，周武王是西周的开国之君。

商汤也叫成汤，因为他做了商国的国君，建立了商朝，后人习惯称之为商汤。

周武王叫姬发，他的父亲是姬昌。姬昌去世后，姬发即位，做了周国的国君，追封他的父亲为文王，自己号称武王。后来，他推翻商朝，建立了周朝，做了天子，后人加上国号，分别称他们为周文王、周武王。

因为商汤和周武王的经历差不多，都革了前朝的命，推翻了一个腐败的旧时代，开创了一个新兴的王朝，影响巨大，所以后人习惯将二人并称“汤武”。

其实，这两个人生活在不同的时期，中间隔了五六百年的时间呢。

天命玄鸟，降而生商

《诗经》中有一首名为《玄鸟》的诗歌，开头两句是“天命玄鸟，降而生商”，玄鸟就是燕子，这两句诗是讲商部落是怎么来的。

商的始祖叫契（xiè），他的母亲是简狄，一个来自有娀（sōng）氏部落的美女，后来嫁给了五帝之一的帝喾，成了帝喾的次妃。

有一次，简狄和另外两个女子一起在野外洗浴的时候，天空中飞过一只燕子，落到她们面前，下了一颗蛋，又飞走了。简狄很好奇，就把这颗蛋捧在手中，端详了许久，看不出什么名堂。后来不知为何，简狄把这颗蛋含在了嘴里，一不小心竟然吞了下去。

简狄本来以为就是吞了一颗蛋，没有在意。却没料到，吞下这颗蛋后她就怀孕了，后来就生下了契。

这个事件很神奇，堪称“神操作”。仔细想想，其实也没什么好奇怪的。人类在发展过程中，对于自身的生产原理还搞不清楚的时候，对“人是怎么来的”，肯定会产生一些奇奇怪怪的想法，看到鸟类是从蛋壳中孵化出来的，可能会认为人类也是这么来的。

再说，人类的历史上，很有可能存在一个女性为主导的发展时段，也就是马克思说的母系氏族社会，这是一个“只知其母，不知其父”的时代，即使这个时期过去了，这种思想肯定还要遗留很长一段时期。所以，在这个“天命玄鸟，降而生商”的传说中，简狄虽然嫁给了帝喾，但她的怀孕生子与帝喾无关。

还有，氏族部落的时代，不少部族都有自己的“图腾”，商部族的图腾可能就是燕子，因此把契说成是简狄吞燕卵怀孕所生，不但不算“污名化”，而且是“神化”。给自己的始祖身上增加一些神性，作为后代，自然倍感荣耀，他们也乐于这样的“神操作”。

契生活的时期，和治水的大禹是同时期。当中国境内洪水滔滔的时候，帝舜任命大禹负责治理洪水，同时还任命契辅佐大禹。洪水消停之后，论功行赏。帝舜把商地分封给契，这就是商国的由来，它的具体区域大约在今天的河南商丘一带。

顺便说一下，商丘这个地名，是有历史来源的。商国在分封之后，后来不断迁都，迁徙之后，这个地方就变成了一片丘墟，所以就有了商丘的名字。

商汤的仁德

夏王朝建立不久，商国就向夏王朝称臣，成了夏的一个附属国。到了商汤时，夏王朝的国君已经到了夏桀的头上。算起来，商汤是契的第十四代孙。

商汤把都城迁回到一个叫亳（bó）的地方，大致范围还是在今天的商丘一带。商汤这么做，是为了表示对开国先祖契的追随，要向契看齐。

商国在商汤的领导之下，实力发生了巨大的变化。

变化体现在两个方面：一是国土面积增大了，二是人口增加了。土地与人口，在古代，是衡量一个国家实力的根本要素。

变化是如何实现的呢？合并周边国家的土地，吸纳它们的人口。

当然，只有自己做好了，做大做强了，其他的国家才有可能前来依附。

当然，这不能全靠暴力，还需要仁义。

商汤理政，很注重这些，很注意强化自己的人格力量。有一次，商汤到野外去，碰到一个捕猎的人，在东西南北四个方向都布置好大网，在那里祷告说："天上的、地下的、四面八方的野兽啊，都到我的网中来吧！"商汤听见这话，说："哎呀，这样不行，这会一网打尽的。"于是，商汤让猎人撤掉了三个方向的大网，并祷告说："要从左边逃的就向左边逃，想从右边逃的就向右边逃，不按照我的想法逃的就到网中来吧。"

这个故事叫"网开三面"，形容宽大仁义。可能后人觉得网开三面太过纵容、太不现实了，所以又有了

“网开一面”的成语。其实，这两个成语意思差不多。

这件事不算大，但效果很显著。四方诸侯听说这件事后，纷纷感叹：“商汤伟大啊，恩惠都施加到禽兽身上了啊，他对野兽都如此仁义，对他的子民得是何等地爱护啊。这的确做到极致了啊！”因此，他们纷纷归附，强烈“求收留”。这样一来，人口能不增加吗？土地能不扩大吗？这就是实力。

当然，周边的诸侯，并不全都是觉悟那么高，也有一些我行我素的，在他们眼中，当个“土皇帝”比依附别人好多了。这些小国，大都对百姓不是那么友好，这也给商汤收拾他们提供了合适的借口。

就这样，商汤把周边一些无道的小国一一给灭掉，十一次征伐，十一次胜利，商国从最初方圆七十里的蕞尔（zuì ěr，形容小）小国，一跃成为当时的强国。

商汤革了夏桀的命

当商汤实力“爆棚”的时候，他的最高领导夏桀——夏王朝的第十七代君主，不但没有惊醒，还在那里优哉游哉地享受着帝王的快乐，他的荒淫也在“爆棚”。正是他的荒淫无道，葬送了夏朝的“天命”。

其实，这也不能完全归咎于夏桀。因为，从夏桀的太爷爷孔甲开始，辖区内的许多附属诸侯国就不愿听他的话了，有一些干脆连朝拜都不来了。

不听他的话，意味着权威没了。

不来朝拜，意味着不受你管，你管不着、管不了我了。

当然，这种“尴尬”的国情，正是孔甲一手“努力”导致的。孔甲性情乖僻，迷信鬼神，肆意淫乱，胡作非为，谁愿意侍奉这样的国君呢？各部落首领离心离德，纷纷叛离，夏朝国势衰落，已经走在崩溃的路上。

夏桀算是个人才，文武双全，文能赋诗，武能赤手杀死虎豹。可惜的是，他文不能安邦，武也不能定国。这又是为何呢？

因为，他把才智用错了地方。

一般来说，大家都渴望有才，都渴望“天生我材必有用”，但是，才情用对了地方，那是美好；用错了地方，就是危害！对于夏桀来说，他有才还真不如无才！

登上王位之后，夏桀发扬了他太爷爷孔甲的作风——荒淫无道，给后来与之“臭味相投”的国君树立了一个很坏的榜样：大修宫殿、广搜美女、寻欢作乐、不听劝谏、不理朝政，而且每一条都要做到“极致”，让人忍无可忍。

夏桀宠爱一个名叫妺（mò）喜的女子，日夜与妺喜以及众多的宫女寻欢作乐。为了博取美人一笑，夏桀专门做了两件事情：

第一，酒池畅饮。

妹喜这个女子很奇特，爱好异常，她喜欢看刺激的大场面。为此，夏桀花重金修建超大的酒池，大到什么程度呢？大到里面可以行船。

修建酒池，不是为了屯酒，仅仅是为了娱乐。夏桀的饮酒娱乐活动，规模很大，参加者有几千人，他们在击鼓声中，下池畅饮，不醉不欢。

人一旦醉了，就会摇摇晃晃，站立不稳，要是在路上，或许就是磕一下而已，但是在酒池中，醉倒之后溺死的概率很大。死的人多了，就有大臣出面劝阻，希望夏桀终止这种无道之举。

夏桀组织这活动，本就是为了讨妹喜欢心，偏偏妹喜就喜欢看这种场面，夏桀自然不会停止。这还不算，为了耳根清净，夏桀竟然处死了劝谏的大臣。

第二，狂撕丝帛。

妹喜还有一个特别的癖好，喜欢听丝帛撕裂的声音。为了满足妹喜特别的听觉爱好，夏桀就派人搬来大量的丝帛，撕给她听。

在那个时候，丝帛是非常稀有珍贵的，这就相当于撕钱玩儿。如此荒唐的事情，竟然是一国之君迎合妹喜变态喜好、博取她一笑的手段。

夏桀如此无知妄作，底气是什么？

天命！

夏桀笃信，天命既然降在夏朝，落到他的头上，那就不会改变。

当身边的大臣劝他要体谅百姓，用心治理国家时，他振振有词，说："我和百姓的关系，就像太阳与月亮，月亮不会灭亡，太阳担心什么呢？"百姓听说这样的话，咬牙切齿，指着太阳，诅咒说："这个太阳什么时候完蛋，我们情愿同归于尽！"这就是成语"时日曷（hé）丧"的由来。

夏桀却不知道，天命既然能降临到他的身上，当然也能够转移，转移到他人的头上，而这个人就是商汤。结果，商汤打着天命的旗号，以革命的名义，攻伐夏桀，在鸣条（今山西运城，一说今河南封丘东）这个地方，与夏桀展开决战。夏军一败涂地，夏桀被流放到南方，最终死在了那里。

所有的诸侯国，纷纷归附商汤，商汤正式登天子位，建立了一个新的王朝，国号叫"商"。

商朝出了一个不怕天的国君

夏商两个朝代，不少国君的名字是用甲乙丙丁等十天干来命名的，好像只是老大、老二、老三、老四式地排了一个顺序一样。

商朝从武乙帝开始，国势已经衰落，武乙更是一个不信天、不怕天的主。

有一天，他突发奇想，要与天神“试比高”！

天神高高在上，但到底什么样，谁也不知道，也没法把他拽到地上来。怎么比呢？办法总比困难多！只要敢想，就能创造“奇迹”。

武乙的想法很简单，但他自己感觉已经创造了“奇迹”：见不到天神，找个替代品不就行了嘛。武乙做了一个木偶人，称之为天神。

武乙要和“天神”比的是赌博，但是问题来了，怎么比呢？“天神”木偶又不会！武乙就让别人代替木偶，别人也不敢赢啊；他还找人做裁判，裁判也不敢判他输啊，所以代表天神的木偶肯定输，总是输。

作为胜利者，武乙竭尽所能地侮辱木偶，用刀砍，用唾沫喷，甚至往木偶身上撒泡尿都是可能的。

其实，这都是武乙的意淫。但是，意淫带来的后果很严重，武乙竟然真的以为他赢了天神，他比天神厉害。

辱神之后，武乙感觉还不过瘾，他还想继续挑战。这次，他要做一件大事：把天神射死。

武乙再次发挥他的“聪明才智”，做了一个皮囊，里面盛满鲜血，挂得高高的。这个皮囊，就是他想象中的“天神”。

只见武乙信心满满地来到“天神”面前，拿起弓箭，对准皮囊，一箭射去，皮囊被射穿，鲜血从高空流下来。这血就是“天神”的血，血流干，就意味着天神死了，就意味着他“射天”成功，他射死了“天神”。这就是成语“囊血射天”的来历。

这两件事，是武乙心理的外在投射：以前高高在上的天，在武乙的眼中，就是废物一个。他不怕天，挑战天，战胜天。他做这些的目的，其实只有一个。他要借此证明：整个宇宙中最厉害的不是天，而是他武乙大帝。

如此狂妄自大的人，会走向什么结局呢？

遭雷击而死！

那一次，武乙到渭河平原上打猎。青天白日里，天空忽然降下一道闪电，不偏不倚，正中武乙，武乙就这样被闪电劈死了。

这样的结局很有意味，很有爆炸效果，武乙似乎是“罪有应得”。但据一些历史学家推测，武乙其实是在渭河平原的一次征伐中战死的。因为他此前的种种“无法无天”，记录历史的人就构造了这样一个结局，天道循环，不会放过谁。

不管武乙是怎么死的，他生前的一些做法，足以显示他极端的狂妄自大，后人把这种领导作风称为“无道”，而他不断地四处征伐，也足以说明附属的一些诸侯国已经与商朝离心离德了。

帝辛成了纣王

武乙死后，他的儿子、孙子先后即位，商朝的国势是一代不如一代了。这个时候，轮到了他的曾孙辛即位。帝辛就是臭名昭著的商纣，“纣”是后人给他的恶谥，是残杀无辜、凶残无度的意思。

历史上的君王千差万别，而亡国之君如出一辙。夏桀与商纣，一个半斤，一个八两，他们两个的先天才能与后天作风，似乎出自同一位老师，在亡国的道路上，他们两个的步伐相当整齐，步调相当一致。

像夏桀一样，商纣其实也是很有本领的，一口气都列不完他的优点：

口才好，能言善辩；头脑清晰，思维敏捷；身强力壮，异于常人，能够赤手空拳和野兽搏斗。

像夏桀一样，商纣也是有才而用错地方的典型：他用自己杰出的口才为自己的错误狡辩；他用自己敏捷的思维来拒绝臣子的劝谏；他凭借自己的才能在臣子面前不断夸耀自己。

商纣很自信，也很自傲，他认为所有人都不如自己，目空一切，又是一个无所畏惧、一意孤行的国君。

像夏桀一样，商纣也有一些爱好：爱美酒，爱珍宝，爱钱财，爱音乐，爱享乐，更爱女人，尤其宠爱美女妲己，对妲己是言听计从。

从历史上留存下来的几个与商纣有关的典故中，足以看出商纣是怎样的一个国君，到底是怎样地昏庸无道。

一是酒池肉林。

类似的事情，夏桀也干过。夏桀曾命人建造池塘，专门盛酒，能够在里面行船。商纣在这一方面也不甘示弱，光喝酒不行，还得有肉吃，他下令把各种动物的肉割成大块，悬挂起来，就像一片树林一样。酒尽管喝，肉随便吃，这就是“酒池肉林”。

这样的活动，在商纣那里经常举行，普通得不能再普通，而且一举行就是通宵达旦。

二是炮烙酷刑。

奢靡的生活，必然加重对百姓的盘剥，增加附属国的进贡，也必然会引发百姓的怨恨、诸侯国的反叛。对此，商纣动用高压政策，加重刑罚，创制了“炮烙之刑”。炮烙之刑，就是在熊熊烈火之上，架上一根铜柱，在铜柱上涂上油脂等滑滑的东西，强迫人光着脚在铜柱上走。高温油滑，受刑之人最后跌落火中，活活被烧死。

商纣和妲己，两个冷血动物，兴致勃勃地看着人在铜柱上跳跃躲闪，在大火中垂死挣扎。他们不担心，没有一丝恻隐之心，反而开怀大笑。

人命，在他们眼中，什么也不是，最多就是供他们取乐的东西。

三是比干剖心。

比干是商纣的叔父，是商朝的重臣。比干见商纣不理政事，残酷无道，人民离心离德，诸侯不断反叛，他忧心如焚，一次次地劝谏纣王。商纣听得耳朵里起了茧子，大怒，决定对他的叔父痛下杀手。

商纣的痛下杀手，自然也不寻常。他说，我听说圣人的心有七窍，我很想看看你的心到底有几窍！

就这样，比干被活活地解剖了，比干的心脏被生生地挖了出来。

如此残忍，商纣竟然还能开心地欣赏参观。

如此惨绝人寰（huán），如此泯灭天性，人神共愤啊！

商纣的另一个叔父箕子，眼看祖宗开创的江山就要断送在纣王手中，劝谏无果，心痛如割，索性割发装疯，披发装傻。商纣以为箕子真疯了，将他囚禁起来，贬为奴隶。

放飞自我的商纣，奉行的法则是“顺我者昌，逆我者亡”，一次又一次地亮出屠刀。终于，他的屠刀对准了朝廷的三公。

当时的三公是西伯昌、九侯、鄂侯。

九侯有个漂亮的女儿，她当然逃不过商纣的魔爪，被送到了商纣的宫中。但这个女子不喜欢纣王淫乱的娱乐，商纣大怒，把她给杀了，把九侯也剁成了肉酱。

鄂侯知道此事后，严肃劝谏纣王，纣王把他也处理掉了，制成了肉干。

西伯昌听说之后，一声长叹。这一声叹息，被纣王知道了，西伯昌就被囚禁在了羑里（yǒu lǐ，今河南汤阴）。

三公是朝廷最尊显、最重要的官职，是帝王理政的重要依傍。如今，朝廷的三公，杀的杀，囚的囚，商纣的末日还会远吗?

待宰的羔羊翻了身

西伯昌叫姬昌，西伯是他的封号。他是商的附属国周国的首领。

周的男性始祖是后稷，后稷的母亲是姜嫄，姜嫄是帝喾的正妃。

有一次，姜嫄到野外去玩耍，看到地上有一个好大好大的脚印。姜嫄从来没见过这么大的脚印，很好奇，就试着踩了一下大脚印。刚一踩上，姜嫄浑身一激灵，结果就怀孕了，后来生下了一个男孩。姜嫄觉得踩了一下脚印就怀孕生子，不吉利，就把这个孩子给抛弃了。

谁知，这个孩子很神奇，扔到哪里都会被发现，扔到哪里都有保护他的。

扔到偏僻的小巷中，牛马经过，都避开他走，不去踩踏。

扔到人迹罕至的深林之中，偏偏又遇到伐木工人砍伐树木。

扔到寒冰之上，天上飞来一只大鸟，用翅膀覆盖他。

姜嫄很吃惊，不敢扔了，就抱回来抚养，取名叫弃。

这个叫“弃”的孩子，长大以后，种植谷物，发展农业，后人称之为“后稷”，尊称他为“农神”。“后”就是王的意思。

周原本是地处西部的一个小小部落，到姬昌的时候，周部落不断扩展土地，吞并周边的诸侯国，已经很强大了。商纣将姬昌囚禁在羑里，不全是因为他叹了一口气，更是因为周的强大引起了他的不安。

事情发生后，周国的大臣，头脑清晰，知道商纣的弱点，知道商纣的癖好，清楚商纣喜欢什么。他们决定投其所好，有的放矢，救出姬昌。但是，奇珍异宝、美女红颜，商纣见得多了，他们必须广搜索，定目标，狠下手，务必让商纣一见即惊奇，一见即喜爱。

功夫不负有心人，更何况有心人还有钱，还不达目的誓不罢休。

商纣见到周国人费心寻求到的“贡品”后，眉飞色舞，高兴坏了，说：“这些好东西，一件就足以让我释放西伯了，何况这么多呢！”结果，商纣不但释放了西伯，还赏赐他弓箭、斧钺（yuè，形如斧而较大，用作礼器）。

弓箭、斧钺这些东西不单纯是武器，更是象征，是军权与统治权的标志，也就是说商纣赐给西伯昌征伐的权力，还让他当了西方诸侯的首领。

西伯昌也真是有德，自己被释放之际，趁机请求纣王废除炮烙之刑，商纣竟然也应允了。

西伯昌匆匆离去，这一去，商纣是放虎归山。

西伯昌归国后，痛定思痛，不想再做任人宰割的羔羊了。

他暗中积蓄着力量，暗中修德政，做善事，有很多诸侯国前来归附。对于不归附的诸侯，西伯昌借着纣王赐予的征伐大权，一一解决。

商纣身边的大臣大都是阿谀奉承的人，但也有头脑不糊涂的，见到周国的势头，赶紧向商纣汇报。

商纣不以为然，说：“我有天命护佑，西伯其奈我何！”

这等自信，与他的曾祖武乙着实有一拼！

商纣没有说错，西伯昌没有把他怎么样。

没有把他怎么样，是因为时不我待，西伯昌不久就去世了。

武王伐纣

西伯昌去世后，太子姬发即位，这就是周武王。

伐商大业，事关重大，不可草率，所以，周武王一直在积蓄力量，按兵不动。直到他即位的第九年，周武王在孟津（今河南洛阳市孟津区）这个地方，举行了一次盛大的阅兵。

行军过程中，发生了两件不同寻常的事：

第一件事，白鱼入船。

当时周武王自称太子发，做了周文王姬昌的牌位，供在中军帐中。周武王乘船渡河，船走到河中央，突然有一条白色的大鱼跳到了他的船里。周武王认为这是上天在传递旨意，于是，他俯身抓起白鱼，用它来祭祀上天。

第二件事，火流为乌。

渡过黄河后，有一团火从天而降，一直落到周武王居住的屋顶上，转动不停，最后化成一只乌鸦，颜色赤红，发出魄魄一般的鸣叫声。

这两件事，不同寻常，被诸侯大臣视为祥瑞，后人将之概括为“白鱼赤乌”。

“白鱼赤乌”，缘何能被视为祥瑞之兆呢？

第一，殷人尚白，以白色为正。鱼为鳞甲之物，象征战争。白鱼入船，意味着殷商为武王所得。

第二，周人崇尚赤色，以赤色为正。乌鸦反哺，孝心十足。赤乌降临，象征武王继承文王遗志，完成伐纣事业。

赤乌发出的声音很独特，振奋了周武王，更振奋了军心。

据说，前来参加这次阅兵活动的诸侯和部落首领，有八百个。八百诸侯都说:“可以讨伐纣了！”孰料，群情激荡之时，周武王却撤兵了。

这一番操作，让八百诸侯摸不着头脑，兴师动众为的是啥呀?

周武王给出的答案是，时机未到，天命尚未转移。原来，此次出兵，周武王是想试探一下诸侯之志。虽然有八百诸侯支持，周武王还是清醒自持，回去又待了两年。

这两年，商纣继续着他的堕落，而周武王继续厉兵秣马。

这两年，周国蒸蒸日上，商朝日薄西山。

两年后，周武王正式向全体诸侯宣告“伐纣”。

商纣王听闻武王来伐，组织了七十万军队抵抗。可惜，他的统治早已经烂到骨子里了，他的军队毫无作战之力，更无战斗之心，反而阵前倒戈。周武王没费多大力气，轻而易举就攻下了商朝的都城朝歌（今

河南淇县）。

到这个时候，自觉承受天命、信心满满的商纣，才彻底明白了大势已去。他跑回城里，登上花费巨资建造的鹿台，穿上珠宝装饰的华美衣服，纵身投入火海，自焚身亡。

就这样，殷商王朝灭在了纣王的手中。

就这样，姬发成了西周的开国之君。

天命转移！

天命是啥

在一些历史题材的电影、电视剧中，我们经常看到宣读皇帝圣旨的场面，开头往往是“奉天承运皇帝诏曰”八个字，剧中人念的时候往往是四字一顿，其实这是不对的。正确的读法应该是：奉天承运皇帝，诏曰。奉天承运，意思是奉承天运，遵循承受上天的意志。天运，其实就是天命的另一种说法。

天命看不见，摸不着，到底是什么？

天命是民心。

民心就是百姓的意愿，是百姓所想、所需、所急。想百姓所想，急百姓所急，满足百姓的需求，就能深得民心。民心欢悦，就是顺应天意。得民心者得天下，这是亘古不变的道理。

天命是实力。

在农耕时代，实力的主要标志是土地与人口，以前常说的地大物博、人口众多就是这个意思。没有土地，就没有粮食等各种生活必需品，有土地没有人口也种不出足够的粮食，没有人口也就没有足够的军队保家卫国、抵御外敌。

夏桀、商纣身死国灭，根源在于失却民心，实力衰退，天怒人怨；商汤、周武王兴盛开国，源自得民心，实力壮大，顺天应人。当然，商汤、周武王，依然打着天命的旗号，借着革命的名义，实现了改朝换代。所以说，在古代改朝换代的时候，天命还是一个最合适的、漂亮的借口、理由。

（本篇主要依据《史记·夏本纪》《史记·殷本纪》《史记·周本纪》）

原典

帝纣闻武王来，亦发兵七十万人距[1]武王。武王使师尚父与百夫致师[2]，以大卒[3]驰帝纣师。纣师虽众，皆无战之心，心欲武王亟[4]入。纣师皆倒兵以战，以开武王。武王驰之，纣兵皆崩畔[5]纣。纣走，反入登于鹿台之上，蒙衣[6]其殊玉，自燔[7]于火而死。武王持大白旗以麾[8]诸侯，诸侯毕拜武王，武王乃揖[9]诸侯，诸侯毕从。

《史记·周本纪第四》节选

注释

①**距**：抗拒，抵御。

②**致师**：挑战。

③**大卒**：武王的主力部队。

④**亟**：音 jí，急速，赶快。

⑤**畔**：通“叛”，背叛。

⑥**蒙衣**：披戴。

⑦**燔**：音 fán，焚烧。

⑧**麾**：音 huī，指挥。

⑨**揖**：音 yī，本义是拱手行礼，此处是回拜的意思。

译文

帝纣听说武王攻来，也派了七十万军队抵御武王。武王派师尚父（姜子牙）率百名勇士挑战，派主力部队冲击纣王的军队。纣王的军队虽然人数众多，却没有斗志，军心希望武王迅速攻入商国。纣王的军队都倒戈攻击己方，为武王开路。武王挥师大进，纣王的军队都四散奔逃，背叛纣王。纣王逃出战场，返回城中登上鹿台，披戴起他珍藏的美玉珠宝，自焚于火中而死。武王手持白色大旗来指挥各地诸侯，诸侯都向武王参拜，武王便作揖答谢诸侯，诸侯都愿意追随武王。

周公辅政

在中国，“周公”可是个耳熟能详、响当当的名字。

周公，是孔子的偶像。孔子晚年很久没有梦见周公了，就很忧伤。

周公，还是曹操的榜样。曹操《短歌行》有言“周公吐哺，天下归心”，赞美周公。

普通人做了梦，不知吉凶，便想查看一下，《周公解梦》成为首选。

现在一些日用而不知的礼节，比如婚姻大事、酒席上的规矩、见面作揖甚至抱拳，都是当初周公制礼作乐的遗留。

那么，这个周公究竟是个什么样的人呢？他真的那么厉害吗？

我们不妨到三千多年前的周朝去一探究竟。

几代梦想终成真

岐山脚下，广袤的平原上，太阳刚要从地面升起，人们还在睡梦之中。突然，一声婴儿的啼哭打破了寂静。这个声音是从西伯侯姬昌家里传出来的，原来他又新添了一个娃儿。

这个娃儿是姬昌的第四个儿子。因为出生在破晓时分，后来姬昌给他取名旦，加上姓，合在一起叫姬旦。

姬旦是带着光明出生的，西伯侯对他的期望很大，希望他能为西岐带来光明。姬旦，即是周公，周是他的采邑，公是爵位。

慢慢地，姬旦长大了，他跟着哥哥们玩耍嬉戏、读书识字，身体结实了，见识增长了。在几位哥哥中，他与二哥姬发的关系最铁，两兄弟总是腻在一起，形影不离。

姬旦成长着，周部族也在成长着。姬昌在被商纣王囚禁之后，痛定思痛，便不想再做任人宰割的羔羊了。姬昌为讨伐商纣王暗中积聚力量，不过，时机还没成熟，他就去世了，谥号为文王。此后姬发即位，史称周武王。

周文王已经铺好了路，周武王自然要沿着这条路，走到朝歌去，走到荒淫暴虐的商纣王那里。于是，周武王任命太公望为太师，周公旦为宰相，希望君臣携手，打下一片江山。

自古打江山哪有容易的，周武王经常夙兴夜寐，与周公旦等人商议对策，非常辛苦。周公旦陪在哥哥身边，看着哥哥日渐憔悴的面容，他很心疼。但压力当前，他们都必须顶住，再难也得咬牙走下去。他唯有与哥哥一起分析利弊，审时度势，做好决策。

终于，激动人心的一天到来了。

牧野（今河南淇县西南）一战，商纣王的军队阵前倒戈，周武王一行，一鼓作气，挺进朝歌，成功接手了殷商的政权与国土。

第二天，周武王举行了隆重的仪式，禀告上天，宣告百姓，遵循上天旨意，改朝换代。周公旦手拿大钺，毕公（姬昌第十五子）手拿小钺，左右护卫着周武王。仪式上，周公旦的表情很严肃，但是内心却激动不已，往日情形一幕幕在脑海中浮现，甘苦自知。

好在，终于等来这一刻。

这一刻，他的眼角不觉湿润了起来。

兄弟情深托社稷

打江山难，守江山更难。

殷商的残余势力仍然存在，殷商的根基仍未完全拔掉。对于周武王来说，他的国家还很不安定，国家何去何从，是迫在眉睫的问题。周武王要掌好舵，压力山大，经常夜色很深了还不能安睡。

一天晚上，周武王又久久无法入睡。周公旦得知消息后，急匆匆地来到武王的宫殿。原来，明白周武王有精神压力的周公旦，早就安排好了人，一旦武王忧烦，随时通知他。

周公旦急切询问武王的身体情况，得知没有大碍之后，他才询问武王难以入眠的原因。在他眼中，周武王首先是兄长，是一起成长、比肩作战的兄长。当然，要想让周武王忘却忧愁，周公旦必须得对症下药。

武王考虑的主要有两件事情。

一件是殷商为何灭亡。

上天建立殷朝，殷朝任用的贤人足有三百六十人，虽然说不上政绩光著，但也不至于灭亡。只因殷纣无德，天命转移，他姬发才有了今天的成功。

另外一件是周人怎样发展。

天命是可以转移的，这对姬发来说，是他成功的关键，但同样也会带来灭亡。他能灭了殷商，或许哪一天别人也会灭了他。因此，他要消灭不安定因素，确保周朝的国运不变；他要找出所有的恶人，惩罚他们。

周公旦明白武王的忧思之后，便与周武王商议在洛邑（今河南洛阳）建立陪都，弘扬周德，控制四方。

商议完毕，天色已经快亮了。不过，武王暂时可以睡一觉了。

难题暂时解决了一个，但是百废待兴，问题接踵而至。周武王只能夜以继日，抽丝剥茧，披荆斩棘。如此辛劳，如此努力，铁打的人也受不了，终于武王还是病倒了。

国不可一日无主，更何况此时殷商残余势力还在蠢蠢欲动，周公旦心急如焚，他既担心武王身体，又担心国政有变。思索一番，周公旦斋戒沐浴，以自身为抵押，祈祷先祖，愿意代替武王承受病痛，愿意代替武王去侍奉先祖。周公旦情真意切，句句发自真心，身边之人都被感动了。

祈祷仪式结束后，周公旦入宫安慰武王说："哥哥莫要担心，您一定会好起来的！我刚刚收到先王的命令，让您只需考虑如何保持王朝的长治久安，其他的就不用考虑了。先王会保佑您的。"人在病中，心理很脆弱，周公旦的话给了武王莫大的鼓舞，武王就像吃了灵丹妙药一般，病情第二天竟然真的好转了。

周武王在病榻上，曾对周公旦交代身后之事。他希望周公旦接下自己的担子，即位为君。周武王的这番考虑，不是试探，而是从周王朝的长久发展出发的。

本来周武王的儿子姬诵是既定的王位继承人，但是姬诵年纪尚幼，恐怕难以应付当时错综复杂的局势。一旦出现问题，此前周文王以来的种种努力都会付诸东流。而周公旦有仁德有才能，从周文王时就参与政治谋划，历练已久，是最合适的人选。

此话一出，周公旦涕泪涟涟，悲从中来。一悲痛于兄长即将离世，二感动于兄长的信任。他紧紧握住周武王的手，向兄长保证一定会守住江山，帮侄子牢牢守着这得之不易的江山。

不惧流言稳江山

周武王最终没有抵挡住病魔的侵袭，带着一腔眷恋与担忧离开了人间。太子诵即位，是为周成王。

这段时间，对周朝兴衰存亡是个极大的考验。商纣王的儿子武庚似乎看到了一线希望，不断联系着一些小国，寻找着反攻的机会。在这一关键时刻，周公做出了一个重要决定——摄政，代替年幼的成王处理政务。

这本是特殊时期的权宜之计，却引起了一些人的不满。

这些人，恰恰是周公的兄弟。

周公与周武王兄弟情深，但是周武王的兄弟可不止周公一个，管叔、蔡叔也是。管叔是周文王的第三个儿子，是周公的哥哥，但是他和弟弟蔡叔只能在东边监督殷商遗民，而周公却一直跟在武王、成王身边，位高权重。同样是兄弟，做人的差距为什么这么大？为何你周公要摄政，为何你要高我们一等，你是不是想篡位啊！

于是，愤愤不平的管叔、蔡叔就在全国上下散布谣言：“周公要对成王不利！”

管叔、蔡叔这是在给周公施压，是在将周公的军。他们哪里知道，周武王曾想将王位传给周公，如果周公真有做天子之心，他又何必多此一举呢？

面对亲兄弟的攻击，周公很无奈，但他仍然决定不避嫌疑摄政，因为他曾经对武王承诺过，为了周朝的江山社稷，即便被人误解，他也无怨无悔。

他事无巨细地处理朝中事务，生怕出现失误。治国理政，离不开人才，周公不断地发布招贤令，招贤纳士。

有一次，他刚把头发放到水里，就有人来报，说有贤士前来拜访，周公来不及洗完头发，握着湿漉漉的头发，急匆匆地去接待来访者。

还有一次，他正在吃饭，有人前来禀报，有贤人来拜见，周公吐出嘴里的食物，赶紧去会见来访者。

这样的场面，不是一次两次，而是在周公的日常生活中不断地上演着。后来，人们便将这样的情景凝聚成“握发吐哺”的成语，周公也成为礼贤下士、殷切求才的典范。

但是，最终他还是没能消除管叔、蔡叔的不满。管叔、蔡叔联合武庚发动叛乱，背叛周朝，史称“三监之乱”。这真是“屋漏偏逢连夜雨”，内外勾结，实在是致命一击。不过，经历过大风大浪的周公也不是吃素的，他当机立断，主动出击，亲自领兵，东征叛军。

这场仗，是场硬仗，叛军联合了淮夷几十个国家。

这场仗，是场持久战，一打就是三年。

这场仗，是必须打而且必须赢的一场仗。赢了，天下太平；输了，换了天地。

三年时间，周公终于啃下了这根硬骨头，杀了武庚，斩了管叔，流放了蔡叔，殷商遗民全部被收服。周公又乘胜挺进，趁机灭掉了奄国等五十多个国家。至此，周王朝的领土进一步扩大，天下诸侯都归顺了周王朝。

一路走来，周公此时更加清楚巩固胜利果实的重要性。为了避免重蹈覆辙，他做了三个决定：

一是分封诸侯。分封诸侯，周武王克殷之后就做过，主要是分封功勋大臣。周公此次分封，则是为了巩固统治，一个支点是同宗同姓分散到各地，扩大周族的直接统治范围；另一个支点是迁徙殷商遗民到各地，瓦解他们的集团力量，让他们没有能力反抗。

二是迁都洛邑。这件事，其实早在武王在世时，他们兄弟二人就已经商议好了。洛邑地处天下之中，利于统领天下诸侯。只不过还没来得及实施，武王就去世了。此时，周公感觉必须付诸实施了。

洛邑修成，一番占卜，卦象大吉。周成王迁都洛邑，取名为“成周”。此名字的由来，一是完成了上天赐予的天命，一是因为取得了成绩，建立了统一四方的国都。当然，也有人认为这个“成”，指的就是周成王，是成王时代定鼎中原。

三是制礼作乐。礼乐制度，相辅相成，以“礼”来“尊尊”，确立等级制度；以“乐”来“亲亲”，加强内部团结。每个人，任何时候，都有规则遵循，避免了混乱争斗，周人走入秩序化的时代。

周公在关键时刻顶住了压力，接住了挑战，真正开创了“溥天之下，莫非王土，率土之滨，莫非王臣”（《诗经·北山》）的局面，开创了“郁郁乎文哉”（《论语·八佾》）的时代，功莫大焉。

一心一意育天子

作为辅政大臣，周公还有一项非常重要的工作，便是保护成王，培养成王，让成王尽快亲政。

有一次，成王病了，病得挺严重，周公特别着急。武王托孤，这孩子可千万不能有什么闪失。这次，他将自己的指甲剪下扔进河里，向神灵祈祷，祈祷成王赶紧好起来。周公说：“成王年幼无知，如果有冲撞神灵的地方，都是我的责任。神灵可以惩罚我。”古代讲“身体发肤受之父母”，周公用指甲代表自己，他又一次将自己作为人质，来祈祷成王病愈。这一次，成王好了起来。

年幼的成王，毕竟是孩子，做事难免有些孩子气，“桐叶封侯”就是一个例子。

有一天，成王与弟弟叔虞在一起玩耍。只见成王将一片桐树叶削成了圭（古代帝王诸侯举行典礼时手持的玉器）状，递给叔虞，像模像样地说：“我以此桐叶，封你为侯。”旁边侍奉的史官把这话记录了下来，并要求成王兑现承诺。成王说自己是和弟弟闹着玩儿呢，史官却说“天子无戏言”，最后周成王就把弟弟封在了唐地（今黄河、汾河以东）。

《吕氏春秋》一书中，“天子无戏言”的话是周公说的。联系当时周公摄政的背景，周公说的可能性很大，退一步说，即便此话不是周公说的，分封叔虞也绝对绕不开周公。我们可以脑补一下当时的情景，周公一定会趁此机会教育成王，为他言说“天子之道”。

周公摄政七年，国家转危为安，步入正轨，一切都井然有序。成王也渐渐长大了，能够理政了。周公便将政权还给了成王，自己面向北方，站在臣子的位置上，恭恭敬敬地拜谒成王。

此前周公一言九鼎，没有人提反对意见，如今成王执政了，有人就要算计周公了。这些人诬陷周公，说他有不臣之心，当初就想夺了王权。一时间，谣言四起，甚嚣尘上，周公怕成王为难，逃奔到了楚国。

成王毕竟年轻，多少有些怀疑。有一天，他打开秘府，看到了周公替自己祷告的册文，不禁泪流满面，悔恨不已。这样一位自愿替他去死的亲人，又怎么会有谋逆之心呢？自己又怎么可以这样怀疑爱自己的叔叔呢？成王立即将周公迎了回来。

周公回来后，担心成王年轻气盛，害怕他禁不住诱惑，多次上书提醒。周公用周朝先王的努力，用商纣王的荒淫，反复叮咛，谆谆教导，切切不可贪图享乐，毁了家业。

明白周公苦心的成王，特别听话，特别用心，处理国事，渐渐上道了。周公很欣慰，也很满意。他没有辜负兄长的托付，当然，成王也没有辜负他的培养。

如此，甚好，甚好！他可以安心地回到西周故地酆地（fēng dì，今陕西西安鄠邑区）养老了。

忠心可鉴天地知

待在酆地的周公，终于可以歇一口气了。

这些年，他东征西战，总理朝政，实在是太累了，他的精神也太紧张了。但是，长期高度紧张的状态，一下子松弛下来，身体反而受不了了。再加上年纪确实也大了，周公病倒了。

临死之前，周公还是放不下成王。奄奄一息的他，遥望着东方，微弱地留下了遗言：“我死以后，一定要把我埋在成周。我永远不要离开成王，永远是成王的臣子。”

周公去世，周成王非常伤心，他明白叔父对自己的心意。但是他怎么敢、怎么能将叔父看作臣子呢？成王没有遵循周公的遗言，没有将周公葬在成周，而是将他葬在了周文王的墓穴旁边，让周公永远伴随文王，也表示自己不会以周公为臣。

周公去世这一年的秋天，农田里的庄稼长势很好，眼看着就要收割入仓了，眼看着又是一个丰收年啊！不料，突然袭来一场狂风暴雨，庄稼全部倒下了，参天大树也被连根拔起。全国上下，非常惊恐，一时不知如何是好。

天降异象，在当时看来，肯定是天子有事情做得不对，做得不到位。周成王赶紧自我反思，自我查找缺憾。终于，他发现了一个金色绳子缠绕的箱子，箱子里放着周公当年愿意代替武王赴死的祷告册文。当时周公祷告，撰写册文、保存册文是史官负责的，成王便派人询问史官等相关人员，他们禀告说：“确有此事，但是周公命令我们不要说出去。”

成王捧着册文，回想周公辅佐自己的点点滴滴，顿时泪流满面，感叹道：“叔父默默为周王室辛苦操劳，我却没有及时了解。这是上天在彰显叔父的美德啊！”于是，成王带领百官，身穿朝服，浩浩荡荡地到南郊祭天。

说来也怪，风向顿时翻转，倒伏的庄稼重新站立了起来，吹倒的大树被扶起，培实土基后，都又盎然生长开来。这一年，大获丰收。

当初周武王分封诸侯，周公被封为鲁公，但因为要辅佐武王、成王，周公没有前往封地，就让儿子伯禽代替他前往鲁国理政。

此时，成王特许鲁国可以有与周天子一样的礼乐，可以在南郊行祭天和庙祭文王之礼。这在全国各个诸侯国中是独一份，为的就是彰显周公匡扶周王室的功绩。

做好自己心无悔

周公一生，最高光的时期是摄政的七年，最黑暗的时期也是摄政的七年。

这七年，他主持朝政，平定叛乱，两次克殷，稳定政局，制礼作乐，文治教化，蔚为大观。他为周王朝打定了江山，坐稳了江山。

这七年，他夙兴夜寐，战战兢兢，兢兢业业，生怕有一点闪失，身体极度劳累。更为难受的是，铺天盖地的谣言，让他陷入被质疑、不满的旋涡，无法抽身。

他的亲兄弟质疑他，并不惜联合外贼发动叛乱，目标就是他，他的心很痛。

他的同僚怀疑他，虽然他对太公、召公自表心志，但是怀疑仍然存在，他很无奈。

他的侄子也有不满，整天被他耳提面命地教育，孩子的叛逆心也就上来了，这时再有人吹吹风，说你叔叔这是要夺你的位子啊，侄子对他也存着一份戒心。

很多人经受不住误解与谩骂，或许就撒手不管了，有的甚至淹死在了唾沫星子中。但是，周公成功突围了。他突围的法宝就是做好自己的事，让事实说话。

他一如既往，该管的还是管，该做的必定做，等止住了风雨飘摇之后，等侄子足以独当一面时，他主动抽身离去。

人生一世，不论你做什么，总会有人指指点点，说三道四，似乎唯有如此，才能满足他们那可怜的“优越感”与“自卑心”。面对这些，你要做的不是与别人打口水战，也不是赌天咒地地表白自己，因为，在那些说你的人心中，你这是心虚。

真正的强大，就是做自己，做好自己。

一棵根深叶茂的大树，没有时间去炫耀自己的美丽，也没有心思去与他人比美，因为它正忙着往深处扎根，它正忙着往高处伸展呢！

（本篇主要依据《史记·周本纪》《史记·鲁周公世家》《逸周书》）

原典

武王崩[①]，成王立，唐有乱，周公诛灭唐。成王与叔虞戏，削桐叶为珪[②]以与叔虞，曰：“以此封若。”史佚[③]因请择日立叔虞。成王曰：“吾与之戏耳。”史佚曰：“天子无戏言。言则史书之，礼成之，乐歌之。”于是遂封叔虞于唐。唐在河[④]、汾[⑤]之东，方百里，故曰唐叔虞。姓姬氏，字子于。

《史记·晋世家第九》节选

注释

①**崩：**指帝王死亡。

②**珪：**玉质的符信。

③**史佚：**人名。西周初年史官。

④**河：**黄河。

⑤**汾：**汾水。

译文

武王去世，成王即位，唐国反叛周国，周公灭了唐。成王与叔虞玩耍，将桐叶削成圭形送给叔虞，说：“把这个作为分封你的凭证。”史佚因此请求选择吉日分封叔虞。成王说：“我跟他开玩笑罢了。”史佚说：“天子不说玩笑话。一说话史官就会记载下来，举行仪式实现它，创作乐章歌颂它。”从此就把叔虞封到唐地。唐地在黄河与汾水的东边，方圆一百里，所以叔虞后来叫唐叔虞。叔虞姓姬，字子于。

伯夷叔齐

历史沧桑几千年，走来了多少人，又离开了多少人。每一个人都是一个故事，每一个故事都是一个传奇。但是，历史记录下来的人、历史流传下来的故事，却如同沧海一粟，少之又少。

司马迁的《史记》，为历史上的卓越人物立传，功莫大焉。

每一个人物，都是一个历史存在，又是司马迁的心灵投射。他从历史中选择的人物，都是能引起他思索的。他一边讲故事，一边在为自己发声。

《史记》“七十列传”的第一篇是《伯夷列传》，传主是伯夷、叔齐。一般来说，首篇是很重要的，渗透着作者隐微的心思。

那么，伯夷、叔齐有什么独特之处呢？司马迁想从伯夷、叔齐这里表达什么心思呢？

兄弟让国

时间回到殷商王朝统治时期。

殷商王朝统领着许多小国家。北方有一个国家，名叫孤竹国。这个国家，与商王朝关系紧密，是商汤王为巩固统治特意设置的宗亲诸侯国。孤竹国国君，在殷商王朝经常担任重要职务。

商朝末年，这一代孤竹国国君年事已高，他开始思索起接班人的问题。

孤竹国国君的儿子，见于文献记载的，有三个：

长子伯夷。

二儿子，没有记下名字。

三儿子叔齐。

伯、叔，是兄弟排行的次序，夷、齐，是他们死后的谥号。

在几个儿子中，孤竹国国君最喜欢的是三儿子叔齐，认为叔齐有治国之才，有君王之相，叔齐当接班人，最符合他的心愿。但是，叔齐前面还有两个哥哥，他们都没有什么过失，也是好孩子。尤其是大哥伯夷礼让贤德，很有风范，也有很多人拥护他。

孤竹国国君很为难，不知如何是好。不过，随着他的身体一天天衰弱，孤竹国国君让叔齐接班的愿望越来越强烈了，最后他终于下定决心，留下遗命：叔齐即位。

孤竹国国君的这个遗命，让叔齐很为难：叔齐一直很尊重哥哥伯夷，他认为哥哥是国君的最佳人选，有哥哥在，他是不会即位为君的。所以，他决定让位给伯夷。

伯夷一向听从父亲的话，再说这是父亲最后的遗愿，他不敢也不愿意接受君位。当然，他也知道弟弟叔齐是真心让位，他也不愿意让弟弟为难。为了解决这个问题，伯夷也做了一个决定：逃走。他以为只要他走了，叔齐就不会为难，就会遵从父命，即位为君了。但是，他还是想错了，想错了他的弟弟。

他的弟弟叔齐，讲究诚信，这种诚信，不仅对别人，而且也对他自己。从他说出让位的那一刻起，就已经对伯夷、对自己有了承诺，不会改变。伯夷走了，叔齐信守承诺，没有即位。为了避免大臣们的劝说，他又做了一个决定：逃走。

逃到哪里去呢?

追赶哥哥伯夷，伯夷去哪儿，他去哪儿。

功夫不负有心人，叔齐终于找到了哥哥伯夷。

伯夷、叔齐抛下君位，留下了面面相觑的大臣们。国不可一日无君，他们决定拥立伯夷的弟弟、叔齐的哥哥，也就是孤竹国国君的二儿子即位。

为了君位，好多兄弟同室操戈，自相残杀，血流成河，引起政局动荡。孤竹国的这两兄弟倒好，相互礼让，不贪权，不贪利，只愿遵从内心所向。

他们兄弟二人，哥哥是听父亲的话，这是孝顺；弟弟不听父亲的话，礼让大哥，这是仁义。他们为世间兄弟们做了好榜样，也让兄弟相残者汗颜啊！

直奔西岐

离开了孤竹国，伯夷、叔齐兄弟俩就不能再回去了，回去就是给即位的兄弟添乱。但是，他们不能老这样居无定所，他们得找个好去处。思前想后，反复商量，伯夷、叔齐最终敲定了要投奔的人。

这个人就是西伯侯姬昌。

全天下那么多国家，伯夷、叔齐为什么要投奔西伯侯呢？

有德！

伯夷、叔齐兄弟二人本身是追求德义之人，正所谓“物以类聚，人以群分”，正所谓“同声相应，同气相求”，他们要寻找的自然也是有德之人。西伯侯为政，施行仁义，敬重老人，慈爱晚辈，礼贤下士，有时为了接待贤士都顾不上吃饭，很多人都愿意归附他。

西伯侯行善事，有威望，诸侯发生争端都请他裁决。有一次，虞国与芮国因为田界归属问题发生了争执，都想多占点地。要多占地，就得给个理由啊，两国国君都有理由，都认为自己很有理，谁也说服不了谁。好在，两国国君在请西伯侯为他们定是非这一点上，达成了一致。

他们相约来到西伯侯的周国，发现了一幕幕让他们汗颜的景象：在田边，种田的人相互礼让田界；在路上，行路的人相互礼让道路；随处可见的，是人们谦让长者。

这一幕幕，在周人那里是那样自然，在虞国与芮国国君眼中却是那样刺眼，刺中了他们心底的争执之心。他们惭愧极了，他们所争执的，恰恰是人家深以为耻，不屑去做的。他们庆幸还没有见到西伯侯，否则就真是自取其辱了。

回去之后，他们也不争了，这块地，就成了他们两国之间的一块地，谁也没有占有。

这块地，是礼让的结果。

这块地，也是西伯侯姬昌多行善事的见证。

伯夷、叔齐所追求的，无非就是一个人人守德、和谐、安宁的世界。

就这样，兄弟二人兴高采烈地往西岐大地走去。

叩马而谏

一路上，兄弟二人结伴，走过了一山又一山，走过了一程又一程，观赏山水，畅谈志向，很是欢快。这一路颠簸，倒也不觉得辛苦了。终于，伯夷、叔齐到达了西岐境内。

他们满心欢喜地畅想着与西伯侯见面的情景，相信他们一定能够碰出火花，相信他们一定能相互欣赏。但是，还没有见到西伯侯，一个坏消息传出：西伯侯姬昌去世了。

伯夷、叔齐很失望，毕竟他们是奔着西伯侯来的。西伯侯去世了，他们该何去何从呢？这件事比较费脑筋。或许他们可以继续待在西岐？

没办法，先在西岐待着吧，这里毕竟是西伯侯的领地，百姓们很友好，很有规矩。

西伯侯去世后，他的儿子姬发即位，史称周武王，追尊西伯侯为周文王。周武王即位后，继续推行周文王的为政理念，伯夷、叔齐住在那里，过得也还不错。但是，伯夷、叔齐没有想到的是，一件大事，正在紧锣密鼓地秘密准备着。这件事，就是讨伐商纣王。他们可能更没有想到的是，这件事，是从周文王时就已经确定好了的。

经过一番准备，周武王带领军队，军车上载着周文王的牌位，浩浩荡荡地向东方前进，目标就是灭了殷商。

伯夷、叔齐听到这个消息，非常震惊。商纣王暴虐无道，虽然伯夷、叔齐对商纣王的行为也有不满，但是讨伐商纣王这样的事情，他们从来没想到会有人来做。毕竟，商纣王才是天下独一无二的统领，周武王只是一方诸侯啊。

伯夷、叔齐不知如何是好，但他们总归要做点什么。毕竟，从血缘上来说，他们与纣王祖上是很近的，他们不希望周武王走向深渊。他们一路狂奔，奔向周武王的队伍，求见周武王。

他们快步走到周武王的战车前，勒住周武王的马缰绳，大声劝谏：父亲死了不葬，就发动战争，这是不孝；作为臣子，以下犯上，讨伐君主，这是不义。

周人制定“伐商战略”，为此两代君臣兢兢业业、战战兢兢、夙兴夜寐，终于确定了伐商的时间和作战计划。多年多人的呕心沥血，不可能因为两个人的反对，就此搁置。开弓没有回头箭，他们不能停止，他们也不愿停止。大战当前，伯夷、叔齐此举，无疑是在扰乱人心，周武王身边的将领非常气愤，上前就想杀死他们。吕公望阻止了他们，他认为伯夷、叔齐是有节义的人，不能轻易杀死，就派人搀扶着伯夷、叔齐离开了。

周武王一声令下，大军继续前行。伯夷、叔齐目送着大军离去，在飞扬的尘土中，痛哭流涕。他们明白，这一去，必定是血流成河；这一去，必定是君臣残杀；这一去，必定是人伦沦丧。

不食周粟

个人阻挡不了历史车轮的行进，周武王最终还是成功了，天下归顺了周朝。

根据《庄子·让王》的记载，周武王曾派自己的弟弟周公旦前往岐山之南，拜见伯夷、叔齐，说要授予他们兄弟俩一等官职，增加俸禄二等。

兄弟二人相视一笑，这不是他们追求的道，他们不是为了官职俸禄才来到西岐的。也是，人家哥儿俩可是丢下国君宝座不要的人啊！

他们认为，周武王讨伐商纣王，这是以暴易暴，这是德行衰败的表现。上古贤士，在治平之世不逃避责任，在混乱世道不苟且偷生。与其跟着周人，使自身受到侮辱，不如逃离他们，继续保持高洁的德行。

说到底，他们还是从心底不认同周武王的以下犯上。

兄弟二人逃到了首阳山，做起了隐士，以示与周人划清界限。为了保持自己的气节，伯夷、叔齐坚决不吃周人土地上的粮食，这便是成语“不食周粟”的来历。

不吃粮食，他们还得活下去啊，肚子没有气节啊，它饿了还是会抗议的呀！伯夷、叔齐就在首阳山挖薇菜吃，他们认为这些薇菜，是老天的赏赐，与周人没有关系。薇菜虽然不是很美味，多多少少能填填肚子，总不会饿死。

就这样，一天又一天，他们兄弟俩成了吃薇菜“专业户”。但是，有一天，吃薇菜的日子也停止了。

事情起因于，有人对他们的做法很不认可，感觉他们太会装了。

整个天下都是周朝的了，“溥天之下，莫非王土”，这首阳山的土地难道不是周朝的？这首阳山的薇菜难道不是在周朝的土地上长出来的？说什么“不食周粟”，真的能做到吗？

伯夷、叔齐兄弟二人，被人家这么一挤对，瞬间清醒了。天地已经换了新主人，他们的居所、饮食，都不可能与新主人无关。他们陷入了一个矛盾旋涡：要活下去，就要吃周人的东西，吃了周人的东西，就无法保持气节；要保持气节，就不能吃周人的东西，就要被饿死。

最后，在活下去与保持气节之间，他们选择了后者。连薇菜都不吃了，等待他们的，只能是死亡。

饿死之前，兄弟二人气息奄奄地唱了一首歌。歌词大意是：登上那西山，采摘薇菜啊。用残暴代替残暴，竟然不觉得是错误的。神农、虞、夏的太平盛世忽然消失了，我们的归宿在哪里呀？哎呀，唯有一死啊，命运这样不济！

唱完，伯夷、叔齐咽下了最后一口气，死掉了。

与他们一起死掉的，还有他们的理想。

活出一种精神

伯夷、叔齐死了，但是世人对他们的评说才刚刚开始。最为著名、最有权威的评说，来自孔子。

有一次，孔子的弟子子贡问孔子："伯夷、叔齐，是什么样的人呢？"

孔子回答："贤人。"

子贡又问："他们对自己做过的事情不后悔吗？"

孔子说："他们求仁而得仁，有什么可后悔的，有什么可怨恨的！"

孔子的这段话，是对伯夷、叔齐德行的定位，也是对他们行为的肯定。

虽然按照一般人的看法，他们生生饿死在首阳山上，真的是太可怜了，太傻了，何必呢？即便是哲人庄子，也认为伯夷、叔齐是"残生伤性"(《庄子·骈拇》)，不爱惜生命是不对的。但是，他们"不降其志，不辱其身”（《论语·微子》），他们宁愿死，也要保持的，就是他们一直以来追求的仁德。是否有仁德，恰恰是孔子评价人物的重要标准。

堂堂齐景公，曾经是一国之君，威风八面，有权有钱，享尽人间富贵，但是，他死之后，百姓们没有一个称赞他的，为什么呢？就是因为他没有仁德，品德不好。

伯夷、叔齐，饿死在首阳山，很悲惨，但是，他们死后，百姓们却有很多称赞的，为什么呢？他们有仁德，品德高尚。

历史的评定权，掌握在百姓手中。一个人的价值，不在于是否有钱有权，更重要的在于是否有料，是否能赚得口碑，而口碑显然与富贵权势无关。

显然，孔子对伯夷、叔齐是极为尊崇的，他们是贤德、廉让、仁义的丰碑。这种人格力量，经由孔子宣传，烛照着后世儒生的心灵世界。

司马迁的努力

中国人特别注重名声，孔子说“君子疾没世而名不称焉”（《论语·宪问》），来世上走一遭，都希望能雁过留声，人过留名。但是，历史上真正留下名声的，又有多少人呢?

伯夷、叔齐兄弟俩，即便他们是那样贤德，但是如果没有孔子的称赞，他们的名声不会那么响亮。

颜渊一心向学，德行深厚，也是因为追随孔子，他的事迹才会更为人所知，他的名声才会更显著。

世上的贤者，并不少。有一些人隐居于高山大川，有一些人生活在穷乡僻壤，他们砥砺德行，他们磨砺志向，令人钦佩，也值得后人学习。

假令没有人记录他们的故事，没有人传播他们的气节，或许他们就会消失在时间的黑洞，湮没无闻，无从知晓。

显然，这种事情太可惜了。司马迁不愿意看到这种局面。

他没有权力，他没有名望，但他手中有笔，他心中有杆秤，他想尽自己最大的力量将这些人的故事记录下来，称量一下他们的德行，让他们扬名后世。

他能做的很有限，似乎只有这么点能耐。

他能记录下来的故事也很有限，不可能将所有人都记录下来。但是，能做一点，历史中就会多一个名字。

一个名字，就是一个鲜活的生命，就是一种仁德的昭示，它向后人诉说：这个世界，我曾经来过。

（本篇主要依据《史记·伯夷列传》《史记·周世家》《史记·孔子世家》《论语》《庄子》）

原典

伯夷、叔齐，孤竹[①]君之二子也。父欲立叔齐，及父卒，叔齐让伯夷。伯夷曰："父命也。"遂逃去。叔齐亦不肯立而逃之。国人立其中子。于是伯夷、叔齐闻西伯昌[②]善养老，盍[③]往归焉。及至，西伯卒，武王载木主[④]，号为文王，东伐纣。伯夷、叔齐叩马而谏曰："父死不葬，爰[⑤]及干戈，可谓孝乎？以臣弑君，可谓仁乎？"左右欲兵之。太公曰："此义人也。"扶而去之。武王已平殷乱，天下宗周，而伯夷、叔齐耻之，义不食周粟，隐于首阳山，采薇[⑥]而食之。

《史记·伯夷列传第一》节选

注释

①**孤竹：**古国名，商汤所封诸侯国，今河北卢龙南。

②**西伯昌：**姬昌。商朝末年，姬昌为西方诸侯之长，故称"西伯"。

③**盍：**音 gài，同"盖"，乃，于是。

④**木主：**木制的死者灵牌。

⑤**爰：**音 yuán，连词，于是，便。

⑥**薇：**一种野菜，又名大巢菜。

译文

伯夷、叔齐，是孤竹国君的两个儿子。父亲在世时想立小儿子叔齐为继承人，到父亲死后，叔齐让位给大哥伯夷。伯夷说：“你做国君是父亲的遗命。”于是逃走了。叔齐也不肯即位，也逃走了。国人只好拥立国君的二儿子。当时伯夷、叔齐听说西伯姬昌善于收养贤士，于是前去投奔。等他们到达时，西伯姬昌已经去世，武王姬发正载着姬昌的灵牌，追谥姬昌为文王，往东讨伐殷纣。伯夷、叔齐拦住武王的马车劝阻说：“你父亲去世还没有安葬，你就发动战争，这能说得上是孝吗？身为臣子却要去讨伐自己的君王，这能说得上是仁吗？”武王左右的人要杀他们。太公（姜子牙）说：“这两位是义士。”命人搀扶他们离开。武王灭掉殷纣后，天下都接受周的统治，而伯夷、叔齐却耻于做周朝的臣民，决心不吃周朝的粮食，隐居在首阳山，采摘薇菜充饥。

烽火戏诸侯

周武王牧野一战，击败商纣王，建立了周朝，很是威风。赫赫宗周，就是这么来的。

宗周建立，着实不易，君臣们整日如临深渊，如履薄冰，终于缔造了辉煌。

如此赫赫的宗周，又是怎么没的呢？

《诗经·正月》中说："赫赫宗周，褒姒灭之。"

褒姒是谁？她有何能，能把宗周灭了？她是怎么灭了宗周的呢？

褒姒不寻常

褒姒，是一个女人。这个女人不寻常。

首先，她的出生很不寻常。

事情要从夏后氏衰落的时候说起。

据说，在某一个神奇的日子，两条神龙降落到夏帝的宫廷，神气地自报家门，说："我们是褒国的两个先君。"

龙虽然是神物，受很多人敬仰，但大多停留在"叶公好龙"的阶段，真正见到过龙的有几个人呢？这次，龙不仅来了，而且一来就是两条。事情很诡异，夏帝顿时慌了神。他不知道这是吉还是凶，更不知道如何是好，不知道该如何处理这两条龙。但他明白，这不是寻常事，应该是神灵在指示某种意思。

当时占卜是沟通神灵的最好方式，夏帝便派人占卜，虔诚地询问：对这两条龙，该杀，该赶，还是该留？

很可惜，三种占卜方式的结果都显示不吉利。

焦急的夏帝只能再次占卜，结果显示留下神龙的唾液，储藏起来，大吉。

有了神灵的指引，夏帝就有了主心骨，也就没那么担忧了。

于是，夏帝隆重地摆设祭品，书写策文，面向两条神龙，虔诚祷告。说也奇怪，神龙似乎听懂了一般，留下了唾液，一下子飞走不见了。

夏帝一见，赶紧让人拿来木匣，将神龙的唾液收藏起来。他派出专人看管木匣，生怕出现纰漏，还专门下令，不论何人，不论何事，都不能打开这个盒子，这个盒子有玄机。

夏朝灭亡之后，这个匣子就传到了殷朝。殷朝灭亡之后，这个匣子又传到了周朝。连续三代，从来没有人敢把这个木匣打开。木匣就如同空无一物一般，悄悄地过着安静的日子。

有一天，终于有人忍不住好奇，打破了禁令，对着这个木匣下手了。

当然，这个人也不是普通人，他是周厉王。那时已经是周厉王末年了。周厉王带着极度的好奇，轻轻打开木匣，看了又看，很失望，感觉也没什么神奇嘛。

正当他失望的时候，奇异的事情发生了：神龙的唾液，一下子从木匣里流到了宫廷的地面上，怎么也清扫不掉。周厉王慌了，不知怎么想出一个主意，命令一群赤身裸体的女人对着唾液大声吆喝，希望吓走这怪异的东西。

说来也怪，那唾液好像真的害怕了一般，变成了一只黑色的大蜥蜴，哧溜一下爬走了，爬进了厉王的后宫。

说来也巧，后宫有一个小宫女，也就六七岁的样子，正好碰上了那只大蜥蜴。

此后一切都很平静，没有什么异常。唾液没有了，大蜥蜴没找着，周厉王也就不再在意，以为传说不过是吓吓小孩子的。但是，该来的终究还是会来。

小宫女慢慢长大了，成年后的她，竟然毫无预兆地怀孕了。

没有丈夫，无缘无故地就有了孩子，生下孩子，宫女很害怕。惊慌失措的宫女，也没顾得上看孩子一眼，就找了一个隐秘的地方，把孩子扔掉了。

这个孩子，就是褒姒。所以，褒姒应该是神龙的女儿。但是，这个女孩，来到人间，是不受欢迎的，没有得到任何人的祝福。

其次，这个女人的成长也很不寻常。

褒姒被抛弃时，周厉王已经去世，在位的是周宣王。

早几年时，王都的大街小巷都流传着这样的歌谣："山桑弓，箕木袋，将会灭了周国啊。"宣王听了这歌谣，很忌讳，就派人寻找与此相关的迹象。

功夫不负有心人。有人发现，国内有一对夫妻，是做小买卖的，卖的恰恰就是山桑弓和箕木袋，这算是与歌谣对上了。宣王当即下令抓捕他们，一旦抓住，就把他们杀掉，以绝后患。

夫妇二人，张皇失措地逃命去了。逃亡路上，他们发现了一个被扔掉的小女孩。

小女孩又冷又饿，她那么弱小，只能用啼哭来表达身体的感受。深夜里嘶哑的啼哭声，让这对逃亡的夫妇顿生怜悯之心。遇见就是缘分，遇见了就不能见死不救，好心的夫妇二人，抱起这个孩子，继续逃亡。逃啊逃，越逃越远，他们一路逃到了褒国。

他们感觉，这下应该安全了，就停下来了，在那里开始了新的生活。

没有得到亲生母亲的疼爱，却得到了养父母的喜欢，这也算褒姒的幸运。

再次，褒姒的长相也很不寻常。

褒姒在褒国一天天成长着，越长越好看，越长越耐看。

褒姒的美，远近闻名，褒国人都知道了——国内有一个不爱笑的“冷美人”。

很想看看美人笑

褒姒并非她的真实名字。史书上称她为褒姒，是因为她成了周幽王的夫人。

在周代，人们有一种观念：男女同姓，其生不蕃。意思是说，同姓的男女，不能结婚，一旦结婚，他们的子孙不会昌盛。因此，女人结婚时，姓是必须问的，姓是用来分辨血缘的，即便是买来的妾，不知道她的姓，也要通过占卜确定一下。

褒姒，来自褒国，褒国的国姓是姒，因此称其为褒姒。

那么，褒姒又是怎么成为周幽王的夫人的呢?

当时褒国人得罪了周朝，就想通过进献美女，以求赎罪。他们选的就是褒国第一美女褒姒。

看来，褒国真的是被周人打怕了。不过，在他们眼中，褒姒也就是一个政治交易的物件，越美艳，就越值钱，交易来的安定就越长久。

本来就不爱笑的褒姒，这时更笑不出来了。

从出生开始，她的命运就掌控在了别人手中。亲生母亲扔掉了她，她面临生死考验；养父母救了她，使她活了下去；褒国国君将她送给了周幽王，她的人生又到了周幽王手里。兜兜转转，她还是那个她，一个被转来转去的物件。

周幽王又是个什么人？被送给周幽王的褒姒，会不会才出虎口，又入狼窝呢?

周幽王，姓姬，名宫湦（shēng），是中兴之主周宣王的儿子。兴盛在他手里没了影，有的只是随心所欲，周朝慢慢走了下坡路。

但是，周幽王遇到褒姒，秒变为“温柔人”。见惯了美人围着自己转的周幽王，遇见褒姒，却着迷了。他心中很甜蜜，也有一点小遗憾。褒姒那从未笑过的脸庞，刺痛着他的心，他总感觉褒姒不够爱他。越是这样，他越想证明自己的力量，越想让褒姒的容颜挂上笑容。为此，他想了很多办法，但是都没有疗效，褒姒还是没有笑容。

周幽王愈挫愈勇，勇闯难关，终于有了一个“烽火戏诸侯”的办法。

当时，周幽王为了国家安全，设置了烽火台和大鼓。一旦有敌情，烽火台上就会点燃烽火。这件事，事关国家安全，重大，重要，平时监控严格，不能随便点燃烽火。周幽王为了博褒姒一笑，公然违反安全条例。烽火一起，全国兵动，诸侯从四面八方匆匆赶来，云集京都。匆忙赶到之后，却没有见到一个敌寇，诸侯们一脸错愕，满脸愤怒。

看着被戏耍的诸侯，褒姒的笑点一下子被击中了，她禁不住嫣然一笑。

一见美人笑颜，幽王的心都快化了，他很高兴，很得意，也很动心。为了能多看几次那动人的笑容，幽王不顾大臣反对，多次点燃烽火。

多次被耍之后，诸侯们失望透顶，异常恼火。你哄你的女人，自己哄呗，拉上我们，当我们真傻呢？

看到烽火，诸侯们就想起了此前的狼狈。

看到烽火，诸侯们就想起了周幽王的无耻。

慢慢地，诸侯们也就不陪他玩儿了。

西周亡了

烽火戏诸侯，是周幽王宠爱褒姒的集中展现，却不是唯一展现。

褒姒为周幽王生下了儿子伯服（清华简《系年》中为伯盘）。为了表达对褒姒母子的爱意，周幽王果断做了一番人事变动：废掉王后申后，立褒姒为王后，废掉太子宜臼（jiù），立伯服为太子。

当这一决定实施之后，太史伯阳感叹道："祸乱已经酿成，谁也无能为力了！"

那么，太史伯阳说的祸乱是什么呢？

早在周幽王二年（前 780），泾水、渭水、洛水三条河流的周边地区都发生了大范围的地震。在当时，地震也被看作凶兆，与社稷存亡联系在一起。伯阳据此断言，周朝走到了尽头，快要灭亡了，具体时间不会超过十年。但是怎么灭亡呢，谁也不清楚。

周幽王贪婪腐败，任用奸佞（nìng），国人不满意，伯阳看了又看，亡国也不是在此应验。直到周幽王废王后废太子，伯阳这才明白，原来上天是这样安排的呀。

终于，灭亡的这一天还是要来了。

申后不是软柿子，带着儿子，跑回娘家告状去了。

老子英雄儿好汉，申后硬气，她爹更硬气。申后的爹是申国国君申侯。申侯本来想仗着天子岳父的身份享享福，好好度过晚年。这下可好，女儿、外孙连连被废，硬生生把他设想的美好生活打破了。他的牛脾气一下上来了，既然你周幽王不让我们好过，那我也让你吃不到好果子。他决定为女儿、外孙抢回本该属于他们的王权富贵。

即使申侯举全国之力，与周幽王对抗，也没有胜算。这一点申侯很明白。为了做成此事，他又联合缯（zēng）国、西夷犬戎，三军合力，攻打周幽王。三国联军士气汹汹，多日不理朝政的周幽王得知消息，慌忙派人点燃烽火，盼望诸侯前来救援。但是，结果很打脸，没有一个诸侯国派兵来。

真的是天道好轮回，苍天饶过谁啊。

当初周幽王的无底线操作，伤了多少诸侯的颜面啊！这次诸侯们心照不宣地拒绝出兵，直接要了周幽王的命。周幽王一死，褒姒也被俘虏，她的命运再一次被别人掌控。

看来，“狼来了”真不能多喊，喊多了，就净等着喂狼吧。

就这样，西周亡了。

周幽王死后，还在申国的宜臼自立为王，即为周平王。但是，其他诸侯却立了周幽王的弟弟为王，称为周携王。从此，周朝进入二王并立的时代，持续了二十多年。

最后，在晋文公等人的支持下，周平王成功地灭了周携王，迁都洛邑，史称东周。

真真假假

赫赫宗周，传至周幽王，十二代亡国。几百年的江山社稷，怎么一朝就亡了呢？

原因很多，不是一个人、一件事就能摧垮的。周穆王以后，周朝就慢慢走向衰落了。周宣王虽然号称中兴，但是晚年用兵多次失败，中兴也不过是昙花一现。衰落，乃至灭亡，是矛盾长期累积结的果。但是，在历代传诵中，西周的灭亡，却很牢固地与一个人、一件事联系在一起。这个人就是褒姒，这件事就是烽火戏诸侯。

这个黑锅，褒姒背了两千多年，很沉重。因为这个黑锅，褒姒身上被贴上了很多邪恶的标签。

这个黑锅，烽火戏诸侯也背了两千多年，很有劝诫力。因为这个黑锅，周幽王无信无德的形象就被“树立”起来了。周幽王与夏桀、商纣王、周厉王等人并排，成了“昏君”的典型。

其实，历史是任人打扮的小姑娘，谁掌握了权力，谁就掌握了历史。周幽王，作为亡国之君，沉湎酒色，不理国事，这或许是事实。但是，烽火戏诸侯，却并非事实。

最重要的一点，烽火制度是战国时期才出现的。而且，烽火戏诸侯记录得太具戏剧性了。诸侯国与西周国都之间的距离，有长有短，诸侯们领兵到达的时间，自然不会相同。诸侯们接到勤王的消息，需要集结队伍，进行战前准备，准备时间也会不尽相同，一定程度上也会形成时间的错位。一个诸侯发现被骗，两个诸侯发现被骗，消息定然会传出，带兵而至的第三个诸侯、第四个诸侯还会像傻子一样去等着被人家当猴耍吗?

既然如此，这个黑锅又是谁打造的呢?

要回答这个问题，还得先回到周幽王的时代，探探他与儿子宜臼的矛盾。

宜臼作为太子，也有一定的势力，朝内有人支持，朝外有申侯做后盾。其实，周幽王之所以要废掉太子，一个很大的原因，是不愿看到申侯权力的一步步增长，不愿受到申侯的约束。申侯的叛乱是为宜臼夺权，这中间很难说没有宜臼的推波助澜。周幽王一死，他是最大的受益者，他当了天子，成了周平王。但是，搞出来这么大的动静，很多诸侯对他不满意，他身上有着弑君弑父的罪过，很显然，这样的他很难服众。

为了做成名正言顺的天子，周平王一方面让出了一定的权力给诸侯，获得他们的支持，另一方面开始为自己洗白。

最好的洗白方法，就是抹黑对方。就这样，周幽王身上的脏水越来越多，褒姒的罪过越来越大。

从此以后，周幽王就成了昏庸亡国的代言人，褒姒就成了“一笑倾国”的代言人。

这样的人不亡国，谁亡国呢？如此一来，周平王就不是弑父弑君，而是周幽王咎由自取。

说到底，还是那句话，成王败寇。

（本篇主要依据《史记·周本纪》）

原典

褒姒不好笑，幽王欲其笑万方①，故②不笑。幽王为烽燧③大鼓，有寇④至则举烽火⑤。诸侯悉⑥至，至而无寇，褒姒乃大笑。幽王说⑦之，为数⑧举烽火。其后不信，诸侯益⑨亦不至。

《史记·周本纪第四》节选

注释

①**万方：**各种方法。

②**故：**依旧，终究。

③**烽燧：**古时遇敌人来犯，边防人员点火报警，当时，白天烧的烟叫烽，夜里点的火叫燧。

④**寇：**盗匪或入侵的敌人。

⑤**烽火：**泛指上文的烽、燧。

⑥**悉：**全都。

⑦**说：**同“悦”，喜悦，高兴。

⑧**数：**音 shuò，多次，屡次。

⑨**益：**渐渐。

译文

褒姒不喜欢笑，幽王用了各种各样的办法想让她笑，她依旧不笑。幽王曾设置烽火台和大鼓，有敌寇进犯就点燃烽火。等到各地诸侯看见烽火都带兵赶来，到了却发现没有敌人，褒姒见此情景才哈哈大笑。幽王为褒姒终于笑了而高兴，为褒姒多次点燃烽火。这以后烽火就失去了信用，各地诸侯也就渐渐不愿应召前来。

郑庄公小霸

西周和东周，同样是周，但周天子的地位和控制力，不可同日而语。

那么，这样的情况是谁导致的？

周天子自身德行缺失，是重要原因。

周平王作为东周的第一位天子，身上带有弑父弑君的嫌疑，刚开始诸侯对他是不认可的。后面的天子不遵循礼制的更多了。

诸侯的挑衅，是重要的推手。

诸侯渐渐兴起，有力量，有能力，对周天子的不满也敢发泄出来了，与周天子对打起来。这在西周是不可想象的事情，但是在东周却在不断上演。

那么，是谁率先对周天子亮剑的呢？

郑庄公！

末世建立的新国家

郑国的开国君主是郑桓公。

郑桓公名为姬友，是周厉王的小儿子，周宣王的弟弟，周幽王的叔叔。

西周末年，周幽王荒淫暴虐，贪财好利，民不聊生，很多诸侯背叛了西周。当时姬友任周王室的司徒，他关心国事，关心百姓，很得民心，《诗经》中有一首《缁衣》，一般认为就是专门歌颂姬友的作品。

周幽王的一意孤行，让他感觉到了危机，他深知积重难返，祸乱必然要发生了。他不愿意就这样死去，努力寻找一线生机。为此，他找到了博闻强识、见识卓著的太史伯，询问对策。

太史伯给他指了一条路，洛水东、黄河南，那里可以安居。

那里邻近虢（guó）国、郐（kuài）国，虢国、郐国的国君特别贪婪，喜欢占便宜，百姓们很不喜欢他们，对他们并不顺从。如今，姬友是司徒，百姓拥戴他，虢国、郐国的国君看到他正当权，也会很容易地分给他土地。如此一来，姬友到了那里，虢国、郐国的百姓也都是他的百姓了。

太史伯说的这个地方，好是好，位于天下之中，但却是个四战之地：没有山隘阻挡。姬友想去南方，但南方有楚国；想去西方，但西方有秦国；想去东方，但东方有齐国；想去北方，但北方有晋国。无奈之下，姬友听从太史伯的建议，迅速向周幽王请示，希望能将他的百姓迁移到洛水东部。

周幽王同意了。

虢国、郐国国君为了讨好姬友，向他贡献了十座城邑。就这样，姬友建立了郑国，他就是郑国的第一位国君郑桓公。

郑桓公的政治嗅觉果然敏锐，在他建国的第二年，周幽王就被杀了，西周亡了。可惜的是，在动乱之中，郑桓公也被入侵者杀死了。随后，郑国人拥立郑桓公的儿子做了国君，史称郑武公。

郑武公护送周平王东迁，有功受赏，受封为天子之卿士。随后，郑武公又趁机灭了虢国、郐国，进一步扩大了版图。开疆辟土的同时，他不断发展经济，提升国力，郑国成为春秋初年的强国。

一时间，郑国风生水起，风光无限，成为一颗冉冉升起的新星。

备受冷落的大宝

郑武公的夫人，是申侯的女儿，名叫武姜。武是郑武公的谥号，姜是她的姓，这是当时常见的称呼女子的方式。武姜为郑武公生了两个儿子。

大儿子叫“寤（wù）生”。

寤生，也就是逆生，指出生时脚先出，头后出。原来，武姜生这个孩子时难产，很费劲，她疼得死去活来，被折磨得不行。就是因为生这个孩子时，她受了惊吓，受了磨难，孩子就有了“寤生”这么一个名。从此，“寤生”就伴随这个孩子一生了。

按说，寤生是武姜的第一个儿子，也是嫡长子，将来是要继承君位的，武姜应该重点培养才对。但是，很可惜，武姜很讨厌寤生，一见到他，她就想起自己的痛苦，认为这个孩子就是来折磨她的。可怜的寤生，虽然母亲在身边，却没有感受到多少母爱。

后来，寤生的弟弟出生了，寤生的生活更不如意了。

寤生的弟弟取名叔段。武姜生叔段时是顺产，没有受多少罪，她就特别疼爱这个小儿子，全部的母爱都给了他。寤生就好像不是她的孩子一般，承受着武姜偏心的冷落。这个妈妈，还真是任性啊，根据自己生孩子的疼痛感来支配对孩子的爱。

日复一日，年复一年，孩子们渐渐长大了。偏心的武姜，又偏心地想改立叔段为太子，将来即位为君。武姜不断地在郑武公身边吹着枕头风。

叔段若为太子，自然要剥夺寤生的太子之位，但是寤生这孩子非常努力，郑武公很看好他，坚决回绝了武姜。多亏还有个明理的父亲，要不然寤生这孩子的童年生活实在太惨了。

郑武公去世之后，寤生即位为君，这就是历史上鼎鼎大名的郑庄公。

大宝反击了

郑庄公即使即位了，也没有唤回妈妈的心，武姜依然爱着叔段。这时，她仗着母亲这个身份，开始从郑庄公那里为叔段索要利益。

武姜一出口，就要一座城。这座城，不是一般的城，名叫“京”。当初郑桓公建立郑国，定都的地方就是京（今河南荥阳），后来郑武公兼并虢国、郐国才迁都新郑（今河南新郑）。因此，京邑的地位是非常重要的，相当于陪都。

当时就有大臣坚决反对，京邑大于国都，不可以封给叔段，一旦封给他，可能会对郑庄公不利。

郑庄公自然明白这个道理，但是他说，妈妈提的他不能也不敢反对。

武姜为叔段谋利益的第一步很顺利，叔段被封到京邑，号称京邑太叔。

郑庄公的顺从，让武姜很得意，即便你是国君，也是我的儿子，还得听我的！武姜与叔段更加放肆起来，这一次，他们不经过郑庄公，直接把郑国西边、北边的边邑据为己有。这已经是要夺权的节奏了。

郑国大臣劝谏郑庄公赶紧行动，一个国家不能有两个国君，如果再不行动，现在不清除叔段，等到他势力大了，就控制不住了。

郑庄公还是很淡定，说叔段对君主不义，对兄长不亲，多行不义必自毙，他会垮台的。

郑庄公的态度，让武姜与叔段误认为郑庄公是好欺负的孬瓜，为了讨好妈妈，什么事情都愿意做。有了这种认识，他们决定做事做到底，直接谋反夺权吧。武姜与叔段商量好了里应外合之计，武姜负责打开国都城门做内应，叔段负责厉兵秣马，整顿军备，偷袭郑国。

武姜与叔段很有信心，认为对付郑庄公太轻松了，实在不行，到时候武姜的“妈妈神功”再出招。但没有料到的是，他们的如意算盘落空了。郑庄公一直都知道他们的野心，也一直在监视着他们，他之所以没有动，不是怕妈妈，而是在下一盘大棋，让妈妈和弟弟明白他不是好欺负的，即使亲妈也不行！

那一日，兄弟二人，各自指挥军队，兵戎相见，如同敌人一般。

那一日，郑庄公很痛快，他终于不需要再忍了，也不需要看妈妈脸色行事了，他用一场战斗宣泄着自己多年来的压抑、痛苦与不满。

那一日，叔段很狼狈，被打得手足无措。这个在妈妈宠溺中长大的孩子，一直以来太顺利了，以为只要张张嘴就可以吃到食物，从来没有感受过的挫败一下子袭击了他，这一击就是万劫不复。

那一日，武姜很震惊，看着挥斥方遒的郑庄公，她不敢相信这是那个她整日瞧不上眼的孩子，哪里还有一点唯唯诺诺的样子。

那一日，一切矛盾都爆发了。

那一日，一切都变了样子。

叔段被打得逃亡到其他国家。武姜被安置到一个地方，反思己过。

郑庄公挺起了腰板，狠狠地发誓："不及黄泉，无相见也。"黄泉，指的是人死后居住的地方，也就是说，郑庄公再也不想见到这个偏心的妈妈，一辈子都不想见到她。

郑庄公对武姜的安排，是出自多年的情感压抑，多年得不到妈妈爱意的他，与母亲的感情也很淡薄。但这件事的影响却很大，作为一国之君，本是国民表率，却

不庇佑母亲、关爱母亲，不论什么理由，说出去，总是做儿子的不对，国民对郑庄公的评价会打折扣。

过了一年多，郑庄公就有些后悔了。

有人说他想妈妈了，有人说他需要树立正面形象。不过，他的誓言，当初很多人都听到了。君无戏言，他也不能出尔反尔，接回武姜。

这时，一个大臣给他出了一个主意，既然当初说的是“不及黄泉，无相见也”，如今挖条地道，只要挖出了泉水，就是见到了“黄泉”，就可以见面了，也就不算违背誓言了。中国汉字就有这好处，意思多，有本义，有引申义，一切可以为我所用。郑庄公感觉这个文字游戏的方法不错，就这样接回了武姜。

这就是历史上有名的“掘地见母”。

就这样，一个因母亲偏爱而引发的政治斗争就此结束，历史上称这一事件为“郑伯克段于鄢（yān）”。

与天子交换人质

郑庄公成功解决了国内的危机，就有了绝对权威，可以集中力量，提升国力。随着郑国国力的逐步提升，周平王感觉到了威胁，想限制郑国。

郑国这么厉害？竟然能让堂堂的天子感觉到威胁？

要说郑国的威胁，起源于郑武公时期。周平王东迁，功劳最大的就是晋文侯与郑武公。事后，郑武公做了周平王的卿士，这是郑国与周天子关系最好的时期。

卿士是个什么官呢?

负责执掌朝政，权力很大。

郑武公去世之后，郑庄公承袭，继续做卿士，势头更猛。很多时候，周平王感觉很无奈，很被动，郑庄公时不时地就调动周王朝的军队，他都不好说啥。为了限制郑庄公的权力，周平王就想将郑庄公的权力暗暗过渡给西虢公，西虢公是周王朝另外的一个卿士。

自古以来，利益再叠加，大家很高兴。夺走已有的利益，估计大部分人会恼成大花脸，凭什么啊?

郑庄公不是圣人，他很看重手中掌握的权力与利益，他很不开心。虽然说权力是周平王给的，周平王有收回的权力，但是，郑庄公显然不把周平王放在眼中，他直接去责问周平王，希望周平王给他个理由。

理由?这需要理由吗?权力本来就是人家周平王的，人家愿意给谁就给谁。

这样的事情，在西周时代是不可想象的，但是周平王曾受益于郑国，本来就心虚、气短的他，对气势汹汹的郑庄公有些忌惮，连忙否认，这是没有的事，他并没有打压郑国的意思。

君与臣，位置似乎颠倒了，周平王就如同做了错事被父母抓住的孩子，连连否认自己做的“错事”。即便这样，郑庄公还是不相信，事情都明摆着了，何必遮遮掩掩呢。

为了证明所说的都是实话，周平王近乎要赌咒发誓了，最后他提出了一个解决方案：交换人质。周平王将太子派往郑国做人质，郑庄公将他的儿子派往周王室做人质。

这是破天荒的事情，周天子说一不二的权力哪里去了？

这是中国历史上有文献记载的最早的人质交换活动，史称“周郑交质”。

交换人质，为的是相互制约，履行约定，这在后代很常见。

交换人质的双方，应当是对等的。周郑交质的双方，一个是天下共主，一个是作为臣子的诸侯，他们之间本是不对等的。但是，一交换人质，他们就对等了，周天子已经与诸侯无异了。

这是郑庄公的功绩，足够他炫耀一生一世，甚至千秋万代。

是他，将周天子拉下了神坛。

是他，奏响了诸侯争霸的序曲。

与天子翻脸

没过多久，周平王就去世了，他的孙子周桓王即位。

周桓王年轻气盛，很看不惯郑庄公那股嚣张劲儿，他才是天下共主，要他委曲求全，任人鱼肉，真是天方夜谭！周桓王决定把周王室丢掉的面子找回来，不能任由郑庄公胡闹。

周桓王怀着复兴周王室的梦想，大刀阔斧地理政了。

周桓王理政的第一件大事，就是要拿掉郑庄公的卿士职务。此前，周平王只是将郑庄公的权力分给虢公一部分，还是暗暗地。如今，周桓王直接将郑庄公的权力全部给了虢公，而且是光明正大的。

这真是初生牛犊不怕虎，后生可畏！

郑庄公敢跟天子叫板，他就不是好惹的，“你爷爷都不能拿我怎么样，你又能奈我何？”

郑庄公就是这么豪横！他的报复行动开始了。

夏天，他派出军队，浩浩荡荡，割取了周桓王王畿（wáng jī，指洛阳及周边由周王直接管辖的区域）内的麦子。

秋天，他又派出军队，一如既往，浩浩荡荡，割取了周桓王首都的谷物。

当时，一年只有两季收成，郑庄公两季都抢，他这是赤裸裸的挑衅，他这是给了周桓王一个下马威。从此以后，郑庄公与周桓王的梁子算是结下了。

这便是历史上著名的“周郑交恶”。

周郑交恶后，他们的关系越来越恶化。此后三年，郑庄公都没有去朝拜周桓王，当然周桓王也不稀罕他。三年后，郑庄公想缓和一下同周王室的关系，终于去朝拜周桓王。

谁知，周桓王心中一直有怒气，他又不会伪装，没给郑庄公好脸色，没有按照礼节招待郑庄公。这是对郑庄公的报复，他要让郑庄公当众出丑。

周桓王的意气用事，让本来有可能缓和的关系进一步恶化。郑庄公索性我行我素，不管不顾，私自与鲁国、许国交换土地，完全没把周桓王放在眼中。

脸皮已经撕破，就无需顾忌那么多了，周桓王决定彻底教训教训这个不听话的主。

一箭射掉了天子威严

周桓王决定御驾亲征。毫无疑问，征讨的对象就是郑国。为了增加胜算，周桓王还找了三个帮手：陈国、蔡国、卫国。

一切准备妥当之后，周桓王信心满满地领兵出发了。

军队在行进，周桓王的思绪也在飞扬。他似乎看到：郑庄公被打败，趴在地下，向他求饶。想想那情景，就过瘾。想想那感觉，就很爽。

另一边，郑庄公正在与手下人商量对策，大臣高渠弥发明了一个“鱼丽”之阵，专门对付周桓王的联军。

所谓鱼丽阵法，就是步兵疏散围绕战车的一种阵法。战车上的士兵若有死亡，步兵可以及时补充，可以最大限度地发挥自己的战斗力，可以最大限度地打击敌人。因为战车与战车补救时，如同鱼鳞一般，所以称为鱼丽阵。

那一日，周桓王与郑庄公的军队在繻葛（rú gě，今河南长葛）列阵。

周桓王的联军分为左、中、右三军，他亲自率领中军，其余三个帮手分列左、右军。

郑庄公的首要进攻目标，就是周桓王的三个帮手。说是帮手，但根本没有多少斗志，是被周桓王硬拉来的。

果不其然，没打多久，这三个帮手就溃不成军，弃甲而逃了，鲜活地诠释了什么叫“不怕狼一样的对手，就怕猪一样的队友”。周桓王的中军为溃兵所扰，阵势大乱，最后无法抵挡郑国的强大攻势，溃败后退。

这场战争，郑国胜了，这本身就是对周桓王的一次沉重打击。

更为严重的是，九五之尊的周桓王竟然在战争中被郑国的将士射中了肩膀。这一箭，射中的不仅仅是周桓王的肩膀，还射掉了周王室的颜面，还射掉了周王室的权威。

周桓王被射中后，将士希望继续追击，郑庄公阻止了他们，说：“侵犯长者尚且要遭到责难，何况欺辱天子呢？”郑庄公明白，周天子的地位、影响虽然今非昔比，但是威望仍在，仍是天下共主。如若过分打击，赶尽杀绝，必然引来诸侯国的敌视，不如见好就收。就这样，周桓王侥幸逃了回去。

为了缓和矛盾，当天深夜，郑庄公专门派大臣，前往询问周桓王的箭伤：虽然心里不拿周桓王当回事，表面上的一些样子该做还得做。

从此以后，周桓王没了脾气。

自我强大的力量

自此以后，郑庄公打着“奉天讨罪”的旗号，光明正大地去讨伐中原诸侯国，声威大震。后来，北戎入侵齐国，还是郑庄公派出军队救援，保护了齐国。一番操作下来，郑庄公俨然已是中原的小小霸主。

说郑庄公是小小霸主，是因为他的规模较小，影响也小，只局限于郑国周边的几个国家。

还有一个原因是他的所谓霸权没有维持几年。在他死后，郑国的伟业也被风吹雨打去了。

什么原因?

内斗，内乱。

在他死后，七年间，郑国国君换了四个。这四个，都是他的儿子。一个国家，最高领导人时不时就换一个，国内的权力集团势必会不断重组，政权势必会动荡不安，哪里会有精力去图谋发展大计。就这样，打打杀杀几年，打掉了郑桓公、郑武公、郑庄公祖孙三代创下的基业，郑国国势渐渐衰退。到了后来，郑国不断被强国打来打去，也是悲惨。

郑庄公从一个不受妈妈待见的孩子，变成众人拥戴的风云人物，也算是不屈不挠、自我奋斗的典型。

原生家庭的痛，是要用一生去疗救的。有的人，在妈妈的怒骂中破罐子破摔了；有的人，在妈妈的冷暴力中彻底被击垮，甚至丢了性命。郑庄公则将妈妈的白眼慢慢消化，炼成了成功的动力。当然，这动力，有些猛，有些痛。

人无法选择自己的家庭，无法选择自己的父母，但是可以选择强大自己。郑庄公在没有母爱的环境中，练就了一身自控力。控制自己，不要过度索取；控制自己，不要过于放纵。在与母亲、弟弟的博弈中，他能胜出，一个重要原因，便是他掌控住了局面，掌控住了自己，避免了失控，险中求胜。

经此一劫，郑庄公明白了自我强大的力量。

自我强大了，就可以疗救心中的冷，将自己拯救出来。

自我强大了，就可以给予自己最强大的安全感。

在妈妈那里，他是这样做的。在周天子那里，他也是这样做的。他一心一意强大郑国，底气足了，他的拳头也就硬了，他才敢向政治权威挑战。周天子的威严扫地，恰恰证明了另外一面，落后就要挨打。

郑庄公去世后，郑国的命运，也是一个很好的例证。

人的一生，说到底，就是自己与自己的较量。

你不努力，谁也拉不起你来；你若努力，谁也阻碍不了你。

你不强大，弱小也会欺负你；你若强大，世界也会为你让路。

（本篇主要依据《史记·郑世家》《左传》）

原典

二十二年，段果袭郑，武姜为内应。庄公发兵伐段，段走。伐京，京人畔①段，段出走鄢。鄢溃，段出奔共。于是庄公迁其母武姜于城颍，誓言曰："不至黄泉②，毋相见也。"居岁余，已悔思母。颍谷之考叔有献于公，公赐食。考叔曰："臣有母，请君食赐臣母。"庄公曰："我甚思母，恶③负盟，奈何？"考叔曰："穿地至黄泉，则相见矣。"于是遂从之，见母。

《史记·郑世家第十二》节选

注释

①**畔**：通"叛"，背叛。

②**黄泉**：指人死后伏葬的地穴。下文"穿地至黄泉"中的"黄泉"则指地下的泉水。

③**恶**：厌恶。

译文

庄公二十二年（前722），段果然袭击郑都，武姜做内应。庄公发兵讨伐段，段逃回京邑。庄公进攻京邑，京人背叛段，段逃到鄢邑。在鄢邑又溃败，段出逃到共国。此后庄公把他的母亲武姜流放城颍，发誓说："不命赴黄泉，不要再相见了。"过了一年多，庄公开始后悔，思念母亲。颍谷的长官考叔敬献贡物给庄公，庄公赐给他食物。考叔说："臣的母亲健在，臣请求把您赐的食物留给臣的母亲。"庄公说："我很想念母亲，但不愿违背盟誓，怎么办呢？"考叔说："挖地掘出泉水，就可以相见了。"于是庄公听从他的计谋，见到了母亲。

齐桓公称霸

春秋时期，周天子无力统领诸侯，天下纷乱，失了秩序。诸侯中的强者，看到了希望，为了争夺天下，开启了一轮轮争霸的比赛。比赛先后产生了五位霸主，史称“春秋五霸”。

春秋五霸，到底是哪五个人，说法不一。但是有两个人，是各种说法中都有的，是公认的霸主，这两个人就是齐桓公和晋文公。

齐桓公，可以称得上是“春秋五霸”的带头大哥，就是他第一个带头称霸的。

演员姜小白

齐国的开国君主是姜太公吕尚。姜是姓，吕是氏，尚是名。所以这时的齐国也被称作姜齐。

姜太公立国之初，简化礼节，依靠当地的鱼盐之利，发展商业，使齐国一跃成为当时的经济大国。后来，周成王又赋予姜太公征伐之权，齐国又跃升为军事大国、政治大国。

时间到了春秋时期，齐国的第十四代君主齐襄公在位。

齐襄公这个人，小肚鸡肠。他年轻时曾与郑子亹（wěi）发生争斗，后来二人都当了国君。有一次，郑子亹访问齐国，没有向齐襄公表明歉意，齐襄公竟然派出甲兵杀死了郑子亹。

齐襄公这个人，言而无信。齐襄公曾经于瓜熟时节派遣大臣连称、管至父到边境某地驻守，约定到来年瓜熟时节派人去替换他们。这便是“及瓜而代”。一年过后，齐襄公不仅没有调回二人，在二人多次请求调回后，反而还有些不满意，坚决不同意调回二人。

在这样一个荒唐的国君的领导下，齐国不混乱才怪呢！齐襄公的两个弟弟，一个是公子纠，一个是公子小白（也就是后来的齐桓公）。他们二人都预见了齐国的乱状，在混乱发生之前，提前离开了齐国避祸。公子小白在鲍叔牙的保护下，前往莒（jǔ）国。公子纠在管仲、召忽的保护下，前往鲁国。

果不其然，齐国的混乱终于还是爆发了。齐襄公在几股力量的攻击下，被杀死在后宫中。参与谋杀齐襄公的公孙无知自立为国君。但没过多久，公孙无知也被杀了。如此一来，齐国国君的位子就空了。

这对远在他国的公子小白与公子纠来说，是一个难得的机会。

当时齐国的两个大氏族高氏、国氏率先暗中派人从莒国召回公子小白。公子纠则是在鲁国军队的护送下赶回齐国。于是，两支队伍开始了速度大比拼，谁先到达齐国国都，谁就会被立为国君。

公子纠手下的管仲心思很细密，他独自率领一支小分队，准备在莒国通往齐国都城的道路上杀掉公子小白。杀掉公子小白，公子纠可以毫无悬念地登上君位。

管仲一行埋伏着，只见公子小白的队伍快马加鞭地行进，离他们越来越近了。管仲当机立断，弯弓射箭，一下射中了公子小白的衣带钩（古人用于扎束袄袍、甲胄的挂钩，多以铜或玉制成）。公子小白头脑很清醒，当即躺倒装死。公子小白的神演技，骗过了管仲。

管仲断定公子小白已死，火速派人报告公子纠。公子纠一听，大喜，唯一的竞争对手死掉了，只有他一个

人入选了，他以为国君之位如探囊取物一般，就没有必要那么辛苦地急行军了。于是，公子纠下令减缓行军速度。

公子小白的障眼法发挥了作用，而另一方面公子小白一行则是夜以继日地加速行进，率先到达了齐国，成功地被立为国君，史称齐桓公。

仇人成红人

齐桓公上位，来得有些惊心动魄，甚至差点丢了性命。自然，他对公子纠、管仲等人充满了仇恨。但是公子纠是他的亲哥哥，他不忍心亲手杀他，便给鲁国写信，希望鲁国杀死公子纠。对管仲、召忽等人，他就不想客气了，希望鲁国把他们遣送回国，想把他们剁成肉酱。鲁国害怕齐国，就杀死了公子纠，召忽随即跟着自杀了，唯有管仲甘愿做了阶下囚。

管仲被鲁国人送到了齐国，不过等待管仲的不是杀戮，而是礼遇。鲍叔牙亲自去接了管仲，亲自为管仲去掉了枷锁。待管仲斋戒沐浴后，鲍叔牙与他一起去拜见了齐桓公。齐桓公以隆重的仪式封管仲为相，辅佐他管理齐国国事。

齐桓公一百八十度大转弯的态度，因何而生呢？他为什么会如此优待这个杀他的仇敌呢？

这源自鲍叔牙的“荐才书”。鲍叔牙与管仲本是知己好友，鲍叔牙对管仲的才能非常了解。

想当初，两个人一起做生意，管仲每次都是出资少而分红多。一般情况下，两人早就散伙了，但鲍叔牙知道这不是管仲贪婪，而是他家实在太穷了。

管仲曾几次为鲍叔牙谋事，每次都是败事有余，弄得一塌糊涂。一般情况下，二人早就闹掰了，但鲍叔牙知道这不是管仲愚蠢，而是时运不济。

管仲曾经多次被罢官，鲍叔牙知道这不是管仲无才，而是机遇没到。

两人曾经一起上战场，管仲总是冲锋在后，逃跑在前。鲍叔牙知道这不是管仲贪生怕死，而是他牵念家中老母。

公子纠被杀，管仲身陷囹圄（líng yǔ，监狱）。鲍叔牙知道管仲不是没有气节，而是以功名没有被世人所知而羞耻。

如此种种，便是“管鲍之交”。如此种种，一般人断然不能做到。管仲自己都感慨说：“生我者父母，知我者鲍子也。”能有这样的知己兄弟，是管仲的幸运，也是管仲的魅力。

好兄弟，一起走。那么，为什么这两个好兄弟却站在了两个阵营呢？

其实，兄弟俩并没反目。

原来，兄弟俩想共赢。

当初管仲考量齐国的局势，认定未来的国君就在公子纠与公子小白之中，不是公子纠，就是公子小白。为了利益最大化，兄弟俩决定一人辅佐一位公子，将来不管哪个公子即位，都要为对方说话。于是，公子小白成功上位后，就有了鲍叔牙的推荐。

如果齐桓公只是想治理好齐国，那么鲍叔牙等人就能胜任。但如果齐桓公想称霸天下，那么就非管仲不可。管仲在哪个国家，哪个国家就会强盛。他可以射中齐桓公的衣带钩，也可以为他射来天下霸权。

那么，管仲真的这么厉害吗？会不会是鲍叔牙出于私情而故意抬高管仲呢？

我们可以再看一个人的评价。这个人是鲁国的施伯。

根据《国语》的记载，当初齐国想要回管仲，施伯就明白了这是齐国不想杀管仲，而是要用他。他极力劝谏鲁君杀掉管仲，说："管仲，是治理天下的有才之士，他在哪个国家，哪个国家就一定能在天下如愿以偿。一旦让他回到齐国，那势必会给鲁国带来长期的忧患。"

原来，鲍叔牙的话不虚，管仲确实有才。

齐桓公对管仲本是恨得牙痒痒，恨不得剥他的皮，吃他的肉，哪里想过要用他。这不是痴人说梦嘛！

不过，齐桓公有一个优点，就是知道自己要什么。他的目标很明确。

齐桓公还有一个优点，就是他是一个做事的人。为了做成事，他会调动一切力量。

听了鲍叔牙的劝谏，齐桓公思索了一番，最终理智占了上风，对功业的渴望压制住了私怨。齐桓公敞开了心胸，管仲也因为才能救了自己一命。他用生死一线诠释了才能的力量，不但能换来功名富贵，关键时刻还能救命。

看来，没有点才能，还真不敢来世间走一遭呢！

打出来的霸主

齐桓公与管仲，两个想做事的人，两个能做事的人，抛却仇怨一相逢，便胜却人间无数。

促膝交谈，他们发现，他们真的很合拍。从此，一对杰出的创业搭档诞生了。

二人野心很大，单单发展本国经济尚且不能满足他们的胃口，唯有成为统领诸侯的霸主，才能挑动他们的兴奋点。

称霸，不是几句豪言壮语就能达到的。世上从来不缺乏“想管人”的人，却很少有人想被别人管。

齐桓公称霸，就是打、打、打，打得别国没脾气，只能屈服于他。不过，打仗嘛，全身而退的很少，总会损伤点皮毛、骨血，或者是脸面。

齐桓公有一次就丢了脸面。

齐桓公要称霸，一个很大的威胁，便是鲁国。鲁国是齐国的邻居，这个邻居可不简单，是周公的封国，拥有其他诸侯国没有的特权，家底很厚。齐桓公五年（前681），齐国攻打鲁国。眼看着鲁国就要失败了。鲁国请求献地求和，齐桓公同意了。两国签订盟约时，齐桓公很得意，踌躇满志，没想到这时一道身影闪过眼前，用匕首劫持了他，威胁他说："归还侵占的鲁国土地，如若不然，要你性命。"这个威胁他的人是鲁国的曹沫。

齐桓公也是经历过生死的人，知道生命的重要，好汉不吃眼前亏，同意归还土地。曹沫一听，扔下匕首，云淡风轻地回到了自己的位置。

脱离危险的齐桓公，瞬间怒火中烧，他堂堂一国之君就这样被人羞辱了，他绝对不想就这么没面子地退还鲁国的土地，他最想做的就是杀了这个该挨千刀的曹沫。

管仲及时劝阻了他。管仲认为违背承诺，杀掉曹沫，虽然能够逞一时之快，但在诸侯中就失去了威信，就会失去天下人的支持。

齐桓公忍住冲动，归还了占领的鲁国领土。

这一事件成为国际新闻后，齐桓公迅速成为"网红"。虽然丢了到手的土地，却赢来了口碑，赚得了人气，很多诸侯都想归附守信的齐桓公。

此后两年，也就是齐桓公七年（前679），齐桓公与诸侯会盟，建立了一个联盟群。自然，他是群主。

从此，齐桓公开始了称霸。

两面旗帜得人心

称霸事业小有成就，齐桓公随后又打出了“尊王”“攘夷”两面旗帜，进一步做大事业。“尊王”，是指尊奉周天子，捍卫周天子的尊严。

其实，“尊王”就是“挟天子以令诸侯”，还是为自己捞好处。周天子虽然威望日减，但毕竟还是名义上的天下共主，还是老大。齐桓公虽然也想当老大，却没有将老大拉下马的勇气，环境不允许啊。“尊王”的旗帜，则将他放到了道义的一方，即便是欺负人，也是占领了道义制高点，让人无话可说。

当然，打着“尊王”旗号的齐桓公，也着实做了一点尊王的事情。当周王朝发生内乱时，齐桓公坚定地支持周天子，强硬地打击反叛势力集团，赢得了周天子的信任。

齐桓公十九年（前667），周天子任命他为侯伯，也就是官方任命他为诸侯的“带头大哥”。

齐桓公三十五年（前651），齐桓公与诸侯在葵丘（今河南商丘）组织盟会，这是齐桓公组织的最盛大的一次诸侯盟会，参会的诸侯国很多。更为重要的是，周天子还专门派人为他送去了“胙（zuò）肉”，也就是周天子祖庙里祭祀用的肉；还赐给齐桓公红黑色的弓箭、大车，意味着赐予齐桓公征讨诸侯的权力。

这是一种仪式、象征性的荣誉，是对齐桓公霸权的再次肯定。这次会盟标志着齐桓公的霸业达到了顶峰，齐桓公一时威风无限。

“攘夷”，是指抵御周边少数民族对中原诸国的侵凌。这是齐桓公称霸的一大功绩。

存卫救邢，是其中的典型事例。

卫国的国君卫懿公特别喜欢鸟类家族的“美人”鹤鸟，这本也不是什么大错。但是卫懿公作为鹤的“脑残粉”，为鹤提供了富丽堂皇的住处，为鹤穿戴上华美的衣服，还为鹤准备好出门坐的车子，直接改变了鹤的生活习性。卫懿公把大笔的钱财、精力都投放到养鹤上，却忽略了身边大臣、将士的待遇，也忽视了国家大政。

狄人瞅准机会，趁机入侵，这时卫国的将士们都拒绝上战场，“你的鹤那么重要，你对鹤那么重视，现在国家有难了，让你的鹤去冲锋陷阵吧！”

国人放弃了抵抗，足见他们对卫懿公的深度不满。结果可想而知，狄人侵占了卫国国都，灭掉了卫国，杀掉了很多卫国百姓。一时间，卫国内外，呼天喊地，血流成河。

齐桓公得知消息后，派他的儿子亲自率军为逃出来的卫国百姓站岗，并送去了必需的生活物资，后来又专门建了一座城，让百姓有了安家之所，重新建立了卫国。

狄人盯上卫国前入侵的是邢国，也是齐桓公派兵解决的。两件事下来，齐桓公真的是对卫、邢两国硬核救援，没钱给钱，没粮送粮，无家可归，直接送去一座城。卫国、邢国的百姓，对齐桓公感恩戴德，他们忘却了国家灭亡，他们如同回到了熟悉的家园。

北方的敌人捣乱，南方的楚国也不消停。

楚国一路北上，吞掉一些小国，又不断地攻打郑国。楚国火力很猛，打得郑国早没了脾气，快要支撑不住的时候，郑国都想举手投降了。

齐桓公自然不愿意看着郑国这个关键国家退出他的联盟，他必须把楚国打跑。战争，已经是箭在弦上了。但是，出师得有个名头啊，不能想打就打啊，那样也太赤裸裸了，高段位的齐桓公还不想揭掉自己有德有礼的标签。

世间不缺方法，缺的是转动起来的脑袋。齐桓公想到了一招——隔山打牛。

齐桓公后宫有一位妃子蔡姬，是蔡国国君的妹妹，而蔡国恰恰是楚国的盟国。齐桓公就想在蔡姬身上做点文章。

那一天，齐桓公与蔡姬坐船游玩。蔡姬为了讨齐桓公欢心，摇晃着船儿，与齐桓公嬉戏。齐桓公一见，机会来了，立马戏精附体，表现得很害怕。蔡姬以为齐桓公和她闹着玩儿，反而更起劲地摇晃起来。齐桓公更加“害怕”了，脸色都变了。于是，原本一场嬉戏，陡然成了大罪一桩，蔡姬被遣送回了娘家。

蔡姬回到蔡国，蔡侯顿时恼了，本来想和齐桓公搞搞关系，才把自己疼爱的妹妹嫁给了他，可齐桓公竟然“退货”了。“既然你齐桓公不仁，就别怪我不义”，蔡侯心中发恨，立马又将妹妹嫁给了别人，这个别人就是楚君。

至此，齐桓公下的那盘棋该发起进攻了。齐桓公说他只是让蔡姬回娘家反思一下，并没有休了她，她还是他的女人。蔡侯凭什么把他的女人另嫁他人呢！

如此说来，蔡侯有些过分了。

齐桓公找到这么好一个名头，又怎么会轻易错过呢？他率领齐、鲁、宋、陈、卫、郑、许、曹八国联军，浩浩荡荡地去讨伐蔡国。蔡国本是一个小国，根本不值得，也挡不住这么大的阵势，很快就败了。蔡国溃败之后，齐桓公带领八国联军直接去打楚国。原来，这才是齐桓公八国联军的真正目的。

大军压境，楚国也害怕，最后与八国联军签订和约，成为盟友。楚国北上的步伐暂时被迫放缓。

齐桓公在周天子无力统领诸侯的形势下，抓住机会，一统诸侯，一定程度上维护了天子的权威。虽然是以为自己谋福利为主，但在某种程度上成了诸侯国的“保护伞”，成了百姓的福星。

周天子感谢他，百姓祝福他。

傲慢的代价

如果齐桓公这样一路走下去，会走向哪里呢？

不好说。

因为齐桓公没有给自己机会，他没有再往前走。

是什么阻止了他的脚步呢？

傲慢，傲慢，傲慢！

诸侯的追随追捧，让齐桓公有了飘飘然的感觉，似乎他真的是天下第一了。

他骄傲了。

葵丘会盟时，周天子派宰孔——也就是周天子的宰相——送去赏赐，还说齐桓公接受赏赐时不用跪拜。齐桓公当时就想不跪拜答谢，因为在他心中，他保护周王室的贡献也配得起这些赏赐。但是管仲劝说了他，认为重大场合该伪装的还得伪装，该遵循的君臣本分还得遵循。

这一年秋天，齐桓公再次在葵丘会盟诸侯。这次会盟，他更加骄傲了，目空一切的神色，那样明显，那么不加掩饰。

他的诸侯联盟很大，但是他的诸侯联盟也很松散，大家或是因为被打败了无奈加入，或是想得其庇护，或是想分一杯羹，为的都是各自的利益。齐桓公的傲慢，让某些国家很不舒服。

宰孔也参加了会盟，他将一切看在眼中。回去的路上，宰孔恰巧遇上了因生病迟到的晋献公。晋献公急匆匆的，担心迟到会引起齐桓公的不满，而宰孔则劝他："您不用去会盟了，齐桓公太骄傲了，现在已经不知德为何物了，整天忙于扩张，他没有那么多的精力往西进攻了。"晋国恰恰是在西北方向，如果齐桓公不打他们，晋献公就不用那么担心了，不用应付齐桓公了。晋献公一听，掉转车头，立马回国了，没有参加盟会。

晋献公的变化，是诸侯态度的缩影。慢慢地，不满越来越多，齐桓公的联盟越来越流于形式。楚国多次侵伐中原小国，齐桓公的诸侯联盟或者无力救助，或者救助不成功，显然诸侯们不想跟着齐桓公干了。

有一次，齐桓公派人救助被侵扰的鄫国，为鄫国筑城。这在齐桓公称霸前期是他扬名、得人心的灵丹妙药，但是现在灵丹妙药不灵了，大家嫌这药太苦了。筑城的人，不愿干这些"为他人做嫁衣裳"的活儿。有人趁着夜色登上山坡，大喊着："齐国有祸乱了！"各诸侯国的人员纷纷离开，鄫国的城没有筑成，齐桓公的霸权遭到了质疑与挑战。

人需要有骄傲，骄傲是对自身实力的自信。但是过于骄傲，就会走向傲慢，走入危机，因为他的关注点就会极度缩小，他的眼中就会只剩下一个被无限放大的"我"。

无言的结局

与傲慢同时滋生的，是不辨是非。

齐桓公霸权在握，很多人都想靠近他，成为他身边的“红人”。

刚开始，齐桓公一心做大事业，头脑也比较清醒，身边多是能干事的人。事业做大之后，齐桓公放松了心中的弦，有三个人走进了他的生活。

这三个人，一个叫易牙，一个叫竖刀，一个叫开方。

这三人的名字都很特别，他们走近齐桓公，靠的也是特别的事情：

易牙把自己的儿子做成美食，送到了齐桓公嘴里。

竖刀把自己的身体阉割，进入齐桓公后宫，帮齐桓公管理后宫。

开方把自己的父母抛却脑后，不探望，不奔丧，只围着齐桓公转。

人生一世，靠的是一副好身板，为的是父母子女的幸福，这是人之常情。易牙、竖刀、开方主动抛却这些，这有违人之常情。

常言道“事出反常必有妖”，易牙、竖刀、开方真的是为达目的不择手段。

他们的目的是什么呢？免不了俗，无非就是权力、金钱。

一般人都会有的常识，齐桓公怎能不清楚呢，但是他沉迷在易牙的美食中，他沉浸在竖刀的崇拜眼神里，他沉溺在开方的迷恋神色中。于是，有违常情的举动，在齐桓公那里被解读为“爱”：易牙、竖刀、开方是太爱他了，才为了他做出了牺牲，做出了有违常情的事。对这三个如此爱他的人，齐桓公自然给了他们想要的东西。

管仲对此看得很清楚，他在临终之前，齐桓公向他询问继任相位的人选。管仲用“知臣莫如君”，引出了齐桓公的想法。原来他想重用的人便是易牙、竖刀、开方。

管仲对此三人全部否定：为迎合国君，不合人情，甚至不配为人，怎么能够担当大任？齐桓公一贯信任管仲，但这次他没有听管仲的话，重用了这三人。

齐国的危机，就此埋下。

齐桓公有三位夫人，都没有为他生下儿子；他还有六位位同夫人的宠妃，也就是“如夫人”。这六位“如夫人”都生了儿子，这些儿子都想做国君。易牙、竖刀、开方三人辅佐着不同的公子，都在积聚力量，等待上位。

齐桓公的凄惨，也因此出现。

年老的齐桓公病倒了，易牙、竖刀、开方却不见了踪影：他们忙着瓜分齐国，又有谁还会去管这个毫无利用价值的老头子呢？齐桓公又饥又渴，有一宫女给他送了点吃的，他也得知了六位公子内斗的事情，他这时终于悔悟了，但又有什么用呢。

齐桓公在懊悔中无助地死去了。

如果真的死后有灵，齐桓公估计得被气活过来。

他死后，还是没有人管他，他的尸体在床上整整停了六十七天，尸体上爬满了尸虫，尸虫都爬到了门外。

后来，公子无诡在易牙、竖刀的助力下，即位为君，齐桓公的尸体才被收敛入棺。

齐桓公死了，齐国的内乱也开始了，他的儿子相互残杀，一个一个被兄弟杀掉。

齐国的霸主地位，一去不复返了。

什么是真正的勇士

齐桓公是勇士吗?

当然是。

面对危机，他多次保住命，抢时机。不是勇士，命都丢了。

面对仇人，他放下了仇恨，豁达接纳，并委以重任，有气魄，有胸怀。不是勇士，又怎敢将仇人放在身边?

他南征北战，不畏风暴，不惧风险，一心做大事业，为此孜孜不倦几十年。不是勇士，早就退缩了。

生活是一艘大船，在大海上漂荡。有的人会被风吹雨打去，沉入海底与鱼为伍；有的人则会乘风破浪，载着满船的财宝回返家园。面对风雨的态度，决定着生活的样子。可以说，齐桓公勇敢地抓住机遇，勇敢地拼搏努力，活成了人人想要的样子，努力，自信。

但是，遗憾的是，齐桓公不是一个永远的勇士。

真的勇士，不仅要“敢于直面惨淡的人生，敢于正视淋漓的鲜血”。

真的勇士，还要敢于直面绚烂的人生，敢于正视胜利的鲜花。

惨淡的人生，让人警醒，让人努力，勇敢地面对困境，咬牙走过去，坦途自见。逼自己一把，终会遇见那个更好的自己。

绚烂的人生，很多时候会迷惑人的心志，遮蔽人的双眼，更能考验人的自控力。多少人走过了荆棘丛生，却倒在了繁花似锦的路上。

勇敢如齐桓公，仍走入一个令人唏嘘的结局。战胜了世界，却战胜不了自己。

我们该怎么做呢?

希望这不再是一个问题。

（本篇主要依据《史记·齐太公世家》《史记·管晏列传》）

原典

管仲夷吾者，颍上人也。少时常[1]与鲍叔牙游[2]，鲍叔知其贤。管仲贫困，常欺[3]鲍叔，鲍叔终善遇[4]之，不以为言[5]。已而鲍叔事[6]齐公子小白，管仲事公子纠。及小白立，为桓公，公子纠死，管仲囚[7]焉。鲍叔遂进[8]管仲。管仲既用，任政于齐，齐桓公以霸，九[9]合诸侯，一匡[10]天下，管仲之谋也。

《史记·管晏列传第二》节选

注释

①**常**：通“尝”，曾经。

②**游**：交往。

③**欺**：占便宜。

④**遇**：对待。

⑤**言**：说辞。

⑥**事**：侍奉。

⑦**囚**：被拘禁。

⑧**进**：推荐。

⑨**九**：古汉语中“三”和“九”往往指多，非实指。

⑩**匡**：纠正，扶正。

译文

管仲名夷吾，颍上人。年轻时曾跟鲍叔牙交往，鲍叔牙知道他贤能。管仲家穷，常占鲍叔牙的便宜，但鲍叔牙始终善待管仲，从无怨言。不久，鲍叔牙侍奉齐公子小白，管仲侍奉齐公子纠。等到小白即位为齐桓公，公子纠被杀死，管仲被囚禁。这时鲍叔牙便向齐桓公举荐了管仲。管仲被任用后，在齐国掌管朝政，齐桓公成为一代霸主，多次召集诸侯会盟，一度稳定周朝局面，都是靠着管仲的谋略。

骊姬之乱

什么是女人的魅力？

魅力不是美丽，它可以因美丽而生，也可以因平淡而生。关键是与对方产生一种磁场，久久地吸引对方，令其欲罢不能。

褒姒、妲己都是这样的女人，当然，她们也是美丽的。

紧随其后，晋国的历史上也出现了一位美女，她得君王宠爱，并掀起了一场血雨腥风。

此女子，人称骊姬。

雄才大略晋献公

晋国，是周朝一个举足轻重的诸侯国。

晋国的开国君主，名叔虞，是周武王的儿子，周成王同父同母的弟弟。著名的“桐叶封侯”故事中，被周成王用桐叶封侯的那位，就是他。叔虞最初被封在唐尧故地，此前这个地方的封国名为唐国，叔虞的封国也就沿袭旧号，也称为唐国。

一场游戏，得了一个封国，也很划算。

但是，在当时的传说中，叔虞封于唐国，是天命所归。据说，当初周武王与叔虞的母亲结合后，周武王曾梦见天神对他说:“我给你送个儿子，名字叫虞，我把唐地封给他。”等到叔虞生下来之后，他的手心里竟然有个“虞”字字样，就给他取名为虞。

唐叔虞的儿子继位之后，因为国家临近晋水，将国号改为“晋”。

晋国发展到公元前 677 年，晋献公继位。

晋献公，姬姓，名诡诸。这个名字，很有纪念意义。晋献公出生时，他的父亲活捉了戎狄首领诡诸，高兴之余，就给了儿子这么一个名。

晋献公是伴随着父亲胜利的荣光诞生的，他带着这个胜利的名字，南征北战，成功地扩大了晋国的版图。“假道伐虢”的事，就是晋献公做的。

虢国是周天子面前的“红人”，这个国家尚武好战，时不时就攻击晋国一下子。晋献公即位后，决定要灭了虢国。但是，晋国与虢国不接壤，要打虢国，必须从虞国经过，而虢国与虞国恰恰是同盟，一国有难，另一个国家要无条件支持。这对晋献公来说，是个难题，一旦开战，他便要面临双线作战，胜算如何，不能估量。

解除困境的关键，是要瓦解虢国与虞国的联盟。这个思路很正确，但是怎么瓦解呢?

利益！！

人本质上是趋利避祸的，这也是一种生存策略。晋献公深谙人性，他明白，对于虞公来说，没有什么事情是利益解决不了的，如果不行，那就利益翻倍。

于是，一大堆的珍奇异宝涌入虞国，一匹匹千里马送到了虞国。虞国国君就如同没见过世面的人一般，几乎被亮瞎了眼睛。晋献公的什么要求他都愿意答应了，更何况只是借个道呢?

有了虞公的许可，晋国军队很顺利地到达虢国境内，大败虢国，控制了虢国与虞国之间的战略要道。

这次只是晋献公的一次实战演习，他通过这次出兵，了解了虞国、虢国的地形与战略防备。三年之后，积聚了力量的晋献公故技重施，又给虞公送去了一堆贿赂品。尝过甜头的虞公自然痛快地放行了，全然不顾大臣宫之奇“唇亡齿寒”的告诫。宫之奇将虞国与虢国的关系比作嘴唇与牙齿的关系，嘴唇没有了，牙齿自然会寒冷，一旦虢国亡了，虞国的末日也就到了。

虞公心想，上次不是很安全吗?

但是，这次不同于上次，这次是晋献公收网的时候。灭了虢国，返回途中，顺道把虞国灭了。虞公利欲熏心，为了一点小利，利令智昏，看不到利益背后潜藏的危机，喜滋滋地钻进了别人的圈套。最后他却只是晋献公财物的“临时保管员”，那些宝物，他只是热乎热乎了手，真正的主人还是晋献公。

灭了虞国、虢国，晋国就打通了通往中原的大道，这是晋国历史上的大事。

靠着努力与拼搏，晋献公在位期间，“并国十七，服国三十八”，被称为“灭国专业户”。经过他的努力，晋国国力大增，版图扩大，成为当时诸侯国中的强国。

这就是晋献公，也算得上有雄才大略的一位君主。

一个美人乱了心

骊姬，是在晋献公扩张过程中，走入他的人生的。那年是晋献公即位的第五年（前672），他去征讨骊戎，骊戎大败。为了求得和平，骊戎把骊姬和她的妹妹献给了晋献公。晋献公见到骊姬，惊为天人。

自此，晋献公开启了专宠模式，总想把最好的给她。

最好的是什么呢?

晋献公认为是夫人之位，只有这个位置才配得上他对骊姬的爱。

在当时，这么重大的事情，都要上报神灵，占卜吉凶。占卜官郑重地拿出龟甲占卜，结果显示不吉利。晋献公一心要立骊姬为夫人，占卜只不过是走个形式，可是现在显示不吉利，他需要得到那个想要的答案。于是，晋献公又让占卜官用筮（shì）草占问，这次总算显示吉利了，晋献公很高兴地说:“那就依据筮草占问的结果吧！”

不料，占卜官又来了一句让他败兴的话:“筮草短龟甲长，龟甲占问要更灵验一些，不如听从龟甲的占问结果吧！”

晋献公满脸黑线，没有听从，终于还是立了骊姬为夫人。

没过多久，骊姬就为晋献公生下了一个儿子，取名奚齐。骊姬在晋献公心中，更加重要了。爱屋及乌，随后，晋献公又开启了宠子模式，真的是“捧在手里怕摔了，含在嘴里怕化了”，他也想把最好的给奚齐。

晋献公能给儿子最好的是什么呢?

他认为，自然是王位。

父亲对儿子的爱，是人之本性，但是，晋献公不止一个儿子，独宠一个，势必会损伤其他儿子的感情、利益。当时晋献公已经立有太子，名为申生，这是晋献公与前夫人齐姜的儿子。齐姜是齐桓公的女儿，早早地去世了。除了申生，晋献公另外还有七个儿子。其中，重耳是翟国狐氏的儿子，夷吾是重耳母亲的妹妹的儿子。这两个儿子也很不错。

晋献公要立奚齐为太子，势必要废掉申生的太子之位，而且即便废掉申生，奚齐前面还有好几个哥哥，什么时候能轮到他呢?

更为棘手的是，太子申生一向是个好孩子，是个好太子，对父亲孝敬，对大臣礼遇，对百姓仁爱，口碑很好。申生没有过失，就不能平白无故地被废掉太子之位。

晋献公在想办法，骊姬也在想办法。

老父亲下手了

晋献公也是一只老狐狸，颇晓战术，他明白凡事不能急，得一步一步来。

第一步，调离申生等人。

此前晋献公的几个儿子都陪在他身边，现在为了凸显奚齐的地位，他将其他的儿子调到了国都之外。太子申生被调往曲沃，公子重耳被调往蒲邑，公子夷吾被调往屈邑。别的公子也都被调到了边境上。只有骊姬的儿子奚齐和她妹妹的儿子悼子住在都城。

做出这样的调整，晋献公对外的理由是：曲沃是晋国先祖宗庙的所在地，蒲邑靠近秦国，屈邑靠近翟国，如果不派儿子们去镇守，他放心不下。

但是，明眼人都明白，太子申生将没有机会继位了。

第二步，给予申生最高的大臣待遇。

晋献公发动对外扩张，相继灭了耿、霍、魏（这个魏国，是西周分封的诸侯国，在今山西芮城县和陕西大荔县一带，亡于前 661 年）三国。这期间，太子申生立下了汗马功劳。借着这个由头，晋献公直接将曲沃封给申生，为他筑造新城，并给了他正卿的爵位。

这么多的赏赐，不是对申生的重视吗？

很抱歉，不是！

这是给了申生一个大臣最高的待遇，而不是一个未来国君的待遇。位极人臣，又怎么能为君呢？君就是君，臣就是臣。

有大臣已经看出了晋献公的用意，劝说申生就此离去，免生祸端。但是，申生不愿意相信父亲会如此待他，没有听从劝谏。

第三步，派申生出征为帅。

晋献公派遣太子申生攻伐东山（又称东山皋落氏）。这在当时是不符合规则的。所谓太子，就是供奉祭祀宗庙和早晚检查国君膳食的人，因此也被称为“冢子”。“冢”就是“大”，足见地位之重要。

按照古代的制度，国君外出太子要留守，称为“监国”；有人代为留守，太子就要随从出行，称作“抚军”。

按照古代的制度，太子不能率领军队。因为对军队发布号令是君主应该策划的，不是太子的职责。太子作为统帅，弊端很大，如果一味向国君请求指令，就失去了统帅的威严；如果独断专行，又会陷入不孝之地。

大臣里克劝谏晋献公不要这么做，但是晋献公却说自己有很多儿子，不知道应该让谁来当太子，来继承君位。里克没有说话，就退了出去。

其实，晋献公的命令出来之后，申生也明白了父亲的意思，他知道自己可能要被废掉了。不过，他还是听从了父亲的命令，出征了。

出征时，晋献公让申生穿上左右异色的偏衣，佩带着金玦。玦是半环形有缺口的玉，金玦是用青铜制成。偏衣非正，金玦非玉，不合常规，不伦不类。

申生心中疑虑重重，手下的将领们也是议论纷纷，他们对此有不同的解读，但在凶多吉少这一点上看法是一致的，有人甚至解读出了晋献公有杀申生之心。

这便是晋献公释放的一种信号。

三步下来，太子申生的太子之位，已经动摇，很多人都劝他离开。但是，申生还是坚持着，他心中仍然抱有幻想，他也有自己的信念，孝敬父亲的信念。

那么，接下来晋献公是不是要痛下杀手了呢？

太子被除掉

晋献公想立奚齐，势必要废掉太子申生，但也仅仅是废掉而已。他最初并没有想过“杀掉”，毕竟那也是他曾经看重的儿子。

这时候，骊姬坐不住了。

与晋献公相比，骊姬立奚齐为太子的愿望更迫切一些。奚齐可是她唯一的儿子，所谓“母凭子贵”：奚齐当了太子，做了国君，她可以有无限风光；一旦当不了太子，她众星捧月的好日子也就到头了。骊姬希望用尽手段，为自己，为儿子，拼出一条康庄大道。

那一天，晋献公私下里对骊姬说出了自己的想法，他要废掉申生，立奚齐为太子。晋献公在骊姬面前毫无保留，他这是推心置腹。

晋献公这样做，骊姬与奚齐是最大的受益者，晋献公本想得到骊姬欢欣鼓舞的感谢，不承想骊姬却给他来了一场哭戏。她哭着说：“太子之位早已确定，而且太子多有功绩，百姓都归附他。现在大王您因为我的缘故废嫡立庶，更立太子，别人会怎么想我呢？如果您真要这样做，我就只能自杀了。”

这场哭戏，弄得晋献公丈二和尚摸不着头脑，什么时候他的美人变得这么深明大义了？他很疑惑。

一转身，当晋献公离开后，骊姬换上了另一副面孔，恨不得杀申生而后快。她一方面暗中指使人说申生的坏话，促使晋献公早日决断。根据《国语》的记载，晋献公调离申生等公子的决定，就是骊姬重金收买的梁五、东关五提出来的，此二人为晋献公的宠臣。另一方面，她在寻找时机，亲自出马，给申生致命一击。

终于，她设计好了一个圈套。

有一天，骊姬趁着晋献公外出打猎，对申生说，晋献公梦见了申生的母亲，希望申生去祭拜母亲，并把祭肉（祭祀时所用肉类。牛、羊、猪齐备称太牢，用羊、猪为少牢，又称中牢。祭祀完毕后，为使神惠下达，人要吃掉祭肉）献给晋献公。申生不知有诈，就听命前去，回来后把祭肉送到晋献公宫中，就回去了。没想到，这就钻进了人家的埋伏圈。

祭肉，就是骊姬计划的关键。

申生走后，骊姬将有剧毒的毒药抹到了祭肉上。然后，她就静静等待好戏上场。待晋献公回宫，主管膳食的厨夫将祭肉献了上来。晋献公刚要享用，骊姬在旁边柔声细语地说：“祭肉来自远方，还是先检验一下吧！”

于是，神奇的事情发生了：

祭肉放到地上，地面鼓了起来。

把祭肉给狗吃，狗当场死掉了。

把祭肉给宦官吃，宦官也死了。

这时，骊姬适时出来，又来了一场哭戏。只见她一边哭，一边说：“太子为什么会这样残忍啊？居然连自己的父亲都要杀，他就这么急不可耐吗？”这是直接坐实太子弑父的大罪。

接着，她又哭诉：“太子之所以这么做，无非就是嫌我与儿子碍眼。我们母子宁愿逃到别的国家，要不就直接死掉算了。”这是控诉太子意图杀弟的罪过。

不得不说，骊姬是个好演员，也是个狡猾的猎手，成功激起了晋献公的恼怒，成功地将太子申生逼入死地。

晋献公要拿申生是问，但申生得到消息之后，逃回了新城。晋献公没抓到申生，怒不可遏，就把申生的老师杀了泄愤。

申生真的是个好孩子，即便知道是骊姬设计陷害，他也不愿去向父亲说明真相。因为他知道父亲没有骊姬，睡觉也睡不好，吃饭也吃不香，父亲年纪大了，他不会让父亲不开心。有人劝他逃走，申生又再次拒绝了。当初他都没有逃，如今背负着杀父的恶名，他更不能逃了。

最后，申生选择了死。

一个都不能留

除掉申生，只是骊姬计划的第一步。

第二步，就是要除掉重耳与夷吾。

重耳与夷吾，有德，有贤人拥戴。申生死后，他们二人很有可能被推到前台来，成为阻挡奚齐当太子的新阻碍。

这一次，骊姬不再顾及什么人设了，直接做起了恶人。她在晋献公那里吹起了枕边风，说申生往肉里下毒，重耳、夷吾二人都知情。申生死去，重耳、夷吾很不满，很有可能造反。这个枕边风很厉害，将晋献公的三个优秀的儿子全部收罗进去，意欲斩草除根。经历了一个儿子的“背叛”，晋献公不会再容忍第二个第三个。

重耳、夷吾得知消息后，各自逃回了自己的城邑，自我防守。晋献公一听这两个儿子不告而别，就主观断定他们真的有阴谋，真的有弑父之心。怒不可遏的晋献公派军捉拿重耳、夷吾。

重兵讨伐，重耳无奈之下，翻越墙头，逃命去了。一个宦官紧追不舍，一刀下去，砍掉了重耳的衣袖。重耳仓皇奔逃，逃到了翟国，投奔舅舅去了。

夷吾坚守不出，后来还是没有抵挡住晋献公的讨伐，他逃奔去了梁国。

就这样，经过骊姬的设计，晋国的三位公子死的死，逃的逃。骊姬终于松了一口气，虽然还有其他公子，但都不足以构成威胁。

她开始憧憬起儿子的美好未来了。

终究是梦一场

过了三年，晋献公病重。病中的他，念念不忘的还是亲爱的骊姬与心爱的奚齐，他害怕自己死后，奚齐年纪小，即位为君，大臣们不服，会有祸乱发生。

晋献公真的是为奚齐操碎了心，临终前为奚齐找了一个辅政大臣——荀息。他希望荀息拥立奚齐，并让荀息证明愿意真心辅佐奚齐。荀息坚定地回答:“如果您能死而复生，一定不会后悔把奚齐托付给我，我也不会因为没有履行诺言而愧疚。”

听到这话，晋献公终于安心了，他闭眼离去了。

此后，荀息担任国相，主持国政，辅佐奚齐。但是，晋献公的担忧还是出现了。

在晋献公还没下葬的时候，以里克为首的大臣们，联合三位公子的党徒发动叛乱，将奚齐杀死在晋献公停灵治丧的地方。荀息自感愧对晋献公的托付，要以死谢罪，有人提议将骊姬妹妹的儿子悼子立为国君。荀息一听，这也是万般无奈之下的对策，便立了悼子为君，安葬了晋献公。里克等人没有放弃，公然在朝堂上杀死了悼子，荀息随后自杀。

随后，里克派人到翟国迎接公子重耳，希望重耳回国为君。重耳没有同意。

里克又派人迎接夷吾。夷吾借助秦国、齐国的力量，成功回国即位为君，是为晋惠公。

至于骊姬，《史记》没有记载她的结局，刘向《列女传》说里克等人将她抓了起来，当着众位大臣，声讨她的罪过，羞辱她一番，用鞭刑杀死了她。

骊姬段位很高，成功地俘获了晋献公的心，成功地扳倒了三位公子，成功地将儿子扶上了君位。但她却忘了“螳螂捕蝉，黄雀在后”的道理，骗过了一时，骗不过一世。

幸福在哪里

骊姬走进晋献公的世界，她是无助的，也是悲哀的。晋献公用一颗真心，将她宠成了小公主，任着她放纵自己。晋献公的真心与宠溺，是骊姬任性的资本，这一资本实力雄厚，支撑着她可以做一切想做的事情。

她为了获得最大利益，期望能延续这一资本的力量。晋献公年纪越来越大，她只能寄希望于儿子，希望儿子攫取这一资本。这是她在戎狄部落自幼形成的生存法则，要想活下去，就要有力量，有能量，否则就会被吞噬。

人都想活得更好，人都有追求幸福的权利，但是幸福从哪里来呢？

途径很多，数不胜数，但有一点可以肯定，践踏着别人的鲜血和生命获得的幸福，一定是不稳固的，一定不是真正的幸福。

终有一天，淋漓的鲜血，总会冲垮那靠欺骗、掠夺筑就的利益大厦。

终有一天，虚假的幸福，必将反噬。

晋献公也曾是豪情万丈，雄才大略，却折服在蛇蝎美人编织的网里，蒙蔽了双眼，毁了一世英名，也枉费了他一片真心。假若他泉下有知，不知他是否会懊悔？假若他与伤痕累累的骊姬相遇，不知他是否会认出那个曾让他心乱神迷的美人？

骊姬的“现世梦”碎了，晋献公的“来世梦”也该醒了。

（本篇主要依据《史记·晋世家》）

原典

十二年，骊姬生奚齐。献公有意废太子，乃曰："曲沃吾先祖宗庙所在，而蒲边[①]秦，屈边翟[②]，不使诸子居之，我惧焉。"于是使太子申生居曲沃，公子重耳居蒲，公子夷吾居屈。献公与骊姬子奚齐居绛。晋国以此知太子不立也。太子申生，其母齐桓公女也，曰齐姜，早死。申生同母女弟[③]为秦穆公夫人。重耳母，翟之狐氏女也。夷吾母，重耳母女弟也。献公子八人，而太子申生、重耳、夷吾皆有贤行[④]。及得骊姬，乃远此三子。

《史记·晋世家第九》节选

注释

①**边：**临近。

②**翟：**通"狄"，泛指当时的北方部族。

③**女弟：**妹妹。

④**贤行：**美善的德行。

译文

晋献公十二年（前 665），骊姬生下奚齐。献公有废了太子的想法，于是说：“曲沃是我先祖的宗庙所在之地，蒲邑邻近秦国，屈邑邻近翟地，不派儿子们镇守这些地方，我很担忧。”于是派太子申生驻守曲沃，公子重耳驻守蒲邑，公子夷吾驻守屈邑。献公与骊姬的儿子奚齐住在绛。因此晋国上下知道太子不会即位。太子申生，他的母亲是齐桓公的女儿，叫齐姜，早已去世。申生的同母妹妹是秦穆公的夫人。重耳的母亲是翟族狐氏的女儿。夷吾的母亲是重耳母亲的妹妹。献公有八个儿子，太子申生、重耳、夷吾都有贤能德行。等晋献公得到骊姬，就疏远了这三个儿子。

重耳流亡

作为与齐桓公并列的“春秋五霸”的领军人物，晋文公也是个传奇。

稍微熟悉中国成语的人，应该都会知道“退避三舍”的故事，故事的主角是晋文公。

稍微知道中国节日的人，应该都会知道“寒食节”，这个节日的发起者是晋文公。

那么，晋文公是怎样留下这些典故的呢？他又是怎样坐上霸主宝座的呢？他会不会也走上齐桓公的老路呢？

这个公子不一般

晋文公，是晋献公的儿子，姓姬，名叫重耳。

这个名字很有意思，难不成晋文公有四个耳朵?

还真有这种说法，当然，四个耳朵可不是一样大，否则可真成了妖怪了。重耳是正常人，有两个耳朵，但在耳朵前面又有一对附耳，也就是皮赘（zhuì）突起，有的像真的耳廓，民间又称“拴马桩”。这种面相，在古代被认作大富大贵之相，自带锦鲤。

除此之外，重耳身体还有两个特点。

一个是重瞳，也就是每只眼睛有两个瞳孔。放到现在，这属于眼科疾病，但在古代重瞳被视为伟异之貌。历史记载中有重瞳的，大多是圣贤帝王，比如仓颉、虞舜、项羽、李煜，都不是俗人。

另一个是骈胁，也就是肋骨紧密相连，如同一块铁板。这也是生理畸形，但在古代却被视为圣人之相。

一个人集齐了这么多“异相”，不成就一番伟业，似乎对不住相师这一古老的职业。不过，四十三岁之前的重耳，过的就是贵族公子哥惯常的生活，没做成什么大事。

晋献公有八个儿子，与重耳关系比较好的有太子申生与弟弟夷吾。与其他王室的公子一般，公子重耳就这么过了四十多年。如果没有什么意外的话，重耳的一生也就平静地在晋国度过了。

打破他优游生活的，是一个叫骊姬的女人。

骊姬发难，申生自杀，晋献公发兵讨伐重耳与夷吾。重耳不想束手就擒，他匆匆逃亡，去翟国投奔舅舅了。

从此，重耳走上了流亡之路。

这一走，就是十九年。

弟弟杀心渐起

重耳逃到翟国，愤怒的晋献公还是不放过他，派出军队攻打翟国。好在翟国很给力，挡住了晋献公的进攻，保住了重耳的性命。

一年后，晋献公病重。病中的他，还在担心心爱的奚齐，害怕自己死了之后，奚齐年纪小，大臣们不服，会有祸乱发生。

世上的事，很奇怪，往往怕什么就会来什么。虽然晋献公临终前安排了辅政人员，但是以里克为首的大臣们还是杀死了奚齐，以及又被立为国君的骊姬妹妹的儿子悼子。随后，里克派人到翟国迎接公子重耳，希望重耳回国为君。

重耳听到之后，五味杂陈。晋献公再狠，毕竟还是自己的父亲，父亲去世自己却不能为他守丧，重耳很悲痛。当初，他违背父亲的命令，逃出晋国，想想也是伤了父亲的心，父亲这么快就去世，自己也有责任。再加上国内公子不少，大臣们也是各有依附对象，都在盯着那块肥肉，谁想独享，估计得先挨上几刀。于是，重耳拒绝了回国为君。

里克便又派人迎接夷吾，夷吾倒是很愿意。当初他被晋献公讨伐，逃到梁国，就是因为梁国临近秦国，秦国强大，而且姐姐还是秦穆公的夫人，一旦晋献公去世，他就可以请求秦国护送他回国。终于，他等来了这一天。

为了增加胜算，夷吾派人带着厚礼去求见秦穆公，并且许诺说，一旦能够回国为君，他愿意把晋国河西的土地献给秦国。

秦穆公一方面出于姻亲关系，二来为了利益，就派了军队护送夷吾顺利回到了晋国。同时，齐桓公听说晋国发生了内乱，也率领诸侯前来救乱。就这样，夷吾借助秦国、齐国的力量，成功回国即位为君，是为晋惠公。

晋惠公当上国君之后，掌握了权力，马上翻脸不认人。

先是出尔反尔，与秦国毁约。当初，晋惠公取得秦国帮助的一个重要原因，是许诺献出河西之地，但是回国后他却舍不得了。他派人前往秦国道歉，不能给的原因，不是他吝啬，而是没有得到大臣的支持。“甩锅”大法，晋惠公用得很熟练。

后是兔死狗烹，杀害功臣。晋惠公回国，国内靠的是大臣里克，本应感恩，但是重耳还在外，他心中害怕里克再发动政变，就以里克杀死了奚齐、悼子两位国君和大臣荀息为由，赐死了里克。晋惠公当然清楚，如果没有杀死这些人，他夷吾也只能是逃亡在外，怎么会取得君主之位。这只不过是一个借口而已。

晋惠公如此无信无德，晋国国内一片议论，很多人都不顺从他。

晋惠公即位之后，重新选择墓地，安葬了申生，也算是对以往兄弟情的交代。后来有一天，一位大臣遇到了申生的魂灵，魂灵说出了一个预言：“夷吾无礼，天帝准备把晋国送给秦国。”大臣劝说申生的魂灵，一旦晋国灭国了，申生的祭祀也就断绝了。申生的魂灵十天后再次显灵，说：“天帝惩罚有罪的人，夷吾将会在韩原大败。”

此事在晋国传得神乎其神，晋国国内也有了相应的歌谣：“以后十四年，晋国再也不会昌盛了。要再昌盛时，需待哥哥出。”

这件事，这首歌谣，慢慢传到了晋惠公的耳朵里，他恼怒了。

申生已经死了，那个足以威胁他的哥哥是谁呢？

很显然，就是那个流亡在外的重耳。

流亡的艰辛

在晋惠公心中，活着的重耳，始终是他心中的一根刺，时不时地就出来刺痛他的神经。终于有一天，他忍受不住，他想把这根刺彻底拔去。

有了利益冲突，血缘亲情有时也是那么不堪一击。晋惠公派出一队人马，由精锐的刺客组成，两次前往翟国，谋杀重耳。

这时重耳已经在翟国生活了十二年。这十二年间，他结婚生子，没有太多的政治欲望；这十二年间，陪在他身边的，还有他十七岁时就跟随着他的五位贤士，以及其他的数十名贤人。

当初重耳之所以逃奔到翟国，主要是翟国离晋国近，他想等晋献公醒悟后，很快回到晋国，并不是将它作为成就事业的地方。如今知道晋惠公想杀他，他就与身边的贤士们商量离开翟国，前往齐国。

齐国当时正是齐桓公在位，管仲刚刚死去，需要人辅佐。重耳认为有大国庇佑，又有可能成就一番事业，是最佳的选择。

临走前，重耳对妻子说："等我二十五年，如果我还没有回来，你就改嫁吧！"这样的话，有点霸道，也有些依恋，他的妻子听后，笑着说："二十五年后，我坟上的柏树估计都长得很高了。不过，我还是愿意等你。"

重耳带着不舍，辞别了妻儿，离开了生活了十二年的地方，再度起程。

这一路，并不好走。

重耳一行，到了卫国，卫国因为他是流亡公子，正眼都不瞧他一眼，没有以礼相待。重耳心情郁闷地离开卫国，走了一段，饥肠辘辘，又累又饿，见到田野中有位农夫在吃饭，重耳手下就去向农夫讨要食物。农夫没有给食物，把土块放到器皿里献给了重耳。重耳一见，大怒。想当初他也是锦衣玉食，今天竟然落魄到向农夫讨饭的境地，他心中本就窝火，农夫又送他土块，如此戏弄他，他咽不下这口气，都想揍人了。跟随他的赵衰连忙拦住重耳，接过了土块，宽慰重耳说："土块，就是土地，百姓给我们送来了土地，这不是好兆头吗？您应该以礼接受它呀！"

重耳苦笑一声，接受了建议。还能如何呢？今非昔比，虎落平阳被犬欺，只能忍着呗！

怒气可以忍，但是饥饿的肚子很不争气，不愿意忍。继续前行，重耳都快饿晕了，垂头丧气，愁眉苦脸，活着真的好难啊！

这时，一碗香喷喷的肉汤端到了他面前，他也顾不得问顾不得看，呼噜呼噜，全部吃到了肚里，他第一次深切感受到，吃饱真好啊！

吃完肉喝完汤，重耳的脑袋也活络起来了。前不着村后不着店的，哪里来的肉呢？再看看送给他肉汤的介子推，似乎站立不稳，一问才知道，介子推将自己大腿上的肉割了下来，为重耳做的肉汤。

重耳听后，感动万分，他拉着介子推的手，许诺道："有朝一日，我有能力了，一定会重重报答你。"

此时，他真正明白了权力的作用，真正向往权力了。

醉中离开安乐窝

一路风尘仆仆，颠沛流离，重耳一行终于到达了齐国。

齐桓公真的很有霸主风范，用厚礼接待重耳，还将同宗室的一个女儿齐姜嫁给了重耳，并送给他二十辆马车，让他安心生活。对比卫国的反应，对比一路上的窘迫，在齐国的重耳，深深地感受到冰火两重天的待遇。挨过饿、吃过苦的重耳，余生宁愿待在齐桓公为他打造的安乐窝里，根本不愿再去想什么前途命运了。

重耳到齐国两年后，齐桓公去世了。齐国发生了内乱，诸侯的军队也多次前来侵扰。即便如此，重耳还是不愿意离开，他已经五十多岁了，想想余生也没有多长了，再加上娇妻在侧，很讨人喜欢，他不想折腾了。

重耳在齐国整整待了五年，还是没有离开齐国的意思。他手下的贤士着急了起来，他们跟随重耳，为的是扶助重耳重回晋国为君，如今正主没有了奋进之心，他们得想个办法。

他们几个人，怕隔墙有耳，在一棵大桑树下悄悄地商议计策。

不承想，树上还有人。

这人是齐姜的侍女，正在采桑叶。

侍女赶紧把听到的消息告诉了齐姜。齐姜把这事告诉了重耳，说知道他有远大志向，劝说他赶快离开齐国。重耳一听，很惊讶，他什么时候说要走？他还有什么远大志向啊，他现在想的就是享受生活，度过晚年，老死在齐国。他告诉齐姜，他不会走的。

齐姜一见，耐心地劝说起来：

第一，夫君您是因为窘迫无奈才来到了齐国，这只是暂时之举。

第二，那么多的贤士，他们把命运寄托在夫君身上，您要不走，他们怎么办？

第三，您不回国，报答功臣，只是贪图享受，贪恋女色，我为您感到羞愧。

第四，如果您不谋求回国，什么时候才会取得成功呢？

齐姜的话，刚柔相济，软硬兼施。但是重耳偏偏软硬不吃，就吃定了齐国。齐姜知道再劝也不管用，索性不再劝了。她转而与重耳手下的贤士商量，规划了一个送走重耳的方案。

那一日，齐姜与诸位贤士合力灌醉了重耳，待他醉得不省人事时，将他抬到车上，迅速离开了齐国。看着重耳的车子走远，齐姜悲痛起来，她也不愿意重耳离开，但是爱一个人，就得为他长远考虑。齐姜不是一个柔柔弱弱的小女子，她是能为重耳撑起半边天的大女人。

重耳的车子，行进速度很快，颠簸了起来。醉醺醺的重耳闭着眼睛，轻轻唤了一声娇妻的名字，没有像往常一样的细细回应声，耳边似乎传来一阵阵马蹄声。重耳使劲摁了下太阳穴，缓缓睁开了眼睛，一看，确实是在车上。他唤来人，一问，大惊失色，转而勃然大怒：看来这帮人就是见不得他好，他稍微享受一下怎么了？

气急败坏的重耳，拿起戈就去追狐偃，狐偃是他的舅舅，重耳大喊要杀了他。狐偃早已料到会有这般戏码，与重耳来回周旋着，一边跑一边说："杀掉我，如果能成就你的事业，我也心甘情愿。"重耳狠狠地说："如果大事不能成功，我就吃你的肉。"狐偃则幽默地说："不成功，我的肉早被别人吃掉了。如果成功了，你可以吃的肉多了去了，我的肉又腥又臊，怎么值得你吃呢！"

追逐了一番，重耳累得气喘吁吁，他索性坐了下来。慢慢地，火气也消了，毕竟齐国是不能再回去了，毕竟诸位贤士也是为他着想，毕竟回国为君也是他当初的计划。

事已至此，重耳稍事休息，又上路了。

六十岁时长大了

重耳的下一站，是曹国。

曹国国君对重耳很不重视，而且作为一个偷窥狂和一个好奇心重的人，他趁着重耳洗澡的时候，悄悄地靠近，为的就是近距离地看看重耳的“骈胁”。

重耳这次是被彻底地羞辱了，曹国国君的这种行为，激起了重耳心底的霸气：有朝一日，我定让你跪在我的脚下，痛哭流涕，为今天的事后悔。

曹国并不都是鼠目寸光之辈，曹国的大臣僖负羁（xī fù jī）看出重耳定能腾空而起，成就伟业。在劝说曹国国君无果后，僖负羁为重耳送去了一些食物，食物底下是一块玉璧。这是在向重耳示好，重耳自然明白他的意思，他收下食物，表示感谢；退回了玉璧，表示他不贪。僖负羁的好意，在当时对重耳来说，是一种肯定，也是一种鼓励，他铭记在心。

重耳离开了曹国，下一站是宋国。

宋国当时的国君是宋襄公，有的说法也将他列入“春秋五霸”，当时他刚刚打了败仗，受了伤，没有足够的能力帮助重耳回国。不过，宋襄公知道重耳贤能，他用接待国君的仪式招待了重耳。

重耳继续前行，下一站是郑国。

郑国国君与曹国国君一样，都是有眼无珠、鼠目寸光之辈，并不认为重耳是什么能人，他说逃亡的诸侯国公子多了去了，都要以礼相待，他早就累死了。有大臣便劝说他，如果不礼遇重耳，那不如就杀掉他们，以免日后带来祸患。

这个提议，在郑国国君看来很搞笑，重耳是他连礼遇都不愿礼遇的人，他更不愿意费劲去杀一个在他看来没有任何未来的人。他很笃定，重耳是秋后的蚂蚱，没有未来。

一路颠簸，受尽冷遇，重耳深深地被打击着，他也在成长着。终于，他明白了一个道理，如果没有权力，他就是一个流亡人，只能忍受别人的白眼。说什么有才就任性，世界上有才的人多了去了，他算老几啊！如果说此前他是被逼回国，在遭受了一路白眼后，回国为君成为他心底最深的呐喊，他要证明自己，他要亮瞎那些看人低的“狗眼”。

终于，重耳在他六十岁的时候长大了，成熟了。

晋国已有国君，重耳回国为君并不是容易的事，他需要寻求大国的帮助。他与手下人商量了一下，将目标锁定了楚国。

楚国当时的国君是楚成王，大败宋襄公的就是他，他也因此而称雄中原。楚成王对重耳倒还重视，以诸侯之礼接待重耳，重耳谦恭地表示感谢。

礼节完成后，接下来的就是颇带锋芒的外交斡旋了。

楚成王先抛出了问题，问题很直接：公子既然需要我帮助，那么，一旦您成功回国为君，您将怎么报答我呢？

还没有做，先问好处，这是“看见兔子再撒鹰”。

按照一般的理解，重耳是有求于人，处于弱势，为了达成目的，自然需要出出血。偏偏重耳不是一般人，他明白，一旦松口，楚成王还会继续加码。因此他貌似很谦恭地恭维着对方：财宝、美女，您应有尽有；珍禽异兽，都是贵国的特产。晋国有的，都是您这里用不了的才流过去的。我不知道还能用什么报答您。言外之意，您都这么富了，还向我这个穷人要东西，着实有些为难穷人了。

重耳四两拨千斤，既抬高了对方，又保护了自身利益。

楚成王也是谈判高手，怎么可能就这样败下阵来！他继续追问：即便是这样，您总归还是要报答我一下吧？

再次追问，若再见不到“利”，估计楚成王也就不和他玩儿了。

重耳自然明白这一点，他略微一沉思，说道：“若托您的福，回到了晋国，如果将来晋楚两国不幸交战，我愿意退避君王您三舍之地。如果这样您还是认为不足以报答，那我只能拿着弓箭与您周旋一番了。”成语“退避三舍”即出自此处，一舍是三十里，三舍就是九十里。

重耳这话，很有技巧，既报答了对方，又警告了对方：可以回报，但不是无限制的回报。绵里藏针，软中带硬，自带一股霸气。

此话一出，楚国的令尹子玉大怒：求人得有个求人的样子吧？求人还这么傲娇，不能惯着你。令尹子玉就想杀掉重耳，却被楚成王制止了。楚成王很欣赏重耳，认为这是上天要让重耳兴起，他不能违背上天的意思。

重耳在楚国待了一段时间，西方的秦国向他伸出了橄榄枝，邀请他到秦国去。秦国和晋国接壤，比楚国要近很多，楚成王以此为由，赠送重耳很多礼物，派人护送重耳去往秦国。

那么，秦国为什么要向一个流亡的公子示好呢？

弟弟侄子帮了忙

说来话长。

当初秦穆公鼎力相助，帮助晋惠公成功上位，做了国君。晋惠公回国后，自以为当了老大，就无需顾忌那么多了，多次恩将仇报。

第一次，言而无信，翻脸不认账，拒绝兑现割地的许诺。

第二次，晋国闹饥荒，秦国救助，那场面极为壮观，从秦都到晋都，运粮的白帆，首尾相连，络绎不绝，史称“泛舟之役”。待秦国闹饥荒，向晋惠公寻求帮助时，他不但不帮助，反而乘虚而入，发兵攻击秦国。

如此没有底线，真的是惊爆三观，刷新三观啊。

当然，秦穆公也不是好惹的，更何况晋惠公这样的人，更得教训，不打得他满地找牙，秦穆公感觉都是对自己的羞辱，曾经付出的真心不允许他纵容这个老小子。

这一仗，晋惠公被俘虏，秦穆公要杀了他。

晋惠公，是秦穆公的小舅子，秦穆公的夫人是晋惠公的姐姐。虽然姐姐也恨弟弟不争气，但是毕竟血脉相连，她不想就这样看着弟弟被自己的丈夫杀死。

她带上两个儿子一个女儿，登上一个堆满木柴的高台，身穿丧服，满脸泪水。她对秦穆公说，希望他放了弟弟，如若不然，她就会带着儿女自焚。这个姐姐为了弟弟，真的是在拼命啊！

秦穆公叹了一口气，妥协了，放了晋惠公。

虽然放了晋惠公，但是，晋惠公需要将自己的太子圉（yǔ）送到秦国做人质。

圉，本意是指囹圉，拘禁罪人的地方，后来也指养马的地方。一个国家的太子怎么会叫这样一个名字呢？

原来太子圉是晋惠公当初逃到梁国时，与梁国国君的女儿生的孩子，另外还生了一个女儿。梁国国君为这两个孩子占卜，想看看他们的未来。占卜结果显示，男孩将来会做人家的臣仆，女孩将来会做他人的小妾，因此就给男孩取名为圉，女孩取名为妾。果不其然，圉后来虽然做了太子，但是因为父亲战败，他被送到秦国做了人质，相当于被拘禁起来了。为了控制住圉，秦穆公将秦国一公族女子嫁给了他。这个女子，就是怀嬴。

圉在秦国一待就是五年。五年后，晋惠公去世，太子圉偷偷逃回了晋国，即位做了国君，这就是晋怀公。

圉逃走了，秦穆公大怒：你逃回去，是为了君位。那么，我就废了你的君位。

怎么废呢?

秦穆公想到了一直在外流亡，且有回国想法的重耳。

就这样，秦穆公向重耳发出了邀请函。

流亡路上的“最后一课”

重耳到了秦国，秦穆公很高兴，同样是小舅子，重耳就比晋惠公顺眼多了。秦穆公设宴招待重耳一行，并将同宗室的五名女子嫁给了重耳。

秦国与晋国，为了政治利益，多次进行政治联姻，秦穆公、晋怀公、重耳都是这样，这便是成语“秦晋之好”的由来。

这五名女子中，有两位比较特殊：

一位是秦穆公的女儿，叫文嬴。重耳对文嬴很满意，这代表着秦穆公对他的强力支持。

另一位是晋怀公曾经娶过的、没有和他一起逃走的怀嬴。按道理说怀嬴是他的侄媳妇，重耳对怀嬴很不满意，在他心中，这个女人，代表的是一种侮辱。

重耳不愿意接受，手下人劝说道：“您都要取他的国了，更何况他的妻子呢。请不要拘泥小节，忘记大辱。”没有办法，重耳听从了。

不过，娶是娶了，但是在情感上，重耳还是很厌恶怀嬴。有一天，怀嬴捧着倒水的容器，伺候重耳洗脸，重耳带着情绪随便洗了洗，洗完径直甩了甩手上的水。怀嬴一见，顿时恼了，说：“秦晋是对等的国家，你为什么这么轻视我！”

怀嬴的言外之意是，你重耳不是轻视我，是在轻视秦国啊！这顶大帽子，对亟须秦国支持的重耳来说，实在太重了。重耳突然意识到自己的失态，赶紧向怀嬴赔罪。

怀嬴精彩地给重耳上了一课，要想完成一件大工程，必须重视每一个小部件，哪怕这个部件你看不上，也不能轻视。说不定，最后坏事，就坏在这个小部件上。

重耳到达秦国，消息自然传到了晋国。晋国君臣的态度分成了两派：

一派是晋怀公与晋惠公的旧臣，他们坚决反对重耳回国。这部分人，是掌握晋国政权的人，是既得利益者，一旦重耳回国做了国君，他们是首先要被清算的人。成王败寇的道理，他们自然是懂的。

另外一派是对晋惠公、晋怀公有意见的人，他们主动联系重耳，期盼重耳回国。他们愿意做内应，帮助重耳回国。

如此一来，重耳回国的时机成熟了。在秦穆公的兵力支撑下，在国内大臣的应和下，重耳顺利回到晋国，登上君位，杀死了逃跑的晋怀公。

在外流亡十九年，昔日的重耳回家了。

这一次回家，他就没有准备再走。

这一次回家，他想要活出个样子，给别人看看。

追梦者

一个人来到世上，走上一遭，最初都是带着梦想来的。人生的梦想，就是过一个实现梦想的人生。

梦想，是一个那么诱人而自带光环的字眼。与它相伴的，是未知的未来。

未来深不可测，万事皆有可能。然而，未来的妙处，恰恰在于它的不确定上。如果人生从出生就已确定轨迹，那人活着还有什么意义呢?

重耳，就是一个跌破人眼镜的“逆袭者”。

一个养尊处优的大叔，人生还有什么未来呢? 连孔子都说过“四十、五十而无闻焉，斯亦不足畏也已”（《论语·子罕》），人过了四五十岁还是碌碌无为，那么他一生也只能碌碌无为了。

一场巨变，改变了这位大叔的人生。他从被迫无奈到主动努力，中间经过了十九年的时间。

这十九年，他是悲苦的，他在悲苦中被迫成长。

这十九年，他是奋斗的，他在奋斗中成就梦想。

终于，他从大叔活成大爷、爷爷，做了一回“追梦男孩”，他仍然很年轻。

年轻是一种状态，年轻的标准很简单，却很难达到。那就是还有梦想，为了梦想，愿意也能够改变自己。

经过了冷眼嘲讽，经历了挤对打压，重耳明白了，泪水是最无用的武器。朝着荆棘，一路狂奔，任凭血肉模糊，不惧不怕，才会收获最坚硬的盔甲，才能看到那个更好的自己，才配得上更好的人生。

在一个本应倚靠着墙根，晒着太阳，回顾着人生过往的年龄，重耳成功圆梦了。

他的人生才刚刚开始。

他向着未来奔跑而去，一心向阳，无惧风雨。

（本篇主要依据《史记·晋世家》）

原典

重耳去之[1]楚，楚成王以适[2]诸侯礼待之，重耳谢不敢当。赵衰曰：“子亡在外十余年，小国轻子，况大国乎？今楚大国而固遇[3]子，子其毋让，此天开子也。”遂以客礼见之。成王厚遇重耳，重耳甚卑。成王曰：“子即反国，何以报寡人？”重耳曰：“羽毛齿角玉帛，君王所余，未知所以报。”王曰：“虽然，何以报不穀[4]？”重耳曰：“即不得已，与君王以兵车会平原广泽，请辟[5]王三舍[6]。”

《史记·晋世家第九》节选

注释

①**之**：往，到。

②**适**：通“敌”，对等，相当。

③**遇**：接待。

④**不穀**：不善。古代君王自称的谦词。穀，音 gǔ。

⑤**辟**：退避，回避，后写作“避”。

⑥**三舍**：古代行军以三十里为一舍，三舍为九十里。

译文

重耳离开（郑国）到达楚国，楚成王以对待诸侯的礼节招待他，重耳辞谢不敢承当。赵衰说：“公子逃亡在外十几年，小国尚且轻视公子，更何况大国？如今楚国身为大国坚持要以诸侯之礼接待公子，公子不要辞让，这是上天给公子的一条明路。”于是重耳以诸侯到访的礼节拜会。成王隆重地招待重耳，重耳十分谦恭。成王说：“公子如果回国即位，用什么来报答我？”重耳说：“羽毛齿角玉帛等珍宝，都是君王多得过剩的东西，我不知道用什么来报答。”成王说：“即便这样，到底用什么来报答我？”重耳说：“如果万不得已，与君王在平原大泽用兵卒战车会战，我将主动退避君王三舍之地。”

晋文公称霸

晋文公回国了。

晋文公成功登上了君主宝座。

十九年流落他乡，十九年颠沛流离，如今终于梦圆，晋文公内心感慨万千。

不过，感慨也没有太多的时间，国内又出乱子了。

他收拾心情，重新出发。

危机再起

晋怀公虽然死了，他手下的拥趸（dǔn），还有很多。这些人，曾经手握重权，左边权力，右边富贵，好生得意。曾经的好日子，因为晋文公当了国君就到头了？

显然，他们不同意。

这些人中，就有曾经建议刺杀晋文公的人。当初他们没有将晋文公杀死，才惹来如此的麻烦。做惯了暗杀决定的这些人，轻车熟路地又做起了同样的勾当。杀掉晋文公，成为他们维护自身利益的最迫切愿望。

什么方法呢？

火烧！

这事还是要暗地里进行，暗暗派人放火，将晋文公烧死在他的宫殿中。

晋文公刚刚回国，还没有完全掌控局势，这些反对派在宫殿中有得力之人，那熊熊大火一旦烧起，晋文公在睡梦中死去的可能性会很大。反对派们在盼望，在憧憬，梦想着重新回到权力巅峰的喜悦。

但是，很可惜，他们的梦想还是破灭了。破灭的原因，是他们中间有人告密了，他们的计划提前泄露了。告密者，恰恰是当初刺杀重耳的履鞮（lǚ dī，晋国的一名宦官）。

当初晋献公捉拿晋文公时，是履鞮砍掉了他的衣袖。

当初晋惠公刺杀晋文公时，是履鞮当起了“跑男”，晋惠公要求三天到达，他一天就到达了。

履鞮在得知反对派想烧死晋文公的计划后，分析形势，他决定站在晋文公这一边。他求见晋文公，希望以出卖秘密的方式，抵消此前的罪过。

晋文公对履鞮恨之入骨，履鞮两次都差点杀了他。两次的命悬一线，晋文公依然记忆深刻，他拒绝接见履鞮，还派人数落了履鞮一番。

履鞮应该想到过晋文公是这种态度，于是他条理清晰地说了四点：

第一，我与您并没有直接冲突。我作为宦官，忠于君主，不敢怀有二心，这才得罪了您。

第二，您应当向齐桓公学习。管仲射中齐桓公衣带钩，齐桓公都不计前嫌，重用管仲，称霸诸侯。

第三，您的危难还会有。即便是回国即位，也不代表就百分百安全了，当初在蒲城、翟国的危难或许还会发生。

第四，我是来帮助您的。我如今前来告诉您一件秘密，您却不接见我，灾祸应该很快到来了。

晋文公一听，恢复了理性，赶紧接见了履鞮，履鞮慢慢向晋文公说出了反对派的大阴谋。晋文公一下蒙了，不过也仅是一下下。随后他迅速确定了应急方案：

乔装打扮，逃出国都，会见秦穆公，寻求帮助。此事做得悄无声息，国人并不知晓。

反对者的火毫无悬念地烧了起来，他们果真造反了。这场火很大，蔓延很快，反对者踌躇满志，前去检验胜利成果。但是，找遍了烧坏的宫殿的角角落落，并没有发现晋文公，他们这才明白，中计了。正在这时，晋文公的卫兵出现了，反对者无心恋战，果断逃走，逃到黄河边，秦穆公带兵杀死了他们。

这一次清除反对者的行动，晋文公是被动应战，但效果很明显，国内终于恢复了平静。

晋文公又回来了，他又从秦国接回了还在秦国的夫人。秦国还送去了三千侍卫，保护晋文公，防止再次出现内乱。

秦穆公这个姐夫兼岳父，很给力，为了晋文公这个小舅子、老女婿，确实是拼尽了力气。

介子推事件

叛臣，必须惩处。功臣，必须奖赏。奖惩分明，才能激发下属的能力，这是一种原动力，也是一种鼓舞。这也算是对跟随他颠沛流离的诸位下属的交代。

晋文公很大方，功劳大的封给城邑，功劳小的授予尊贵的爵位。一时间，安抚了很多下属的心，他们总算没有跟错人。

奖励活动还没有完全兑现，这时，周天子被弟弟发难，仓皇逃到了郑国，请求晋国前去救援。这对晋文公来说，又是一个难题。晋文公想派兵前去救援，但是晋国局势刚刚稳定下来，一旦出兵，又怕后院失火，国内再有祸患发生。因此奖励活动就暂时搁置起来，先考虑援兵周天子之事。

搁置的奖励活动，却刺激了一个人。此人就是晋文公流亡时“割股啖君”的介子推。

奖励活动，还没有轮到介子推，就搁置了。介子推没有向晋文公要求赏赐，但他心里是有不满的。这种不满，最初或许是心理上的失衡，后来则转成对晋文公以及受赏大臣的不满。

他认为，晋文公之所以能够成功回国，登上君位，这是上天的意思。上天不想灭绝晋国，晋献公的儿子只有晋文公在，他不当国君谁当？那些跟随晋文公流亡的人，却把它当作自己的功劳，这是与上天抢功，这是偷窃，这是罪过。晋文公却奖励这种行为，这是与那些人一起，上下欺骗。介子推不愿意和这样的人共处。

他把这些话说与他的母亲。母亲劝他去向晋文公请求封赏，让那些受封赏的大臣明白上天的旨意，介子推拒绝了。他不会效仿那些人，他也不会炫耀自己。

最后，介子推在母亲的陪同下，一起归隐了。

介子推的随从同情他们母子，不想看着介子推就这样被世人遗忘。于是，宫门上就悬挂上了一幅字："龙欲上天，五蛇为辅。龙已升云，四蛇各入其宇，一蛇独怨，终不见处所。"龙，指的就是晋文公。五蛇，指的是陪同晋文公流亡的大臣。四蛇，指的是已经受封的大臣。一蛇，指的是介子推。这条蛇独自悲怨，始终不见他的处所。

晋文公出宫，看到这幅字，一下子就明白了个中意思，立马派人召见介子推，要赏赐他。

介子推早就和母亲走了，自然没能找到他。晋文公又派人扩大搜索范围，最后得到消息，说介子推隐居在绵山（今山西介休南）。

据说，晋文公亲自带人前往寻找，但是绵山那么大，藏个人还不容易吗？一番搜索无果之后，晋文公下令烧山，希望能将介子推逼出山来。怎料，大火烧了三天三夜，满山灰烬，也没逼出介子推，却烧死了介子推。等到晋文公再见介子推时，介子推已经变成一具烧焦的尸体。晋文公顿时慌了神，他这是错上加错啊。

为了彰显介子推的节操，为了记录自己的过失，晋文公做了三件事情：

第一，封赏介子推。他将整座绵山圈了起来，把里面的土地都封给了介子推，作为介子推的封田，并命名为"介山"。

第二，纪念介子推。他将介子推被烧死的日子作为

“火禁日”，以后每到这一天，晋国上下都不能生火，不能吃热乎的食物。据说这就是“寒食节”的来历。

第三，警戒自己。介子推当时被烧死在一棵柳树下，晋文公拿起一段柳木，回去做了一双木屐，穿在脚下，每次看到它，都会想起死去的介子推，叹息道：“悲哉足下！”足下的是木屐，代指的是介子推，后来则成为对同辈或长辈的一种尊称。

如此虐情的故事，让人唏嘘，令人感叹。本来是一片丹心侍君情，奈何最终丢了性命，介子推着实可叹。

同样是跟随晋文公流亡的人，为什么有的人能被第一时间想起，有的人则被忘记呢？

可见，周天子有难，只是一个外因，最关键的原因，还在晋文公本身。至于晋文公考虑的是什么，可以从晋文公对另外一个跟随他逃亡的仆人说的话中，猜度一二。

这个仆人曾问过晋文公，您三次赏赐，都没有轮到我，请问您，是我有什么过错吗？这个问题，如果当初介子推愿意问的话，应该也会这样问。

晋文公说自己的赏赐是论功行赏，根据功劳大小确定赏赐大小与赏赐顺序：

受上等赏赐的，是用仁义引导他、规劝他的人。

受次等赏赐的，是用行动辅佐他，使他成就功业的人。

受再次一等赏赐的，是立下卓越战功的人。

受更次一等赏赐的，是用劳力侍奉他，却没有弥补他过失的人。

这个仆人侍奉晋文公的日常，应该只是劳力付出，不算太大的功劳。那么介子推呢？似乎与这个仆人不一样，他是生生割掉了自己的肉，很英勇，也很震撼人心，但是，介子推在重耳流亡过程中做的最有说头的，估计也就这事了。只是满足了晋文公一时的口腹之欲，还远远算不上救命之恩。即便是救命之恩，时过境迁，待饥饿不再是晋文公的日常忧患之后，那顿肉或许就不那么走心了。

因为，晋文公当时更关注的，是他的功业，功业是怎么来的，功业又要怎么稳固住。跟随他的人要赏，国内做内应的要赏，有治国安邦才能的人也要赏。他的赏赐是一种手段，目的是最大限度地团结属下，凝聚团队力量。

虽然有介子推这件事，但是晋文公一场“危机公关”挽回了人心，他的奖赏也笼络了人心，国人对他很满意。

霸主的味道

回国坐稳江山，是晋文公实现梦想的第一步，他还想走得更远，他也想当个霸主。

这真的是“老骥伏枥，志在千里”啊。

历史也回馈给晋文公一份足可吹嘘的资本：即位四年，成功称霸。

对很多人来说，可望而不可即的霸主，晋文公短短四年就当上了，着实让人羡慕嫉妒恨。羡慕归羡慕，恨也只能恨着了，谁让人家晋文公“有”呢？

有什么？他有的恰恰是很多人所缺的。

首先，他有爹拼。

他爹几乎要把他杀了，现在拿出他爹来显摆，是不是有些打脸？

他爹晚年受迷惑，脑子不好使，但他爹确实是个实干家，拼下了一个大家底，是个实打实的“地主”“富翁”。晋惠公又是个守财奴，答应了给秦国的土地，也要赖回来。晋文公上位后，基本上是接过了他爹晋献公的江山事业。家底雄厚，与白手起家自然不同，稍微使使劲，一个小目标就达到了；努力使使劲，一个大目标就实现了。

其次，他自己有能力。

晋文公属于“大器晚成”型选手，前面荒废的日子，前面受尽白眼的日子，前面艰难斡旋的日子，都刻在他的脸上，印在了他的脑海中，垫在了他走往霸主的路上。命运不会辜负任何一个努力、隐忍、执着的人，他自己在成长着。谁也叫不醒一个装睡的人，谁也劝不住一个想站起来的人。

再次，他有人才。

自古到今，人才都很关键。虽然，即便是盛世，也不一定人尽其才；但是，没有人才，便不会有盛世出现。晋文公自小就喜欢结交人才，十七岁身边有了五位大神级别的人才。正是靠着这些人才，他成功保住了性命，他成功复盘。人才的重要，他有切实感受。所以，他施政的一个重大举措，就是知人善用，笼络了一大批人才。靠着这些人才，他发展经济，提升国力；他设三军六卿，打造了一支精锐部队。

有钱，有军队，有人才，这就是晋文公的底气。有钱任性，有军队硬气，有人才纵横江湖。

最后，他有天时。此天时主要有二：

一是霸主空缺。

晋文公即位时，一代霸主齐桓公已经去世七年，齐国陷入内乱，无力统领诸侯。秦国、楚国，虽然都有一定能力，也都想称霸，却还没有绝对实力。胜算不大，两国都没有动。霸主空缺，称霸的阻力要相对小一些。有霸主在，要先把霸主拉下来，才能上位，这就需要和全天下最强大的力量单挑，最后很有可能被霸主领导的国家群殴了。

二是周天子求助。

齐桓公在位时，曾罩着周天子，帮他打跑了叛乱的弟弟。齐桓公去世后，这个弟弟又卷土重来了，而且还把周天子赶跑了，周天子只能再次向诸侯求助。晋国、秦国都收到了周天子的求助。秦穆公当时带着军队驻扎在黄河边，准备护送周襄王回去。这时，晋文公的大臣跟他说了一句话：“求诸侯，莫如勤王。”也就是说，要想称霸诸侯，最有效的方法就是救助天子。如果此事让秦国抢了先，晋国就落在了秦国后面，不太好向天下发号施令了。因此，要想称霸，这是最好的时机。

晋文公一听，马上派人进行占卜，显示很吉利。当即决定，勤王开始。

但是，晋文公想到的事情，人家秦穆公会想不到吗？

秦穆公好像还真没想到，真没想那么远。这就是眼界的不同。

即便如此，晋文公也得想个法子，既不能表露自己的野心，还得让秦国欣然接受。晋文公一番诚恳地与秦穆公商量，勤王这么辛苦的活儿，让我来做就可以了，您老人家支援我这么辛苦，现在是我替您出力的时候了。晋国与周天子本是同姓，勤王之事，也是职责所在。

人生都是戏啊，只不过有时自己在表演，有时当看客。晋文公的戏，成功骗过了秦穆公：秦军回国，晋军出发勤王。

晋文公为的就是勤王成名，谋得利益。因此，这次他必须成功。结果，自然是好的，叛臣被杀死，周天子又回归安全状态，回到他的领地。周天子设宴招待晋文公，对他表示感谢，准许晋文公向自己敬酒。

敬酒，在现在，是对对方的尊敬，一般是主动去做。在周代，敬酒作为一种礼仪，是有等级规定的。向周天子敬酒，是一种荣誉，不是随随便便拿个酒杯就能去表达敬意的，只有经过允许，才能前去。

晋文公此时也有些飘飘然，敬酒时竟然向周天子提出了一个请求，希望自己死后可以用天子的规格埋葬。周天子虽然力量不能与昔日相比，但他的名头还在，他就是唯一的天子。晋文公的要求，显然是僭（jiàn）越之举，周天子断然拒绝了他。

不过，晋文公终究是勤王有功，周天子就把阳樊等地赐给了晋文公。

拳头硬碰硬

称霸诸侯，很大程度上是靠拳头说话。说自己的话，让对方不敢说话。晋文公的霸业，也是打出来的。

最关键的一战，是城濮（位于卫国境内，今山东鄄城）之战。

这是晋国与楚国之间的战争。两个国家都想称霸，都要侵吞小国，壮大自己的力量。国家就那么多，他们在扩张的过程中势必要“撞车”。撞车之后，那就亮出家伙什儿理论一番吧。

晋文公即位第四年，楚国联军围攻宋国，宋国求助晋国。晋文公的谋士们又嗅出了新机遇：报答恩德，确立霸业，就在今天了。当初晋文公流亡，宋襄公礼遇有加，还送了很多东西，有恩于他。救助宋国，这是报恩；晋国与楚国，终有一战，这一战一胜，既能打击楚国，又能笼络住楚国的盟国，还能确立霸业。这样一来，既成就了霸业，又不是那么赤裸裸，而是师出有名，占据了道德上的制高点。

他们确立的作战策略是声东击西，围魏救赵。

楚国与曹国结盟，与卫国通婚，一旦攻打这两个国家，楚国肯定会救援。这样，宋国就能免于灾难。曹国与卫国，恰恰是当初晋文公流亡时对他不待见的两个国家，晋文公打起来自然不会手软。当日受的委屈，就在今日十倍还给他们吧。

于是，曹国、卫国被攻下，曹君被生擒，卫侯被赶跑。

不过，楚国也不是那么好糊弄的，他们继续围攻宋国，就是不上钩。

坑挖好了，但是人家就在坑周围转悠，就是不入坑。本就有点不愿意与楚国正面冲突的晋文公，有些担忧了，有些不自信了，有些骑虎难下了：硬打吧，晋楚两国，本就在伯仲之间，胜算概率不大；不打吧，面子上下不来，而且宋国势必会投降楚国，增大楚国的砝码，到时晋国会很被动。

好在晋文公手下能人多，先轸就是一个。他为晋文公支招：

第一，将曹国、卫国的土地给宋国，让宋国得些实惠。

第二，让宋国贿赂齐国、秦国，让两国劝说楚国退兵。

第三，拉齐国、秦国入伙。楚国肯定不愿意放弃曹国、卫国，不会同意退兵。齐国、秦国当说客不成，又拿了宋国的贿赂，只能与楚国反目。

晋文公按照先轸说的去做了，困局被打破了。

楚成王一看，也没有再打的必要了，打也打不胜了，就带兵回国了。

晋文公这一番操作猛如虎，气坏了一个人。这人就是楚国令尹子玉。当初子玉曾要求楚成王杀了重耳，如今做了晋文公的重耳攻打曹卫两国，这是故意为难楚国，这是轻视楚国。子玉咽不下这口气，他要反击，他要打得晋文公满地找牙，打得他跪地求饶。

楚成王却不愿意这么做，他看到了晋文公蓄势待发的力量，不可与其硬碰硬。子玉却坚决要打，楚成王很生气，只给了子玉少量兵力，任他去作。心高气傲的子玉，带着必胜的信心，领兵而去。

楚国的国君与最高级别的大臣，意见分歧，这是战争大忌，很难取胜。

这是晋文公与楚国军队的第一次正面交锋，他遵循当初的承诺，退避三舍。待楚军继续攻击后，晋军兵陈城濮，兵分三路，诱敌深入，一一击败了楚军及其盟军，获得了胜利。

退避三舍，信守承诺，为晋文公赢得了声誉。其实，退避三舍，也是晋文公的为战谋略，为的是笼络人

心，为的是避其锋芒：晋军众志成城；楚军军心涣散，有人想要撤兵。这就是兵家之道。

城濮之战，效果很明显。一些国家，见风使舵，倒向晋国。

城濮之战，晋文公一战成名，确立了霸主地位，改变了当时的国家格局。

人才很重要

靠拳头打出来的霸主，还需要周天子的仪式认可。

城濮之战之后，晋文公在践土（位于郑国境内，今河南原阳）为周天子营建了一座王宫，作为向周天子献俘虏的场所。献俘只是一个名头，仪式的重头戏是策命：周天子正式策命晋文公为侯伯，以官方策书正式承认了晋文公的霸主地位；还赐给晋文公红弓一把、红箭一百支、黑弓一把、黑箭一千支，这就象征着周天子赐予晋文公征讨杀伐的权力。可见，在讲究“名正言顺”的社会，一纸官方认证是多么重要。

按说，多年的梦想终于实现，晋文公成功“咸鱼翻身”，他应该欢呼雀跃才对。但是，晋文公心中反而涌上了丝丝忧愁。左右大臣很是不解，晋文公叹息一声，说道：“我听说，战争取胜后还能做到心安的，只有圣人。况且子玉还活着，我怎么能高兴起来呢？”原来，见惯了“翻手为云，覆手为雨”的世事变幻，晋文公对胜利总有一种梦幻般的感觉，生怕有一天所谓的胜利会烟消云散，离他而去。子玉虽刚愎自用，却也是楚国的一员干将，且一心一意为楚国谋利益，是晋文公的心头大患。

不过，这个心患，很快就没了。子玉战败回国，楚成王很生气，生气他不听自己的话，贪图战功，大加责备。子玉战败，本就很羞愧，楚成王一番责备，他最终自杀了。消息传到晋国，晋文公一下子高兴了起来，说：“我攻打楚国的外面，楚国内部诛杀自己的大将，内外呼应，楚国不会掀起大风浪了。”

心情放松的晋文公回到国内，封赏有功之人。

封赏，有的人得到的多，有的人得到的少，有时就会引起质疑。晋文公此次封赏，以狐偃为首功。有人就提意见，城濮之战，全靠先轸的谋略，头功应该是先轸的。

确实，城濮之战，先轸的谋略很关键，先轸告诉晋文公，战争以取胜为根本，晋文公也是因为采纳了先轸的建议才取得了胜利。

至于狐偃，只是在战争中劝告他要守信。

两相对比，先轸的谋略功效立竿见影，狐偃的谋略却需要时间检验。晋文公认为，先轸的谋略能取胜一时，狐偃的谋略却是建立千秋万代功业的必需。一时之功，自然不能超越千秋万代的功业，所以他给狐偃记头功。

晋文公的封赏原则，不是着眼于一时，而是着眼于长久。这在整个晋国人才集团，是个很有力量的信号：眼光要放长远。眼光放长远，才能成就大事业。

扯下遮羞布

晋文公称霸诸侯，走的还是齐桓公的老路。晋文公的勤王，就是齐桓公的尊王。实质就是，拉大旗作虎皮，打打杀杀的事做得真不少。很快达到齐桓公的水准后，晋文公总想超越偶像，做点儿不同一般的事情。

他把目光对准了周天子。

当初，他请求死后以天子的规格埋葬自己没有获得准许，他心里就老大不痛快。当时他不想做得太过，还不想成为天下公敌。慢慢地，他想僭越天子的念头又起来了。当然，这次不再是与天子享受同样的待遇，这次他做得更狠，直接将周天子的尊严踩在了脚下。

晋文公五年（前632）的冬天，晋文公在温地大会九国诸侯。他对外宣称担心力量不够，害怕有诸侯反叛，请周天子到温地为他坐镇。但实际上，就是以臣召唤天子，周天子等同于一个诸侯国国君的地位，他晋文公成了真正的老大。

这件事，在当时的轰动效应太大了，颠覆了人们的日常认知。从来没有人敢做的事情，晋文公做了。经此一事，周天子更不受人尊敬了，地位江河日下。

大器晚成

晋文公九年（前628），享过乐、吃过苦、打过仗、当过第一的晋文公离开了世界，寿终正寝，享年七十一岁。他的儿子驩（huān）即位为君，实现了权力的顺利交接，是为晋襄公。有齐桓公、晋献公的前车之鉴，晋文公以此为戒，很好地安排好了身后事。儿子们没有内讧，大臣们也没有一枝独大，共同辅佐晋襄公。

这样的安排，对晋文公来说，是最后的决策。

这样的安排，对晋国来说，是莫大的福气。

在他死后，晋国一直维持着大国的局面，霸业没有因他的离去而灰飞烟灭。

回顾晋文公一生，前三分之二的人生，几乎都是历史的空白，即便是有那么一点点记录，也是别人的陪衬。后三分之一的人生，则见证了生命的奇迹，创造了人生的绚烂。如果让晋文公为“大器晚成”代言，恐怕没人会反对。

大器晚成，按照发展历程，应当是晚成大器。这个发展的结果，很好，成就了一番功业，成了一个人物。

但是，“晚”字，似乎有些惋惜的感觉，也有些许庆幸的感觉。

这么晚，才成功。

这么晚，终于成功了。

这中间，多少坎坷，多少磨难，尽付于一个“晚”字中，不堪回首，不愿回想。

所有的大器晚成，都是凤凰涅槃，都是浴火重生，都是努力坚持之后的水到渠成。

与大器晚成相对的，是少年得志，年轻有为。少年得志，恰恰满足了人们的这种愿望。年纪轻轻，就已经大有作为，很欣喜，很得意。更重要的是，年少得志，一路相伴的多是鲜花、掌声，很少有荆棘、嘲讽。即便有，那么年少，也不会有太多。不用太艰辛，就能有好收获，符合一切美好的想象。

当然，大部分人没有这份幸运，他们年少之后，仍然一步一步地，努力走着。走着走着，一部分人半途而废，还有一部分人功败垂成，没有经受住时间的考验与磨砺。还有一部分人，即便年过半百，年已花甲，即便仍然是别人眼中的废物，仍然不惧白眼，咬紧牙关，努力向前。

终于，有一天，废物成了大器。

这一天，不早不晚，恰逢其时。

（本篇主要依据《史记·晋世家》《左传》）

原典

介子推从者怜[1]之，乃悬书宫门曰：“龙[2]欲上天，五蛇[3]为辅。龙已升云，四蛇各入其宇，一蛇独怨，终不见处所。”文公出，见其书，曰：“此介子推也。吾方忧王室，未图其功。”使人召之，则亡。遂求所在，闻其入绵上山中，于是文公环绵上山中而封[4]之，以为介推田，号曰介山，“以记吾过，且旌[5]善人”。

《史记·晋世家第九》节选

注释

①**怜：**同情。

②**龙：**比喻重耳。

③**五蛇：**比喻追随重耳流亡的五位臣子——狐偃、赵衰、魏武子、司空季子和介子推。

④**封：**聚土植树作为边界。

⑤**旌：**音 jīng，表彰。

译文

介子推的随从怜悯介子推，于是在宫门上张挂帖子，写道：“龙想飞入天际，有五条蛇是他的辅佐。龙已升上云霄，四条蛇各自登堂入室，只剩一条蛇独自哀怨，终究看不到自己的容身之处。”文公出宫，见到这幅字，说：“这说的是介子推。我正为王室忧虑，还没有来得及考虑他的功劳。”文公派人召请介子推，却找不到他。于是文公寻找介子推的行踪，听说他躲进绵上的山里，从此文公把绵山一带围起来，把里面的土地作为介子推的封田，起名称介山，“以此记录我的过失，并且作为善人的表彰”。

楚庄王问鼎

相传大禹治理洪水，划定九州，命令九州进献青铜，铸造了九鼎。九鼎上铸刻着九州的名山大川、奇异之物。一鼎象征一州，九鼎就是九州，就是全天下。从此以后，九鼎就成了神圣之物。代表着王权。

九鼎，从夏朝传到商朝，又传到周朝，一直是由天子保存。

春秋时期，一个不是天子的人，心里打起了九鼎的主意，想将九鼎据为己有。

这个人，自然很有野心，也很有能力。

没能力，没野心，谁敢去“问鼎”啊。

这个留下“问鼎中原”典故的人，就是“一鸣惊人”“饮马黄河”的楚庄王。

爹爹杀了爷爷

楚庄王，姓芈（mǐ），熊氏，名侣。

楚庄王的祖父，是楚成王，就是大败宋襄公的那个人，就是在晋文公流亡过程中，让晋文公做出“退避三舍”承诺的那个人。他也是春秋舞台上的风光人物，到处有他的足迹。

楚庄王的父亲，是楚穆王，是个弑父夺权的人。

故事很血腥，干血腥事的人，心狠手辣。

从面相上看，楚穆王就自带凶相，眼睛像蜜蜂一样可怕，声音像豺狼一样凶狠。

楚穆王，是楚成王的长子，名商臣，很早就被立为了太子。这对父子二人来说，也算一件好事，父亲早早地培养接班人，也看出楚成王对儿子的认可。但是，对这对父子来说，这件事最终引发了一桩血案。

血案源自楚成王的变化。楚成王的宠妾多，儿子也多，最后楚成王走了很多人的老路，中途想换太子。

世事最怕有变化，尤其是夺走本来属于一个人的东西时。世事也在变化中缔造着新局面。太子的位置，对商臣来说太重要了，他一生的目标就是要坐上君位，纵横四海。如今若拿掉他的太子之位，他只能趴在地上臣服于他人，谈什么自由遨游，就都是胡扯。

当时楚成王虽然有换太子的想法，但是还没有付诸实施，多少有点犹豫。太子商臣证实了父亲换太子的想法之后，很果敢，很坚决，他主动出击，先下手为强。商臣带领一队警卫军包围了楚成王的宫殿，楚成王还没反应过来，就被控制了。

看着自己的儿子，楚成王想起了当初自己杀死哥哥夺取王位的情景，真的是天道轮回啊，或许这就是报应吧。但是，蝼蚁尚且偷生，楚成王自然不想坐以待毙，就这样白白死去。在与儿子对峙的工夫，他的脑海不断地搜索方法，他要自救。

终于，灵光一现，一个办法出现了。他可怜兮兮地央求儿子，他临死之前有一个愿望，希望儿子能满足。这么一说，商臣也不好说什么了，就问父亲有何愿望。

楚成王水到渠成地说，他想最后吃一次熊掌。

什么？死到临头，只想吃顿熊掌？楚成王真是吃货界的扛把子啊！但是，一听这话，商臣断然拒绝了。

商臣这么吝啬吗？不就是一顿熊掌吗？再难弄，对于一国之君来说，总不是难事吧？

商臣不是吝啬，而是嗅出了楚成王的意图：熊掌很难熟，需慢火细炖，煮好需要很长时间。他的爹爹哪里是想吃熊掌啊，而是在拖延时间，等待救援。开弓没有回头箭，既然决定了夺权，那就是孤注一掷，就不能半途而废，他不会给楚成王反击的机会。

最后的挣扎，被儿子识破，楚成王自知没有回天之力，没有活命的机会了，于是自杀。

杀了老子，儿子当国君，这是商臣成功翻身的手段。

不过，弑父的罪过，将伴随他一生，怎么抹也抹不去。

躲在深宫演演戏

楚穆王虽然不是好儿子，但他还算合格甚至优秀的国君。他即位之后，分析国际形势，确立了逐步推进的为政路线：北上实力不够，晋文公的儿子晋襄公仍然维持着霸权；东边、南边的小国很多，倒是可以逐一击破，增加力量。一旦实力允许，再图谋北上争霸。

楚穆王的路线可行性强，稳扎稳打，不保守，也不冒进。一切都在按照他的规划推进，他成功地扩大了楚国的地盘。恰好，晋国传来一个消息，晋襄公去世，他的儿子晋灵公即位。晋灵公即位时年纪尚幼，又不行君道，晋国的影响力大减。楚穆王敏锐地察觉到机会来了，他挥师北上，开启了事业扩张的第二步。

楚穆王的事业越做越大，但是，终其一生，也没有完成称霸的梦想。天不假年，他去世了。儿子熊侣即位，也就是楚庄王。

本以为楚庄王能够延续祖父、父亲的辉煌，大举北上，做大事业，结果刚刚即位的楚庄王却上演了一出“老子英雄儿狗熊”的好戏。

初即位的楚庄王，还不满二十岁，热血方刚，每日里就知道与美人相依，与美酒相伴，什么朝政啊，那都不是他的事。

在他躲在深宫不理朝政的时候，宫外却怎么也平静不下来了：楚国内部公族势力强大，不同势力集团相互斗争，就连刚即位的楚庄王也曾被人挟持；即位三年时，国内发生了大饥荒，哀鸿遍野；臣服楚国的国家趁机造反，侵犯楚国边境，准备向楚国国都进发。

内外夹击，楚国实在是不太平！

然而，楚庄王依然躲在深宫之中，一副“扶不起的阿斗”状，这可急坏了楚国的一帮忠臣。有大臣忠言进谏，楚庄王先是一笑置之，不说话，再后来转为恼怒，最后竟然挂出来了一个牌子：“劝谏者，杀无赦。”这个牌子，给人传递的信息就是，我当昏君我愿意，谁要拦我，我就跟谁急。

有人在看热闹，吃瓜不嫌事大。

有人在暗暗发力，有所图谋。

有人在深深悲叹，却又无可奈何。

还有人，则是一如既往，不惧风雨，继续劝谏。

这一天，大夫伍举求见楚庄王，楚庄王一副滚刀肉的样子，问伍举前来是和他一起喝酒、看歌舞的吗？

伍举说自己既不喝酒，也不看歌舞，只是想猜谜语。有个谜语，他一直没有猜出来，希望楚庄王能指点迷津。伍举的谜面是，楚国有一只大鸟，身披五彩羽毛，一停三年，不飞也不叫。请问这是什么鸟?

楚庄王一听，心中了然，哈哈一笑，意味深长地说:“兴许这只鸟，不寻常，三年不鸣，是为了寻找方向。三年不飞，是在整理翅膀。兴许这只鸟，不普通，一旦起飞，一飞冲天；一旦鸣叫，一鸣惊人！”

这就是聪明人之间的对话，不需要太直白，拐弯抹角也能把话说明白，听清楚。

还有一个叫苏从的人，却不懂得拐弯抹角，他单刀直入，斥责楚庄王没有个君主样，如此这般，定会招来祸患。

苏从很激动，很气愤，真有点“恨铁不成钢”的感觉，希望能把楚庄王骂醒。

楚庄王一脸严肃地责问:“我立的牌子你没看见吗?你就不怕我杀了你！”

苏从敢骂，就敢接受惩罚。如果能把楚庄王骂醒，他自感也算对得起楚国，他愿意飞蛾扑火啊！

看着凛然正气的苏从，楚庄王很感动，他也不愿再装了。卸下伪装的楚庄王，亲自扶起苏从，感谢苏从的一片忠心，表示他一定会努力的。

原来，楚庄王一直在自编自导自演一场戏，这场戏骗过了所有的人。

原来，楚庄王一直在幕后静静地观看楚国大臣们的表演，一言一行，尽收眼底，一忠一奸，尽入心底。

这个年轻人，很不简单。

年纪轻轻，却深谙韬光养晦之道。

年纪轻轻，却能顶住压力，忍住不满，不动神色。

一鸣惊人

时机成熟，楚庄王不想再忍了，是时候表演真正的技术了。

当时，庸国、麇（jūn）国趁火打劫，联合一些蛮夷部落反叛楚国，情况危急，有些人很悲观，甚至建议迁都避难。一直示弱的楚庄王，此时却坚定地说，庸国、麇国不听话，就要打打他们的屁股了。

此话一出，很多大臣恍如做梦，我是谁？我在哪里？我不是在做梦吧？

大臣们难以置信地看向楚庄王。还是那个人，却又似乎不是那个人。

这次楚庄王走出深宫，亲自率兵，讨伐庸国。讨伐过程中，楚军多次示弱，七战七败，迷惑对方，最后趁着对方骄傲而不加防备之时，一举灭掉了庸国。

这就是楚庄王对外的“一鸣惊人”。

这次一鸣惊人，惊掉了很多人的下巴，原来这小子还是有点道道的。

其实，楚庄王的道道很多，对外有道，对内也有道。他不断进行人事改革，任用能臣良将，一方面为我所用，另一方面也是为了分化公族权力。

当时，公族权力最大的，是若敖氏家族。早在楚成王在位的时候，若敖氏家族曾拿出全部家财资助国家，留下了“毁家纾难”的典故。毁家纾难，成为若敖氏家族成功把握军政大权的重要砝码，自此以后，楚国的令尹、大将多是若敖氏家族的人。楚庄王初即位，若敖氏家族根本没把这个毛头小子放在眼中。如今，若敖氏家族的权力不断被剥夺，他们自然不愿意。若敖氏家族的大家长、楚国令尹斗越椒，决定向楚庄王开刀。

斗越椒刚刚出生时，就因样子像熊虎、声音像豺狼，被预言有“狼子野心”，会给家族带来灭族之灾。斗越椒的叔叔曾要求斗越椒的父亲杀掉斗越椒，斗越椒的父亲没有同意。

如今，预言就要应验了。

斗越椒趁着楚庄王在外教训不听话的夷族国家，突然发动兵变，占领郢（yǐng）都，不让楚庄王进城。

楚庄王一看这阵势，绝对不可硬拼，对方势头正猛，自己的军队刚打过仗，疲惫不堪。一番思索，他又施展了惯用的示弱战术，要和若敖氏讲和。

若敖氏还真被楚庄王迷惑了，以为楚庄王怕了。自以为楚庄王是囊中之物的斗越椒，下令与楚庄王决一死战，生擒楚庄王。

楚庄王再次示弱，仅留下一队人马活动，其他人马埋伏起来，引蛇出洞。

斗越椒再次被自大迷惑了头脑，以为楚庄王不堪一击，率兵前行，要一举拿下楚庄王。

楚人尚武，斗越椒功夫也很了得，他连连对着楚庄王射出两箭，射到了楚庄王的车上。危急关头，楚庄王的神箭手一箭射去，射死了斗越椒，若敖氏家族的叛军很快就被收拾了，若敖氏也被灭族。

这是楚庄王在国内的“一鸣惊人”。

在外灭了反叛之国，在内灭了反叛之人，楚庄王终于坐稳了江山。

问鼎中原

有了好的开始，楚庄王一发不可收拾，收获了一次又一次的胜利。伐宋，伐陆浑戎，都很顺畅。

陆浑戎居住在洛邑西南，楚庄王一路打到洛水边上，距离东周王都洛邑很近很近。近得楚庄王心都痒痒，有点飘飘然了。他下令在周天子的地盘上，阅兵。

这一番耀武扬威的炫耀，着实吓坏了周天子，要是楚庄王心血来潮，打杀过来，他也没有多少还手之力啊。周天子寝食难安，不知道楚庄王葫芦里卖的什么药，他得派人探探口风。

周天子派出了能臣王孙满。

王孙满能言善辩，是外交场上的一把利刃。

王孙满一路谦逊，说是替周天子来犒劳楚军。

楚庄王此时踌躇满志，很是得意，他也不掩饰自己的野心，直接向王孙满询问九鼎的大小、轻重。九鼎代表的是至高王权，楚庄王的"问鼎"是对周天子权力的觊觎，妄图取代周天子。如此赤裸裸的野心，毫不掩饰地暴露出来，足见楚庄王的自得与自信，他是多么不把周天子放在眼中，才能如此直接啊。

王孙满一见事情很棘手，他也收起了笑容，收起了谦虚，说天下王权，在德不在鼎。

楚庄王见王孙满这种态度，很生气，赌气地说："楚国的兵器多得很，把戟刀钩口尖的那点铜折下来，就足以做成鼎！"

王孙满此时也不退缩，从九鼎的铸成说起，点明九鼎的迁移，与君德关系紧密，每次九鼎迁移时，上天都是规定好了时间的。现在周德虽衰，但天命没有改变，周代还没到灭亡的时间。因此，九鼎的大小轻重，不是楚庄王能问的。

这番话，搬出了当时最为神圣的上天来代言，把楚庄王的气焰给打压下去了。楚庄王乘兴而来，在王孙满这儿碰了一个软钉子。楚庄王再信心满满，似乎还不敢与上天竞争，只能败兴而归。

这便是楚庄王“问鼎中原”的故事。

问鼎中原，虽然失败，却是楚庄王实力提升的表现，也是他称霸的重要环节。

改头换面

楚庄王努力提升自己的时候，原先的霸主国晋国的国君晋灵公被杀，晋国国政由赵氏控制，无心再称霸诸侯。这对楚庄王来说，是一大利好消息。他趁此机会大举扩张，继续扩大他的事业。

扩张过程中，楚庄王也在思索，除了实力，作为霸主，还需要什么。

终于，在攻打陈国后，他明白了。

楚庄王十六年，陈国发生了一件性质恶劣的凶杀案。这件凶杀案，源自一个女人。这个女人名叫夏姬，是春秋时代有名的美人，是郑国的公主，嫁给陈国大夫夏御叔为妻，生了个儿子夏徵舒。后来，夏御叔早早去世，夏姬就被陈国国君陈灵公盯上了。

陈灵公手下，还有两个与他臭味相投的大夫孔宁、仪行父。有一天，他们三人在夏姬家里饮酒玩乐，喝大发了的陈灵公对仪行父说:“我看夏徵舒长得像你啊!”仪行父说:“哪里哪里啊，我看他长得像国君您啊!”

这番玩笑话，被屋子外面的夏徵舒听到了。已经长大了的夏徵舒，心中的羞辱与仇恨已经郁结了很久，这番玩笑话终于把他压垮了，他终于爆发了。待陈灵公要走的时候，早就躲在马厩里的夏徵舒，用箭瞄准了陈灵公，一箭射死了陈灵公。孔宁、仪行父慌乱之下，仓皇逃窜，逃到了楚国。

楚庄王得知消息之后，心中窃喜，正想找个理由灭了陈国，这下自己送来了。师出有名，楚庄王带着军队，浩浩荡荡，打着讨伐夏徵舒的旗号，趁机灭了陈国。

随后，楚庄王打算将陈国设为楚国的一个县。

手下的大臣们纷纷向楚庄王表示祝贺，唯独一个叫申叔时的大臣没有说一句祝贺的话。楚庄王很不高兴，感觉申叔时扫了兴，要求申叔时给他一个理由。

申叔时回答道，民间有一句俗语，说有人牵着牛践踏了你的田地，你把他的牛牵走，这就不对了。为什么呢？惩罚太重了。这与大王您讨伐陈国的事情很像。夏徵舒杀了他的国君，罪过很大，您去讨伐他，这是您应该做的，但是您却把陈国占为己有，这就太贪婪了，有些过分了。

楚庄王一听，很有道理，中原的诸侯国不就是因为楚国人野蛮、凶残、不讲礼仪瞧不起他们吗？这次他要刷新他们的认知。楚庄王下令，重新恢复了陈国。

这件事，很快传遍了四海，诸侯们对楚庄王有了新的认识。

饮马黄河

楚庄王要称霸中原，势必要北上，中原腹心之地的郑国，就成为称霸的必争之地。晋国要维持现状，也必然要维护住和中原腹心之地郑国的同盟阵线。郑国在诸侯争霸的过程中最无辜，也最容易被打，谁让它的位置那么好呢？

郑国人很苦恼，老大惹不起，想当老大的也惹不起。为了避免挨打，郑国人做起了“墙头草”，谁的拳头硬，我服从谁。但是，谁也不喜欢“墙头草”，到头来换来的是更多的拳头。

楚庄王十七年春，楚庄王讨伐郑国，原因就是郑国刚刚与楚国结盟，就又投靠了晋国。楚庄王很生气，打了三个月，终于攻下了郑国国都。

郑国国君无奈，光着膀子，牵着羊，向楚庄王请罪。这是当时战败国请罪臣服的仪式。

郑国国君不断向楚庄王承认自己的罪过，表示无论楚庄王如何惩罚，他都心甘情愿地接受，唯命是从。当然，如果楚庄王能够宽宏大量，不灭绝郑国，或者将郑国作为楚国的一个县，是最好不过的了，恳求楚庄王给予恩惠。

楚庄王左右大臣不同意，这次他们出师有名，他们占理，是郑国人违约在先。况且，他们费了这么大力气，死伤多少楚国将士，才打败这不听话的郑国人。到嘴的肉，哪有吐出去的道理？

楚庄王这次却吐出了嘴里的这块肉。

楚庄王看到郑国国君为了百姓，如此卑下，如此哀求，断定他一定能取信于百姓，百姓也一定很依赖他。这样的国君是值得敬佩的，这样的国家又怎么能消灭它呢？

就是在这个时候，楚庄王终于明白了王孙满所说的“在德不在鼎”。当霸主，没有拳头不行，但是仅靠拳头也是绝对不行的。楚庄王亲自挥动旗帜，左右指挥着军队，领兵后退了三十里，答应了郑国的求和。

楚庄王此番举动，展现了霸主的胸怀，赢得了人心。

刚开始楚庄王围困郑国之时，郑国曾派人向晋国求救。但是，遗憾的是，楚庄王打下了郑国，与郑国签订和约了，晋国人还没有到。这个事情很奇怪，是晋国人不愿意救吗？

那倒不是。

晋军将领意见不统一，耽误了时间。

终于，楚军与晋军，还是正面交锋了。

晋军还是意见不统一，有人想打，有人不想打。

楚庄王还是采取了常胜法宝——示弱，两次求和，麻痹了晋军。待到晋军同意会盟时，楚军则派出小股人马挑战晋军，以探虚实。

最后楚军全力以赴，在邲（bì，今河南荥阳）地大败晋军。溃不成军的晋军渡河逃跑，船上的人想赶紧逃命，没上船的人想赶紧上船逃命，情急之下，船上的人拿起刀砍断了想上船的人的手指，每一艘船上砍下来的手指多到都能捧起来，那场面很是惨烈。

战争胜利了，有人劝楚庄王在埋葬晋军尸体的地方，建立一座高台（京观），以彰显功绩。楚庄王以“止戈为武”拒绝了，真正的武德，是能止住战争，他不具备武德，怎么垂范子孙呢？

于是，楚庄王祭祀黄河，饮马黄河，转身回国了。

邲之战，是楚庄王霸主事业中的关键，他一战而霸，夺得了中原霸权。

事业巅峰

楚庄王在位的第二十年，他又率兵攻打宋国。

打仗的原因是，楚国派使者到齐国，途经宋国，却不向宋国借道。宋国人恼了，就杀了楚国使者。楚庄王闻讯，立马出兵，打了回去。

按照当时的国际惯例，途经他国，必须借道。楚国使者不借道，就是对宋国的不敬，宋国这样做，虽然有些过，却是对本国尊严的维护。宋国一直是春秋时代的礼仪国家，他们把礼仪、尊严看得很重。楚使不借道，这是将宋国当成了楚国的领地，相当于宋国亡了；杀了楚使，楚国一定会打，打了可能亡国。同样是亡国，不如就打打吧，即使死，也要死得有尊严。

但实际上，这一切，都在楚庄王的掌握之中。当初，楚国使者出发前，楚庄王特意叮嘱不要向宋国借道。使者一听，顾虑重重，认为不太妥当，但是楚庄王不断给他吃定心丸：不用怕，有什么事情，我顶着。

顶着有什么用，使者的命还是丢了。楚庄王听到消息，挥袖而起，急奔而行，都忘了穿鞋，忘了拿剑，更忘了乘车。

楚庄王为什么这么着急?

终于，他等的理由来了。原来，楚庄王一直想攻下宋国，增添自己的力量，削弱晋国的同盟力量，但又不能像“问鼎中原”那样赤裸裸，需师出有名才能让人信服。其实，楚庄王何尝不知道使者不借道就会被杀，他就是要用一个人的命，换来宋国一个国。

楚庄王带着兵，浩浩荡荡地奔赴宋国，信心十足，却没想到宋国那么难打。

宋国刚开始向晋国求救，但是晋国在邲之战大败之后，不愿与楚国交锋，虽然表面应承着，但迟迟没有派兵。

外援没有希望，宋国选择了自力更生，共克时艰。

楚国连连围了宋国五个月，宋国粮草都快没了，但是他们凝聚成一股绳，他们认为自己没有错，他们只是在维护主权。无奈之下，他们选择易子而食，析骨而炊，再艰难，也不投降。

这一拖，就拖了几个月。宋国难熬，楚国也很难受，曾想过要退兵，因为他们的粮草供应也费劲。但后来，他们还是决定不能半途而废。打着一定要为楚国使者报仇的旗号，他们在宋国郊外开荒种地，一副不达目的誓不罢休的姿态。

焦灼之际，宋国的执政大臣华元，在一个深夜，潜入楚国军营，将宋国的状况据实以告，请求楚国退兵。

楚庄王正好借坡下驴，承诺“我无尔诈，尔无我虞”，也就是相互不欺骗，与宋国签订了盟约。

楚庄王打宋国，真是一场苦战，好在坚持下来，有了成果。

后来，鲁国也成为楚国的同盟国。

至此，楚国的势力范围，到达了黄河以北的大部分国家。

至此，楚庄王的霸业，达到了顶峰。

格局铸就大局

楚庄王二十三年，正当壮年的楚庄王，离开了人间。

他曾带着一飞冲天、一鸣惊人的理想，做起了追梦人。

他带着无可置疑的霸业，并国二十六，开地三千里，走向生命的终结。

梦圆了，他无悔。

一生的风雨兼程，为的就是遇见最好的自己。

一生的跋山涉水，为的就是看到最美的风景。

他为楚国代言，实现了华丽转身，不再只是收获白眼与漠视的野蛮人。

作为励志的典型，楚庄王收获了太多的赞美，连孔老夫子都赞美他“贤哉”，足见他确实有料，并非浪得虚名。

楚庄王做人做事业很成功，什么原因？原因很多，很关键的一点是格局大。

第一，格局大，他能忍。

格局大，眼光会放远，不会局限于一时一地。三年不理朝政，忍住大臣的质疑，忍住他国的进攻，忍住百姓的不满，为的是更长远的将来。他考察了人才，他明辨了忠奸，他迷惑了敌人。打下陈国，又恢复了陈国，白白放掉了一个千乘之国，这是忍住了直接利益的诱惑，为的是人心向背，看重的是国际口碑。靠着这张牌，他才扭转了国际上对楚国的印象，为楚国正名。

第二，格局大，他能放。

楚庄王心胸宽广，不会揪住一件小事不放。灭烛绝缨，就是典型的例子。

有一次，楚庄王携美人大宴群臣，气氛热烈，喝得很欢。突然，一阵风过，蜡烛灭了，宫殿里顿时黑了下来。有人趁着酒兴，在黑暗中趁机摸了美人几下。美人情急之下，扯下了这个登徒子的帽缨。

美人将此事告诉了楚庄王，希望楚庄王赶紧派人点好蜡烛，捉拿坏蛋。楚庄王却一笑置之，直言酒后失德是常有的事，转而对着群臣说："今天喝酒，都要尽兴，不扯下帽缨，就不算尽兴！"此话一出，大臣们纷纷扯下了自己的帽缨，等到点燃蜡烛时，也分辨不出谁是登徒子了。

当然，那个登徒子自己是知道的，他也明白楚庄王知道了自己的不当行为，他深深感激楚庄王的宽恕。待后来楚国与晋国作战，这个人冲在最前面，冲锋陷阵，不惧风险，鼓舞了士气，打败了晋军。楚庄王感到很奇怪，平时也没怎么优待过这个人，他怎么这么拼命呢？这时那人才向楚庄王坦白，他就是当初那个被扯下帽缨的人，他这是回报楚庄王的恩情。

楚庄王因为宽阔的心胸，收获了一片忠心。

第三，格局大，他能借力。

格局大，能容人，就能看到别人身上的优点。

格局大，不会嫉贤妒能，就不害怕别人超过自己。

有一次，楚庄王退朝后，忧心忡忡，心情沉重。有人问他是何原因。

原来，刚才在朝堂上商议国事，大臣们都比不上他。

他认为这不是什么骄傲的事情，反而是一种危机。

他知道，所有的自以为是，都是失败的种子。

他感觉自己水平有限，大臣们再不能超越他，那么他的国家就危险了，就离灭亡不远了。

有着这样的心理，他才会渴求人才、重用人才，他的身边才能群贤毕至。借助人才的力量，他才能站得更高，他才能走得更远。

一飞冲天，一鸣惊人，多么美好的愿景，多么美妙的感受啊。

高光时刻，怎么到来呢？

或许，高光之前，得先忍受无光。

（本文主要依据《史记·楚世家》《左传》）

原典

庄王即位三年，不出号令，日夜为乐，令国中曰：“有敢谏者死无赦！”伍举入谏。庄王左抱郑姬，右抱越女①，坐钟鼓②之间。伍举曰：“愿有进隐。”曰：“有鸟在于阜③，三年不蜚④不鸣，是何鸟也？”庄王曰：“三年不蜚，蜚将冲天；三年不鸣，鸣将惊人。举退矣，吾知之矣。”

《史记·楚世家第十》节选

注释

①**郑姬、越女：**泛指美女。

②**钟鼓：**借指乐器。

③**阜：**音 fù，土丘。

④**蜚：**音 fēi，通“飞”。

译文

楚庄王即位三年，没有发布任何政令，夜以继日地寻欢作乐，下令国中臣民说："谁敢进谏，我一定杀了他，决不饶恕！"伍举入宫进谏。此时庄王正左手抱着郑姬，右手搂着越女，坐在奏乐的乐队当中。伍举说："我想给大王说个谜语。"于是说道："高坡上面有只鸟，三年不飞也不叫，这是什么鸟呢？"庄王说："三年不飞，飞起来就直冲云霄；三年不叫，叫起来就震惊世间。伍举先生退下吧，我明白你的意思。"

图书在版编目（CIP）数据

读史记，成大器 . 上古春秋 / 王立群著 . — 北京 : 东方出版社 , 2022.9
ISBN 978-7-5207-2774-7

Ⅰ . ①读… Ⅱ . ①王… Ⅲ . ①《史记》—少儿读物
Ⅳ . ① K204.2-49

中国版本图书馆 CIP 数据核字（2022）第 152120 号

读史记，成大器：上古春秋
DU SHIJI, CHENG DAQI: SHANGGU CHUNQIU

作　　者：王立群
策　　划：王莉莉
责任编辑：王莉莉　赵　琳
产品经理：赵　琳
出　　版：东方出版社
发　　行：人民东方出版传媒有限公司
地　　址：北京市东城区朝阳门内大街 166 号
邮　　编：100010
印　　刷：鸿博昊天科技有限公司
版　　次：2022 年 9 月第 1 版
印　　次：2024 年 5 月第 4 次印刷
印　　数：70001—100000 册
开　　本：880 毫米 ×1230 毫米　1/32
印　　张：8.125
字　　数：150 千字
书　　号：ISBN 978-7-5207-2774-7
定　　价：280.00 元（全六册）
发行电话：（010）85924663　85924644　85924641

读史记，成大器

第二册 步入战国

王立群 著

人民东方出版传媒
People's Oriental Publishing & Media
東方出版社
The Oriental Press

目录

赵氏孤儿

吴越争霸

伍子胥复仇

商圣陶朱公

孔子周游列国

晏婴相齐

三家分晋

名医扁鹊

孙膑与庞涓

吴起变法

赵氏孤儿

在中国，赵氏孤儿的故事，妇孺皆知，耳熟能详，戏曲、电影、绘画等领域，都有它的影子。人们的认识，大多出自元代纪君祥的杂剧《赵氏孤儿大报仇》（又名《冤报冤赵氏孤儿》《赵氏孤儿冤报冤》），简称《赵氏孤儿》，是“元代四大悲剧”之一。

赵氏孤儿的故事，在国外也是一个优秀的题材。自法国的伏尔泰将之改编成《中国孤儿》在欧洲上演后，意大利、法国、德国的剧作家都曾改编过这个故事。

这个故事，传播很广，受众很多。

这个故事，是历史故事，有历史的真实。

纪君祥不是向壁虚造，他的创作有故事原型，有历史依据。

纪君祥所依据的故事原型，出自《史记》。

风波渐起

《史记》中的“赵氏孤儿”故事，有两个版本。纪君祥所依据的故事原型，出自《史记·赵世家》《史记·韩世家》记载的版本。

要说赵氏孤儿，首先要说说赵氏。

赵氏和秦国人是同一个祖先，姓嬴，名叫大业。

周穆王时，大业的后代子孙中有一个叫造父（zào fǔ，西周著名的御车者）的人，进献给周穆王很多名马，帮助周穆王平息了叛乱。平叛后，周王把赵城赐给造父，从此就有了赵氏。

周幽王时，赵氏一脉中有一个叫叔带的人，离开周王朝，前往晋国，侍奉晋文侯，在晋国扎下根，慢慢兴盛起来。

自叔带以下，七代传到赵衰（cuī）。赵衰跟随晋文公流亡十九年，是辅佐晋文公的“五贤士”之一，回国后受到重用，担任上卿。

赵衰生有赵盾、赵同、赵括、赵婴齐等儿子。赵衰去世后，赵盾继承父亲职位，担任执政，权力越来越大。到晋灵公即位后，赵盾大权独揽，集军政大权于一身。

赵氏与晋国政权，结合得越来越紧密，对赵氏来说，这是好事，但也暗藏危机。

晋灵公幼年继位，生活奢靡，沉溺玩乐，不行君道。

他很喜欢玩“高台射人”的游戏。他站在高高的台子上，用弹弓射底下的人，看到人们惊恐躲避的样子，他欢呼雀跃。晋灵公就像一个没长大的熊孩子，将孩童时代的游戏带到了成年，将人作为他的猎物。

他很喜欢吃熊掌，但是熊掌一定要做好。有一次，熊掌没有煮烂，晋灵公顿时恼了，味蕾不允许啊，大怒之下，下令杀死了厨师。这还不算，他还下令将厨师的尸体放在筐里，让宫女们抬着，在众目睽睽之下，大摇大摆经过朝堂，丢到外边。这其实是杀鸡给猴看，是向赵盾这些老教育他的大臣们示威。

赵盾作为执政大夫，他认为自己有责任帮扶晋灵公这位小主公，还是不断劝谏。可晋灵公决定动手了，要除去这个碍眼添乱的老家伙。晋灵公派出刺客刺杀赵盾，刺客却不忍杀害敬业的赵盾，选择了自杀。刺杀失败后，晋灵公设了鸿门宴，想在酒席上杀掉赵盾。再次出现变数，赵盾为人所救，逃命去了。

晋灵公意图杀害赵盾，不单是他昏庸那么简单，这是他限制赵氏家族的势力，他要掌控权力。晋灵公刺杀赵盾，不单是他一个人在战斗，有些公卿、大夫也想分一杯羹。

赵盾还没有逃出晋国境内，赵盾的堂弟赵穿突袭杀死了晋灵公，又迎回了赵盾。这说明，赵氏家族的势力确实大，即便是国君也拿他们没办法。此后，赵盾立了新的国君晋成公，他依然做着执政大夫，赵氏仍然一支独大。

世间之事，自有规律，凡事皆是物极必反。所谓树大招风，木秀于林，风必摧之。赵氏家族，成为很多人的眼中钉，他们的困境很快也就到来了。

有一天，赵盾做了一个梦，梦见了先祖叔带。只见叔带抱住赵盾的腰，痛哭流涕，悲伤无比，哭了一会儿，他又笑了，又拍着手唱歌了。

做了这么个梦，赵盾感觉事情不妙，就派人替他占梦。占梦官占卜的龟甲上烧出的裂纹断了，后边又好了。

占梦官综合梦境与龟甲裂纹，得出结论：

第一，这个梦是大凶之兆。

第二，凶兆不是在赵盾身上应验，要应验在他的儿子身上，但根本上说还是他的过错。

第三，到赵盾孙子那一代，赵氏家族就会衰落。

第四，梦中所见先人甚悲之后，又笑又唱歌，说明赵氏家族绝处逢生，不会断绝。

这个梦，就应验在赵氏孤儿身上。

满门抄斩

晋景公在位时，赵盾寿终正寝，离开了人世。他的儿子赵朔承袭了爵位。

赵盾一死，朝中有人就开始蠢蠢欲动了。有一位大臣，名叫屠岸贾（tú àn gǔ，屠岸，复姓），曾是晋灵公的宠臣，晋灵公刺杀赵盾就有他的推波助澜。晋景公时，屠岸贾做了司寇，他开始调查晋灵公被杀一案。显然，屠岸贾的目标很明确，就是赵氏家族。

屠岸贾说赵盾是逆贼之首，做臣子的杀害了国君，他的子孙却还在朝为官，这还怎么惩治罪人呢？他暗自召集将领们，要诛杀赵氏家族。

屠岸贾的这个决定，遭到了韩厥的质疑：

第一，晋灵公遇害的时候，赵盾在外地，先君（晋成公）认为他无罪，所以没有杀他。

第二，如今要诛杀赵盾的后人，这不是先君的意愿，而是随意滥杀，随意滥杀就是作乱。

第三，为人臣子，有大事却不告知国君，这是目无君上。

可屠岸贾蓄谋已久，决心已下，哪里会听从韩厥的反对意见？

韩厥见事情无可挽回，就偷偷地将消息告诉了赵朔，劝告赵朔逃亡。谁知赵朔坚决不逃，他声称相信父亲的清白，他如果逃亡，就意味着默认了父亲弑君的罪过。他愿意面对即将到来的暴风雨，但是他还是请求韩厥帮忙，帮忙不要让赵家的香火断绝。韩厥忍痛答应了。为了避嫌，韩厥对外谎称有病，不出大门。

韩厥躲在家中，门外的腥风血雨上演了。

屠岸贾没有请示晋景公，擅自领兵在下宫袭击赵氏一族，杀死了赵朔、赵同、赵括、赵婴齐。赵氏家族，惨遭灭门。历史上称此事件为“下宫之难”。

肝胆存孤儿

赵朔的夫人，是晋成公的姐姐。下宫之难发生时，她已怀有身孕。早已得知消息的她，逃到了晋景公的后宫，躲过了杀戮。后来，夫人生下了一个男孩，这个男孩就是赵氏孤儿。

屠岸贾得知消息之后，决定斩草除根，绝对不能留下祸患。他带人气势汹汹地搜遍了夫人的房间，也没有见到孩子的踪影。原来，夫人将孩子藏在了裤子里。夫人悄声祷告着：如果赵氏要灭绝，孩子就大哭；如果赵氏不该灭绝，孩子就不出声。说来也神奇，孩子竟然没有发出一丁点儿声响。

夫人与孩子，暂时躲过一劫。屠岸贾没有搜到孩子，当然不会善罢甘休，他还会继续寻找。

这时，赵朔生前的两位门客公孙杵臼与程婴上线了。

当初赵朔被杀之后，二人都没有追随赵朔而去。不死的原因，就是在等待赵氏孤儿的出生。如果有幸夫人生的是男孩，他们会尽全力奉养孩子；如果是女孩，他们再慢慢去死。

夫人生了男孩，他们首要的任务是摆脱屠岸贾的杀戮，让孩子活下去。

这一天，公孙杵臼与程婴聚在一起，商量对策。

公孙杵臼问程婴："扶立遗孤与死亡，哪件事更难？"

程婴回答道："当然是扶立遗孤更难。"

公孙杵臼说："既然如此，那你就负责难事吧。容易的事，我来做！"

就这样，公孙杵臼与程婴各自的任务，认领完毕。接下来要做的，就是设计骗过屠岸贾。二人想出了"李代桃僵"之计。

第一步，找替代品。

他们设法找到了一个别人家的小婴儿，用漂亮的小花被包好，藏到深山里。

第二步，程婴扮演恶人。

程婴主动到搜寻赵氏孤儿的将军们那里告密，以千金的价钱出卖了赵氏孤儿的假信息。将军们很高兴，也

有点怀疑，跟着程婴上了山，一探究竟。

第三步，公孙杵臼上演生死戏码。

公孙杵臼与婴儿被找到后，公孙杵臼假意痛骂程婴，骂他卖主求荣，骂他不守承诺，骂他贪生怕死，什么难听骂什么。这一番声嘶力竭的斥责，将程婴与赵氏孤儿剥离开来，摆脱了程婴的嫌疑，也让对方对婴儿的身份深信不疑。

公孙杵臼抱着婴儿，哀求将军们，希望能让赵家这个无辜的孩子活下去，公孙杵臼愿意以死抵罪。

将军们自然不会同意，一旦放过婴儿，他们怎么向屠岸贾交代呢？就这样，公孙杵臼与婴儿，双双被杀死了。

公孙杵臼的斥责与赴死，是整个计划的重头戏。他用自己的生命，骗过了恶人的眼睛，骗来了赵氏孤儿的一线生机。

此后，程婴就消失了，谁也不知道他去了哪里。

他带着真正的赵氏孤儿，藏到了深山之中，等待机会。

这一藏，就是十五年。

孤儿回来了

十五年后，机会终于等来了。

有一次，晋景公生了一场大病。这场病，源自一场梦。

这个梦，是一个很凶险的梦。梦中，一个面目狰狞的厉鬼，披散着一头拖到地上的长发，拍打着胸膛，跳跃起来，大声说道："你杀了我的后代子孙，这是不义！我已经请求上帝，得到允许，可以报仇了！"厉鬼毁坏了大门和寝门，走向晋景公。晋景公害怕极了，躲进了内室。厉鬼又毁坏了内室的门，一步步向他走近，晋景公大叫着醒了过来。

心神不宁的晋景公，叫来占梦官，为其占卜。占梦官占卜一番，说这是大业的子孙冤死，因而出来作祟。

晋景公心中为厉鬼所扰，后来就病了。为了解除心病，晋景公召来韩厥，询问解决办法。

韩厥曾经答应过赵朔，要保赵氏香火不断绝。这十五年间，他与程婴取得了联系，知道了赵氏孤儿的存在。显然，让赵氏孤儿待在大山里，只是无奈之下的权宜之计，他们还要谋划让赵氏孤儿走出大山，走向本该属于他的位置。晋景公的这个梦、这场病，给了韩厥一个再好不过的机会。韩厥直接说，大业的后代在晋国断绝香火的，就是赵氏。他们世代有功，如今被灭族，上天也看不下去了。

晋景公一听，也很颓败，已经灭族了，还能怎么挽救呢？如果赵氏家族还有人在，那就好办了。于是，他急切地问道："赵氏家族还有人活着吗？"

韩厥一看，火候到了，他便把实情全部告诉了晋景公。

晋景公一听很惊讶，也很安慰，他已经将赵氏孤儿当成他的救命稻草了。只要他安顿好赵氏孤儿，赵氏的祖先就不会找他麻烦了。

晋景公与韩厥，君臣二人，商量了一个办法。

他们先派人把赵氏孤儿秘密接到宫中，待众位将军前往宫中探问晋景公病情时，让赵氏孤儿出来与众将军见面。将军们一见，自然震惊无比，但也无可奈何，有国君撑腰，又有韩厥的众多随从在列，他们自然不敢轻举妄动。所有的责任都推到了屠岸贾身上，说他假传君命，说他挟私报复。

稳住了众位将军，接下来要做的就是捉拿罪魁祸首了。屠岸贾顺利被拿下，诛杀，灭族。

最后，晋景公把原属赵氏的封地赐给了赵氏孤儿——赵武。

恩人离开了

时间又过了五年，赵武行了冠礼（guàn lǐ，古代男子的成年仪式），他已是成人了。

这一天，程婴拜别了众大夫，与赵武做最后的告别。

他看着这个自己一手养大的孩子，心中有不舍，也有骄傲。二十年辛劳，他无怨无悔，只为了当初那一份约定。如今，赵武承袭了祖业，长大成人了，恢复了原来的爵位，他程婴的任务圆满完成了。是时候了，是时候去地下向自己的主人、好友报告好消息了。

程婴的这个决定，让赵武顿时涕泪满面。多年来，他的身边只有程婴。是程婴，抚养他，教育他，一切的一切，都有程婴的影子，没有了程婴，他的生活就被撕裂了，他的人生就不完整了。

虽然明白程婴的品性，说到的事情是一定要去做的，但赵武还是希望程婴能改变主意。他叩头请求道："请您不要离开我，我宁愿自己筋骨受苦，也要报答您的恩情，难道您就忍心离我而去吗？"

哀泣涟涟，令人动容，程婴不是冷血之人，又怎么会视若无睹呢？

但程婴还是很坚定，他说当初公孙杵臼相信他，才把大事托付给他，自己选择了赴死，如今他若不去复命，公孙杵臼会以为他还没完成任务呢。就这样，程婴自杀了。

走时，他心情平静。

走时，他坦坦荡荡。

走时，他满怀期待。

程婴死后，赵武为程婴守孝三年。

程婴死后，赵武为程婴安排了祭祀用的土地，世代祭祀，世代不绝。

再后来，赵武做了晋国的正卿。

再后来，韩、赵、魏三家分晋，赵氏被册封为诸侯。

权力的力量

《史记·赵世家》的故事，荡气回肠，故事的主要人物，都配得上大写的“人”字。《史记·晋世家》记载的故事，是另外一个版本，与《史记·赵世家》有两点不同：

第一，晋国杀死的是赵同、赵括，并灭亡了他们的家族。

第二，赵武不是孤儿，而是赵氏庶子，不在灭族行列。

那么，历史真相是什么呢？不妨看看《左传》的记载。

《左传》的记载，有个核心人物，那就是赵朔的妻子、赵武的母亲。她本是晋成公的女儿、晋景公的姐姐，叫孟姬，嫁给了赵朔。赵朔早亡，死后谥号为“庄”，她也就被称为赵庄姬。

赵朔死后，赵氏家族的权力、财富等，基本上被赵朔的两个叔叔赵同、赵括瓜分。在这种情况下，赵庄姬与赵朔的另外一个叔叔赵婴齐联合了起来。赵庄姬背后有晋国国君支持，还有一个儿子正在长大，是未来的靠山。赵婴齐手中也掌握着赵氏的一部分权力。二人联合，对赵同、赵括来说，是个大大的威胁，说不定将来会吞没他们。嗅到危险的赵同、赵括，果断出击，将赵婴齐赶出了晋国，赵婴齐逃亡在外。

一个女人，丈夫早亡，只身一人，带着一个孩子，很是可怜。好不容易找到一点安慰，找到一个依靠，你再给她打碎了，这是把她往绝路上逼啊！

赵庄姬果断反击，将炮火引到了赵同、赵括身上。她跑到自己的弟弟晋景公那里，说起了悄悄话。说话悄悄的，说的话却是威力十足，她说赵同、赵括要造反。

在春秋时代，君王是一个危险系数很高的职业，弄不好就被整死了，这样的例子太多了。晋景公得到姐姐的消息，出自本能地要自保。他召来晋国正卿栾（luán）书商量对策。栾书早就对赵氏专权不满，苦于没有机会，没有实力，他一直隐忍着。如今这么好的机会，他又怎么会放过呢？于是，他使出“洪荒之力”，上演了巧舌如簧、摇唇鼓舌的戏码，联合另一卿士郤（xì）氏，终于劝得晋景公同意诛杀赵同、赵括。

晋景公一下令，晋国其他公卿家族群起响应，早就看不惯赵氏专横跋扈的样子了！自然，赵同、赵括是抵挡不住这么强大的力量的，全族被斩尽杀绝。

这就是惹怒一个绝境之人的后果。身处绝境之人不好惹，尤其是有背景的绝境之人，更不好惹。

这就是专权跋扈的后果。吃独食很可恨，傲慢自得地吃独食更招人恨。

赵武是赵庄姬的儿子，跟着赵庄姬住在晋景公宫里，没有受到牵连。后来，经过韩厥一番进言，晋景公将赵氏土地赐给了赵武。

《左传》的记载，有其他史料印证，如《国语》即有“赵有孟姬之谗”的话语，应当更符合历史实际，这就是一场围绕权力的争夺战：

赵同、赵括与赵婴齐、赵庄姬，是在争夺赵氏家族内部的权力。

晋景公，是在争夺、维护公族的权力。

栾书等卿士，则是在分解赵氏的政治权力，换得利益重新洗牌。

每个人为了自身利益，都变得疯狂起来，他们可以不顾亲情，他们可以颠倒是非，他们可以狼狈为奸。他们没有一个是干净的，没有一个可以指责别人，因为他们是一类人。

《史记·晋世家》的记载，相对简单，与《左传》共同点多，应当更靠谱。

太史公的隐语

一个故事，两个版本，共同存在于《史记》中，司马迁为什么要这么做呢?

司马迁写《史记》，有史实依据,《左传》《国语》是他写春秋时代史实的重要依据。

司马迁写《史记》，还网罗天下放失旧闻，街谈巷议之说也是他写史的参照。

清人赵翼、梁玉绳从基本史实、人物名字、世风等方面，考证《史记·赵世家》的故事是子虚乌有的荒诞之事。但是，这个故事在司马迁写《史记》之前，应该是在民间流传着的。

司马迁写“赵氏孤儿”故事时，面对这两个不同面貌的材料，一个真实却很残酷，一个虚假却很正能量，他也为难。

真实，是史书的根本。美好，是他写史的追求。二者都不能割舍。最后，他选择了二说皆存。

不过，两种版本，司马迁的笔墨多少却是有差异的。

“忠义版”的赵氏孤儿，刻画细腻，节奏紧张，人物性格鲜明。

“权术版”的赵氏孤儿，省去了一些细节，只记下了基本的史实。

笔墨多少，本身是一种态度。

态度倾向，本身也是一种建构。

司马迁更希望，“忠义”战胜“邪恶”，世间多些拯危扶溺的人。这里面，有司马迁对历史的思考，也有他的个人身世之悲。

历史要发展，人要有进步，必须有一种精神价值的引导。忠义、诚信、救难、知恩图报，在任何时代，都不过时。

想他司马迁，也是堂堂七尺男儿，只因为李陵说了句公道话，就被治了罪。当他面临宫刑的惩罚时，若有人仗义执言，若有人慷慨相助，他还能保住男儿身，他也还能正常过余生。

很可惜，一切美好，只是昨日幻影。

很悲哀，一切期盼，终究成空。

他苟且偷生，他含羞忍辱，美好、期盼，只能付诸史书之中，写人之状，言己之悲，成一家之言。

后世“赵氏孤儿”故事的火爆，赓（gēng）续的恰恰是对美好的追求。

向着光，孤儿也会被温暖。

没有光，你、我、我们，都是精神世界的孤儿。

（本文主要依据《史记·赵世家》《史记·晋世家》《史记·韩世家》《左传》）

原典

乃二人谋取他人婴儿负之，衣以文葆[①]，匿[②]山中。程婴出，谬[③]谓诸将军曰："婴不肖，不能立赵孤。谁能与我千金，吾告赵氏孤处。"诸将皆喜，许之，发师随程婴攻公孙杵臼。杵臼谬曰："小人哉程婴！昔下宫之难不能死，与我谋匿赵氏孤儿，今又卖我。纵不能立，而忍卖之乎！"抱儿呼曰："天乎天乎！赵氏孤儿何罪？请活之，独杀杵臼可也。"诸将不许，遂杀杵臼与孤儿。诸将以为赵氏孤儿良[④]已死，皆喜。然赵氏真孤乃反在，程婴卒与俱[⑤]匿山中。

《史记·赵世家第十三》节选

注释

①**文葆**：有花纹的小孩被子。葆，音 bǎo，通"褓"。

②**匿**：藏。

③**谬**：哄骗，假装。

④**良**：确实，果然。

⑤**俱**：一起。

译文

于是两人设法找来一个别人家的婴儿背着，用小花被裹起来，藏到山中。程婴出来，骗诸将说：“我程婴没出息，不能扶立赵家的孤儿。谁能给我千金，我就告诉他赵氏孤儿躲藏的地方。”诸将都很高兴，答应了他，派兵跟着程婴捉拿公孙杵臼。杵臼假意骂道：“程婴，你这个无耻小人！当日下宫之难你不愿殉主而死，和我商议藏匿赵氏孤儿，如今却来出卖我。你即使不能抚养这个孩子，又怎么忍心出卖他！”于是抱着孩子大呼道：“苍天啊！苍天啊！赵家的一个孩子又有什么罪过？求你们让他活下去，要杀就杀我吧。”诸将不同意，于是将公孙杵臼和孩子一起杀死了。诸将认为赵氏孤儿确实已死，都很高兴。然而真正的赵氏孤儿还活着，最终程婴带着他一起藏在深山中。

吴越争霸

西周大封诸侯，普天之下莫非王土，率土之滨莫非王臣，领土范围很广。但是，历史是强者的舞台，很多边远小国只是一个符号，默默无闻地存在着。东南地区的吴国、越国就是这样的蕞尔小国，存在感极差。

到了春秋末期，吴国、越国却以一种摧枯拉朽之势，彪悍地亮相于历史舞台。甫一亮相，即惊艳世人，老牌霸主国都要向它们低头。

凡事背后皆有道理，一切皆有因果，不会无缘无故、凭空而来。

那么，吴国、越国的“彪悍人生”是怎么炼成的呢？

夏姬引发的机遇

吴国的历史，可以追溯到周太王时期。

周太王，是周文王的爷爷。周太王有三个儿子：老大太伯，老二仲雍，老三季历。

季历贤能，而且他还生了一个特别有圣德的儿子姬昌。周太王对姬昌寄予厚望，想把周族的事业传给姬昌。要传给姬昌，就得先传给季历。要传给季历，可是季历前面还有两个哥哥。太伯、仲雍知晓了太王的心意，他们二人偷偷跑到了荆蛮之地，像当地人一样身上文满花纹，剪断头发。他们通过这种方式，向太王表示，他们不会继位，他们要把继承权让给季历。

太伯兄弟二人到荆蛮，自称“句（gōu）吴”。荆蛮人认为太伯有节义，很多人来归附他，前后有一千多家，尊立太伯为领袖。

这样看来，吴国的建立，还是颇有看点的，太伯很有牺牲精神。吴国人说起这段历史，很骄傲，“我祖上也曾阔过”！

可惜的是，自吴太伯到吴王寿梦，共十九代人，中间几乎是空白，历史上几乎没有他们一点具体事迹。

吴王寿梦能够带着功绩登上历史舞台，源自一个楚国人。这个楚国人，是申公巫臣。

一个楚国人，为什么要到吴国呢？为什么要帮助吴王寿梦呢？

源自一个女人。

这个女人，就是被称为“一代妖姬”的夏姬。

夏姬在丈夫夏御叔死后，与陈灵公、孔宁、仪行父行为不轨，引起儿子夏徵舒不满，夏徵舒杀死了陈灵公。楚庄王带兵讨伐弑君的夏徵舒，杀了夏徵舒。

万万没想到，楚庄王一见夏姬，也喜欢上了，要将夏姬纳入自己的后宫。这时，申公巫臣赶紧劝阻楚庄王，切切不可贪恋女色。他说，大王讨伐陈国，打的是讨伐罪人的旗号，如果要了夏姬，就成了为一个女人讨伐一个国家。说出去，很不好听！

楚庄王在事业与美人之间，选择了事业。

楚庄王刚刚作罢，楚庄王的弟弟子反又想要夏姬。申公巫臣又出面劝阻，他说夏姬是个不祥的人，她的丈夫、儿子因她而死，陈灵公因她身死国灭，天下女人多的是，何必要这么个不祥的女人。

申公巫臣这番话，很有杀伤力，子反不敢拿自己的生命冒险，他也放弃了。

楚庄王就把夏姬赐给了连尹襄老。说来也怪，没过多久，连尹襄老战死了。连尹襄老死后，他的儿子又将夏姬占为己有。

这时，申公巫臣又出现了。不过，他这次没有劝说别人，而是直接给了夏姬一个未来：归！吾聘汝。

申公巫臣让夏姬先回娘家郑国，他会去娶她。

原来，申公巫臣才是最想娶夏姬的人！

隐藏得太深了。

经过申公巫臣的一番策划，夏姬成功回到郑国，申公巫臣则借着出使的机会，带走了自己的所有财产，途经郑国，接上夏姬，一起逃到了晋国，做了晋国的大夫。

申公巫臣悄无声息地做好了一切，抱得美人归。等他们到了晋国，人们才明白了他当初劝阻楚庄王、子反的用心所在。

这时楚庄王已经去世，楚共王在位。面对这样一个大谎言，死去的楚庄王会是什么态度，已经不得而知了。但是子反真的气疯了，他要求楚共王拿钱财贿赂晋国，让晋国永远不要给申公巫臣职务与爵位，绝对不能让这个骗子好过。

楚共王很理智，直接拒绝了。楚共王是一国之君，他的考虑是从楚国的国家利益出发的，他断然不会拿国家利益为子反的私事买单。

子反怎么也咽不下这口气，他私自下手了，他狠狠下手了，诛灭了申公巫臣一家。

申公巫臣得到消息，悲愤交加。子反做得太过分了，即便他有错，但错不及全家啊！他给子反写了一封信说："你们滥杀无辜，我一定会让你们疲于奔命到死！"

人狠话不多，申公巫臣宣战了。

申公巫臣的复仇计划，就是晋国联合吴国，攻打楚国。

吴国露脸了

信念是个怪东西，它能化冰雪为春风，让沙漠变绿洲，也能平地掀起狂风巨浪。抱定复仇信念的申公巫臣，要借助晋国的力量打击楚国。

晋国与楚国的争霸、较量，是春秋舞台的重头戏。但是，当时两个国家谁也没有足够的力量完全打败对方。申公巫臣为晋国提供了一个策略，既然正面交锋，胜算不大，不妨给楚国在背后插把刀。

这把刀就是吴国。

虽然吴国实力太弱，但是架不住位置好，与楚国接壤。实力弱，有时也是一件好事，楚国一直没拿正眼瞧过吴国，根本不把吴国放在心上。如果将吴国的实力提升起来，一旦出击，这把利刃，绝对能在楚国意料之外，给予它致命一击。

申公巫臣本是楚国重臣，对楚国局势了如指掌，晋国国君相信他，同意了这个策略。

申公巫臣主动做起了执行人，他亲自带着人，驱着战车，到了吴国。为吴国送物，送人才，教技术，教实战，还教他们怎么背叛楚国。

吴王寿梦很高兴，难得有国家这么看得起吴国，难得有人这么帮吴国。管他什么目的呢，他最想要的就是吴国的发展。

申公巫臣破釜沉舟，势在必得，还将自己的儿子留在了吴国，做起了外交工作。在申公巫臣的推动下，吴国终于崛起了。历史舞台上吴国的身影越来越多，吞并了一个个小国，向楚国发起了猛攻。

申公巫臣兑现了当初的誓言，子反等楚将“一岁七奔命”，抵御吴国的进攻。更重要的是，楚国因为吴国的进攻，无暇无力阻挡晋国。晋国到晋悼公时，再次称霸诸侯。

显然，申公巫臣的复仇计划很成功，精准打击了仇人。

显然，吴国只是申公巫臣计划的工具，却因此提升了国力，发展起来了。

专诸刺王僚

吴王寿梦有四个儿子：长子叫诸樊，次子叫余祭，三儿子叫余昧，小儿子叫季札。在这四个儿子中，小儿子季札最为贤能。寿梦最想让季札继承他的事业，但季札避让，拒绝了。就这样，长子诸樊继位为君。

诸樊在服丧期满后，想把君位让于季札。季札还是拒绝了，后来竟然抛弃了家室财产，去乡下种地去了，诸樊只好暂时放弃了这个打算。不过，诸樊并没有死心，他临终前留下遗命，要把君位传给弟弟余祭，兄弟相传，最后传至季札为止，以实现父亲寿梦的遗愿。

吴国虽然处于荆蛮之地，却很有吴太伯的遗风，礼让仁德。

弟弟们遵循着哥哥的嘱托，依次当了吴王，但是要传到季札了，季札就是不当，逃走了。没有办法，吴国人立了余昧的儿子僚为王。

但是，这件事引起了一个人的强烈不满。

这个人是诸樊的儿子公子光。

公子光认为，他父亲兄弟四人，兄弟相次，王位应该传给季札，对此他没有任何意见。但是季札不当国君，继承人问题就得讨论讨论了，不单是子承父业那么简单。他父亲诸樊是最早当国君的，是老大，既然不传国于季札了，那最应该当国君的就是老大诸樊的儿子，也就是他。

公子光不单是思想者，他还是行动派。他在暗中结纳贤士，积蓄力量，想夺回本来应该属于他的王位。这时，另外一个楚国人伍子胥走进了他的视线。

伍子胥为报父兄之仇，来到吴国。他读出了公子光的野心，他为公子光寻找到了勇士专诸。公子光非常满意，静候时机。

后来，吴王僚趁着楚国国丧之时，派兵袭击楚国。本想捞点好处，不料却被楚国奇兵绝其后路，吴兵被阻，阻绝了归路。除此之外，吴王僚还派遣季札出使晋国，如此一来，吴国国内没有能阻挠公子光的重臣。公子光认为刺杀吴王僚的时机已经到了。

所谓机不可失，时不再来，他必须把握机会。经过一番谋划，一场紧张的刺杀行动开始了。

这场刺杀行动的地点，是公子光家中。

这场刺杀的主角是专诸，还有埋伏于地下室的甲士做配合。

这天，吴王僚应公子光邀请，带着亲兵，到公子光家宴饮。

吴王僚对公子光的防备心也很强，从王宫到公子光家这一路，都有士兵，站在道路两旁护卫。公子光家的大门、台阶、屋门、坐席旁，更是布满了吴王僚的亲兵。卫士们手执利剑，严阵以待。

一番寒暄，兄弟二人坐定饮酒。突然，公子光假装扭了一下脚，疼得大叫起来，以医治脚伤为理由，离开了宴饮地，躲进了地下室。

过不多时，专诸端着一份烤全鱼来到了吴王僚席前。烤鱼做得很美味，专诸趁着吴王僚看鱼的工夫，迅速从鱼腹中取出匕首，刺向吴王僚。吴王僚躲闪不及，匕首深深地刺中了他。

左右卫士急忙出击，杀死了专诸，但吴王僚还是早一步咽气了。

就这样，公子光弑君篡权成功，做了吴国国君。

他就是吴王阖（hé）庐，也称吴王阖闾。

跟班小弟逆袭

吴王阖庐上位的方式，很是血腥。

吴王阖庐做大事业的方式，也很血腥。

吴王阖庐有野心，想干事，他也能做事。

吴国的版图要扩张，楚国是一个必须较量的对象。因此，楚国去的两个人才——伍子胥、伯嚭（pǐ），就成了吴王阖庐的左膀右臂。

他任命伍子胥为行人之官，参与商定国事。

伯嚭是楚国大臣伯州犁的孙子，楚王杀死了伯州犁，伯嚭逃到吴国避难，吴王阖庐让他做了大夫。

伍子胥、伯嚭都与楚国有血海深仇，立志要灭楚报仇。他们的复仇计划与吴王阖庐的扩张计划殊途同归，他们为了共同的目标奋斗了起来。君臣同心，其利断金，他们共同向楚国发起了进攻。进攻的效果很显著，多次胜利，最后竟然打到了郢都，灭了楚国。

灭楚，是吴王阖庐事业的顶峰，发生在他即位的第七年。他豪气满怀，雄姿英发，好生了得，雄赳赳奔着霸主名头就去了。

本来是一个几乎被遗忘的国家，成为晋国的工具、跟班小弟，最后竟然逆袭，将最强的对手打倒了，不禁让人拍手称赞。

爹爹死了，儿子报仇

楚国在被吴国捅刀的过程中，也在积极地寻求对策，阻止吴国。

楚国找到了一条妙计：以其人之道，还治其人之身。楚国联合、笼络与吴国接壤的越国，让越国在吴国背后捅刀。

越国与吴国命运相似，存在感更差，也被当作挡刀的工具扶植了起来。当时越国在位的君主是越王允常，吴越两国经常相互攻伐。

后来允常去世，他的儿子越王句（gōu，同“勾”）践即位。吴王阖庐听说允常去世，认为是攻灭越国的好机会，集结队伍，信心满满地去讨伐越国。

句践刚刚即位，却不是任人欺负的懦夫，他发誓要让阖庐自尝恶果。

确实，他做到了，他不是乱发空头支票的人。

他的方法，很简单，很决绝，是勇往直前的敢死队。敢死队的勇士们排成三行，向吴军挑战，高呼着口号，冲入吴军阵地，自刎身亡。

吴兵从来没有见过这样的阵势，他们被震撼了，看得目瞪口呆。说时迟那时快，越军趁着吴军愣神的机会袭击了吴军。

吴军大败，阖庐的脚拇指被击伤，军队往后退却了七里。

阖庐脚伤严重，最终丢了性命。弥留之际，阖庐问儿子夫差：“你能忘记句践杀死了你的父亲吗？”夫差忍住悲痛，大声回答：“不敢忘！”

听到儿子的保证，阖庐缓缓闭上了眼睛。他相信他的儿子，他相信他的儿子必定会为他复仇，为他找回颜面。

即位做了吴王的夫差，首要的目标，就是为父报仇，打下越国。为了不让自己懈怠，夫差专门派人站在庭院中，提醒他勿忘父仇。每次只要他经过，庭院中的人就会大声问他：“夫差，你忘了句践杀了你的父亲吗？”夫差每次都是大声回应：“不敢忘！”

这一问一答，持续了近三年时间，一千多个日日夜夜。夫差为父复仇的信念，在反复问答中不断强化。他任用伯嚭做太宰，日日夜夜操练士兵，士气很盛。

越王句践听到这些消息，心中多少有些害怕。横的怕愣的，愣的怕不要命的，夫差就属于不要命的。更可怕的是，不要命的夫差，真想要他句践的命啊！句践越想越难受，终于有一天，他决定先下手为强，攻打吴国，结束这种担惊受怕的日子。

大臣范蠡不认可句践的决定，极力劝谏句践切勿轻举妄动，但被折磨坏了的句践，哪里还听得进去什么“兵德”之事啊，早打早解脱，就得给夫差这小子一点教训。一意孤行的句践，亲自带兵进军吴国。

夫差一听，不慌不忙，是时候检验练兵的效果了。于是，全国的精锐部队被调出，全力迎击越军。夫差多日养精蓄锐，操练士兵，为的就是与句践正面交锋，而句践则是着急忙慌地要解决问题，双方的士气很不一样。最后的结果，也在预料之中，夫差大败越军。

句践带着五千残兵败将退守到会稽（kuài jī，今浙江绍兴）。

夫差乘胜追击，包围了会稽，大有不杀死句践誓不罢休的势头。

放虎归山

夫差步步紧逼，句践真的慌了神。他后悔没有听范蠡的话，事到如今，只好求助于范蠡。

范蠡出了一个主意——谦卑。

谦卑有礼地给夫差送去优厚的礼物。如果他不答应，就谦卑有礼地亲自去侍奉他，把自身抵押给吴国，做他的奴仆，自己的妻子做他的侍妾。

范蠡的这个主意管用，夫差很有成就感，准备要答应了。但是，伍子胥劝阻了夫差，说上天要把越国赏赐给吴国，不要答应他。

句践一听，他都谦卑成什么样子了，还不同意？与其跪着生，不如站着死，他句践也是有脾气的，不行就再拼杀一把，死就死吧。

大夫种（文种）劝阻了他，给他出了个主意——贿赂。

贿赂谁呢？

太宰伯嚭。

伯嚭在夫差那里说话很有分量，他有个爱好，就是好财，很贪婪。有爱好，就有弱点，就能打开缺口。

于是，越国拿出大量钱财去贿赂伯嚭，让伯嚭向夫差说好话，还帮助大夫种见到了夫差。

大夫种见到夫差，提出了越国的两种应对方案：

第一，如果夫差赦免句践的罪过，越国将把世传的宝器全部送给夫差。

第二，如果夫差不赦免，句践就会将妻子儿女全部杀死，烧毁宝器，率领他的五千士兵与夫差决一死战。到时鱼死网破，夫差也会付出相当的代价。

伯嚭又在旁边趁机劝说，赦免句践，对吴国有利。

夫差衡量了一下，想获得最大化的利益，准备同意赦免句践。

这时，伍子胥又出来，拼命劝谏不可放回句践，一旦放回，将后悔莫及。

其一，句践贤明，大夫种、范蠡贤能，若不一举歼灭，事后必将作乱。

其二，吴越两国毗邻而居，要发展，就会有冲突。一山不容二虎，吴国不灭越国，越国必然要灭吴国。

其三，历史上越国的祖先曾经消灭过吴国的祖先，历史教训不能忽视。

伍子胥说得有理有据，情真意切，但最终还是没有说服夫差。夫差答应了越国的求和，签订盟约，撤兵回国了。

夫差这一次，是大意失荆州，没把谦卑到地上的句践当回事。

夫差这一次，是操之过急，他想腾出手来，北征练兵，称霸诸侯。

实际上，他这次真的是放虎归山了。

放虎归山，终将被虎噬。

句践尝胆

句践被困会稽时，很灰心，喟然叹息道：“难不成我句践要在这里了结一生吗？”

大夫种却说，这是一种福分。当初商汤被囚禁在夏台（今河南禹州），周文王被围困在羑里（yǒu lǐ，今河南汤阴），重耳逃亡翟国，齐国小白逃到莒国，最终他们都称王称霸天下，希望句践能够充满信心。

句践成功回国后，被困的耻辱一直萦绕在他的脑海。为了提醒自己不忘耻辱，他将苦胆挂到座位上，无论坐着还是躺着，都要仰头尝一尝，平时吃饭也要尝尝苦胆，一边吃一边问自己：“你忘记会稽的耻辱了吗？”他时时刻刻以此激励自己，决计要雪耻复仇。

当然，复仇不是那么简单的，如果吃个苦胆就能复仇，那世上的苦胆早就被抢光了。

他对自己很狠。亲身耕作，他的夫人亲手织布，吃饭从不吃荤菜，穿衣从不穿绣花纹的衣服，与百姓同甘共苦。

他对贤人很好。礼遇贤人，最大限度地发挥贤人的优势。他本来想让范蠡管理国家政务，范蠡却说：“用兵打仗，种不如我；安抚国家，亲附百姓，我不如种。”

于是，句践就把国家政务委托给大夫种，让范蠡到吴国求和，做了人质。

句践从会稽回国后七年，始终如一，抚慰士兵，体恤百姓，准备报仇。

句践知道，凶猛的大鸟袭击目标时，一定会先隐藏起来。对于越国来说，一要继续示弱，迷惑吴国；二要寻找同盟，结交齐国，亲近楚国，归附晋国。时机成熟，就可以联合三国，攻击怠惰的吴国。

当前时机还不到，句践继续扮演着隐藏的大鸟。

伍子胥的结局

句践隐藏得很好，夫差真的有些小看他了。伍子胥却一直关注着句践，一直主张要讨伐句践。

过了两年，夫差准备攻打齐国，伍子胥坚决反对，他说越国对吴国来说，是心腹之患，齐国对吴国来说，只是一块疥癣（jiè xuǎn）。句践不死，一定会带来忧患。

听够了伍子胥反对意见的夫差，不管不顾地出兵伐齐，竟然大获全胜。夫差很是得意，偏偏这时伍子胥又当头浇了一桶冷水，说道："不要太得意！"

这是个什么大臣，一点样子没有，夫差气火了，他还没责怪伍子胥，伍子胥倒先指责起他来。君臣二人，不欢而散，伍子胥越想越郁闷，一片良言，怎么就是不听呢？他决定自杀。

得知消息的夫差，制止了他。

即便如此，君臣间的嫌隙已然很深了，夫差很少再听伍子胥的劝谏了。

又有一次，越国向吴国借粮，以此观察夫差为政的骄横程度。伍子胥坚持不借，夫差还是借了。伍子胥气愤地说："不听我的劝谏，再过三年，吴国必将成为一片废墟！"

伍子胥这番气急败坏的话，被伯嚭听了去。伯嚭大喜，终于又找到扳倒伍子胥的一个口实。一旦伍子胥被扳倒，他就可以为所欲为了：伯嚭自句践回国后，从句践那里拿到的好处可是不少。拿人钱财，替人消灾，消不了灾，怎么会再有钱财送来呢？

就这样，夫差的耳边，有关伍子胥的坏话就多了起来。

比如，伍子胥表面忠厚，实际很残忍，连自己的父兄都不顾，又怎么会顾惜吴王呢？

比如，夫差攻打齐国，伍子胥劝阻，后来夫差作战成功，他就开始怨恨吴王。

比如，夫差不防备伍子胥，他一定会作乱。

夫差刚开始还半信半疑，没有完全相信。后来，夫差派伍子胥出使齐国，伍子胥竟然将自己的儿子托付给了齐国的卿士。这次，夫差回想伯嚭的话，真信了，赐给伍子胥一把宝剑，让他自杀。

伍子胥仰天长叹，想他伍子胥，扶助阖庐成就霸业，拥立夫差为王，当初夫差想与他平分吴国他都没有同意，如今几句谗言，夫差就把他送上绝路。可悲，可叹啊！

伍子胥知道，吴国没有希望了。不过，即便他死了，他也想见证吴国灭亡的时刻。临死前，他交代给他的门客两件事情：

第一，在他的坟上种上梓树，等它长大，就能够做棺材了。

第二，将他的眼珠挖出，悬挂在吴国都城的东门楼上，让它看着越国人入城，灭掉吴国。

交代完毕，伍子胥带着对吴国的诅咒自杀了。

夫差听到这番话，大发雷霆，命人将伍子胥的尸体装进了皮革袋子里，扔到了江里。吴国人同情伍子胥，在江边给他修建了祠堂，并把这个地方叫作胥山。

这就是端午节是为了纪念伍子胥说法的来历。

句践称霸

伍子胥死后，伯嚭执掌国政，很得意。夫差的耳朵里，基本上没有越国不好的话传进了。

这样又过了三年，夫差身边阿谀奉承的人越来越多，句践感觉时机差不多快到了。

范蠡又劝说句践再等等。

等到了第二年，夫差带着精锐部队到黄池（今河南封丘）大会诸侯，由太子留守，城内只剩老弱残兵。句践瞅准时机，率领精锐部队攻打吴国，大败吴军，杀死了吴国太子。夫差返回后，用厚礼请求与越国求和。句践估计越国的实力也不能灭了吴国，就与吴国讲和了。

尝到甜头的句践，四年后卷土重来，大败吴军，把夫差围困在姑苏山（今江苏苏州西南）上。夫差派人脱去上衣，露出胳膊，跪着前行，向句践求和。

真是风水轮流转，三十年河东三十年河西。会稽山上的句践，姑苏山上的夫差，面临的是同样的尴尬局面。不同的是，当初夫差心软放过了越国，如今越国却要一举灭了吴国。

句践想把吴王夫差流放，给他万户人家，算是对他的怜悯。

吴王夫差却认为，这是对他的羞辱，他说自己老了，不能再侍奉越王。唯一后悔的，就是当初没有听伍子胥的话，如今才落到如此地步。说完，夫差便自杀了。自杀前，他特意遮住了自己的面孔。

因为，他自感没脸见伍子胥。

夫差死了，句践还杀了伯嚭，因为他不忠于自己的国君，接受外国贿赂。

啃下了吴国这块大骨头，句践终于抬头做人，扬眉吐气了。他要让全天下都知道，他句践又起来了。他渡过黄河，会合诸侯，向周天子进献贡品。周天子派人赏赐祭肉，称句践为“伯”，他的霸主地位，获得了官方认可。

句践很大度，把淮河流域给了楚国，把吴国侵占的宋国土地归还给宋国，把泗水以东方圆百里的土地给了鲁国。一时间，越国军队在长江、淮河以东畅通无阻。

诸侯们都来庆贺，祝贺句践当了霸王。

苦心人，天不负

夫差与句践，都是励志的典型。

夫差与句践，人生交合，相互影响。

夫差，始于困境，成于困境，安于顺境，终于困境。

句践，始于顺境，安于顺境，成于困境，终于顺境。

夫差的困境，是句践给予的，句践杀了夫差的父亲，夫差狠狠地逼了自己一把，才逼出了自己的顺境，才逼出了句践的困境。

面对困境，夫差用质问提醒自己，句践用苦胆提醒自己。

这番质问，这个苦胆，提醒的是被逼无奈下的斗志。

这番质问，这个苦胆，提醒的是坚持不下去的坚持。

他们掐断了幻想，埋头苦干。

他们忍住了耻辱，绝处逢生。

这便是夫差、句践能冲破困境、化茧成蝶的原因所在。

当然，相对来说，句践十三年的忍辱负重，要比夫差三年的矢志不移，更励志。

人们似乎更同情句践，更敬佩句践。所以，在人们的传承中，句践忍辱负重的故事更加丰富：句践不仅尝胆，还卧薪；他不仅送美人西施，他还尝粪问疾。卧薪尝胆很励志，吃人粪便，更是忍常人所不能忍。但世间之事，往往如此，忍人所不能忍，才能达人所不能达。

但是，很可惜，这些都是后人的想象与添加，不是历史的真实。

“添油加醋”“添枝加叶”的描述，其实是对句践忍辱负重、奋发图强精神的认可与认同。人生短短几十年，却是鸡毛蒜皮一大堆，谁都会遇到沟沟坎坎，甚至是大风大浪，遇到问题了怎么办？

逃避？认输？堕落？有人会这么选择，但这不是最好的选择。

人们更愿意看到的，是更加积极的态度。

跌倒了，爬起来，坚持，咬牙坚持下去，把痛苦、磨砺、委屈、耻辱垫在脚下，踩着它们站起来。

这正是“苦心人，天不负，卧薪尝胆，三千越甲可吞吴”的意义。

（本篇主要依据《史记·越王句践世家》《史记·吴太伯世家》《史记·楚世家》《史记·伍子胥列传》）

原典

吴既赦[①]越，越王句践反[②]国，乃苦身焦思，置胆于坐[③]，坐卧即仰胆，饮食亦尝胆也。曰："女[④]忘会稽之耻邪？"身自耕作，夫人自织，食不加肉，衣不重采[⑤]，折节[⑥]下贤人，厚遇宾客，振[⑦]贫吊死，与百姓同其劳。欲使范蠡治国政，蠡对曰："兵甲之事，种不如蠡；填抚[⑧]国家，亲附百姓，蠡不如种。"于是举国政属大夫种，而使范蠡与大夫柘稽行成[⑨]，为质于吴。二岁而吴归蠡。

《史记·越王句践世家第十一》节选

注释

①**赦：**免除和减轻刑罚。

②**反：**同"返"，返回。

③**坐：**同"座"，座位。

④**女：**同"汝"，你。

⑤**重采：**指多种颜色的华贵服装。

⑥**折节：**降低自己的身份礼待他人。

⑦**振：**同"赈"，救济。

⑧**填抚：**镇定安抚。填，通"镇"。

⑨**行成：**商议求和。

译文

等到吴王赦免了越王，越王句践回到国都，便时时刻刻想着如何报仇雪耻，从此深思熟虑，埋头苦干。他把一个苦胆吊在座席旁，坐卧即能仰头尝尝苦胆，吃饭喝水的时候也要尝尝它的苦味。他提醒自己：“你忘记在会稽遭受的耻辱了吗？”句践亲自下地耕作，他的夫人亲自纺纱织布，吃饭不增设荤菜，穿衣不穿华美的衣服。他们放下架子礼待贤人，隆重招待他国使者，救济穷人，抚恤死伤，和百姓同心协力。句践想把治理国家的大政交给范蠡，范蠡说：“练兵作战的事情，文种不如我；安定国家，镇抚百姓的事情，我不如文种。”于是句践就把国家大政交给了文种，而让范蠡跟大夫柘稽去吴国谈判，并留在那里当人质。两年后，吴国放心地让范蠡回来了。

伍子胥复仇

据说，五月五日端午节，最初纪念的不是屈原，而是伍子胥。

据说，中国第一个有文献记载的乞丐，是伍子胥。

伍子胥，一生跌宕起伏，颇为传奇。

人们的评说，善恶两端，对比鲜明。

有人说他，快意恩仇，是个伟丈夫。有人说他，掘墓鞭尸，是个大魔王。

有人说他，一夜白头，是个可怜人。有人说他，倒行逆施，是个狠毒人。

那么，哪个才是真实的伍子胥呢?

小人作乱

伍子胥，名员（yún），字子胥。

伍子胥的家族，在楚国很有名气。那个给楚庄王出谜语，让楚庄王说出“一飞冲天”“一鸣惊人”的伍举，就是伍子胥的先辈。

伍子胥的父亲叫伍奢，担任太子太傅，也就是太子的老师。他还有一个哥哥，叫伍尚，很有才学。伍子胥一家的生活，本来过得很平静，也很幸福。

但是，楚国发生的一起离奇“夺妻案”，将伍子胥一家推向了绝境。

当时，楚国的国君是楚平王，立的太子叫建。太子建的老师，不止伍奢一个，还有一个老师叫费无忌。费无忌是太子少傅，级别比伍奢低一点。

对于这两个老师，太子建的态度很不一样，他很尊敬很信赖伍奢，对费无忌明显就疏远了很多。太子建的态度，对费无忌来说，是个刺激。他本来想将太子建作为依靠，现在看着这个太子不太可靠啊，为了自己的前途，他需要早做打算。

恰巧，楚平王派给费无忌一个任务：到秦国为太子建迎亲。原来，太子建已到婚配年龄，楚平王从秦国为太子建选了一个媳妇，这是当时通行的政治联姻。楚平王交给费无忌的这个任务，本是再正常不过的事情。可是，费无忌竟然把它折腾出了大动静，折腾出了父子反目，折腾出了血腥杀戮。

费无忌看到秦国的这个新嫁娘，是个标准的美人，他眼睛滴溜溜转动几下，有了一个主意。只见他快马加鞭，提早赶回楚国，向楚平王报信。他说，这个新嫁娘是真的很美很美，美得都与太子建不搭了，他感觉唯有楚平王才能配得上如此美丽的美人，希望楚平王直接娶了她，再给太子另外娶一个媳妇。

费无忌这话，很巧妙，一来用美人吊起楚平王的兴趣，二来吹捧了楚平王，三来表明了自己对楚平王的忠心。楚平王听后，心里很舒服，也很痒痒。

结果，楚平王一见新嫁娘，心花怒放，顿时爱上了。楚平王根本顾不得什么人伦了，竟然真的娶了这个新嫁娘。

这件事怎么说也不好听。最伤心、最没脸面的，就是太子建。本来高高兴兴地等着当新郎呢，却是空欢喜一场，白白地看着自己的新娘走进了父亲的宫殿。

费无忌靠着导演这出“上对花轿嫁错郎”，献媚成功，成了楚平王跟前的红人。傍上了楚平王这位大佬，费无忌成功地改变了自己不受重视的局面。不过，他也明白，这次他是彻底得罪太子建了。太子建是未来的君王，一旦哪天楚平王死了，太子建即位后首先要杀的人，肯定是费无忌这个往他脸上抹灰、往他身上泼脏水的人。费无忌为了保住命，不断在楚平王面前诋毁太子建，没日没夜地说太子建的坏话。

假话说多了，慢慢就被认作真话了，况且楚平王本就心中有愧，与太子建早有隔阂。太子建就这样慢慢被疏远了，后来竟然被派往边疆驻守。

一国的太子，是未来的君主，按照礼制，需要待在都城，协助处理国政。太子建被派往边疆，未来能否即位，充满了变数。

当然，费无忌肯定是不愿意太子建即位的，他要想尽一切办法，将太子建拉下马。

一天，费无忌又在楚平王面前吹风点火。他说，楚平王截胡（指被别人捷足先登）秦女，太子建怨恨楚平王，自从驻守城父，太子建统率着军队，对外与诸侯交往，将要进入都城作乱了。

楚平王一听，心中的怒火被点燃了，当即派人将太子太傅伍奢召回来审问。

楚平王一问，伍奢就知道这是费无忌又说太子坏话了。伍奢忠言劝谏楚平王不要听信小人谗言，不要因为小人拨弄事非，就疏远骨肉至亲。

费无忌的目的很明确，他也很坚决，一旦此次点火不成，他的结局会很惨。他绝对不允许有人阻止他的计划！

费无忌了解楚平王，知道他的逆鳞所在。他对着楚平王大声疾呼："大王现在不制止，他们的阴谋就要得逞，大王将要被逮捕了！"

这下，楚平王彻底恼怒了，把伍奢囚禁起来，同时命人去杀掉太子建。

派去的人不愿看到父子相残，提前派人告诉太子赶快离开。于是，太子建逃到宋国去了。

父兄被杀

太子建逃了，楚平王更加恼怒。

费无忌继续进谗言。

这次谗言，目标是伍奢一家。当初同在太子建处当差时，费无忌就将伍奢视为"挡路石"。凭什么你伍奢就尽得太子尊敬，而他费无忌只有受冷落的份儿？今日里，就让伍奢尝尝得罪他费无忌的滋味！

太子建逃了，费无忌将之解读为畏罪潜逃。

太子建逃了，太子的师傅就要承担罪责。

但是，仅仅惩罚伍奢，对费无忌来说，还不过瘾。他对楚平王说，伍奢有两个儿子，都很贤能，不杀掉他们，他们将成为楚国的祸害。可以用伍奢做人质，把他们召来。

楚平王此时对费无忌是言听计从，派人对伍奢说：

“把你两个儿子叫来，就让你活命，叫不来，就等着被处死吧。”

伍奢哪里不明白费无忌的心思，这根本不是什么一命换一命，而是一窝端。

伍奢更明白自己的儿子，所谓“知子莫若父”。大儿子伍尚，为人宽厚仁慈，叫他，他一定会来。二儿子伍子胥，为人桀骜不驯，忍辱负重，能成大事，他知道来了就是一块儿被擒，势必不会来。

果不其然，伍奢预见的场景上演了。

平王给了伍奢的两个儿子两个选择：去，伍奢活命；不去，杀死伍奢。

伍尚、伍子胥兄弟二人，虽然年轻，但对楚平王的意图还是把握得很清楚的。

他们知道，楚平王本没有打算赦免伍奢。

他们也知道，他们一到，父子三人，马上就会被处死。

伍子胥认为，去了，既不能救父亲，还会白白丢掉性命，没有意义。不如逃走，借助别国的力量，洗雪父亲的耻辱。

伍尚却说，要不去，这是不孝，如果以后不能洗雪耻辱，终会被天下人耻笑。

面对生死，面对困境，兄弟二人选择了两种不同的道路。

伍尚选择的是，赴死尽孝。

伍子胥选择的是，复仇尽孝。

兄弟二人，商量一番，伍尚从容走出，接受逮捕。

楚平王派去的人，又要逮捕伍子胥。伍子胥拉弓上箭，拉满弓，箭头对准来人，他们不敢贸然上前，伍子胥趁机逃跑了。

伍奢得知伍子胥逃跑了，他心里很安慰。他明白伍子胥的性情、能力，他知道自己的这个儿子，不把楚国搅个底翻天，他是不会善罢甘休的。虽然免不了死亡，但他还是满怀自信地预言：“楚国君臣将要苦于战火了。”

没过多久，楚平王果真将伍奢、伍尚父子二人杀掉了。

随后，楚平王又派出人搜索伍子胥，势必要将伍家斩草除根，一网打尽，不留祸患。

一路逃亡

伍子胥逃出了楚国，为的是保命报仇。显然，他一个人的力量是不足以与楚平王、费无忌对抗的，他需要借力。

借谁的力呢？

他首先想到的是流亡在外的太子建。伍奢与太子建关系密切，伍家本是替太子建受过。太子建本是太子，无端被陷害，自然不甘心。伍子胥父兄无端被杀，伍子胥立志报仇。

太子建与伍子胥，就有了共同的目标，他们都想杀回楚国去。

太子建刚开始逃亡在宋国，伍子胥就直奔宋国。后来宋国发生动乱，他们二人又一起逃亡郑国。郑国君臣对他们非常友好。再后来，他们二人又前往晋国，寻求帮助。

晋国人不是傻子，不愿意随便蹚浑水。不过，如果有利可图，他们倒是可以考虑考虑。当时，郑国奉行墙头草政策，谁拳头厉害就听谁的，晋国很不满意。这次听说楚太子建与郑国关系不错，就想借助太子建做个局，灭了郑国。既然郑国信任太子建，太子建就前往郑国做内应，晋国负责从外面攻击。一旦里应外合，灭掉郑国，就把郑国封给太子建。

太子建太渴望成功了，不假思索就同意了。他很快就返回了郑国，做起了谋划，等待着时机，做起了美梦。

不料，美梦很快破灭了。

问题出在太子建集团自身。因为个人私事，太子建准备杀掉一个跟随他的人。但偏偏这个人，知道太子建的灭郑计划，还把此事告诉了郑国。

密谋大事，最怕的就是消息泄露。郑国国君得知消息之后，非常震怒，在他的地盘上竟然打起了他的主意，太子建真是个不懂感恩的家伙。一声令下，太子建的脑袋搬了家。

太子建逃亡时，他的儿子胜一直跟随着他。事情败露之后，伍子胥和胜一起逃亡了。

此时，伍子胥成了楚国、郑国两个诸侯国捉拿的对象，随时有可能被捉住杀了。伍子胥只能东躲西藏，趁着夜色赶路。一天，他和胜来到了楚国与吴国交界的昭关（今安徽含山县北），发现把守城门的官兵拿着他的画像，盘查非常严格。

这是伍子胥人生中的第二个关口。

第一个关口，楚平王要抓他，他成功逃脱。

这第二个关口，能否逃脱，他真没有把握。

他只知道，他不能死。一旦死了，他就没了为父兄报仇的机会，不能完成当初与哥哥的约定，如果真是那样，还不如当初与父兄一同死去，一家人也算团圆。

高度的精神紧张、深深的忧愁，笼罩着他，据说，他竟然一夜白了头发。

伍子胥决定，与胜分开逃跑，这样胜算要大一些。

即便这样，他还是几乎被官兵追上，差一点不能脱身。

伍子胥逃到江边，恰巧有一位渔翁撑着船停在那里，帮助伍子胥过了江，躲过了追杀。

过了江的伍子胥，仍然心有余悸，心脏跳得很快。他按捺住激动，解下随身携带的宝剑，递给渔翁。这把

宝剑价值百金，是伍子胥身上最值钱的东西了。伍子胥把它送给渔翁，是劫后余生后发自内心的感恩。

谁知渔翁拒绝了。他说，按照楚国的法令，谁抓到伍子胥，就赏给他粮食五万石，封给他执珪（楚国爵位名。珪，举行典礼时卿大夫手中所执玉版）的爵位，难道这些比不过价值百金的宝剑吗?

此番话一出，伍子胥震惊了。显然，这位渔翁认出了他，但还是帮助了他。如果渔翁举报了他，他这不是自投罗网吗?想想，真是后怕。

伍子胥继续逃亡，饥饿、恐惧、劳累，一起向他涌来，还没逃到吴国都城，他就病倒了。他只能停下脚步，稍作歇息。

没有钱，没有饭，只有病痛，还得避免被人认出，他很难。但是，他心中那个复仇的念头，不断出现，支撑着他，他熬了过来。没有饭，那他就讨饭吃。

只要能活下去，一切都不是事。

等待机会

终于，伍子胥衣衫褴褛地到达了吴国。

伍子胥的报仇对象，不是一般人，因此他也不能找一般人帮忙。他知道，能帮助他的，只有吴国的当家人。

当时，吴国的当家人是吴王僚，公子光为将军。伍子胥费尽心力，通过公子光，求见了吴王。吴王收留了伍子胥，但是，报仇不是一蹴而就的事情，还需要等待时机。

这一等，就等了好久好久。

盼星星盼月亮，伍子胥等来了一个机会。

楚国与吴国边境两边，盛产桑叶，两边的女子都采桑养蚕。有一次，吴国的一个女子与楚国的一个女子，在采桑时发生了口角，为争采桑叶厮打起来。这本是一件小事情，这本是女人间的小口角，却因位置特殊，争斗逐步升级：

楚国采桑女的家人，去找吴国采桑女算账。推搡吵闹之中，吴国采桑女的一个家人被楚国采桑女一家杀死了。

随后，吴国边境的人进行报复，杀了楚国采桑女一家。

随后，楚国边境的长官发兵，杀死了吴国边境上的男男女女。

随后，吴国反击，直接发兵占领了楚国的这座边邑。

随后，事情被报告到楚平王处。楚平王大发雷霆，命令大军进发，一举踏平了吴国的这座边邑。

随后，吴王僚也不甘示弱，派公子光领兵前去征讨。

吴国、楚国之间激烈的国家争斗，正式上演了。

楚国节节败退，联合六个小国，共同抵抗吴国，上升为国际战争。

就这样，一个桑叶引发的“蝴蝶效应”完成了。

吴国作为后起之秀，实力逐渐攀升，这次战争的结果就是最好的证明。

吴国胜了！

伍子胥感觉，等候已久的机会来了，他赶紧劝说吴王僚，乘胜追击，大败楚国。

不料，公子光却极力反对，他不愿再打了。公子光给吴王僚的理由，一是伍子胥是为报私仇，劝说大王攻楚；二是攻打楚国，未必能打败它。实际上，公子光此时的心思，都在国内，他想杀死吴王僚，自立为君。在这一心愿达成之前，公子光不会有心思做其他的事情。伍子胥猜度出公子光的野心，也不再劝说吴王僚出兵了。

公子光的野心，或胜或败，都会引发吴国朝廷的大震动。为了避祸，伍子胥选择离开朝廷，和太子建的儿子胜到乡下种地去了。为了投资，伍子胥为公子光推荐了勇士专诸。如此一来，无论谁胜，他都有一席之地。

伍子胥报仇的心情是很急切的，但是他更是隐忍的人，深知时机的重要。时机不成熟，切不可勉强而行。

五年之后，楚国、吴国的朝廷，发生了大的变动。

先说楚国。

这一年楚平王去世了，他的儿子轸（zhěn）即位，史称楚昭王。楚昭王，就是楚平王与他夺取的秦国美女生的儿子。

再说吴国。

吴王僚趁着楚国办丧事，出兵袭击楚国。楚国却不好惹，果断出兵，切断了吴军的后路。吴军陷入困境，不能回国。公子光瞅准机会，用了一招“螳螂捕蝉，黄雀在后”，趁着国内空虚，命令专诸刺杀了吴王僚。公子光随后自立为王，他就是吴王阖庐。

终于报仇

吴王阖庐上位，专诸起了很大作用。专诸又是伍子胥推荐的，伍子胥也是大功臣。就这样，伍子胥被召回，官拜为行人之官，成为吴王阖庐的依仗之臣，共同商议国事。

吴王阖庐的野心很大，不止于拿到国君的宝座，他还希望称霸诸侯，当个霸主玩玩。要称霸，接壤的楚国，成为吴王阖庐的首个打击对象。

这时，伍子胥的私事与吴国的国家利益，完美地契合了。伍子胥竭尽所能，贡献智慧，冲锋陷阵，毫无怨言，因为，这是他所获得的最好的机会，他这次一定要好好地抓住，断然不能半途而废。

功夫不负有心人。吴王阖庐九年（前506），吴军打进了楚国的郢都，楚昭王出逃。

伍子胥跟随吴王阖庐，踏入郢都，心潮起伏。十六年时间，多少个日日夜夜，他时时刻刻，日复一日，年复一年地忍着，熬着，拼着，终于回来了。

回来了，就不会客气了！

报仇，要找到仇人。

楚平王已经死了，费无忌也死了，见不到人了。

伍子胥心想，那就父债子偿吧。不料，楚昭王逃了，伍子胥派人搜索了很久，就是没有找到。

伍子胥的怒火，陡然上升了几百度，几乎要将他烧着了，一种火烧火燎的感觉萦绕着他。他回到楚国，为的就是报仇，如今却找不到仇人，这十多年的艰辛、痛苦，发泄不出来，他感觉他都快要疯掉了。不行，他绝对不允许这样的事情发生！

冤有头债有主，罪魁祸首就是楚平王。即便他死了，伍子胥也得找他算账。于是，历史上颇受争议的“掘坟鞭尸”出现了。

伍子胥挖开楚平王的坟，拖出了他的尸体，对着一副白骨，狠狠鞭打了三百下，才停下手。他一边打，一边咒骂，一边为父兄鸣冤，一边诉说自己的苦难，打完了，他终于释放了，也终于解脱了。

中国人讲究“人死为大”“入土为安”，再大的冤仇，人死就算消除了。但是，伍子胥却上演了这样一场震惊世人的复仇大戏，让死者不安，让活人难受。

伍子胥的作为，惹恼了一个人。

这个人，名叫申包胥，曾经是伍子胥的至交好友。

当初伍子胥逃亡的时候，他曾经对申包胥说过，自己一定灭了楚国。申包胥明白伍子胥的性情，也很同情他，父兄无端被杀，复仇是自然的。但是，作为申包胥来说，他是楚王的臣子，他是楚国人，他不会眼睁睁地看着楚国灭亡，他对伍子胥也说了一句话："努力吧，你能灭了楚国，我也一定会让楚国复兴。"

两个人志向不同，但都是做事的人。

如今伍子胥得偿夙愿，颠覆了楚国。

申包胥逃了出去，努力复兴楚国。

申包胥逃到山里，听说了伍子胥"掘坟鞭尸"的举动，非常义愤。他派人给伍子胥传话，指责伍子胥丧天害理。报仇可以，大家都能理解，但他毕竟曾是楚平王的臣子，如此侮辱楚平王，实在是太过分了。

面对好友的指责，伍子胥倒也坦然，他也承认自己这是"倒行逆施"，为了复仇，他有些不择手段，有些残暴。但是，对于一个"日暮途远"的人来说，这也是无奈之举，不能按常理办事了。申包胥批评伍子胥之后，伍子胥没有生气，没有杀害申包胥，也没有阻止申包胥的复国计划。

这就是伍子胥与申包胥的友情，道不同，不是打压对方，而是成全对方。

申包胥哭秦庭

楚昭王的母亲是秦国人，申包胥便把复国的希望放在了秦国身上。

但是，战争对于一个国家来说，牵一发而动全身，必须慎重。秦国国君从自身利益出发，不愿出兵。

申包胥真的与伍子胥很像，不达目的誓不罢休。为达目的，什么办法都能想出来，什么事情都可以忍受。申包胥手中没兵，没有钱，没有能说服秦君的利器，他唯有他自己。那就把自己作为武器吧！

申包胥给自己在秦国朝廷找了一个墙角，就在那里表演起哭戏来。

这场哭戏，最大的特点是持久。从开始哭，持续了七天七夜，其间没有任何停歇。

这场哭戏，最令人叹服的是专一。只哭，没有其他的戏，就连水也没有喝。

这场哭戏，最令人难以忘怀的是那哭声。最初是号啕大哭，转而沙哑平缓，既而呜咽低泣，最后单音乱蹦，却又不绝如缕。

终于，申包胥这场用生命缔造的悲情戏感动了秦君，秦君发兵攻打吴军，救助楚国。

真是天不绝楚啊！有如此至死不渝的忠臣。

恰巧吴王阖庐后院失火，他的弟弟趁他在外的机会，跑回吴国，自立为王。吴王阖庐大怒，回国讨伐乱臣。逃亡在外的楚昭王，又打回郢都，与吴军交锋，吴军战败，楚国复国了。

但是，此时的伍子胥已经复仇完毕，他没有非倾覆楚国不可的念头了。

复仇，是伍子胥大半段人生的精神支撑。

不过，他的复仇，有明确的指向，就是楚平王、费无忌，其他人本不在他的复仇范围内。攻入郢都，伤及无辜百姓性命，也是情非得已。楚平王位置特殊，不灭亡楚国，便不足以向他直接复仇问罪。

为什么活着

伍子胥复仇，一路上荆棘丛生，布满阴谋、血腥、杀戮，那个曾经无辜的伍子胥也被逼成了恶魔一般的人物。什么快意恩仇，不是被逼无奈，谁愿意走上这条不归路。

司马迁对伍子胥，却是倾注感情在写，也是极尽力量在颂美。

关于颂美的原因，司马迁自己说道：“弃小义，雪大耻，名垂于后世。”伍子胥不拘泥于小节，没有和哥哥一起赴死，没有为了一个“孝”名而自投罗网，而是忍辱负重，终于得雪伍家人的冤屈，为父兄报仇，青史留名。

历史上那么多的人，大多都默默无闻，白白消失在历史的尘埃中。留存下来的，绝对不是碌碌无名者。假若当初伍子胥追随父亲死去，那他与蝼蚁有什么差异呢？他的死将毫无意义。

七尺男儿，来到世间，到底为了什么？

这是伍子胥，更是司马迁在思索的问题。

直面死亡，勇敢赴死，很难。

包羞忍耻，努力活着，更难。

但是，伍子胥、司马迁都选择了更艰难的一条路。他们为的就是，在大千世界留下一点儿自己的印迹。

活着，靠的是什么？

一个字，忍！

忍，就一个字，做起来却如千军万马踩过，伤痕累累。他们隐忍苟活，伍子胥选择了血亲复仇，司马迁选择了文化复仇。

伍子胥复仇，争议最大的就是“掘坟鞭尸”一事，这件事，恰恰是司马迁的虚构。

《春秋》《左传》《国语》等典籍，都没有提及此事。《吕氏春秋》中有伍子胥“鞭坟”的记载：“亲射王宫，鞭荆平之坟三百。”

司马迁的虚构，符合他书写人物的情感逻辑，似乎唯有这种有悖常理的行为，才能宣泄他心中多年的隐忍、压抑与悲愤。

现实生活中无法实现的复仇，他借助伍子胥实现了，他的情感得到了宣泄。

鞭尸之时，伍子胥与司马迁，穿越历史，合二为一，无缝对接。

（本篇主要依据《史记·伍子胥列传》《史记·吴太伯世家》《史记·楚世家》）

原典

到昭关，昭关[①]欲执[②]之。伍胥遂与胜独身步走，几不得脱。追者在后。至江，江上有一渔父[③]乘船，知伍胥之急，乃渡伍胥。伍胥既渡，解其剑曰：“此剑直[④]百金，以与父。”父曰：“楚国之法，得伍胥者赐粟五万石[⑤]，爵执珪[⑥]，岂徒百金剑邪！”不受。伍胥未至吴而疾，止中道，乞食。至于吴，吴王僚方用事[⑦]，公子光为将。伍胥乃因公子光以求见吴王。

《史记·伍子胥列传第六》节选

注释

①**昭关**：此处指把守昭关的官兵。

②**执**：捉拿，逮捕。

③**渔父**：渔翁。父，对专门从事某种职业的人的称呼。

④**直**：同“值”，价值。

⑤**石**：重量单位。

⑥**执珪**：楚国爵位名，低于列侯，可以入见楚王的小封君。

⑦**用事**：当权，执政。

译文

伍子胥二人到了楚、吴交界的昭关，昭关的守军想逮捕他们。于是伍子胥和公子胜舍弃了车马从人，单身步行，差点被人家逮住。追兵一直在后边。伍子胥逃到江边，见江上有一个渔翁摇船，渔翁知道伍子胥正急着避难，于是把他渡了过去。伍子胥过江后，解下身上的佩剑，对渔翁说:“这把宝剑价值百金，我把它送给您。”渔翁说:“楚国早有悬赏，谁能抓到伍子胥，赏给他粮食五万石，赐爵位‘执珪’，那些赏赐我都不要，岂是值百金的剑所能相比！”不接受赠剑。伍子胥还没到达吴国国都就病倒了，半道上只好停下来，靠乞讨为生。等到达吴国国都，吴国当时正是吴王僚执政，公子光为将军。于是，伍子胥通过公子光求见吴王。

商圣陶朱公

春秋末年的历史舞台上，有一个重要的人物，名叫范蠡。

他是越王句践的谋臣。句践迈向成功的每一步，都有范蠡的影子。他替句践谋划二十余年，终于一雪前耻，把句践推到了霸主位置。

这时，他却功成身退，泛舟五湖。

传说，他与“中国古代四大美女”之一的西施相依相伴，做起了神仙伴侣。

传说，他被上天看中，荣升为财神爷。

传说只是传说，虚幻大于真实。

但范蠡的人生，的确是个传奇，这是实打实的。

兔死狗烹

越王句践卧薪尝胆，终于复仇成功，做了春秋时期最后一位霸主。

在这个过程中，范蠡功不可没。

当初，若是越王句践听从范蠡的建议，不要贸然出兵攻打吴国，就不会“一着不慎，满盘皆输”，或许“卧薪尝胆”的故事也就不会出现了。

句践好不容易回到越国，他这次学乖了，事事都听范蠡的，想让范蠡主持国家政务。这是对范蠡能力的肯定，也是对范蠡的倚重。

但是范蠡却拒绝了。范蠡拒绝的原因，是有人比他更合适。

此人便是文种。

范蠡说，用兵打仗之事，文种不如他，但是安定国家，让百姓亲附，他就不如文种了。他建议句践将国家政务委托给文种，自己则到吴国去当了人质，在吴国足足待了两年。

范蠡这种胸怀，着实令人佩服，不贪权，不享受，不攀比，不嫉妒，一心一意做事情。

当然，文种也确实有能力。他们二人一起，殚精竭虑，鞠躬尽瘁，帮助越国复兴。

越王句践当上了霸主，范蠡与文种，作为重要的功臣，按说应该论功行赏，享受胜利的喜悦。但是，范蠡恰恰在事业成功之后，在当了上将军后，在越王句践承诺要与他平分越国后，毅然离开了。

范蠡不按常理出牌，着实让人看不懂。

他在给文种的一封信中，透露了他离开的原因：飞鸟尽，良弓藏；狡兔死，走狗烹。飞鸟打尽了，弹弓就会被藏起来；野兔捉光了，猎狗就会被煮着吃了；敌国灭亡了，谋臣就会被废弃。这就是成语“兔死狗烹”的来历。

越王句践长颈鸟嘴，这种面相的人，只可以与之共患难，不可以与之共享乐。

范蠡离开，就是看清了句践，他不想惹祸上身，他不想惨遭杀戮。

范蠡离开，就是明白了一个道理：盛名之下，难以长久。

范蠡希望文种能够看得开权势富贵，赶紧逃命。

可惜的是，文种没有听他的，还是留下了。不过，他从此以有病为由，不再上朝。

即使如此，该来的祸患还是来了。朝中有大臣造谣中伤文种，说文种要犯上作乱。越王句践尝尽了苦头，才熬成如今的局面，他太不容易了。他不允许有一丝一毫的威胁存在，哪怕这种威胁是空穴来风，他也是“宁信其有，不信其无”。更何况，文种才能卓著，难保没有祸心，他决定向文种下手。

越王句践赐给文种一把剑，对他说：“当初你教给我七条计策，我只用了三条就打败了吴国，还有四条，你替我去先王面前验证一下吧！”

句践这是要赐死文种！

文种有才，在患难时刻帮助句践，句践视之为宝。一旦到了富贵的时候，文种的“才”，就成了惹祸的根，不可不除。

文种很后悔，后悔没有听范蠡的话，后悔太看重富贵权势了，后悔看错了句践，但一切悔之晚矣！

他拿起剑，看看句践，想想范蠡，有恨有怨，有不舍有不甘，最后化为坦然。当初他的选择，注定了今天要用生命来买单。原来，人生中的一切，都暗中标好了价码。

文种从容地自杀了。

归还相印

范蠡离开越国，从海上到了齐国。

他隐姓埋名，更名换姓，以“鸱夷（chī yí）子皮”的名号，在齐国行走。

当初齐太公吕望被封齐国，因势利导，开放工商之业，发展渔盐业，很快齐国就成了经济大国。如今范蠡到了齐国，定居在海边，靠海吃海，在风吹浪打中努力耕作，努力生产。正所谓父子同心，其利断金，范蠡掌舵，孩子们扬帆，他们一家人的日子过得“顺风顺水”“风正一帆悬”。

很快，范蠡的财富大增，他成了富豪。

很快，范蠡的事迹在齐国也传开了，齐国人都认为他很有才能。一传十，十传百，齐国朝廷邀请范蠡做齐国的国相。

这在他人是求之不得的好事，范蠡却是愁容不展，他不开心。当初他离开越国，丢掉权势富贵，追求的就是清静，想安稳度余生。如今齐国人却打破了他的平静生活，又为他带来了危机。

为什么是危机呢？

范蠡认为，他的生活太顺利了，几乎达到了人生的巅峰：待在家中就积累了千金财产，做官就能达到卿相高位，这是平民百姓能达到的最高地位了。然而，人生的规律是“盛极则衰，物极必反”，长久地享受尊贵的名号，很不吉祥。

范蠡在官场混了这么多年，明白官场的险恶，明白人心的邪恶。齐国的政权，并不掌握在齐王手中，而是掌握在权臣田常手中。田常不能做国君，国相是他能做的最高的官了，他会眼睁睁地看着他人掌管相印？

一旦做了国相，他将要面对的又是一个龙潭虎穴，危机重重。

因此，范蠡又做了一个令人难以置信的决定：归还相印。

这还不算，范蠡还将自己的家产送给了邻里好友，他们一家带着一些贵重财物，又悄悄地逃走了。

多日的心血，累月的财富，就这样主动放弃了。

这是何等的气魄！

经商高手

范蠡带着家人，到陶地（今山东菏泽定陶区西北）定居下来，自称陶朱公。

为什么选这个地方呢？

因为此地为天下之中，是当时重要的经济、交通中心，很适合做生意。

那么，范蠡做生意行吗？他是政界高手不假，毕竟隔行如隔山啊。

这话倒也不假，每个行业都有每个行业具体的操作规则，但是在最高层面上则“大道合一”，普遍规则是一致的。

最为关键的是，范蠡学过商业之道。他的老师是计然。

当初越王句践被困在会稽山上，他重用计然、范蠡，发展经济。用之十年，国富民强。

计然之术，有一个根本是：未雨绸缪。这个未雨绸缪，“时”很关键：

第一个时，是指岁时。岁在金时，就丰收；岁在水时，就歉收；岁在木时，就饥馑；岁在火时，就干旱。一般说来，六年一丰收，六年一干旱，十二年有一次大饥荒。懂岁时，就是懂自然规律。

第二个时，是指货物在何时为人所需要。

第三个时，是指储存货物的时间。旱则资舟，水则资车，提早打算，有备无患，切忌临时抱佛脚。

第四个时，是指买卖货物的时间。物价涨跌自有规律，物价贵到极点，就会返归于贱；物价贱到极点，就会返归于贵。当货物贵到极点时，一定要及时抛售，视同粪土；当货物贱到极点时，一定要及时购进，视如珍宝。

如此一来，就不会囤积滞销，就会让现金如同流水周转起来，再加上货物有质量保证，要想不富都难！

因此，计然之术，后来被用来泛指生财致富之道。

范蠡跟着计然，亲自实施了富国强兵之术，他有了实践经验。实践证明，计然之计很见成效，越国一雪前耻。

计然之计有七条，越国只用了五条就实现了雪耻的愿望。范蠡认为，计然之计适宜治国，自然也适宜经商。他要用计然教给他的策略发家致富。

在齐国，他已经小试牛刀。到了陶地，他要大展身手了。

十九年间，他发展农业、畜牧业商品买卖，买进卖出都很会把握时机。由于经营有道，范蠡富甲一方，远近闻名。

赚的钱，范蠡没有像一些人一样攥在自己手中。他三次赚得千金之财，两次分散给贫穷的朋友和远房兄弟。加上在齐国那次散去家财，合称为“三聚三散”。

人们钦佩范蠡的能力、财力与胸怀，尊称他为“商圣”。

范蠡救子

范蠡在陶地，生意很兴隆，生活很顺畅，又有了一个小儿子。慢慢的，小儿子也成年了，范蠡完成了自己的任务，生活愈发悠闲自在起来。

有一天，范蠡平静的生活被打破了，他的二儿子在楚国杀了人，被楚国人拘捕了。

杀人偿命，这是常理。但是作为父亲，范蠡很显然不愿意就这样眼睁睁地看着儿子送命，他要设法营救儿子。范蠡派出了自己的小儿子，让他到楚国营救哥哥。

当然，去不能空着手，需要有真金白银铺路。

范蠡为小儿子准备了一千金，装在褐色的器具中，用一辆牛车拉着。这些钱，就是小儿子的“活动经费”。

小儿子收拾好行囊，准备出发了。这时，范蠡的大儿子坚决请求去楚国救弟弟，要尽兄长的责任。

大儿子没有想到，父亲非常坚定地否决了他的请求。他很不解，也很伤心。作为长子，弟弟有难，父亲不派他去，显然是对他的才能不认可，难不成自己还不如比自己小的小弟弟吗？父亲认为自己是不肖之子吗？想到这些，他更难过了，以死相逼，一定要去救弟弟。

范蠡的妻子看着大儿子要自杀，很着急，就劝说范蠡同意大儿子的请求。派小儿子去不一定能救得了二儿子的性命，再因此事先丢了大儿子的性命，就更雪上加霜了。

一边是大儿子的哭，一边是妻子的劝，范蠡无奈之下，更换了救援人员，换成了大儿子。

范蠡很不放心，他交给大儿子一封信。这封信是范蠡写给他的旧日好友庄生的。范蠡嘱咐大儿子，到达楚国后，先把一千金送到庄生家中，一切但凭庄生做主，

一切任凭庄生安排，千万不要与庄生发生争执。

大儿子一一答应，自己又额外带上几百金，出发了。

庄生营救

大儿子到了楚国，遵从范蠡的嘱托，直接去了庄生家中。

庄生的家，靠近楚都的外城，扒拉开野草才能到达，家里的陈设也很简陋。

大儿子见此，有点蒙，和自己想象的要拜托救弟弟命的人家很不相符。他心中疑惑，这个人能救弟弟吗？疑惑归疑惑，他还是按照父亲的嘱托，将信交给庄生，将一千金也给了庄生。

庄生没有多说什么，把信和钱都收下了。随后，庄生告诉范蠡的大儿子赶紧回去，等以后放了人也不要声张，也不要问原因。

大儿子满心狐疑地离开了庄生家，没有再去探访过。但是，他对庄生很不放心，他担心这钱白送了，没有作用。于是，他就没有听从庄生的话，私自在楚国都城待了下来，并把自己带的钱送给了楚国主事的达官贵人，想开拓另外一条门路。

其实，范蠡的大儿子并不了解庄生，对庄生的认识走入了误区。

第一，他小看了庄生。庄生虽然住在穷乡陋巷，但是他在楚国很有威望，很有话语权，自楚王以下都尊奉他为老师。

第二，他误解了庄生。庄生虽然收下了千金，但是他没想要，他只是表示自己会去帮助救范蠡的儿子。等事成之后，他会将一千金还给范蠡，以示信用。虽然不知道何时还，但还必定要还的，因此，他叮嘱自己的老婆，千万不可以动这些钱。

庄生是有智谋的人，他的营救方法很隐蔽，但是很有效。

这一天，庄生入宫拜见楚王。

他告诉楚王一个不好的消息：天上星宿有变，将对楚国不利。

在当时，人们很相信这些，认为这是上天有指示，国君需要有所作为。除此之外，楚王还很相信庄生，因此，他非常着急地请教庄生，询问他该怎么做。

庄生给出了“一般原则”：楚王要“修德”，方能改变不利。

楚王一听，明白了，当即决定大赦。

大赦天下，范蠡被囚禁的二儿子也就自然而然地被释放了。

庄生这一招做得神不知鬼不觉，没有说一点儿与范蠡儿子有关的事情，就援救成功了。既不会让自己背上徇私的黑锅，也不会欠楚王的人情，还能让楚王躬自修德，还救了范蠡的儿子，真是高妙！

援救失败

事情如果按照庄生的设计，范蠡的儿子一定能转危为安，但是，偏偏事情出了岔子。

这个岔子，是范蠡的大儿子惹出来的。

范蠡的大儿子自行发展的一个“营救助手”——一位朝廷的高官——告诉他，楚王要大赦天下了。

当时还没有正式下达大赦的诏令，这位高官是怎么知道的呢？

根据楚王的其他行动：楚王派人查封了贮藏金、银、铜三钱的仓库。此前每次楚王大赦前，都会查封仓库，为的是避免被释放出来的犯人抢夺。这是惯例。

范蠡的大儿子听到这个消息，很高兴，这样他的弟弟就有救了。同时，他又有些惋惜，白白地把一千金给了庄生，庄生却没有起到作用。

想来想去，他感觉这钱不能就这样丢了，他要把一千金完好无损地带回家，还要完好无损地带弟弟回家。这样一来，他到楚国的任务完成得就很完美了，也能得到父亲的称赞了。

这天，范蠡的大儿子又到了庄生家。

庄生一见他，有些吃惊，问他:“你还没有回去吗?”

范蠡的大儿子说:“我一直没有离开。当初我为弟弟的事情而来，如今楚国正在商议大赦，我弟弟自然能得到释放，我特意前来，向您道别。”

话都说到这份儿上了，庄生明白范蠡的大儿子是想拿回那一千金，他表面上不动声色，直接让范蠡的大儿子到房间里取钱。范蠡的大儿子也不客气，径直拿着一千金就走了，一边走一边庆幸一千金的失而复得。

范蠡的大儿子高兴地畅想着美事，却浑然不知他惹下大祸，他的不敬举动惹恼了庄生。庄生尽心去营救范蠡的二儿子，却被范蠡的大儿子瞧不起；不要一千金是他当初的选择，但是一千金被人拿了回去，就是另外一种感觉了，庄生感觉受到了侮辱。

庄生决定反击，他要让那个小子知道惹怒他的后果。

庄生又入宫了，给楚王送去了一个不好的消息：百姓说楚王大赦，是被收买了。

收买楚王的人，是陶地首富陶朱公。陶朱公的儿子犯了罪被拘禁起来，陶朱公拿出钱财贿赂楚王身边的高官，楚王因此被说服，被收买，被左右，才做出了大赦的决定。所以，百姓们认为楚王是为了陶朱公的儿子才大赦的，并非因为体恤楚国百姓，也并非因为要修德。

楚王一听这话，勃然大怒，他再怎么着也是楚国的国君，哪里轮得着一个商人来布施恩惠？这真是太小瞧他了！为了撇清嫌疑，为了止住谣言，楚王下令杀掉陶朱公的儿子，第二天才正式颁发大赦令。

范蠡的大儿子得到消息，如同五雷轰顶！

他本是一番好心，他也在努力，却是好心办坏事，错了方向。弟弟丢了性命，他心中极为愧疚，但事已至此，他也只能载着弟弟的尸体返回家中。

范蠡的“反常”

回到家中，母亲与乡邻见到二儿子的尸体，号啕大哭，悲痛万分。

范蠡却表现得很淡然，不但没哭，反而笑了。

这也太反常了吧。

他不痛吗？

老年丧子，能不痛吗？

那他为什么不哭反笑呢？

因为，他早知道是这样的结果。

因为，他早知道大儿子救不了弟弟。

大儿子不是不爱弟弟，也不是不想救弟弟，只是他有不忍舍弃的东西，也就是那一千金。

大儿子为什么会这样呢?

大儿子出生早，年幼的时候与范蠡生活在一起，受过很多苦，知道生活的辛苦，明白人生的艰难，所以他把钱财看得很重，一直不敢轻易花钱。

弟弟犯的是杀人的大罪，不拼命砸钱，怎么可能捞出人来?

小儿子就不一样了。

小儿子一生下来，就掉到福窝里，吃穿用度，样样豪华。他从生下来，就不知道什么是苦难，目之所及，都是范蠡富有的生活，悠闲地享乐。他从生下来，就不知道钱是怎么来的，只知道家里很有钱，他想花多少钱就有多少。所以小儿子把钱看得很轻，丢了毫不吝惜。

当初范蠡之所以让小儿子去，就是因为小儿子舍得弃财，救援会成功。

当初他之所以不让大儿子去，就是因为大儿子不舍得弃财，救援不会成功。

等回二儿子的尸体，这是必然的结果，也是给孩子们上了一堂课。

世间之事皆有其道，非人力所能强行改变，当灾难来临之时，悲伤起不到任何作用，人们能做的只有顺应世间之道。

范蠡就是这样顺应自然之道，年老力衰时听凭子孙行事，最后老死在陶地。

他的子孙倒也争气，继承了他的事业，继承了他的处世之道，事业越做越大。

断舍离

范蠡是个全能型人才，在政界、军界、商界都是一等一的人物。

他出将入相，帮助越王句践一雪前耻，成就功业。

他出入商海，纵横驰骋，每一次都赚得盆满钵满。

他创造了一个个传奇，他赢得了荣耀，他留下了美名，“范蠡三迁皆有荣名，名垂后世”（《史记·越王句践世家》）。

至于原因，很简单：懂得舍弃。

他功成身退，离开了越国；他还回相印，离开了齐国。这是舍弃了权势。

他三聚三散，乐善好施，仗义疏财，这是舍弃了钱财。

高官厚禄、富贵权势、财富珠宝，多少人穷其一生都在追求，多少人一辈子都达不到范蠡的位置，但是范蠡说舍弃就舍弃，毫不顾惜。

他不是像小儿子那样没吃过苦，他不是不知道赚钱的辛苦，他不是不知道权势的力量，他是认识到了世间的规律，“月满则亏，物盛则衰，天地之常”（《史记·田叔列传》）；他懂得“福兮祸所伏”的道理。

这个规律，其实很简单；这个道理，其实很质朴。

这便是大道至简！

这个道理，知道的人也很多，但是真正做到的能有几个呢？

人是很贪婪的，“天下熙熙，皆为利来；天下攘攘，皆为利往”（《史记·货殖列传》）。为了自己眼中的“利”，人们努力奔跑，努力追求，这本是人性的常态，无须批评，但是问题是很多人想要的太多了，不知停歇，没有止境；攥到手中的东西，一点儿也舍不得放掉。

他们会说，物盛则衰，我连“盛”的边角都没有够到，舍什么舍呢？

他们努力做着“加法”，希望让自己过得更好，很多时候却是适得其反，小则心累，大则身死。

其实，“物盛则衰”并非只适用于一些功成名就的大人物，每个人都会用到它，都应该用到它。当欲望抢占了幸福，当追求沦为负累，这就是需要停下来的时候，这就是盛极则衰的转折点。

《老子》第四十四章言“知足不辱，知止不殆，可以长久”，这是哲人的告诫。范蠡用一生践行此道，可谓成功的“代言人”。

不妨学学范蠡，适当做做“减法”，断掉一些欲望，舍弃一些杂念，离开内心的执念，届时你会发现世界很简单，心境很淡然。

（本篇主要依据《史记·越王句践世家》《史记·货殖列传》）

原典

范蠡浮海出齐，变姓名，自谓鸱夷子皮[①]，耕于海畔，苦身戮力[②]，父子治产。居无几何，致产数十万。齐人闻其贤，以为相。范蠡喟然叹曰："居家则致千金，居官则至卿相，此布衣之极也。久受尊名，不祥。"乃归相印，尽散其财，以分与知友乡党，而怀其重宝，间行[③]以去，止于陶[④]，以为此天下之中，交易有无之路通，为生[⑤]可以致富矣。于是自谓陶朱公。复约要[⑥]父子耕畜，废居[⑦]，候时转物，逐什一之利[⑧]。居无何，则致赀[⑨]累巨万。天下称陶朱公。

《史记·越王句践世家第十一》节选

注释

①**鸱夷子皮：**鸱夷，皮制的口袋。以其能胀能瘪，故范蠡取以为号。
②**戮力：**合力，尽力。
③**间行：**秘密离开。
④**陶：**古邑名，在今山东菏泽市定陶区西北。
⑤**为生：**做买卖。
⑥**约要：**约束。
⑦**废居：**囤积货物。
⑧**什一之利：**以十博一的利润，泛指经商利润。什，通"十"。
⑨**赀：**通"资"，财货。

译文

范蠡渡海来到了齐国，改名换姓，自称鸱夷子皮，在海边劳动，父子几个辛辛苦苦创办家业。没过多久，又积累起了几十万的家产。齐国人听说他能干，就去请他做齐国的宰相。范蠡感慨地叹息道：“在家为民就能积累起千金，在朝为官就能位至卿相，作为一个平民，这已经达到顶点了。过久地享受这种荣誉，是没有好处的。”于是他交回了相印，把他的家财全部散发给了他的朋友和乡亲，又带着一些贵重的宝物，悄悄地离开了齐国，来到了陶邑。他认为陶邑地处天下的中心，是个贸易往来货物集散的枢纽，如果在这里做买卖肯定可以发财。于是他就自称陶朱公。父子几个重新在这里耕田放牧，买进卖出，准确地把握行情，以追求以十博一的利润。没过多久，又积累起了数目极多的资产。陶朱公的名声传遍天下。

孔子周游列国

在中国，有一个名字，家喻户晓。

上起耄耋（mào dié）老人，下至垂髫（chuí tiáo）孩童，都知道他，知道中国有这么一个不朽的人物。

在中国，有一个名字，影响深远。

上起礼崩乐坏的春秋，下至河清海晏的当下，他的事迹一直在传诵，他的精神一直在烛照世人。

这个名字，走出中国，走向世界，被列为“世界十大名人”之首。

没错，他就是孔子。

一个给予时人、后人、友邦精神指引的人。

那么，这样一个伟大的人，是如何伟大起来的呢？

你对他，又真正了解多少呢？

举家避难到鲁国

公元前551年9月28日，是一个普通的日子，但又注定是不平凡的一天。

在这一天，鲁国有一个孩子出生了。

这个孩子，就是孔子。

孔子的祖上是宋国人。宋国的开国君主叫微子，是商纣王的兄长，在商朝灭亡后，被封于商丘故地。因此，作为宋国人后代的孔子，是殷商的苗裔。《礼记·檀弓》中记载，孔子直言："而丘也，殷人也。"

既然是殷人，为什么孔子出生在鲁国呢？

其实不单单是孔子出生在鲁国，他的父亲也出生在鲁国，他的爷爷也出生在鲁国。他们家到鲁国是很早以前的事情了。

宋国不好吗？为什么要到鲁国呢？

没办法，逃难！

这件事，说到底，还是因为一个女人。

这个女人是孔子六世祖孔父嘉的夫人，是个非常美艳的女子。孔父嘉是宋国的大司马，也是个位高权重的人物。

英雄加美人，自古是成功、幸福的标配，他们一家人过着富贵安宁的生活，着实让人羡慕。

但是，他们的平静，有一天被扰动了。

那天，孔父嘉的夫人外出，在路上遇见了宋国的太宰华督。华督一见孔父嘉的夫人，两眼放光，一直盯着她看，目光久久不能移开。直到目送她的人影消失在视线中，他方才回过神来，由衷地赞美道："美而艳！"

自此一见，华督心中日夜思念着孔父嘉的夫人。

华督的信念是，爱就是占有。他要想尽一切办法把孔父嘉的夫人据为己有。

他借口孔父嘉政治上有过错，打着"为民除害"的旗号杀死了孔父嘉，夺走了孔父嘉的夫人。

孔父嘉的儿子在士兵的拼死护卫下，逃了出去，后来就逃到了鲁国，在鲁国繁衍生息，扎下了根，以"孔"为氏。

幼儿游戏存着大道理

孔子的父亲，叫叔梁纥（hé）。

古人名字是分开的，叔梁是字，纥是名。

叔梁纥是鲁国陬邑（zōu yì，今山东曲阜）大夫，很有勇力。很典型的一个事例，就是在一次战争中，他用双手撑住敌方放下的闸门，保证了队伍的及时撤出，被赞誉为像老虎一样有力气的人。

这样的一位勇士，心中却有一丝遗憾。他有九个女儿，却只有一个儿子，儿子还有足疾，他迫切希望有个健康的儿子来继承家业。

孔子的母亲，叫颜徵在。她就是在叔梁纥急切求子的时候，走入了叔梁纥的世界。当然，是叔梁纥去提的亲。

当时，叔梁纥已六十多岁，颜徵在才十八岁。年龄相差这么大的老少配，在当时引起了很大的争议，称之为“野合”，即不合礼仪的婚配。

颜徵在为了早日为叔梁纥生下儿子，多次到尼山祷告神灵，非常虔诚。终于，在父母的期盼下，孔子出生了。

孔子刚出生时，头顶是凹下去的，所以父亲给他取名为丘。孔子是家里的第二个儿子，又因母亲到尼山祈祷而受孕，所以父亲给他取字为仲尼，“仲”是兄弟排行第二的意思。

叔梁纥老来得子，非常高兴，尽心呵护着这个小儿子。但是，好景不长，孔子三岁的时候，叔梁纥就去世了。失去庇佑的颜徵在只能带着年幼的孔子，到曲阜阙里居住，过着清贫的生活。

生活虽然清贫，颜徵在却用无私的爱与最大的力量，给予孔子她所能提供的最好的教育。

鲁国是礼仪之邦，孔子身处其中，耳濡目染，深受影响。他小时候最喜欢做的游戏，就是祭祀礼仪。拿着几个祭器，摆弄一番，像模像样地做起祭祀时候的礼仪动作，很熟练。这种游戏，小孩子一般不玩儿，有的父母也不会让孩子玩儿。

孔子很幸运，他的母亲没有用自己的价值判断来否定孩子的爱好，也没有谩骂与打击。母亲专门到集市上买了些祭器，供他玩耍，供他演练。母亲不断鼓励他，即便是做游戏，也要尽心做到最好。

时间过得很快，转眼间，孔子长成大小伙子了，身高九尺六寸，个头很高，人们称他为“长人”。孔子十五岁的时候，有志于学问，很刻苦。每日里看着母亲的辛劳，他很心疼，他希望能够靠自己的力量，日后让母亲过上幸福安宁的生活。

但是，母亲没给他这个机会，孔子还不到十七岁，母亲便去世了。

孔子一生中第一次深切地感受到“心痛”的滋味。

为母亲守丧期间，他暗暗发誓，一定要做一个让母亲自豪的儿子。他在自我积淀，他在寻求机会。

为了谋生，孔子做过仓库管理员、牧场管理员，工作很普通，但是孔子干一行专一行，在普通的岗位上认认真真，做到了出纳钱粮公平准确，牛羊满圈。

这是孔子母亲教育的结果。不管在什么地方，不管干什么事情，只要你开始做了，就努力做到极致，不抱怨，不敷衍。

一场斗鸡引发的政变

孔子最喜欢的，其实还是礼仪相关的事情。

世上最怕“认真”二字，孔子在其他事情上都能做好，在自己最大的兴趣上，又怎能落后。

很快，他年少而好礼的名声就传开了。

很快，有鲁国的贵族跟着他学习礼仪了。

很快，他的学生圈逐渐大了起来。

正在一切向好的方向强劲发展的时候，鲁国发生的一场政变，让他离开了鲁国。

这场政变，源自一场斗鸡活动。

斗鸡的双方，一个叫季平子，一个叫郈（hòu）昭伯。

两个人为了要赢，都作弊了。作弊的方法略有差异，季平子是在鸡翅膀上撒芥末，郈昭伯是在鸡爪子上安刀片。很显然，斗鸡的结果，不取决于鸡，而取决于谁的作弊方法更有杀伤力。

自然，刀片要强于芥末。

自然，郈昭伯赢了季平子。

输了的季平子，非常恼怒，直接从“鸡斗”发展到了“人斗”，发兵攻打郈昭伯。郈昭伯能用这样的作弊手法，他就不是善茬。他知道自己打不过季平子，就拉了一个大靠山——鲁国国君鲁昭公，劝说鲁昭公攻打季平子。

鲁昭公又不傻，你们斗个鸡，干吗让我为你们买单？

鲁昭公不干这傻事。但是，斗鸡能手郈昭伯太明白如何激起人的斗志了，他利用鲁昭公最忌讳、最渴望的事去引诱鲁昭公，让他无法拒绝。

鲁昭公最忌讳的是什么呢？三桓力量太大。

鲁昭公最渴望的是什么呢？清除三桓，权力集中。

那么，三桓又是什么呢？

三桓，指的是鲁国卿士孟孙氏、叔孙氏和季孙氏。这三家，都是鲁桓公的后代，所以称为三桓。鲁国自鲁宣公时起，公室日益衰弱，鲁国的政权就被三桓所操纵，到鲁昭公时，已经有近百年的时间，三桓势力越发强大。

季平子，就是季孙氏的宗主。鲁昭公被郈昭伯说动，决定抓住这一时机，清除三桓。于是，鲁昭公派兵包围季平子，并很快占据了上风。

季平子一见，只好求饶，提出了割让封地、囚禁、流亡他国三种方案，鲁昭公都没有同意，他一心想置季平子于死地。

季平子见没有生机，也就不再求和，联合孟孙氏、叔孙氏，三家一起发兵，最后把鲁昭公赶出了鲁国，流亡他国。

就这样，一场普通的斗鸡，它的蝴蝶效应太强大了，酿成了一场大政变，国君被赶走。鲁昭公太急于求成，岂知百年根基，怎会一朝崩溃？

这场政变，对孔子来说，最大的影响就是“乱邦不居”——他逃到了齐国。

齐国亦非久留之地

孔子之所以选择逃亡齐国，一是距离近；二是鲁昭公最先逃亡的也是齐国；三是齐国是个大国，是当时最佳的避祸、发展地。

更为重要的是，他曾经与齐国国君齐景公有过一面之缘。

大概在孔子三十岁的时候，齐景公曾与晏婴一起到鲁国进行国事访问。其间，齐景公曾问过孔子一个问题，是有关秦国称霸原因的。

对于这个问题，孔子回答了三点：

第一，秦国虽小，但志向很大。

第二，秦国虽然偏僻，但施政却很恰当。

第三，秦国重用人才。秦穆公用五张黑公羊皮赎出百里奚（xī），一赎出来，就与他接连交谈了三天，随后就让他当了执政大夫。

孔子认为，秦穆公用这样的精神来治理国家，就是统治整个天下也是可以的，更何况是当个霸主呢？

齐景公听了孔子的话，很高兴，连连称赞。

到了齐国，孔子很快应聘了一个新职位——高昭子的家臣，也就是专门为老板高昭子服务。

当然，这只是他的一个跳板，他真正想服务的对象是齐景公。

很快，孔子拜见了齐景公，齐景公又向孔子询问起为政之道。

孔子回了一句非常经典的话："君君臣臣，父父子子。"也就是说，国君要有国君的样子，臣子要有臣子的样子，父亲要有父亲的样子，儿子要有儿子的样子。各行其道，各司其职，社会就会大治。

齐景公听了之后，拍手称赞，真的是太对了，假若不能做到"君君臣臣，父父子子"，即便有再多的粮食，他又怎么能吃得着呢！

又一天，齐景公又向孔子请教为政之道。

这次孔子回应得相对具体，他认为，治理国家最重要的，是节约开支，杜绝浪费。一番交谈后，齐景公很高兴，对孔子很满意，准备封赏一块土地给孔子，准备重用孔子。但是，这个决定还没有付诸实施，就搁浅了。

原因是晏婴不同意。

晏婴作为齐景公倚重的相国，他说的话，对齐景公来说，很重要。

那么，晏婴为什么反对重用孔子呢？害怕孔子抢了他的风头？

晏婴还真没那么小气，那么腹黑。

其实，很简单，不适合。

孔子重礼，讲究仪容服饰，详定上朝下朝礼节，一言一行，都有规矩。晏婴认为，这些繁文缛节，几代人也学习不完，毕其一生也搞不清楚。这倒也不是大问题，关键是，这些东西学了之后有什么用呢？如今礼崩乐坏，诸侯征伐，你再去和人家讲礼仪，行不通啊！

这就是“道不同不相为谋”。

在“外来的和尚会念经”与出生入死的战友之间，齐景公选择了平日里给予他引导的晏婴。

再后来，齐景公对孔子的态度发生了大变化，见到他，不再问有关礼的问题。不过，齐景公还是给了孔子很高的待遇。这待遇，介于鲁国上卿季孙氏、下卿孟孙氏之间。这对孔子来说，也算一个不错的待遇了。

就这样，孔子在齐国待了下来，留下了“三月不知肉味”的典故：孔子与齐国的乐官谈论音乐，听到了舜帝时的《韶》乐，就学习了起来，沉浸其中，有三个月的时间竟尝不出肉的味道。

孔子的待遇，引起了齐国一些大臣的不满，他们认为孔子以及他带的学生太优秀了。在他们眼中，优秀成了罪，而且是很大的罪，严重威胁到了他们的利益。他们中有人想向孔子下手了。

孔子得到消息，赶紧求助于齐景公。

齐景公却说，他已经老了，不能再重用孔子，不能保护孔子了。

很显然，齐景公不愿意为了孔子一个外人得罪一大批齐国大臣。

国君都这态度了，孔子明白，齐国已容不下他了。

孔子就离开了齐国，又回到了鲁国。

夹谷之会展威风

回到鲁国的孔子，虽然一身才能，却没有人用他，他有些郁郁寡欢。

后来，季孙氏的家臣反叛季孙氏，派人请孔子去帮忙。孔子闲着的时间太久了，他就想找个依靠，推行周礼，希望在东方建立一个像周那样的王朝。但是他的徒弟子路阻止了他，他也就放弃了。

等啊等，终于鲁国新上任的国君鲁定公，给了他机会。

孔子先是做了中都长官，一年后，由于政绩突出，各地都效法他的治理办法，他又被提升为司空，接着又由司空提升为大司寇。

鲁国起用孔子，渐有起色，这让毗邻而居的齐国感受到了威胁。齐国有大臣提议与鲁国进行一次会盟，其间劫持鲁定公，威胁鲁国同意齐国的要求。

出发之前，鲁定公准备好车辆随从，没有任何戒备，就要去赴约。

孔子却认为外交无小事，外交要警惕，必须有武装准备。从前诸侯踏出自己的领土，一定有必要的官员随从。孔子建议鲁定公带着左、右司马一起前行。

这次会盟是在夹谷（今山东济南市莱芜区）举行的，史称“夹谷之会”。

孔子担任了这次会盟的傧相，负责主持仪式。

刚开始，一切都按照惯例进行。会盟修筑了盟坛，坛上备好了席位，设置了三级登坛的台阶。两国国君拱手揖让，登上盟坛，相互馈赠礼物。

这时，齐国官员快步上前，请示演奏四方的舞乐。齐景公同意后，早就准备好的齐国乐队以旌旗为先导，头戴羽冠，手执武器，喧闹着一起上了盟坛。

孔子见状，心知不妙，奔跑赶来，快步登台，还差一级台阶没上去时，他把衣袖一挥，斥责道：“两国国君为友好而盟会，为什么要用夷狄的舞乐？请命令他们下去。”

孔子大义凛然，气势逼人，不容辩驳，齐景公心中有愧，挥手让他们退了下去。

齐国人本来以为孔子“知礼而无勇”，不足为惧，用武力可以成功劫持鲁定公。但是，他们或许不知道孔子的父亲是大勇士，孔子“长人”一个，也不是孬种。更何况，他当时心中有正气，齐国无礼，他用礼就可以击败齐人。

一计不成，齐国人又来了一招，他们派出一批身材矮小的侏儒，表演歌舞杂技。

孔子一见，外交场合，来这一套，分明是对鲁国的侮辱。于是，他又急奔过去，严词厉色地说：“如此胡闹，迷惑诸侯，论罪当诛，请立即执行惩罚。”就这样，这些杂耍演员被腰斩了。

齐景公大为震惊，自觉理亏，也不好说啥做啥了。

齐景公也有些恼怒，人家鲁国，虽然国势不如齐国，但是孔子以君子之道辅佐国君，而自己的臣子只会用什么夷狄之法。

为了表达歉意，齐景公归还了从前从鲁国侵夺的几块土地。

夹谷之会，孔子扬名四方，用一己之力维护了国家尊严，用一己之谋夺回了领土。他靠的恰恰是“知礼而有勇”。

面对挑衅，要从气势上压倒对方，不退缩，不畏惧。更重要的是，打蛇打七寸，抓住对方的要害，一击即中。

堕三都

三桓，是鲁国几代国君的依靠，也是几代国君的噩梦。

鲁昭公想打击三桓，结果却被三桓打了出去，最后死在国外。

鲁定公即位后，三桓势力仍然嚣张地存在着，屹然不动。

为了强化君权，孔子深思熟虑后，向鲁定公提出了“堕（huī，通隳）三都”的建议。

所谓“堕三都”，就是要毁掉三桓各自采邑的城墙堡垒。

三桓的城墙都太高，不符合规定，很容易藏匿兵器，也很容易据此作乱。

鲁定公信任孔子，同意了这一决定。

命令下达后，叔孙氏、季孙氏很快同意了。这就有点蹊跷了，他们明知这是孔子向他们伸刀剜肉，为什么还要主动去送肉呢？这个时候，他们不得暴跳如雷地反击才对吗？

此一时彼一时，叔孙氏、季孙氏当时也遇到了麻烦，这个麻烦就是他们的家臣造反了。三桓在国都执掌政权，他们的采邑就交给家臣打理。久而久之，家臣竟然控制了采邑，架空了三桓。

叔孙氏此前刚刚平定了叛乱，主动拆毁了采邑的城墙，不想惹麻烦了。

季孙氏的采邑被他的家臣公山不狃（niǔ）占据了。季孙氏早就想铲除公山不狃，此时恰好可以用鲁国王室的刀来杀掉公山不狃，而他可以坐山观虎斗。

公山不狃好不容易得到的根据地，又怎么愿意拱手让出，他带领军队直接打到了鲁国都城，彻底反了。这一路军队，气势汹汹，鲁定公、孟孙氏、叔孙氏吓得都逃到季孙氏家躲了起来。

孔子临危不乱，指挥将士出兵，大败公山不狃，夺回了季孙氏的采邑。

此后，很顺利，季孙氏采邑的城墙被拆毁。三桓的城墙，已经拆了两座了，只要再拆除孟孙氏的城墙，“堕三都”就算成功了。遗憾的是，孟孙氏没有同意。

为什么不同意呢？

孟孙氏的家臣不同意，当然，他的家臣没造反。

孟孙氏的家臣，给孟孙氏上了一堂课。孟孙氏的采邑，是他最后的屏障。没有了采邑，就没有了孟孙氏，更没了三桓。到时，鲁定公一定会再接再厉，彻底摧垮三桓。

孟孙氏本来就不太想拆除城墙，家臣的话，更坚定了他的想法。但是，叔孙氏、季孙氏都拆除了城墙，他不拆除，得有一个极具说服力的说辞。

世上的事，只要你愿意去做，总会找到理由。

孟孙氏决定从他采邑的位置上大做文章。他的采邑处于齐鲁交界之处，是鲁国的北大门。一旦拆毁采邑的城墙，鲁国就失去了屏障。他不是不愿意拆除，确实是不能拆啊！

这个理由，找得够水平，用鲁国的国家安全做了挡箭牌。

这话说得让人不好辩驳，不能辩驳，谁也不敢拿国家安全开玩笑。

叔孙氏、季孙氏的叛臣清理得差不多了，他们又开始与孟孙氏抱团了，坚决支持孟孙氏的决定。

鲁定公为了推行计划，派兵去攻打孟孙氏的采邑，但是因为三桓的联合，没有攻下来。就这样，“堕三都”的计划，功亏一篑，失败了。

失败了，孔子作为计划的策划者，就成了三桓的眼中钉，矛盾就此埋下了。

被逼无奈离家园

孔子五十多岁的时候，鲁定公任命他以大司寇的身份，兼理国相的事务。这一任命对孔子来说太重要了，他终于可以大展身手，实现为政理想了。

孔子参政三个月，鲁国上下都换了新容颜：商人们不敢漫天要价了；男女行人都分开走路；东西掉在地上，没人捡走；各地的旅客来到鲁国的城邑，不用给官员送礼，都能得到满意的照顾，好像回到家中一样。

鲁国越来越好，最先害怕的，一定是齐国。

他们分析情况，感觉孔子是他们的威胁，在齐国是，在鲁国更是。一旦孔子长期执政下去，鲁国势必会称霸，一旦称霸，最先吞并的，必然是齐国。因此，逼退孔子，甚至是逼走孔子，就成为齐国执政者的重中之重。

他们用的计策，就是美人计，希望用美色、宝物砸走孔子。齐国费心挑选了八十个美丽的女子，她们能歌善舞，穿上华丽的衣服，连同身上有花纹的宝马一百二十匹，一起送给了鲁定公。

他们的计划，很成功。

美女、靡靡之音、宝马，鲁定公身边也不缺乏，但是齐人精心挑选、训练过的，毕竟不同寻常，季桓子（季孙氏当时的宗主，摄行君事）、鲁定公都沉沦了，几日不理政事。

孔子在鲁国，最大的依靠就是鲁定公，但是，经此一事，孔子明白，鲁定公无法依靠，他不是做明君的料。

孔子的学生子路看在眼中，劝说孔子，是时候可以离开了。孔子却不愿放弃，他期盼着还能有一线希望。

鲁国马上要举行祭祀，按照惯例，祭祀之后，要把祭祀的肉分给大夫。孔子就将这一惯例视为试金石，如果祭祀之后，这一惯例还能施行，那么就说明鲁国还有救，他还可以继续留下。但是，事与愿违，大夫们没有分到肉，季桓子、鲁定公都没有理政之心了。

孔子无奈，只能忍着痛，缓缓离开了鲁国，一路走，一路希望鲁定公能召他回去。

很可惜，只有一位乐师来为孔子送行。乐师规劝孔子，他并没有错，为何非要走呢！

孔子唱了一首伤心的歌，歌名可以取为“女人是老虎”，歌词大意为：女人的口，可以把亲信撵走；接近妇人，会败事亡身。

乐师回去之后，禀告了季桓子。季桓子长叹一声，明白了孔子是在怪罪他们接受了齐国的“女子乐团”。

匡地之围

孔子离开鲁国，这一年他大约五十三岁。

孔子开始了周游列国的历程，这一走就是十四年。

这十四年，是孔子寻求施政舞台的十四年，他为了寻得一方舞台，不断求索。

这十四年，是孔子颠沛流离的十四年，他多次遭遇困苦打压，仍然矢志不移。

孔子的第一站，是卫国。

卫国的国君是卫灵公，对孔子倒还客气，给予孔子与鲁国一样的俸禄。只不过，没过多久，就有人向卫灵公说起了孔子的坏话，卫灵公派人监视孔子。孔子深知此地不是久留之地，再在这里待着，估计就会惹祸，于是他收拾收拾就走了。

经过匡地（今河南长垣）时，孔子一行被匡地人围了起来，里三层外三层，被围了整整五天。

那么，匡地人为什么要把孔子围起来呢？他们和孔子有仇吗？

匡地人真以为他们和孔子有仇。

为什么这么说呢？

匡地人认错人了，他们误将孔子认成了他们的仇人阳虎。

阳虎也是鲁国人，与孔子长得有些像。阳虎原是季氏的家臣，曾经带兵残害过匡人。

这两点放在一起，匡地人就要拿孔子报仇了。

局势很危急，这可是杀父杀子的血海深仇，匡地人就想把这个“阳虎”杀了，血祭亲人。

匡地人的围攻，越来越急，情绪越来越激动，孔子的弟子们都很害怕。唯有孔子，淡定地坐在那里，淡定地弹着琴。

孔子真的不害怕吗?

孔子不是不害怕，而是他有一种自信，一种文化自信。

他说，周文王已经死去，传承周代礼乐文化的责任不就在他身上了。上天如果要毁灭这种文化，就不会让他承担起传承的责任。上天并不想消灭这种文化，他就不会死，匡地人又能把他怎么样呢?

这就是孔子自己说的:“临大难而不惧者，圣人之勇也。”

当然，孔子也不是白白地干等，他也在想办法解决困境。他派出自己的弟子，去请卫国的一位大臣，前来说明情况。

后来，匡地人终于明白了这是一场误会，就各自散去了。

危机终于解除了。

子见南子

孔子后来又返回了卫国。

这一次返回，孔子沾上了平生唯一的绯闻。

这与卫灵公的夫人南子有关。

当时卫灵公年事已高，而且极为宠幸南子，因此，卫国的政权，实际上掌握在南子手中。南子早就听说过孔子的大名，便想见上一面。南子派人去请孔子，说是各国的君子，只要是到卫国来的，只要是愿意与卫国交好的，都会拜见南子。

在人家的地盘上，而且这理由又光明正大，孔子不好拒绝。但是，孔子还是不愿意去。

因为南子的名声不太好，很妖媚，很大胆。

不愿意归不愿意，却没有好的托辞。辞谢不得，孔子只好去见了南子。

二人见面，隔着一道帷帘，实际上并未看清对方。孔子进门后，面朝北边，叩头行礼。南子在帷帘后面，拜了两拜。拜的过程中，她身上的玉佩、首饰发出了撞击的清响声。

孔子出来后，他的弟子子路很不高兴，脸上写着大大的不满。子路认为孔子不应该去见这么一个女人，有伤斯文。

孔子说，他本不想见，但是不得已见了，该有的礼节还得有。

子路还是不高兴，似乎孔子犯了莫大的过错一般。

孔子对子路这个徒弟，也没有什么办法，只能对着天发誓："我若做了什么不对的事，老天会灭了我，老天会灭了我！"

能让孔子如此被动，如此发毒誓的，估计也就是子路吧。

又过了一个月，卫灵公与南子同坐一辆车子，宦官陪侍车右，安排孔子坐在第二辆车上，跟从着他们，大摇大摆地从大路上走过。

卫灵公这是在作秀，孔子就是他作秀的工具。

卫灵公要向百姓传达的信息是，像孔子这样的圣贤君子，都为他所用了，他该是多么有德啊！

这种作秀，这种自我炫耀，让孔子很是不齿，让孔子感觉厌恶，他留下了一句经典的话讽刺卫灵公，“吾未见好德如好色者也”，也就是说，他从来没有见过这么愿意标榜自己有德的人。

好色，是人的欲望追求；好德，是人的修养追求。

好色，是人的本性；好德，却是人的自我提升。

卫灵公的“好德”，如此强烈，不符合人的本性，已经被极度扭曲了。

第二天，孔子就离开了卫国。

桓魋拔树

孔子到了曹国，后来又到了宋国。

宋国是孔子先祖生活、奋斗的地方，孔子也想在此生活、奋斗。

宋国国君听闻孔子要来宋国，很高兴，他们本是同族，他想重用孔子，借助孔子与其弟子的力量，壮大宋国。

宋国的司马桓魋（huán tuí，又称向魋，掌握宋国兵权）却坚决不同意。

不同意的原因，有说得出口的，有隐藏在心中的。

说得出口的，那就是孔子才能大，野心很大，一旦来到宋国为官，那就是引狼入室，自找麻烦，整个宋国都会成为孔子的。

隐藏在心中的，那就是孔子能力强，来到宋国，说不定会取而代之，威胁到他的权势。擅权专政的他，自然不想与孔子分享权力。

于公于私，司马桓魋都不会让孔子在宋国发展。

桓魋的心思，实际上是个代表，代表了列国重臣的心思，这也是孔子周游列国得不到重用的一个重要原因。

司马桓魋未经宋景公同意，就私下带领人马去杀孔子了。

当时，孔子正带着一帮徒弟，在一棵茂盛的古树下演习各种礼仪。司马桓魋一看，很不高兴，这帮人还真是能嘚瑟啊，立马派人将大树砍了，这实际上是警告孔子，让他赶紧滚蛋。

孔子只好带着徒弟们离开了。途中，有弟子催促孔子快点走，生怕司马桓魋再变了卦，赶上来，杀掉孔子。

孔子却说：“上天既然把传道的使命赋予我，桓魋又能把我怎么样！”

还是一如既往地自信、从容。

丧家之狗

孔子一行，又到了郑国。

在郑国，他与弟子们走散了，孔子一个人站在外城的东门外，等待着弟子们。弟子们很着急，沿途打听，生怕孔子出什么事情。

子贡在路上遇到一个人，这个人告诉他一个线索，说他在城东门外面，见到了一个人，比较特别，或许是子贡要找的人。但是，这个人似乎又不像子贡要找的人。

为什么会这样说呢?

说他像，是因为这个人，他的额头像唐尧，脖子像皋陶（gāo yáo，舜的大臣，执掌刑法），肩膀像郑国的子产，很有圣贤相。

说他不像，是因为这个人，从腰部以下，比大禹短三寸，一副垂头丧气、狼狈不堪、没精打采的样子，看上去就像一只丧家狗。

子贡按照这个线索，顺利在东门找到了孔子。

孔子问子贡是怎么找到他的，子贡就把那个人形容孔子的话告诉了他。

孔子一听哈哈大笑，高兴地说：“这个人形容我的相貌，不一定对，但他说我像只丧家狗，对极了，对极了！”

一般人被骂成狗，都会生气，甚至能像狗一样跳起来咬人，孔子不但不骂不咬，还笑着肯定人家，这就是孔子的气度。更重要的是，孔子认为人家说的是实情，你本就活成了这副狼狈样，又何必在意别人对你狼狈样的陈述呢。

想他孔子，一身才能，一腔热血，但才能得不到施展，理想得不到实现，他只能奔波在路上，没有方向，没有家园。故国回不去，他国不接纳，他不是丧家狗，又是什么呢？

蒲地之难

孔子到了陈国，居住了三年。

这三年，恰逢晋楚争霸，两国轮番攻打陈国，后来吴国也来攻打陈国，陈国成了一个战火纷飞的国家。

孔子年纪也大了，再加上他一贯主张“乱邦不入，危邦不居”，就动了回家的念头。

回家的路，很坎坷，不好走。

经过卫国的蒲地（今河南长垣）时，名声在外的孔子又遇到了麻烦，被扣留了。

扣留他的人，是据蒲地反叛卫国的人。

扣留孔子的原因，一是想阻止他到卫国去，二是想让孔子为他们服务。

匡地之困、桓魋拔树、蒲地之难，是孔子周游列国的三难。

蒲地之难的解除，与孔子的弟子公良孺（rú）有很大关系。

公良孺，身材高大，很魁伟，有才德，有勇力。他敬佩孔子。当初他带了五辆车子，主动跟随孔子周游列国。

一路上，他们总是遇到麻烦，总是被人欺负。这一次，他不愿意再让孔子受委屈了。他找到孔子，对孔子说，他们一再遭难，这可能是命中注定，他愿意去打一场，即便搏斗而死，也心甘情愿。

孔子同意了。

公良孺带着一股泄愤的气势，与蒲地人打了起来，打得很激烈。公良孺的这股气势，吓到了蒲地人，他们害怕了，就决定赶紧放他们走。但是，他们不愿意孔子回过头来打他们，就要挟孔子，说可以放他们走，前提条件是，孔子要与他们签订盟约，答应不到卫国去。

孔子同意了，签了盟约，蒲地人果然放了孔子一行。

一离开蒲地，孔子转身就到了卫国。

孔子的这一做法，连他的学生都看不懂了。平日里，孔子总是教育他们要诚实，要守信，难不成老师就可以出尔反尔？难不成老师就可以言而无信？难不成老师就是当面一套背后一套？

子贡向孔子提出了疑问，孔子很坦然，当时他是被要挟签订的盟约，这种盟约，神灵是不会认同的，他不算失信。

卫灵公听说孔子来了，很高兴，亲自到郊外迎接他。

卫灵公听说了孔子在蒲地的遭遇，有想替孔子出气的念头，就是不知道蒲地可不可以讨伐。孔子回答，可以。但是卫灵公的大夫却不认同孔子的说法，他们认为蒲地是卫国防御晋、楚两国的屏障，不能自己人打自己人。

孔子回应道，蒲地百姓大多有效忠卫国的决心，要讨伐的也只是四五个叛乱头头而已。

卫灵公虽然认同，但还是听从了卫国大夫的建议，没有出兵讨伐。

卫国终究不是长留地

卫灵公礼遇孔子，但是他本身年纪越来越大，懒得再处理政事，也就没有起用孔子。

孔子又一次失望了，他不禁悲叹起来：为什么就是没有人用他呢？如果有人给他机会，给他平台，一年时间，他就能搞得差不多了，三年就会大见成效。

怀才不遇的悲哀，孔子尝了一遍又一遍。

后来，晋国赵简子的家臣叛乱，想请孔子理政。家臣叛乱，是不遵守“君君臣臣”之道，是孔子痛恨的对象，是他抨击的坏人。但是，多年奔波，没有舞台。得到这么一个邀请，孔子有些动心了。

子路出面，坚决反对，孔子也有些着急地辩解：坚硬的东西是磨不薄的，洁白的东西是染不黑的，他即便到了那里，也不会变质，他只是不愿意做一个中看不能吃的匏（páo）瓜，只是系在那里，却不给人吃。

其实，子路又怎么会不了解老师的焦虑。孔子又怎么会不了解弟子的好意。

终究，孔子还是遵从了他的君臣之道，没有前往。

孔子打算往西，去往晋国。到了黄河边，却听到了几位晋国大夫被杀的消息，孔子嗅出了危险的味道，又折了回来。

回到卫国，卫灵公还常与孔子见面，或许是为了赚个礼遇贤人的美名吧。

有一天，卫灵公向孔子问起列阵作战之事。孔子这时对卫灵公已经不抱多大希望了，就回答说：“祭祀的事情，我倒曾经听说过。排兵布阵的事，我还不曾学过。”

第二天，卫灵公又找孔子谈话。正当孔子发表高见的时候，空中飞来一只大雁，卫灵公一下子就被吸引了，径自抬头仰望大雁，根本不去听孔子的话。这件事极大地刺激了孔子。如此不尊敬他，他又何必在卫国浪费时间呢。

兜兜转转，去了卫国好几次，这次，孔子终于放弃了幻想，离开了卫国。

回返家园

孔子离开卫国的这一年，鲁国的季桓子死了。

季桓子临死之前，最惦记的竟然是孔子。

当初鲁国重用孔子，几乎要兴盛起来了，因为他的原因，孔子离开了鲁国，鲁国就没有再兴盛。

季桓子认识到这一点，所以他最大的心愿，就是能召回孔子，让鲁国兴盛起来。季桓子死后，他的儿子季康子继承了他的职位，辅佐国君。季康子铭记父亲的嘱托，想召回孔子。

这时，有大夫劝阻了他。

当初鲁定公重用过孔子，没能做到有始有终，被诸侯好一顿耻笑。现在季康子召回孔子，若不能做到善始善终，必定会再次招致诸侯的耻笑。

季康子刚刚做辅政，他不能确保自己是否会善始善终，不能保证自己不被诸侯耻笑，被人这么一提醒，他不敢贸然行事了。

大夫建议季康子召回孔子的徒弟冉求。冉求长于政事，尤其擅长理财，是个人才。季康子同意了，派人召回了冉求。

冉求临走之前，子贡送他，嘱咐他回到鲁国，得到重用，一定想办法把老师请回去，他们都知道老师想家了。

冉求不负所望，依靠自己的才能，得到了季康子的重用。

有一次，冉求为季康子统率军队，与齐国作战，大败齐军。季康子很高兴，对冉求称赞不已，问冉求的才能是从哪里学来的，是不是天生的。冉求认为这是个极好的机会，就说他是跟着孔子学的。

季康子又接着问，孔子这个人到底怎么样呢？

冉求自然不会放过这个机会，将他的老师好好地夸了一顿，说得季康子很动心，就想请孔子回去。冉求回答说，可以请孔子，但是希望季康子不要听信小人之言，阻碍孔子做事。

冉求一番话，一番努力，终于让季康子坚定了迎回孔子的决心，亲自派人到卫国迎回孔子。

孔子在外漂泊十四年，终于回到了鲁国，这年他已经六十七岁了。

回到鲁国，鲁国君臣已经大换水。孔子曾经共事的鲁定公、季桓子都去世了，当时的国君是鲁哀公，当时的辅政大臣是季康子。

鲁哀公、季康子，对孔子这位美名在外的老者也表现了一定的尊重，多次向孔子问政。

孔子告诉鲁哀公，要想当好国君，最重要的是选择大臣。

孔子告诉季康子，要想辅好政，最重要的是用正直的人，不要用邪曲的人。

其实，道理都是一样的，国家要想好，必须用有德的人。有德的人，会帮助国家走入正道，不会走偏。

孔子的主张，在鲁哀公与季康子看来，很好，但不太实用。他们其实更需要一套能直接上手提升国力的方案，必须在短时间内看到成效，太急功近利了。

孔子的主张，不符合招聘者的心愿，所以即便回到鲁国，也没有受到重用。

对于这点，四处碰壁的孔子，其实早有预期。他教的学生很多，各方面技能都有，也有学生在政治、外交舞台上大显身手。孔子完全可以按照鲁哀公、季康子的要求，提供一套治国方案，但是，如果那样做，他就不是那个一直在坚持的孔子了，如果可以那样做，他早就在他国成功了，又何必兜兜转转这么久呢?

看清了现实，不去纠结，就不会那么痛苦了。

从此，孔子也不再要求出去做官了。

从此，孔子就安心居家读书、教书、整理文献了。

就这样，《诗》《书》《礼》《易》《乐》《春秋》删定、编修完成，这就是“六艺”“六经”。

他把在现实生活中不能实现的政治理想，通过文字传递了出来。

从此，他有了新的人生追求。

白发人送黑发人

晚年的孔子，依然是努力的，依然是勤奋的。

“韦编三绝”，就是一个例子。

孔子晚年，特别喜欢《周易》，反复阅读，仔细揣摩，以致编连竹简的牛皮绳，都磨断了很多次。

在读书中，孔子愈发平静了。

但是，生活的三次变故，接连打破他的平静。

第一次，他的儿子孔鲤去世。

孔鲤，字伯鱼，是孔子的独子，是孔子血脉的传承，去世时正好五十岁。孔子年老，痛失爱子，肝肠寸断。

第二次，他的弟子颜渊去世。

颜渊是孔子最看重的学生，他多次称颂颜渊，最著名的就是《论语·雍也》记载的，“贤哉回也！一箪（dān）食，一瓢饮，在陋巷，人不堪其忧，回也不改其乐。贤哉回也”，安贫乐道，为人称道。

一直以来，孔子将颜渊视为自己学问的接班人，道德的传承者。痛失爱徒，孔子哭了，而且哭得哀伤欲绝，催人泪下。一方面他是哭颜渊，年纪轻轻，就这么走了，天妒英才啊；另一方面他又是在哭自己，失去了衣钵传人，道将不存啊。

孔子平日里讲究“乐而不淫，哀而不伤”，凡事要注意“适度”，这一次，他却哭得过度哀伤了。他一边哭一边说：“老天要灭了我啊，老天要灭了我啊！”

有弟子不忍心看到孔子这样，就劝说孔子别太伤心了。孔子却说：“我不为这样的人悲痛还为谁悲痛呢？”说完，继续悲痛地哭了起来。

第三次，他的弟子子路去世。

孔子弟子三千，贤者七十二人，只有一个人曾经陵暴孔子，对孔子很不客气；只有一个人是孔子诱导才入了师门，架子很大；只有一个人敢屡屡当面批评孔子，也不管孔子脸上挂得住挂不住；也只有一个人忠心给孔子当保镖，让孔子能“恶言不入于耳”。

这个特别的弟子，就是子路。

子路生性粗俗，勇猛而有气力，为人刚直，拜师孔子之前，喜欢在帽子上插上雄鸡羽毛，以猪腿骨为饰品。拜师孔子之后，得孔子教育，颇具君子之风，是孔子教育成功的典型例证。

子路是怎么死的呢？

死于卫国的一场政治争斗。

他本来可以不死，他本来可以逃走，但他受的教育不允许他这样。

当时子路是卫国大夫孔悝（kuī）的邑宰，在其位谋其政，最后他因英勇救主而死。在激战当中，子路的帽带断了，子路见已无回天之力，慨然抛出心中所愿："君子死，而冠不免。"说完，系好帽缨，从容赴死。

子路死后，被剁成了肉酱，很是悲惨。

子路死亡的消息传来，孔子脸色发白，在大庭广众之下，痛哭流涕，不能自已。后来又听说子路被剁成了肉酱，他的心都要疼死了。从此以后，孔子再也没吃过肉酱。

三次打击，次次痛彻心扉，孔子终于病倒了。

在国外的子贡听说孔子病了，急匆匆赶来探望孔子。孔子当时拄着拐杖站在门口，看到子贡，凄凉地说："赐啊，你为什么来得这样迟啊？"赐，是子贡的名。

深深叹了一口气，孔子缓缓唱道："泰山要倒了！梁柱要断了，哲人要死了！"唱着唱着，大颗大颗的泪珠落下。

过了七天，孔子就死了，享年七十三岁。

孔子死后，被葬在了鲁城北面的泗水岸边，弟子们为他服丧三年。

三年丧毕，子贡在孔子墓旁搭了一间小房子，又为孔子守丧三年，表达对恩师的哀思。

高山仰止

孔子一生，有风光的时刻，更有落魄的时刻，而且落魄的时刻更多一些。

或许他没有想到，生前落魄的他，死后却赢得了无限荣光，成了许多文人的精神领袖，被称为“圣人”“大成至圣文宣先师”“大成至圣先师”等。

那么，这一转变是如何形成的呢？

最先源自子贡等人的努力。

子贡身上有两大才能：一是能言善辩；二是很有经商天赋，通俗地说，就是他又有钱又有口才。这两个才能了不得，子贡就是靠着它们，扬名于世，也让孔子扬名万世。

他曾凭借一己之力，动动嘴皮子，存鲁，乱齐，破吴，强晋，霸越，改变了五国局势。

他曾凭借一己之力，在诸侯群里颂美孔子，传播孔子的事迹，宣扬孔子的精神。

就这样，本就有美名的孔子，为人所熟知了。

当然，单纯靠子贡的力量，还是远远不够的。

汉武帝“罢黜百家，独尊儒术”之后，孔子的地位才真正提升了，他变成了无所不能的圣人。什么时候需要他了，朝廷就把他搬出来，为朝廷代言。

子贡称颂孔子，有个人感情成分在里面。汉代抬高孔子，有政治因素在里面。但是，世人对孔子的尊崇，单靠这两点，也远远不够。

那么，具体是什么原因呢?

司马迁对此问题的回应，主要有两点:

一是孔子的思想博大精深，有很多的修身、为政之道，很多人把他的思想作为评判的衡量标准。

二是孔子的精神力量很强大。

有一天夜里，子路夜宿在石门（鲁国都城外门）。第二天一早，看门的人看到他，就问:“你从哪里来?”子路回答说:“从孔子那里来。”看门的人一听，说:“就是那个明知做不到却还要去做的人吗?”这就是“知其不可而为之”的来历。

知其不可而为之，是对孔子精神的精妙概括。

世上的事，能成什么样子，与做事的人有很大的关系。

不知不可为而为之，这是愚蠢人。

知其可为而不为，这是懒惰人。

知其不可为而不为，这是明白人。

知其不可为而为之，这就是斗士。

孔子一生为恢复周礼而努力，为推行“仁”道而努力，即使不断碰壁，他也在孜孜不倦地坚持。即使知道终其一生也不可能实现自己的理想了，他仍然一如既往、一丝不苟地努力，这是为理想、为信念而活。

司马迁对孔子推崇备至，把他写进“世家”。司马迁称颂孔子说：

《诗》有之：“高山仰止，景行行止。”虽不能至，然心乡往之。

确实，一人又一人，一代又一代，心向往之。

（本篇主要依据《史记·孔子世家》《史记·仲尼弟子列传》《史记·宋微子世家》《史记·卫康叔世家》）

原典

太史公曰：《诗》有之："高山仰止[①]，景行[②]行止。"虽不能至，然心乡往之[③]。余读孔氏书，想见其为人。适[④]鲁，观仲尼[⑤]庙堂车服礼器，诸生以时[⑥]习礼其家，余祗回[⑦]留之不能去云。天下君王至于贤人众矣，当时则荣，没则已焉。孔子布衣[⑧]，传十余世，学者宗[⑨]之。自天子王侯，中国言六艺[⑩]者折中[⑪]于夫子，可谓至圣矣！

《史记·孔子世家第十七》节选

注释

①**止：**语气词，用在句末。

②**景行：**大路，比喻行为正大光明。

③**心乡往之：**指对某人或某些事物极为崇敬仰慕。乡，同"向"，景仰。

④**适：**到……去。

⑤**仲尼：**孔子的字。

⑥**以时：**按时令。

⑦**祗回：**心怀敬意而流连徘徊。祗，音 zhī，恭敬。

⑧**布衣：**平民的服装，代称平民。

⑨宗：崇奉。

⑩六艺：“六经”，指《易》《书》《诗》《礼》《乐》《春秋》六部儒家经典。

⑪折中：调和二者，取其中正，无所偏颇。

译文

太史公说：《诗经》里说过：“如高山一般让人仰望啊，如大路一般无尽。”我虽达不到那样的境界，却在心中向往着那个伟大的目标。我读孔子的书时，便能想象到他的为人。我曾经到过鲁国，参观过孔庙里陈列的孔子生前的车子、衣帽、礼器等，那里的儒生们按时令到孔子的故居去演习礼仪。我不禁心生敬意，流连徘徊，久久舍不得离去。自古以来有众多的君主和贤人，他们大多活着的时候非常显赫，死后也就被人遗忘了。而孔子，一介平民百姓，思想流传十几代，求学的人至今尊崇他。从天子王侯到平民百姓，所有中国探讨“六经”的人都把孔子的观点作为标准，孔子真称得上是至高无上的圣人！

晏婴相齐

他，五短身材，遭人歧视，被逼钻狗洞。

他，头脑灵活，能言善辩，逼对方入坑。

他，辅佐三代君王，直言敢谏，保齐国国运。

他，辅政五十余年，风霜雪雨，得一身平安。

他，是“二桃杀三士”的策划人。

他，是“比肩接踵”“挥汗如雨”“南橘北枳”的发明人。

他，就是春秋时代齐国的辅政大臣晏婴。

齐灵公怯弱又任性

晏婴，名婴，字仲，谥号“平”，历史上被尊称为“晏子”。

晏婴是齐国上大夫晏弱的儿子。晏弱去世后，晏婴接了父亲的班。

晏婴上任时，齐国的国君是齐灵公。“灵”不是什么美谥，有荒唐胡闹、胡作非为的贬义在内。从这个谥号来看，齐灵公就不是个好国君。

有一次，晋国派出军队讨伐齐国，齐国战败。虽说胜败乃兵家常事，但战败之后，军民的心理肯定波动很大，这时，国之君主应该站出来，立起来，这样百姓才会有定心丸。

你猜，齐灵公是怎么做的?

他跑回国都临淄（今山东淄博市临淄区）躲了起来，生怕一不小心丢了性命。

晏婴感觉不妥，立马劝谏齐灵公：战败一次，还可以组织力量再次反击，而且晋国是远道而来，齐国靠着国内坚实的后盾，背水一战，鹿死谁手，还不一定呢。晏婴认为，齐国的胜算要大一些。

齐灵公根本没拿这个刚刚接班的晏婴当棵葱，况且，即便你是棵葱，你也没有我的命重要，坚决躲起来，不作为。

齐灵公的乌龟功，让晏婴很无语，也很鄙视，他直接说:“我们的国君太没有勇气了！”

国君都这样了，这个国家还有救吗？结果可想而知。最后，晋国军队合力包围了临淄，临淄的守军坚守内城，不敢出战，晋军放火烧光了外城才潇洒离去。

这样一个对外没有骨气的国君，在国内却是耀武扬威，随心所欲。

早年间，齐灵公娶了鲁国公主为夫人，生下了公子光，立为太子。后来，齐灵公又娶了仲姬、戎姬。戎姬很得齐灵公宠爱。仲姬生了儿子牙，她将公子牙托付给戎姬抚养。后来，戎姬为了自己的未来，请求立公子牙为太子，齐灵公想都没想就答应了。

戎姬虽然为公子牙谋得了太子之位，但是公子牙的生母仲姬却极力反对这个决定。她劝说齐灵公:“公子光已立为太子，已经名列诸侯，如今无故废黜他，您事后一定会后悔的。”

仲姬虽为一介女流，看得却比齐灵公长远：太子光被立为太子已有十多年，这十多年间，他有贤人辅佐，曾去晋国做过人质，还曾参与诸侯会盟，势力、功劳、影响都已经有了，不是一下子说废就废的。仲姬作为一个母亲，她不愿意自己的儿子卷入权力的争夺中，她害怕自己的儿子因此而丢掉性命。

但是，齐灵公却很自信，他才是一国君主，一言九鼎，说啥就是啥，废立太子的决定权，本就在他手中。就这样，独断专行的齐灵公将太子光废黜，迁往齐国东部边境去了。

事情没过多久，齐灵公就得了重病，病倒了。朝中大臣崔杼（zhù）趁此机会，迎回了原来的太子光，立他为国君，这就是齐庄公。

齐庄公即位为君，杀死了戎姬，又杀死了新立的太子牙。

齐灵公病中得知消息，急火攻心，离开了人世。

齐庄公言而无信

齐庄公即位了，努力要证明给死去的爹爹看，他是很优秀的。但实际上，他也没优秀到哪里去。

齐庄公即位第二年时，晋国发生了一场叛乱，称作“栾盈之乱”。

栾盈是个苦命宝宝，他的所谓叛乱，最初不过是别人编造的口实，后来却是被逼上梁山。令人难以置信的是，这个别人，恰恰是他的母亲。

栾盈父亲去世之后，他的母亲与家臣私通。世上没有不透风的墙，栾盈终于还是知道了母亲的丑事，他深感耻辱，非常愤怒，但又没有办法。毕竟那是自己的母亲，他又不能去质问母亲，只能斥责守门人，让他看好门，不要让外人进入。

栾盈的这个态度，是对母亲颜面的维护。如果母亲不再有此等事情，他断然不会再去质问。偏偏他的母亲，爱别人胜过了爱儿子，她害怕栾盈迁怒于她的“爱人”，就决定对儿子下手。

栾盈的母亲，回到娘家，找到了自己的父亲——晋国执政范匄（gài），希望他检举栾盈要造反。范氏家族虽然与栾氏家族联姻，但他们的关系并不好，后来还有了仇。范匄为了夺取栾氏的权力与财富，就散布谣言中伤栾盈。

晋国国君对谣言信以为真，准备要擒拿栾盈，治罪于他。

栾盈不愿束手就擒，只能逃亡国外。

被自己的亲娘、姥爷、舅舅陷害，栾盈算是头一个，也真是可怜。

栾盈逃出了晋国，按说陷害也就应该停止了，但是他姥爷害怕他卷土重来，多次在诸侯会盟中要求各国不要接纳栾盈。这是有多大的仇恨啊，非得要逼死栾盈啊！

当时齐国也参加了会盟，也签署了盟约。但是当栾盈逃奔到齐国时，齐庄公却以隆重的礼节招待了栾盈。晏婴一见，劝说齐庄公还是要遵守约定，他说：“小国事奉大国，靠的是信用，失去信用，就不能立身立国。希望君王您考虑一下。”

齐庄公高规格接纳栾盈，是有私心的，他希望借助栾盈的力量打击晋国，如果有可能，再进一步做大，追随齐桓公的足迹，称霸诸侯。

人有了野心，就很难控制。那欲望的野草会疯狂地生长，又怎么会停歇呢？齐庄公自然不会听从晏婴的劝谏。晏婴预言：齐国即将进攻晋国，祸乱即将发生，齐庄公自暴自弃，不可能长久在位。

果不其然，齐庄公与栾盈的联合行动开始了。齐庄公将栾盈送到晋国，栾盈依靠栾氏家族的旧部作乱，齐庄公则发兵讨伐晋国。一内一外，共同向晋国发起进攻，待到成功之后，二人再分赃。

想法很好，但是，美好的图景在现实面前是那么不堪一击。

晋国不好惹，最后，栾盈被杀，栾氏家族被灭族，齐庄公也退了兵。

晏婴在这件事上，有着清醒的理智，齐国已然不是当初的那个霸主国，争霸也只能是天方夜谭。一国之君，没有诚信，何以立国？

晏婴的预言，应验了吗？

当然，毫无疑问。

一顶绿帽子

晏婴预言齐庄公不会长久在位，原因就是他不加节制，放纵自己。

在这一点上，倒是有其父必有其子，齐庄公和他爹很像。

齐国有一个大夫，名叫棠公，他不怎么知名，却娶了一个特别美丽的妻子，他也就跟着有名了。后来，棠公死了，崔杼很喜欢棠公的妻子，就娶了她。

崔杼，就是拥立齐庄公即位的那位大臣，对齐庄公来说，崔杼应当有恩，齐庄公应该感谢他。

但是，齐庄公感谢崔杼的方式太特别了。

他看上了崔杼的夫人，经常去崔杼家中幽会。幽会就幽会吧，齐庄公好像生怕别人不知道似的，还经常把崔杼的帽子从他家拿出来，赏给别人。这相当于把给崔杼戴绿帽子的事情公之于众。齐庄公的侍从多次劝说，不能这样，但齐庄公仍然我行我素，我是老大我怕谁！

崔杼被公然地羞辱了，自然非常恼怒。作为一个男人，他不甘心就这样被羞辱，他要寻找机会报复。齐庄公攻打晋国时，崔杼曾想与晋国联合袭击齐庄公，但没有得到机会。

一次机会不成，就再找机会，崔杼心里暗自发誓，一定要雪耻。

齐庄公如此猖狂，其实，机会也很好找。

齐庄公身边还有一个敌人——宦官贾举。齐庄公曾经严酷地鞭打过宦官贾举，贾举怀恨在心，但后来齐庄公却又任命贾举做了内侍。齐庄公太自大，太自信了，他从来没有把贾举这样的小人物放在眼中，就你，能有什么能耐吧！

齐庄公的两个仇人，一个是朝中重臣，一个是宫中内侍，他们为了共同的目标——齐庄公，联合了起来。他们拟定了一个计划：谋杀齐庄公。

谋杀的地点，就在崔杼家中。

谋杀的戏码，叫“请君入瓮”“瓮中捉鳖”。

谋杀的序曲，由崔杼吹响，他声称有病，不能上朝。这本也不算什么大事，但是齐庄公却很开心，他可以名正言顺地去和崔杼夫人幽会了。

去崔杼家，齐庄公已经是轻车熟路了。到了崔杼家，齐庄公客套地探望了崔杼一番，转身就去与崔杼夫人幽会了。不料，这一次，他是有去无回了。

崔杼夫人借机离开，齐庄公被崔杼夫人关在了屋子外面。齐庄公以为这是崔杼夫人与他嬉戏，竟然在前堂抱着柱子唱起了情歌。这时，贾举把齐庄公的侍从拦在了外面，自己进入院子，关上了大门。大门一关，崔杼的党徒手执兵器，从庭院中一拥而上。

齐庄公一见这阵势，知道崔杼这是来真的了。事情不妙，保命要紧，齐庄公急忙登上高台，连续提出了三种方案：和解、谈判、祖庙自杀。

很可惜，没有一条通过，全都被拒绝了。

崔杼的党徒说，崔杼病重，无法前来接受命令，而他们所接到的命令，就是捉拿淫乱之徒，其余的一概不知，一概不管。

眼见没有商量的余地，齐庄公选择了跳墙而逃。这么多双眼睛盯着，自然逃不掉，齐庄公被人射中大腿，坠落于墙里，于是就被杀死了。

齐庄公被杀的消息传出，很多大臣都来到了崔杼家门外，不知如何是好。

晏婴站立门外，他的手下人问他："您会为君王而死吗？"

晏婴沉痛地说："国君如果是为社稷而死，臣子就应该为他殉死；国君如果为社稷而逃亡，臣子就应该随他流亡；国君如果因为个人私事而死，为了个人私利而逃，那么，除了他的宠臣私臣，别人不必殉死、逃亡。"

待到崔杼家大门打开，晏婴等人走进庭院。

这是一个敏感的时刻，这是一个站队的时刻，大臣们都没有动。

齐庄公死了，朝中大权掌握在崔杼手中，大臣们不敢轻举妄动，因为一旦引起崔杼不满，必会招致杀身之祸。这时，晏婴站了出来，他伏在齐庄公的尸体上痛哭一番，先后起来三次，三次顿足，表示哀痛。完成之后，晏婴从容地走出院子。

这就是晏婴的态度，为人臣子，需要尽臣子的职责，国君死后，需要哀悼。但是，国君是因私事而亡，无须过多哀悼、过分哀悼。

大臣们都没有动，晏婴的行为就是一个引导，有人就劝崔杼杀死为齐庄公哀悼的晏婴。崔杼没有同意，他认为晏婴很有威望，深得人心，放过晏婴，会为他赢得人心。

事后，崔杼拥立了齐庄公同父异母的弟弟杵臼为君，这就是齐景公。

齐景公即位后，任命崔杼为右相，庆封为左相。两位国相害怕国内发生动乱，就与国人盟誓说："不听从崔杼、庆封者，杀无赦！"这是赤裸裸的威胁啊！

晏婴不愿死，也不愿意屈从专权者，他不肯参加盟誓。只见他仰天长叹道："我晏婴做不到，我只跟从忠君利国的人！"

晏婴的不合作，激怒了庆封，他想杀掉晏婴。崔杼却说："算了，他是忠臣，放过他吧。"

尽心辅佐齐景公

崔杼、庆封二人，成功地实现了齐国最高权力的转移，他们也是大权在握。但是，一山不容二虎，两个权力欲望强烈的人，是不可以共处的。

他们的矛盾终于爆发了。庆封与儿子联合攻击崔杼，崔杼自杀了。

庆封独揽政权，嚣张专横，在齐国大族的联合攻击下，逃亡他国，后来也被杀了。

齐景公即位时，年纪小，政治经验欠缺，只能小心翼翼地看着权臣们斗法、火并。

看着看着，权臣们终于斗完了。

看着看着，他也渐渐成长了。

成长起来的齐景公有着豪情壮志，成长起来的齐景公又爱好享乐，二者在齐景公身上几乎平分秋色，都很重要。

晏婴后来做了齐景公的国相，面对着“矛盾共同体”的齐景公，晏婴也采取了两种辅佐方式：一种是循循善诱，一种是疾言厉色。

循循善诱的典型例子有“晏子辞谢更宅”。

晏婴一向生活简朴，并没有因为做了国相就改变自己的生活方式。房子很普通，饭食很简单，穿着很朴素，他的妻子从不穿丝绸衣服。

后来，齐景公实在看不下去了，就想给晏婴换个好环境，换个大房子。这是多么好的福利啊，而且是国君主动给的，好多人抢都抢不来的机会，晏婴却拒绝了。

他的理由有两个：

一个是“足矣”。他的父亲在这里住过，他没有父亲有才，父亲都能住，他为何不能住呢？这个房子对他来说，已经足够了。

另外一个理由是“便利”。他的房子靠近集市，早晚都能买到想要的东西，很方便，很省钱。

齐景公听完，哈哈一笑，顺着晏婴的话说，那你肯定很了解市场物品的贵贱了？

晏婴说得也很自然，他说：“假脚贵，鞋子便宜。”

看似平淡的一句回答，却让齐景公很震动，为什么假脚贵呢？为什么鞋子便宜呢？

其实，这种局面与齐景公的严酷刑罚有关，很多人犯罪后就被砍去脚，脚没了，就不用穿鞋子了，鞋子自然就便宜了；脚没了，为了生活方便，就需要用假脚。被砍脚的人越来越多，就促生了假脚行业的繁荣，价格一路飙升。

齐景公只管制定刑罚，根本没有想到会带来这么大的伤害。在听到晏婴的回答后，心里突然凄凉起来，怜悯起百姓，后来就减轻了刑罚。

晏婴从自身的事情出发，引出了对齐景公的劝谏，循循善诱，很会教育人。

疾言厉色的典型例证有“晏子说彗星”。

有一次，天空中出现了彗星。齐景公坐在高台上，叹息道：“这么富丽堂皇的亭台，终究会落到谁的手里呢？”他说完非常感伤，群臣们也跟着表演起来，伤心落泪。

唯有晏婴，总是那么独特，他大笑起来。君主都伤心得不行了，大臣却在大笑，不仅煞风景，而且还是对君主的不敬、对同僚的讽刺。齐景公顿时恼怒起来，质问晏婴因何而笑。

晏婴停下笑声，说他笑的是他的同僚，他感觉众位大臣过于谄谀（chǎn yú）了，表演得有些过了。

齐景公听见晏婴这样一说，稍微好受一些，说出了自己的担忧：“彗星出现在东北天空，正对着齐国的位置，恐怕会有祸患产生啊。”

按照一般的劝谏法则，这时晏婴应该借此劝谏齐景公多行善事，改弦更张，但是晏婴却说：“您筑高台，凿深池，租税唯恐收得少，刑罚唯恐不严苛，最凶的茀（fú）星将会出现，您怕什么彗星呢？”

言外之意，齐景公的所作所为，很没有君主的仁爱之风，彗星都是轻的，更大的警告还在后面呢！

这一席话，让齐景公背后不禁飕飕生风，一片凉意袭来。齐景公赶紧问道：“祭祀祈祷可以让彗星离开吗？”

很不幸，晏婴的回答又让齐景公失望了，他说：“如果祝祷可以使神明降临，也可以让神明离去。但是，现在的问题是，您面对的是成千上万的百姓，他们怨愤很大，而您只有一个人，两相对比，您肯定胜不过众口怨声。”

齐景公一听，大惊失色，直言要改变。

这就是晏婴，面对君主的无道，不留一丝情面。

其实，晏婴对齐国的国势看得很明白，他明白齐国的政权终将为齐国的大族田氏取代。田氏虽然没有什么大功德，但田氏借公事施私恩，“小斗进，大斗出”，收买人心，吸粉无数。他作为辅政大臣，没有能力改变整体的历史走势，他能做的就是以己之能，提醒、鞭策齐景公，延缓历史变迁的时间。

二桃杀三士

作为一国之相，晏婴知道人才的重要，他大力选拔、重用人才，著名的司马穰苴（ráng jū）就是他力荐的军事人才。当然，人才需要为我所用，如果不能为我所用，甚至有可能酿成祸患，晏婴就不会客气了。

齐景公手下有三位猛士，这三个人勇猛，力能搏虎，齐景公很喜欢他们。但是这三个人恃宠而骄，非常蛮横，根本不把朝中官员放在眼中，连晏婴也是如此待遇。晏婴从他们面前经过，他们连屁股都不抬一下。

晏婴从中看到了危机，长此以往，这三个人势必会带来不可避免的杀戮。晏婴请示齐景公后，决定对这三个无知妄作的人下手了。

齐景公很担心，这三个人勇猛无比，害怕一下子制服不了他们。

晏婴却淡淡一笑，最高级别的搏斗，从来不是靠蛮力，他不硬拼，他要智取。晏婴的武器是两个桃子。

两个桃子?

不是开玩笑吧? 这桃子能是什么神秘武器? 难不成是钢铁铸成的?

非也非也，就是普通的桃子。

晏婴对这三个人说，齐景公宫廷后院里新种植了一棵桃树，齐景公想拿结出的桃子奖励全国最有功劳、最勇猛的猛士。但是桃子只熟了两个，齐景公很为难，就让他们三个人各自唠唠自己的功劳，看看谁的功劳大，这桃子就给谁吃。

这两个桃子看上去很诱人，应该味道很甘甜，但是三位勇士看重的还不仅仅是这桃子，再甜它不也就是个桃吗? 他们看重的是颜面。

于是，三位好兄弟也顾不上谦让，论功大赛开始了。

一个人抢先说，他曾在密林中捕杀野猪，也曾在山中搏杀猛虎，山林中的树木与风声都记得他的勇敢。说完，他抢先拿了一个桃子。

另外一个人接着说，他曾领兵作战，击败敌军，捍卫齐国的尊严。他认为他配得上吃桃子，从容地拿了另外一个桃子。

这两个人的举动把第三个人气恼了，他说："你们勇敢，难道我就不勇敢吗？你们功劳大，难道我就没有功劳吗？想当年，我护送国君横渡黄河，一只大鳖跃出咬住了国君的马车，拖入水中，别人都吓蒙了，唯独我跃入水中，与这只大鳖打斗。没有人认为我打得过它，没有人认为我会活着回来，但是我胜利了，我一手握着割下来的鳖头，一手拉着国君车驾的马，我回来了。"

第三个人的话音一落，心安理得拿到桃子的那两个人瞬间脸红了。确实，论功大赛的冠军，应该是这第三个人，他们俩与他相比，差得太远了，还那么脸大地拿了桃子，真是丢人啊，真是贪婪啊！羞愧难当的两个人归还了桃子，拿起剑自杀了。

第三个人看到这样的场景，一下子蒙了，曾经他们也是好兄弟，为了这么个桃子，他和他们争执了这么久。他们为了维护尊严死掉了，他若独活，这是无仁无义又无勇，实在是没有颜面啊！最后，他也自杀身亡了。

三人论功自杀，晏婴一直在旁边，一直在看着，一切都在他的控制之中。

两个普通的桃子，是晏婴的武器，武器的杀伤力很强。

之所以强，就在于成功激起了人心底的竞争、尊严、骄傲，精准打击。待一切轰然瓦解，人也就垮了。

这便是兵不血刃，这便是杀人于无形。

晏婴段位确实高。

个头小的伟丈夫

除了国内事务，晏婴还经常作为外交官出使他国。

自古外交场合，风云诡谲（guǐ jué），唇枪舌剑，是没有硝烟的战场。

外交官，代表着国家的形象，一言一行都要慎之又慎。

晏婴先天不足，身高不满六尺，按照现在的测量标准，还不满一米四。

有一次，他出使楚国。楚国当时的国君是楚灵王，就是那个好细腰的楚灵王。

听说使臣是“矮冬瓜”晏婴，楚灵王的玩儿心一下子起来了，眼珠滴溜溜转了几下，一个坏点子就出来了，“矮冬瓜”钻狗洞应该挺好玩吧？

晏婴一行走到城门外，发现城门紧闭，不像是接待使臣的样子。一番问询之后，才知道楚国因为晏婴个子矮，专门开了一个小小的侧门，让他们从侧门进城。

晏婴个子矮是事实，但他代表的是齐国，楚国对晏婴的侮辱，就是对齐国的侮辱。晏婴不会让别人笑话他，更不会让别国笑话齐国。看着手下人气愤的样子，晏婴反而哈哈笑开了，说道："这是个狗洞，只有出使狗国的人，才能从狗洞走。"

晏婴这一招漂亮啊，四两拨千斤，把羞辱炮弹又丢给了楚国！

如果你们愿意当狗国，你们就当，即便你们愿意当，我还不愿意与你们为伍呢！

楚灵王得到消息，很尴尬，很郁闷，真是偷鸡不成蚀把米，硬生生地被人骂成了狗，还得觍着狗脸硬咽下这口气。楚灵王下令打开城门，隆重迎接晏婴。

当然，楚灵王那样飞扬跋扈的人，又怎么肯咽下这口闷气呢？

一计不成，再生一计。

第二天，楚灵王在大殿上接见晏婴。楚灵王见到这个想戏弄却没戏弄成的"矮冬瓜"，自认身高优势很明显，一下子自信心上来了：就这么个小个子，我还治不了他，哼！

楚灵王连寒暄都懒得寒暄了，直接傲慢地丢出一句话："齐国这是没人了吗？"

晏婴明白此番问话来者不善，正颜厉色地说："齐

国怎么会没人呢？光齐国都城就有三万户人家，张开袖子，就能遮蔽天日；用手挥汗，汗水可成阵雨；大路上，人挤人肩靠肩，脚尖碰着脚后跟。这样还没人，怎么算有人呢？”

楚灵王就等晏婴反驳呢，他一副难以置信的样子，又丢出一句话：“有人，又怎么会让你这样的人出使呢？”

晏婴从容一笑，说道：“我们国家有规定，出使者与出使国是相配的。体面贤能的人，出使有贤德君主的国家，像我这种最不像样的人，只能到楚国来了！”言外之意，你楚灵王很无德啊，与我晏婴很搭啊！

晏婴话音一落，楚灵王的脸瞬间黑了，瞬间败下阵来。

这又是搬起石头砸自己的脚。做人不长记性，神仙也救不了。

晏婴不回避自己的缺点，反而拿自己的缺点调侃，缺点反而成了武器，一把利刃，杀伤力很强！

楚灵王抗打击能力倒是很强，他继续与晏婴叫板，他就不相信在自己的地盘上治不了晏婴，他还在想办法。

计谋在设宴招待晏婴时慢慢上演了。

楚灵王导演了一出实景演出：觥筹交错间，两个楚国士兵押着一个犯人，从席间穿过。楚灵王故作惊讶地问：“这个人犯了什么罪？是哪里人？”士兵回答道：“这个人是齐国人，犯了盗窃罪。”楚灵王回过头，貌似真诚地询问：“齐国人本来就擅长偷盗吗？”

经历过两次为难的晏婴，在那个犯人进来的时候，就感觉到了异常，这太反常了。什么罪大恶极的犯人，必须由国君处理，而且必须是在外交场合处理呢？晏婴不说话，静静地看着他们表演。在“齐国人”这几个字出来之后，晏婴明白了。

晏婴的才华绝对不是盖的，只见他离开席位，恭敬地回答道：“我听说，橘树生长在淮河以南就是橘树，生长在淮河以北就是枳树，叶子很相像，果实的味道却很不一样。为什么会这样呢？水土条件不同啊。人也是这样，这个人在齐国不偷东西，到了楚国就偷起来了，莫非是楚国的水土让人喜欢偷东西吗？”言外之意，归根到底，还是你们楚国不好啊！

看来，抹黑齐国不是那么容易的，那得看晏婴答应不答应。

三局较量，三局败阵，楚灵王终于服气了，与晏婴斗，他纯粹是自找苦头，自讨没趣。

再看过去，那个他一直瞧不上的“矮冬瓜”，很伟岸！

晏婴与车夫

晏婴是政治场上的风云人物，有智慧，有原则。

私底下，他就是一个普通人，做人很低调，为人很谦逊。

有一次，晏婴出访时，看到一个名叫越石父的人，气度不凡，却在当奴仆，他很不忍心，就解开了乘车左边的马，把他赎了出来，用车拉回了家。

一路劳累，晏婴下车后，没有向越石父告辞，就走进了内室，过了好大一会儿，他也没有出来。外面的越石父，一见晏婴这种态度，就要和晏婴绝交。

晏婴听到消息，匆匆忙忙整理好衣帽，挽留越石父，他虽然不是圣贤，但毕竟是他将越石父从困境中拯救出来，不感谢他就罢了，怎么还要绝交呢？他不理解，希望越石父能给他个理由。

越石父说自己不是不感谢晏婴为他赎身，而恰恰是因为晏婴为他赎身，他将晏婴看作自己的知己，只有了解自己的人，才愿意为自己赎身。别人不了解他，那他不会对别人有要求；晏婴了解他，他对晏婴的要求会更高。如今，他没有感受到晏婴的尊重。

在尊重与做奴仆之间，越石父宁愿选择后一条路，没有精神上的苦恼。

按照一般人的标准，早就把越石父赶出去了，牛什么牛啊，矫情什么啊，真是不知好歹，真是忘恩负义。

但晏婴就是晏婴，心胸很不一般。他没有为自己辩解，没有说自己太累了这个实况。他连忙道歉，赶紧洒扫厅堂，安排酒宴，对越石父以礼相待，诚心诚意地改正错误，希望越石父能够谅解他。

晏婴的心胸、气度，他周围的人看得很清楚，受他影响也很大。

晏婴有个车夫，出门都是他驾车陪同。最开始，晏婴和车夫的神态很不一样：

晏婴出行，总是以为自己不如别人，总是一副谦谦君子的样子。

车夫坐在车盖下，挥动鞭儿驾驭着四匹马，意气风发，神气十足，得意扬扬。

晏婴与车夫的不同，被车夫的妻子发觉了。

有一次，车夫回家之后，他的妻子就请求离去。车夫很不解：又没打，又没骂，好吃好喝的供应着，哪里又得罪这姑奶奶了呀？

妻子说，晏子虽然身高不够六尺，但是却能担任齐国的宰相，在诸侯中间享有盛名，志向抱负非常深远，很大的一个原因是他谦逊。再对比车夫，身高八尺，却不过是给人做车夫，做车夫为奴仆尚且罢了，可恼的是车夫竟然自我满足，不求进取，很大的一个原因是车夫自高自大。

车夫一听妻子的话，回忆一下晏婴的表现，发现确实如此。从此，车夫改变了，不再自以为是，变得谦恭谨慎起来。或许是车夫的变化过于明显了，晏婴对此都感到奇怪，询问之后，晏婴就推荐车夫做了大夫。

当晏婴的车夫，很幸运，耳濡目染之下就能提升很多，难怪连司马迁都愿意为他扬鞭驾车，“虽为之执鞭，所忻慕（xīn mù，高兴而仰慕）焉”，足见晏婴的影响力之大。

司马迁的执鞭忻慕

齐国是春秋时期的大国，管仲、晏婴，是齐国的两个标杆性人物，两代贤相。

管仲，辅佐齐桓公，九合诸侯，称霸中原。孔子称赞管仲，“微管仲，吾其被发左衽矣”，如果没有管仲，我们肯定会披头散发，衣襟左开，沦陷于异族人的统治了，肯定他抵御夷狄、保民平安的功绩。

晏婴，辅佐三代君主，延缓齐国衰落的步伐。孔子称赞晏婴，“救民百姓而不夸，行补三君而不有，晏子果君子也”，匡扶君主，爱国爱民，多少君子风度！

晏婴去世后，在外的齐景公听到消息，心痛无比，备车马驾良驹往晏婴家赶。齐景公忧心如焚，感觉车马速度太慢，就下车快步紧走，后来发现还不如车马跑得快，就又坐上车子疾行。这一路上，如此景象，折腾了四次。

齐景公一路哭着来到了晏婴家，伏在晏婴的尸体上，放声大哭起来，泪水都沾湿了衣襟。有大臣劝说齐景公，认为这不符合礼仪。齐景公此时根本顾不上什么礼仪了，此前无论他做什么，身边总有晏婴提点他，纠正他，如今没有了晏婴，谁还能如此尽心呢？齐国就要完了，还顾及什么礼仪呀！齐景公又脱帽大哭，极尽哀痛，方才缓缓离去。

齐景公有违礼制的行为，恰恰是晏婴功绩的展现。

司马迁为晏婴立传，是尊重历史，尊重实际。

但是，晏婴的故事一直在传诵，汉代已经很多了，司马迁不想重复太多，只选取了越石父、车夫两则逸事。

当然，这两则逸事并不是随意写上的。

这两则逸事背后，是司马迁愿意为晏子执鞭赶车的原因。

这两则逸事背后，是晏子能够成功的原因。

晏婴是君子。进，他能竭尽忠心；退，他能想到弥补过失。进退有道，故能成其道。

（本篇主要依据《史记·管晏列传》《史记·齐世家》《史记·晋世家》《晏子春秋》《左传》）

原典

晏子为[1]齐相，出，其御[2]之妻从门间而窥[3]其夫。其夫为相御[4]，拥大盖[5]，策驷马[6]，意气扬扬，甚自得也。既而归，其妻请去[7]。夫问其故。妻曰："晏子长不满六尺，身相齐国，名显诸侯。今者妾观其出，志念[8]深矣，常有以自下[9]者。今子长八尺，乃为人仆御，然子之意自以为足，妾是以求去也。"其后夫自抑损[10]。晏子怪而问之，御以实对。晏子荐以为大夫。

《史记·管晏列传第二》节选

注释

①**为：** 担任。

②**御：** 车夫。

③**窥：** 音 kuī，偷看。

④**御：** 驾马车。

⑤**大盖：** 车上的伞盖。

⑥**驷马：** 同驾一辆车的四匹马。

⑦**去：** 离开，引申为离婚。

⑧**志念：** 志向。

⑨**自下：** 谦逊退让，甘居人下。

⑩**抑损：** 抑制，克制。

译文

晏子做齐国宰相的时候，有一次坐着车子外出，晏子车夫的妻子从门缝里看她的丈夫。她的丈夫给宰相驾车，把持着马车的篷盖，赶着四马马车，意气风发，得意非常。车夫回家后，他的妻子要求跟他离婚。他问妻子为什么。妻子说："晏子身高不够六尺，却当了齐国的宰相，名震天下。今天我看他出行，晏子志向远大，思虑深刻，常表现出谦卑的样子。你身高八尺，只是做别人的马车夫，你心里还觉得挺了不起，因此我要求和你离婚。"此后，车夫变得谦虚起来。晏子觉得很奇怪就问他，车夫把事情的原委向晏子实话实说，晏子推荐他当齐国大夫。

三家分晋

东周之世，四海翻腾，风云变幻，形势诡谲。春秋五霸、战国七雄，纷纷登台，先后书写着属于他们的命运与历史。

那么，春秋五霸的舞台是怎么被战国七雄主导的呢?

一般认为，三家分晋，是一标志性事件。

三家分晋，是春秋与战国的分水岭。

三家分晋，是指晋国政权被韩、赵、魏三家瓜分。

司马光《资治通鉴》开篇就是“三家分晋”的大事，以此视为战国的开始。

有种才有花

“合抱之木，生于毫末；九层之台，起于累土”，历史上任何的大事件都是由一点点的小事件累积而成的。

三家分晋的“根”，最早可追溯到晋献公时期。

晋献公晚年，因为骊姬，“尽逐群公子”，不再立公子、公孙为贵族，因此导致“晋无公族”。

这一事件，在当时也成为诸侯国的轰动新闻。

所谓的公族，就是由历代诸侯国国君的庶子繁衍而成的宗族。当时的诸侯国，基本上是实行分封制的。诸侯按照血缘亲疏，将公室的公子、公孙封为大夫，赐给他们封地，大夫们负责屏卫诸侯。因为同是公室子孙，大夫们与诸侯休戚与共，是诸侯最可倚重的辅助力量，但有时也会成为诸侯最强大的对手。

晋献公祖上，本来就是公族的一支，靠着武力夺权，攫取了晋国政权。这种“黑历史”，这种“夺权记”，晋献公很清楚，他的祖上为他“夺”得了江山，他却不愿意江山为人所“夺”。为了加强君权，晋献公步步为营，成功翦（jiǎn）灭了公族。

这一举措，是一把双刃剑，消灭了公族这只“虎”，却引来了另外的一群“狼”：异姓公卿。

公卿力量压倒公室，关键人物是赵盾。

赵盾本是晋文公重耳流亡时的追随者赵衰的儿子，是赵衰在狄国生的儿子。赵衰随晋文公成功回国后，赵盾被接回，成为赵氏家族的嫡嗣。

有赵氏家族打下的基础，赵盾在父亲死后，很顺利地成为晋国的卿士，做了执政大夫。后来，他在党争中胜出，扶立晋灵公，成为把持晋国军政大权的一号权臣。

赵盾权倾朝野，引起了晋灵公的不满，晋灵公多次对赵盾下手，都被赵盾躲过。就在赵盾想逃亡国外之时，他的堂弟赵穿杀死了晋灵公。晋国太史董狐在史书上记下了“赵盾弑其君”，把罪责推到了执掌国事的赵盾身上。赵盾很无奈，但也只能眼睁睁地看着自己“青史留污名”了。

随后，赵盾又扶立晋成公上位，成为新国君。为了避免晋成公成为另一个晋灵公，为了巩固赵氏家族的地位，赵盾做了一个重大的提议：恢复公族制度。

只不过，担任公族大夫的不是国君家公子公孙，而是晋国六卿的嫡长子。另外，六卿的其他嫡子被立为公族余子，庶子则成为公行（官职名，掌管君主出行时的兵车行列事宜）。公族成员，既有封地，还有俸禄，更有权力。

这一提议，很快成为现实。如此一来，晋国国君就成了光杆司令，完全依赖于六卿，被六卿架空了。

晋国公卿势力压制了君权，这是“三家分晋”得以实现的现实基础。

知氏选储风波

晋国的六卿，为赵氏、魏氏、韩氏、知（zhì）氏、范氏、中行氏。后来范氏、中行氏被其余四家联合灭族，他们的采邑也被四家瓜分。至此，晋国的权力家族重新洗牌：知氏的力量最强，赵氏次之，魏氏排第三，韩氏最弱。

三家分晋中的三家指的是韩、赵、魏三族，隶属顶级权力圈，那么，实力最强大的知氏为何没能参与瓜分晋国呢？按照常理，不应该是最强大的知氏才有最大的瓜分权力吗？

其实，早在三家分晋前，知氏已经被韩、赵、魏三家联合作战消灭了。

知氏家族当时的宗主，名叫知瑶，人称知伯。

知伯能当上宗主，也是历经坎坷，靠着父亲知宣子的青睐与自己的才能，成功上位。

当时知伯的父亲有两个继承人人选：一个是长子知宵，一个是次子知瑶。按照当时的嫡长子继承制，知宵作为继承人，名正言顺。怎奈，他的父亲不太喜欢知宵，更喜欢知瑶。

在父亲眼中，知宵有个缺点：面狠。

在父亲眼中，知瑶则有很多优点：胡须漂亮，个头魁伟，善于驾车，善于说话，性格坚毅，等等。

父亲拿知宵的一个缺点，去比抗知瑶的多个优点，结果可想而知，他的心理天平倾向于知瑶了。看着知瑶，老父亲怎么看怎么喜欢，他时不时地沾沾自喜：也只有他这么优秀的基因能生出如此优秀的儿子，要相貌有相貌，要能力有能力，老天爷真是对他太好了！

但是，知氏家族有人却不这么想，这人就是知宵、知瑶兄弟俩的同族叔叔，名字叫知国。

知国更倾向于知宵为继承人。

在知国心中，看问题要全面，看问题要抓重点。知瑶优点很多，但一条缺点很致命，那就是没有仁爱。知宵的狠，只是狠在脸上，知伯则是狠在心中。面狠不会危及国家，心狠却会危及家族，足以毁掉一切。

知国的评价，应该更客观、更理性，然而一心认定知瑶是个优秀的发光体的老父亲知宣子，还是遵从了自己的内心，立知瑶为接班人。

对此，知国很痛心，也很无奈，他似乎看到了知氏家族毁灭的那一天。

知氏的危机，就此埋下了种子。

赵氏选储大赛

无独有偶，赵氏家族也在接班人问题上有过一次角逐。

赵氏家族当时的宗主是赵简子赵鞅。

有一天，赵简子家里来了一位相士，赵简子让儿子们都出来，请相士为他们预测未来。相士看了一番，说没有能做将军的人。

赵简子一听，有些着急了，这么多儿子，没有一个做将军的人，难不成他们赵氏一族要灭亡了吗?

相士说，他来的时候，遇到了一个小孩，大概也是赵简子的儿子吧。

赵简子一听，赶紧派人召来了赵无恤。原来，赵无恤的母亲是从翟（即狄，北方部落）来的婢女，地位卑贱，所以连带着赵无恤也不被重视。这次看相，赵简子并没有叫上他。

谁知赵无恤一到，相士马上站了起来，说这才是未来的将军，尊贵得很呢。

赵简子很不解，贱婢的儿子，能尊贵到哪里去呢?

相士却说，上天赐给的，即使卑贱也定能显贵。

相士的话，让赵简子想到了自己一次神奇的经历。

他当时昏迷了七天半，他到了天帝那里，看到天帝身边站着一个小孩，天帝还把一只翟犬送给赵简子，告诉他待他儿子长大后将翟犬送给儿子。

后来，赵简子苏醒之后外出，一个人拦住他，给他传递了天帝的旨意：

第一，天帝身边的小孩就是赵简子的儿子。

第二，翟犬是代国的祖先。

第三，赵简子的儿子将来会占有代国。

第四，赵简子的后代，会有政令变革，要穿胡人的服装，在翟吞并两国。

这个人传递完旨意之后，就消失不见了。

赵简子把这些话记载下来，保存在了秘府里。如今想来，难不成这个小孩竟然是自己的儿子赵无恤？

从此以后，赵简子再让儿子们到他跟前谈话时，都会叫上赵无恤。而赵无恤每次都表现得最好，让赵简子很满意，很欣慰。

为了进一步验证自己的猜测，有一天，赵简子又召集儿子们，给了他们一个任务：到常山去寻找宝符。就是这个宝符，记载着天帝的旨意。

其他的儿子们找来找去，怎么也没有发现宝符。唯有赵无恤回来复命说，他已经找到宝符了。

赵简子很兴奋，忙问宝符上写着什么。

赵无恤说，从常山上往下，可以看到代国，代国可以夺取过来。

一听这话，赵简子不再怀疑，他确定赵无恤就是天帝赐给他的儿子，这个儿子能给赵氏家族带来新的生机。就这样，赵简子废了伯鲁，立无恤为继承人。

《史记》记载的赵简子立储的故事，离奇虚幻，带有很强的预言性质，可信度不高。《资治通鉴》中记载的“背书立储”，应当更符合实际。

赵简子当时确定了两个接班人人选，一个是长子赵伯鲁，一个是次子赵无恤。两个儿子各有优长，赵简子不知选哪个好。

赵简子反复思索，想出了一个绝妙的主意。

他把自己的训诫写在了两支竹简上，分别给了两个儿子，希望两个儿子好好记住。这相当于赵简子给儿子布置的作业，但是，作业布置了，赵简子就没有任何动静了，一连过了三年，赵简子才去检查作业的完成情况。

这次检查，两个儿子，两种表现。

赵伯鲁早就忘记了这件事，也记不起竹简上的训诫文字了，而且他连竹简去哪里了都不知道。

赵无恤则对答如流，一字不差地背出了训诫文字，而且竹简就藏在他的袖子中。

两种表现，高下立见，赵无恤自然胜出。

赵简子在细节中考察儿子的能力，细节决定成败，做大事者每一步、每一个细节都需谨慎，一着不慎，或许就满盘皆输了。

赵伯鲁一开始肯定对赵简子的“作业”也是认真地对待，但是三年时间里赵简子毫无动静，让他懈怠了，以为这只是父亲的一时兴起。懈怠、不认真、不谨慎，显然都是成功的大敌。作为赵氏家族未来的掌门人，显然，赵伯鲁不合格，自然被淘汰了。

赵无恤的胜出，验证了世间的普遍真理：看似一件小事，却能以小见大；看似偶然的事情，却掩藏着其中的必然。

狂人知伯

知伯成了知氏的当家人，赵无恤成了赵氏未来的掌门人，他们各有自己的势力范围，本是井水不犯河水，但是有一天，他们却有了恶毒的“交集”。

事情起源于知伯讨伐郑国。

当时赵简子生病了，就派了赵无恤领兵跟随知伯，包围了郑国。刚开始相安无事，谁料有一天知伯喝醉了酒，趁着酒劲，强灌赵无恤喝酒。赵无恤不从，知伯大怒，狠狠打了赵无恤。这一打，打恼了赵无恤的随从人员，知伯也太嚣张了，太目中无人了，他凭什么这么对待赵氏未来的接班人呢？他们决定反击，要杀了知伯。

赵无恤挨了打，他疼在身上，羞辱也在身上，但是，关键时刻他保持了清醒，他的理性告诉他不能这么做。他出征在外，不但不能立功，反而给父亲招来麻烦，那就太不应该了，小不忍则乱大谋，他含泪忍下了这番耻辱。但是，知伯却认为这是赵无恤的无能，认为赵无恤好欺负，回国之后，竟然到赵简子面前告黑状，劝说赵简子废了赵无恤，另立他人。

赵无恤是赵简子自己选出来的继承人，他怎么会听从一个对自己儿子下毒手之人的话呢？赵无恤还是稳稳当当地站在父亲身边。

经此两事，赵无恤与知伯的梁子算是结下了，赵无恤的怨恨都累积在心中。

知伯之所以敢如此肆无忌惮，一是因为知氏的强大，二是因为他狂妄自大的性格。一个狂妄自大的人，从来不懂得收敛，不懂得与人为善。赵无恤不是被他“修理”的第一人，也不是最后一个，他的炮火随时都会伤人。

有一次，知伯设宴，宴请魏氏宗主魏宣子、韩氏宗主韩康子。这本是笼络感情的好时机，但是在酒宴之上，知伯又不知哪里抽筋，突然戏弄开了韩康子，还侮辱了韩康子的家臣段规。

韩康子与知伯是同等级别的宗主，大庭广众之下，无端被人侮辱，他心中怎会没有怨恨？段规则是韩康子非常倚重的家臣，并非寻常之辈，很有头脑。

知伯的叔叔知国是个明白人，他知道知伯犯大错误了。于是，他赶紧提醒知伯，要早做准备，说不定哪天他就要为今天的无礼付出代价。

知伯却丝毫不在乎，漫不经心地回答道："难都是由我发动的，我不发难，谁敢发难？"一副瞧不起人家的模样。

知国还是坚持说："不对，你要不做准备，大难必然将至。"

一次宴会，得罪两人，知伯设宴的目的何在呀？与其这样，何必宴请人家！

这就是狂人知伯，目无一切，随心所欲，到处树敌，不加节制。

贪婪的罪过

知伯打了赵无恤，戏弄了韩康子，羞辱了段规，但这三人暂时都没有反击，没有公开对抗知伯。他们的忍让，也是一种纵容。忍让让人更加狂妄，纵容使人更加骄横。

知伯更加膨胀了！

膨胀的知伯以为自己真的强大到别人不敢反抗了，于是，他的"黑手"伸向了实打实的东西。

软柿子好捏，既然韩氏最弱，既然韩康子被戏弄也不敢反抗，知伯就先对韩氏下手了。

知伯派人向韩康子公开索要土地，这是赤裸裸的抢劫啊！关键是，抢劫的人还那么理直气壮。

韩康子的直接反应是不给。土地是每家卿族的安身立命之本，卿族如果失去了土地，那他啥也不是，就是平民，就是百姓。谁愿意啊？韩康子了解知伯的为人，知道他不是个好惹的主，即便他忍痛割让一点土地，知伯再来要怎么办？一而再，再而三，岂不要把家里的老底都送给知伯了？韩康子不愿就范。

家臣段规考虑一番后，却提出要给知伯土地。

段规描绘了两幅图景：

第一幅叫“韩氏灾难图”。

知伯既贪婪又凶狠。如果不满足他，他肯定会对韩氏动粗，搞不好韩氏会成为下一个被知伯所灭的卿族。

第二幅图叫“坐山观虎斗”。

如果满足了知伯，知伯得到了便宜，尝到了甜头，肯定不会就此罢休。知伯一定还会对魏、赵两家提出同样的要求。魏氏、赵氏会同意吗？如果他们不听，知伯肯定不会善罢甘休，就会对这两家卿族动手。这样，老韩家就可以免于刀兵之灾了。同时，韩康子还可以坐山观虎斗，该出手时再出手。

韩康子一听，感觉很有道理，当即痛痛快快地给了知伯一个万户之邑。

好一个万户之邑，直接把知伯给乐颠了，其实他虽然开口要了土地，但也没有想到会如此顺利，如此轻松，韩康子竟然没有任何反抗就主动缴械投降了。

吃到甜头的知伯，自然不会满足只吃一口，他的第二口又咬向了魏氏。这样，同样的戏码在魏氏家族上演了。

魏氏老大魏宣子接到知伯索要土地的要求之后，第一反应也是不给，坚决不给，给地，就是从自己身上割肉喂狼！魏宣子的家臣赵葭也非常有政治头脑，也劝说魏宣子给地：知伯向韩氏要地，韩氏给他了。如果向魏氏要地魏氏不给，那么魏氏肯定要得罪知伯。一旦得罪了知伯，知伯肯定会对老魏家动手。那样，老魏家岂不成了知伯的眼中钉了？因此，不如就给知伯土地，别让他盯着老魏家寻事。

魏宣子一听，有道理啊。于是，魏宣子也像韩康子一样，也拿出了一个万户之邑，奉送给知伯。

知伯一看，更高兴了，更加膨胀了！

碰了一个硬钉子

韩氏、魏氏的俯首帖耳让知伯开始飘飘然了，他又把目标对准了赵氏。

这次，他的动作更大，要求更加过分。此前他只是要土地，只要给就行。现在他向赵氏要地，明确告诉赵氏，他指哪儿就必须给哪儿。

这时赵家的掌门人正是知伯曾经打过的赵无恤，人称赵襄子。赵襄子本就怨恨知伯，这次知伯又如此咄咄逼人，如此强盗行径，赵襄子不愿意再忍了，他断然拒绝了知伯的要求，寸土寸地都不给。

这实在是太解气了！

这也实在是太危险了！

拒绝知伯就意味着挑起战事。

碰了一鼻子灰的知伯，勃然大怒，大骂赵襄子不知好歹，他一定要让赵襄子趴在地上哭着来求他，他发誓必定要做到。

为了保证以最快的速度打败赵襄子，知伯联合魏氏、韩氏，准备组成联盟，迅速出击。

魏氏、韩氏最开始并不愿意出兵，他们也被知伯剥削过，也曾经想拒绝知伯，与赵襄子是同病相怜，只不过他们没有赵襄子勇敢。后来，知伯许诺，若打败赵襄子，就与魏氏、韩氏共分赵氏土地，魏氏、韩氏这才动了心。看来，在利益面前，同情心、敬佩心都是那么不堪一击。

其实，知伯举兵讨伐，赵襄子在拒绝之时就预料到了。

可赵襄子是个敢作敢为的人，他不惹事，但也不怕事，事到临头，迎头反击就是了，没有什么可怕的。关键是怎么反击，不能打无准备之仗，他必须得好好琢磨琢磨。

赵襄子与家臣商量之后，决定固守晋阳（今山西太原），准备打持久战。晋阳是赵襄子的父亲赵简子信任的家臣尹铎（duó）为赵氏家族打造的一座屏障，经济富庶，更为关键的是，人心齐。赵简子在世之时就曾嘱咐赵襄子，一旦战乱起，赵氏家族有难，一定要退守晋阳。

到了晋阳，赵襄子视察了城墙、仓库，知道晋阳城墙坚固，粮仓充实，他心里稍微放心了一些。但是，要在城内防守，最重要的武器是箭，偏偏晋阳城唯一缺的就是箭。这个问题必须早做准备，尽早解决。

赵襄子的手下张孟谈出了一个主意，当年修晋阳城时，宫殿的墙都是用芦苇荆棘做成的，根根都有一丈多长，完全可以用来制造箭杆。

赵襄子一试，果然合适。这下子赵襄子乐了，转念一想，晋阳铜少，怎么制箭头呢？

张孟谈又说，听说当年造晋阳城时，房间柱子最下边的柱石都是用铜浇铸成的，可用来做箭头，这是用不完的箭头材料。赵襄子连声说好。

有城有粮有武器，赵襄子心中不慌了，接下来就是全城备战，随时准备着了。

果不其然，没过多久，知伯率领知氏、韩氏、魏氏三族军队来攻打晋阳了。没有想到，他们一连打了三个月，竟然攻不下一座晋阳城。

知伯很生气，但也没有更好的办法，只好让军队围住晋阳，想困死赵襄子。

久攻不下，知伯急得团团转，站在晋阳城外想办法。突然，他的视线停留在缓缓流过的河水上，久久不动。

晋阳城外的这条河，名叫晋水，也就是今天的汾河。晋阳城的名字，就是因为在晋水北面，山南水北为阳，故称晋阳。

知伯的脑瓜随着河水一动，主意有了！

这个主意就是：用晋河水淹晋阳城。

知伯太佩服自己了，竟然想出了这么一个好主意。

说干就干，滔滔的晋水在人工引导下，汹涌澎湃地冲向了晋阳城。晋水不断上涨，很快就漫过了城墙，城中大水弥漫。

知伯整整围了晋阳三年，晋阳城中的百姓像古人一样住在树上，锅也要吊起来才能烧饭。粮食也快吃完了，士兵们个个瘦骨嶙峋，很艰难，但是他们还是坚持着，坚决不投降。

这就是尹铎治晋阳的成效。

这就是人心齐的力量。

四方波动

赵襄子心急如焚，他必须有所作为，寻找一线生机。

赵襄子一时想不到好办法，只得求助他的智囊张孟谈。

张孟谈其实早就在思考这个问题，正面硬杠显然是不行了，得迂回着寻找突破口。他把突破口放在了韩氏、魏氏身上。

张孟谈偷偷溜出城，悄悄找到了韩康子、魏宣子两位大当家的，对他们讲了一番“唇亡齿寒”的道理：赵氏亡了，韩魏两家也不会好过，必定会步赵家的后尘，知伯一定不会放过他们。

其实，这个道理，韩康子、魏宣子早就知道，并且真切地感受过了。

此前，晋水还没漫过晋阳城，只剩三块木板的高度时，知伯与韩康子、魏宣子一起坐车视察。魏宣子驾车，韩康子担任警卫，知伯稳稳当当坐在车上，得意扬扬，期待着赵襄子向他俯首称臣的那一天，期待着赵氏灭亡的那一天。

喜出望外的知伯，不由得感慨道：“我原来真不知道大水可以灭亡一个国家，今天我才明白，汾水可以淹没

安邑，绛水可以淹没平阳。”

此话一出，韩康子、魏宣子心里同时“咯噔”了一下子，身体一阵哆嗦。

原来，安邑是魏氏卿族的都邑，平阳是韩氏卿族的都邑。

知伯能水淹晋阳城，灭了赵氏，也会灭了韩氏与魏氏。赵氏的今天，就是韩氏、魏氏的明天。想到赵氏的命运，韩康子、魏宣子不禁有了“兔死狐悲”之感。魏宣子在车上用肘捣了一下韩康子，韩康子在车上用脚踩了一下魏宣子，两人会意地使了个眼色。

得意忘形的知伯，丝毫没把韩康子、魏宣子放在眼中，所以他才口无遮拦。但是，他却在不知不觉间犯了一生中最致命的错误。

韩康子、魏宣子自然不愿意白白被灭掉，所以在张孟谈提出赵氏与韩氏、魏氏联合时，他们是愿意的。只不过因为知伯的为人，他们怕计划还没实施，就被知伯发现了，那时可就真没好果子吃了。

张孟谈说:“计划出自你们两位之口，入我一人之耳，不会有第四个人知道。”于是，韩康子、魏宣子立即和张孟谈私下达成一个秘密协议。

不过，他们的私密协议还是被一个人发觉了。

这个人，就是善于“见微知萌”的知国。

知国两次发觉，韩氏、魏氏可能会变心，两次劝说知伯。

第一次，张孟谈的气势泄露秘密。

知国在知伯军营门口见到了张孟谈，发现张孟谈气势很足，甚至有些趾高气扬、不可一世。知国认为这不应该是一个即将被灭的集团智囊的正常表现，张孟谈之所以敢这般表现，只有一个原因，赵氏找到了摆脱困境的方法。什么方法呢？知国苦思一番，只能是韩氏、魏氏被拉拢了。

这件事情非同小可，他赶紧去见知伯，告诉知伯，韩氏、魏氏两家恐怕马上会有大变。

不过，知伯根本没放在心上，因为他感觉不可能。韩氏、魏氏两家，一看重“利”，也就是共分赵氏的土地；二畏惧“害”，害怕知伯的威力。目前“利”马上就要得到了，他们怎么会犯傻到主动求“害”呢？

第二次，韩康子、魏宣子的神色泄露秘密。

知国出了知伯的营门，又遇见韩康子和魏宣子，发现二人神色不对，颇有躲闪之意，这是心虚的表现。知国再次确定了韩、魏两家的背叛，他再次入军营告诉知伯，劝说知伯赶快杀了他们两个。

怎奈知伯还是不信，他们三家兵围晋阳都三年了，胜利在即，他们怎么还会有二心？

知国见说不动这个“榆木脑袋”，只能退而求其次，劝说知伯如果不杀这两个人，那就要善待他们。

知伯问，怎么善待他们。

知国说，要再笼络两个人。这两个人就是魏宣子的家臣赵葭、韩康子的家臣段规，他们都是能说动各自卿族大当家改变主意的重臣。不妨与他们俩搞个约定，一旦攻下赵国，就给他们每人封一个万户人口的邑。如此，就能保证韩康子、魏宣子不会改变主意，一心灭赵。

此话一出，知伯烦了，坚决反对。他本来就已经承诺三家共分赵氏土地，如今再分给两个家臣每人一个万户人家的邑，那他们知氏得到的就太少了，他不愿意白白丢失这些利益。

知国自知没有回天之力，知氏马上要大祸临头，他唯一可做的，就是保住自己这一小宗。于是，知国立即到太史处，将他的这一小宗族改为辅姓，脱离知氏家族。

韩、赵、魏三家最怕的就是秘密泄露，但是知伯在知国发觉到三家的秘密后，仍然不为所动，固执己见，错过了解决问题的最佳时机。

看来，知伯的狂妄，只能用一场猛烈的暴风雨来浇灭了。

三家灭知伯

张孟谈听说知国改姓这件事后，立即入见赵襄子，果断告诉赵襄子：情势紧急，需要马上动手了。

原来，张孟谈也是见微知著的人，他的建议，来源于两点理由：

第一，他在营门遇见知国，看出知国已经怀疑他了。

第二，知国见了知伯后，立即改为辅姓，说明知国已经预料到他们的秘密协议了。

如果不当机立断，就会贻误时机，待到知伯回过神来，一切就晚了，一切就完了。

赵襄子很重视，马上派张孟谈约见韩康子、魏宣子，约定当夜动手。这一次，他们必须全力以赴，只能成功，不允许一丝闪失。他们确定的行动方案是：以其人之道还治其人之身。知伯可以水淹晋阳城，他们就来个水淹知伯营。

当天晚上，知伯守护晋水大堤的士兵被杀，晋水改道，滔滔洪水不再冲向晋阳城，而是冲向知伯的大营。大水突然到来，知伯的军营乱作一团，哀号遍野。正在这时，韩氏、魏氏两支军队从左右两翼杀将过来，赵襄子带领他的士兵打开城门，直冲到知伯的军营。三军联合，打了知伯一个措手不及。

最后，知伯军大败，知伯本人被赵襄子活捉处死。知伯之地被韩、赵、魏三家所分，整个知氏家族全部被灭。只有知国，因改辅姓，躲过了这场大难。

知伯断然没有想到，强大如他，竟然被人包了饺子；强大如他，竟然在一夜之间败亡。

知氏本是一家独大，力压其他三家，如果知伯能够保持住优势，说不定最后晋国的权力就被他一家控制了，而不是与其他三家公分权力，更不会丢了性命，灭了宗族。历史没有选择知伯，而是毁灭了知伯，这是一个令人深思的问题。

其实，这个结果，知国多次预言过。

如果知伯能够听进知国一点劝谏，结果会不会不同呢?

知伯有才，但他最大的缺点就是“不仁”，不仁足以毁灭一切，这就是司马光在《资治通鉴》中所说的“智伯之亡也，才胜德也”。

知伯的不仁，最明显的表现就是贪婪自大。

贪婪自大的结果，就是唯我独尊，不管他要什么都是应该的，不管他怎么做，别人都得接受，打赵襄子，向三家要地，都是如此。

贪婪自大的根本，是过于自信，他自信别人不会反抗他，自信别人不会有二心，因此，即便良言在侧，也是充耳不闻。

自大如此，不让他跌个大跟头，都对不起起伏的人生!

功败垂成，功亏一篑，也是咎由自取。

历史的合力

赵、韩、魏三家灭了知氏后，晋国政权实际上被赵、韩、魏三卿掌控，三家鼎立，谁也无法消灭谁。

五十年后，韩、赵、魏三家迫使当时早已名存实亡的周威烈王正式册封韩、赵、魏为独立的诸侯国。晋国正式一分为三，这就是历史上著名的“三家分晋”。此后，晋国国号被废，彻底灭亡。

三家分晋，结束了“春秋五霸”之一的晋国的历史，开启了“战国七雄”大兴兼并的历程，韩、赵、魏三国都位列“战国七雄”之中，这便是“智伯灭而三晋之势成，三晋分而七国之形立”（马骕《左传事纬》）。

分晋是历史大势，但是由谁来分裂晋君权力，却是各方力量角逐的结果。除却知伯“自作孽，不可活”，赵襄子、韩康子、魏宣子皆功不可没。

韩康子、魏宣子的作用，主要是迷惑知伯与阵前倒戈。

知伯是引火烧身，韩康子是将火引向他的第一人。韩康子、魏宣子自知力量不如知伯，所以，一开始就避免公开对抗，造成知氏强大的假象。知伯的灭亡，在某种意义上，是韩康子、魏宣子保全力量最后一击造成的。如果韩康子、魏宣子一开始就和知伯较上了劲，那么率先灭亡的肯定不是知伯。

赵襄子的作用最为关键。赵襄子的作为，恰恰是知伯的反面。

第一，赵襄子重视人心。

赵襄子得知三个卿族将要联兵攻打自己时，首先是选好长期抗战的根据地。在选择晋阳之前，他的手下曾向他推荐了两座城：一是长子，二是邯郸。长子城墙完整坚固，邯郸城仓储充足。但是，赵襄子全部拒绝。

赵襄子认为长子县的县城确实坚固，但它是在耗尽民力的基础上修建的，这种城防再坚固也不适合作为长期抗战的根据地，因为赵氏在这里失去了民心；邯郸城仓储确实充足，但这座城的仓储也是耗尽民力聚集起来的，赵氏在这里也失了民心。所以，他最终选择了晋阳。晋阳主官尹铎为政宽厚，民心向着赵氏。

赵襄子选择长期抗战的根据地，主要看民心，头脑清醒，非常理智。

第二，赵襄子从善如流。

整个晋阳保卫战，赵襄子的家臣张孟谈发挥了巨大作用。

备战之时，提出箭头、箭杆用料的是他，赵襄子坚持不住准备投降之时又是他提出面见韩、魏两大卿族首领。这场充满戏剧性的斗争，张孟谈集编剧、导演、演员三个身份于一身。计划是他向赵襄子提出来的，夜间出城，面见韩康子、魏宣子，痛陈利害，联合两大卿族，都是张孟谈策划、执行的。

赵襄子的高明在于他发现了张孟谈，重用张孟谈，相信张孟谈，支持张孟谈。张孟谈大胆提出联合韩、魏两族时，赵襄子积极支持；张孟谈与韩、魏两族定下共灭知伯的方案后，赵襄子全力执行。这样，才保证了赵襄子坚守晋阳三年，并能反败为胜，联合韩、魏两家，一举消灭知伯。

历史中存在无数交错的力量，相互制约，相互影响，形成一种强大的“合力”。它不偏袒，它很公正，历史由此被创造。

（本篇主要依据《史记·赵世家》《史记·魏世家》《战国策》《国语》）

原典

三国[①]攻晋阳，岁余，引汾水灌其城，城不浸者三版[②]。城中悬釜而炊[③]，易子而食[④]。群臣皆有外心，礼益慢，唯高共不敢失礼。襄子惧，乃夜使相张孟同私于韩、魏。韩、魏与合谋，以三月丙戌，三国反灭知氏，共分其地。于是襄子行赏，高共为上。张孟同[⑤]曰："晋阳之难，唯共无功。"襄子曰："方晋阳急，群臣皆懈[⑥]，惟共不敢失人臣礼，是以先之。"

《史记·赵世家第十三》节选

注释

①**三国：**指韩、魏和知氏。

②**三版：**指三版之高。筑城时两边砌版，中间填土，故以版代高度。版，古代筑墙所用的夹板。

③**悬釜而炊：**把锅高高吊起煮饭，因为积水太深。釜，古代的炊事用具，相当于现在的锅。

④**易子而食：**交换着把孩子吃掉。因为不忍心吃自己的孩子。易，交换。

⑤**张孟同：**张孟谈。司马迁父亲名叫司马谈，司马迁为了避讳将"谈"写成了"同"。

⑥**懈：**松懈。

译文

知伯与韩、魏三方联合围攻晋阳一年多，他们引汾水灌晋阳城，露出水面的城墙只有六尺高。城中百姓只能吊起锅来做饭，交换着杀孩子充饥。群臣各怀叛逆之心，对赵襄子的态度也越来越不尊重，只有高共一人不敢放肆，严守君臣之礼。赵襄子害怕，便派他的家相张孟同夜间出城私下与韩、魏结盟。韩、魏与张孟同合谋后，于三月初八日，三家联合起来灭掉知氏，瓜分了知伯的土地。于是襄子赏赐群臣，高共得赏最多。张孟同说："在晋阳危难的时刻，就只高共一人没做贡献。"襄子说："正当晋阳危急之际，大家都对我表现出松懈怠慢，只有高共严守君臣之礼，所以重赏他。"

名医扁鹊

中医文化博大精深，“望闻问切”是行医纲领。

病人虽然也有“讳疾忌医”之时，但是更愿意医生能够让自己“起死回生”。

这些成语，都与名医扁鹊有很大关系。

扁鹊被认为是最早进入正史的医生，他的医术高超，关于他的传说神乎其神。

他到底是真实人物，还是虚构人物呢？

神人授神术

扁鹊，本姓秦，名越人，大约是春秋战国时人。

扁鹊年轻的时候在一家旅馆当主管，接触过很多很多的人。其中，有一位名叫长桑君的客人，很不一样。扁鹊眼光独到，认定长桑君是个奇才。每次见到长桑君，扁鹊都是恭恭敬敬地对待。

长桑君来来去去十几年，与扁鹊越来越熟悉，长桑君自然知道扁鹊也不是一般人。这天，他又来到扁鹊主管的旅馆。他这次来，不是为了住店，而是专程来找扁鹊的。

长桑君要做一件重要的事情。

只见长桑君将扁鹊拉到自己身边，坐在一起，悄悄地说出了自己的决定：他要将自己秘藏的医方送给扁鹊。

原来，长桑君年纪大了，需要有人将他的医术传承下去。考察了一番，他感觉扁鹊是一位很好的传承人。

扁鹊本来就知道长桑君是奇才，如今见他又要将秘方倾囊相授，自然高兴万分，遵从指令，保证不会将秘方泄露出去。

长桑君从怀中掏出一小瓶药，这药需要用草木上的露水送服。这药的药效很猛很厉害，服用三十天后，就能知晓很多事情。至于是什么事情，长桑君并没有明说，扁鹊也没有再问，因为他相信长桑君。

随后，长桑君将自己多年珍藏的医术秘方悉数送给了扁鹊。扁鹊拿着秘方，很激动，也很感动，等他抬起眼来，长桑君已然不见踪影。

扁鹊亲身经历了这么神奇的事情，他以为长桑君不是凡人。

扁鹊按照长桑君的指示，按时服用了三十天药。三十天后，见证奇迹的时刻到了，他居然有了“透视术”，能看到墙另一边的人。扁鹊很惊讶，他又看向别人，居然能看到这些人的五脏六腑，看到五脏六腑上的毛病。

有了这么先进的透视术，又有了长桑君倾囊相授的秘方，扁鹊开始行医。他表面上还是像一般的医生那样，坐在那里，稳稳地为病人把脉，然后再用长桑君的秘方为病人开药治病。医治的效果，自然是“药到病除”，病人纷纷感谢，纷纷宣扬扁鹊的高超医术。就这样，扁鹊的名声渐渐传开了。

扁鹊有时候在齐国行医，有时候在赵国行医。在赵国行医时，赵国人就用传说中的良医“扁鹊”来称呼他，秦越人的本名倒很少有人叫了。

用“扁鹊”这个名字来称呼行医之人，倒很贴切。行医四方，四处游走，如同飞来飞去的喜鹊；医生救死扶伤，带来健康与幸福，如同喜鹊一般传递喜讯。还有一点，赵国人有鸟图腾信仰，扁鹊的医术太神奇，不似人间之术，赵国人就认为这是神人降福，从天而降。

以上便是《史记》对扁鹊初行医情况的记载，诠释了“神医是如何炼成的”。很显然，这段记载，传说的成分比较多，应当是“倒推式”推衍出来的故事：扁鹊的医术太高超了，高超到令人难以想象，“此术只应天上有，人间能得几回闻”，所以，或者扁鹊是神人，或者扁鹊的医术来自神人。于是，就有了传授扁鹊医术的长桑君不是凡人，“透视术”也是神人给予神药造就的神术的传说。

神医断神病

扁鹊的名声在外，许多达官贵人都去向他求助，求助的都是疑难杂症。

有一次，晋国的大夫把他请了去。

因为何事呢？

晋国的执政大夫赵简子病了，五天五夜不省人事。

当时晋国公室衰微，晋国的大小事务全都掌握在执政大夫赵简子手中，晋国国君的力量相比之下倒弱小了很多。赵简子不省人事，对于晋国的国政来说，将会引发极大的动荡，因此，赵简子手下的大夫非常着急。请来扁鹊，就是希望扁鹊妙手回春，救回赵简子。

扁鹊入室诊视一番，发现赵简子血脉正常，他心中有了底。

其实，对于晋国的医生来说，赵简子血脉正常才不正常呢！血脉正常，却不省人事，这等怪事，令人摸不着头脑，晋国的医生百思不得其解。

扁鹊出门之后，直接断言，赵简子的身体没有问题，也可以说，他没有病，无须大惊小怪。此话一出，晋国大夫心中一惊：有病的是扁鹊吧！

扁鹊不慌不忙，对晋国的大夫讲了一个相似的病例，病人就是大名鼎鼎的秦穆公。秦穆公曾经昏迷七天七夜，方才醒过来。醒来之后，秦穆公说自己是到天帝那里去了，因为天帝有事情教导他，所以他才待了这么久。天帝给他讲了相关的三条预言：

第一，晋国会大乱，五代不得安宁。

第二，此后晋国有人会称霸诸侯，称霸不久他就会死去。

第三，霸主的儿子会让国家混乱不堪。

这三条预言，被秦国史官记载了下来。后来晋国的历史证明了预言的正确：

第一，晋献公相信骊姬，错怪太子申生，终致申生自杀，公子重耳、夷吾逃亡国外，国内政局动荡不安。

第二，晋献公的儿子晋文公流亡十九年后，回国即位，终称霸诸侯。称霸四年后，晋文公就去世了。

第三，晋文公的儿子晋襄公在崤之战大败秦国后，骄傲自满，放纵淫乱。

作为晋国人，对于晋国的这段历史自然很熟悉。扁鹊用晋国人熟悉的历史告诉晋国人，赵简子的情形与秦穆公如出一辙，不出三天就会醒来，醒来后他也会说一些预言。

晋国大夫半信半疑，只好期待着三天期限的到来。

果不其然，过了两天半，赵简子苏醒了。

果不其然，醒来的赵简子说了一段话。

原来，赵简子也到了天帝那里，与百神在天中央游玩，听各种各样的音乐，看各式各样的舞蹈，动人心魄，非常快乐。突然，一只熊向他走来，要抓他，天帝命令他射杀熊，他成功射死了熊。刚对付完熊，一只罴（pí，兽名，熊的一种）走了过来，他又射中了罴，罴也死了。

天帝很高兴，赏赐给他两个装满首饰的竹笥（zhú sì，盛东西的方形竹器）。

赵简子的儿子也站在天帝身边，天帝把一只翟犬给了赵简子，并告诉他，等到他的儿子长大成人时，把翟犬赐给他的儿子。

临了，天帝又告诉赵简子两则有关人间的预言：晋国会不断衰微下去，等过了七代，就会灭亡；秦国人将打败周人，但还不能拥有他们的政权。

赵简子的这番表现，与扁鹊的预测完全一致。晋国大夫将扁鹊说的话原原本本告诉了赵简子，赵简子大喜，赐给扁鹊四万亩土地。

事情传出去，人们纷纷称赞扁鹊，大赞扁鹊博闻广识，神机妙算。

起死回生

有一次，扁鹊路过虢国，全国上下都在举行除邪去病的祭祀。扁鹊很奇怪，询问后，才知道这是在为虢国的太子祈福呢，但是，虢国太子还是死了。

出于医生的好奇与敏感，扁鹊来到虢国的王宫门前，向一位喜好医术的中庶子（官名，侍从官）打听太子的病症。中庶子说，太子是突然昏倒而死的。至于原因，中庶子判断是太子的血气运行没有规律，正气不能制止邪气，阳脉弛缓而阴脉急迫，造成了内脏伤害。

扁鹊接着问："太子是什么时候死的？"

中庶子说，是鸡鸣时分。

扁鹊又问："收殓了没有？"

中庶子回答说：“还没有收殓。太子死了还不到半天时间，还没有来得及。”

听完中庶子这话，扁鹊非常坚定地请中庶子替他向虢国君主禀告，他是渤海郡的秦越人，他能让太子“起死回生”。

中庶子一听这话，仔细打量了扁鹊一番，用一种轻蔑的态度劝说扁鹊：不要信口雌黄！

在中庶子的认知中，只有上古时期的一位叫俞跗（fū）的医生，能起死回生。他的医术高超，解开病人的衣服一看，就知道疾病之所在，然后顺着五脏的腧穴（shù xué，穴位），割开皮肤，剖开肌肉，疏通经脉，清洗肠胃，洗涤五脏，修炼精气，改变神情气色。中庶子认为，这样的神医，只存在于传说中。扁鹊说自己能起死回生，只能骗一骗刚刚会笑的孩子，是个大骗子。

扁鹊仰望天空，叹息道：“您说的那些治疗方法，就如同从竹管中看天，从缝隙中看花纹一样。我诊治的方法很多，不会只停留在一个角度看问题，而是能由表及里，又能由里及表。如果您不相信我的话，不妨先到太子那里验证一下。太子的耳朵当有鸣响，鼻翼当有扇动，阴部还是温热的。”

中庶子一听这话，眼睛瞪得大大的，一动也不动，舌头翘着却说不出话来。原来，扁鹊说的症状全都符合，太子就是这种情形。

中庶子缓过神来，赶紧求见虢国国君，将扁鹊的话一五一十地禀告给虢君。虢君很惊讶，也看到了希望。他亲自走出内廷，在宫廷的中门接见了扁鹊。他恳切地请求扁鹊施以援手，让幸运降临到太子身上。话还没说完，虢君就悲不自已，精神恍惚，不停流泪，睫毛尽湿，容貌神情哀痛至极。此时的虢君，只是一个无助的老父亲，任何一点希望，都会让他引首以望。

扁鹊说，太子得的病，叫“尸蹶（jué）”。也就是，表面上看着是死了，但实际上并没有死，是“假死”。至于具体病因，则是由于阳气陷入阴脉，阴气逆而上行，阳气只好向下向内运行。如此一来，阴气被破坏，阳气被隔绝。外在表现，便是人的面色衰败，血脉混乱，人的身体安静得像死去的样子。

根据扁鹊的理论，阳入袭阴而阻绝脏气的能治愈，阴入袭阳而阻绝脏气的必死无疑。如今太子属于前者，自然能“起死回生”。

接下来就是治疗环节了。

第一步，下针。

扁鹊让他的学生子阳磨砺针石，在百会穴下针。过了一会儿，太子就苏醒了。

第二步，熨敷。

扁鹊让他的学生准备能入体五分的药熨，再加上八减方的药剂，混合着煎煮，交替在两胁下熨敷。熨敷过后，太子竟然坐起来了。

第三步，食汤剂。

为了进一步调和阴阳，扁鹊又让太子服食汤剂。仅仅服食了二十天，太子就完全好了，和以前一样身体康健了。

一个将要入殓之人，又可以活蹦乱跳了，扁鹊真是神了！虢君、虢国太子对扁鹊感激涕零，扁鹊起死回生的事情不断被传颂。

扁鹊却很谦虚，他说自己哪里能让死人复生啊，只不过是虢国太子本应活下去。他做的，只是帮助虢国太子恢复健康而已。

扁鹊见齐桓侯

又有一次，扁鹊到了齐国，拜见了齐桓侯。

毕竟扁鹊名声在外，齐桓侯对待扁鹊很客气，把他当客人招待。

这本应是一次普通的拜见，却因为齐桓侯的死亡而闻名遐迩。

第一天，齐桓侯病在腠理（còu lǐ，皮肤纹理和肌肉空隙）。

扁鹊见了齐桓侯，发现齐桓侯有点小病在皮肤和肌肉之间，不治将会深入体内。于是，扁鹊就再次拜见齐

桓侯，希望为齐桓侯治疗。没想到，齐桓侯却以“我没病”为由，坚决地拒绝了扁鹊的好意。

齐桓侯没有感觉到身体有什么不适，所以他认为扁鹊是为了获得功利，才故意说他有病。扁鹊离开后，齐桓侯对左右随从说：“这就是医生的通病，把没病的人说成有病，再把一切说成是自己治疗的功效。”

过了五天，齐桓侯病在血脉。

扁鹊再次求见齐桓侯，如实禀告齐桓侯的病情恶化，如果不治疗，恐怕会深入体内。齐桓侯还是说自己没有病。

这次扁鹊走了之后，齐桓侯很不高兴。这个扁鹊，真是丧气，真是没事找事，真是坏人心情，好好的人，被他如此诅咒也该病了！

又过了五天，齐桓侯病在肠胃间。

扁鹊求见之后，还是如实禀告，还是希望能给齐桓侯治疗。这次齐桓侯气得都不愿意搭理扁鹊了：真是没有眼力的人啊！扁鹊走了之后，齐桓侯更加不高兴了。

又过了五天，齐桓侯病在骨髓。

扁鹊见了齐桓侯，倒退着跑走了。

这一跑，倒引起了齐桓侯的注意，他很奇怪，扁鹊为何不说他有病了呢？齐桓侯派人追上扁鹊，询问缘由。

扁鹊说，疾病在皮肉之间，汤剂、药熨（yùn）可以治病；疾病在血脉中，针刺、砭石可以治病；疾病在肠胃中，药酒可以治病；疾病进入骨髓，就是掌管生命的神也无可奈何了。现在齐桓侯的疾病已经深入骨髓，已经无法救治了，他自然不再求着为齐桓侯治病了。

又过了五天，齐桓侯发病。染了重病的齐桓侯，这才明白了扁鹊的厉害，赶紧派人去找扁鹊为他治病。但是，扁鹊早已逃离了齐国。齐桓侯就这样病死了。

扁鹊在疾病还没有出现症候之前，提前预知了疾病的存在，这是顶级的医术，这是“治未病”，见微以知萌，见微而知著。但是，再高超的医术，也有不能诊治的病人。

其中，有六种情形，无论什么医生出马，都是不能医治的：

第一，为人傲慢放纵，不讲道理。

第二，轻视身体，看重钱财。

第三，衣着饮食，不能调节适当。

第四，阴阳错乱，五脏功能不正常。

第五，形体羸弱（léi ruò，软弱无力），不能服药。

第六，迷信巫术，不相信医术。

很显然，齐桓侯就属于第一种情形，太傲慢，太轻视医生，不相信医学，最后只能是自取灭亡。

齐桓侯的病，本来是可以医治的，却因讳疾忌医而丢了性命，很可惜。或许这是很多人的共同心理吧，总是担忧疾病太多，总是误会医生为了其他原因治病。但实际上，对于医生来说，他们更多担心的是，没有更多的办法来治病。这就是医患双方的心理错位。

这个故事，也见于《韩非子》，不同的是，扁鹊见的、要医治的是蔡桓公。

换心手术

扁鹊的名声，在诸侯国中慢慢传扬开来，名誉天下。

扁鹊的医术，不局限于一隅，他会根据各地的习俗，因地制宜地确定医治重点。

赵人尊重妇女，扁鹊到了邯郸，就成了妇科专家。

周人敬爱老人，扁鹊到了洛阳，就成了专治耳聋眼花四肢痹痛的医生。

秦人喜爱孩子，扁鹊到了咸阳，就成了儿科专家，专治小儿疾病。

这样一个全才医生，努力钻研医术，创造了一个个神话。不料，有一次正是因为高超的医术，扁鹊竟惹出了一场是非。

这场官司，记载在《列子·汤问》之中。

当时，扁鹊接待了两位病人：一位是鲁国的公扈（hù），一位是赵国的齐婴。这两位病人，不约而同地来到了扁鹊处。扁鹊诊断了一下，发现这两位病人的病情，有某种相似处，也有某种互补性。

公扈志气很大，但怎奈精气太弱，因此，谋略很多，却不能做出果断的决定。齐婴志向小，但是精气却很强，因此，没有什么忧虑，却太过专心。

扁鹊就想，如果两个人互换一下，就好了。这个念头一出来，扁鹊就开始琢磨该怎么做，最后他决定给这两位病人“换心”，也就是同时为两人做心脏移植手术。如果对换他们的心，平衡一下心志与身体的关系，他们的病就都能好了。

扁鹊的换心手术，只用了三天，而且时间主要用在麻醉上了。

扁鹊让两位病人喝下了药酒，他俩昏迷了三天。昏迷期间，扁鹊剖开他们的胸腔，找到他们的心脏，分别取出，放到了对方的胸腔中。手术做完之后，扁鹊又给他俩喂了一种奇药，他俩就醒了，恢复了健康。

手术很成功，扁鹊很高兴，两位病人更高兴。但是，回到家后，家里人却不高兴了。

为什么呢?

回错了家，认错了人。

公扈回了齐婴家，亲近齐婴的老婆，但是齐婴的老婆并不认识公扈，大喊大叫起来。

齐婴回了公扈家，情形一样，也去亲近公扈的老婆，公扈的老婆却不认识他。

原来，公扈与齐婴随着体内心脏的指引，回到了心脏熟悉的“家”，寻找熟悉的人。

这样，公扈、齐婴两家乱纷纷起来，老婆孩子都不认他们。老婆孩子越不认他们，他们越要待在那个家里，因为在他们的“心”里，他们本就在自己的家里，也本应该在自己的家里。

乱纷纷的场面，最后还要扁鹊出面解决。扁鹊向两家说明了手术的情况，也说明了公扈、齐婴行为的缘由，两家的争辩这才停歇。

刺杀扁鹊

扁鹊又来到了秦国，没想到，这是他四处行医救人的最后一站。

当时，秦国国君是秦武王。秦武王病了，发病区域在耳朵前面、眼睛下面，很难受，就派人请扁鹊为其医治。

具体的病情，有人说是长了一个大瘤，但更大的可能是面瘫。

扁鹊看了一番，决定为秦武王彻底祛除此病。

秦武王的左右侍从却不断劝阻秦武王，说做了手术也未必能治好病，而且还有可能会让耳朵听不见，眼睛看不见，危险更大，划不来啊，还不如保守治疗。

秦武王把这些话告诉了扁鹊，或许这也是他的想法。

没想到，这些话激怒了扁鹊，扁鹊狠狠地把手中的石针扔在地上，狠狠地说："专业的事就要交给专业的人去做，与一些不懂医术的人商量这件事，只会坏了事。单凭这点，就可以知道秦国的国政情况，君王的一个举动，就有可能导致秦国亡国！"

世上之道，本就相通。医道与治国之道，殊途同归，扁鹊深得其妙。

秦武王看到扁鹊真怒了，他赶忙说好话，请扁鹊息怒，请扁鹊按照自己的判断为他治疗，他保证一定相信扁鹊，只相信扁鹊。

扁鹊恢复平静，开始为秦武王治疗。扁鹊一出手，自然是手到病除，秦武王的病完全好了。秦武王很开心，重重奖赏了扁鹊。

这件事，本是扁鹊行医过程中的一件普通事。在扁鹊看来，秦武王与一般病人无二。但是，在一个人眼中，秦武王却不一般，这件事也很不普通。

这个人，就是秦国的太医令李醯（xī）。

李醯自知医术不如扁鹊，他很嫉妒，更害怕。他害怕扁鹊夺去他的职位，抢了他的风头，毁了他的前途。扁鹊在秦国一天，李醯就一天不得心安。

为了结束忧心忐忑的日子，李醯出手了。他派人悄悄刺杀了扁鹊。一代名医扁鹊，就这样被秘密地杀掉了，没有留下一句遗言。

这是时代的悲哀，也是人性的悲哀。

美好者，不祥之器？

《史记·扁鹊仓公列传》，是正史中第一篇为医生立传的文章，这是司马迁的创新，也是他的贡献，凝聚着他的史识。

司马迁言“扁鹊言医，为方者宗”，誉扁鹊为古代医学的宗师。在传记中，以一个传艺故事，凸显扁鹊医术的神秘性，其医术来自神灵；以三个治病故事，凸显扁鹊医术的神奇，能预言吉凶，能起死回生。

扁鹊的故事，在司马迁之前流传很广，他的名声很响，但也有很多人对他不当回事。西汉初年陆贾的《新语·资质》记载了一则扁鹊被漠视的故事：

扁鹊在卫国时，听说一个病人生命垂危，奄奄一息，扁鹊主动前去，想为病人医治。但是，病人的父亲却拒绝了，他说他的儿子病得很厉害，这个病，不是扁鹊能治的，他要为儿子寻找良医，他也请了巫师求福请命。当然，后来的结果没有任何悬念，这个病人很快就死去了。

扁鹊愿意去治病，就说明这个病人还有救，但是，病人的父亲却不认可扁鹊，白白让儿子失去了生存的机会。

司马迁在诸多传说中，选择了诊治赵简子、虢国太子、齐桓侯三则故事，即便是齐桓侯一事，也是凸显扁鹊“治未病”的神奇医术，而略去了一些扁鹊不为人重视的传说，略过了三则故事在时间上的矛盾。这样的选择取舍，目的就是打造出一位理想的“神医”形象。

不过，这还不是司马迁的最终目的。他的最终目的，是要揭示一种普遍的社会现象：木秀于林，风必摧之。扁鹊医术高超，为病人带去了希望与未来，却给自己带来了刺杀与死亡。

优秀有时也是一种罪，很多人不是见不得你优秀，而是见不得你比他们优秀。当你比他们优秀时，嫉妒会在不平衡的心上开花结果，带来恶毒的咒骂，带来罪恶的杀戮。

这种现象，老子看得很清，“揣而锐之，不可长保”（《老子》第九章），显露锋芒，难以长久保持锐势。因此，为了自保，老子特别提出要守柔不争，要“挫其锐，解其忿，和其光，同其尘”（《老子》第四章），韬光养晦，自藏锋芒。司马迁深谙道家思想，他用老子的“美好者，不祥之器”来概括扁鹊的遭遇，但更多的是寄予了一种同情，一种悲慨，一种贤士不得用于世的悲怆。

扁鹊穿越时空，带着集体记忆，飞入《史记》之中，翩翩然，光芒四射。

扁鹊又穿越《史记》，飞向未来，栩栩然，敬畏着生命，思索着人生。

生命永恒，“扁鹊”永在，存于心，存于理想。

（本篇主要依据《史记·扁鹊仓公列传》《列子》《战国策》）

原典

扁鹊过[1]齐，齐桓侯客之[2]。入朝见，曰：“君有疾在腠理[3]，不治将深。”桓侯曰：“寡人无疾。”扁鹊出，桓侯谓左右曰：“医之好利也，欲以不疾者为功。”后五日，扁鹊复见，曰：“君有疾在血脉，不治恐深。”桓侯曰：“寡人无疾。”扁鹊出，桓侯不悦。后五日，扁鹊复见，曰：“君有疾在肠胃间，不治将深。”桓侯不应。扁鹊出，桓侯不悦。后五日，扁鹊复见，望见桓侯而退走。桓侯使人问其故。扁鹊曰：“疾之居腠理也，汤熨[4]之所及也；在血脉，针石之所及也；其在肠胃，酒醪[5]之所及也；其在骨髓，虽司命[6]无奈之何。今在骨髓，臣是以无请也。”后五日，桓侯体病，使人召扁鹊，扁鹊已逃去。桓侯遂死。

《史记·扁鹊仓公列传第四十五》节选

注释

①**过：**拜访，探望。

②**客之：**把扁鹊看作客人。

③**腠理：**皮肤和脏腑的纹理，这里指皮肤和肌肉之间。

④**汤熨：**用药热敷。

⑤醪：音 láo，浊酒，这里指药酒。

⑥司命：古代传说中掌管人寿命的神。

译文

扁鹊拜访齐国，齐桓侯以礼相待。扁鹊入朝拜见桓侯，说："大王的病在皮肤和肌肉之间，不及时治疗的话病情会加重。"桓侯说："我没有病。"扁鹊出宫后，桓侯对左右的人说："医生贪财好利，总想给没病的人治病，好作为自己的功劳。"五天以后，扁鹊又拜见桓侯，说："大王的病已进入血脉，不及时医治，病情恐怕还要往深里发展。"桓侯说："我没有病。"扁鹊出宫后，桓侯很不高兴。又过了五天，扁鹊又去拜见桓侯，说："大王的病已到肠胃之间，如再不治，还会加深。"桓侯不搭理他。扁鹊出去之后，桓侯更不高兴。过了五天，扁鹊又去拜见桓侯，这回他只远远一看就赶紧回退离开。桓侯派人问他为什么离开。扁鹊说："病在皮肤和肌肉之间，用汤药热敷就可以治好；病在血脉里，用针灸就可以治好；病在肠胃里，用药酒可以治好；病在骨髓，即使是掌管性命的神仙也没有办法医治了。如今大王的病已经深入骨髓，所以我不再请求给大王治病。"又过了五天，桓侯发病，派人去请扁鹊，扁鹊已逃离齐国。最终齐桓侯病死了。

孙膑与庞涓

提到兵法，大家都会想到“兵学圣典”《孙子兵法》。

历史上被称为孙子，而且著有兵法的，有两个人：一个叫孙武，他写的兵法叫《孙子兵法》，也称《孙武兵法》；还有一个叫孙膑，他写的兵法叫《孙膑兵法》。

孙膑是孙武的后代子孙，他为“三十六计”贡献了一计——围魏救赵。

他被誉为鞋靴、皮革、烧炭、豆腐、泥塑等行业的祖神，受人尊崇。

他更因为与同门庞涓的那些事儿，为人同情，为人感慨。

孙武治兵

齐国的孙氏家族，大名鼎鼎，以擅长兵法出名。

这一家族的名声，大约是从春秋末期辅佐吴王阖庐的孙武开始的。

孙武精通兵法，写了兵书，受到吴王阖庐的接见。

吴王阖庐看过孙武的兵书，认为很精彩，但是说与做不是一回事，纸上谈兵的人大有人在，能否真的上战场又是另外一说。吴王阖庐想检验一下。

为了验证孙武的能力，吴王阖庐给孙武派了一批美女，大约一百八十人，让他来训练。

女子当军士来训练，不容易。更为不容易的是，这些女子是吴王阖庐后宫中的人，好几个还是他宠爱的侍妾。这些女子娇娇弱弱，又得吴王阖庐宠爱，她们这次来就如游玩一般，扭扭捏捏，嘻嘻哈哈，哪里有一点士兵的样子，哪里可能听孙武的话啊。

很显然，吴王阖庐这是在给孙武出难题。

孙武很淡定，开始了他的训练。他的训练，思路清晰，步骤分明。

第一步，挑选队长。

孙武首先将这一百八十人平均分成两组，每一组挑出一个队长。这两个队长，孙武选择的是吴王阖庐最喜欢的两个宠妾。

第二步，分发武器。

孙武发给每位美女一支戟，这是她们的武器。

第三步，宣布号令。

孙武让他的“士兵”以心口、左右手、后背为参照点，他说向前，“士兵们”就看向心口方向；他说向左，“士兵们”就看向左手所对的方向；他说向右，“士兵们”就看向右手所对的方向；他说向后，“士兵们”就看向后背所对的方向。

第四步，进入训练。

号令宣布完毕，孙武命人摆好斧钺等刑具，又多次交代了号令与纪律，由此产生了成语“三令五申”。

孙武随即击鼓传令，命令“士兵们”向右，结果，这些“士兵”不仅不听从指令，还哈哈大笑起来。

孙武也不生气，他说纪律不清楚，号令不熟悉，这是将领的过错。于是，他又将号令、纪律再次清晰告知众位。随即再次击鼓传令，命令“士兵们”向左，这些“士兵”又笑了起来，有人动了动，有人做错了，引来了更响亮的笑声。

这时的孙武，一脸严肃，对着众位“士兵”说出来一个决定，这个决定让大家笑意顿无，大惊失色。

这个决定，就是要杀掉两个队长。

他的理由是，指令、纪律已经多次强调，交代清楚了，如今还是不执行命令，就得拿队长是问。

刚开始，大家都不相信孙武会来真格的，要知道，这两个队长可是吴王阖庐最喜欢的两个宠妾，平时吴王阖庐都不舍得说她们一句硬话，这孙武竟然要杀掉她们，莫非他吃了熊心豹子胆？

没想到，孙武说到做到，让手下立即执行命令，杀掉两个队长。

两个队长赶紧向吴王阖庐求救。看台上的吴王阖庐也慌了，此前他还在看笑话，没想到孙武要动真格的，要知道没有这两个宠妾，他饭都吃不香的，他赶紧下令，说已经知道孙武的本领了，希望他手下留情，不要杀掉他的宠妾。

没想到，孙武竟然不买他的账，理由是“将在外，君命有所不受”。

就这样，吴王阖庐眼睁睁地看着他的宠妾被军法处置。

他很懊悔，干吗要出这么个“送命”的题啊？没为难住孙武，倒送走了宠妾的性命，而且还是两个。但是，没有办法，他是一国之君，他下了将令，便不能因此而治罪孙武，只能吃哑巴亏了。

孙武这一招，实际上就是“杀鸡儆猴”。

事实证明，杀鸡儆猴，很管用。

孙武将每一队的第二个人，任命为队长，重新击鼓传令。被惊呆了的“士兵们”，收起了嬉笑，闭住了嘴巴，严肃认真地训练起来，无论向左向右还是向前向后，无论跪倒还是站起，都是整齐划一，没有一个人出错。

她们真不敢出错啊，一旦出错，小命就没了！

孙武见成效不错，就向吴王阖庐去复命，说现在的队伍，赴汤蹈火也没有问题了，请吴王检阅。

吴王阖庐还沉浸在两位宠妾死去的伤痛中，只是勉强支撑着自己，根本没有心情去检验部队，就让孙武去休息，他则回去“疗伤”了。

孙武治兵，小试牛刀，初露锋芒，让人佩服，远近闻名。吴王阖庐也知道了孙武的本领，后来任命他做了将军。吴国的很多对外战争，孙武都参与了，也发挥了很大的作用。

从此以后，孙武一家以擅长兵法闻名，兵法一代又一代传了下去。

孙武死后，大约一百年后，他的后代子孙出了一个叫孙膑的，也做到了闻名遐迩。

祸起萧墙

孙膑从小就很喜欢兵法，有事没事就拿着兵书看，时不时地听长辈们谈论兵法，跟随家人演练兵法，小小年纪，就很有一套本领。

随着年龄一天天增长，孙膑明显感觉到，自己的家学不太够用，他想出去闯荡一下，学学本领。

他听说云梦山的鬼谷，住着一位鬼谷先生，是个神人。

鬼谷先生很神秘，如神一样，神龙见首不见尾。

鬼谷先生很神奇，如神一般，能准确预测未来。

鬼谷先生通天彻地，不是什么人都能跟着他学习的。孙膑很幸运，他通过了鬼谷先生的考核，正式成为鬼谷门的一员。

鬼谷先生教育学生，主要有两门课程：一门是兵法，一门是纵横术。

孙膑主要攻读兵法，这是他的喜好，也是他的擅长。

与孙膑同时学习兵法的，还有一个人叫庞涓。孙膑与庞涓，跟着鬼谷先生求学问道，表面上关系还不错。他们勤奋学习，朝夕相处，相互切磋，对彼此都很了解。

他们二人在同学中都属于佼佼者，鬼谷先生很满意。但是孙膑明显地要强于庞涓，这一点，鬼谷先生知道，庞涓自己也知道。

这点差异，没有利益冲突时，顶多就是心理上的小落差，没有太大波澜。等他们走出鬼谷门，这点落差，就会波澜顿生，波澜起伏。

孙膑与庞涓毕业后，带着鬼谷先生的祝福，各奔前程去了。庞涓去的是魏国，很快顺利地当了魏惠王的将军，职位很高，很受重视。

但庞涓本应该很高兴的心中，总有一丝隐忧。这丝隐忧，恰恰来自他的同学孙膑。这丝隐忧，就是多年之前那点嫉妒心长成的：孙膑比庞涓强，这个事实一直刺激着庞涓。有孙膑在，庞涓感觉他的一切都是虚妄的，一旦孙膑到了魏国，庞涓认定他的一切都会被孙膑夺去，这是毫无疑问的。

还没找到工作的孙膑，根本不知道庞涓的心思，还不断地询问庞涓的近况，关心着他。但这些在庞涓那里被解读为“觊觎”，他认为这是孙膑想取他而代之。

事实就是如此，“莫须有”的罪名，起因都是“有”，有怀疑，有不满。只要嫉妒你了，只要怀疑你了，你活着就是个错误。

庞涓思来想去，决定消灭这个威胁，获得心安。

他用了一招“瞒天过海”。

庞涓假装热情地邀请孙膑到魏国，与他共谋大业。到了魏国，就到了庞涓的势力范围，庞涓就可以将孙膑控制起来。控制起来之后，庞涓就能找个罪名，名正言顺地消灭他的“眼中钉”。

孙膑不知有诈，欣然前往，与庞涓畅谈兵法，畅谈国际局势，畅谈美好前程。殊不知，他越高谈阔论，越有见解，越会激起庞涓的杀心。

庞涓本想来个彻底的，杀掉孙膑，但同学时的一幕幕又出现在眼前，庞涓心软了一下，就给孙膑施以“膑刑”与“黥刑”：砍断双脚，脸上刺字，永远带着罪犯的记号。

“孙膑”这个名字，因此而来。因为受过膑刑，故称孙膑。

双脚没了，就无法行走。

脸上的刺字，代表了曾经的罪恶。

庞涓认定，这两种刑法，基本上阻断了诸侯对孙膑的重用，孙膑的一生也就废了。孙膑即便活着，也如同死了，对他应该不会有威胁了。

终于，庞涓睡了一个安稳觉。

孙膑出逃

这一切，对孙膑来说，如同梦一场。

他怎么也没料到，他的同窗好友会对他痛下杀手，他怎么也没料到自己会落到这样的地步。砍脚、刺字的巨大疼痛，终于让他梦醒了。

他知道自己中计了，他明白自己大意了。他追悔莫及，但一切都晚了。再后悔，他的脚也不会回来了；再后悔，脸上的刺字也不会消失了。孙膑的生活变得异常艰难，什么叱咤风云，什么意气风发，都不见了影子，留给他的唯有疼痛与不堪。

那段日子，暗无天日，他连正常人的普通生活都过不成了，他如同狗一样匍匐在地，叫天天不应，叫地地不灵，他坠入了深渊。

那段日子，教会了他成长，教会了他思考。他既然还活着，就要活出意义，当然，对他来说，最大的意义，就是复仇。

复仇第一步，是装疯。

孙膑当起了演员，演起了戏，他装成了“失心疯”，做出一些不同寻常的举动，目的是消除庞涓的警惕心，让庞涓认为他受不了刺激，疯掉了。

庞涓戒备心很强，又熟知兵法，他也曾估计这是孙膑在耍心计，但经不住孙膑太狠了，什么疯狂做什么：在猪圈里爬，连粪便也要去吃。

终于，这一招见效了，庞涓不再紧盯着孙膑了。

复仇第二步，是出逃。

孙膑深知，只要在魏国，他就没有出头之日。手握重兵的庞涓，绝对不会给他任何复仇的机会！他必须逃出魏国。但是，这件事非常难，比装疯卖傻难多了。

装疯卖傻，是他自己的事情，只要他愿意，就能成功。出逃，却需要别人的帮助，有谁愿意帮助一个残疾人呢？有谁愿意与大将军作对呢？

魏国人，肯定不能成为合作对象了。

魏国人不行，那就找魏国以外的人。

魏国以外的人，还不能是魏国的铁哥们儿，得是与魏国有些竞争的国家的人。

魏国以外的人，还得是来自有一定实力的国家。

唯有如此，他才可能成功出逃，才可能有东山再起的机会。

孙膑最后选定的，是齐国人。

齐国当时也是大国，也想扩大版图，图强争雄。

过不多久，齐国恰巧派出了使者出使魏国。

这个机会，孙膑不想错过。

他反复谋划，瞅准机会，在一个深夜，以犯人的身份秘密求见了齐国使者。

见到齐国使者，孙膑向他陈说天下大势，陈说齐国争雄的计谋。

孙膑言辞犀利，计谋高深，直接把齐国使者征服了，这样的人才，怎么能够留在魏国呢？怎么能够遭受这种待遇呢？他决定带走这个“绝世天才”！

孙膑靠着自己的才能，成功赢得了他人的帮助。

齐国使者将孙膑藏在他的车中，偷偷地将孙膑带回了齐国。

庞涓得知孙膑不见了，他顿时瘫坐在地。他知道，孙膑这一走，必定会让他生不如死，他的末日就要到了！

看来，庞涓真的是孙膑的知己啊，比孙膑自己都了解他！

田忌赛马

到了齐国，孙膑先是在大将军田忌那里得到了一份工作，做他的门客。

田忌没有因为孙膑是残疾人而歧视他，反而对他很赏识，很客气，很重视。

孙膑能够得到这样的待遇，靠的就是他的谋略、见识。一番交谈之下，田忌秒变为孙膑的“迷弟”，连连惊叹：世间怎么会有这么厉害的人呢！

当然，孙膑的谋略，最初还只是局限在口头上。他的才华绽放，出现在一次赛马场上。

赛马是齐国贵族的一项热门活动，田忌也是热爱者之一。他经常跟齐国的贵族子弟一起赛马，每次他们都下很大的赌注。参加次数多了，田忌对其他贵族子弟的马也了解得差不多了。原来，大家的马都差不多，都有上、中、下三等。谁家胜出，有时还真是靠那么点运气。

又一天，又一场比赛要开始了，这一次，齐王也参与其中。孙膑感觉，他的机会来了，他要让赛马场变成他的“秀场”。

孙膑告诉田忌，大大地下赌注，他保证能让田忌大获全胜。

田忌虽然不知道孙膑要怎样做，但是他无条件地信任孙膑，真的拿出了千金赌注，与齐王和贵族子弟们比赛。

因为田忌的这千金赌注，这次赛马顿时成为人们议论的焦点。虽然大家都不差钱，但是拿出千金赌一次马，他们还真没做过。那么，田忌的这千金赌注究竟能否赢回来？大家都在拭目以待。

比赛马上开始了，孙膑拿出了自己的计策：

田忌的下等马对付齐王的上等马；

田忌的上等马对付齐王的中等马；

田忌的中等马对付齐王的下等马。

很显然，田忌的下等马是必输的，但却会消耗对方最好的资源。虽然会输，但是很值当！它的牺牲保证了其他两局的绝对胜出。

这是舍小保大。

这是避其锋芒，攻其软肋。

马还是那些马，但是思维一变，用心调遣，被动局面就会转变，就会创造奇迹。

最后的结果，果真没让田忌失望，他以三局两胜赢得了齐王的千金。

此前大家赛马，基本上都是上等马对上等马，中等马对中等马，下等马对下等马，都是硬碰硬，没人想过用计谋。《孙子兵法·始计》言“兵者，诡道也”，这句

话，这种思想，孙膑再熟悉不过了，他从小就诵读、应用，将兵法用到赛马中，只是小菜一碟。不过，谋略再好，也需要保密，否则一旦泄露，就会失效。因此，孙膑没有事先告诉田忌，赛马的齐王和其他贵族也不知道他的谋略。

谋略、保密，这两条保证了孙膑的一鸣惊人，大家都认识了这个奇异的谋略家，大家也都见识了谋略的神奇效应。孙膑要的，恰恰就是这样的轰动效应。

但是，赢了齐王，齐王没了面子，齐王会高兴吗？他孙膑能有好果子吃吗？历史上因为游戏惹怒君王、太子、贵族而丢掉性命的人，很多很多，孙膑难不成不懂这个道理？

他自然懂，但是，他更懂齐王。这个齐王，是齐威王，是战国时期齐国的第四位君主。

齐威王是个有作为的君主，他励精图治，准备大干一场。

齐威王还是个有眼光的君主，他认为国与国之间的竞争，说到底是人才的竞争。他将人才看作国宝，广招天下英才，著名的“稷下学宫”就是他主持修建的。

在输掉游戏与获得人才之间，励精图治的齐威王当然会选择人才。

孙膑的胜利，赢在出人意料。秘密说出来之后，有人说孙膑破坏规则，有人感叹此计道是简单却不寻常，有人说这是化腐朽为神奇之笔。

不管怎样，孙膑的目的达到了，他成功地引起了齐威王的注意，并且还当了齐威王的老师。

有了田忌的赏识，有了齐王的支持，孙膑向庞涓复仇的计划，才有了真正实施的可能性。

围魏救赵

孙膑与庞涓的第一次较量，是在桂陵（今河南长垣西，一说今山东菏泽）之战中。

当时，魏国发兵攻打赵国，主帅就是庞涓。几番攻击下来，赵国岌岌可危，连忙派人向齐国求救。

齐威王前后斟酌后，决定救援赵国，任命谁为主帅呢？他脑海中的第一个人选，就是孙膑。孙膑的才能，早已征服了他，他感觉有孙膑出征，必定会箭不虚发，必定会取得胜利。

孙膑却拒绝了这一任命。他说自己是接受过刑罚的人，不适合当主帅。不过，如果田忌做主帅，他可以当军师，坐在战车中，随时出谋划策。

这也算是孙膑对田忌知遇之恩的报答。

田忌做了主帅，想率兵直奔赵国首都邯郸（今河北邯郸），与魏国正面交锋。

孙膑说，解开乱丝，不能卷进去，生拉硬扯；劝解斗殴，不能拿拳头胡乱搏击。解决问题，需要找到最好的方法。最好的方法，就是要扼住争斗者的要害，争斗者受客观形势限制，就不得不自行解开。

对于魏国来说，它的要害不在赵国，而在魏国国内。

魏、赵两国发生战争，魏国的精锐部队都在国外，国内剩下的多是些老弱残兵。因此，孙膑提供了“围魏救赵”的计策：田忌领兵向魏国国都迅速挺进，占据交通要道，攻击空虚的地方，魏国感觉到危机，自然会放弃攻打赵国，回国自救。

这样，他们就会以最小的损失，获得最大的成效，既能救赵，还能弱魏，让魏国疲于奔命。

田忌采纳了“围魏救赵”的策略，魏军果然回师，长途奔波，疲惫不堪。田忌早就率军埋伏在桂陵，打得魏军溃不成军。

庞涓收拾残部，狼狈逃回，捡了一条性命。

马陵之战

庞涓这一逃，就逃过去十三年。

十三年后，魏国、赵国联合攻打韩国，韩国向齐国告急。齐王又派出田忌率军救援，军师还是孙膑。田忌再次使用“围魏救赵”之计，直奔魏国国都。魏将庞涓听到这个消息，率师撤回魏国，这时，齐军已经越过边界向西进发了。

孙膑等了十三年，他这次不愿意再放过庞涓了。

要想打败庞涓，并不容易，必须好好动动脑筋。孙膑最后又使用了此前的一招：迷惑庞涓，让他放松警惕。

这次他不装疯了，他装弱。

兵法上说：以日行百里的急行军和敌人战斗，有可能折损上将军；用每天五十里的急行军和敌人战斗，会有一半士兵掉队。这是孙膑和庞涓都学过的，这是普遍规律。孙膑就要用普遍规律来做文章，迷惑庞涓。

魏军一向凶悍，一向看不起齐兵，认为齐兵胆小怯懦。孙膑就是要因势利导，利用魏军的自大心理，采用“减灶之计”，制造假象：进入魏国国境第一天，砌十万人做饭的灶；第二天，砌五万人做饭的灶；第三天，砌三万人做饭的灶。

饭灶，代表的就是士兵数量。饭灶逐日减少，就说明齐国士兵越来越少。

庞涓率兵走了三天，数了齐国的饭灶，高兴地说：“我早就知道齐军怯懦，进入我国国境才三天，开小差的就超过了半数啊！”

庞涓想早日结束与孙膑的较量，他心中算计着自己需要的人马，最后他甩下步兵，只带领精兵日夜兼程追击齐军，希望能趁早击败齐军。

不想，却中了孙膑的计。

孙膑估计着庞涓的行程，当晚可以赶到马陵（今山东莘县西，一说今河南范县）。马陵的路非常狭窄，路两旁又多险阻，适合埋伏军队。孙膑叫人砍去路边一棵大树的树皮，在露出的白色树干上写上：庞涓死于此树下。

孙膑又命令一万名弓箭手，埋伏在马陵道两边，与他们约定，晚上看见树下火光亮起，就万箭齐发，不能迟疑。

这一夜，注定是不平凡的一夜。

这一夜，是孙膑与庞涓各自盼了十几年的生死之夜。

这一夜，他们的恩仇要有个了结。

这一夜，他俩只能有一个走出来。

庞涓当晚果然赶到了马陵。

夜色深深，那棵被砍去树皮的大树却很显眼，庞涓看见白色树干上写着字，就让士兵点着火把，去查看树干上的字。树干上的字还没读完，齐军万箭齐发，魏军大乱。

庞涓此时方才明白过来，中计了！

庞涓自知无计可施，败局已定，他不愿意落到孙膑手中，那样的结局是他不能接受的。庞涓决定拔剑自刎，临死之前，他愤愤地说："今天成就了这小子的名声！"

齐军乘胜追击，彻底击溃魏军，俘虏了魏太子申回国。这就是中国军事史上非常著名的马陵之战。马陵之战，魏国十万大军被歼，实力从此一落千丈，齐国则称霸东方。

龐涓死於此樹下

孙膑也没有辜负庞涓的“期望”，马陵之战，真的让他名扬天下，名垂千古，后世社会上也流传着他的《兵法》。

孙膑之道

孙膑与庞涓本是同门同学，两个人以两场惨剧诠释了什么叫“相煎何太急”。

第一场叫“嫉妒让人疯狂”。庞涓才能本不如孙膑，这点庞涓心知肚明，怎么消除二人的差距呢？不是砥砺前进，努力追赶，而是让孙膑消失，不要夺了他的风头。庞涓嫉妒孙膑，设计把孙膑施以刑罚，让他无脸、无法再出江湖。

第二场叫“复仇记”，主角换成了孙膑。孙膑能让庞涓嫉妒得发狂，自有他的一套本领。他的内心足够强大，暗地里寻找机会，重出江湖。马陵之战，诱杀庞涓，一朝得报仇怨，宣告了同门内斗的剧终。

在这次同门相恨相杀的戏份中，孙膑是被动的，他无心害人，却为人所害，而且被害得那么惨。天知道，他在遭受刑罚之后，经受了多大的生活不便与精神冲击，他又是多么用力才保证了精神不倒，他重新“站”了起来又是多么艰难。

很显然，司马迁对孙膑遭受的无妄之灾是同情的，他们的命运是相似的。命运已然如此，身体的残缺，不可能再补全，司马迁在现实之外，又在思索，命运为何会如此?

司马迁暗忖自己或许考虑问题不周，但是孙膑精通兵法，他能引庞涓入坑，完美算计庞涓，为何也没能预料到自己会遭遇刑罚呢?

这个问题的答案，不单单是“世事无常”那么简单。

这个问题的答案，也不单单是“暗箭难防”那么残酷。

根本还在孙膑自己身上。

即便神异如孙膑，他也是个人，是人就有情感，有情感就有弱点。

孙膑擅长兵法不假，但他的兵法并没有针对所有人。在生活中，他是一个重感情的人，他尊敬老师，他关心同学，他感恩救助他的田忌。对身边亲近的人，他没有那么多的攻击心。

他不是不懂计，他是不愿用，不屑用，他一旦用起计来，定会玩儿死你。

其实，每一个人身边或许都会有一个这样的人。

这样的人，不管是谁，一定是爱你的人。

望珍惜，请珍惜!

（本篇主要依据《史记·孙子吴起列传》）

原典

齐使者如梁[①]，孙膑以刑徒阴[②]见，说[③]齐使。齐使以为奇，窃[④]载与之齐。齐将田忌善而客待之。忌数与齐诸公子驰逐重射[⑤]。孙子见其马足不甚相远，马有上、中、下辈。于是孙子谓田忌曰："君弟[⑥]重射，臣能令君胜。"田忌信然之，与王及诸公子逐射千金。及临质[⑦]，孙子曰："今以君之下驷[⑧]与彼上驷，取君上驷与彼中驷，取君中驷与彼下驷。"既驰三辈毕，而田忌一不胜而再胜，卒[⑨]得王千金。于是忌进孙子于威王。威王问兵法，遂以为师。

《史记·孙子吴起列传第五》节选

注释

①**梁**：魏国。因魏都在大梁（今河南开封），史也称魏国为梁。

②**阴**：暗中。

③**说**：音 shuì，说服，劝说。

④**窃**：偷偷地。

⑤**重射**：下重金打赌。射，赌赛。

⑥**弟**：但，只管。

⑦**临质**：本义是即将射箭，这里指临近比赛开始。质，箭靶。

⑧**驷**：古代同驾一辆车的四匹马。

⑨**卒**：最终。

译文

齐国使者来到魏国，孙膑以罪犯的身份暗中求见，同齐国使者交谈。齐国使者认为孙膑是位奇才，就把他藏在马车里，偷偷地带到了齐国。齐国的大将田忌很欣赏孙膑，以贵宾礼节厚待孙膑。田忌经常和齐国公子们赛马赌钱。孙膑看着田忌家的马与对方实力差不多，都可以分为上、中、下三等。于是孙膑对田忌说：“下回赛马，公子尽管下大赌注，我能让您取胜。”田忌相信孙膑，便约齐王和诸公子们赛马，并下了千金的赌注。临到比赛时，孙膑对田忌说：“您用您的下等马跟他们的上等马比赛，用您的上等马对付他们的中等马，用您的中等马对付他们的下等马。”就这样，三场比赛过后，田忌一负两胜，最终赢了齐王的千金。从此，田忌把孙膑推荐给齐威王。齐威王向孙膑请教兵法，最终尊孙膑为师。

吴起变法

战国时代，诸侯纷纷撕掉了那层礼仪的遮羞布，赤裸裸谈利益。

抢夺地盘，不讲信义，成为战国时代的标配。

战争，成了家常便饭，成了必需品。

要想在战争中胜出，需要国力支持，需要军事人才。

在当时，既是政治家，又是经济学家，还是军事家的，吴起是大咖。

他用兵如神，有《吴起兵法》问世。

他主持变法，有楚国的强大为证。

啮臂而盟

吴起，是卫国人。

他出生在一个多金家庭中，家里积蓄足有千金，很富有。与很多同龄人相比，他是幸运的，最起码不用忍饥挨饿。

但是，富裕的生活，让他做事不知节制，过于放纵，性格上有些暴戾。

好在，他还不像一般的富家子弟，只知道躺赢，他是有大志向的，他希望自己能够成就一番大事业。家里人对他很支持，只要他愿意去闯荡，愿意去实现理想，他们就是他坚强的后盾。别的没有，最起码他们家不缺钱。

就这样，青春年少的吴起，带着一堆钱财闯荡江湖去了，要谋得一个高官回来。

因为有钱，他很有底气，大把撒钱，很是大方。

因为有钱，他很自信，总以为会收获他的梦想。

没有料到的是，江湖水很深，他这么个小年轻，被呛了很多口水。每一口水，就吞掉他一笔钱。一笔又一笔，一遭又一遭，他带的钱很快就没了。吴起不甘心，反正家里有钱，回家继续拿钱，抬腿又迈入江湖。

一来二去，来来往往，他们家所有的钱都没了。

无钱难倒英雄汉，吴起只能落魄地回返家园。回去之后，他发现周围总有人在嘀嘀咕咕，周围总有人用异样的眼光看他。

人们对吴起是质疑的，是不屑的，一个年轻人，就知道胡折腾，折腾来折腾去，弄了个倾家荡产。在人们眼中，吴起成了不良少年，成了教育的反面典型。

整天在别人的白眼与讥笑声中生活，吴起心中的怨恨逐日累积攀升，有一天，他终于暴发了，犯下了命案。

这可是重大刑事案件啊，吴起家人劝他赶紧逃命去。

吴起也知道自己惹了大祸，与母亲诀别之前，他狠狠地咬了自己的胳膊，狠狠地发誓:“我吴起做不了卿相，绝不回来！”说完，他头也不回地逃了。这便是著名的“啮（niè）臂而盟”。

吴起兜兜转转，拜得孔子的徒弟曾子为师，学习儒道。

没过多久，吴起的母亲去世了。当时，吴起并没有得到一官半职，无法兑现当初面对母亲发出的誓言，再加上他还有命案在身，也就没有回去为母亲奔丧。

这件事，在吴起看来，是无奈之举。但在曾子看来，却是大逆不道、天理难容之举。

原来，曾子在孔子的学生中，素以重孝著称。曾经齐国要聘任他做卿士，曾子因为要照顾父母，拒绝了；

父亲去世后，曾子悲不自胜，泪如涌泉，寝食难安；曾子还曾提出“慎终追远”的理念，“慎终”，就是谨慎地对待父母的去世，谨慎地处理父母的丧事。曾子对吴起不为母奔丧尽孝，很有芥蒂，非常看不起吴起，直接与他断绝了师生关系。

就这样，吴起被曾子除名了。

杀妻求将

有一年，齐国攻打鲁国，鲁国国君想任用吴起为将军，带兵反击。吴起梦寐以求的机会终于来了，他很激动，他摩拳擦掌，他跃跃欲试。

但是，鲁国国君后来又有些犹豫不决了，这无疑给满腔热情的吴起当头浇了一桶凉水，彻底清醒了。他对成功太渴望了，他要弄明白是什么事情干扰了鲁国国君，他一定要拿下这个职位。

一番打听，明白了，原因出自他的家庭。

原来，吴起的妻子是齐国人。要去打齐国，你的妻子却是齐国人，人家害怕你反水啊！这也算人之常情，可以怀疑。

吴起得知原因后，为了得到这个机会，他做出了一个违反常情、出人意料的逆天举动——杀妻。杀了妻子，就意味着他没有羁绊，他不会私通齐国。

他妻子临死都不敢相信，自己的枕边人，竟然向自己伸出了屠刀，送她归西，这些年的真情她是错付了？

杀妻，是吴起的投名状。

求将，是吴起的目的。

投名状有了，目的也达到了。鲁国国君放下疑心，正式任命吴起为将军，负责这次对齐作战。

费尽心血得来的机会，吴起自然不会浪费，他使出浑身解数，成功打得齐军溃不成军。

他太开心了，他终于证明了自己，他感觉自己离梦想越来越近了。

他的梦想，在鲁国的某些大臣看来，却是极大的威胁。能做出杀妻求将举动的吴起，做事心狠手辣，又会兵法，一旦他上位，势必会威胁到鲁国大臣的利益。他们自然不想这个危险分子停留在身边，他们联合要把吴起撵走。

吴起刚刚立了大功，风头正盛，怎么撵呢？

第一，拿吴起的缺点说事。

他们向鲁国国君进言，吴起人品不好，道德上有污点，杀邻人，不奔丧，杀妻子，为达目的不择手段，这样的人当真不敢用啊，一旦用了，说不定哪天屠刀就对准了鲁国国君。

第二，拿利害吓唬鲁国国君。

如果要重用吴起这样有重大道德污点的人，诸侯不仅会笑话鲁国，还会贻害鲁国。尤其是卫国，与鲁国本是兄弟之国，而吴起则是卫国的杀人犯，重用吴起，就相当于抛弃了卫国。为了一个人，抛弃一个国，这买卖不值当。

这些人中伤吴起，有着自己的小算盘，归根结底还是为了自己的利益考虑。从这点上说，他们和吴起也没有太大区别，道德上也高尚不到哪里去。

他们很了解鲁国国君，进言很有针对性，效果明显，鲁国国君疏远了吴起。

吴起为了前途，不惜杀掉了妻子，最后却还是被抛弃了，这究竟是鲁国国君过河拆桥，还是吴起咎由自取呢？

吴起吮疽

吴起在鲁国的前途，陷入了灰暗，他决定再谋出路。这次他要慎重，选择一个好领导，跟着鲁国国君这样的领导，是做不成大事业的。

最后，他选择了魏文侯。魏文侯礼贤下士，推行变法，富国强兵，国势蒸蒸日上。

魏文侯对吴起也有一番考察。招聘人员，得看到他的价值，没有价值，招来何用呢？

魏文侯组成了一个考核小组，这个考核小组，不唯

“道德”论，主要看能力。吴起贪恋成名，爱好女色，这是他道德上为人诟病的地方。但吴起的能力，那不用质疑，绝对是顶呱呱，用兵打仗，那绝对是高手，即便是齐国的名将司马穰苴也比不上他。

吴起靠着一身本领，成功通过了考核，受聘为魏文侯的主将，负责攻打秦国。

吴起到了魏国，真的是如鱼得水，大展身手，接连攻下来秦国五座城池。

吴起怎么这么厉害呢？一件事，足以说明他成功的缘由。

这件事，就是“吴起吮疽”。

吴起手下有一个士兵，身上长了毒疮，非常痛苦。吴起知道后，亲自用嘴，替这个士兵将毒疮里面的脓水吸了出来。脓水被吸出来，士兵略微舒服了一些。

没想到，这个士兵的母亲听说了这件事情之后，放声大哭，痛哭流涕。

周围人很不理解，说道：“你的儿子不过是一个小小的士兵，大将军亲自为他吮吸脓水，对他多么关照啊，你怎么还哭了呢？”言外之意，这个母亲有点不知好歹了啊。

士兵的母亲说，自己不是不知好歹，她是有前车之鉴。此前孩子的父亲也是吴将军的兵，有一次也是长了毒疮，吴将军也是替他吮吸脓水，孩子的父亲为了报答吴将军，奋勇杀敌，勇往直前，最后战死沙场。如今同样的事情再次出现，她知道自己的儿子也一定会像他

父亲一样，用生命报答吴将军。她不知道自己的儿子会在什么时间什么地点死去，但是她知道的是，她儿子的命保不住了。她是在哭自己的儿子，也是在哭自己的丈夫，更是在哭自己的人生。

这件事，是吴起带兵的一个缩影。

他虽然是将帅，但是在军营，他不搞特殊化，他就是一个兵。他与最下等的士兵待遇相同，穿一样的衣服，吃一样的饭食，睡觉不铺褥垫，行军不乘车不骑马，亲自背着捆扎好的粮食，徒步前行。他与士兵同甘共苦，他关心士兵，廉洁不贪，待人公平，深得将士们爱戴。

这就是吴起打仗没有败绩的根本原因。

战略战术很重要，人心向背也很重要，吴起这两点都不缺，难怪他成为战神！

魏文侯起用吴起，效果很好，一个人带来了这么猛的收获，他很开心，也很得意。吴起成功通过试用期，直接被委以重任，担任西河地区（今陕西、山西交界一带）的长官，负责防御秦国和韩国。

侍奉魏武侯

魏文侯死后，他的儿子魏武侯即位。

吴起尽心侍奉，不过这时的他，角色略有变化。

有一次，吴起跟随魏武侯泛游黄河。他们乘船而行，顺流而下，看着壮阔的黄河水，看着两边的高山，魏武侯很是自豪，回过头对吴起说，山川这样险要，山川这样壮美，真是魏国的瑰宝，真是魏国的屏障啊！

吴起一听，回了一番话，主旨是说政权的稳固，在于施德于民，而不在于地理形势的险要。

为了印证自己的观点，他又举例为证。三苗氏、夏桀、殷纣的领土，范围广大，可依赖的天险很多，因为他们不修仁德，不施仁政，最后落得亡身灭国的下场。这些历史教训，不可不借鉴。

为了印证自己的观点，他又代入当下的情景。假如魏武侯不去关爱百姓，即便是同坐一条船的人，都有可能成为他的仇敌。

这一番话后，恍恍惚惚间，吴起似乎不再是那个沙场血拼的将领，而是一个文质彬彬的儒家君子。如果单拿这番话，写到纸上，放到案头，请人回答是谁说的，估计很少有人会认为是吴起说的。

大家可别忘了，吴起曾经跟随曾子问学，儒家学说对他来说，并不陌生。只不过，此前吴起选择的是沙场上见高低，如今他选择了做一个政治家。

吴起做西河郡守，自然也不在话下，理政很有一套，治理很见成效。“吴起攻亭”，就是一个例子。

当时秦国有个岗亭，毗邻西河郡，时不时地骚扰百姓耕作，百姓们很气愤，都想教训教训秦国。吴起知道情况后，他在思索，打吧，不值当征调部队；不打吧，百姓肯定有意见。

怎么办呢？发动群众，集合老百姓的力量。

不过，百姓虽然气愤，但他们不会主动去教训秦国人，毕竟有冲突就会有牺牲，他们认为这应该是军队的事情。为了调动百姓的积极性，吴起想了一个绝佳的办法，取信于民。

吴起在城北门放了一根车辕（古时车前驾牲畜的木杠），告知百姓，谁能把车辕从北门搬到南门，就赏赐上等田宅。这件事情，在百姓眼中，很不可信，一根木头不沉，从北门到南门，也不算多远，怎么可能给上等田宅呢？付出的劳动与劳动所得极不匹配啊！明知不可信，还去做，那就是傻子！

后来，有个人抱着“姑且一试”的想法，把车辕搬到了南门。吴起言出必行，真的按照约定给予奖赏。

这件事一传开，百姓们都炸锅了，这么简单的事情，竟然让这小子给赚了大便宜！他们都开始后悔自己当初为什么不去试试呢，原来他们才是真正的傻子啊！

这件事一传开，百姓们也开了眼界了，知道了吴起“言必信”的为政原则。

过不多久，吴起想检验一下效果，就又举行一个类似的活动。

吴起在城东门外放了一石红豆，告知百姓，谁能把红豆从东门搬到西门，也赏赐上等田宅。这次，百姓们都不想做傻子了，争先恐后去搬红豆。

事后，吴起又如约给予了赏赐。

活动之后，吴起知道，攻打岗亭一事肯定成了。吴起正式下了一道命令，告知百姓，第二天要去攻打秦国岗亭，能冲锋陷阵的，就让他做大夫，赏赐上等田宅。

有了两次经验，百姓们纷纷加入攻打队伍，仅仅一个早上，就把秦国岗亭攻了下来。

这就是吴起的政治能力，他总能找出问题症结，因势利导，解决问题。

花落他家

吴起的能力不断展现，他的声望也越来越高。很多人都认为，魏国的相位，应该是吴起的了，当然，吴起也是这样认为的。

事情有时候就是这么吊诡，自信满满的事情，往往最容易发生变动。没到最后一刻，谁也不知道底牌是啥。

公布任命的时刻到了，国相是田文，不是吴起。

任命一公布，吴起恼了，直接跑到田文那里，要与田文比功劳。

田文很坦然，说可以比。

第一局，吴起比的是用兵打仗。

第二局，吴起比的是政务管理。

第三局，吴起比的是国际关系。

这三局，吴起很自信：他统率三军，激励士兵为国死战；他管理百官，百姓亲附，国库充实；他拒守西河，秦军不敢侵犯，韩国、赵国归顺。这些功劳，他就不信比不过田文。

田文也很坦率地承认，这三局他都输，他确实不如吴起。

人家态度这么好，吴起反而有些不好意思，他更加疑惑了。他实在想不明白，连田文自己都承认不如自己，究竟是什么原因让田文胜出了呢?

这时，田文气定神闲地抛出了一个问题：国君年纪尚轻，国人对他的能力还有所怀疑，大臣们对他不亲近，百姓们对他不信任，您说这个时候，国君是愿意把政事托付给我，还是托付给您呢?

田文的话，说到底，就是四个字，“功高震主”。吴起功劳太大了，风头抢过了魏武侯，魏武侯就是要用田文来制衡吴起，又怎么会让吴起做相，增大他的能量呢?

田文说话，轻轻道来，没有任何强硬语气做辅助，杀伤力却很强，搞得吴起半天说不出话来，这是一招制胜。

吴起沉默了半天，才缓缓抬起头，诚恳地说：“应该托付给您。”

田文此时，方才神秘一笑：“这就是我胜出的原因。”

吴起此时，方才心中了然，自己在政治经验方面确实不如田文。

吴起谈的是业务能力，田文谈的则是政治大局。业务能力强，就继续做业务；大局意识强，就统领大局。

这个任命，没毛病。

逃离魏国

田文去世之后，公叔痤（cuó）当了国相，还娶了魏武侯的女儿。

这个公叔痤，与田文相比，那不是一个档次的，总是害怕吴起，怕吴起会夺了自己的相位。

整天担心一件事，这件事的负面效应会逐日增大，大到承受不了的时候，要么自己被伤害，要么去伤害别人。

公叔痤选择的是后者，他要让吴起没有竞争相位的机会，也没有竞争相位的能力。

公叔痤有自知之明，正面对垒，他肯定没有胜算，但是他会使绊子、耍手段。

第一招，进谗言。

公叔痤瞅准机会，不断在魏武侯面前说吴起能力强，野心也大，这样的人，断然不会安心在魏国待下去。毕竟，魏国旁边就是强大的秦国。

魏武侯虽然也曾经忌惮吴起，但是他对吴起的能力还是很认可的，这些年多亏吴起努力，魏国才能不断发展，而且吴起对他也很尊敬，没有什么傲慢的神色。从内心来说，魏武侯还是希望能留住吴起这个人才。

公叔痤趁机提出，可以先试探一下吴起，探探吴起的底，再做打算。

怎么探呢？用公主来探。

公叔痤说，魏武侯可以召见吴起，告诉他要将公主下嫁给他。如果吴起接受了，就说明他没有异心，一心一意留在魏国；如果他有异心，必然不会接受。

魏武侯大赞有理，就同意了。

第二招，演大戏。

公叔痤提的这个试探方法，要达成目的，必须吴起配合他。

吴起又不是一般人，怎么会无缘无故地配合他？而且公主下嫁，对他来说，也是一桩好事，他很有可能就接受了。要做的，就是让吴起对公主下嫁的生活产生恐惧、不满，甚至厌恶。

公叔痤自己是娶了公主的，他就把他娶的公主当作了工具，来给吴起演出戏。这出戏的名字，就叫“野蛮公主”或者“娶了公主的日子”。

那天，公叔痤邀请吴起到他家，故意让公主妻子对着他大发雷霆，一副瞧不起他的样子。公叔痤点头哈腰，赔着不是，哄公主开心。

公主的人设，就是气焰嚣张，无法无天。

公叔痤的人设，就是奴颜婢膝，水深火热。

临了，公叔痤送别吴起的时候，还貌似抹泪一般地说:“苦啊，苦，我太苦啦！”

这一出戏，可把吴起给吓着了，这哪里是娶公主啊，这就是找罪受啊。

公叔痤在魏武侯、吴起那里，各自铺垫好了，下面的戏码，一切尽在他的掌握中。

魏武侯召见吴起，告诉了吴起下嫁公主给他的决定。吴起被蒙在鼓里，不知道这是魏武侯在试探他，他不想找不自在，坚决拒绝了。魏武侯的脸色，顿时难看了起来，坚定地认为吴起有二心。既然如此，吴起便不能被信任了，更不能被重用了。

吴起受魏武侯怀疑之时，正在西河郡守任上。因为害怕降罪，吴起被迫离开西河。望着西河，坐在车上的吴起潸然泪下。

这样的场景，对于“硬汉”吴起来说，真的是太罕见了。

他的随从很不理解，平时里，吴起看天下大势，就像脱鞋一般，非常潇洒，今天离开西河，干吗要流泪呢？

吴起深叹一口气说:“都不懂我啊。魏武侯如果能让我在西河施展才华，我可以让他称王。可如今他听信谗言，西河之地很快就会落入秦国的手中，魏国恐怕从此就会削弱了。”

吴起是个有骨气的人，很看重自己的声誉。既然得不到别人的信任，就没有必要当赖皮了。

走吧!

大显身手

只要是真正的人才，总能找到属于自己的舞台。

在战国那个人才大抢夺的时代，像吴起这样的大佬，更不愁下家。他选择去了楚国。

楚国当时的国君是楚悼王，早就听过吴起的大名。楚悼王得知吴起到来后，当即委以重任，让他当了国相。

至此，吴起当初与母亲的约定，才算完满实现，他才算真的扬眉吐气了。所以，吴起非常感谢楚悼王，感谢他的知遇之恩。他用一场轰轰烈烈的变法，回报了楚悼王的恩情。

吴起变法，有两个核心关键词：一个是“破”，一个是“立”。

所谓“破”，就是破除阻碍发展的因素。比如世卿世禄制度，不用做贡献，就能躺赢。比如冗官，即便无才无能，但一旦做上了，一般不免官。

所谓“立”，就是要建立强大国力的制度。比如军功制度，将废除世卿世禄制收回来的爵禄，用来奖励立有军功的将士，激励他们，提升战斗力。比如奖励农耕政策，施惠于民，鼓励他们垦荒。

吴起得到楚悼王的支持，大刀阔斧地干了起来。

吴起很严格，制定法令，令出必行，《韩非子》记载的“吴起休妻”的故事，是极好的例证。

有一次，吴起让妻子织一条丝带，织完之后，发现比他要求的长度要短一些。吴起让妻子继续织，织得长一些，等到妻子织好之后，还是不符合吴起的要求。吴起很生气，就休掉了妻子。

因为这么一点事，就休掉了妻子，有些过分了吧！

吴起的妻子也没有想到会有这种结局，她就去向自己的哥哥求助，希望吴起能改变想法。

她哥哥却说，这事没有回旋的余地了。吴起是制定法令的人，他的法令必须无条件地执行，要不然就没有人听他的了。如今，他选择拿自己的妻子开刀，这样他的法令才能推行下去。

吴起就是这样一个人，他的杀伐果断展现之后，法令就容易推广了。

富民强国的根本，一是耕，二是战。吴起变法，关注的恰恰是这两个问题。再加上楚悼王坚定的支持、吴起强大的执行力，因此，吴起变法的时间虽然不长，但是效果非常明显：

兵震天下，威服诸侯；向南平定了百越，向北吞并了陈国、蔡国，打退韩、赵、魏三国，向西又讨伐了秦国；诸侯都害怕楚国的强大。

惨死楚庭

吴起变法，成功了，但是没有获得决定性的巨大成功。

为什么呢？

一是楚悼王去世，二是楚国既得利益者势力强大。

吴起变法之时，已是楚悼王的晚年。楚悼王活着，有人反对，楚悼王能为吴起挡刀，呵斥反对者，楚悼王一死，没有了支持者，那些曾经被吴起变法打击的既得利益者，就开始了反攻倒算运动，报仇的报仇，报冤的报冤。

楚国宗室大臣们对吴起究竟痛恨到什么程度呢？

无以复加！

恨不得吴起立刻马上死去！恨不得把吴起大卸八块！

他们已经不愿去顾忌什么了，楚悼王一死，他们公然在灵堂上攻杀吴起。

宗室大臣的报复，恰恰是吴起变法效应的展现，足见吴起变法成功地探到了楚国的症结。

吴起一看，大势不妙，他也不能任由别人杀害。混乱之中，吴起急中生智，非常果断地跑到楚悼王的尸体旁，伏在悼王的尸体上。

吴起的这个选择，很明智。

一方面，他希望宗室大臣“投鼠忌器”，不敢伤害楚悼王的尸体，他能侥幸逃脱；另一方面，他深知宗室大臣对他的怨恨。或许，今天是免不了一死了。

既然如此，那就用死亡来为他的变法助力吧！

既然如此，那就要让宗室大臣见识一下他用计的妙处吧！

一路“爆表”的怨恨指数，已经让宗室大臣丧失了理智，他们似乎被洗脑了一般，不惜一切代价，必须杀死吴起。一阵乱箭射过，吴起被射死了。

吴起当时是伏在楚悼王尸体上，因此，这些箭也射中了楚悼王的尸体。

一代君王，死了也不得安生。不过，他与吴起倒是又做了一把“亲密战友”。这件事，对楚悼王的太子来说是不能容忍的，也是楚国的律法不能容忍的。按照律法，此等罪人，要加重罪，灭三族。太子即位之后，处死了所有射中悼王尸体的人，被株连而灭族的有七十多家。

吴起死了，浑身被射成了“刺猬”，很悲惨。他的死，是他刺向宗室大臣最后的武器。他名正言顺地为楚国的强大清除了根深蒂固的障碍，又很悲壮。

历史评说

吴起死了，对他的评价也纷至沓来。

有掌声，也有刀枪；有颂美，也有批评，双方都将吴起推到了顶峰。

颂美者认定，吴起是战神，是优秀的改革家、政治家。吴起一生，与诸侯作战，共七十六次，全胜六十四次，其余则全部打成平局，从无败局；吴起变法，提升了楚国实力，是楚国能与秦国抗衡的重要力量；吴起行政，尊德爱民，诚实守信，功效明显。

批评者认定，吴起道德有污点，品性恶劣，是坏人中的“战斗机”。他诛邻止谤、母丧不奔、杀妻求将，活该被乱箭穿身。

这两个阵营，一个着眼于事功，以成就定英雄；一个着眼于品性，以道德定优劣。

这两个阵营，一个认为不管如何，成功就行；一个认为不管成功与否，品性不端就不行。

他们的出发点不同，却为此争论了两千多年。

后来又有考证派出现，认为诛邻止谤、母丧不奔、杀妻求将，纯粹子虚乌有，是鲁国人构陷吴起造出来的故事。目的是要还吴起一个清白，揿掉他身上的黑锅，根本上还是属于颂美者阵营。

其实，每一个人都不是完美的。

太阳都有斑点，月亮也有阴缺，人当然也是有缺点的。吴起即便没有诛邻止谤、母丧不奔、杀妻求将那样严重的、在很多人眼中大逆不道的缺点，他也会有其他的缺点。

不必苛求别人完美，也不要苛求自己完美。道德洁癖，某种程度上，也是一种绑架。

其实，每一个成功都不是平白得来的。

吴起的成功，是努力结出的果。他努力学本领，他努力干事情，他做起了“跳槽王”，不被赏识不气馁，被人赏识全力做。说他不达目的誓不罢休也好，说他坚忍不拔也罢，总之，他努力地做成了自己想做的事情。

不完美，并不能否定成功的事实。成功的事实，也不能掩盖不完美的真实。

所以，做人要厚道，评史也应有温情。

（本篇主要依据《史记·孙子吴起列传》《韩非子》）

原典

起之为将，与士卒最下者同衣食。卧不设席[①]，行不骑乘，亲裹[②]赢粮[③]，与士卒分劳苦。卒有病疽[④]者，起为吮[⑤]之。卒母闻而哭之。人曰："子卒也，而将军自吮其疽，何哭为？"母曰："非然[⑥]也。往年吴公吮其父，其父战不旋踵[⑦]，遂死于敌。吴公今又吮其子，妾不知其死所矣。是以哭之。"

《史记·孙子吴起列传第五》节选

注释

①**设席**：铺设垫褥。

②**裹**：背。

③**赢粮**：多余的粮食。

④**病疽**：生毒疮。病，患病。疽，音 jū，害着恶性的毒疮。

⑤**吮**：音 shǔn，用嘴吸。

⑥**然**：是，对。

⑦**旋踵**：脚跟向后转，指退缩。踵，脚跟。

译文

吴起当将军，和最下等的士兵穿一样的衣服，吃一样的饭。睡觉不铺褥子，行军不骑马坐车，亲自背军粮，与士兵同甘共苦。有一个士兵长了毒疮，吴起为他把疮里的脓吸了出来。士兵的母亲听说哭了起来。旁人问她："你的儿子是个小兵，将军亲自替他吸疮，你哭什么呢？"这位母亲说："不是这样的。以前吴将军替孩子他爹吸过疮，孩子他爹就打仗时勇往直前得连头都不回，最终战死在沙场上了。如今吴将军又替我的孩子吸疮，我不知道这孩子将战死在什么地方。因此我才哭了。"

图书在版编目（CIP）数据

读史记，成大器．步入战国 / 王立群著．— 北京：东方出版社，2022.9
ISBN 978-7-5207-2774-7

Ⅰ．①读… Ⅱ．①王… Ⅲ．①《史记》—少儿读物
Ⅳ．① K204.2-49

中国版本图书馆 CIP 数据核字（2022）第 152113 号

读史记，成大器：步入战国
DU SHIJI, CHENG DAQI: BURU ZHANGUO

作　　者：王立群
策　　划：王莉莉
责任编辑：王莉莉　赵　琳
产品经理：赵　琳
出　　版：东方出版社
发　　行：人民东方出版传媒有限公司
地　　址：北京市东城区朝阳门内大街 166 号
邮　　编：100010
印　　刷：鸿博昊天科技有限公司
版　　次：2022 年 9 月第 1 版
印　　次：2024 年 5 月第 4 次印刷
印　　数：70001—100000 册
开　　本：880 毫米 ×1230 毫米　1/32
印　　张：8.125
字　　数：150 千字
书　　号：ISBN 978-7-5207-2774-7
定　　价：280.00 元（全六册）
发行电话：（010）85924663　85924644　85924641

读史记，成大器

第三册

秦国崛起

王立群 著

人民东方出版传媒
People's Oriental Publishing & Media
東方出版社
The Oriental Press

目录

商鞅变法

苏秦合纵

张仪连横

将相和

远交近攻

纸上谈兵

毛遂自荐

信陵君窃符救赵

黄歇拜相

鸡鸣狗盗

奇货可居

荆轲刺秦

商鞅变法

战国时代，车轮滚滚。

这车轮，有的走向了战场，你拼我杀，鲜血中见成败。

这车轮，有的运来了人才，你来我往，自由中有高低。

这车轮，有的走向了逃亡，你追我赶，只为逃命。

这车轮，有的送走了生命，你拉我扯，五马分尸。

这几种车轮，都曾经载过一个人，只不过，时间不同，陪伴者也有不同。

落魄、激情、渴望、惊魂、绝望，伴随他来过，又走远。

这个见证历史、书写起伏的人物，就是鼎鼎大名的商鞅。

举荐无果

商鞅，原名公孙鞅，也叫卫鞅，本是卫国国君的侍妾生的儿子。

商鞅从小特别喜欢刑名法术之学，年纪轻轻，就很有本领了。他的第一份工作，是在魏国国相公叔痤手下做官。

在公叔痤手下，商鞅的才能很自然地就显现出来了，那么卓尔不群！公叔痤对商鞅的才能很看好，很赏识他，准备向魏惠王举荐商鞅。可惜的是，还没有来得及举荐呢，公叔痤就得了重病。

好在，公叔痤重病期间，魏惠王前来探望，主动询问公叔痤："万一您有什么不测，有谁能像您一样辅弼（bì）我治国？"

公叔痤赶紧提供了他早就想好的人选——商鞅。商鞅虽然很年轻，却是位奇才，堪当治国重任。

魏惠王听完，沉默不语。魏惠王对商鞅并不了解，又听说商鞅是个生瓜蛋子，年轻得很，他怎么会把国政委托给这么个人呢？

公叔痤顿时明白了魏惠王的心思，当魏惠王准备离开时，公叔痤屏退左右侍从，悄悄对魏惠王提了一个建议：如果大王不想用商鞅，那么，一定要杀了他，千万不能让他到其他国家去。

公叔痤明白商鞅的能力，一旦放他走，他一定会帮助他国强大，回过头来攻打魏国，那时候魏国就麻烦了。早日解决麻烦，就不会惹麻烦上身。这是他作为国相的责任，需要提醒魏惠王。同时，这也是他作为商鞅举荐人的一种举荐手段，以此显示商鞅的能力，希望引起魏惠王的重视，重用商鞅。

魏惠王这次答应了。

魏惠王一走，公叔痤就赶紧把商鞅叫了过来，告诉他赶紧逃命。至于原因嘛，他也老老实实地对商鞅说了。

公叔痤说自己行事，向来是先国家后个人。提议杀商鞅，是忠君为国，这是公事；提出让商鞅逃命，是爱惜人才，这是私情。公叔痤看透魏惠王不会重用商鞅了，但又生怕魏惠王杀商鞅，才让商鞅逃命。

商鞅听完之后，却没有慌张，他很平静，他看得比公叔痤更透，他断定魏惠王不会杀他。

为什么呢？原因就是魏惠王现在不相信公叔痤了。既然魏惠王不会听从公叔痤的话重用他，又怎么会听从公叔痤的话杀他呢！

这就是商鞅的推理逻辑。这个逻辑，正中魏惠王的心理。

魏惠王从公叔痤家里出来，就对他身边的人说："公叔痤真是病昏头了，竟然想让我把国家交给商鞅去治理，简直荒唐至极！”

这个逻辑，事实验证了它的正确：商鞅没有离开魏国，魏王也没有杀商鞅。

这个故事中，三个人，三次发言，见证了三个层次。

最低层次上的是魏惠王，他不能识人，不知商鞅的才能，也不能听谏，不听公叔痤的力荐，反而认为他病糊涂了。

中间层次上的是公叔痤，他能识人，知道商鞅的才能，却不能猜度魏惠王的心理。

最高层次上的自然是商鞅，他看问题看得最准，分析问题很有一套，严丝合缝地读出了魏惠王的心理。

魏惠王、公叔痤，都是历史上有名的能人，年纪轻轻的商鞅却能技高一筹，这段位着实了得！

西见秦孝公

过不多久，公叔痤去世了。商鞅失去了赏识他的人，也就不愿意在魏国待了，待下去也不会有什么大前途了。

因为，魏惠王已经把路堵上了，商鞅不可能在魏国当相了。

因为，商鞅是有大志的人，他不会甘心做什么小官。

这时，秦国的秦孝公面向全社会、面向全世界发布了“求贤令”，其中有言：

宾客群臣有能出奇计强秦者，吾且尊官，与之分土。

什么意思呢？

意思是说，只要你能让秦国强大起来，我秦孝公不仅给你高官厚禄，而且还拿出土地，与你分享。

“与之分土”这句话，出自一位国君之口，极其不易，极具分量。说它不易，因为它是中国历史上第一个许下分地与人的国君。说它极具分量，因为这句话对天下人才的诱惑力极强！谁不愿意在有生之年得到财富呢？

那么，秦孝公为什么会如此大张旗鼓、如此巨大力度地招纳人才呢？

最大的原因，就是秦国落后了。

秦孝公即位之时，秦国东边的六个强国韩、赵、魏、齐、楚、燕都已经成了气候。东方诸侯看不起秦国，鄙视其为戎翟（未开化的民族），不把秦国当成“同胞”看待，并且秦国时刻有被他国侵吞的可能，这使秦孝公感到了危机，感到了强烈的耻辱。

秦孝公即位之时年仅二十一岁，知耻而后勇，他立志要改变这种落后的局面，奋起直追，恢复秦穆公时代“东平晋乱”“西霸戎翟”的繁盛局面。

秦孝公的求贤令，就像电波一样，越过边界，传到了商鞅那里，震撼着他的心灵！

商鞅从中嗅到了“同类”的味道，他悸动起来，他似乎被点燃了，这种汲汲皇皇要建功立业的心愿，与他是那样契合！年轻就要奋斗，不奋斗就不能成功，不成功则枉为人，这就是商鞅的人生信条。

带着必胜的信念，商鞅从魏国赶往秦国，朝着他的梦想出发了。

商鞅风风火火地赶到秦国，找到秦孝公最宠幸的景太监，请他安排自己和秦孝公见面。

太监在当时是士人最看不起的人，后世不少人也曾经因为商鞅最初通过景太监求见秦孝公一事批评商鞅。司马迁在著名的《报任安书》中亦说:“商鞅因景监见，赵良寒心。”宋人甚至公开说：商鞅通过景太监面见君上，最终被杀是应得的。

但是，商鞅急于见到秦孝公，推行自己的一套富国强兵之术，他在秦国既无亲朋，也无好友，不找秦孝公宠幸的景太监能找谁？人脉关系广的人，实在不知道“报国无门”者的窘境。

秦孝公接见商鞅了吗？见了。怎么见的呢？

四场“面试”。

第一场面试，商鞅讲的是“帝道”，也就是黄帝、颛顼、帝喾、尧、舜等人的“五帝之道”。秦孝公听得昏昏欲睡，根本听不进去。事后秦孝公大骂景太监，景太监责备商鞅，说他是个只会说大话的人。

第二场面试，商鞅讲的是“王道”，也就是夏禹、商汤、周文王周武王的“三王之道”。商鞅说得淋漓尽致，可还是不合秦孝公的心意，秦孝公还是听不进去。事后，景太监又被骂，商鞅又被景太监责备。

第三场面试，商鞅讲的是“霸道”，也就是春秋五霸的事情。秦孝公听得有点兴奋了，但还是没有任用商鞅。

第四场面试，商鞅大讲“强国之术”。秦孝公听傻了，不知不觉地被吸引，一个劲儿地向商鞅跟前凑，谈了好几天也不感觉厌倦。

这次，秦孝公高兴极了，这才是他梦寐以求的富国强兵的人才。

这次，商鞅面试通过。

原来，秦孝公要的是立竿见影，要的是迅速发展，帝道、王道达成大治，太漫长了，他不愿意等，他希望在他有生之年就能扬名四海，切切实实地感受到他国的尊崇。

变法图强

秦孝公的要求很高，在短时间内要改变局面，达到富国强兵，这个任务很艰难。一般人能完成的事情，不足以显出能人的水平。商鞅就喜欢这么有挑战性的工作。

有秦孝公的坚决支持，商鞅没有后顾之忧，大刀阔斧地开始了他的变法事业。这个事业千头万绪，从哪里开始呢？

哪里都得做，这是个系统工程，一处做不好，都会影响事业的高度。商鞅头脑很清晰，他划定政治、经济、军事三大板块，敲定每一板块的主要问题，找到解决方案。总的原则就是富国强兵，国家怎么富强怎么来，军队怎么有战斗力怎么来。

最大的支撑就是，发展农业，奖励军功。

思路想好了，接下来就是具体执行了。

第一步，要做到有法可依。

变法内容明确落实到文字上，形成法典，形成制度，公之于众。这样就会形成指导性，让百姓清清楚楚地知道，什么该做，什么不该做。做好该做的，就会得到奖励；做了不该做的，就会受到惩罚。奖惩分明，不接受异议。

为了在最短时间内达成最佳效果，商鞅用的是重奖，用的是严刑。

重奖的典型法令，就是军功爵制。

法令规定，只要能斩杀敌人甲士一颗首级，即可以晋升一级爵位。愿做官者，可授以五十石俸禄的官职。

这个法令，很刺激，这哪里是杀人啊，明明就是去抢功名富贵嘛！反正到了战场上得流血，何不拼个灿烂前程呢！就这样，秦国军人看见敌人如同饿虎捕食，秦国的将士变成了“杀人机器”，秦国的军队变成了“虎狼之师”。

严刑的典型法令，就是“连坐法”。

全体居民每五家编为一伍，十家为一什，一家犯法，九家连坐；百姓要相互监督，告发奸人，告奸者和杀敌者赏爵相等；如果不告奸人，腰斩处死；掩护奸人的人和战场上投敌的人一样受罚。

这是将全国的百姓都编织在同一个政治密网之中，这是用恐怖手段恫吓（dòng hè）全国百姓，让百姓不敢违法。

第二步，要做到有法必依。

这一步很关键，这一步也很难。不论是贵族，还是一般的百姓，新的法令实施起来，都会感觉不方便，都不愿意接受，习惯成自然，习惯的力量是强大的。更何况利益受到损害的既得利益者呢，他们势必要阻挠变法。

如果新法制定了，推广不下去，执行不了，那相当于没有新法。为了树立新法的威信，商鞅在变法伊始，秀了一把“立木为信”的戏码。

商鞅特意在都城市场的南门立了一根三丈高的大木头，下令说，谁要能把它搬到北门，赏赐十金。赏金这么重，做起来又易如反掌，因此，谁都不信，所以没有一个人去搬。

商鞅一看，立即加码，能将这根木头搬到北门的赏五十金。

这下子，百姓们更炸开了锅：谁信啊？

北門

有一个人，平时比较“二”，他一听，赏金这么重，于是把这根木头从南门轻轻松松地搬到北门。商鞅立即兑现诺言，赏五十金。

“立木为信”的故事听起来很不靠谱，但是，这个世界流传最广的往往是不靠谱的事，很快这件事就传遍了全国。

这个故事看上去很眼熟，《吕氏春秋》记载，吴起变法时也做过类似的事情，《史记》将“立木为信”的主角写成了商鞅。谁真谁假，无从考证，但是这两处类似的记载说明，要变法，必须有信誉基石——言出必行。

这样一来，新法慢慢推行开来。

冲破重重障碍

商鞅以一个严苛执法者的面貌出现，有很大的权威和震慑力。但是，新法推行开来，仍然是障碍重重。新法实施了一年，秦国普通老百姓反对新法的声音还有不少。到国都控诉新法不方便的百姓，数以千计。

这件事，商鞅很重视，不管这些百姓是自发的，还是被人鼓动被人收买的，都必须处理好。处理不好，下面再推行法令，就很难了。

恰巧这时，出了一件比较特别的事情：太子触犯了新法。

这是个大难题，很多人都在等着看商鞅的笑话，他们笃定，商鞅不敢处罚太子。

商鞅刚开始也犯了大难。

要顺利推行新法，就必须令行禁止，一视同仁，就不能不管太子犯法这档事儿。如果放过太子，他的法令就成了一纸空文，没人会拿它当回事。但是，太子是“嗣君”，又不能施以刑罚。

商鞅压力很大，这真是个事关变法存亡的难题。

重压之下，有人就倒下了，但偏偏商鞅是不信邪的人，偏偏商鞅是会转弯的人。他要将这次的压力大难题，做成他的“跳板”，做成一个绝对火的“宣传文案”。

商鞅的处罚意见是，太子的两位老师代为受刑，其中一位，被施以墨刑（古代刑罚，在犯人脸上和身上刺字，然后涂墨）。

这个处罚很巧妙，既避免了对太子的直接处罚，又没有废弃法令。这就叫罚在老师身上，疼在太子心上；刻字在老师脸上，羞辱在太子身上。

处罚虽然没落在太子身上，但是，太子的难受就甭提了。这个处罚一出，立即上了当日秦国新闻的头条。

贵族们蒙了，百姓们更蒙了：连太子犯法都敢处罚的人，他又怕什么呢？他还会怕谁呢？

执法的第二天，秦国百姓立即尊法、畏法，无人再敢造次。

后来，曾替太子接受过处罚的其中一位老师，自己又违反了新法，商鞅照样“零容忍”，铁面无私地对这个老师施以劓（yì）刑，割去了鼻子。

这是一个信号，无论你是谁，无论你是什么职位，只要你敢犯法，商鞅绝对会重拳出击，毫不留情。

新法推行了十年，秦国百姓都很高兴，路不拾遗，山林里没了盗贼，家给人丰，百姓勇于为国打仗，不敢为私利争斗，社会秩序安定。

这时，当初控诉新法不方便的那帮人，又出来大唱颂歌，说新法如何如何好。

这是不是一个好现象呢？应该也算好现象，新法没成效，不会有人唱颂歌，也不敢有人唱颂歌，那样估计会被人打肿脸。但是，这又不全然是个好现象。好与不好，百姓不能批判，也无须颂扬，他们要做的只是“依法行事”。

前面批判，现在颂扬，这是发自真心吗？不见得，这些人更多的是在“投机”，此前是，现在也是。

商鞅没有被迷惑，他认定这些人是“刁民”，是扰乱教化的人，全部将他们迁到边疆去。此后，再也没有人敢议论新法了。

破除障碍之后，新法的优势慢慢展现出来，秦国真的强大起来了，周天子把祭肉赐给秦孝公，各国诸侯都前来祝贺。

至此，商鞅基本完成了秦孝公交给他的任务，还算圆满。

商鞅的“鸿门宴”

国势强大了，商鞅还不满足，他希望再给秦孝公送几单大礼物。

恰巧，诸侯国之间发生了一件大事，齐国在马陵大败魏国，魏国受挫严重。这件事，让商鞅看到了利好之处。

商鞅提出：秦国与魏国，互为对方的心腹大患，不是秦国吞并魏国，就是魏国吞并秦国，这是必然的结局。魏国与秦国以黄河为界，占据有利地形，东面有险山峻岭。强大时就向西进犯秦，窘困时就向东收缩。秦国要扩张，要征服东方，必须拿下魏国，依靠黄河、崤（xiáo）山的有利地势，定能成就伟业。

秦孝公深以为然，任命商鞅担任主帅，攻打魏国。

魏国派兵迎战，主帅是公子卬（áng）。

一听主帅是公子卬，商鞅乐了，他知道这次打仗不用那么费力了。

为什么这么说呢？原来，公子卬与商鞅是老相识，在魏国两个人就认识了，关系还不错呢。商鞅要利用公子卬设个计谋。

两军对峙之时，商鞅派人给公子卬送了一封信，这封信写得深情款款，让人动容。这封信的内容，表达了两层意思：

第一层，回忆往昔，情深义重。想当初，他们二人一起共事，把酒言欢，很是欢快。

第二层，改变现实，撤兵休战。叹如今，他们二人却兵戎相见，各为其主，很是无奈。商鞅表示，自己不想与公子卬为敌，不愿与公子卬拼个你死我活，不如他们见个面，一方面叙旧，另一方面签订盟约，不要打了。

公子卬拿到这封信，感动了。

公子卬拿到这封信，相信了。

这公子卬的段位也太低了吧？难不成他不知道有句话叫“兵不厌诈”吗？

大战当前，兴师动众、主动发起进攻的敌人，不谈战事，谈感情，不可疑吗？

国家利益与私人感情，哪个更重要呢？

已过多年，各为其主，感情还是当初的感情吗？

或许公子卬也怀疑过吧，但是他还是选择了相信，除了对当初友情的笃定，还有一点就是，魏国此时不想打仗。

马陵之战，魏国已经是元气大伤，都有了战争恐惧症了，这时的魏国人就想安安稳稳地活着。秦国主动打来，没有办法，只能硬着头皮应战，现在人家主动要签订盟约，不打了，这当真是求之不得啊！即便可疑，但万一是真的呢？

带着这份侥幸，公子卬与商鞅见面，签订了盟约，把酒言欢，回忆起了往日美好。刚开始公子卬也很警惕，害怕商鞅使诈，但是，一切都按照约定的完成了，商鞅看上去也没有隐瞒，酒宴氛围很融洽，他就放松了。

正在公子卬喝得高兴的时候，商鞅早就埋伏下的士兵，突然发动袭击，很快俘虏了公子卬。当了阶下囚的公子卬肠子都悔青了，他太感情用事了，太弱智了，竟然相信了商鞅！

这就是一场包藏祸心的“鸿门宴”！

关键是，商鞅没有妇人之仁，他成功降服了对手。

魏军的主帅被抓，对魏军的士气影响很大。商鞅乘虚而入，毫不留情，挥师奋进，乘胜追击，彻底击溃了魏军。

这次战争，选的时机很好，选在魏国人战败疲惫之时。

这次战争，打的效果也很好，打得魏国人战战兢兢，没了脾气。

魏惠王为了自保，割让了魏国河西地区给秦国，以求媾（gòu）和。

至此，魏惠王又想起了当初公叔痤的话，后悔没有听公叔痤的话杀掉商鞅，才引来这么大的祸患！

但是，后悔药如果有用，那还要智商干什么呢？

对魏作战，确实为秦国挣来了大效益，秦孝公这次也是扬眉吐气，非常高兴。他很感谢商鞅，出手很阔绰，直接给了商鞅十五个封邑，还封商鞅为“商君”。商鞅这个名字，就是因此而来的。

五马分尸

商鞅在秦国实现了他的梦想，秦孝公对他无比信任，他一时荣宠无限。但是，反对他的声音也越来越多，而且这些声音背后的人物都是朝中显贵。

商鞅自然明白这些，他还清楚有人想取他性命。为此，每次出门，商鞅都是严阵以待，安保措施很到位。有身强力壮的人做贴身保镖，还有手持戈矛的人紧靠着他的车子奔随。他的车子周围还有数以十计的车辆，车上都是全副武装的卫士。这些安保措施，有一处做得不到位，商鞅都不敢出门。

有人劝说商鞅，不要贪图封邑的富有，不要以独揽大权为荣宠，见好就好，隐居山林，浇园自耕，或许能减少累积的怨恨，收回点人心，或许能获得平安。这人还辛辣地指出，商鞅的处境就像早晨的露水，很快就会消亡，非常危险，希望他改弦更张，用仁德礼仪教化百姓，而不是用严刑酷法残害百姓。

然而，享受过权力与荣耀巅峰的人，很难放下一切，静心生活。商鞅的一切，都是他这么多年摸爬滚打挣来的，他认为这是他应得的，他不愿意舍弃。新法如同他精心呵护成长的孩子，一点一滴都凝聚着他的心血，他自然也不愿将它扼杀。

时间一天天流逝，商鞅依然我行我素，他的仇人也越来越多。他的仇人们在等待机会，等待泄恨的机会。

机会在秦孝公去世时出现了。

秦孝公的太子即位，是为秦惠文王。秦惠文王对商鞅的仇恨不是一天两天了，从商鞅处罚他的老师那一刻，他们的梁子就结下了，况且后来秦孝公甚至想将王位传给商鞅！

新仇旧恨，是时候算算账了。

秦国的皇亲国戚自然也不会放过这个机会，他们开始罗织商鞅的罪名，最后由秦惠文王的老师，就是那个被割掉鼻子的公子虔，告发商鞅谋反。

一切都准备得差不多了，秦惠文王名正言顺地下令，抓捕商鞅。

商鞅得到消息，匆匆逃亡。趁着夜色，他逃到了秦国边境，饥寒交加、又困又累的商鞅想到旅店里休息一下，再行逃亡。

旅店老板并不知道他是商鞅，只是按照规定，要求商鞅出示“身份证”，没有身份证件，拒绝入住。这条法令还是商鞅规定的呢，住店的人没有证件，店主要连带判罪。

商鞅这时才感受到什么叫“搬起石头砸自己的脚”！此前只是治别人，今天终于轮到自己吃苦头了，也只有今天他才真正知道，新法的实施竟然到了这步田地，这就是“作法自毙”！

没有办法，商鞅只能硬着头皮继续前行，逃出了秦国，逃到了魏国。

到了魏国，商鞅希望魏国人能收留他，他事后一定会尽全力报答。但是魏国人早就对他恨之入骨，如果不是他设计陷害，魏国就不会白白丢掉那么多土地，更不会被人欺负瞧不起。如今他还是秦国的逃犯，如果他们包庇他，秦国肯定会恼怒，那样又会惹上大麻烦。魏国人不愿意惹事，就把商鞅送回了秦国境内。

商鞅潜逃到他的封地，集结力量，准备去攻击郑国，谋求生路。这时的商鞅已经是穷途末路了，秦惠文王发兵攻打商鞅，最终杀死了他。

但是，秦国人对商鞅的仇恨，积聚很深，即便商鞅死了，也不解恨。秦惠文王下令，将商鞅的尸体拉到市场，施以车裂之刑，用五匹马将他的尸体生生撕裂，惨不忍睹。

既而，秦惠文王告诫百姓，不要学商鞅，不要像商鞅一样谋反。

就这样，世上再无商鞅。

那么，商鞅推行的变法，是不是也失败了呢？

确实，“人存政存，人亡政亡”的事情很多，吴起死后，他推行的新法很多就废止了。但是，在秦国，商鞅虽然死了，他的新法仍然推行了下去。

这似乎很奇怪，秦惠文王对商鞅恨之入骨，为什么还会用商鞅新法呢？

原因其实很简单，商鞅新法有用。新法让秦国迅速富强起来，这个现实有目共睹。

当然，秦惠文王也不简单。他虽然深受商鞅变法之“害”，但是，商鞅变法之“利”他也拎得很清。

有此君王，是秦国的大幸。

有此新法，是秦国更大的幸运。

秦国一统天下，指日可待。

缘何“刻薄少恩”

司马迁对商鞅的评价，基本上集中于“刻薄”“少恩”四字上。

司马迁说，刻薄少恩，是商鞅的本性。正因为如此，他才会制定那么刻薄少恩、轻罪重刑的法令，苛待百姓，苛付权臣；他才会不用帝王之道，不行教化；他才会欺骗公子卬，他才会不听贤人言，不近人情，没有朋友，十足一介“孤臣”。

这样的人，最后得恶名、受恶刑，完全是咎由自取。

一个字：该！

商鞅真的那么坏吗？这个“该”字应该吗？

他的变法，让秦国家给人足，国家强大，迅速崛起，为以后秦国统一六国奠定了坚实的基础，这样的人不应该是功臣吗？

司马迁是否有失公允呢？

要明白司马迁的心思，不妨再看看他对另一个变法者吴起的评价。

司马迁说吴起“以刻暴少恩亡其躯”，更加直接，把“刻暴少恩”与个人命运直接勾连，吴起死就死在“刻暴少恩”这四个字上了。

刻薄少恩、刻暴少恩，何其相似！

吴起曾劝诫魏武侯，为政者要对百姓施以仁德，对此，司马迁是大加赞扬的。

等到在楚国变法时，吴起则绝口不提仁德教化，司马迁就开始批评了。

因此，“刻薄少恩”“刻暴少恩”对准的目标，是严刑酷法。严刑酷法者，不得人心，不得好死，这是司马迁的潜台词。

司马迁身边，也有刻薄少恩的人物，高高在上。

司马迁，恰恰就是刻薄少恩的受害者。

于是，他带着满腔愤懑，举起了批判的投枪。

他的枪口指向的，不单单是历史，也有当时，还有未来。

（本篇主要依据《史记·商君列传》）

原典

令[1]既具[2]，未布[3]，恐[4]民之不信，已乃[5]立三丈之木于国都市南门，募[6]民有能徙置北门者予十金。民怪之，莫敢徙[7]。复曰“能徙者予五十金”。有一人徙之，辄[8]予五十金，以明不欺。卒[9]下令。

《史记·商君列传第八》节选

注释

①**令：**变法的命令。

②**既具：**已经具备。这里指制定完备。

③**布：**颁布，公布。

④**恐：**恐怕，担心。

⑤**已乃：**不久。

⑥**募：**音 mù，广泛征求。

⑦**徙：**音 xǐ，搬，迁移。

⑧**辄：**音 zhé，立即，就。

⑨**卒：**最终。

译文

新法已经制定完成，还没有公布，公孙鞅担心百姓不相信自己，不久就在国都市场的南门立了一根三丈长的木柱，告诉百姓谁能把它扛到市场的北门，就赏给他十金。百姓觉得奇怪，没有人敢扛。公孙鞅说：“谁能把它扛到北门，赏五十金。”有一个人把木柱扛到了北门，公孙鞅立即赏给了他五十金，以表明说话是算数的。最终颁布了新法。

苏秦合纵

秦惠文王接棒秦孝公，将秦国打造成为一个迅速崛起的强国。

秦国的强大，逐渐累积，终成一国独大，东方六国没有一个国家有能力与秦国单独抗衡。面对这种新局面，六国怎么活呢？

这时，一个叫苏秦的人出现了，他佩六国相印，提出六国合纵之策，集中六国力量，对付众矢之的的秦国。

那么，苏秦又是一个什么样的人呢？他是如何创造奇迹的呢？

求学鬼谷子

苏秦是东周洛邑（今河南洛阳）人。

他家不是什么大富大贵的人家，家里人老老实实地耕种。周围人基本过的都是这种生活。

苏秦却不愿一直过这样的生活，他希望他的未来离开黄土，他希望他的未来熠熠发光。他喜欢耍嘴皮子，他喜欢动脑瓜子。这样的年轻人，在周围人眼中，就是一个好吃懒做、游手好闲的主儿，总有一天会跌个大跟头，社会一定会好好给他上一课。

苏秦依然我行我素，他听说齐国有个叫鬼谷子的人很厉害，培养出的徒弟也牛气，当高官的多了去了，就迫不及待地去跟着鬼谷子学习。

苏秦的这个决定，倒很靠谱。他有自己的喜好，一如既往地坚持下去。他不自我满足，他想借力。最好的借力，就是跟着优秀的人，向优秀的人学习。或许有一天，你就变成了他。

投到鬼谷子门下，苏秦终于知道了什么叫“物以类聚，人以群分”，练嘴皮子成了他们的必修课，没有人会嘲笑他华而不实，只会嘲笑他还不能“口吐莲花”。

苏秦如饥似渴地听鬼谷子先生讲权谋，讲游说，讲天地变化，讲社会大势。苏秦孜孜不倦地与同门师兄弟们组织辩论赛，模拟人才选拔赛，进行实战演习。

这时的苏秦是幸福的，因为他做的是他喜欢的事情。

这时的苏秦是辛苦的，因为每一次收获都注入了他的汗水和坚持。

终于，苏秦通过了毕业考试，成为鬼谷门又一个有才华、有能力的毕业生。

鬼谷门在当时名声很响，苏秦笃定未来一定能博个好前程。但是，理想很丰满，现实往往很骨感，即使你出自名校。

苏秦主修游说，能够被雇用，得看能否打动雇主。那年头，用人单位开出的条件都很好，奈何“僧多粥少”，用人单位就那几个诸侯国，游说的“大忽悠”却很多，像苏秦这样的“应届毕业生”很多，更别提积压下来的“往届毕业生”了，诸侯国国君都司空见惯了。一个比一个会说，一个比一个牛气，但基本路数都差不多，没有太多亮点。

苏秦还不愿意放低期待值，因此虽应聘了几个职位，都没有成功。

这就是“毕业即失业”啊。

一连蹉跎（cuō tuó）了几年，苏秦也从“应届毕业生”混成了“往届毕业生”，一事无成，穷困潦倒，只能落魄地回到家中。

锥刺股

在外经受风霜洗礼的苏秦，本想回到家庭的港湾，靠亲情疗伤。但是，当他形神憔悴、一脸愧色回到家中时，妻子不理他，照样在织布机上织布。嫂子不做饭，父母不搭理，整个家庭对苏秦的集体无语与一致的冷落漠视，让苏秦心中凉了大半截。

一事无成的苏秦回到家，那些本来就瞧不上他的乡里乡亲，更有了说辞："当初就看这小子不着调，看看，看看，这下被说中了吧！"苏秦也就成了乡亲们口中教育孩子的"坏典型"，时不时地被拿出来批驳一番。

乡亲们的嘲讽，苏秦听在耳中，心里很不好受，却也没办法。

更让苏秦难受的是，家里人也不理解他，也嘲笑他。他的兄嫂、弟妹、妻子都加入了嘲讽大军："人家都知道干活挣钱，你把挣钱的活儿全扔了，到处游荡，还学什么游说，靠舌头能挣钱吗？落到今天这么个下场，活该！"

这些话语，像一支支利箭射向苏秦的心窝，他很痛很痛。他更加痛恨自己，他恨自己无能，无能就该被人瞧不起，没什么可辩驳的。玻璃心不管事，诉委屈也没人听，要改变别人的态度，就要让自己强大起来。

苏秦将自己关进了“小黑屋”，闭门不出。

他躲在小屋里，问了自己一个问题：“读了那么多书，为什么还是不能换来荣华富贵呢？”

是用人单位有眼无珠？是所学专业不对口？

不，不，都不对。

归根结底，还是自己学艺不精，能力不够。

这就是苏秦的厉害之处：遇到问题，不怨天，不怨地，不尤人，只从自己身上找原因。

这就是苏秦的优秀：他发自内心地渴望自己更加优秀，并坚决地实现着优秀。

原因找到了，他开始了“自我镀金”，自我拯救。

他找到西周姜太公所著的《阴符》一书，一字一句，逐字逐句，一句一章，反复去读，反复揣摩，反复研读。他不允许自己有一丝遗漏，他不允许自己有一丝懈怠（xiè dài），他的案头常备着一把锥子，这把锥子不是用来钻眼儿的，而是用来对付疲倦的。每当他困得眼睛睁不开时，他的手就会如同条件反射一般，拿起锥子，狠狠地刺向自己的大腿，那种痛彻心扉的痛感，会让他浑身激灵，清醒起来。

这样的日子，苏秦一过就是一年多。

这一年，他逼着自己往前走，行走在漆黑的夜里。

这一年，他自觉自愿地一直走，终于走向了灯火通明处。

他终于揣摩明白了。

他很激动，他又重拾自信，他感觉成功会随着他的刻苦到来了。

燕国重用

苏秦再一次离开了家。

苏秦再一次向着梦想出发了。

那么，这一次，他能得偿夙（sù）愿吗?

路还是不好走。

第一站，他就近去到周王那里。

近有近的好处，也有坏处，那就是苏秦的坏名声很早就传了过去，周王身边的大臣都瞧不起他，周王自然也不看好他。

第二站，他去到秦国。

秦国当时的国君是秦惠文王，他刚刚处死了商鞅，非常讨厌游说的人，苏秦自然也被排斥了。

第三站，他去到赵国。

赵国的国相奉阳君很不喜欢苏秦，苏秦又被拒之门外。

三次游说，三次碰壁，苏秦心里什么感受，历史没有记载下来，想来也不会太平静。不过，他没有放弃，他继续前行，或许他把这些碰壁都当成了演练吧。他一边游说，一边揣摩着，总结教训，再次起航。

第四站，他去到燕国。

这次，他的机会终于来了。当然，这机会是他自己拼出来的。

他游说的对象是燕文侯。怎么游说的呢？三招。

第一招，拍马屁。

拍马屁可是个功夫活儿，很见功力，既要让人舒服，还不能让人反感，必须拍到点上。

苏秦这些年的书不是白读的，这些年的路不是白走的，他胸中装着一个“天下”，每一个国家的地理、人口、经济、政治、军事、外交这些知识，在他脑袋里专门建了一个“库”，他需要的时候，随时可以调出来，就像电脑一样迅疾。张口即来的本领，不单单是嘴皮子厉害，功课也需要做足。

苏秦列举燕国东西南北四个方位的天险，称燕国为“天府”，是天然府库，百姓富足，燕文侯真是一代贤君。

试问世上有谁不喜欢听好话呢？几分真实，再加上几分吹捧，拍马屁的效果就出来了。燕文侯很开心，还没有心理负担，因为，苏秦说的听上去都是真的呀！

第二招，吓唬人。

单纯拍马屁，顶多混个佞臣当当。显然，这不是苏秦的志向。他要的是真金白银，要的是王权富贵，这都是天下奇货，谁都想要。怎么让别人心甘情愿地拿出来给你呢？让他感觉到你是有用的。

燕国虽然国势不是顶尖的，但是还算稳定，小日子过得也不错，心里相对没有那么焦虑。苏秦的工作，就是让燕文侯感觉到焦虑。

焦虑，源自无法掌控局面。

苏秦一针见血地指出，燕国看似安逸，但很不牢固。燕国的安居乐业，来源于没有大战争。没有大战争，要感谢南边邻国赵国的力量。有着赵国的天然遮挡，秦国铁骑就无法踏进燕国。但是，问题恰恰也会出在赵国身上。一旦赵国有了坏心，要攻打燕国，不到十天，几十万大军就会挺进燕国，再用不了四五天时间，就会打到燕国国都。

燕文侯此前的对外政策，就是防御强大的秦国。听苏秦这么一说，他真的呆住了，不忧虑百里以内的祸患，只重视千里以外的敌人，他真是犯了大错了。一旦赵国打来，以燕国的力量，很难全身而退，麻烦就大了。

苏秦说出燕国的危机，这是现实，有很大的实现可能，所以燕文侯才重视。但是，苏秦为了引起燕文侯的重视，他也添油加醋了，他也夸大其词了，这就是游说的伎俩，不这样，怎么能把人“忽悠”住呢?

第三招，给药方。

对方有了急切的需求，只要你能满足他的要求，交易就能达成了。苏秦的药方，就是“合纵”，联合各国，共同对付秦国。

燕文侯听到有“药方”，他高兴了起来，只要能保住国家，拿点钱财，算什么呢?

就这样，苏秦有了人生第一份工作，有了人生第一桶金。

六国相印

拿人钱财，替人消灾，这是天经地义的。

更何况，苏秦的志向很大，燕国这个平台还不足以施展他的才能。

为了燕文侯的知遇之恩，也为了自己的梦想，苏秦再次启程。

第一站，是赵国。

赵国是第一个合纵对象，拿下它很关键，一旦碰壁，其他四国就很难拿下了。苏秦很重视，他不打无准备之仗，提前筹备了游说方案，满意之后，他出发了。

此前苏秦到过赵国，为的是找工作，被嫌弃了，没有成功。这次苏秦到赵国，他的身份不一样了，他是作为燕国的使者出使赵国。还有一个利好消息，此前嫌弃苏秦的赵国国相奉阳君去世了。

苏秦见到赵王，表达了对赵王的仰慕之情，一番寒暄吹捧之后，进入正题。苏秦指出，为国以政，关键是和平；和平的关键，是外交。赵国的外交，有几种可能：

第一，赵国与齐国、秦国为敌，结果是百姓不得安宁。

第二，赵国依靠秦国攻打齐国，结果是百姓不得安宁。

第三，赵国依靠齐国攻打秦国，结果是百姓不得安宁。

第四，赵国同秦国友好，秦国一定会利用这个机会去削弱韩国、魏国。韩国、魏国衰弱了，势必要割让领土，赵国就会陷入危险境地。

第五，赵国同齐国友好，齐国一定会利用这个机会去削弱楚国、魏国。楚国、魏国衰弱了，赵国就孤立无援了。

其实，赵国最害怕的还是秦国，因此苏秦又专门针对秦国说了一番话。苏秦说，秦国最忌恨的莫过于赵国。既然如此，秦国为什么不敢发兵攻打赵国呢？害怕韩国和魏国在后边暗算它。因此，韩国、魏国可以说是赵国南边的屏障了。秦国一旦攻下韩国、魏国，解除了两国暗算的顾虑，赵国就没有好日子过了。因此，这些外交策略，对赵国来说，都没有好处。

那什么策略有好处呢？合纵！

六国如果联合起来，实力绝对超过秦国，齐心协力，抱团取暖，一定能打败秦国。到那时，赵国作为合纵策略的发起者，再加上雄厚的实力，一定能当上诸侯的“带头大哥”，霸业就成了！

赵王年轻气盛，也不愿意臣服秦国，而且苏秦给出的未来蓝图着实美好，他很激动，同意了苏秦的主张，愿意参加“合纵联盟”。

赵王也很慷慨，赐给苏秦一百辆豪车，一千镒（yì，古代重量单位）黄金，一百双白璧，一千匹绸缎，资助苏秦出使其他四国，玉成合纵大事。

此后，苏秦依次去了韩国、魏国、齐国、楚国，游说诸侯。

苏秦的游说策略，很简单，陈说利害，展望未来。但是，简单的方法，却能直击人心，正中靶心。诸侯王都懂得趋利避害的道理，一番权衡之下，认为合纵策略很不错，就都同意了。他们不约而同地将本国的相印给了苏秦，苏秦便成了六国的国相。

这是何等的荣宠啊！

这是何等的梦幻啊！

苏秦的事业，终于做到了“前无古人，后无来者”。

衣锦还乡

苏秦回返途中，路过洛邑，这是他从小生活过的地方，也是他梦想开始的地方，更是他的伤心地。

忽然，有人来报，说是周王使臣在洛邑郊外迎接他。

苏秦一看，可不是嘛，排场还不小，而且道路都重新修整了。

苏秦再看看自己身边，气势更足。诸侯送的车辆、马匹连成一排，拉满了珍稀物件，送行的使者很多，前拥后簇，苏秦坐在车上，如同帝王一般。

苏秦想想，也罢，回家看看吧，回家也让那些嘲讽自己的人看看自己的威风！

他不是不想谦虚，但是实力不允许啊，太拉风了！

回到那熟悉的胡同，人山人海，那些曾经嘲讽他的人，似乎也不感觉难为情，反而拿苏秦当起了榜样，又开始教育孩子了："做人就要像人家苏秦一样，你看，多么威风！"

回到那熟悉的家中，地上趴倒一大片，原来是他的兄弟、妻子、嫂子等人，他们都不敢抬头看他，只能斜着眼睛瞄上一眼，又低下了头。

负责做饭的嫂子，早就准备好了丰盛的饭菜，恭敬地服侍他用饭。这样的情景，让苏秦有点受宠若惊，也有些愤愤不平。他笑着问他嫂子，为何当初对他那么傲慢，现在却对他如此恭顺呢？这就是成语"前倨后恭"的语境。

嫂子一听，赶紧俯倒在地，弯曲着身子，像蛇一般匍匐前行，脸贴着地面，向苏秦请罪。嫂子倒也实诚，不会说谎，她说之所以如此，是因为苏秦如今既有权，还有钱。

嫂子这句实话，让苏秦感慨万千：富贵了，就受人敬畏；贫贱时，就受人轻视，世间的事情或许都是这样的吧！假如当初他苏秦在洛邑近郊能有二顷良田，现如今，他还能佩带上六国相印吗？说到底，磨难折磨了他，也铸就了他。

他释然了，没有必要再去计较以前了，他拿出千金分给了众位亲友。

当初，苏秦去燕国游说时，借了一个人一百钱，做路费。如今他发达了，富贵了，拿出一百金给了那人，报答他当初的恩情。

随后，苏秦还拿出钱财，报答一切对他有恩德的人，包括他的随从。

其中一个随从迟迟没有得到奖赏，就主动去询问，为何没有他的赏赐。苏秦说："我并没有忘记你，深深地记得，在易水边，你再三要离开我，那时正是我最困窘的时候，所以我心里是有怨恨的，不过，现在你可以去领赏赐了。"

一切怨恨，随着功名的到来，苏秦都看淡了，放下了。

他经得起赞美，他也受得起诋毁。

他还有更重要的事情要做。

合纵瓦解

苏秦回到赵国，赵王封他为武安君。

苏秦把六国合纵的盟约书送达秦国，这是一个警告，警告秦国不要乱动。

乱动要挨打，打得还会挺惨，这个道理，秦国还是明白的。好汉不吃眼前亏，力量不够，就猫着，这一猫就猫了十五年。

力量够了，就可以反击了。

秦国为“合纵联盟”所限制，不敢窥伺（kuī sì）东方六国，很是难受。等了十五年，秦国感觉是时候破除限制了。

合纵联盟，为了共同的利益走到一起，如果有更大的诱惑，东方六国为了各自的利益，会不会背叛合纵联盟呢？很显然，会。

没有永恒的敌人，只有永恒的利益。秦国用计拉拢了齐国和魏国，联合起来，攻打赵国。合纵联盟内讧（hòng），联盟也就瓦解了。

赵王很生气，当初苏秦信誓旦旦说合纵多好，有多牢固，如今他赵国却被同盟军无端伤害，他开始责备苏秦，质疑苏秦。

苏秦一见苗头不好，赶紧出使燕国，并许诺赵王一定会向齐国报仇。就这样，苏秦匆匆回到了燕国，这是他的福地。

过了没多久，燕文侯去世了，他的太子即位，就是燕易王。

尝过偷袭同盟甜头的齐国，瞅准燕国新君初即位的机会，瞅准燕文侯发丧的机会，发兵攻打燕国，接连攻克了十座城池。

燕易王刚刚即位，就遭遇如此重创，心中自然很恼火，他把满腔怒火发泄到了苏秦身上，斥责苏秦出的馊主意，使他受天下人耻笑，要求苏秦把丢掉的城池给收回来。

燕易王的指责，让苏秦无言以对，他必须把燕国的城池要回来，要不然对不起死去的燕文侯，对不起给予他无限信任与肯定的“伯乐”。

见到齐王，苏秦先是拜了两拜，弯下腰，向齐王表示祝贺，接着他又抬起头，向齐王表示哀悼。

这种举动，把齐王看蒙了，祝贺为哪桩？哀悼又为哪桩？刚祝贺就哀悼，又是为哪桩呢？

苏秦没有正面回答，而是讲了一个故事。

世上有一种叫乌头的植物，有毒。听说饥饿的人，即便再饿，也不会去吃乌头，因为，吃的乌头越多，中毒就越深，离死亡就越近。饥饿有可能还不会死，中了毒再去救，就困难了。这个道理，大家都明白，但却有很多人为了一时填饱肚子，还是会不管不顾地去吃乌头。

齐王就是其中一个。

齐王攻下燕国的十座城池，就是吃乌头。

为什么这么说呢？

看看燕国背后的是谁？是强大的秦国。燕易王的夫人是秦惠文王的女儿，秦惠文王又怎么会眼睁睁地看着自己的女儿、女婿受人欺负呢？所以，齐王看似得了便宜，趁机拿下了燕国十座城池，实际上却是为自己招来了天下最精锐部队的攻击。这不是吃乌头，那是什么呢？

苏秦这么一分析，齐王害怕了，神色一下子严肃起来：他该怎么甩掉这个烫手山芋呢？他该怎么扭转局势呢？

苏秦见恐吓起作用了，就用一副替齐王着想的表情，提出了自己的真正目的：归还燕国十座城池。只要归还了城池，就能化干戈为玉帛，就能与秦国建立牢不可破的友谊，用十座城池换取天下诸侯的支持，何乐而不为呢？这便是“转祸为福”，这便是“因败为功”。

苏秦说的秦国打齐国、齐国称霸天下之事，危机和前景，都是极大的夸张，但是他的游说就是在夸张中达成目的，齐王竟然真的就这样归还了燕国十座城池。

劳师动众，好不容易攻下来的十座城池，苏秦一张嘴，就还回去了，着实不可思议。但是，在战国舞台上，这样的事情真的就发生了，这就是游说之士的能力，“一人之辩，重于九鼎之宝；三寸之舌，强于百万之师”。

官复原职

回到燕国，苏秦本以为燕易王会奖励他，可惜的是，什么也没有，他也没有官做。

苏秦知道，这是有人在燕易王面前说他坏话了。

苏秦这时候，也不是当初那个落魄少年了，他有能力，他有业绩，这是他的资本，他也不畏惧什么君王权威。

他来到燕易王处，直接说，他知道燕易王之所以不用他，是有人中伤他不忠不信。但实际上，他恰恰是因为忠信才获罪，才不被信任的。

燕易王感觉苏秦很搞笑，自古以来，都提倡忠诚守信，难不成还有因忠诚守信而获罪的人？真是太滑稽了！

苏秦却一本正经地回答道，有，真有！

有那么一个男人，他在很远的地方做官，家中的妻子寂寞难耐，与他人私通。后来，他在回家的路上，捎信给妻子说，他很快就会回家了。与妻子私通的人，非常担心，害怕那人回来秋后算账。妻子却早就想好了主意，原来她早就做好了毒酒，准备毒死丈夫。

过了三天，男人回到家中，妻子就让侍妾端着毒酒给他喝。这些事情，侍妾是知道的，她很为难，告诉他酒中有毒吧，害怕男人怪罪他的妻子，赶妻子走；不告诉他吧，一旦男人喝了毒酒，真就一命呜呼了。

后来，她假装脚下一滑跌倒了，把酒洒在地上。

男人和他的妻子都很生气，男人生气侍妾这么点事都做不好，女人生气她的计划失败了，于是，侍妾就被打了五十竹板。

在这件事中，侍妾牺牲了自己，用一顿打，换来了男人与妻子的生命与颜面。

难道，这个侍妾不忠不信吗？难道这个侍妾不是因为忠信获罪的吗？

有时候，眼见并不一定为实，耳听也可能真虚。

苏秦讲得有理有据，还很生动，燕易王被说服了，让苏秦官复原职。

但慢慢地，苏秦感觉，在燕国待下去，他不会有好下场。一番思考之后，苏秦找到了燕易王，说了他的一个打算，他决定去齐国，为燕国出力，提高燕国的地位。也就是，他要去齐国当间谍。

燕易王同意了。

苏秦与燕易王演了一场戏：苏秦得罪燕易王，被燕易王治罪，苏秦逃亡齐国。

这场戏骗过了所有人，苏秦又那么有才，到了齐国，直接做了齐国的卿士。

尸体会说话

苏秦这个间谍，为燕国倒是真的出力，他的策略就是削弱齐国。齐国削弱了，燕国自然就有机可乘。

让一个国家衰落，最好的方法是什么呢?

从内部烂掉。

苏秦劝说齐王，铺张隆重地为父亲办丧礼，表明自己的孝道。

苏秦劝说齐王大兴土木，大规模地修建宫室，扩建园林，表明自己很得志。

苏秦的目的很明确，但是说出来却是处处在为齐王考虑，让齐王感动得不得了，愈发宠信苏秦。

苏秦的荣宠，引起了齐国一些大臣的嫉妒与不满，“雨露均沾”不行吗?你一个外来户，这么嚣张，是不是得先问问地头蛇答应不答应啊?苏秦动了人家的奶酪，人家自然会不爽。

时间一久，有人出手了，派人刺杀苏秦。苏秦侥幸逃脱，但是却受了重伤，伤到了致命处。

齐王得知消息后，当即下令抓捕凶手，务必要把凶手捉拿归案，但是，凶手藏得很好，没有被抓到。

苏秦马上就要死了，气息奄奄。

他自然不甘心，他耍了一辈子计谋，就这样死了？

他又很自信，即便是死了，他也可以让凶手自动现身。

他想用什么计谋呢？死间计，对自己下手。

他请求齐王，在他死后，在人员密集的街市上将他五马分尸，理由为苏秦是燕国的间谍。杀死苏秦的人，是大功臣，齐王会奖励。这样一来，凶手就不会有顾忌，就会现身领赏了。

苏秦真是“狠人”啊，竟然拿这么残酷的刑罚来对付自己！

苏秦是个明白人，他的尸体接受酷刑的原因，是祸乱齐国，这是实情。一旦哪天事情暴露，他也算是领了刑罚了。

果然，一切都被苏秦算准了。凶手主动出来领赏，齐王把凶手杀了，为苏秦报了仇。

苏秦给燕国做间谍的事情，果然不久后暴露了。

是非功过

苏秦死了，他选择了一个决绝的方式，告别了人间。

就像当初他被人嘲笑一般，死后他身上也有了很多污点，骂声也很多：

大忽悠！

唯利是图！

为达富贵，不择手段！

但不可否认的是，他是一个时代的标杆，他靠自己的口才与智谋，推动了六国联盟的建立，风云诡谲（guǐ jué），他为掌舵人。

苏秦还是一个励志的典型。他就是一个普通百姓，没有门路，没有关系，硬生生地用努力、勤奋、百折不挠，改变了命运，佩六国相印。

他成功了。虽然成功不能代表一切，但是成功不应该是错误，不应该是批评的对象。一个无才无能不成功的人，也不见得人们会多待见他。战国时代的游说之士很多，大家都是能人，没有点干货，谁人会服？从这一点上说，苏秦是值得敬佩的。

司马迁从众多骂声中，看到了苏秦“逆袭”的不容易，看到了他超越一般人的地方；司马迁还从众人对他的学习中，从众多的附会材料中，看到了众人心底的渴望。

司马迁把苏秦记录下来，献给苏秦，还他一个应有的名声。

司马迁把苏秦记录下来，也是献给那些一路奔跑的人，给他们一个跑下去的理由。

世间美好，值得你拥有！

（本篇主要依据《史记·苏秦列传》《战国策》）

原典

北报赵王，乃行过雒阳①，车骑辎重②，诸侯各发使送之甚众，疑③于王者。周显王闻之恐惧，除道，使人郊劳④。苏秦之昆弟⑤妻嫂侧目不敢仰视，俯伏侍取食。苏秦笑谓其嫂曰："何前倨⑥而后恭也？"嫂委蛇蒲服⑦，以面掩地而谢曰："见季子位高金多也。"苏秦喟然叹曰："此一人之身，富贵则亲戚畏惧之，贫贱则轻易之，况众人乎！且使我有雒阳负郭田⑧二顷，吾岂能佩六国相印乎！"于是散千金以赐宗族朋友。

《史记·苏秦列传第九》节选

注释

①**雒阳：**古都邑名，今河南洛阳。

②**辎重：**随军运载的军用器械，粮秣等。辎，音 zī 。

③**疑：**好似，好像。

④**郊劳：**迎到郊外慰问。

⑤**昆弟：**兄弟。

⑥**倨：**傲慢。

⑦**委蛇蒲服：**曲折前进，贴地爬行。委蛇，音 wēi yí。蒲服，即"匍匐"。

⑧**负郭田：**指近郊良田。

译文

苏秦北上向赵王复命，途中经过洛阳，车马辎重以及各国随行护送的使者极多，就像是天子出巡一样。周显王得知后非常害怕，下令修整苏秦所经道路，派使臣到郊外迎接慰劳。苏秦的兄弟、妻、嫂斜着眼睛不敢抬头，俯伏在地上侍候他进餐。苏秦笑着对他的嫂子说："为什么以前对我傲慢，现在变得恭敬了呢？"嫂子匍匐前进，把脸贴在地上请罪说："是因为季子（苏秦的字）现在的地位高，钱财多。"苏秦感慨地说："同样是我这个人，富贵时亲戚就怕我；贫贱时就轻视我，何况是别的人呢！假使我当初在洛阳城郊有二顷田，我还能发奋以佩六国相印吗？"于是他拿出千金分赐给族人和朋友。

张仪连横

战国时代，活跃着一批游说诸侯的士人，后人称之为“纵横家”。

纵，指的是合纵。

横，指的是连横。

合纵，指六国结盟，共同对抗秦国，这是南北向的联合，南北为“纵”，故称“合纵”。

连横，指六国分别与秦国结盟，这是东西向的联合，东西为“横”，故称“连横”。

合纵连横，是战国风云变幻的助力器，“横成则秦帝，纵成则楚王”。

合纵的践行者，是苏秦，他佩六国相印，阻击秦国十五年。

连横的践行者，是张仪，他因势利导，瓦解六国合纵。

这两个人，是同学，是好友，也是敌人。

那么，他们之间有什么故事？张仪是一个什么样的人呢？

张仪折竹

张仪是魏国人。据说，他是魏国贵族的后裔，但是到他那时候，家族已经衰落了，家境不怎么好。

根据王嘉《拾遗记》的记载，张仪年轻时，曾经以替别人抄书谋生。

抄书，是个辛苦活儿，但是，对于张仪来说，这是件幸福的事情。一来他可以挣钱，二来他可以学习。

“书中自有黄金屋”，不知张仪当时有没有这样的意识，但可以肯定的是，他发自本心地喜欢读书，书中的一些好句子，一些大道理，他每次写过都感觉是享受。

替别人写下来，别人会看到，他自己可能很快就忘记了。为了避免遗憾，他会把喜欢的话，写到手掌里，写到大腿上，等到晚上回到家，他就折断竹子，加工成竹简，将抄下来的句子写在竹简上。

日积月累，句子越来越多，家里的竹子也越来越少。

学习贵在努力，贵在坚持，不论条件多么有限，只要你愿意学，只要你用心学，一定能有所收获。

这就是“张仪折竹”的典故，与“苏秦刺股”一样，都是刻苦勤学的典型。

当然，这个故事，应该是出自后人的杜撰。后来，张仪拜师鬼谷子，跟着鬼谷先生学习游说之术。

在鬼谷先生门下，张仪有一个非常要好的同学，那就是苏秦。

这两个人都是勤学的人，他俩如饥似渴地学习新知识，吸收新能量。

这两个人相互欣赏，苏秦认为张仪比自己要厉害，张仪却说自己比不上苏秦。

这两个人相互砥砺，一定要用知识改变命运，换取美好的未来。

学习的时光，是美好的，也是短暂的，苏秦、张仪两个人毕业了。

离别之际，他们互道珍重，约定日后发达了，一定要互相提携。

被诬窃玉

张仪学成之后到诸侯国那里去游说，辗辗转转，他到了楚国。

他到楚国去，是找工作的，找得到就找，找不到就继续找，本来也没什么，但是，就是在这里，他被扣上了“偷盗犯”的大帽子。

有一天，张仪陪着楚国的宰相参加一个饭局。席间，楚相发现玉璧丢了。这块玉璧，甚为宝贵，也深得楚相喜欢。

丢了玉璧的楚相，心疼不已，赶紧让手下人去找。找来找去，怎么都没有找到，楚相手下的门人都将怀疑的目光对准了张仪，断定张仪偷走了玉璧。

酒宴上那么多人，为何单单怀疑张仪呢？

原因只一个字：穷。

张仪家境贫寒，游说时的穿着打扮，就低人一等，很多人瞧不起他。按照一般的认识，人穷了，对财富的渴望可能就更加迫切，有些人甚至会为了一点点钱财铤而走险，没有道德底线。楚相的这块玉璧价值不菲，张仪很有可能会经受不住诱惑出手偷窃。

就这样，没有任何调查，没有任何证据，张仪就被直接定罪，被抓了起来。

在那个时代，人穷就是那么悲哀，动辄得咎。

张仪为自己争辩，但没人愿意听，这就是“想当然”“莫须有”的力量！

不过，张仪也不是个普通人，很坚韧，很倔强，自己没做过就是没做过，谁也不能冤枉他。

张仪的争辩与嘴硬，让这些随意给他泼脏水的人越发生气了。偷了东西还这么理直气壮，看来，不给他点颜色看看，他就不会明白“认输”二字怎么写。

楚相也是其中的一员，他当即下令，给张仪上刑，狠狠地鞭笞了张仪几百下。鞭子打在张仪身上，打得他伤痕累累，鲜血淋漓，但他仍然不松口，他仍然不低头，坚持自己没有偷窃。

这一番刑罚下来，楚相没有得到想要的结果，也不好再做什么了，只好把张仪释放了。

张仪回到家中，他的妻子吓坏了，出去还是好好的一个人，回来怎么就成个“血人”了呢？她既心疼，又生气，早就劝他不要游说诸侯，要不是这样，又怎么会遭受这样的侮辱呢？

张仪的伤，仍然在剧烈疼痛，为了不让妻子担心，他装成没事人一般，淡定地问妻子：“你看看我的舌头还在不在？”

妻子不禁被他逗笑了，没有舌头还怎么说话呢，就说：“舌头还好好地长在嘴里呢。”

张仪坚定地回了一句：“足矣！”

什么意思呢？

只要舌头在，就足够了。

只要舌头没丢，他依然可以游说诸侯。

只要舌头没丢，他依然可以赚来功名，赢来富贵。

一声“足矣”，简单而直接，道出了张仪的心思所在，道出了他的自我定位：他就是一个说客，最大的资本、最尖锐的武器，就是他的舌头和大脑，大脑中的谋略也要通过话语传递出来。

平白无故被人诬陷，戴上了犯罪嫌疑人的帽子，即便他没有承认，很多人还是对他指指点点。这件事对张仪来说，很受伤，也很关键，他更加明白了功名富贵的重要，他更加渴望出人头地。

他立誓，要给这些戴着有色眼镜的傲慢之人一记重拳。

苏秦暗助

这时，苏秦已经奉燕国之命说服了赵王，要去其他四国游说，缔结六国联盟，反对强秦。

苏秦考虑事情很周到，他会努力去做成此事。但是，他害怕期间有变故发生，害怕秦国趁机攻打这几个国家，盟约还没有缔结就遭到破坏，就想在秦国安插一个人。这个人必须有能力，还得可信，他身边暂时没有这样的人。

后来，他想到了张仪。

可直接告诉张仪吧，又怕他满足于小利益，不能完成大事业。

苏秦采取了迂回的方式，派人去楚国引导张仪，劝说张仪道:“您和苏秦是老同学，当初感情那么好，现在苏秦当权了，您何不去投奔他，成就自己的功名呢?”张仪正一肚子窝囊气，急需发泄，这正是个好机会。想当初，他们二人离别时约定要相互提携，如今苏秦发达了，能不拉他一把吗?

张仪带着必胜的信念，急匆匆地赶到了赵国。

谁知，一到赵国，他竟然在苏秦府邸吃了闭门羹，苏秦手下人不给他通报，不让他进门，但是还不让他离去。

一连好几天，都是这种待遇，张仪有些窝火。

好不容易，苏秦接见了他，但是，他的态度，却让张仪更加窝火。

苏秦只让张仪坐在堂下，给他吃的是奴仆侍妾们吃的饭菜，这还不算，苏秦竟然还喋喋不休地教训起了张仪，说："你怎么会这么无能，竟然潦倒到如此地步？我也不是不能推荐你，但你实在是太不值得推荐了！"说完这话，苏秦就把张仪打发走了，就像扔掉一块破抹布一样。

张仪顿感天雷滚滚，这还是当初自己认识的那个苏秦吗？这还是当初那个信誓旦旦要同富贵的苏秦吗？世间还有真情吗？

顿时，一股巨大的耻辱感笼罩了他，这种耻辱，比被诬陷为盗窃犯还严重。盗窃犯的恶名，没有否认他引以为傲的才能，苏秦则彻底否定了他的能力，否定了他最大的资本。这些都没有了，他还活个什么劲儿呢？

不过世间之事，也不是苏秦一个人说了算的，张仪暗暗发狠："你说我无能我就无能了？你掌握了权力了不起啊，改日我定当让你刮目相看！"

就这样，苏秦成了张仪的"假想敌"，成了他发愤图强的动力。既然苏秦搞“合纵”对付秦国，那他就到秦国，去破坏苏秦的计划。

张仪气冲冲地走了，苏秦当即派出一位得力门客，带着车马、钱财，悄悄地跟在张仪后面，与张仪住到了同一家客栈中。这位门客慢慢接近张仪，和他谈天，听他发牢骚，还将车马、金钱奉送给张仪。只要是张仪需要，这位门客都会无条件地提供。

张仪此时很感动，世界上从来没有一个人，如此器重他，如此帮助他，雪中送炭的恩情，他定当铭记一生，一生报答。

在门客的资助下，张仪拜见了秦惠文王，秦惠文王任命他做了客卿，与他商量攻打其他诸侯的谋略。

正当张仪大展宏图之际，资助他的“贵人”来向他告别了。张仪大吃一惊，自己靠着恩人的鼎力资助，才获得显贵的地位，现在正是报答的时候，恩人怎么能走呢？

张仪的“贵人”接下来的一段话，让张仪大为吃惊，始料未及。

原来，所有的一切，都是苏秦设的计。那样羞辱张仪，用的是“激将法”，为的是激怒张仪，让他爆发出巨大能量，前往秦国。

因为，苏秦知道张仪的能力，他这一去，定能掌握秦国大权。苏秦暗中资助张仪，是希望张仪掌握秦国大权后，能设法阻止秦国攻打赵国，不要破坏合纵联盟。

所以，最了解张仪的，还是苏秦。

所以，张仪的真正“贵人”，也是苏秦。

听完这段话，张仪恍然大悟。这些权谋，本来也属于他的研习范围，但是他却丝毫没有察觉，说明还是苏秦厉害啊！

张仪当即表示，自己一来刚刚上任，二来感激苏秦，因此，苏秦当权之际，他不会劝说秦国攻打赵国，请苏秦放心。

苏秦虽有自己的目的，拿张仪当棋子，但是他与张仪之间，确实是惺惺相惜，也正是靠着苏秦的刺激与资助，张仪才得到了这么一个重要的职位。

张仪此时真想给苏秦颁发一个“中国好同学”的奖杯，苏秦实至名归！

破坏合纵

苏秦激励张仪前往秦国，目的是阻止秦国东侵，破坏合纵联盟。

但是，这一策略，却是大错特错。张仪成了苏秦为自己埋的最大的“雷”。

这个雷，当时没有炸。但是，一旦炸响，就把苏秦十几年的努力，炸得粉身碎骨，所有心血全都化为泡影。

张仪的惊人一鸣，是连横策略。

连横策略，是指秦国与东方六国分别结盟，和苏秦的抱团取暖正好是针锋相对，是一个秦国破坏六国合纵的反制策略。

张仪的连横是苏秦合纵的掘墓者，苏秦恰恰又是送张仪登上历史舞台的人，苏秦是搬起石头砸了自己的脚。

或许有人会说，这个张仪，太不地道了吧？人家好心好意帮他，他也同意了不破坏合纵，他这不是出尔反尔吗？

是有些不地道。但符合张仪的本性，是张仪在当时的位置上做出的最佳选择。

第一，张仪的报恩，是有时限的。

张仪在短时间内不会攻打赵国，但是，张仪毕竟是一位天下奇才，他不会将一辈子的功名拴在苏秦身上，他的才能不允许他屈居人下。

第二，张仪的职位，是有要求的。

张仪是在秦国供职，服务于秦王，他的工作必然要将秦国利益置于第一位。

秦国人才济济，张仪一旦在其位不谋其政，很快就会被赶下台，因为，很多人都在觊觎着国相的位置。

秦国当时最大的麻烦就是，六国抱团取暖，秦国很难扩张。

秦国当时最现实、最迫切的需求就是，打破苏秦的合纵。

作为秦惠文王的国相，张仪怎么可能不在打破六国合纵这一关键问题上施展才华呢?

这是生存法则，也是“职场必备素质”。

苏秦精心打造的合纵联盟，持续了十五年，这十五年秦国不动，就是张仪的报恩了。

但是，合纵联盟能维持这么久，不单单是因为张仪报恩维持的，它的生成源自东方六国自身的迫切要求，每一个国家都难以独当一面对付秦国，唯有六国联手，才是上策，这是历史发展趋势。要想破除六国历时十五年的联盟，并不容易。

那么，张仪是怎么攻破六国的合纵的呢?

其实，六国联盟，也不是什么铜墙铁壁。

这个联盟，是为了共同目标走到一起的，但是六国又有各自的利益，中间也会有冲突。

因为地缘的关系，六国对合纵的坚持态度很不一样:

韩、赵、魏三国与秦接壤，是秦国东扩首要的打击对象，合纵态度坚决。燕、齐、楚三国离秦国遥远，受到秦国的直接威胁较小，合纵积极性不高，常常会受秦国威胁、利诱而坐山观虎斗。

张仪恰恰是看到了六国联盟的松散性所在，他在寻找突破点，重点突破。只要有一个国家退出，合纵联盟就瓦解了。张仪想来想去，将魏国作为第一个突破对象。

魏国不是态度坚决吗?张仪为何要第一个游说魏国呢?

就近原则，先啃硬骨头原则。

魏国是个硬骨头，不能来硬的，张仪用了一招“先礼后兵”：归还攻占的魏国土地，还派出秦王公子到魏国做人质。

张仪到魏国劝说魏王：秦国如此宽厚，魏国需知恩图报。

魏王同意了，向秦国献出了一点土地。

但是，魏王的友好，也仅限如此，虽然张仪多次游说，他也没有同意退出合纵联盟。

张仪开出的条件很好，很有诱惑力，但是魏王的底线守得很好，很牢固。

硬骨头就是硬骨头，柔声细语，糖衣炮弹，都没有起作用。

但是，这根骨头还必须啃下，没办法，只能硬碰硬了，打趴下了，就没脾气了。硬碰硬，秦国自然底气很足，打赢了。

秦国赢了，齐国竟然借此机会攻打魏国，这给张仪再次游说魏王，增加了一个获胜的砝码。

秦国大败魏国后，又大败韩国，杀死了八万人，诸侯震恐，这是张仪的另外一个砝码。

张仪再次游说魏王，多方面使用“离间计”，吓唬，利诱，终于忽悠成功了。

魏国退出合纵，与秦国和解。

第一根硬骨头终于啃了下来，是很好的开端。但是，这根硬骨头并没有完全心服口服，三年后魏国又背弃秦国，再次加入合纵联盟。

秦国这次毫不客气，绝不手软，魏国只能再次臣服秦国，退出合纵。

诳骗楚王

魏国的反复无常，是合纵影响力减弱的体现，张仪决定乘胜追击，再攻下一国，这样胜算就能大一些，持久一些。

这一次，张仪到了楚国。

楚国是张仪的伤心地，别人给他的侮辱，他终身不忘。

他当上秦国国相后，就曾修书一封，告诉楚国国相，当初他并没有偷玉璧，楚相却鞭打他，如今他却要偷了，要偷楚国的城池，希望楚相能守好楚国。

张仪报复楚国的这一刻，迟早会到来。

之所以选择此刻，张仪是想借助楚国，破坏楚国与齐国之间的友好关系。秦王想攻打齐国，但是齐国与楚国的关系极为密切，两国联合应对秦国，秦国面对的困难会很大，因此，张仪要瓦解齐楚两国的统一战线。

怎么瓦解呢?

世间联盟，唯利不破。

张仪开出的“利”，有地，有女人，有面子：

答应给楚国商於一带六百里的土地；答应送秦国的女子给楚王做侍妾；答应秦楚两国永远结为兄弟国家。

张仪要得到的，只有一个，楚国与齐国断绝关系。

在这些“利”中，楚王最看重的是方圆六百里的土地，这块地不小，楚王认为是块肥肉，决定拿下来。

楚王很高兴地答应了与张仪的买卖，楚国很多大臣都向楚王贺喜，唯独陈轸（zhěn）感觉这是个阴谋，不可轻信。

楚王正在为这天上掉馅饼的事情高兴呢，陈轸如此扫兴，他很不开心。

陈轸又给楚王出了一个主意，先拿到土地再说，拿到手的土地才是自己的土地。假如秦国给了土地，到时再和齐国断交也不迟；假如不给，楚国也不会损失掉齐国这个盟友。

按理来说，陈轸的这个主意，算是一个万全之策。但是，楚王已经被这六百里土地迷惑了眼睛，又怎么会听陈轸这样没胃口的话呢？他生怕秦国改了主意，急不可待地把相印给了张仪，与齐国断绝了关系。

楚王的任务完成了，接下来就是秦国兑现承诺了。楚王专门派出一位将军，跟着张仪到秦国去接收土地。

商於一带六百里的土地，这是张仪自己开出的一张“空头支票”，自然是不会兑现的。但是，一旦不兑现，楚王必定会恼怒，说不定转头又去和齐国结盟了，张仪

为了保险起见，他只能拖。

怎么拖呢？诚信不够，演戏来凑。

张仪回到秦国，假装没拉住车上的绳索，一下子从车上跌了下来，受了伤，伤得还挺重。为了达成目的，张仪也真是够拼的了！

受了伤的张仪，以此为理由，一连三个月没有上朝，兑现楚国承诺的事情，也就拖了下来。

一直没有得到土地的楚王，心里着急起来，他感觉张仪这个病不寻常，他以为张仪是嫌他还没有与齐国彻底断交。事情已经做了一大半了，开弓没有回头箭，楚王决定把事情做到底，要断就断得彻底一些吧！

楚王派出勇士，前往宋国，借了宋国的符节，到齐国辱骂齐王。

齐王怎么也是一国之君，哪里受过这等委屈，哪里又会忍受这等耻辱呢？暴怒之下，齐王斩断了符节，与楚国彻底断交了，转头与秦国建交了。

这时，张仪感觉时机到了，他也不用装了，不用躲了，他上朝了。上朝后，张仪对楚国使者说："我这里有秦王赐给的六里封地，愿把它献给楚王。"

楚国使者一听，有点蒙，明明是六百里土地，怎么变成了六里呢？

张仪说，自己一直说的是六里，没有六百里。

使者一听，大叫不好，赶紧回报楚王。

楚王更蒙了，这不是赤裸裸的欺骗吗？

想他堂堂一国之君，就为了六里地，不惜大动干戈，大骂齐王；想他堂堂一国之君，竟让一个口舌之士玩弄于股掌之中。此事一旦传出去，他楚王岂不成了全世界调侃、嘲讽的对象？

丢不起这个人啊！

怒发冲冠的楚王，当即下令兵发秦国，定要出了这口恶气。

这时，当初那个“不知好歹”的陈轸又出来了，又反对楚王的决定。

陈轸认为，事已至此，千万不可意气用事，与其攻打秦国，不如割让土地，贿赂秦国，与秦国联合，共同发兵攻打齐国。待到攻下齐国，可以用齐国的土地补偿楚国的损失。唯有如此，楚国才能生存下去。

陈轸的建议，在楚王那里简直是放狗屁，被人家欺负成这样，还要割地求和？开什么玩笑！他可不是任人踩踏的蚂蚁！

勇敢很重要，但是真正的勇敢，不单是勇往直前，还应当有所止，止于该止之时。有时候，懂得认输，才是大智慧。

楚王发兵了，为的是找回自己被张仪践踏的尊严，但却换来了更大的损失，八万将士被杀，丢了大片土地，只得再拿出两座城池与秦国媾和。

这便是用一个错误去掩盖另外一个错误，只能是错上加错。

而所有的一切，背后的导演，都是那个躲在暗处发笑的张仪。

但是，张仪还不满意，总感觉差那么一点点。

他还得加把劲。

成功脱身

秦国想用一块地交换楚国的一块地，当然这两块地相比，楚国的要好很多。

这是秦国借着此前的战争优势要挟楚国。这是不对等要求。

一般情况下，楚国是不会同意的，但是，这次楚王的决定却几乎让秦王惊掉下巴：他可以直接把这块地给秦王，不用交换土地，只要秦国把张仪交给他。

张仪的身价这么高，还真出乎秦王所料，一个张仪，就能换来那么好的一大片地，真是太划算了。但是，张仪为秦国做了那么多的事，秦王实在不好意思开这口。很明显，楚王这是要报复张仪，一旦张仪落到楚王手里，那还能有好下场吗？

没想到，张仪竟然主动要求前往楚国。张仪这是傻了吗？不知道这是羊入虎口吗？

张仪自然不傻，他不会打无把握之仗，谁是羊，谁是老虎，还很难说呢。

他手中有两张牌：一张是楚国大夫靳（jìn）尚，一张是楚王夫人郑袖。靳尚是张仪的好友，郑袖是楚王宠爱的夫人，楚王对她言听计从。张仪准备用这两张牌，结束他与楚王之间的纠葛。

张仪到达楚国，愤怒的楚王直接将张仪囚禁了起来，准备杀了他。这时候，张仪的“两张牌”就要发挥作用了。

靳尚拜见郑袖，一见面就说：“夫人可能要被大王鄙弃了。”

这话说得没头没脑，可郑袖还是紧张了，连忙问：“这话从何说起？”

靳尚说：“张仪是秦国的忠臣，秦王不会眼睁睁地看着张仪被杀，他准备用土地、美女换取张仪，楚王看重土地，一定会同意交换。一旦交换了，秦国的美女就会使出浑身解数迷惑楚王，到那时，您的独宠局面就会改变了。与其这样，不如将危机扼杀在萌芽状态。”

“怎么做呢？”

“其实也简单，就是劝说楚王，放了张仪，秦王自然就不会送美女了。”

郑袖不懂什么国与国之间的政治对弈，她只知道，她不想失去楚王的独宠，她绝对不会让其他女人取代自己的位置。

于是，郑袖没日没夜地向楚王吹起了枕边风，劝说楚王放了张仪:“人家张仪，身为秦国的大臣，为秦国着想，为秦国出力，这是他的本分。如今秦王派出张仪，足见对大王的尊重，一旦大王杀死张仪，秦王一定会恼怒，到时候兵临城下，就悔之晚矣！请大王准许我带着孩子到江南去居住，以免成为秦国的板上鱼肉，任人欺凌。”

楚王禁不住郑袖的软磨硬泡，左右权衡一下，下令赦免了张仪，还像过去一样，优厚地礼遇张仪。张仪未损失一分一毫，就从楚王那里全身而退，靠的就是他的智慧。楚王没了面子，但也只能自己吞下这杯自酿的苦酒，原因就是缺乏智慧。

张仪被放出来没多久，就听说苏秦死了，他就想再送楚王一程，让他在愚蠢的路上走得更远一些。

张仪的“三寸之舌”又开始了表演:

先说“害”:“合纵”说辞完全是在害人，楚国如果还听信这些，一定会大难临头。

再说“利”: 为了表达对楚王的感谢，张仪愿意请求秦王送给楚王侍妾、土地，两国互派人质，结为兄弟之国，永远和平相处，不干仗。

楚王当初之所以承诺送给秦王土地，是一时气愤，如今放了张仪，他也不愿意送出那么一大片土地，但说出去的话，泼出去的水，他不知如何收场。张仪的提议，既能解决他的难题，又能有所获益，何乐而不为呢?

楚王再一次被利益迷惑了眼睛，又相信了张仪。

这时，大臣屈原出面，极力劝阻:“当初就是听信张仪才跌了一大跤，如今切切不能再听信张仪的邪妄之言！”

楚王说自己已经答应了张仪，不能言而无信，坚决不听屈原的劝谏，与秦国结盟。楚国成为另外一个背弃合纵的国家。

言而有信，是个好品质。但是，与一个耍惯了两面三刀、出尔反尔伎俩的人谈诚信，那是对诚信的侮辱，也是在自投死路。后来，秦军攻占楚国多座城池，楚王前往秦国讨说法被扣押，忧愤成疾，惨死秦国，就是明证。

成功突围

说服了楚王，张仪又去了韩国、齐国、赵国、燕国，继续他的“忽悠”事业，终于把这四国也“忽悠”得退了群，与秦国结盟。

至此，合纵联盟彻底瓦解了。

这对张仪来说，是一件大喜事，他多年的努力终于结出了果实，他乐不颠儿地回去向秦惠文王复命，与他分享这个天大的好消息。张仪笃信，秦国的一统，指日可待！其中，他张仪的贡献，当列为头一等，想想这些，张仪的心情雀跃了起来。

张仪还没有回到秦国，就传来了一个坏消息：秦惠文王去世了。他的儿子秦武王即位了。

一朝天子一朝臣，秦惠文王很器重张仪，但是秦武王却不喜欢张仪，这种不喜欢，自他还是太子的时候，就已经开始了。秦武王即位后，有些人更趁机向秦武王进言，说张仪的坏话：不讲信用，反复无常，出卖国家，图谋国君的恩宠。这样的人，断然不能再重用，一旦重用，定然会让天下人耻笑。

张仪能够说动六国诸侯王脱离合纵联盟，很大的一个原因是，秦惠文王对张仪极为信赖，张仪很多时候能代表秦惠文王。如今，秦武王不重用张仪，让六国诸侯嗅到了一丝君臣不和的味道，他们又纷纷背叛了秦国，重新恢复了合纵联盟。张仪很痛心，自己四处游说，费心费力，艰难缔结的“胜利果实”，一朝消失。

张仪的人生，顿时发生了天翻地覆的改变，一时间“四面楚歌”。秦国的大臣们日夜不停地诋毁张仪，明白过来的齐国也派人到秦国指责张仪，张仪成了里外不讨好。张仪嗅出了危险，他要想方设法去“突围”。

突围第一步，是离开秦国。

张仪向秦王进呈了一份“帝王伟业攻略”，攻略的重要砝码是张仪，由张仪充当诱饵。

当时齐王对张仪恨之入骨，扬言张仪在哪个国家，齐国就会攻打哪个国家。张仪的想法就是，他假装投奔魏国，齐国一定会攻打魏国，届时秦武王就可以趁机攻打韩国，打进三川，直接挺进周王都城，这样秦王就可可以“挟天子以令诸侯”，掌握天下地图户籍，成就帝王功业。

这份攻略，说得秦武王心花怒放，当即给张仪准备了三十辆兵车，把他送到了魏国。

突围第二步，是说退齐军。

一切都在张仪的预料之中，齐王真的出兵攻打魏国了，魏王很害怕。魏王害怕了，张仪还能在魏国待吗？张仪愿意，魏王也不会答应啊。

这种局面，张仪当初在设计之时，已经考虑过了。他不慌不忙地劝慰魏王，无须担心，他会让齐国撤兵的。

张仪让自己的门客到了楚国，借助楚国使者到齐国劝说齐王。楚国使者明确指出，齐王伐魏，看似是打压张仪，但实际却能够让张仪在秦国更有依托，张仪应该感谢齐王。

齐王很是不解：打他，他还要感谢我，这是什么神逻辑？

楚国使者便把张仪与秦王的约定一五一十地告诉了齐王，如果伐魏，齐王完全掉进了张仪的圈套而不自知，既让张仪在秦国更有依托，还让自己疲惫不堪，同时自己与盟国为敌，祸及自身。

经楚国使者一提醒，齐王大悔，他不允许自己再给张仪当枪使，果断停止了进攻。

突围第三步，是安居魏国。

齐国撤兵，魏国安全了。魏国安全了，张仪也就安全了。张仪心安理得地在魏国当着国相。

其实，秦王、齐王、魏王，都是张仪计谋中的棋子，都中了招。张仪用他们，只是要换来晚年的安稳，只是要换得叶落归根。

只不过，计谋终究抵不过生命的无情，张仪在魏国当了一年国相，就去世了。

倾危之士

苏秦、张仪，是战国舞台上的弄潮儿，“一怒而诸侯惧，安居而天下熄”（《孟子·滕文公下》），搅动天下，风云变幻。

苏秦、张仪，是战国舞台上的“最强大脑”，加上“舌灿莲花”的技能，撬动着诸侯的江山社稷。

苏秦、张仪，成了行走的“武器”，成了游说之士的楷模，被不断学习、模仿，只是从未被超越。因为，他们变成了“箭垛式人物”。战国游说之士的很多事迹，都附会到他们身上，亮点越来越多，他们变得无所不能，几乎被封神。

司马迁恰恰是看到了苏秦、张仪的力量，才为他们立传，这是尊重历史，实事求是。但是，司马迁对狡诈多变的苏秦、张仪，显然是有不满的，他将此二人称为

“倾危之士”，也就是倾覆家国的危险人物。尤其是张仪，他诓骗楚国，就是赤裸裸的欺诈，没有底线。

苏秦、张仪的诡谲权变，确确实实有需要警惕、警醒的地方，但是，对历史人物的评价，也需要“落地”，落到他们生活的时代，落到他们生活的土地上，这样才能客观，才能准确。

战国时代诸侯纷争，人心叵测，尔虞我诈，向往功名富贵是整个社会的风向标。苏秦、张仪只是顺势而为，他们靠着自己的努力，坚忍不拔，受辱不馁，每日里是在刀刃上讨生活，稍有不慎，即有杀身之祸。

他们有多努力，才能有多幸运，也会多招人恨。

他们是时代的参与者，却不是战乱的根源。如果说战乱纷纷的战国时代，是一个罪恶的时代，那么诸侯、卿相、将领、谋士，乃至普通百姓，每个人都是推动者，“雪崩时，没有一片雪花是无辜的”，单单苛责苏秦、张仪，确实有点委屈他们了。

当然，对历史人物的借鉴与学习，也需要“落地”，落到我们脚踏的土地上。

看看雪花，看看哪一片不是无辜的雪花。

处理掉，避免雪崩。

（本篇主要依据《史记·张仪列传》《战国策》《拾遗记》）

原典

太史公曰：三晋[①]多权变[②]之士，夫言从衡强秦[③]者大抵皆三晋之人也。夫张仪之行事甚于苏秦，然世恶苏秦者，以其先死，而仪振暴[④]其短以扶其说，成其衡道[⑤]。要之，此两人真倾危[⑥]之士哉！

《史记·张仪列传第十》节选

注释

①**三晋：**韩、赵、魏三国由晋分出，史称三晋。

②**权变：**权谋变化。

③**从衡强秦：**以连横来增强秦国的力量。从，音 zònɡ，后写作“纵”；衡，通“横”。“从衡”为偏义复词，偏重于“衡”。

④**振暴：**张扬暴露。振，宣扬；暴，音 pù，揭露。

⑤**成其衡道：**张仪说六国之君与秦连横，使其主张连衡之说得以实现。

⑥**倾危：**阴险狡诈。

译文

太史公说：三晋一带有许多善于权变的人，倡导和强大的秦国连横，多数是三晋人。张仪的行为比苏秦更坏，但世人讨厌苏秦的原因，是苏秦死在张仪之前，而张仪又揭露苏秦合纵的短处，以此来显示自己观点的正确，完成连横的策略。总而言之，他们两个真是倾邦覆国的险诈之人啊！

将相和

自古以来，“文人相轻”是个普遍现象，据说这种现象起源于战国诸子百家争鸣之时，各家都自许掌握着真理，自恋，自负，自傲。

其实，与“文人相轻”相比，文人、武将更是彼此看不上。

文人嫌武将“四肢发达，头脑简单”，是匹夫之勇。

武将嫌文人“手无缚鸡之力，只会耍耍嘴皮子”，宁为百夫长，胜作一书生。

如果仅仅是个人生活中相互发发牢骚，也无伤大雅，但是如果带着傲慢与偏见，走上朝堂，事情就不那么简单了，杀戮、祸乱，会随之而来。

战国时期有那么两个人：一位是武将廉颇，一位是文臣蔺相如，也曾上演过“傲慢与偏见”的惊险剧。

和氏璧的传说

故事先从一块美玉说起。

这块玉，名叫和氏璧，是世间少见的美玉。

这块玉石，相传出自春秋时期的楚国。

楚国有一位琢玉能手，名叫卞和，他在外出寻找玉石时，发现了这块浑然天成的璞玉。

卞和欣喜万分。卞和也算是楚国琢玉界的老手了，但他从未见过如此成色的玉石，他如获至宝，感谢上天的恩赐。

卞和感觉，如此珍贵的璞玉，只有楚王才值得拥有它。

卞和兴冲冲地捧着这块璞玉，真心诚意地进献给楚厉王。

楚厉王听闻卞和说这块璞玉如何如何好，心里自然欢喜，他不缺乏宝贝，但是稀世珍宝，还是能挑动他的好奇神经的。

卞和呈上璞玉，楚厉王马上叫出专门的玉工来鉴定。不料，这个玉工说这不过是块石头而已。这个鉴定结果，让卞和一下子蒙了。

楚厉王很失望，也很生气。失望于没有什么稀世珍宝，生气于卞和竟然在他面前耍花枪。

卞和很疑惑，这明明就是块难得的珍宝，为什么玉工却说是块石头呢？他不解，赶紧向楚厉王陈说，自己并无诓骗君王之意，这确实是珍宝。

楚厉王却只相信玉工的话，笃定卞和是“以假乱真”，想借此骗取富贵，大怒之下，他下令手下砍去了卞和的左脚，以示惩罚。

卞和虽然被砍去了左脚，却依然坚持自己的意见，捧着璞玉回了家。他想，只要是珍宝，总有识货之人。

楚厉王去世后，楚武王即位，卞和认为机会来了，他再次捧着璞玉进了宫，将璞玉进献给楚武王。楚武王令玉工鉴定，鉴定结果还是石头。历史总是惊人地相似，卞和又被治罪了，他的右脚被砍去了。

卞和虽然身上疼，心也痛，但是他仍然将璞玉视若珍宝。

楚武王去世后，楚文王即位，这次卞和没有再次进献璞玉，他抱着璞玉，痛哭了三天三夜，眼泪流干了，血从眼睛里流了出来。

这件事很轰动，很快传到了楚文王那里，楚文王派人前往询问情况。

卞和一边痛哭流涕，一边说，他不是因为自己的双脚被砍而哭，他是在哭珍宝被当成石头，忠贞之人被当成欺君之徒，他是在哭无罪而受刑辱。

楚文王听到这话，感觉卞和不像是撒谎的人，说不定这块璞玉真的不简单！楚文王命人剖开璞玉，果然获得稀世之玉，卞和的冤情终于得以昭雪。

因为这块玉，是卞和发现的，卞和又因这块玉遭遇不幸，楚文王为了表彰卞和的忠贞，也为了补偿对卞和的伤害，将这块玉命名为“和氏璧”。从此，和氏璧就成了楚国的国宝，被珍藏在楚国的王宫中。

“和氏璧”的故事，记载在《韩非子·和氏》中。

临危受命

到了赵惠文王时，楚国的和氏璧被送到了赵国。据说，是为了联姻。

赵惠文王很喜欢和氏璧，也很珍惜和氏璧，一般不轻易示人。

这时，秦昭襄王也听说了和氏璧，听说了卞和的故事，他很好奇，想将和氏璧据为己有。

和氏璧不是一般的宝物，没有大价钱，估计赵惠文王不会脱手。秦昭襄王表现得很大方，不就是钱财吗？有，有的是。当即修书一封，送递赵惠文王，说愿意以秦国十五座城池交换和氏璧。

这件事，对赵国来说，是个大麻烦。

赵惠文王与诸位大臣都明白，这就是一场骗局，秦昭襄王怎么可能舍得拿出十五座城池呢！如果把和氏璧给了秦国，秦国肯定不会给城池，赵国只能白白受骗；如果不把和氏璧给秦国，秦国一定会恼火，一定会借此口实攻打赵国。

左不是，右不是，左右都不是，赵惠文王为难起来。他想找个使者，到秦国去回复秦昭襄王，以摆脱困境。当然，这个使者，能力绝对得过硬。

想来想去，赵惠文王也没有找到合适的人选。

这时，赵惠文王的宦者令缪（miào）贤出面，推荐了一个人。这个人，是缪贤的门客，名叫蔺相如。

事关重大，不是随便有人推荐就可以当使者的，必须能胜任才行呢。缪贤说了一件事情后，赵惠文王当即拍板，同意让蔺相如出使秦国。

什么事情呢？

当初缪贤曾经犯过罪，他私下打算逃到燕国去。为什么单单选择了燕国呢？

因为缪贤感觉与燕王有些交情，当初他曾跟随赵王与燕王在国境会面，燕王私下曾握住他的手，表示愿意和他交个朋友。缪贤认为有这样的交情，他去投奔燕王，燕王一定会收留他。

但是蔺相如却劝阻了缪贤。

蔺相如说，燕王之所以愿意与缪贤结交，是因为赵国强，燕国弱，缪贤又受宠于赵王。赵国这个平台，提高了缪贤的身价，一旦离开赵国这个平台，缪贤啥也不是，燕王不但不会收留他，还会因为害怕赵国，会将缪贤捆绑起来，送回赵国。到那时，缪贤的处境就尴尬了。与其这样，不如脱掉上衣，露出肩背，伏在斧刃下，主动请求赵王治罪，说不定能被侥幸赦免。

缪贤听从了蔺相如的劝说，赵王果真开恩赦免了他。

通过这件事，缪贤认为蔺相如有智谋，是个勇士，派他出使很合适。

赵惠文王一听很高兴，立即召见蔺相如，亲自担任面试官，以具体问题来考验蔺相如的能力。

第一个问题，秦王要用十五座城池交换和氏璧，能不能给他？

蔺相如的回答是，秦国强，赵国弱，不能不答应。

第二个问题，秦国得到了和氏璧，不给赵国城池，怎么办？

蔺相如的回答是，秦国请求用城池交换和氏璧，赵国如果不答应，赵国理亏；赵国给了和氏璧，秦国如果不兑现承诺，不给赵国城邑，秦国理亏。两相衡量，可以选第二种方案，让秦国承担理亏的责任。

第三个问题，谁可以当使臣，出使秦国？

蔺相如的回答是：我可以出使。

蔺相如保证，秦国给城池，他就把和氏璧留给秦国，这是守信；秦国不给城池，他一定把和氏璧完好地带回赵国，这是底线。

赵惠文王很满意蔺相如的回答，蔺相如面试成功，随后带着和氏璧，出使秦国。

完璧归赵

秦王听说赵国使者带着和氏璧到了，很高兴，在章台宫接见了蔺相如。

章台宫，是秦国仿照楚国的章华台建立的，是秦国一般的宫殿，秦国的重大典礼不在此地举行。这个接见地点，就暴露了秦王对赵国的轻视。

蔺相如手捧和氏璧，献给秦王。秦王大喜，拿过和氏璧把玩一番，又把和氏璧传给妻妾和左右侍从看，左右都高呼“万岁”。

秦王只顾自己欢喜，根本不理蔺相如一行。

蔺相如从开始就一直规规矩矩，没有多说话，他一直在观察。观察完毕，他得出一个结论：秦国根本不想用城池交换和氏璧。

蔺相如这时果断起来，他走上前去，对秦王说：“和氏璧上有点瑕疵，请让我指给您看。”

秦王又看了一下和氏璧，没有看到什么瑕疵，就将和氏璧给了蔺相如，希望蔺相如指出，他再长长眼。

没想到，蔺相如接过和氏璧之后，退后了几步，身体站定，靠在柱子上，表情从平和转为暴怒，怒发冲冠，开始诉说起赵王的重视，开始数落起秦王的过错：

对于这次交换，赵王很重视，斋戒了五天，派他捧着宝璧，在殿堂上恭敬地呈送国书。这是尊重秦国是大国，这是赵国的敬意，这是赵国的诚意。

但是，秦王只是在一般的台观接见他，礼节非常傲慢；得到和氏璧，传给姬妾们观看，这是戏弄使臣。如此种种，只能说秦国毫无诚意，毫无敬意，只是想用空话得到和氏璧。

蔺相如这番话，是事实，也是控诉，从而将秦国置于理亏的一方。

既然秦王不是诚心交换，那么蔺相如就收回和氏璧。如果秦王要用强硬手段，他蔺相如只能与和氏璧同归于尽了。

说完，蔺相如手持和氏璧，斜视庭柱，就要向庭柱撞去。

秦王一见，当即慌了，蔺相如撞死了不要紧，关键不能撞坏和氏璧呀，他还没喜欢够呢！

秦王赶紧向蔺相如道歉，又召来了主管的官员拿出地图，指明从某地到某地的十五座城池，交割给赵国。

蔺相如知道，这只不过是秦王的缓兵之计，地图上的城池，不可能变成真正的城池，交到赵国手里。耍心眼，谁不会呀，蔺相如不也已经和你们耍过一回了吗？既然你们要玩，那就再陪你们玩一把。

蔺相如表情转为平和，对秦王说："和氏璧是天下公

认的宝物，赵王惧怕贵国，不敢不奉献出来。赵王为此斋戒了五天，大王您也应斋戒五天，还要在殿堂上安排九宾大典，我才敢献上和氏璧。”

秦王心里早把蔺相如骂了几百遍了，真是个多事精，但是和氏璧在他手里，人家掌握着主动权，秦王也只能同意了。

蔺相如此时根本没把秦王的约定当回事，对秦王根本不抱啥希望了，这个狡诈贪婪的人断然不舍得拿出城池，于是，蔺相如让他的随从穿上粗布衣服，怀中藏好和氏璧，从小路偷偷逃出了秦国，把和氏璧送回了赵国。

五天过后，秦王在大殿之上安排了九宾大典，庄严肃穆，邀请赵国使者蔺相如。蔺相如走到大殿中央，气定神闲地告诉秦王，和氏璧已经送回赵国了。

此话一出，秦国君臣面面相觑，顿时炸了锅。一个小小的使臣，竟然敢欺骗大国之君，简直是不想活了。

蔺相如承认自己有罪，要杀要剐，随便！他之所以这么做，只不过是被人欺骗怕了，如果秦国割让城池，赵国定会奉送和氏璧。

你若不欺，我必不负；你若欺压，我必不惧！

蔺相如这等嚣张态度，惹恼了很多秦国大臣，他们想把蔺相如杀了泄恨。秦王此时则找回了理智，如今杀了蔺相如，也得不到和氏璧，反而破坏了秦赵两国的交情。如此不划算的买卖，还是不要做了。秦王在大殿上，继续接见蔺相如，完成了大礼，送蔺相如回赵国。

最终，秦国没有给赵国城池，赵国也没有给秦国和氏璧。

这一切，全是依仗蔺相如的计谋、勇气，与大国相争还能不受欺辱，赵王很满意，就封蔺相如做了上大夫。

渑池之会

秦王没有得到和氏璧，吃了个哑巴亏，很郁闷。

郁闷总要宣泄出来，他决定用军队教训教训赵王，让赵王见识一下他的厉害，他秦王可不是好惹的！

秦国实力强大，攻打赵国，第一次夺取了一座城池，第二次杀死了赵国将士两万人。

有了这两次胜利，秦王很得意，他又趾高气扬地派使者到赵国，要与赵王在渑池（今河南渑池）举行一次外交会面。

赵王打了败仗，心中怯懦，不敢前往。

这时，蔺相如与将军廉颇，出面劝说赵王。将军廉颇是赵国优秀的将领，他的勇敢在各诸侯国都很有名气。

当时局面确实有些危险，但是如果赵王不去，诸侯国就会瞧不起赵国，认为赵国胆小懦弱。这个印象一旦种下，别的诸侯国也会欺负赵国，那时赵国就很难应付了。

在他们的劝说下，赵王同意前往，要求蔺相如陪同赴会。

廉颇护送赵王到边境，他与赵王诀别，汇报了自己的“备用方案”：

赵王此行，往返的时间加上会面时间，一般情况下，不会超过三十天。如果三十天后赵王还没有回来，在国内的廉颇就会立太子为王，断绝秦国劫持人质来要挟的妄想。

赵王同意了这个方案。

到了渑池，秦王与赵王会见，说是友好，实际上每一步都包藏祸心，暗藏杀机。

第一步，侮辱。

酒宴时，秦王突然提出让赵王弹瑟（古代弦乐器，有二十五弦）。

宴会有专门的乐官，一国之君来弹瑟，不符合礼制。但秦国力量强，处于上风，赵王没有办法，只得弹起瑟来。

正弹着，秦国史官上前，记下了：“某年某月某日，秦王与赵王饮酒，秦王令赵王弹瑟。”

赵王与秦王同为诸侯，却听令于秦王，为其弹瑟，这是直接将赵王当作秦王的乐官对待了，这属实是对赵王的侮辱，也是对赵国的侮辱。事情一旦记载到史书中，不知前因后果，对于赵王、赵国都是千古流传的污点。

蔺相如一见，马上上前，请秦王击缶（古代打击乐器，瓦制），这是相互娱乐，这是礼尚往来。

秦王本就是要羞辱赵王，他又怎么会为赵王来击缶呢？秦王发怒，坚决不同意。

蔺相如不惧秦王的怒火，向前递上瓦缶，跪下请求秦王击缶。

秦王还是不同意，蔺相如也大怒道:“在这五步之内，蔺相如脖颈里的血恐怕要溅在大王身上了！”这是拼命的节奏啊！

秦王的侍从们上前要杀蔺相如，只见蔺相如怒目圆睁，大喝一声，侍从们都吓得倒退了。

秦王没有办法，只得应付着击打了一下缶。

蔺相如回头招呼赵国的史官，记录下“某年某月某日，秦王为赵王敲缶”。

第二步，要挟。

面子上的事情，秦国没有占到便宜，他们也不愿意再来这些虚的，直接提出要求：赵国进奉十五座城池，向秦王献礼。

这是仗着打了两次胜仗，要明抢啊，还得让人家主动交出。

蔺相如出来，针锋相对地说，请秦国用咸阳（今陕西咸阳）向赵王献礼。

蔺相如也够狠，直接让人家交出国都来。

一个国都，对十五座城池，蔺相如的要求更狠一些。

秦国自然不愿意，赵国也不能交城池，这事也就不了了之。

因为蔺相如的英勇反击，直到宴会结束，秦国也没有占到什么便宜，无论是气势上，还是实际利益上，都没压倒赵国。

秦国没有达成目的，虽然也想扣押赵王，但是因为赵国有军事防备，部署了大量军队，秦王最终也没敢有大动作。

这是蔺相如在外交场合的第二次大放异彩。

在渑池之会上，赵王目睹外交风波，明枪暗箭，全靠着蔺相如一一化解，维护了赵王、赵国的尊严，真是赵国外交舞台上的一把利刃。

赵王很感动，念蔺相如劳苦功高，回国后直接封蔺相如为上卿。

廉蔺交欢

渑池之会后，蔺相如的职位高过了廉颇。

廉颇很不服气。

想他廉颇当上卿，是实实在在的功劳，他攻城略地，浴血沙场，拼死努力。蔺相如有什么本领啊？不就是动动嘴皮子吗？靠着嘴皮子立点功，就要骑到他廉颇头上？况且蔺相如本来是宦官手下的门客，是卑贱之人，让自己屈居卑贱人之下，廉颇断然不会答应。

其实，蔺相如又何尝不是在力保国土不丢呢？那十五座城池，如果不是蔺相如力争，就被秦国夺去了。廉颇想不到这些，他只知道自己保卫家园的方式。

廉颇四处扬言，一旦遇见蔺相如，一定要羞辱他。

这话传到蔺相如的耳朵里，蔺相如开始躲避廉颇。每到上朝，蔺相如常常推说有病，不愿去和廉颇争位次。蔺相如外出，远远看到廉颇，就会掉转车头，主动回避。

蔺相如如此躲避，如此示弱，他的门客看不下去了：同为上卿，蔺相如官位还比廉颇要高，廉颇口出恶言，蔺相如就处处躲避，怕廉颇怕得也太过分了，太没有骨气了。门客们说他们感觉跟着蔺相如很耻辱，请求离去。

蔺相如坚决挽留众位门客。他给门客们出了一道题：廉颇与秦王，哪一个更厉害？

门客们异口同声地说，当然是秦王。

蔺相如就说："秦王那样厉害，我都敢在朝廷上斥责他，羞辱他的群臣，我蔺相如虽然无能，难道会怕廉颇将军吗？"

门客的不解之处就在这里，对于秦王，那么有气势，为何面对廉颇，蔺相如就变成病猫了呢？

其实，蔺相如是在维护赵国的利益，他在顾全大局。秦国之所以不敢对赵国用兵，就是因为有蔺相如和廉颇，一文一武，都很有本领。一旦蔺相如与廉颇为仇，斗了起来，两虎相斗，必有一伤，最后得利的一定是秦国。

这便是蔺相如处处忍让的原因，他首先考虑的是国家危难，个人私怨自然放到了后头。

蔺相如这番话，传到廉颇那里，廉颇顿时羞红了脸，愧从中来。

他真是太小肚鸡肠了！

他真是太短见薄识了！

不过，廉颇有一个优点，知错能改。

他脱去上衣，背负荆条，亲自到蔺相如的门前，请求蔺相如原谅，原谅他无知无量的罪过。

自此以后，廉颇与蔺相如成了生死与共的好兄弟，一起为守护赵国共进退。

因为有他们，因为有他们的兄弟同心，其他国家也不敢轻易欺负赵国。

这就是历史上著名的“将相和”。

嫉妒的魔力

“将相和”这一美谈的出现，源自廉颇的嫉妒，成于蔺相如的大度。

没有廉颇的嫉妒，就没有廉颇与蔺相如的矛盾，没有矛盾，就不用和解。

为什么二人最初没有矛盾呢？

因为没有利益冲突。

在蔺相如只是个门客、上大夫时，廉颇和他没有矛盾，他们还精诚合作了一把，共同推动了渑池之会。那时的蔺相如，还没能威胁到廉颇，还没有让廉颇感觉到威胁。

等到蔺相如的职位高过廉颇之后，廉颇才心生不满。

不满的原因，就是嫉妒。

嫉妒，让廉颇不能客观地评价蔺相如的功劳，让廉颇处处针对蔺相如。

其实，嫉妒从来不休假，嫉妒从来不偏爱。

每个人都曾嫉妒过，正在嫉妒着，还会再嫉妒。

莎士比亚曾说，嫉妒是长着绿眼睛的魔鬼。

这个魔鬼，会让你变得阴暗、邪恶，无法享受阳光与美好。

但是，这个魔鬼有时会发力，有时会悄悄隐藏起来，能够引发它出来的，只有一条：心理失衡。

当你将目光投向别人，比较一下，别人超过你，哪怕只有一点点，你无力追赶，又不愿认输，这时嫉妒魔鬼就出现了。别人的风头盖过了你，如果你只会感叹不公平，你只是在质问凭什么，那就会坠入嫉妒的深渊。

你要证明你比别人好，似乎才能满足你必需的优越感，你永远在比较。

比较的路，永远没有尽头。

此时的你，将不再是那个平静的你。

此时的你，将不会再感觉到幸福。

最终，你才是最大的受害者。

放下执念，或者承认对方比你好，或者让自己强大起来，也就是放过了自己。

试着封印魔鬼吧！

一切，都不算晚。

（本篇主要依据《史记·廉颇蔺相如列传》）

原典

蔺相如固[①]止之，曰："公之视廉将军孰与[②]秦王？"曰："不若[③]也。"相如曰："夫以秦王之威，而相如廷叱之，辱其群臣，相如虽驽[④]，独畏廉将军哉？顾[⑤]吾念之，强秦之所以不敢加兵于赵者，徒以吾两人在也。今两虎共斗，其势不俱生。吾所以为此者，以先国家之急而后私仇也。"廉颇闻之，肉袒负荆[⑥]，因[⑦]宾客至蔺相如门谢罪。曰："鄙贱之人，不知将军[⑧]宽之至此也。"卒相与欢，为刎颈之交。

《史记·廉颇蔺相如列传第二十一》节选

注释

①**固：**坚决。

②**孰与：**比……怎么样。孰，谁，哪一个。

③**不若：**不如（秦王）。

④**驽：**音 nú，愚钝，无能。

⑤**顾：**只是，不过。

⑥**负荆：**背着荆条，表示愿意受责罚。荆，灌木，古代用它的枝条做刑杖。

⑦**因：**通过，经由。

⑧**将军：**指蔺相如。春秋时诸侯以卿统军，因此，卿统称"将军"。战国时将军开始作为武官名，而卿仍有"将军"之称。

译文

蔺相如坚持请门客们留下，说：“你们认为廉将军和秦王比谁更厉害？”门客们说：“廉将军不如秦王厉害。”蔺相如说：“以秦王那样的威严，我还敢在大庭广众之下呵斥他，羞辱他的大臣。我蔺相如尽管没出息，岂能偏偏害怕一个廉将军？只不过我所考虑的是，强秦不敢进攻赵国的原因，正是有我们两个人在。现在如果我们两个人争执起来，那就如同二虎相争，肯定不能共存。我一再忍让，是我把国家利益放在前头，而把个人恩怨放在其次。”廉颇听说此事，袒露肩背，背着荆条，让门客领着来到蔺相如家门前请罪，说：“我是狭隘浅陋的人，竟不知您胸怀宽广到这样的地步！”最终两个人相处得非常融洽，结为生死之交。

远交近攻

秦武王四年（前 307），一场盛大的举鼎比赛在秦国举行。

这场比赛，很有看点，引人注目，观者众多。

看点主要在其中一位参赛选手身上。这位选手，就是秦国的国君秦武王。

这场比赛，确实没有辜负大家的期待，很劲爆。秦武王在比赛过程中砸断了腿，伤得很重。不久，秦武王就因为这次腿伤一命呜呼了。

秦武王即位时很年轻，当了三年国君，死后无子。无子，意味着没有法定继承人。而且，秦武王是因外伤突然死亡，来不及对继承人做出安排。秦王宝座，空了下来，这是极具诱惑力的。秦国各方力量，都开始行动了。

后台大比拼

按照宗法制原则，秦武王无子继承王位，能继承秦王位的只有秦武王的弟弟们了。

因此，后宫妃嫔中生有儿子者都有条件争夺王位。这可以理解。因为有可能性，大家都想试一试。甚至连后宫中没有儿子的妃嫔和一些朝中大臣，他们也兴致勃勃地卷入这场争夺战。原因无他，只因其中有利益。

可以肯定地说，多数人是瞎忙活。偌大一个秦国，真正有资格、有能力决定秦王继承权的只有三个人。

一是秦惠文王的王后，她是王太后。二是秦武王的王后。还有一个人，他虽然不是王室成员，但是，很有实力。

谁?

魏冉。

魏冉在秦惠文王、秦武王时代已经在朝廷为官，而且是手握大权的高官。

从表面上看，三个人都拥有一定的决定权，这叫三票制。但是，秦惠文王的王后、秦武王的王后，从来没有干预过政事，政坛力量不足，因此，这两票是虚的。魏冉不同，他是秦惠文王、秦武王两朝的元老，在朝中超有势力。他这一票是三票中最关键的一票，只有他有力量完成拥立新君的重任。

秦惠文王的王后、秦武王的王后在立谁为继承人的问题上和魏冉的意见不一致，但是，魏冉有权，他利用自己的权力一票搞定此事，强立秦武王的异母弟嬴稷（一称嬴则）为秦王，史称昭襄王。

当时，嬴稷正在燕国当质子，处境艰难。此前谁要说嬴稷会是未来的秦王，相信大家会用鄙夷的眼光“杀死”他。

国内那么多秦武王的弟弟都没被立为秦王，嬴稷在燕国做质子却被魏冉拥立，魏冉为什么非要立嬴稷呢?

这事和一个女人有关。

她就是秦惠文王的妃嫔“芈八子”。“八子”是秦国后宫妃嫔的一个等级。“芈八子”是楚国人，史称宣太后。

魏冉是宣太后同母异父的弟弟，秦昭襄王嬴稷是宣太后的儿子，这就是魏冉鼎力支持嬴稷继位的根本原因。其实，还是血缘关系起了决定性作用。

按常理说秦惠文王的王后最有决定权：她是秦武王所有弟弟们的嫡母。但是，在秦武王死后确立继承人时，这位嫡母却失败了，因为她没有得到握有实权的魏冉的支持。

由于昭襄王此时尚未成年，国家大事由宣太后负责。

昭襄王的母亲宣太后不是一位等闲之辈。

在中国历史上创造了两个第一：第一个称“太后”；第一个母后临政，临朝称制，主持朝政长达三十六年之久。

还创造了两个出人意料：

第一，下嫁义渠王，杀掉义渠王，吞并义渠。

第二，战斗力爆表，打六国，打出了几世繁华。

嬴稷继位时因为未成年，不能亲政，国政都由魏冉亲自掌握。三年后，嬴稷举行了加冠礼，正式亲政。由于魏冉是秦昭襄王继承王位最坚定的拥立者，又是自己的舅舅，所以，昭襄王亲政之后，魏冉仍然是秦国国政的实际执掌者。他在昭襄王一朝五次担任丞相，位高权重，被封为穰侯。

一场离间计

在魏冉和宣太后的运作下，远在燕国做人质的嬴稷顺利继位，三年后亲政。

但是，秦昭襄王继位后发现面临一个非常现实的问题：秦国虽然是当时唯一的超级大国，但是，秦国要想顺利兼并六国不是一件容易的事。六国的土地、人口、兵力都数倍于秦国。秦昭襄王怎么才能完成兼并六国的使命呢？

这件关系秦国统一天下的大难题，最终由一个人解决了，他为秦国设计了一个最符合秦国利益和现实的统一六国的总方针。

这个人是谁呢?

这个人名叫范雎（jū），魏国人，字叔。

他曾经周游列国，希望有一位国君能够接受自己的主张干一番事业，但都没有成功。最后，他只好回到魏国，打算为魏王服务，可是家境贫寒的范雎没有资金运作这事，只好在魏国中大夫须贾（gǔ）门下做了个随从。

一次，须贾带范雎出使齐国，逗留了几个月，一无所获，齐襄王甚至不愿见须贾。

就在须贾进退两难、极为难堪之时，作为随从的范雎却得到了齐襄王一份重礼：十斤黄金以及牛肉美酒。原来齐襄王得知范雎很有口才，所以派专人给范雎送了礼。

当然，齐襄王这份礼也不是白送的。那个年头，每个国家的国君都想得到人才，齐襄王送礼其实是一石二鸟之计，一是想让范雎弃魏奔齐，为齐国服务；二是离间范雎与魏国的关系。

这一招真灵!

范雎看见自己的主人没见到齐王，齐王反倒给自己送来了礼物，马上意识到不能私自接受齐襄王的礼品。一再推辞，不敢接受。

但是，这事还是被须贾知道了。须贾大为恼火，他认为范雎一定是出卖了魏国的国家机密，才因此得到齐襄王的厚礼。这就叫“是祸躲不过”！齐襄王给范雎送礼与须贾一点儿关系都没有，不过，范雎却要为齐襄王的举动付出巨大的代价。

此时须贾、范雎在齐国，须贾还不便发泄，便让范雎收下牛肉美酒，退回黄金。范雎一切照办。但是，一回到魏国，须贾便向魏国宰相报告了这件事。当时，魏国宰相是魏国公子魏齐。魏齐听后大怒，下令用板子、荆条死打范雎，一顿猛打，打断了范雎的肋骨、牙齿。

突如其来的灾祸，让范雎生不如死。但是，就这样死掉，显然不是范雎的风格，他不想被活活打死，他要保住自己这条不受待见的命，他要绝地反击。

他想了一招：装死。

要装就得装仔细了，要装就得装得像！这是自我救命，范雎憋着劲，一定要骗过众人，一定要逃出去。

魏齐被范雎的演技骗过去了，他看见范雎“死了”，就派人用席子把范雎卷了卷，扔到厕所里，还让喝醉酒的宾客轮番往范雎身上撒尿，以此羞辱他，惩一儆百。

身上沾满尿液的范雎，大气不敢出一声，只能任由别人欺凌。

后来这些人都走了，厕所无人，范雎悄悄地对看守说：“您如果放了我，我日后必定会重重谢您。”

这件事，对范雎来说很重要，他要活命。

对看守来说也很重要，一旦出现问题，他的脑袋可能就搬家了。但是，这件事对看守来说，也是可以操作的，因为在魏齐眼中，范睢已经死了。一个死掉的人，应该不会有大威胁！

看守被范睢说动了心，他想放走范睢，就向魏齐请示，把厕所里的死人扔掉算了。刚好，魏齐喝得酩酊大醉，顺口答应说："行。"

看守得到魏齐的指令，马上行动，扔了"死人"范睢，范睢因此得以逃脱。

魏齐酒醒后后悔把范睢当死人扔掉，又派人去搜索范睢，结果死人竟然不见了。

魏齐知道，麻烦可能要来了！

一路惊险

范睢虽然逃了出来，但是仍然没有摆脱危机。魏齐不愿麻烦惹上身，派人寻找范睢。

魏国人郑安平听说了这件事，也开始四处寻找范睢。

这是一场比拼。

功夫不负有心人，郑安平率先找到了范睢。

他们二人一起逃亡，找了一个地方，秘密隐居下来，为了保险起见，范睢还改了名换了姓，叫张禄。

藏起来，只是活命的手段，不是目的，他们要寻找时机，出人头地！

魏国是不能待了，他们必须到别的国家，而且是比魏国强的国家，才能有未来。

恰在此时，秦昭襄王派使者王稽出使魏国。范雎与郑安平都认为这是一个绝佳的翻身机会。

郑安平没有案底，他可以自由出入，翻身计划由他先走第一步。郑安平寻找机会接近王稽，给王稽当了个差役，侍奉王稽。很快就和王稽搭上了话，王稽问他，魏国有没有贤士愿意跟他一起到秦国去？

郑安平一听，太高兴了，要的就是这样的邀请！赶紧回答说，自己有一位老乡，名叫张禄，特别有才能，也特别想拜访王稽，与王稽畅谈天下大事。不过，他有仇人，白天不敢来。

王稽就说，夜里你跟他一起来。

得到王稽的允许，翻身计划就有了成功的开始。

晚上，郑安平带着范雎拜访王稽。没说几句话，王稽就意识到张禄是个难得的奇才，非常激动地对范雎说："我马上回国，请先生在都城西南等我。"

范雎与王稽约好见面时间，就匆匆离去。

王稽到了城南，拉上范雎很快进入秦国国境。

逃离了魏国，范雎总算松了一口气，他的生命无虞了。

刚刚平静一口气，新的麻烦又来了！

王稽的车队一路前行，远远望见一队车马自西奔驰而来，原来是秦国国相穰侯要去东边视察郡县。

范雎一听是穰侯，直呼不好，原来穰侯独揽秦国大权，最讨厌六国的人士。如果一见面，范雎恐怕要受辱，所以他决定躲在车中。

不一会儿，穰侯来到，看见王稽，便停车询问："关东（函谷关以东）的局势有什么变化？"王稽答道："没什么变化。"穰侯又问："大使先生不会带着说客来吧？这种人只会扰乱秦国。"王稽赶快回答："臣下不敢。"穰侯随即告别而去。

穰侯的问话，印证了范雎的话，穰侯不愿意说客来改变他一人独大的局面。

穰侯一走，范雎立即对王稽说："穰侯很有智谋。刚才他怀疑车中藏人，可是忘记搜查了。这事穰侯决不会善罢甘休，一定会后悔刚才没搜查车子。"于是，范雎跳下车，一路狂奔，大约跑了十几里。

果不其然，穰侯的骑兵很快赶了回来，说是奉穰侯之命，搜查车子。搜寻一番，没发现有人，方才作罢。

范雎的话，又一次应验。

王稽擦了一把额上的冷汗，好险啊！

他快马赶上范雎，一块儿进了咸阳。

范雎要成功翻身，在秦国发展，必须得到秦王的认可，但是这一路也不容易。

主要原因是时机不对。

王稽回国后，向秦王汇报出使情况，并趁机向秦王推荐了范雎，说他是天下难得的贤士。因为范雎说秦国现在处境非常危险，采用他的方略方能转危为安，但是这事只能面谈，不能书信转达，所以才把他带到秦国来。

此时，秦昭襄王已经即位三十六年了。三十六年中，秦昭襄王武功赫赫，向南夺取了楚国的鄢（今湖北宜城）、郢（今湖北江陵）重镇，楚怀王已在秦国被囚禁而死；向东攻破了齐国；秦国还曾多次打败韩、赵、魏三国，使三国处境危险。

军事上的巨大胜利使秦昭襄王讨厌说客，不相信说客。所以，秦昭襄王没有召见范雎，没有听他的鸿篇大论。

但是，秦昭襄王并没赶走范雎，让他留下来了，只是待遇很低，住最差的旅店，吃最劣等的饭。范雎此时别无选择，只能硬着头皮等下去。

一年多以后，范雎终于等到了一次机会。

这是一次怎样的机遇呢？

机会来了，抓住它

原来，秦国国相穰侯魏冉打算跨越韩、魏两国去攻打齐国。

范雎知道这件事后，立即给秦昭襄王上了一封奏书。

范雎究竟从穰侯的伐齐建议中看到了什么呢？

范雎看到了穰侯谋取一己之利的私心。

穰侯拥立秦昭襄王，这是他的第一大功。穰侯举荐名将白起，屡屡大败六国，更进一步地奠定了秦国统一天下的大趋势，这是穰侯的第二大功。但是，穰侯在获得成功的同时，自己的私欲也在同步放大。穰侯的封地在陶，靠近齐国，他主张跨越韩、魏攻打齐国，其实，是想通过伐齐之战扩大自己的封地。

穰侯的私心，就是对秦王的威胁，正是范雎成功的垫脚石。

范雎研究出了秦国灭亡六国的“顶层设计”。

范雎初入秦时，刚刚死里逃生，还没有思考秦灭六国的总战略。在遭到秦昭襄王冷遇的一年中，范雎始终关注着秦国政坛的一举一动，认真研究了秦国的战略，终于从穰侯魏冉的行动中，悟出了秦灭六国的战略思想。

范雎的上书引起了秦昭襄王的关注，秦昭襄王立即召见范雎。

范雎通过王稽举荐，等了一年多，秦昭襄王都不见，而范雎这次一上书，秦昭襄王立即召见，这究竟是因为什么呢？换句话说，范雎在上书中说了什么让秦昭襄王如此动心呢？

范雎在上书中先做了两层铺垫：

第一，识别宝物极其困难。范雎在上书中举天下闻名的和氏璧为例，说明像和氏璧这样的天下宝物，开始都不被世人认知，可见，识别宝物极其困难。所以，君王不重视的东西未必不是宝物。这是以物喻人，暗示自己是人才。

第二，如不用我，不必久留。范雎已经在秦国等了一年多，但秦昭襄王始终没有召见他。所以，他在上书中公开提出，大王要是认可他的话，那就用他；如果不认可他的话，长期留他也没有用。这是暗示，自己并非只能在秦国一棵树上吊死。

这两层铺垫，为范雎面见秦昭襄王打下了基础。

范雎非常懂读心术，他只是扼要地透出一点吊人胃口的话题，并不讲透。而且，他还甩了一个包袱："我有一些非常重要而机密的话不能写在信上，只能面见大王时讲。如果我讲的没有用，我请愿立即接受死刑。"

这些话说得雾里看花、若明若暗、欲言又止、神龙见首不见尾，秦昭襄王隐隐约约地感到范雎在说什么，但又不知道范雎究竟想说什么，这才立即召见了他。

秦昭襄王先向推荐范雎的王稽道了歉，然后用专车迎接范雎。

范雎乘专车到了秦宫，他假装不知道这是内宫的通道，闷着头就往里走。恰巧秦昭襄王从里面出来，宦官发怒，驱赶范雎，呵斥道："大王来了！"

范雎故意喊着："秦国哪里有大王？秦国只有太后和穰侯！"

这话说得很放肆，当着大王的面说没有大王，这有点自寻死路。

秦昭襄王乍一听到此话，有些惊讶，有些生气，但是他转而一想，范雎断然不会傻到当面诋毁他，他想范雎应该是有深意的。

这就是范雎与秦昭襄王的第一次见面，第一次见面就成功吊起了秦昭襄王的胃口。

秦昭襄王上前迎接范雎说："我早就应该向您请教了，正好遇上攻打义渠的事非常紧迫，早晚都要向太后请示，现在总算把义渠事件处理完，我才有机会向您请教。"

秦昭襄王喝退了左右的侍从，向范雎说："请先生赐教。"范雎说："嗯嗯。"等了一会儿，秦昭襄王又长跪向范雎请求说："请先生赐教。"范雎又说："嗯嗯。"连问三次，范雎每次都只"嗯嗯"，不回答。

秦昭襄王很无奈，问范雎是不是不打算赐教他了？

其实，范雎还是在吊秦昭襄王的胃口。

秦昭襄王的胃口被吊起来了，秦昭襄王特别迫切地想听到范雎的"教导"，范雎的"教导"才能入他的耳，进他的心。

范雎为自己解释，之所以秦王连问三次而他不敢回答，原因有二：一是他的身份，二是他讲的话很敏感。

从身份上说，范雎只是个寄居在异国他乡的臣子，和秦王的交情很生疏。

从讲话内容上说，他要讲的是辅佐国君的大事，势必关涉秦王和秦王的亲人之间的关系。

但是，即便是今天讲了话，明天被处死，范睢也不想逃避了。如果秦王真照他的话办了，他死也值了，他这是尽忠而死。

这番话说得有水平，先渲染自己的危险，再表达不避危险只为秦王，很令人感动。

秦昭襄王希望范睢知无不言，言无不尽，他一定会护他周全。

得到这个承诺，范睢心中就有底了，他鞠躬行礼，表达感谢。秦昭襄王连忙还礼。

范睢说，以秦国这样的实力，制伏诸侯，如同猎狗抓捕瘸腿的兔子那样容易，但是方法用错了，实力不就显示不出来了嘛!

那么，秦昭襄王的方法错在哪儿了呢?

范睢说了两件事。

第一件事，就是穰侯伐齐。

这是弃近而攻远，太荒谬了。这件事，费力却得不到好结果，出兵少不能打败齐国，出兵多会损伤秦国的力量。秦王想自己少出兵，而让韩、魏两国派兵协同秦国攻齐，这不太现实，而且最后结果可能会肥了韩、魏两国。

为什么会这样呢? 第二件事很有参考意义。

第二件事，是齐愍（mǐn）王伐楚。

齐愍王伐楚打了大胜仗，这是好事。但是最后竟然一无所得，这是现实。

为什么会这样呢?

齐国伐楚，长途跋涉，疲惫不堪，其他诸侯国趁势伐齐，大败齐国。

错了就是错了，“亡羊补牢，犹未晚矣”，采取正确的方法，就能“抓住兔子”。

这个正确的方法，就是“远交近攻”。

远交近攻，意思很简单，就是结交远邦而攻伐近国。

这样一来，攻取一寸土地，就成为秦王的一寸土地；攻取一尺土地，也就成为秦王的一尺土地。如今弃近而攻远，太荒谬了。

秦昭襄王一时间如同醍醐灌顶，分析得太到位、太透彻了。

于是，秦昭襄王任命范雎为客卿，和他一起商议军国大事。

范雎在秦国熬了一年多，费尽心机才得到秦昭襄王的召见，昭王一见就采纳了范雎的意见，这是为什么呢?

范雎的成功主要是两点：一是利用了秦昭襄王和穰侯魏冉微妙的关系；二是制定了秦国兼并六国远交近攻的总方略。

秦昭襄王是魏冉强行所立，魏冉又是他的舅舅，魏冉辅政三十多年，功勋卓著，两人的关系始终不错。但是，穰侯的功劳也引发了秦昭襄王的猜忌，这是王权和相权冲突的历史必然。

获得秦昭襄王信任重用后，范雎对秦昭襄王说:“我过去在魏国时只听说秦国有宣太后、穰侯、华阳君、高陵君、泾阳君，没有听说什么秦王。”此时，穰侯做秦国的国相，华阳君、泾阳君、高陵君轮流率兵为将，他们个个有自己的封邑，加上宣太后的宠爱，每个人家中的财富都超过了国库。

秦昭襄王听了范雎这番话，如梦方醒。于是秦昭襄王废了太后，驱除穰侯等人，将大权全部收归己有，大大强化了中央集权。秦昭襄王任命范雎为相国，封范雎为应侯。

这件事被称为“强公室，杜私门”，在历史上非常有名。

“远交而近攻”是秦国统一天下的总战略，是外交与军事的有机结合。

这个实施方案可操作性极强。它是基于地缘政治关系之上的一个由近到远的总体战略，它是秦国兼并六国的具体规划。

“远交而近攻”的提出，标志着秦国兼并六国的战争已经进入战略思想非常完备的阶段，剩下来的只是具体实施了。

睚眦必报

范雎到达了权力巅峰，很是风光。

做好自己的事情后，范雎回顾自己一路的艰辛，感慨万端。

他的生命中，有帮助他的人，有迫害他的人。对于不同的人，范雎的态度也不同。

因为，他是一个恩怨分明的人，一顿饭的恩德也一定偿还，瞪瞪眼睛的仇也要报复。

他散家财，报答所有因为他的事情受苦的人。

当年在死亡边缘救他的郑安平，被秦昭襄王任用为将军。

掩护范雎到达秦国的王稽，被任命为河东郡太守，秦昭襄王还特许他三年内不向上汇报施政情况。

这都是范雎的主意。

至于那些迫害他的人，那就只能是报复，报复，报复！

冤有头债有主，一切迫害的根源在须贾。

恰巧，须贾因为秦国攻打魏国，至秦国求见秦相。

范雎做了秦国相国之后，秦国人仍称他为张禄，因此须贾并不知张禄就是范雎。

范雎得知须贾到了秦国，隐蔽了相国的身份，乔装出行。他穿着破旧的衣服，步行到客馆，拜见了须贾。

须贾一见范雎，非常错愕，在他的心目中，范雎已经死掉了。

须贾询问了范雎一番，范雎只说自己给人家当差役。

须贾突然心生怜悯，留下范雎一起吃了个饭，又取了自己一件粗丝袍子送给范雎。范雎拿着这件袍子，陷入沉思。

吃饭时，须贾向范雎打听起了秦国相国张禄，说自己这次办的事情，成败完全取决于张禄，问范雎认不认识与张相国熟悉的朋友。

范雎不动声色，说自己的主人很熟悉张相国，他也能求见张相国，他可以帮助引荐。

须贾一听这话，很不以为然，以为范雎在说大话，他托了很多人都没见上张相国，范雎这么个潦倒穷困的差役竟然还能说上话，真的是太好笑了！于是，须贾就以马病了、车轴断了、不是四匹马拉的大车不出门为由拒绝了。

范雎的好戏还没上演，怎么会半途而废呢，他说可以向主人借来四匹马拉的大车，送须贾到相国府。

范雎回去弄来四匹马拉的大车，亲自给须贾驾车，径直进了相国府。

相国府的人见到范雎，回避离开了，态度很庄重，须贾见到这般情景，感觉有些奇怪。

更奇怪的，还在后头呢。

到了相国办公地点的门口，范雎让须贾等等他，他进去向张相国通报一声。

须贾拽着马缰绳，等在那里，等了很长时间，也没见范雎出来。他有些着急，就去问看门人，范雎怎么进去这么长时间了还不出来？

看门人一愣，这里没有范雎这个人啊！

须贾赶紧说，就是那个刚刚进去的人。

看门人又一愣，刚才进去的是张相国啊！

须贾顿时大惊失色，知道这是被范雎算计了，但是人在屋檐下不得不低头啊，他赶紧脱掉上衣，光着上身，双膝跪地而行，托看门人向范雎认罪。

范雎派人挂上高大的帐幕，召来众多侍从，阵势很大，这才让须贾上堂来见。

须贾见到范雎，连叩响头，连连称死罪，恳请范雎发落。

范雎这时终于逮着机会了，他多年的郁闷也需要发泄一下了。

他数落了须贾三条罪状：

第一罪，污蔑他私通敌国。

第二罪，魏齐把他扔到厕所里肆意侮辱时，须贾不加制止。

第三罪，喝醉后往他身上撒尿。

这三宗罪，说得须贾战战栗栗，惊心动魄，以为他这条命今日就交代了。

但是，范雎不愿意取他性命。救他性命的，是他送给范雎的那件袍子。这件袍子，让范雎看到了故人间所剩无几的情谊。

范雎进宫拜见秦昭襄王，将事情原委一一上报秦昭襄王，决定不接受魏国来使的说辞。

须贾回国之前，恭敬地去向范雎辞行。

范雎大摆宴席，宴请所有诸侯国的使臣，酒菜饭食都很丰盛，与他同坐堂上。

再看须贾，独自一人坐在堂下，面前放了一槽草豆掺拌的饲料。还有两个受过墨刑的犯人在两旁夹着，像喂马一样喂须贾吃饲料。

这是一个羞辱，也是一个信号，他范雎不是好惹的！

范雎责令须贾转告魏王，速把魏齐的脑袋拿来，如若不然，他范雎就会屠平大梁城（今河南开封）。

须贾回到魏国，把情况告诉了魏齐。魏齐大为惊恐，被迫逃到了赵国，躲藏在平原君的家里，最后无奈自杀。

急流勇退

范雎对郑安平、王稽大力回报，这是知恩图报，这是有情有义。但是，他没有料到的是，后来郑安平、王稽却给他惹了大麻烦。

秦国在长平大败赵国，修整一番后，又大举围攻赵国都城。秦昭襄王后来任命郑安平领兵攻打赵国。没想到，郑安平在战场上被赵军团团围住，危急之下，郑安平带领两万人投降了赵国。

这件事，对范雎而言是个大罪责。

按照秦国法令，举荐官员必须慎重，一旦被举荐的官员犯了罪，那么举荐人与被举荐的官员以同样的罪名、同样的刑罚治罪。

郑安平犯叛国罪，按照法令，范雎应该被判处逮捕父族、母族、妻族的罪刑。

范雎对秦国法令很了解。他知道这次罪责难逃，就跪在草垫上，恳请秦昭襄王惩处治罪。

秦昭襄王很依赖范雎，他没有想处置范雎。为了照顾范雎的感情，秦昭襄王直接向国内百姓发布命令："有敢于议论郑安平事的，一律按郑安平的罪名治罪。"

除此之外，秦昭襄王还赏赐给范雎更加丰厚的食物，以此让范雎安心。

秦国一向以法令严明著称，如今秦昭襄王对范雎的处理，显然违背了秦国法令。范雎在感谢秦昭襄王的同时，也感觉到了深深的不安。

又过了两年，王稽又出事了。

王稽当时做河东郡守，与诸侯有勾结，触犯了秦国法律，罪责深重，最后被诛杀了。

王稽也是范雎举荐的，范雎理应被诛杀。

秦昭襄王又放过了范雎。

范雎知道这不是好兆头，他一天比一天懊丧起来。

后来有一天，秦昭襄王上朝时不断叹息，范雎作为国相赶紧询问，请求治罪。秦昭襄王说他之所以叹息，是因为秦国没有能征善战的大将了，白起死了，郑安平等人叛变，而敌对国家却有很多。

秦昭襄王之所以说这话，是想鼓励范雎，但是范雎却备感恐惧，因为白起是他陷害死的，郑安平是他推荐的，他以为秦昭襄王在责怪他。但他无可奈何，无能为力。

后来，范雎以有病为由，请求送回相印。秦昭襄王不同意，范雎态度很坚决，自言病重，无法胜任这个重要的工作了。

范雎急流勇退，保全了自身，也保住了秦昭襄王对他的信任，更保住了“远交近攻”策略的实施，为秦国最后兼并六国奠定了更为坚实的基础。

如何面对困难

范雎是幸运的。

他幸运地遇到了秦昭襄王，幸运地得到了秦昭襄王的信任，君臣一心，共谋发展，为秦国的统一大业做出了莫大的贡献，从而天下闻名，青史留名。

在他那个时代，游说之士很多，很多人穷其一生，白发苍苍也没能得到知音，没有得到施展才能的舞台。没有得到知音、舞台，并不代表这些游说之士的才能就不行，他们的策略就很拙劣。只不过是时机不对，国家强弱不同。

范雎是在困境中不放弃的拼搏者。

他在魏国被诬陷，几近死亡，他忍着被人侮辱的耻辱，动起脑筋，绝地逢生。

他到了秦国，不受重视，待遇差劲，他忍着无人重视的苦恼，砥砺自己，一年之后，大展身手。

人生，从来不是因为有希望才去拼搏，而是因为拼搏了才有希望。

司马迁认为，困厄的处境，恰恰是范雎奋起的原因，正是这些困厄，成就了范雎，困厄是宝，是范雎起飞的力量。其实，困厄的处境，这是因，更为重要的是范雎持之不懈的拼搏，如果没有拼搏，困境只能是困死自己的险境。

人们都期待人生顺风顺水，事事如意，但是，万事如意只是个祝愿，如果真的实现了，那是因为你睡着了，与梦为伴了。世事无常，本就没有十全十美、一帆风顺的人生。

困难常有，困难常见。困难很可怕，也不可怕，关键看在谁手里。有些人还没怎么开始呢，就被困难打倒了，一倒就是彻底倒下了；有些人则经受了困难的洗礼，抗挫能力不断提升，在困难中屹立不倒。

如何面对困难，是人生绕不开的一个难题。

如何面对困难，是人生必修的课程。

如何冲破困难，更是人生最重要的一课。

学好了这一课，困难就会变成指路牌，让你更清晰更坚定地知道，该往哪个方向走。

范雎是智慧的，他在困难面前，不是一味地勇往直前，他有他的原则。

困难通过努力拼搏，可以克服，范雎会倾尽全力，一往无前。

但是，如果自己的力量怎么也克服不了困难，继续下去只会适得其反，那不妨停止。这种停止，与还没怎么努力就退缩，是完全不同的，这是在客观评估实力之后的明智之举。

方向错了，停下了就是进步。

另辟蹊径，或许你会发现，风景这边独好。

（本篇主要依据《史记·范雎蔡泽列传》《史记·秦本纪》《史记·穰侯列传》）

原典

“……王不如远交而近攻，得寸则王之寸也，得尺亦王之尺也。今释此而远攻，不亦缪[①]乎！且昔者[②]中山之国地方五百里，赵独吞之，功成名立而利附焉，天下莫之能害也。今夫韩、魏，中国之处[③]而天下之枢[④]也，王其欲霸，必亲中国以为天下枢，以威楚、赵。楚强则附[⑤]赵，赵强则附楚，楚、赵皆附，齐必惧矣。齐惧，必卑辞重币以事秦。齐附而韩、魏因可虏[⑥]也。”

《史记·范雎蔡泽列传第十九》节选

注释

①**缪：**音 miù，荒谬。

②**昔者：**往日，从前。

③**中国之处：**处于中原的位置。

④**枢：**门上的转轴，引申为关键部分或中心部分。

⑤**附：**归附，归顺。

⑥**虏：**俘获。

译文

“……大王不如结交远方国家攻打邻近国家，得到一寸土地大王便多一寸土地，得到一尺土地大王便多一尺土地。如今丢下近处却去攻击远方诸侯，不是太荒谬了吗！过去中山国方圆五百里，赵国将其独吞，成就了功业，树立了威名，得到了实际利益，诸侯对它也无可奈何。现在韩、魏地处中原，是天下的关键地带，大王想要称霸，一定要亲近中原以掌握天下的枢纽，来威胁楚、赵。楚国强大，就拉拢赵国，赵国强大，就拉拢楚国，楚、赵都亲附秦国，齐国一定会害怕。齐国一害怕，一定会言辞低下带着丰厚的礼品来侍奉秦国。齐国一旦归附，韩、魏也就唾手可得了。”

纸上谈兵

公元前 262 年，长平（今山西高平）地区狼烟燃起，杀声震天，场面惨烈，这是秦国与赵国在对战。

这场对战，秦国获胜。

这场对战后，赵军四十五万个鲜活生命，被活活坑埋，惨绝人寰。

这场对战，被称为历史上规模最大、伤亡最多的歼灭战之一。

这场对战，彻底改变了秦、赵两国的力量对比，赵国从此一蹶不振。

赵国为何会有如此惨状？想当初，赵武灵王胡服骑射，赵国可是秦国统一天下路上最强劲的对手啊！

许多人将罪责推到了一个只会“纸上谈兵”的年轻人身上。

这个年轻人，就是赵括。

然而，事实果真如此吗？

赵括真的那么罪不可赦吗？

赵奢不畏强权

赵括的父亲，是赵奢。

赵奢本是赵国征收田租的一名小官吏。

工作中，赵奢遇到了一件麻烦事，平原君赵胜家一直不缴税。

平原君赵胜是赵武灵王的儿子，赵惠文王的弟弟，而且还是赵国的国相，门客数千人，势力很大。因此，很多人都不敢惹平原君，赵奢手下人也不敢去征税。

赵奢知道这个情况后，果断出手，依法处治了平原君家九个管事的人。平原君听闻此事，大怒，这个赵奢真的是太放肆了，撒野撒到他头上了，也不想想我平原君是你赵奢能惹的吗？

平原君下令，要杀死赵奢。

赵奢早已料到会惹怒平原君，他不仅没有害怕，反而非常平静地给平原君讲了两个“连锁反应”。

第一个连锁反应，是反面的。

平原君是赵国的贵公子，如果纵容自己的家臣不遵奉法令，就会让法令削弱；法令削弱了，国家就会衰弱；国家衰弱了，诸侯就会出兵侵犯；诸侯出兵侵犯，赵国就会灭亡；赵国灭亡了，平原君的财富，也会保不住。

第二个连锁反应，是正面的。

平原君地位尊贵，如果他以身作则奉公守法，国家就会上下公平；上下公平，国家就会强盛；国家强盛了，赵氏政权就会稳固；赵氏政权稳固，平原君就会更加为人所重。

这两个连锁反应，给了平原君很大震动。平原君不仅不杀赵奢了，还把赵奢举荐给赵惠文王。赵惠文王随后任用赵奢掌管全国的赋税。

赵奢一如既往，认真负责，在他的努力下，全国赋税公平合理，民众富足了，国库也充实了。

赵奢的才能，得到了认可，得到了回报。

当然，赵奢的才能，远不止这点。

赵奢领兵

赵奢的军事才能，也很有看点。

当时，秦国攻打韩国，驻扎在赵国的险要之地阏与（yù yǔ，今山西和顺西）。

赵惠文王立即召见大将军廉颇，询问能不能去救援。廉颇回答说："路太远，而且又艰险又狭窄，很难救援。"

赵惠文王又召见乐乘，问能否相救，乐乘的回答和廉颇一样。

最后，赵惠文王召见了赵奢。

赵奢说："道远，地险，路狭，就像两只老鼠在洞里斗，哪个勇猛哪个胜。"

赵惠文王听了赵奢的回答，立即派赵奢带兵去救阏与。

赵奢明白这场仗不好打，他得好好谋划谋划。

第一招，制造假象，迷惑对方。

赵军离开国都刚刚三十里，赵奢就下令，谁敢来为战事进言的一律处以死刑。

秦军驻扎在武安（今河北武安附近）西边，击鼓呐喊的声音把武安城中的屋瓦都震动了。赵军中有一个人听到秦军的呐喊声，按捺不住，请赵奢火速援救武安，赵奢立即把他杀了。

赵奢率领赵军驻守营垒，停了二十八天，就是不前进，反而增筑营垒。秦军的间谍潜入赵军营地，赵奢假装不知道来人的身份，用好酒好肉盛情款待以后把他送回去。

秦军间谍把赵军的情况向秦军将领做了报告，秦将听后非常高兴，说："离开国都三十里就不敢前进了，还增修营垒，阏与肯定不是赵国的了。"

第二招，避其锋芒，占领高地。

赵奢送走秦军间谍之后，知道"忽悠"秦军的目的已经达到，立即命令士兵脱下铠甲，轻装简从急行军，两天一夜到达阏与。

到达前线后，赵奢让善射的士兵离阏与五十里扎营。军营筑成后，秦军才知道赵军来了，立即全军赶来，要和赵军决战。

这时，一个叫许历的军士建议赵奢:“放秦军进来。秦军没想到赵军来得这么快，现在他们赶来，士气很盛，将军一定要集中兵力，严阵以待，不然必败。”赵奢同意了。

许历提完建议后，自请受死，因为他违背了赵奢下达的不能提战事的命令。

这个命令，只是迷惑对方的一个手段。如今恰恰是需要集思广益谋取胜利的时候，赵奢自然不会杀许历了。但是军中无戏言，他就说等到凯旋之后再执行吧。

许历一见，又提了一个建议：占领北面山头。

这个建议，非常重要，北面山头是军事制高点，谁先占领北面山头谁就会取胜，后到的肯定失败。

赵奢立即派出一万人迅速冲上北面山头。秦兵后到，与赵军争夺北山的制高点，但是，攻不上去，死伤惨重。赵奢趁机指挥士兵发动猛攻，大败秦军，秦军四散逃跑，阏与包围解除。

赵奢完成了一个艰巨的任务，回到赵国，赵惠文王赐给他“马服君”的称号，待遇与廉颇、蔺相如相同。

阏与之战，不仅让赵惠文王时期的赵国多了一位可以和廉颇相媲美的名将，更重要的是赵国重创了秦军。这在秦、赵战争史上是赵军的一座丰碑。

赵括担大任

中国教育讲究耳濡目染、潜移默化，龙生龙，凤生凤，将军的孩子会打仗。

赵奢有个儿子，叫赵括。

赵括自幼就喜欢兵法，从小熟读兵书，勤习弓马；成年后，更是仪表雍容，言谈不凡。

赵括经常与父亲一起谈论兵法，赵括谈起来，头头是道，连赵奢都辩论不过他。

要知道，战胜父亲，对于一个男孩子来说，是多么重要的事情啊！赵括很开心，也很自得，自以为谈论兵法，天下没人能比得过他。

看着儿子这样酷爱兵法，赵奢心中是高兴的，子承父业，一直是他的心愿。但是，高兴之余，他也有些担心，因此，儿子虽然胜了自己，赵奢也没有怎么表扬他。

对此，赵奢的妻子有些不解。有一次，她禁不住好奇，上前询问缘由。

赵奢说，赵括的态度有问题，而且是很大的问题。用兵打仗，关乎生死，是残酷的事情，非同儿戏，每一步都不容易，每一招都要谨慎。赵括提起用兵之事，却说得那么轻松，那么容易。这很危险。如果赵国不用赵括为将也就罢了，一旦让他为将，他一定会让赵国大败。

赵奢对赵括的评价对不对呢？

一场大战验证了。

这场战争，就是长平之战。

赵孝成王七年（前259），秦军与赵军在长平对阵。当时赵奢已经去世，蔺相如也已病危，赵王派出廉颇领兵攻打秦军。

与秦军交战，不容易，一交手，秦军就占了上风。

初战不利，廉颇改变战争策略，跟秦军打起了消耗战，采取防御战术与秦军对峙，秦军屡次挑战，赵兵都是固守营垒，死守不出。

这个策略很明智很正确，长平离赵国近，赵国运输粮草、补充兵力比较方便。秦军是远征到此，粮草、兵力，补充起来都比较麻烦。

廉颇这一耗，秦国可就吃不消了。耗不起的秦国，一定要尽快打破这个僵持的局面，寻求主动。

正面战场打不胜，他们就转战另外一个战场，他们打起了间谍战。

秦国派人到赵国，不惜花费千金，实施离间计划：到处宣扬秦国最怕的是赵奢的儿子赵括，而不是廉颇。廉颇太容易对付了，一旦赵括担任将领，秦国的麻烦就大了。

秦国散布害怕赵括的谣言，一方面说明，赵括谈论兵法的功夫确实厉害，名声在外。秦国如果找一个什么也不会的无能之辈，或者军中一般的将士，相信赵孝成王也不会同意任命，那么他们的离间计就不会实现，他们大费周章、花费重金，显然不想要这个结果。

另一方面也说明，赵括纸上谈兵的名声也很响亮。若是赵括真比廉颇厉害，那么秦国的离间计也就失败了，他们估计会更难受。不过，他们还是笃定，这个从未到过战场，这个没有经过历练的年轻人，杀伤力不大。

离间计成功实施的关键，是要击中对方的心理防线，瓦解友好关系。赵孝成王与廉颇之间，本来是相互信任的，但是廉颇的消耗战，却引起了赵孝成王的不满，他以为廉颇胆怯，多次斥责廉颇。赵孝成王对廉颇的信任危机，在秦国的离间计实施之前，已经出现。

秦国人重金打造的谣言四处传播，赵孝成王信以为真，不愿相信廉颇。他中计了，任命赵括担任主帅，取代廉颇，攻击秦军。

两个反对者

赵孝成王的这项任命，遭到了两个人的激烈反对。

第一个反对者是蔺相如。

蔺相如是赵国重臣，当时已经病重，他拖着病躯，立即上书赵孝成王，非常严肃地指出这项任命太过草率，太不慎重。赵括只能读读兵书，聊聊兵书，完全不懂得随机应变，让他来指挥秦、赵两国的生死决战，简直是在拿赵国的社稷存亡开玩笑。

蔺相如担任国相，为赵国化解了很多危机，政治眼光辛辣，看人很准，赵括不是不厉害，但是担不起这么大的责任。

另一位反对者是赵括的母亲。

赵括接受任命将要起程之时，赵括的母亲上书赵孝成王：赵括不能做将军。

一位母亲亲自出面阻挡自己的儿子担当重任，究竟为了什么呢？赵孝成王感到非常不解。

赵括的母亲，有一说一，用事实说话。

当初赵括的父亲赵奢受命为将军后，由他亲自捧着饮食侍候吃喝的有几十位，被他当作朋友相待的数以百计，赵王赏赐的东西他全分给手下的官员。自接受王命那一天起，就不再过问家事。

赵括刚做了将军，就面向东接受下级的朝见，他手下的人没有一个敢抬头看他，大王赏赐的金帛他都带回家中收存起来，还天天访查合适的田地房产，可以买就马上买下来。他哪一点像他父亲？

父子二人如此不同，赵括的母亲恳请赵王千万不要派赵括领兵。

赵奢上过战场，打过硬仗，他的行事作为对战争

的成败有很大影响，赵括与赵奢如此不同，而且还从未有过实战经验。赵括的母亲不懂兵法，但她心中有个标杆，赵奢就是标杆，显然，赵括离这个标杆太远了。

正所谓“知子莫若母”，母亲都反对了，赵王应该有所触动吧？但是，赵王此时已经铁了心要换廉颇了，无论是蔺相如，还是赵括的母亲，都没能劝回赵王那颗倔强的心。

赵括的母亲看到事情没有挽回的余地了，她就与赵王约定：出兵是赵王任命的，一旦赵括出了事，赵王不能株连她，不能株连赵家一门。

赵王连思索都没思索就同意了。

就这样，赵括上了战场。

长平惨案

赵括当了主帅，上了战场，秦国的离间计划成功了。

接下来，就是战场上的血拼了。

秦王很重视这次战争，他当即任命白起担任上将军，任命王龁（hé）担任副将。

这个白起，可不简单，非常擅长用兵，攻城略地，战功卓著，名声大噪。任命之时，白起已经在战场上摸爬滚打三十多年了，经验丰富。

为了确保战争的胜利，白起的任命，是秘密进行的，并且对外严密封锁消息，谁敢泄露，格杀勿论。

被蒙在鼓里的赵括，上任伊始，立即改变廉颇坚守不出的策略，主动出兵进击秦军。

白起布置了三队人马，各有任务，相互协作：

第一队人马，引蛇出洞，假装战败而逃，迷惑赵军。

第二队人马，有两万五千人，负责突袭赵军，切断赵军后路。

第三队人马，有五千人，负责切断赵军的前军和后军之间的相互联系。

到了战场上，白起三队人马的联合作战，打得很漂亮。

第一队人马成功迷惑了赵军，赵军乘胜追击，一直追到秦军营垒。但秦军营垒非常坚固，赵军死活攻不进去。正在这时，秦军的第二队人马、第三队人马突袭成功，赵军被分割成孤立的两个部分，运粮通道也被秦军堵死了。

秦军趁此机会，一鼓作气，派出轻装精兵，实施猛烈攻击，赵军抵挡不住，交战失利，被迫构筑壁垒，顽强固守，等待援兵。

赵括的第一次实战指挥，就这样狼狈地结束了。

秦王得知初战告捷，非常兴奋，亲自赶到前线，下令赐给全国百姓每人一级爵位，征调秦国十五岁以上的青壮年全部赶赴长平战场，阻截赵国救兵，断绝赵军军粮。

有了这样的命令，秦军将士人数大增，士气也大增，他们牢牢地将赵军困在了壁垒里。

这一围，就围了四十六天。

断粮四十六天的赵军，饿得前胸贴后背，军中已经暗中杀人充饥了。士卒们对赵括很不满意，离心离德。

赵括压力很大，长此以往，他们不被饿死，也会相互残杀至死。赵括决定集中力量突围。

他将将士们编成四队，轮番进攻了四五次，但是，秦军的力量太强悍了，赵军怎么也冲不出去。

赵括急了眼，亲自披挂上阵，带领精锐士兵与秦军搏杀。激战中，赵括被秦军射死了。

就这样，他还没有享受一次战争的胜利，就丢掉了年轻的生命。

就这样，他只实战了一次，就坐实了“纸上谈兵”的罪过。

主帅已死，饥饿的赵军无心恋战，四十万将士向秦军投降。

这对秦国来说，是一个大好的消息。

这四十万战俘，该怎么处理呢?

白起最后做了一个令世人震惊的举动：坑杀全部战俘。

战国时代对待俘虏，很多时候是招降，虽然也有杀害战俘的，但是这么大规模的杀戮，还是绝无仅有的。

那么，白起为何如此残忍呢?

他有前车之鉴。

此前秦军拿下韩国的上党（今山西长治），上党的百姓不甘心做秦国的臣民而逃往赵国。韩国的百姓可以这样反复无常，那赵国的士兵呢？白起认为赵国士兵本就变化无常，不可信，如果不全部杀掉他们，这么多人，难保以后不会出乱子。

就这样，白起用欺骗手段把赵国降兵全部活埋，只放回了未成年的二百四十人。

这一仗，秦军一共杀死赵兵四十多万人，赵国举国震惊。

秦军以空前野蛮的屠杀，结束了规模空前的长平之战。

长平之战，成了中国历史上一个悲苦的记忆。

“背锅侠”赵括

长平的一场惨烈大屠杀，让世人记住了白起，也记住了赵括。

白起酷暴不武，赵括纸上谈兵。

从此，长平战败的罪责，就放到了赵括一人身上。好像如果赵国不临阵换将，不换赵括这么个耍嘴皮子的人，赵国就不会败，四十多万人就不会白白被坑杀。

事实真的如此吗？赵括那瘦弱的肩膀，能承担起四十多万生灵的悲号吗？

其实，赵括很冤，成了赵王的“背锅侠”！

为什么这么说？不妨看看长平之战是怎么出现的吧！

其实最开始，赵国只是个打酱油的，打着打着，就打成了主角——被别人打的主角。

赵孝成王四年（前262），秦军攻占了韩国的野王（今河南沁阳）。野王被秦攻占，意味着韩国的上党郡和韩国国都新郑（今河南新郑）的唯一通道被秦国截断，上党郡成了韩国一块孤立无援的飞地。

韩国一见上党守不住了，就做了个顺水人情，将上党郡献给秦国以求和。上党太守却不愿意投降秦国，他与手下人商量后，做出了一个决定：把上党献给赵国。

为什么献给赵国呢？

只是将赵国拿来当工具，报复秦国的工具。

赵国一旦接受了上党，秦王一定会大怒，必定要和赵国大战一场。赵国有难，一定会和韩国携手。如果韩、赵两国联合起来，一定可以阻挡住秦军。

上党太守的三个“一定”要实现，有个前提，赵国同意接收上党郡。

那么赵王接受了吗？

自然是接受了，不接受就不会有后面的故事了。

赵王得到消息，立即和平阳君、平原君商量此事。

平阳君不同意接受上党郡，他认为这样做会激怒秦国，引发秦、赵大战，弊大于利。

平原君认为，平白无故得到一郡十七座城池，简直是天上掉馅饼，不能不接受。

赵王更认为这是“大利”，如今出动百万大军进攻，一年半载也得不到一座城，他人奉送的十七座城池，不要实在太可惜了。于是，赵王采纳了平原君的意见，接受了上党郡。

贪婪的力量很大，会让人丧失理智。十七座城池，赵王看重，难道秦王就不看重吗？马上要吃到嘴里的肥肉，被别人抢走了，秦王能愿意吗？

作为一国之君，每一个决定都至关重要，必须考虑周到，尤其是在对外关系上。如果没有能力承担后果，就不要太贪婪！

很显然，赵孝成王的这一举措，很不明智，很自然引来了秦王的报复。

秦王派出大队人马攻占了上党。上党的百姓纷纷逃往赵国，廉颇率领的赵军驻守长平，援助上党百姓，阻击秦军。

战争的爆发，源自赵王一时的贪念，如果他不要这十七座城池，秦国又怎么会把战火烧到赵国身上？本来就是秦国与韩国的事情，与赵王也不搭边啊。

如果战争不爆发，赵国那四十多万人，还会好好地过着平淡安静的生活。

议和是门大学问

不过，战争开始是一回事，战争能够打胜又是一回事。

长平之战前，秦国固然在秦昭襄王的统治下已经成为天下第一强国，但是，此时的赵国也是六国之中唯一可以与秦国叫板的国家。如果应对得力，赵国也是有机会与秦国搏上一搏的。赵国却走向了反面，失误连连，策略不当。

赵孝成王任命廉颇，廉颇初战不利，坚壁不出。

赵孝成王看出这次秦国气势汹汹，来者不善，竭尽全力，务必求胜，他很着急，综合了很多意见后，他决定派出自己的亲信到秦国去求和。

赵孝成王派出的使者到了秦国，秦国接洽了赵国使者，随后把赵国求和的事情，作为一大热点推送到各个诸侯国，大肆炒作一番。

秦国本就没有和谈的意思，它又借着这次赵国求和一事，做了一把有利于秦国的大宣传。既然赵国有意求和，其他诸侯国断然不会参与攻打秦国，那么，秦国更没有必要同意和谈了。

“和”的本身并无过错，打得过就打，打不过就和。

但是，何时议和、怎样议和却是一门大学问。有大臣曾提议，赵国联合楚、魏，造成又一次诸侯合纵抗秦的态势，给秦国施加强大的外交压力，然后再议和，才有可能成功。

可惜，赵孝成王没有同意，初战失利就急于求和，议和肯定难于成事，结果越急于求和，秦国越不议和，最终兵败地削，导致亡国。

赵孝成王为什么急于议和呢？

既是准备不够，又是底气不足。

农业一直是赵国的薄弱环节。赵武灵王的胡服骑射并没有惠及赵国的农业，所以，赵国的农业一直是制约赵国上升为一等强国的瓶颈。长平之战中，农业问题最终显现出来了。赵括最后自杀式突围就是因为军中断粮四十六天，这仗还能打吗？秦、赵长平之战打了三年，打到最后，赵国无粮，向齐国求援，齐国袖手旁观，不愿救赵国。

议和不成功，赵孝成王又决定与秦军决一死战。

赵孝成王明知秦国“不遗余力”，却一会儿议和，一会儿决战，心里根本没个定准。如此国君，岂是秦王的对手？

因此，长平之战，赵国明败在赵括之手，暗败在赵孝成王之手。

赵括的恶名

长平之战中赵国惨败的直接原因，是临战易将。

表面看来，赵孝成王临战易将是中了秦国的离间计，实质上赵孝成王没有识人之明，才会相信那些别有用心的话，重用赵括，撤换廉颇。

临战易将，胜负立见，换上的将领赵括自然难逃其责。

但是，如果不换将领，以赵孝成王的谋略、赵国的实力，在对垒了三年之后，赵军到底能坚持多久呢？廉颇坚壁不出，就能拖垮秦军吗？

不见得！

秦国自商鞅变法开始，注重富国强兵，重视农业，打消耗战，秦国也能打得起。

赵括当上主帅，一个重要的任务，就是改变廉颇的“怯懦”策略，打出一番天地。这是赵孝成王任命之初的嘱托，不能单单认定是赵括个人的急躁冒进。

假若赵括仍然采取廉颇的策略，那么，赵孝成王会是什么态度呢？

他肯定也会恼火，说不定就撤了赵括。

赵括只能勇往直前，只能赌上一把，万一赌赢了呢？

一旦赢了，他就是超越大将军廉颇的青年俊才，他就是大败秦军大将白起的战神。

很不幸，他输了，输了就只能“骂名滚滚来”了。

一顶“纸上谈兵”的帽子就戴到了他头上，很重，很沉。

这真的是一战定生死，一战定声誉。

自古成王败寇，他也只能认了。

（本篇主要依据《史记·廉颇蔺相如列传》《史记·白起王翦列传》《史记·赵世家》）

原典

及括将行，其母上书言于王曰："括不可使将。"王曰："何以[1]？"对曰："始妾事[2]其父，时为将，身所奉[3]饭饮而进食者以十数[4]，所友者以百数，大王及宗室所赏赐者尽以予军吏士大夫，受命[5]之日，不问家事。今括一旦为将，东向[6]而朝，军吏无敢仰视之者，王所赐金帛，归藏于家，而日视便利田宅可买者买之。王以为何如其父？父子异心，愿王勿遣。"王曰："母置之，吾已决矣。"括母因曰："王终遣之，即有如不称，妾得无随坐[7]乎？"王许诺。

《史记·廉颇蔺相如列传第二十一》节选

注释

①**何以：**"以何"，为什么。

②**事：**侍奉。

③**奉：**恭敬地捧着。

④**数：**音 shǔ，计算。

⑤**受命：**接受任务。

⑥**东向：**坐西面东。公卿以面东为尊。

⑦**随坐：**连坐，因别人犯法而被牵连获罪。

译文

等到赵括被任命为将军就要出发，他的母亲上书给赵王说："不能任用赵括为将军。"赵王问："为什么？"赵括的母亲回答说："过去我侍候他父亲时，他父亲正做赵国的将军，他每天亲手捧饭捧汤恭敬对待的有几十人，他像朋友一样平辈论交的有上百人，大王和王室贵族赏给他的财物，他都拿出来分给手下的军官和士兵，每次他接受了军事任务，就不再过问家里的事情。现在赵括刚做了将军，就傲慢地朝东坐着接受部下的参见，手下军官都不敢仰着脸看他，您所赏给他的金玉布帛，他都拿回家里藏起来，每天看哪里有好的良田美宅在售，一旦发现就把它买下来。您认为他和他父亲有什么相似之处吗？父子两个完全不同，请您不要委派他。"赵王说："老人家别说了，我已经决定了。"赵括的母亲无奈，只好请求说："您最终决定派他，假如他日后不称职，我可以不受牵连吗？"赵王答应了。

毛遂自荐

战国时代，是士人自由放飞的时代。

诸侯王深刻认识到人才的重要，不惜重金，招贤纳士。

燕昭王设黄金台，田齐桓公设稷下学宫，士人拿着高薪，谈着闲天，说说话，吵吵架，日子过得很舒服。

后来，公卿大夫盛行“私门养士”，最为有名的是“战国四公子”：魏国的信陵君魏无忌、赵国的平原君赵胜、楚国的春申君黄歇、齐国的孟尝君田文。

战国四公子动辄养士几千人，士人不禁“士气高涨”。

大规模高薪养士，对士人来说是莫大的福气。但是人一多，问题就来了，真正能展现才能的就是那几个人，好多人都没有出人头地的机会，这是一个大苦恼。

怎么办呢?

不妨向毛遂学习一下。

平原君招士

平原君赵胜，是赵武灵王的儿子、赵惠文王的弟弟，身份很高。

在诸多公子中，平原君最为贤德有才，他曾担任赵惠文王和赵孝成王的宰相，曾经三次离开宰相职位，又三次官复原职，地位很高。

平原君好客养士，投奔到他门下的士人大约有几千人，威望很高。

养士并不简单，不仅要大把大把地花钱，而且还得忍受士人们那恃才傲物的性情。在那样一个重视人才的时代，只要你有真才实学，不愁没有地方去，士人们自然个个都高傲得很。

平原君一不小心，就引发过一场“士人辞职风波”。

这场风波，源自平原君的一个宠妾。

平原君家有座高楼，对着下边的民宅。民宅中有个跛子，走路不得劲，每次都是一瘸一拐地外出打水。

有一天，平原君的一位宠妾，站在楼上看风景，看到了一瘸一拐的跛子，打水很费劲。这位宠妾并没有生发出怜悯之心，没有想过去帮帮这个可怜人，反而哈哈大笑起来。

她的声音，发自内心，又不加掩饰，自然很响亮。

跛子腿脚不好，耳朵却不聋，自然听到了这满带嘲讽的耻笑声，他心里很不爽。

跛子的腿脚不好，脑袋却很好用，被人嘲讽了，他会想办法，他也有办法，能还回去。

第二天，这位跛子直接找到了家门上，要见平原君。

平原君礼贤下士，就见了跛子。

见了以后，这位跛子竟然让平原君杀了他的那个宠妾。跛子说，自己遭遇不幸得了疾病，落下个腿脚不好的病，平原君的宠妾却站在高楼上，高高在上地嘲笑他，他很不开心，他要嘲笑他的那个人的项上人头。

这个人是平原君的宠妾，岂能说杀就杀啊？平原君自然舍不得。

跛子给了平原君一个不能回绝的理由，平原君手下的士人们，之所以不畏路远难走，千里迢迢奔赴平原君，就是因为平原君重视士人胜于自己的宠妾。

这个理由很有威力，你平原君如果不杀宠妾，就意味着你没有那么重视士人。平原君只好笑着同意了。

实际上，平原君却认为这小子有些小题大做了，不过是笑了他一下嘛，有什么呀？竟然还要因此献出自己宠妾的生命，平原君认为这就有些过分了。平原君最后并没有杀那个宠妾。

这件事，平原君没有在意，就过去了。但是，这件事发生后的一年多里，平原君手下的门客陆陆续续有一多半人辞职了。

平原君很不能理解，他自忖无论是待遇方面还是礼节方面，做得已经够可以了，为什么还有这么多人离职呢？他不明白自己哪里有问题。

这时，一个门客向前告诉了他缘由。当初平原君的宠妾耻笑跛子，平原君答应了跛子的要求，最后却没有杀宠妾，这件事影响了士人对平原君的评价，他们纷纷认为平原君喜好美色而轻视士人，跟着这样的人，怎么会有前途呢？因此纷纷离职。

平原君这才恍然大悟。于是，平原君砍下宠妾的头，亲自送到那个跛子家中，郑重地向他道歉。这一举动，赢得了人心，此前那些离开的士人又纷纷回到了平原君身边。

邯郸危机

赵国在长平之战中付出了四十多万个鲜活的生命，元气大伤。

获胜后的秦国并没有停止进军的步伐，秦国大将白起力主趁赵国主力丧失，民心不稳之时，一鼓作气吞灭赵国。

赵国陷入极度恐慌之中，再战必定是灭顶之灾。惊魂未定的赵孝成王，立即派出使者，出使秦国，游说秦国国相范雎。

此番游说很成功，范雎害怕白起的风头盖过自己，以秦军经过长平之战非常疲劳需要修整为由，劝谏秦昭襄王。于是，秦王驳回了白起的请求，允许赵国割六座城议和。

白起心中颇为不快，但也不得不听从王命。

经过数月修整后，秦昭襄王再次发兵，攻打赵国都城邯郸。当时白起正在生病，没有出征，主帅是王陵。

王陵打得很不顺手，损兵折将。此时，白起的病已经痊愈，秦昭襄王便派白起接替王陵。但是，此前力主攻打赵国的白起这时却说，邯郸不容易打下来了。

变化怎么会这么大呢?

此一时彼一时。

白起说了四点理由:

一是诸侯的救兵快到了，秦国将再一次面临诸侯的合纵抗秦，而且，诸侯各国对秦国的仇恨非常深。

二是秦国虽然打赢了长平之战，但是，秦国自身也是“死者过半”，国内空虚，战场又远离秦国。

三是赵国殊死抵抗，因为你这次打的是赵国的国都。

四是内外受敌。赵居城内，诸侯在外，对秦军形成合围之势。

所以，秦军这次肯定打不赢。

白起拒不出征，秦昭襄王无奈，只好改派另外一位将领担任前线总指挥。

庞大的秦军把邯郸团团围住，赵军据城死守，誓死顽抗，秦军久攻不下。

当然，赵国也没有实力打败秦军。秦军和赵军在邯郸处于一种僵持状态。

当然，赵国更为焦虑。赵国是首都被围，一旦邯郸被攻破，赵国就有灭顶之灾，形势岌岌可危。

处于这种危险状态下，赵国会采取什么办法来解邯郸之围呢?

脱颖而出

自身力量不够，赵国想到了外交求助。

赵国的外交求助分为两路：一是求救于魏，二是求援于楚。

这两件事都是平原君促成的。

平原君求救于魏国，主要是通过信陵君实现的。平原君夫人是信陵君的姐姐，有着这层关系，平原君没有亲自到魏国游说，他相信信陵君会很“给力”。

平原君求救于楚国，则是亲自前往，以示重视。当时赵国拟推楚国为盟主，订立合纵盟约，联兵抗秦。

平原君此番前往，抱着“势在必得”的想法，他设计了两套方案：

一套是和平谈判，楚国同意做盟主，抵抗秦国。

另外一套是武力挟持，如果和平谈判不能成功，即使挟制楚王，也要让他在大庭广众下，签订合纵盟约。目的只有一个，让楚国出兵。

为了增加胜算，平原君准备带着二十个能文能武的门客一同前往，集思广益，办成大事。

这就是“养兵千日，用兵一时”吧。是时候检验一下门客们的作用了！

但是，挑来挑去，平原君只从门客中挑出了十九个人，剩下那一个，怎么也挑不到合适的了。

平原君很着急，也很为难。

这时，一个门客径直走到平原君面前，向平原君自我推荐说，既然现在找不到合适的人选，不妨让他去凑个数，他可以做这第二十个人。

平原君打眼一看，这人是谁啊？他怎么都不认识啊？

此人自报姓名，他叫毛遂。

平原君又问毛遂，来到自己门下有几年时间了。

毛遂说，有三年了。

平原君一听，态度就有些怠慢了，直接说：“贤士处世就像是锥子放在布袋之中，锥尖马上就会冒出来。先生在我门下待了三年，我对先生还是一无所闻，可见先生也没有什么突出的才能。先生还是留下来，不

用去了。”

毛遂既然走到了前面来，就不准备回后面猫着。他这次也是针尖对麦芒了。

他说，他今天就是来请求入袋的。他三年没有冒出来，不是因为他没有锋芒，而是因为他根本没被放到布袋中去，假若早一点把他放到布袋中，他的整个锥锋都会露出来的，何止是只露一点锋尖啊！

毛遂很自信，也很果敢，敢于为自己说话。这就是中国古代有名的两个成语“毛遂自荐”和“脱颖而出”的出处。

平原君被毛遂这么一说，也不好再说什么，再加上确实没有合适的人选，就暂且让他滥竽充数一下吧，便同意让他去楚国。

虽然毛遂加入了出使团，但是，在别人眼中，他只是凑数的，可有可无。反观其他那十九个人，很有优越感，因为他们是实打实被选出来的。

于是，毛遂就成了那十九人的取笑对象，他们互相使眼色示意，对毛遂很瞧不上。

毛遂又不傻，也不瞎，自然明白他们的心思。

只是，他该表现的时候，不是现在。

只是，他要较量的对象，不是他们。

他不屑，也不愿意浪费精力。

楚王殿上显威风

都是一个行当的人，了解一个人其实也很简单：抛出一个问题，大家各自发言，相互辩论，高下立见。

此前那十九个人都看不起毛遂，但是到了楚国，他们开始一起讨论天下局势，毛遂的发言让大家一愣一愣的，他们深深地佩服这个不曾了解的、鄙视过的“能人”“大牛”。

这天，平原君正式与楚王会谈，商谈建立合纵联盟的事情。平原君再三陈说利害，楚王态度却不明朗，会谈从早上谈到中午，也没谈出个结果。

楚王明显是“各人自扫门前雪，休管他人瓦上霜”的态度啊！

楚王明显不愿蹚这浑水，利与害之间，他看到的“利”太少了。

平原君带的这二十个人，就开始着急了，老这样下去也不是办法啊。其他人很为难，不知该如何破这个局。他们鼓动毛遂，鼓动他登堂解决这个棘手的问题。

毛遂本就等得不耐烦了，也就不再推脱，手握剑柄，一路小跑，到了殿堂上。

到了殿堂之上，毛遂对着平原君质问，谈判无非就是“利”与“害”两个字，说清楚了就完成了，为何从早上谈到中午，现在还迟迟没有结果？

毛遂是对着平原君说的，但实际上是在质问楚王，因为只要楚王同意了，谈判就成了。如今没成，自然是楚王的责任。

楚王听出了毛遂的意思，有些不悦地问平原君，这个人是谁？

平原君也感觉毛遂有些莽撞，但还是很维护地说，这是他的随从门客。

楚王顿时恼了，一个小小的门客，竟然敢在楚国的大殿上放肆，太不懂礼节了！楚王大声呵斥毛遂，他在和平原君谈判，一个小小的门客来凑什么热闹，你有什么资格呀？

楚王当众斥责毛遂，让毛遂感觉到了敌意，感觉受到了侮辱，这又是一个瞧不起他的人。

毛遂没有害怕，他手中握着剑柄，径直走到楚王面前，对着楚王说了一番话，这番话说得楚王顿时没了脾气。

毛遂说了什么话，这么厉害呢？

毛遂先是质问楚王：“我不是你的大臣，我的主人就在面前，你为什么当着他的面呵斥我？”楚王这是失礼。

还没等楚王回话，他又接着说道：“你之所以呵斥我，还不是仗着你们人多势众。但是，现在我与你只有十步之遥，你的人多势众根本不起作用，你的性命就掌握在我的手中。”

这话太有威胁性了。楚王看看毛遂，看看毛遂手里握着的剑柄，他确定毛遂不是在开玩笑。

楚王又看看左右，他那些卫兵离他没有毛遂近。毛遂想杀他，易如反掌，他有些害怕了。

毛遂看到楚王脸色的变化，换了一种策略，捧捧楚国："楚国领土纵横五千里，雄兵百万，争王称霸，势在必然。有这么强大的资本，谁也不能挡住楚国的威势。"

这是给楚王一针强心剂，让他高兴起来。

高兴起来之后，就是狠狠的打击："白起只不过是个毛孩子，带着几万士兵，与楚国交战，攻占楚国都城，三战让楚国祖先蒙羞。对此，连赵王都感觉羞耻，楚王竟然不以为耻，不想雪耻，真是不可思议。"

只见，刚刚高兴一点的楚王，被刺激得不行，脸色变得青一阵白一阵。毛遂这一招"捧杀"加"棒杀"，瞬间变幻，楚王的心理也跟着大起大落。

最后，毛遂使了一招更狠的，叫"颠倒黑白"："合纵盟约，是为了楚国，不是为了赵国；不是赵国在求楚国，而应该是楚国求赵国。"

其实，根本就是赵国来求楚国，如果不是，何必如此兴师动众，何必如此大费周章？如果真是为了楚国好，那赵国真的是太无私了。很显然，事情不是这样的。

楚王在毛遂的一波波攻击下，有点招架不住了。

毛遂还不过瘾，最后又扯到了最开始的斥责："我的主人就在面前，为什么你要呵斥我？"

楚王哑口无言，只得连连称是。

毛遂这段话，首尾呼应的是楚王不该呵斥他，是拿楚王的不妥言论做靶子，让楚王无话可说。

其实，真正的“宝”都在中间部分呢。

这个“宝”，就是毛遂将赵国求救之事，硬生生地说成了是为楚国好，是在帮助楚国。这是把楚国在意的利害突出来了。这番话有威胁，也有笼络；有打压，也有颂扬；有真实，也有夸张，让楚王顿生畏惧之心、雪耻之念。

楚王不傻，他害怕毛遂这个“傻子”做出傻事，十步之内，要了他的性命。楚王赶紧改变态度，向毛遂道歉，直言毛遂说得对，当即表态：他一定会竭尽全国力量履行合纵盟约。

毛遂继续保持高压态势，逼问楚王：“合纵盟约算是确定了吗？”

楚王赶紧回答：“确定了，确定了。”

毛遂反客为主，居高临下，一副命令的口吻，吩咐楚王的左右侍臣，拿来歃（shà）血为盟的血。血拿来之后，毛遂双手捧着盛着血的铜盘，跪下请求楚王先吮血以示诚意，下一个吮血的是平原君，再下一个是毛遂。

楚王没有办法，只好照办。

就这样，合纵盟约在楚国的大殿上确定了。

盟约确定，毛遂跟着平原君到楚国的目的总算达成了。

过了没多久，楚王便派出春申君黄歇率军援助赵国。

主角光环

毛遂一番操作，口若悬河，气势逼人，快刀斩乱麻，扭转乾坤，令人大开眼界，大加佩服。

毛遂也很得意，他终于证明了自己，他终于还了那些瞧不起自己的人一记白眼。

毛遂左手托起那盘血，右手招呼同行的十九个人也一块儿吮吮盘中的血。毛遂也模仿他们的口吻说：“各位虽然平庸，也算完成了任务，当然，是依赖别人的力量。”自然，这个“别人”就是他毛遂！

同行的十九个人很尴尬，连连道歉，说他们有眼不识泰山。

平原君作为毛遂的主人，更是惭愧。他平日里自诩有识人之能，看人很准，谁知竟然将毛遂遗漏了。即便他识别了成百上千人，也无济于事。这次要不是毛遂机敏应对，他平原君是不可能完成任务的。拉不来楚国的“赞助”，赵国就岌岌可危了。

回到赵国，平原君向赵王复命，对毛遂大加称赞。平原君将毛遂比作“九鼎大吕”，非常尊贵，是国之大宝。他认为毛遂的三寸之舌，比百万大军的威力还强，挽救国家于无形。于是，毛遂被尊为上等宾客。

“廷斥楚王”的故事写得很生动，毛遂的主角光环很突出，楚王、平原君、同行十九人都是配角，都是为了陪衬毛遂的才能。

但是，细细想想，这个故事的真实性有多少呢？

有真的，也有虚构的成分。

毛遂身上带着武器，距离楚王十步之遥，没有人阻拦，没有人保护楚王，楚王的安保部门难不成是吃素的？

这是《史记》为了表现毛遂的才能，在历史现实基础上的文学虚构，是精心打造的理想化的英雄形象。

翻翻《战国策》，会发现“不辱使命”的唐雎，与毛遂有很多相似之处。唐雎出使秦国，大论“流血五步，天下缟素”的“士之怒”，挺剑而起，致使秦王面露胆怯之色，“长跪而谢之”，连连道歉。

其实，深谙外交之道、能言善辩的唐雎也是经过虚构加工的。《战国策·燕策三》记载：“秦法，群臣侍殿上者，不得持尺兵。诸郎中执兵皆陈殿下，非有诏不得上。”秦国法律规定，大殿之上的群臣、侍从，都不能拿一点儿武器，那些手执兵器的郎中，都要站在大殿之下，没有宣召不能私自上殿。当时各国为了保障君王的安全，规定都大体相当，唐雎不可能带剑，毛遂也不能带剑。

细节有虚构，但大框架是真实的，毛遂确实以其独到的眼光与卓绝的口才，讲清了“利”与“害”，让楚王心甘情愿地出兵。

虚构的效果很明显，寥寥几笔，人物活了起来，令人神往。

勇敢站出来

毛遂是勇敢的。

勇敢在站出来，为自己发声，为自己争取机会。

勇敢在面对强权，放手一搏，施展才能，达成目的，谋得一席之地。

虽说“酒香不怕巷子深”，但是好酒也得靠吆喝。毛遂一吆喝，他这一壶好酒的香味，慢慢沁入心脾。

毛遂懂得抓机遇。

生活中的机遇，稍纵即逝，在你犹豫的时候，或许别人就成功了。

毛遂虽是无名小卒，沉寂三年无人知，但他敢于亮剑，主动出击，自我推销，做自己的伯乐，赢得了展现才能的平台。有了平台，他才有了绽放的机会。

毛遂做起了沉甸甸的麦穗。

毛遂在平原君的几千门客中，才能到底有多突出呢？

估计刚开始的时候，并不算很突出，如果很突出，早就脱颖而出了。

他在平原君门下待了三年，这三年，是隐忍的三年，身边人排挤他，瞧不起他。

这三年，是努力的三年，是奋起的三年，他在拼命学习，积聚力量，提升自己。

“毛遂自荐”的意义，在于勇敢“走向前”，勇敢说出“我想做”。

“廷斥楚王”的意义，在于才能支撑勇敢，见证着“我能做”。

没有“廷斥楚王”这一段，“毛遂自荐”的价值就不会那么大。一个只会发空头支票，一个不能兑现豪言壮语的人，只能是“绣花枕头”，中看不中用。

自己跑出来当绣花枕头，收获的只能是嘲讽或无视。

世上没有无缘无故的幸运，幸运在冥冥之中更喜欢沾满希望与汗水的种子。

看看你的掌心吧，那细密、清晰的纹路，分明是你自己绘制的梦想。攥起来，握在手，以梦为马，未来定可期。

（本篇主要依据《史记·平原君虞卿列传》
《史记·白起王翦列传》）

原典

门下有毛遂者，前，自赞[①]于平原君曰：“遂闻君将合从于楚，约与食客门下二十人偕，不外索。今少一人，愿君即以遂备员而行矣。”平原君曰：“先生处胜之门下几年于此矣？”毛遂曰：“三年于此矣。”平原君曰：“夫[②]贤士之处世也，譬若[③]锥之处囊中，其末立见[④]。今先生处胜之门下三年于此矣，左右未有所称诵，胜未有所闻，是先生无所有也。先生不能，先生留。”毛遂曰：“臣乃今日请处囊中耳。使遂蚤[⑤]得处囊中，乃颖脱而出[⑥]，非特[⑦]其末见而已。”平原君竟与毛遂偕。十九人相与目笑之而未废[⑧]也。

《史记·平原君虞卿列传第十六》节选

注释

①赞：告，说明。

②夫：句首语气助词，表示要发表议论。

③譬若：比如，好比。

④见：音 xiàn，显现。后写作“现”。

⑤蚤：通“早”。

⑥颖脱而出：锥子尖完全脱出，比喻才能充分显露出来。颖，原

指禾穗的尖端。

⑦**非特：**不只。

⑧**未废：**没有表现出来。废，通“发”，发声。

译文

平原君门下有个叫毛遂的人，走出来对平原君说：“我听说您要去和楚国签订合纵盟约，想从您的门下宾客中挑选二十个随员，不再向外面去找，而现在还缺一个，希望您把我算在里头，人数一够，咱就马上出发了。”平原君说：“您在我这里住了几年了？”毛遂说：“在这里有三年了。”平原君说：“一个有本事的人活在世上，就好比一把锥子装在口袋里，锥子尖总是立刻就会露出来。您在我这里已经三年了，大家居然都没有称赞过您，我也没有听过您有什么才干的传闻，说明您的确没什么本领。您能力不足，还是留在家里吧。”毛遂说：“所以今天我请求您把我这把‘锥子’装进‘口袋’！要是早把我装进‘口袋’，那我必然连整个锥子头都会露出来，岂止是露出一个锥子尖。”平原君最终同意带着毛遂一起出发。其余的十九个人都看不起他，相互暗笑，只是没有笑出声。

信陵君窃符救赵

秦国大军重重围住赵国国都邯郸城，赵国岌岌可危，急需他国援助。

赵国的平原君第一个求助的对象，就是魏国，希望通过魏国军队的援助力量，保住江山社稷。

在当时的情况下，秦国强大，诸侯国都不敢轻易出手，魏国也不愿意蹚这个浑水。但是，经过魏国信陵君的一番努力，魏国的军队还是奔赴邯郸了。

那么，信陵君是个什么样的人？

那么，信陵君又是如何救难的呢？

仁而下士

信陵君，名无忌，是魏昭王的小儿子，是魏国的公子。魏昭王死后，他的儿子魏安釐（xī）王即位，这是信陵君同父异母的哥哥。信陵君这个封号，就是魏安釐王封的。

信陵君为人很好，仁爱宽厚，礼贤下士，方圆几千里的士人都争着抢着投奔信陵君，信陵君手下的门客大约有三千人。

信陵君得士人青睐，门客众多，一个很大的原因，就是他对士人的态度。

什么态度呢？

谦卑有礼。

不论士人才能大小，只要愿意和信陵君交往，信陵君都会以礼相待，姿态很低，从来不敢也不会因为自己地位高贵而慢待士人。偏偏士人就好这口，不管你势力多大，不管你给什么待遇，只要你认可我，只要你尊重我，我一定会生死相随，不计回报。

魏国有一位贤德的隐士，已经七十岁了，名叫侯嬴，家境贫寒，是大梁城东门的看门人。

信陵君听说后，就派人去拜见侯嬴，想给他送一份丰厚的礼品，但是被侯嬴拒绝了。

侯嬴几十年修养品性，洁身自好，这么多年过来了，怎么会为了一份礼品，就放弃自己多年的坚守呢？

信陵君得到回禀之后，他决定亲自出马了。

信陵君大摆宴席，宴饮宾客。等大家到齐，坐下准备开宴之时，信陵君却带着车马、随从走了。

去了哪里呢？去接一位尊贵的客人。

这位客人就是侯嬴。

按照当时的礼制，车子上左边的位置是最尊贵的，信陵君空出车子上的左位，亲自到大梁城东门，迎接侯嬴先生。

侯嬴听信陵君说明来意，没有再推辞，他整理了一下破旧的衣帽，径直坐到了车子上空出来的尊贵座位上，没有丝毫谦让之意，也没有丝毫惶恐之情。

侯嬴坐上了座位，暗地里却在观察信陵君的态度，这是他对信陵君的第一次考验。

信陵君不仅没有生气，反而更加恭敬了，手握着马缰绳，亲自驾车，一脸尊敬。

走着走着，侯嬴对信陵君说，自己有个朋友在集市的屠宰场，好久没见了，想去看看他。

侯嬴这又是在出幺蛾子呢！

信陵君赶紧驾车到了集市，把侯嬴准确地送到了他的朋友那里。

这个朋友，名叫朱亥，很有才能，也是个隐士，隐居在市井之中，这就是“小隐隐于野，大隐隐于市”。

侯嬴与朱亥站在那里聊天，聊了很长时间，眼睛却眯缝起来观察着信陵君，这是他对信陵君的第二次考验。

信陵君不仅没有生气，面色反而更加和悦了。

信陵君是魏国的贵胄，地位尊贵，到了集市中，本就是一大新闻。侯嬴又故意把信陵君晾在一边，信陵君面色始终不变，耐心等待，这是更大的新闻。集市中的人越来越多，吃瓜群众都看起了热闹，议论纷纷。

议论的话题无非有二：信陵君君子，纡尊降贵；侯嬴小人，不知好歹。

信陵君的随从更是气愤，在肚子里不知骂了侯嬴几百遍。

侯嬴一看，也差不多了，与朱亥告别，上车走了，去往信陵君家里。

信陵君家里，魏国的将军、宰相、宗室、大臣等高朋贵宾满坐堂上，翘首以盼，等待着信陵君回去开宴。

终于，他们等到了信陵君。

只不过，信陵君旁边那个衣着破旧的人是谁呢？

信陵君非常恭敬地邀请这位衣着破旧的人坐到了上位上，隆重地向诸位宾客介绍了侯嬴先生，满怀崇拜，尽是赞美。

满堂宾客无不惊异，原来今天宴会的主角是侯嬴啊！

介绍完侯嬴，信陵君宣布宴席开始，早就饿坏了的宾客们大口喝起酒，大口吃起肉，吃得也很痛快，喝得也很热闹。酒兴正浓之时，信陵君起身，来到侯嬴面前，举杯敬侯嬴酒，祝愿侯嬴身体康健，长命百岁。侯嬴这时也不装了，他的考察也结束了，信陵君确实是礼贤下士的有德之人。

侯嬴坦言，自己今天确实把信陵君为难得够呛，又让他驾车，又让他去集市，确实委屈信陵君了。侯嬴最开始是想考验信陵君，到后来就想为信陵君做宣传了。要知道，集市上人流众多，信息传递极快，他们一离开集市，信陵君谦卑待人的美名就已经传播开了。

信陵君一听，甚为感动，从此侯嬴就成了信陵君的贵客。

情报风波

信陵君一如既往地谦卑有礼，他的门客越来越多，在诸侯国之间名声很响。

信陵君诚心养士，门客们尽心回报，效果很好，其他诸侯国连续十几年不敢侵犯魏国，不敢与魏国动兵。

信陵君手下的门客到底有什么本领呢?

一个故事可以说明。

有一天，信陵君正在与魏安釐王下棋，下得很开心。突然有人来报，北边边境传来警报，说是赵国发兵进犯魏国，将要进入边境了。

有外敌来侵犯，这是危急事件，魏安釐王很着急，当即放下棋子，传令下去，要召集朝中大臣商议对策。

信陵君却坐在那里没有动，劝阻魏安釐王说：“没有大事，只不过是赵王打猎罢了，不是进犯边境。继续下棋吧！”

魏安釐王将信将疑，心里仍然忐忑不安，若是赵国真打过来，他没有及时组织防御，那可就是大麻烦了。魏安釐王根本没有心思下棋，信陵君倒是安之若素，不慌不忙。

过了一会儿，有人来报，北边边境传来消息，说是赵王打猎罢了，不是进犯边境。

这个情报，与信陵君的话高度一致，只不过来得比信陵君晚了那么一段时间。魏安釐王很惊诧，信陵君是什么时候得到的情报？他又是从哪里得来的情报呢？

信陵君说，自己手下的门客，有一个潜藏在赵国，能得到赵王的绝密消息，一旦赵王有什么行动，这个门客就会第一时间报告给信陵君，这就是信陵君的情报来源。这就是信陵君养士的作用。

信陵君这番话说得很轻巧，落到魏安釐王心里，却是个大炸弹。

信陵君的间谍深入到赵王身边，那么，信陵君手下那么多的门客，会不会他魏王的身边也安插着信陵君的眼线呢？那他还有什么秘密可言！

魏安釐王不敢想下去，这太恐怖了。

想他堂堂一国之君，手下的情报人员，竟然没有信陵君的门客消息灵通。信陵君手下这么多能人，难保哪一天不会拥戴信陵君上位，到那时，他魏王就危险了。

经过这件事，魏安釐王与信陵君产生了隔阂，他害怕信陵君的贤能，害怕信陵君手下庞大的门客队伍，害怕信陵君夺了他的权。

从此以后，魏安釐王处处防着信陵君，不再让他处理国家大事。

智取兵符

魏安釐王二十年（前257），秦昭襄王兵围赵国都城邯郸。

赵国的平原君努力寻求援助，第一个求助对象是魏国。平原君的夫人是信陵君的姐姐，也是魏安釐王的姊妹。借着这重关系，平原君多次修书给魏王和信陵君，请求救援。

魏安釐王派出十万军队，前往救援，主帅是将军晋鄙。

秦昭襄王得到消息，立马派出使臣到魏国，告诫魏王不要做出力不讨好的事情。秦昭襄王放出口风，秦国势必会攻下赵国，诸侯中不论是谁，有胆敢援救赵国的，秦国攻下赵国后，第一个攻打的就是他。

魏安釐王收到秦昭襄王的威胁，很害怕，不敢徒惹事端，派人阻止晋鄙，切勿再进军了。晋鄙当即扎营驻守，观望事态发展。

魏国援军不走了，平原君好不容易争取的楚国援军也停下了脚步。这对赵国来说，相当于被孤立了。平原君忧心如焚，赵国使臣的车子不断地驶入魏国，频频告急，希望魏王下令军队进军，但是魏安釐王一直按兵不动。

平原君不敢责怪魏王，但是他敢责怪信陵君。平原君问了信陵君两点：

第一，平原君之所以与魏国联姻，就是因为听说信陵君道义存于心，愿意救人于水火，如今邯郸危在旦夕，信陵君扶危救难的道义哪里去了？

第二，一旦赵国亡了，信陵君的姐姐也会受难，难道信陵君不心疼自己的姐姐？

平原君拿信陵君在意的事情刺激他，刺激得信陵君不知如何是好。他只能多次去请求魏王出兵，又派出自己的门客想尽办法劝说魏王，结果魏王很坚定，不愿意惹祸上身。

至此，信陵君对魏王也失望了，也不抱希望了。既然如此，他只能依靠自己的力量了。

信陵君召集手下门客，集齐了一百多辆战车，下令前往赵国，与秦军决一死战，与赵国人一起死难。

信陵君一行走过东门，见到了侯嬴，向侯嬴说明了一切，与侯嬴诀别。

侯嬴一听，说公子努力吧，恕我不能随行。

信陵君走了几里路，心里越想越不痛快，想他信陵君对待侯嬴足够谦卑、足够礼遇了，如今他就要死了，侯嬴却没有只言半语，这也太奇怪了，是不是自己哪里做得不够呢？

他不想带着疑惑死去，于是又回到东门外。

到了东门，信陵君发现侯嬴早就笑嘻嘻地等在那里了，显然，这一切都在侯嬴的掌握之中。

侯嬴说，信陵君到战场上与秦军拼死命，这个决定，如同把肥肉扔给饥饿的老虎，白白牺牲，没有意义。信陵君礼贤下士，名闻天下，遇到困难了，他的宾客不出力，留着他们干什么呢？

信陵君一听这话，知道侯嬴已经有应对之策了。他连着对侯嬴两次行礼，请求侯嬴给出一个良策。

侯嬴让旁边人离开，只剩下他与信陵君，二人秘密交谈。

在古代调兵遣将需要有兵符，兵符经常做成伏虎形状，所以也称“虎符”。兵符被剖为两半，一半由国君保管，一半交给主帅，待二者合一时，方能调兵遣将。

侯嬴就想从这个兵符上打主意。

魏王掌握的那一半兵符，经常放在他的卧室中。侯嬴想找一个人从魏王的卧室中把兵符偷出来，一旦有了兵符，信陵君就可以名正言顺地调动魏国军队，就能去援救赵国。

魏王的卧室，岂是谁都能进的？那兵符哪有那么好偷！

别说，侯嬴还真想到了一个人。

这个人是魏王最宠爱的姬妾——如姬。

如姬出入魏王的卧室很方便，只要她愿意，很容易能得到兵符。

但是，如姬凭什么做这种得罪魏王的事呢？

信陵君对她有恩！

当初如姬的父亲被人杀害，如姬一心要为父报仇，但是过了三年之久，都没能得偿所愿。魏王也想替如姬报仇，但一直没能成功。如姬知道信陵君手下能人多，就找到信陵君，向他哭诉自己的悲痛与遗憾，信陵君派出门客，斩下了如姬杀父仇人的头，恭敬地献给如姬。多年的心愿终于了了，如姬非常感激，一直想找机会报答信陵君。此时，只要信陵君开口请求如姬帮忙，如姬必定会答应。

侯嬴猜测得没错，如姬没有推辞，很快偷出兵符，交给了信陵君。

勇夺兵权

信陵君拿到兵符，很高兴，兴冲冲地要出发了。

侯嬴这时又提出了一个忧虑：晋鄙可能不会轻易交出兵权。“将在外，君命有所不受”，即便有兵符，晋鄙也可以根据情况自行处置。如果晋鄙不交兵权，反而向魏王请示，那一切就会露馅儿，一切努力都会付诸流水。

怎么解决这个可能出现的问题呢?

侯嬴向信陵君推荐了一个人。这个人就是侯嬴的好朋友朱亥。

朱亥是个大力士，如果晋鄙交出兵权，那再好不过；如果晋鄙不交兵权，那就让朱亥击杀他。

信陵君一听这话，顿时哭了。

他哭，不是因为害怕，而是预料到勇猛强悍、富有经验的老将晋鄙肯定不会听他的，晋鄙一定会死去，他心里难过。

另外，朱亥是侯嬴的好朋友，但似乎不是信陵君的好朋友。当初信陵君听说朱亥贤能，曾多次前往拜访，但朱亥都是故意不回拜答谢。信陵君觉得这个人很奇怪，不知该怎么与他相处。

等到信陵君去拜见朱亥，希望朱亥与他一同前往时，朱亥却笑了，爽快地答应了。

这朱亥，前后反应差矩这么大，也太令人难以理解了。此前，信陵君那样礼遇，他高傲得很，爱答不理。如今，信陵君遇到大难，需要帮忙，他却爽快得很，这可是有丧命危险的呀！原来，信陵君对朱亥的礼遇，朱亥看在眼中，记在心里。朱亥认为小礼小节没什么用处。如今信陵君有了急难，这才是他杀身效命的时候呢。

得到朱亥的支持，信陵君的成功增加了很大的胜算。

临出发之前，信陵君又去向侯嬴告别。

侯嬴说，他本该追随信陵君，但是年纪太大了，心有余而力不足。不过，为了表达对信陵君的忠心，侯嬴算计着时间，决定在信陵君到达晋鄙大营的那一天，面向北边，刎颈自杀。

得到这样忠心的门客，是信陵君的福气，当然，也是他自己真心相待的结果。

等到信陵君到了晋鄙的大营，侯嬴果真自杀了。

当然，侯嬴的预测也应验了。

晋鄙拿过兵符，验证无误，但是他心中有所怀疑，他举着手盯着信陵君说:“我统领十万之众，驻扎在边境，这是关系到国家命运走向的重任。今天你却只身一人来代替我，也没有诏书，这是怎么回事呢？”

十万对一人，这个比拼，确实有些说不过去。很显然，晋鄙不想接受命令。

好在，这些都在侯嬴与信陵君的预料之内，信陵君也与朱亥提前商议过如何应对。旁边的朱亥非常果敢，迅速出击，用藏在衣袖中的四十斤铁椎袭击晋鄙。

一槌下去，晋鄙死了，信陵君接管了晋鄙的军队。

信陵君虽然想得到军队，支援赵国，但这些将士毕竟是魏国的将士，他需要为他们考虑，不能只顾自己的意愿。于是，信陵君传令军中：父子同在军中的，父亲回家；兄弟同在军中的，长兄回家；没有兄弟的独生子，回家去奉养双亲。

经过整顿，信陵君率领八万精兵，前往攻击秦军。

楚国春申君率领大军也及时赶到，再加上赵国军队，三军合一，对抗秦军，秦军撤退，邯郸之围就此解除，赵国得救了。

义不受赏

邯郸的围解了，但是信陵君却被围住了，围在了自己的罪状里。

他偷了兵符，假传君令，击杀晋鄙，这都是罪责。哪一桩都很厉害。哪一桩都够他喝一壶的了。

信陵君自然明白，他也知道自己的哥哥魏王必定会恼怒。魏国，这个他生于斯长于斯的地方，估计此生是不能回了。信陵君让部将带着魏军，回返魏国。信陵君与门客则留在了赵国。

赵孝成王对信陵君领兵救赵很感激，尤其在知道信陵君是窃符救赵之后，更是万分感激。赵孝成王与平原君亲自到郊外迎接信陵君，连着两次拜谢信陵君，大赞他为人仗义。

信陵君留在赵国，赵孝成王也很仗义，要拿真金白银来感谢信陵君，想拿五座城池来报答信陵君。

信陵君刚听到这个消息时，很骄傲，很得意，有些居功自傲的感觉。

因为，在他看来，这似乎是他应得的。他为了救赵国，不惜得罪魏王，不惜长途奔波，真的是赴汤蹈火，甘苦自知。如今他有家不能回，赵国确实应该补偿他一点儿。

这时，有个门客走了出来，给他提了一个醒。

这个门客说，世上之事，有些是不能忘记的，有些是不能不忘记的。别人对你有恩德，你不可以忘记；你对别人有恩德，希望你忘掉它。具体到“信陵君窃符救赵”这件事，对于赵国来说，是大功一件，但对于魏国来说，却是大过一件，对魏国很不忠心。这件事没有什么可炫耀的，也没有什么了不起。

很明显，这个门客不赞同信陵君居功自傲。

信陵君听完这番话，顿时清醒了，他有些被赵国人的吹捧冲昏头脑了。他赶紧向门客道歉，不断责备自己，责备得自己都无地自容了。

等到赵孝成王真正要封赏他五座城池时，信陵君的心里已经打定主意，不要这五座城池了。

赵孝成王专门为信陵君召开了规模隆重的欢迎盛会。赵孝成王亲自到门口迎接信陵君，执行主人的礼节，领着信陵君走大殿的西边台阶，这是对信陵君的尊重。信陵君则侧着身子，一再谦让，主动走了东边的台阶，这是信陵君的谦卑。

宴会期间，信陵君一再强调自己对赵国无功，对魏国有罪，对不起魏国。赵孝成王要封赏信陵君，总得要有个理由，这个理由在此之前没有问题，很充分，就是信陵君窃符救赵的义举，但是现在信陵君却将此事说成无功，甚至有罪，这还怎么封赏呢?

赵孝成王陪着信陵君喝酒，一直到了天黑，信陵君一直是这个态度，赵孝成王一直没有找到合适的机会，也不好意思说出封赏的事情了。

信陵君这番处理，很高明：一方面让赵王更加尊重，永远记得信陵君的恩情；另一方面让魏王的怨恨减弱，多少原谅了信陵君的罪过。

结果，赵王给了信陵君一块封地，魏王把夺走的信陵邑又还给了信陵君。

再救魏国

信陵君就这样留在了赵国。这一留，就是十年。

秦国对于信陵君及手下的众多门客，多少有所忌惮，后来因为信陵君一直待在赵国，就发兵攻打魏国。

魏王很害怕，赶紧派人前往赵国，请信陵君回国。

信陵君一直思念着故国，但是此时他却拒绝了。

为什么呢?

因为他害怕魏王还在记恨他，还没有原谅他。否则，不会在国家遇到危难的时候，才想起他，如果真心原谅他，早就让他回国了。多年的兄弟交往，信陵君自认为是了解魏王的。

信陵君主意已定，为了避免门客们劝说他，他下令，有敢替魏王使臣说话的，一律处死。

信陵君从魏国带来的门客们，都是背弃魏国来到赵国的，可能与信陵君的想法差不多，没人敢劝谏。

这时，信陵君在赵国招纳的两个门客毛公和薛公出面了。

毛公和薛公一针见血地指出，信陵君之所以在赵国受到尊重，名扬诸侯，就是因为有魏国的存在。一旦魏国灭亡，信陵君的地位就会大大下降。况且，魏国的大梁城里有信陵君先祖的宗庙，一旦秦军攻破大梁，将信陵君先祖的宗庙夷为平地，信陵君还有什么脸面活在世上呢?

话还没说完，信陵君的脸色就变了，这话真是说到痛处了，真是说到根上了，信陵君痛骂自己太短视了，当即下令车夫套车，赶赴魏国，救助魏国。

信陵君回到魏国，见到了魏王。

君臣二人，兄弟二人，十年未见，再见时都已添了白发，增了皱纹，二人不禁相对落泪，泪流满面。什么恩怨，都在这泪水中融化了。

魏王将上将军大印授给信陵君，这是魏国统率军队的最高职务。

诸侯国得知信陵君回到魏国担任了上将军，都调兵遣将救援魏国，这就是信陵君的向心力，这就是信陵君的价值。

信陵君率领五个诸侯国的军队，大败秦军，解除了魏国的危机。

信陵君还乘胜追击，一直打到函谷关（今河南灵宝），把秦军压制在函谷关内，不敢再出关。

这件事，对于东方六国来说，多么振奋人心啊！被秦国打压这么多次，终于也解了一次恨。

这件事后，信陵君威名大显，声威震动天下。

这件事后，各诸侯国来的门客都向信陵君进献兵法。信陵君将它们编在一起，签上自己的名字，当了主编。这本书，世上俗称《魏公子兵法》。

秦国再施反间计

秦国人被逼进函谷关，自然不甘心，他们必定要反击，必须除掉信陵君，他的威胁太大了。

反击的手法，还是他们惯用的反间计，他们一直用得很顺。

这次反间计，集中的焦点是“功高震主”。

这次反间计，用的经费很高。

秦国拿出了万斤黄金，作为行贿经费。行贿对象是晋鄙原来的门客，行贿目的是让这些门客在魏王面前进谗言：信陵君担任魏国上将军，诸侯国的将领都归他指挥，诸侯们只知道魏国有个信陵君，不知道还有个魏王。这是实力抢魏王风头啊！更为可怕的是，信陵君也想乘机称王。诸侯们忌惮信陵君的声威，正打算共同出面拥立他为王呢。

这是用赤裸裸的危机吓倒魏王。只不过，魏王刚开始并没有相信这些门客的鬼话，他更相信信陵君。

于是，秦国的反间计又反复实施了多次。

其中，秦国人还利用了魏国在秦国的间谍。秦国人假装不知情，请那些魏国间谍向信陵君祝贺，热心询问信陵君什么时候立为魏王。

这些话，很快就传到了魏王耳朵里。国内、国外都传来了同样的信息，而且是多次反复出现，冲击着魏王的心理防线。正所谓“三人成虎”，魏王渐渐地相信了这些传言。信以为真的魏王，终于派人替代了信陵君的上将军职位。

信陵君自然明白这是秦国人的花招，但是魏王既然信了，就说明他不足够相信信陵君了。因此，信陵君没有辩驳，也没有抱怨。他不想让魏王心里不痛快。

从此以后，他以有病为由，不再上朝了。

从此以后，他过起了酒肉生活：他待在家中，通宵达旦地宴饮，痛饮烈性酒。

他想让魏王安心，他想让魏王明白，他没有谋反之心。

这样寻欢作乐的日子，过了四年，信陵君的身体也垮掉了，带着满身病痛离开了人间。

信陵君以死证明了自己的清白，魏王心中或许也有遗憾，这一年，他也去世了。

秦国的反间计，成功地将信陵君拉下了马，送入了黄泉。信陵君一死，秦国人的顾忌也没了，直接派兵攻打魏国，一连攻占了二十座城池，设立为秦国的东郡。从此以后，秦国像蚕食桑叶一样，一步一步，逐渐吞食着魏国的领土。

十八年后，魏王假被俘虏，大梁军民遭受屠杀，秦人毁掉了这座都城。

有信陵君，魏国固若金汤；没有信陵君，魏国土崩瓦解。

谁能否认信陵君的力量呢？

名冠诸侯真好客

信陵君虽然离开了人世，他的声威却流传了下来。

汉高祖刘邦特别景仰信陵君，每次经过大梁，他都会去祭祀信陵君。

后来，汉高祖还专门安排了五户人家，派他们专门看守信陵君的坟墓，每年四季祭祀信陵君。这项工作，是世世代代承续下去的。

司马迁对信陵君的景仰，表现在他在《史记·魏公子列传》中近一百五十次的“公子”称呼，这在“战国四公子”的传记中，是很独特的。《史记·孟尝君列传》《史记·平原君虞卿列传》《史记·春申君列传》，皆称封号，文中也直呼其封号，或者其名字。

那么，信陵君为什么能得到汉高祖、司马迁这么不同于他人的礼遇呢？

原因无他，信陵君是个真人。真的有德，真的有才，真的喜士。

信陵君在魏国的时候，就听说赵国有两个贤士，一个是藏身于赌徒之中的毛公，一个是藏身于酒店中的薛公，一直想见见这两个人，苦于没有机会。后来，信陵君在赵国居住期间，多方打听，就想和这两个人见见面。

但是，这两个人无意功名，也不想依附什么人，他们就躲了起来，不想与信陵君见面。

信陵君不放弃，继续打听，终于打探到这两个人的藏身之地。

信陵君悄悄地一个人步行前往，终于见到了毛公与薛公。三人一见，甚是欢喜，甚为投机，彼此引为知己，都很高兴。

赵国的平原君知道此事之后，非常不屑，认为信陵君这是胡来，这是无知妄作，连赌徒、酒店伙计都交往。这样的人，竟然还被称为举世无双的大贤人，真是太可笑了！

平原君的夫人，也就是信陵君的姐姐，把平原君的话告诉了信陵君，希望弟弟能注意分辨一下交友对象。

信陵君一听这话，就准备离开赵国。

为什么呢？

想当初，他就是因为平原君贤德，才不惜背弃魏王窃符救赵。现在看来，他是看错人了：平原君养士，只不过是他显示富贵的豪举罢了，并不是真正的求取贤士。毛公、薛公，贤德有才，他信陵君唯恐二人不见他；和这二人交往，生怕他们不愿和他信陵君交往。结果，平原君竟然嫌弃他们，竟然把和他们交往看作是一种羞辱。从这件事可知，平原君不值得结交。

平原君的夫人又把信陵君这番话告诉了平原君，平原君感觉惭愧极了，亲自向信陵君脱帽谢罪，坚决挽留住了信陵君。

信陵君与平原君的这场隐性比拼，高下自见。

平原君的门客听到了这件事，一半人离开了平原君，归附信陵君。

天下很多士人听说了这件事，慕名前往，投奔信陵君。

世界上，最难打败的就是真心。

世界上，最为珍贵的也是真心。

真心欣赏，真心相交，这就是最美的样子。

信陵君真心结交的士人，比如侯嬴、朱亥，比如毛公、薛公，每一个都是生死之交，都能在信陵君危难之时，出谋划策，出策解难。

由此来看，信陵君的名声超越诸侯，确实是名不虚传。

（本篇主要依据《史记·魏公子列传》）

原典

侯生乃屏人间[①]语，曰："嬴闻晋鄙之兵符常在王卧内[②]，而如姬最幸，出入王卧内，力能窃之。嬴闻如姬父为人所杀，如姬资[③]之三年，自王以下欲求报其父仇，莫能得。如姬为公子泣，公子使客斩其仇头，敬进[④]如姬。如姬之欲为公子死，无所辞，顾未有路耳。公子诚壹[⑤]开口请如姬，如姬必许诺，则得虎符夺晋鄙军，北救赵而西却[⑥]秦，此五霸之伐[⑦]也。"公子从其计，请如姬。如姬果盗晋鄙兵符与公子。

《史记·魏公子列传第十七》节选

注释

①间：偷偷地。

②卧内：卧室。

③资：供给财物，这里指悬赏。

④进：献。

⑤诚壹：心志专一。

⑥却：使……退却。

⑦伐：功绩。

译文

侯嬴支开了旁人悄悄地说:“我听说晋鄙兵符的另一半常放在魏王的卧室内，在魏王的周围只有如姬最受宠幸，可以自由出入魏王的卧室，她有办法可以把兵符偷出来。我听说如姬的父亲之前被人杀害，如姬悬赏三年，想找到自魏王以下能为她报仇的人，却找不到。最后如姬向您哭诉，您派出刺客斩下她仇人的人头，献给如姬。如姬想报答您的恩情，是死也不怕的，只是没有机会罢了。请公子诚心诚意地恳求，如姬肯定答应，就可以拿到虎符，夺得晋鄙的兵权，而后率兵向北救赵，把秦国打回西方，这是堪比春秋五霸的功绩。”信陵君接受了侯嬴的意见，请求如姬，如姬果然盗出兵符交给了信陵君。

黄歇拜相

“战国四公子”之一的春申君，是楚国历史的“传奇”。

他是成功的“危机公关”人员，有勇有谋，处事不乱，力挽狂澜，绝处逢生。

他是优秀的“舌灿莲花”之士，勤学好问，才能卓著，审时度势，成全自我。

他做楚相二十多年，后来甚至成为实际上的“楚王”，无比荣耀。

只不过，他没有走向永远的辉煌，最后他身中圈套，悲惨死去。

世人哀叹，后人评说，他却只能长眠地下。

从顶峰跌落到黄泉，令人唏嘘，却终归是自有因果。

文战秦王

春申君是楚国人，姓黄，名歇。

黄歇年轻时多次周游各国，环游各地，转益多师，知识很渊博，有真才实学。在游历过程中，黄歇也曾与纵横游说之士交往，专门练过游说之功，练就了一副好口才。

黄歇回到楚国，侍奉楚顷襄王。

楚顷襄王是楚怀王的儿子。

楚怀王被诱骗到秦国，上当受骗，最后竟然死在了秦国，非常凄惨。老子这么好骗，儿子估计也不怎么样，秦国人因此并没有把楚顷襄王看在眼中。楚顷襄王很害怕，生怕哪一天秦国一时心血来潮，把楚国给灭了。

楚顷襄王知道黄歇口才了得，便派黄歇出使秦国，修复关系。

黄歇到了秦国，听到了一个消息，这个消息直接把他吓坏了。

当时，秦昭襄王已经下令，令大将白起率军，与韩国、魏国一同进攻楚国。三国联军，若真的开赴楚国，当时的楚国真的是很难招架，局势很危急啊。好在，命令虽然下了，但是军队需要集结整顿，还没有真正开拔。

黄歇庆幸自己在关键时刻到了秦国，在关键时刻得到了这个重要消息，他需要挽狂澜于既倒，他必须“虎口拔牙”，终止秦国的对楚战争。

黄歇思索一番，写了一封《上秦王书》，洋洋洒洒一千余言，纵横捭阖（bǎi hé），文采飞扬。这封上书的基本思想，就是希望秦国与楚国亲善。

黄歇将秦国与楚国比作两只猛虎，将其他诸侯国比作劣狗，两虎相斗，劣狗必然得利。显然，这一局面，是秦国、楚国都不想看到的。

为了打动秦王，黄歇完全从秦国的角度出发，分析天下大势，为秦王提供一统天下的策略。这一谋划，与后来范雎的“远交近攻”有些类似，秦国先与楚国结盟，逼迫韩国、魏国攻打齐国，继而攻打燕国、赵国，逐一击破，一统天下。

秦昭襄王读了黄歇的上书，很高兴，也很认可黄歇的策略，不由得赞叹不已。秦昭襄王当即下令将军白起取消行动。秦昭襄王还辞谢了韩国、魏国的军队。秦昭襄王又派出使者到楚国去，送去厚礼，与楚国约定缔结友好联盟。

黄歇一封上书，阻止了大军攻伐楚国的行动，换得了楚国一段时间的和平，着实有智慧有担当，有才能有勇气。

当然，历史上对黄歇上书也有批评的声音，这种声音认为黄歇这是在给楚国“埋雷”，为秦国统一天下提供了可行性计划，最后是搬起石头砸自己的脚，最终也导致了楚国的灭亡。

事有轻重缓急，当时对于黄歇来说，最紧急的就是阻止大军侵楚。要阻止大军侵楚，黄歇没有军队，没有财力，没有权势，他唯一可以利用的就是他的智慧。要劝说秦王，没有点真材实料，又怎么能够成功呢?

黄歇的上书，是在特定时间、特定事件下的权宜之计，不能以日后秦国的统一、楚国的灭亡，来评判当时紧急情况下的应急方案。

最起码，这在当时是一场成功的“危机公关”。

巧送太子回国

为了表示诚意，楚顷襄王派黄歇陪同太子到秦国做人质。秦国将他们扣留了几年之久。

黄歇与太子就这样在秦国待着，一切事务，全靠黄歇打理。

后来，楚顷襄王病了，一个紧急的议题又被提上了日程，即谁当继承人。

楚顷襄王早就立了太子，太子就是继承人，就是未来的王。这本是没有异议的，但是，太子当时在秦国当人质，回不去。回不去，又怎么能继承王位呢？楚国国内已经有人有势力在行动了，太子要再不行动，就迟了。

黄歇自然明白这点，他开始运作太子的回国计划。他悄悄去找了一个人。这个人与楚太子私人关系还不错。

这个人就是秦相范雎。范雎当时很有话语权，秦昭襄王很听范雎的话，一旦搞定范雎，黄歇认为，这个事情差不多就能成了。

黄歇找到范雎，问他是不是真的和楚太子关系很好。

范雎不明所以，回答道，必须的，必须好，肯定好。

有了这个保证托底，黄歇便向范雎说了楚太子目前的困境，希望秦国能让楚太子回去。黄歇认为，送楚太子回国，这是共赢的决定。

对于楚太子来说，可以得到王位。

对于范雎来说，可以有个感恩的、有力量的朋友。

对于秦王来说，可以有个亲善友好的、万乘大国的盟友。

但是，如果不让楚太子回国，他充其量就是咸阳城里的一个普通百姓罢了。更为严重的是，新立的太子，一旦登基，肯定不会与留着旧太子的秦国友善，肯定不会侍奉秦国，秦国就会失去一个重要的盟友。

利弊很清楚，于公于私，送楚太子回国，是最佳选择。

范雎将黄歇的话上报给了秦昭襄王，但是这次秦昭襄王表现得非常谨慎，没有完全听范雎的。秦昭襄王答应让楚国太子的师傅先回去，打探一下楚王的真实病情，回来后再作计议。

那么，秦昭襄王为什么不同意送楚太子回去呢？

不放心，怕楚太子使诈。

楚太子在秦国，楚国人有所忌惮，就不会过于放肆。一旦楚王没病，楚太子回去了，他们没有忌惮了，或许会做出对秦国不利的事情。

另外，还有一层考虑，就是要利益。

如果楚王一病不起，那么，楚太子最迫切的想法就是回国继承王位，在这关键时刻，拿他一把，就是不允许他回去，情急之下，想得到楚国最高权力的他，一定会想方设法出让利益。

黄歇得到秦王的答复后，与太子商量：他们现在鞭长莫及，无法控制楚国国内的局势，也没有能力出让利益。况且楚怀王的儿子阳文君有两个儿子，都在国内，一旦楚顷襄王去世，太子不能及时赶回，阳文君的儿子就会被立为楚王。

事情很紧迫，当今之计，就是楚太子乔装打扮，逃离秦国，尽快回国。黄歇则负责应付秦国，以死来承担责任。

黄歇为了楚太子，真的是出力啊，忠心可鉴！

于是，楚太子扮成楚国使臣的车夫，蒙混出关。黄

歇在客馆里留守，推托太子有病谢绝会客。等到估算楚太子已经走远，秦军不会追上了，黄歇主动向秦昭襄王坦白一切，请秦昭襄王治罪。秦昭襄王大怒，这样戏耍本王，着实可恨，就赐令黄歇自杀。

好在范雎及时出面，制止了秦昭襄王。范雎说，事已至此，杀掉黄歇，没有任何意义。况且黄歇为了楚太子，敢于以死担责，楚太子如果被立为王，一定会重用黄歇。为今之计，莫不如送黄歇回国，算是送给楚太子的大礼，来表示对楚国的亲善，黄歇与楚太子日后肯定会回报秦国。

秦昭襄王的怒火下去了，他也回归理性了，为追求利益最大化，派人将黄歇送回了楚国。

权势来了

黄歇回国后三个月，顷襄王去世了，太子顺利地被立为楚王，这就是考烈王。

考烈王成功即位，归功于黄歇的当机立断，考烈王很明白，也很感激黄歇。于是，考烈王任命黄歇为宰相，封为春申君，并把淮北地区十二个县赏赐给黄歇。此等封赏，足见考烈王对黄歇的感谢与倚重。

当然，黄歇也值得这样的奖赏。

十五年后，黄歇主动出让淮北地区的这十二个县。原因是这十二个县靠近齐国，当时楚国与齐国结怨渐深，情势紧急，划为郡，治理起来更方便。

在黄歇的辅佐之下，援赵、伐鲁、亲秦，楚国渐渐又强盛起来。

黄歇当了楚相，许多士人慕名前往，成为他的门客。黄歇在当时竞相招徕贤士的大环境下，也愿意戴上“爱士”“善养士”的帽子，他自己的威望亦能提升不少。

黄歇与当时的平原君、信陵君、孟尝君也多有交往，他们也时不时地交流一下养士经验。

其时养士的佼佼者，多少有些攀比心理，总想自己在气势上压倒其他人，自己总想成为“天下第一”。

终于，黄歇与平原君的“门客大比拼”上演了。

有一次，平原君派出使臣前往楚国，春申君不想落下风，想让赵国使者见识一下楚国的富强，专门安排赵国使者住在了上等宾馆。赵国使者或许感受到了黄歇的这种奢华的炫耀，为了显示赵国的富有，平原君的门客们特意用玳瑁簪子绾插冠髻，用珠玉装饰剑鞘，一时间珠光宝气袭来。他们主动邀请与黄歇的门客见面，实际上就是显摆，就是宣战。

黄歇自然不甘示弱，面子上的事情必须赢下来。

怎么赢呢？

比才华，还得费劲；比炫富，不过就是砸钱呗。

等到黄歇的门客们过来，全部统一着装，用清一色珠宝做成的鞋子，更是拉风，更是豪奢。

这番操作着实了得，平原君的门客们都看呆了，一个个面面相觑，自惭形秽。

春申君担任楚相的第二十二年，各国诸侯因为秦国无止无休地征伐不能遏制，组成了六国联盟，共同讨伐秦国，楚考烈王担任六国联盟首领，由春申君当权主事。

这次讨伐，气势汹汹，声势浩大，但是结果却让人大跌眼镜。六国联军到达函谷关，与秦军一交战，很快，就作鸟兽散，战败而逃了。一场浩浩荡荡的联合作战，就此落败。

楚考烈王本来要把这次联合作战，打造成他政治生涯中的一个骄傲，但是现在他骄傲不起来了，只能灰头土脸地躲在楚国宫殿里疗伤。

自己承认自己不行很难，楚考烈王需要找个替罪羊，为自己开脱，为自己挽回点面子，于是作为主帅的春申君就水到渠成地成了罪魁祸首。

当然，作为主帅的春申君也确实要担些责任的，这也不算过分。

只不过，从此春申君渐渐被疏远了：当时楚国出现了一种声音，认为楚国是个强大的国家，到了春申君手里，却被治理弱小了。

春申君的门客朱英却不这么认为，他认为这是时移世易，各国局势都发生了变化。

顷襄王时，楚国与秦国交好二十年，很大一个原因，是楚国有要塞为依仗，秦国很难成功。从东周、西周、魏国、韩国借道攻击，也很不方便。但是现在魏国危在旦夕，割让两座城邑给秦国，秦国就得到了地理优势，距离楚国都城只有一百六十里路，楚国就危险了。

为了避免危机到来，春申君建议迁都，考烈王同意了。春申君到了他的封地，还执行国相职务。

李代桃僵

继续担任国相的春申君，又遇到了一个棘手的问题。

考烈王一直没有儿子。

国嗣问题，关系到国家的稳定、持续发展，是头等大事。春申君很发愁，为此多方寻找宜于生男孩的女子进宫，希望能为考烈王诞下子嗣。但是，进献了很多女子，就是生不出儿子。原因应当是出在考烈王身上，他没有生育能力。

赵国有一个叫李园的人，想把自己的妹妹献给楚王，但是，听说楚考烈王不能生育，担心自己的妹妹入宫后会因为无子而失宠，便想了一个办法。这个办法对准了春申君。

李园先是到春申君那里，当了春申君的门客，与春申君搭上了线。

过了没多久，李园请假回家，有意误期不返。等回来后，李园专门为此事去拜见春申君，春申君问他为何误期，他说自己有一个漂亮的妹妹，齐王派使者到家里去求婚，因此，才耽搁了几天。

连齐王都去求婚，李园这个妹妹应该很不一般，春申君顿时来了兴趣。

春申君忙问婚事定下来没有，李园说还没有。

春申君一听，正中下怀，太好了，又赶紧问李园，能否把这个妹妹让他看看。

李园一听，心中暗喜，要的就是春申君这个态度，就爽快地答应了。

于是，李园领着他漂亮的小妹拜见了春申君。春申君一见李园的小妹，非常喜欢，李园趁机把自己的小妹许给了春申君。很快，李园的小妹就怀孕了。

这时，李园的计划才慢慢浮上水面。李园让自己的小妹给春申君吹起了枕头风：把她送给考烈王。

这个女人竟然跟自己的丈夫说这样的话？更没想到的是，春申君竟然还同意了。

李园的小妹说了什么话，这么有魔力呢？

无他，就是利益。

春申君当楚相二十多年，楚王待他比亲兄弟还亲，这自然很好。这个好能持续下去吗？现在看来很难。

楚王没有儿子，待他去世之后，只能是他的兄弟即位。一旦如此，春申君的好日子就到头了：一来新君要提拔自己的亲信，二来春申君这些年对楚王的兄弟难免有失礼之处。因此，春申君不仅会失去宠信，可能还会灾祸临头，还谈什么保住相位呢？

这确实是个大问题，那应该怎么办呢？

李园的小妹继续说，自己得到春申君宠幸的时间很短，知道的人少，知道她怀孕的人就更少了。如果春申君把她送给楚王，楚王一定会宠幸她，如果她能生下儿子，未来继承王位的就是这个儿子，而这个儿子恰恰是春申君的儿子。儿子做了楚王，楚国还不就是春申君的了吗？

春申君一听这话，感觉非常有道理。虽然有些舍不得她，但是利益当前，只能忍痛割爱了。

春申君把李园的小妹秘密安排到一处住所，向楚王推荐了李园的小妹。楚王召见李园的小妹，见她楚楚动人，立即纳入后宫了。后来的事情进展得非常顺利，李园的小妹生了一个孩子，还是个男孩。

楚王高兴无比，多年的愿望终于一朝实现，他有儿子了，他后继有人了！

楚王立她所生的儿子为太子，立李园的小妹为王后，也重用了李园。

楚王“喜当爹”，春申君“真当爹”，他也很开心，他期待着儿子登基的那一刻。

惨遭杀戮

但是，春申君永远都没有等到这一天。

原因是，他被杀了。

堂堂一国之相，谁人敢杀他呢？他曾经的门客、曾经的大舅子——李园。

李园与春申君本是一个阵营里的，他们共同努力，才完成了绝密计划，他为什么对春申君痛下杀手呢？

无他，还是利益。

世界上没有永远的敌人，也没有永远的朋友。李园在妹妹当了王后之后，成了楚国的红人，他的欲望进一步膨胀，春申君就成为他欲望扩张的最大障碍：李园发达的最大资本，就是妹妹生下了太子，但是这个太子真正的爹却不是楚王。这件事可以助李园兄妹飞上枝头变凤凰，也可以把他们打入地狱万劫不复，一旦秘密泄露，后果不堪设想。这件事知道的人甚少，春申君却是最危险的一个知情人。李园怕春申君泄露秘密，也怕春申君更加骄横，便暗生杀念。

有了利益冲突，就有了矛盾。矛盾累积，杀戮产生了。

死人，最能保守秘密。死人，最没有威胁力。李园暗中招募刺客，豢养刺客，为的就是杀春申君。

这件事做得并不怎么机密，楚国有很多人都知道了李园的野心。很多人都知道，作为国相的春申君怎么能不知道呢？只不过，他不相信李园有这胆儿，他太自信了。

后来，楚考烈王病重了，楚国的权力交接即将实现。这是李园行动的好时机。

春申君的门客朱英看准了李园的心思，他对春申君说了一番摸不着头脑的话：

世上有不期而至的福，又有不期而至的祸。您现在处在生死无常的世上，事奉喜怒无常的君主，又怎么会没有不期而至的人呢？

春申君一头雾水，让朱英解释给他听。

所谓不期而至的福，是指春申君任楚相二十多年，名为相国，实为楚王。现在楚王病重，危在旦夕，春申君可以辅佐幼主，代掌国政，如同伊尹、周公一样，等君王长大成人再把大权交给他。当然，也可以自己去当楚国的国君。

所谓不期而至的祸，是指李园不掌国政却是太子的舅父，他不管军事却豢养了不少亡命之徒。考烈王一下世，李园必定抢先入宫夺权，而且要杀春申君灭口。

所谓不期而至的人，是指朱英自己。朱英希望春申君把他安排在楚王的卫队里，楚王一下世，李园必定抢先入宫，他可以替春申君杀掉李园。

春申君听完朱英的解释，直接否决了朱英的建议，他说：“李园是个软弱的人，我对他很好，他怎么会这样做！”

朱英知道自己的话不被采用，担心祸患殃及自身，立即逃走了。

其实，春申君即便不相信李园会杀他，提前做些预防措施，也是好的，有备无患嘛。但是，此时的春申君已经被权势蒙蔽了双眼，不再是此前善于纳谏的春申君了，他认为一切尽在他的掌握中，要想杀他，除非李园不想活了！

只是，人家李园不仅想活，还想活得更好一些！

十七天后，楚考烈王去世，李园开始行动了，他抢先入宫，在城门埋伏下刺客。

一切就等春申君出现了！

春申君如约走进了城门，刺客们从两侧夹柱出击，刺杀了春申君。

刺客们行动很迅速，春申君还没有反应过来就被杀死了，一双难以置信的眼中，留住了刺客的影子。

刺客们手提刀落，又斩下春申君的头，直接扔到城门外边。

李园又派人将春申君全家满门抄斩。

一代权臣，身后竟是如此凄惨，令人唏嘘！

权力富贵遮望眼

春申君这一生，活得很绚烂，死得很可怜。

春申君这一生，有过非常亮眼的高光时刻。上书秦王，送回太子，都是危急关头改变历史的壮举，充满了智慧与勇气。

春申君这一生，有过权倾一时的巅峰时刻。拜相二十多年，后来竟至“虽名相国，实楚王也”，活成了很多人想都不敢想的样子。

春申君这一生，活成了两截人，一截是智者，一截是昏人。煊赫一时的春申君，似乎以其拜相为起点，慢慢坠入了昏聩的泥潭，最终湮没了自己。

那么，是什么造就了这样跌宕起伏的戏剧人生呢？

富贵权势！

春申君在献出淮北十二个县后，在吴国故都修建城堡，把它们作为自己的都邑。这都邑最大的特点就是豪奢，怎么豪华怎么来，怎么炫酷怎么来，春申君不差钱。一百多年后，司马迁到楚国见到春申君的故城宫室，还是不由得惊叹其豪奢。可以想见，这种建筑在战国后期该是多么奢华！

奢华享乐背后隐藏的，是心志的堕落，是心态的盈满。

位高权重的春申君，他身边环绕的尽是吹嘘、夸赞与掌声，他感觉到的是权力带来的无上荣宠与尊贵，他自我膨胀了，建议、批评声根本走不进他的内心。太平无事的美景底下早已暗潮汹涌，只待时机来临，吞没一切。

踏着荆棘，一步步走向胜利，很难。

身居高位，仍然保持平常心，保持低调，也很难。

《老子》第三十章有言："果而勿矜，果而勿伐，果而勿骄，果而不得已。"也就是说，成功了不要自夸，成功了不要炫耀，成功了不要骄傲，成功了也不要扬扬自得。

人一骄傲，魔鬼就微笑；人老自负，魔鬼就骄傲。

"满招损，谦受益"，良言医心。

（本篇主要依据《史记·春申君列传》）

原典

太史公曰：吾适[①]楚，观春申君故城，宫室盛矣哉！初，春申君之说秦昭王，及出身[②]遣楚太子归，何其智之明也！后制于李园，旄[③]矣。语曰："当断[④]不断，反受其乱[⑤]。"春申君失朱英之谓邪？

《史记·春申君列传第十八》节选

注释

①**适**：到……去。

②**出身**：献身。

③**旄**：音 mào，同"耄"，年老。意谓昏聩、糊涂。

④**断**：决断。

⑤**乱**：祸患。

译文

太史公说：我去楚国时，参观过春申君封地的旧城址，那里的宫殿建筑可真是壮观豪华！想当初，春申君劝说秦昭王不要攻打楚国，后来又不顾性命掩护楚太子回国，是多么高明啊！后来被李园所挟制，又是多么糊涂。俗话说：“应决断的时候不决断，就会产生祸患。”春申君不听朱英的劝说，不正是这种情况吗？

鸡鸣狗盗

鸡鸣狗盗，现在用来指微不足道的本领，偷偷摸摸的行为，不是什么好词。但是，在历史上，鸡鸣狗盗这样的小本领，却改变了一个人的命运。

这个人就是“战国四公子”之一的孟尝君。

那么，孟尝君是怎么与鸡鸣狗盗之徒走到一起的？鸡鸣狗盗的本领又是怎么改变他的命运的？孟尝君的最终命运又如何呢？

被父亲遗弃的孩子

孟尝君，姓田，名文。

孟尝君的父亲，是靖郭君田婴。

田婴，是齐威王的小儿子、齐宣王同父异母的弟弟，在齐宣王、齐湣（mǐn）王时为国相。

田文是田婴的一个小妾所生，出生在五月初五。

中国人素来对出生日期很看重，认为生辰与一个人的命运前途有很大关系。田文出生的这个日子被称为“重日”，就是月份与日期数字相同。

重日，是天地交感、天人相通的日子，大多被认为是吉祥的，一月一、二月二、三月三、六月六、七月七、九月九，都已经成为固定的节日，屈原也曾因自己“寅年寅月寅日生”而自豪不已。

但是五月五，似乎却没有这么好的待遇，大家避之唯恐不及。

同样是重日，为何人们的态度却如此不同呢?

原来，五月为盛阳之月，毒虫活跃，毒气四起，被称为恶月、瘟月、毒月，人们驱鬼禳（ráng）毒，躲避瘟疫。因此，五月忌讳结婚生子，五月五日出生的小孩尤其不受欢迎，被认为感应到了天地妖邪之气，定为邪僻之人，不服管教，克父克母。

不受欢迎的小孩出生了，怎么办呢？

丢掉！

这就是“不举五月子”，即五月出生的孩子不会被抚养。

田文恰恰出生在这么一个忌讳的日子，他的父亲田婴同样要把他抛弃了。田婴一共有四十多个儿子，少这么一个可能会克父的儿子，他也不会多么心疼。但是，对于田文的母亲来说，这个孩子是她十月怀胎、满怀期待生下来的，她不忍心也不甘心就这么把孩子抛弃，她偷偷地把孩子养了起来。在母亲的呵护下，田文渐渐长大了。

男孩子长大了，需要有个前途，而这个前途，一个不怎么受待见的妾室，显然是不能给予的。

好在，孩子有个有权有势的父亲！

但是，孩子的父亲，愿意给他个前途吗？

与父亲的首次较量

田文的母亲通过田文的兄长，把田文引见给了田婴。这是田文与父亲的第一次见面。

这次见面，他的父亲很不友好。

田婴没有一丝开心，震惊之余，是暴怒。田婴质问田文的母亲，为什么不听话，为什么要养活这个孩子？

田文的母亲一时之间不知如何向田婴解释，因为她知道，解释了田婴也不会认可。田文不想让母亲为难，他当即对着田婴叩头大拜，询问田婴为什么不让母亲养他。

田婴气呼呼地说：“五月出生的孩子，长大了身高会和门户一样高，是会害父害母的。”意思就是，要怪就怪你命不好，选了这么一个恼人的日子出生，怨不得他狠心。

其实，这个原因，田文早就听母亲说过。田文也不恼，继续问道：“人的命运，到底是上天赋予的，还是门户赋予的呢？”

田婴被这话问得不知如何回答，他没有回话。

田文继续说：“如果是上天赋予的，又何必担忧呢？担忧又改变不了什么。如果是门户赋予的，那就好办了，只要加高门户就可以了，谁还能长那么高呢？”

田婴又被说得无语了，也被说得更加恼怒了。因为，田文接二连三的质问，似乎印证了五月生的孩子易顶撞父母这个说法，这孩子着实不好啊！但是，没有办法，田文已经长这么大了，也不好再扔了他，更不能杀了他。

所有复杂的情绪，最后都汇成了田婴的一句斥责：“不要再说了！”

田文与父亲的第一次见面，就这样结束了。

田文的表现，没有给自己加分，反而有些减分，田婴一直不愿意见他。

田文见到父亲这种态度，很不服气：出生日期又不是我决定的，要说责任，归根结底还不是在父母身上吗？我招谁惹谁了，我还没找你们问责呢！

田文背着不祥的锅，已经背了这么多年了，他不想再背了。

他在寻找机会，寻找一个反击的机会。

自己挣来的前途

田文不打无准备之仗。他悄悄地观察着田婴，观察着家里的一切，观察着齐国的情形，探查着天下大势的变化。终于，他看出了一些门道。

这天，他大大方方地来到田婴面前，又开始了惯用的连环问。

他问田婴："儿子的儿子叫什么？"

这么白痴的问题也问，田婴无语地说："孙子。"

田文又继续问："孙子的孙子叫什么？"

田婴说："玄孙。"

田文又继续问："玄孙的孙子叫什么？"

这次，田婴被问住了，他真不知道。

没有过陪伴的父与子，玩起了小孩子最喜欢玩的“十万个为什么”，只不过长大了的田文，他的目的并不是要得到答案，而是要给父亲“医病”。

什么病呢？没有长远规划，没有大局观。

具体的“病症”是：田婴历经三代君主，位至相国，齐国的领土没有增加，在诸侯国中一天天失势，但是田婴自己家里的财富却不断增长；田婴执掌大权，但他门下连一个贤能之士也没有；田婴家的姬妾随意践踏绫罗绸缎，而门下士人却穿不上粗布短衣；田婴家的仆人都有剩余的饭食肉羹，而门下士人却连糠菜都吃不饱。

常言说，“将军门里出将军，宰相门里有宰相”，这是因为人家懂得规划，懂得借力。很显然，田婴只知道一个劲儿地增大自己的腰包，不为子孙考虑，不为齐国考虑。最终齐国亡了，这些东西也到不了子孙手里。一切忙活，只是便宜了那些不知姓谁名谁的人！

田文这些话，不留情面，找到的“病症”完全符合实际，讲出的“病情”危害动人心魄。此前从来没有人对田婴说过这样的话，他敛起财来也心安理得，如今听儿一席话，老父亲恍然大悟。

田文为父亲“医病”这件事，改变了田婴对田文的态度，田婴不再用有色眼镜看田文，他们的父子关系渐渐好转了。

从此，田文也就得到了父亲的器重，父亲让他主持家政。

田文主持家政，很重要的一项工作，就是招募门客。有人才，才能有更好的未来，这一点，田文深信不疑。

没过多长时间，这项工作就有了很大成效，田婴门下宾客来往不断，很多人投到田婴门下做事。工作在推进，田文的名声也逐渐传播开来，各个诸侯国都知道了田婴家里这位不同寻常的公子。

到后来，田婴最终在四十几个儿子中选择，选定能力卓著的田文作为他的继承人，承袭他的爵位。田婴死后，田文顺利地成了这个大家庭的当家人，继承了田婴的爵位，被封为孟尝君。

一个本应被遗弃的孩子，一个本不受父亲待见的孩子，一个本没有什么未来的孩子，硬是为自己挣来了一个远大前途，实现了人生的逆袭。

靠的是什么呢？

靠的是勇气，不畏惧权威，不害怕困难，勇敢为自己发声。

靠的是能力，没有能力，为自己发声只会招致嘲讽。如果没有掷地有声、令人信服的力量，徒有勇敢，那是莽撞，最好的办法是闭上嘴，好好地当观众，这样最起码可以掩盖住自己的无知。

不拘一格纳人才

孟尝君有了自己的封邑，有了更大的权力，索性把他的“人才工程”进行到底。

孟尝君的“人才工程”，一个最大的特点，就是不拘一格、公平如一。不管是才高八斗者，还是潜逃犯，只要愿意来，孟尝君都是大门敞开，没有门槛限制。

孟尝君很热情，也很给力，他引进人才，给的待遇那是杠杠的。这些人才，不分贵贱，待遇一律与孟尝君相同。

有一次，孟尝君招待一个门客吃晚饭，吃饭时有人不小心遮住了灯光，那个宾客就以为其中有猫腻，他很恼火，认为孟尝君不尊重他。门客放下碗筷，就要离去。

孟尝君赶紧起身，亲自把自己的饭菜端到了门客面前，让门客自己查看。

一看，门客傻眼了，一模一样，没有差别。如此小人之心，门客羞愧难当，无地自容。

孟尝君不惜散尽家财，也要让这些人才有一种归属感。孟尝君特别贴心，每次他与门客谈话，屏风后面总是安排人，负责记录他们的谈话内容，记载门客亲戚的住处。门客刚刚离开，孟尝君就派使者带着礼物，到门客的亲戚家里慰问。门客们知道后，自然很感动，认为孟尝君与自己很亲近。当然，孟尝君是对所有门客都亲近，没有例外。

这些事传出后，天下贤士都很佩服孟尝君，倾心归附。这样一来，孟尝君的门客很快就达到了几千人，迅速打造出庞大的团队。

孟尝君的名声，也传到了秦昭襄王那里。秦昭襄王派出自己的弟弟到齐国当人质，并请求见见孟尝君。

孟尝君听到这个消息，也很激动，秦昭襄王当时事业做得很大，不是什么人都愿意见的。他立马收拾，准备到秦国去。

孟尝君的门客都感觉事情没有那么简单，不赞成孟尝君前往，纷纷劝说。但孟尝君打定了主意，就是不听劝。

这时，一个叫苏代的门客给孟尝君讲了一个“木偶与土偶”的故事。

苏代说，他早上回来的时候，听到一个用木头刻成的人偶正在与一个用土做成的人偶说话。木偶人与土偶人怎么会说话呢？这自然是苏代讲的一个寓言故事。

木偶人笑话土偶人说：“天一下雨，你就完蛋了，就会被冲毁了！”

土偶人也承认这一点，不过它本身就是土做成的，即便被冲毁了，也是回到泥土中。但是木偶人就不一样了，一旦下起雨，水流冲着木偶人，还不知会把木偶人冲到哪里去呢。木偶人只能随波逐流，必将不知所踪。

苏代说的木偶人就是孟尝君。秦国是虎狼之国，如果孟尝君一意孤行，执意前往，就会如同木偶人一样无法掌握自己的命运。苏代希望孟尝君不要重蹈覆辙，走楚怀王的老路；苏代希望孟尝君不要做让土偶人嘲讽的“木偶人”。

苏代是苏秦的弟弟，很擅长游说之道，被一个寓言小故事惊醒的孟尝君，他中止了出行计划，没有涉险。

捡回一条命

又过了些年，孟尝君还是到了秦国。这次不是孟尝君主动要去，而是齐湣王派他去的。

秦昭襄王见到孟尝君，很欣赏，竟然立即让孟尝君当秦国的国相。这是对孟尝君才能的肯定，但是这个决定却引起了秦国很多大臣的不满。

有人劝说，切切不能让孟尝君当国相了，这很危险。

孟尝君的危险在于，他是齐王的同宗，与齐王关系太密切，考虑事情一定会站在齐国立场，然后才是秦国。如此一来，相当于秦国为齐国养了一个能量巨大的间谍，秦国能不危险吗？

秦昭襄王一听，感觉很有道理，又立即罢免了孟尝君的国相职务。不但如此，秦昭襄王还将孟尝君囚禁起来，准备杀死他。这就是当时很流行的一个逻辑，能人一旦不能为我所用，那就毁灭他，以防他反戈一击。

孟尝君还没有好好体味秦国国相的滋味，就将走向断头台，整件事情，腾挪跌宕，让人措手不及。但是，孟尝君不是一般人，他手下的门客也不一般。面对危机，他们虽然也紧张，但是他们决定自救，不能就这样束手待毙。

终于，他们想到了一个主意：从秦王的宠妾处打破困境。

秦王的宠妾同意了孟尝君的求救，不过，她提出了一个要求，她要一件孟尝君的白色狐皮裘衣。原来，孟尝君到秦国时，带了一件白色狐皮裘衣，非常漂亮，非常珍贵，但是这样的裘衣，世上只有一件，孟尝君已经献给秦昭襄王了。一时半会儿，孟尝君也弄不来一件一模一样的裘衣啊！

事情又被困在这里了。没有白色狐皮裘衣，秦王的宠妾就不会帮忙，她不帮忙，孟尝君仍然摆脱不了困境。

孟尝君很着急，向门客们几乎问了个遍，也没有人拿出主意。这时，有一个能力不怎么样、只会披狗皮偷盗的人走了出来“毛遂自荐”，说他能帮孟尝君拿到那件白狐皮裘衣。

众人也没有别的更好的办法，只能让这个人去试上一试。当晚，此人乔装成狗，钻入秦王宫中的仓库，偷出了那件白狐皮裘衣。

有了白狐皮裘衣，就有了生机。秦王的宠妾拿到裘衣，非常欢喜，爱不释手，她私下里替孟尝君向秦王求情，希望秦王能放了孟尝君。秦王经不住宠妾的温柔枕头风，释放了孟尝君。

孟尝君获释后，没做任何停留，立即乘快车逃命去了。因为，他知道，秦王一旦回过神来，他就逃不掉了。

果不其然，秦王后悔了。等到知道孟尝君逃走了之后，他更是后悔不迭，赶紧命人快马加鞭，追捕孟尝君。

孟尝君一行到达函谷关，这时天还没亮。当时秦国的法令规定，只有等到鸡鸣时分，才能放人出关。如果等到鸡鸣时分，估计秦王的追兵就到了，不能等，等就是等死！但是，不等又能怎么办？谁也管不了时间的运转啊！

管不了时间，但是可以管得了鸡。

什么意思呢？

孟尝君手下有一个人，特别擅长学鸡叫，学得惟妙惟肖，足以以假乱真。他一声声鸡叫，叫醒了周围的鸡，一起鸣叫起来，自然叫起了看门人。

看门人迷迷糊糊地起来，看着夜色还是有些黑，感觉很奇怪，这也不像天亮的样子啊，不过，鸡都大叫了，或许是阴天吧？看门人打开门，查验了孟尝君一行人的证件，就放他们离开了。

等他们走了大约有一顿饭的工夫，秦王的追兵就到了，眼见着追不上孟尝君了，只好回去，向秦王复命。

孟尝君这次逃命，真的是险象环生。如果没有两个门客的出手救助，孟尝君早就一命呜呼了。此前，这两个门客不受人重视，孟尝君把他俩引到自己门下时，其他宾客都深以为耻，认为这两个人拉低了他们的档次，很瞧不起他们。但是，关键时刻，就是这两个被人瞧不起的门客发挥了关键作用。

这世上，人们经常犯的错误，就是高估自己，低估别人。

这世上，每个人都是一个发光体，独一无二，你有你的资本，我有我的骄傲；你有你的大道，我有我的末技。在你心中，你的大道分分钟秒杀我的末技；在我心中，我的末技恰恰是我的光束。它会一直照亮我，说不定哪天，顺带也照亮了你。

经此一事，大家方才明白孟尝君的厉害，佩服他不拘一格纳人才的气魄，佩服他一视同仁的心胸。只有看到别人的优点，才能让自己走得更高更远。

秦

魏子私赠粟

孟尝君一行，一路颠簸，终于回到了齐国。

齐湣王得知孟尝君在秦国的遭遇，有些内疚，后来就让孟尝君做了国相。

有一次，孟尝君派他的门客魏子替他到封邑去收粮租，结果魏子往返三次，一次也没把粮租收回来。孟尝君很奇怪，就问魏子原因。

魏子说，其实粮租他收到了，但是他私自把这些粮租以孟尝君的名义，送给了一位贤德之人。

孟尝君听后，怒火中烧，一个小小的门客，是谁给他的胆子这么做的？那些粮租可不是小数目啊，就这么说送人就送人了？看来，平日里自己对他们这些门客太纵容了！一气之下，孟尝君辞退了魏子。

孟尝君辅佐齐湣王，功业越做越大，齐国的影响力也越来越大。但是在这个过程中，齐湣王对孟尝君的猜忌也越来越多，再加上秦国、楚国散布的谣言，齐湣王深受蛊惑，认为孟尝君的名声压过了自己，很不开心。

几年之后，有人向齐湣王报告孟尝君要造反，齐湣王深感不安。恰巧后来田君甲作乱，齐湣王便怀疑这件事是孟尝君策划的，要治罪孟尝君。孟尝君为了避祸，逃走了。

逃走了，也落人口实，这是心虚啊！没做亏心事，何必要逃呢？

众口嚣嚣，本就对孟尝君有疑心的齐湣王，心里直接坐实了孟尝君的罪名。

这时，当初那位得到魏子赠粮的贤士站了出来，上书齐湣王，他以自己的生命做担保，为孟尝君辩护，断言孟尝君不会作乱。上书之后，这位贤士在齐王的宫殿刎颈自杀，以死证明孟尝君的清白。

一条鲜活的生命，就这样倒下了。

这位贤士是在报恩，报答孟尝君的“知遇之恩”。但是，他不知道的是，真正对他有“知遇之恩”的是魏子。

齐湣王便派人彻查真相。真相是，孟尝君的确没有策划、参与、导演叛乱。齐湣王消除了疑虑，又召回了孟尝君。

孟尝君一番忠心，被无端怀疑，心中也有委屈。经此一事，他真正体会了什么叫“伴君如伴虎”，为了避嫌，为了避祸，他推托身体有病，请求辞去职位，回自己的封邑养老。

齐湣王答应了他的请求。

冯谖客孟尝君

孟尝君坐在车上，前往封邑。很显然，他的心情不太好，脸上没有一丝笑容。快要到达封邑的时候，他听到了一阵阵欢呼声，探头一看，原来是封邑的百姓们扶老携幼，走出数十里，夹道来欢迎他。

这么热闹欢快的场景，这么壮观的景象，顿时抚慰了孟尝君那颗受伤的心，他很感动。感动之余，他很感谢一个人。这个人，是他的门客冯驩（huān），也叫“冯谖（xuān）”。

冯驩本是一个穷苦人，当初身穿破衣烂衫，脚穿草鞋，腰里别着一把没有剑鞘的剑去投奔孟尝君。

孟尝君问冯驩：“先生有什么指教？”

冯驩说：“没有指教，我只是穷得揭不开锅了，到您这里找口饭吃。”

孟尝君又问冯驩：“先生有什么本领？”

冯驩说：“没有本领。”

什么本领也没有，这不就是白吃白住吗？冯驩真当孟尝君这里是“养老院”啊！

孟尝君一听，嘿嘿笑了，说道：“那先生就先住下吧。”

这就是孟尝君对待士人的态度——宽容大度。

孟尝君是宽容了，但是他的门客们却没有大度起来：一个又穷又没本领却想白吃饭的人，这不是侵占资源吗？于是，冯驩成了孟尝君门客们眼中讨厌的、轻视的对象。就这样，冯驩在门客们的大集体中，备受排挤，住最低等的房间，吃最低等的饭。

十天后，孟尝君问起冯驩的情况。

门客中的负责人回答说，冯驩时不时就拿着他那把用草绳缠着剑把的剑唱歌，唱的内容很简单：“长剑啊，咱们回家吧！这里吃饭没有鱼啊。”

孟尝君一听，这是对伙食不满啊，就给冯驩改善了伙食，冯驩吃饭有鱼了。

又过了五天，孟尝君又问起冯驩的情况。

负责人回答说，冯驩还是时不时地唱歌，唱的内容稍微变了变：“长剑啊，咱们回去吧！出门没有车啊。”

孟尝君一听，这是对出行工具不满啊，就给冯驩安排了车子，冯驩每次出门都有车子坐了。

又过了五天，孟尝君再次问起冯驩的情况。

负责人回答说，冯驩还是会时不时地唱歌，唱的内容稍微变了些：“长剑啊，咱们回去吧！没有办法养活家啊。”

这次，孟尝君有些恼火了，你没啥本领，我给你吃，又给你住，你嫌不好我给你升级，现在还要让我养活你家人啊！孟尝君没再给冯驩提高待遇，冯驩也没再说什么。

时间过得很快，一年过去了，孟尝君遇到了一个难题。

焚券市义

孟尝君手下门客三千多人，要好吃好喝地养着这群人，花费很高。孟尝君单纯靠他封邑的正常赋税收入，很难满足这么多人的开支，他就想到了“放高利贷”这个办法，想着靠收取高额利息增加收入。

不过事与愿违，这一年年景不好，老百姓没有收成，很难还上贷款。没有这笔钱，门客们的吃饭问题都很难解决了。

孟尝君很忧愁，就问左右门客，谁能去把利息收上来。这个活儿，费力不讨好，大家都不愿意干。这时，有个人推荐了冯驩，推荐的理由是冯驩稳重、精明。

孟尝君征求冯驩的意见，希望他能去帮自己把利息收上来。冯驩同意了。

到了孟尝君的封邑，冯驩将所有借款的人都召集了过来，要回了十万钱的利息。这笔钱，冯驩没有马上送回去，而是用其中一部分钱，酿了许多酒，买了很多肥壮的牛，然后召集借钱的人，带着借钱的契据，参加酒宴。席间，冯驩拿着契据，一一询问大家。能付利息的，冯驩给他们规定下还钱的最后期限；确实不能付利息的，冯驩把契据当众烧毁了。

一份份契据，可都是钱啊，冯驩就这么烧毁了，看得大家又惊又喜，丈二和尚摸不着头脑。

冯驩解释道：孟尝君给大家贷款，目的是为没有资金的人提供资金，资助大家干一番事情；孟尝君向大家索债，实在是因为没有钱财供养门客了。大家有能力，就在规定的时间内还清利息，实在没有能力，债务就全部废除。希望大家感恩孟尝君，好好记住他的恩典。

百姓们听了，全都站立起来，连续行了两次跪拜大礼，感谢孟尝君，大呼孟尝君仁义。

孟尝君听到消息，不由得火冒三丈，这不又是一个魏子吗？他立即派人召回了冯驩。

孟尝君质问冯驩，为何要大摆宴席？为何要烧掉契据？

冯驩一一做了回应。

大摆宴席，是为了把借钱人聚齐。

烧掉契据，是为了宣扬孟尝君的名声。

他烧掉的契据，都是那些即使再过十年也不会还上的债。时间越长，利息越多，就越还不上。如果催急了，一来这些还不上钱的百姓就会逃亡，赖掉债务；二来齐王会认为孟尝君贪财好利，不爱惜百姓；三来百姓会认为孟尝君借着国家的名义谋私利，会担上恶名。这些契据，说是钱，在于它们能兑现成钱，一旦没有钱来兑现，它们就是废纸。与其拿着这些废纸，不如为孟尝君换来好名声，换来百姓的信任。

面对冯驩的解释，《战国策》记载，孟尝君哑巴吃黄连，只能认下了，但是对冯驩更加冷淡。《史记》则说，孟尝君转怒为喜，拍手道谢。

等到孟尝君被罢相后，封地百姓们的热情，才真正印证了冯驩的远见。

狡兔三窟

孟尝君连连感谢冯驩。冯驩却说，这些还不够。狡猾机灵的兔子都有三个洞，这样才能避免灾祸。目前来说，孟尝君您只有一个藏身之处，还不能高枕无忧。

冯驩要去替孟尝君挖更多的“洞”。

冯驩驾着车，带着礼物，到了秦国，游说秦王。

冯驩说当时天下之大，秦国与齐国是可以决一雌雄的对抗国，谁都有可能雄霸天下。

秦王赶紧询问如何避免沦落为弱势一方，冯驩水到渠成地说到了孟尝君。冯驩认为，孟尝君是个重要砝码。齐国之所以受到列国敬重，就是因为有孟尝君。如今孟尝君被罢相，心中肯定愤懑，此时如果能把孟尝君引进秦国，那无疑带来了一个巨大的情报处，齐国什么方面的信息，他都了如指掌。因此，得到孟尝君，就得到了齐国的国土。

秦王一听，确实在理。冯驩进一步煽风点火：这件事必须迅速办理，一旦齐王改变主意，再度起用孟尝君，一切就晚了。

秦王连连赞同，马上派遣使者，带着十辆马车，载着百镒黄金，迎接孟尝君入秦。

冯驩告别了秦王，又快马加鞭，赶在秦国使者之前，赶回齐国。

冯驩求见齐王，把这一消息告诉了齐王。他告诉齐王，秦国之所以迎接孟尝君，是看到了孟尝君的价值。一旦孟尝君入秦，齐国就危险了，天下都会归秦国所有。当务之急，是要恢复孟尝君的相位，给他更大的封邑，向他道歉。孟尝君毕竟是齐国宗室，自然更亲近齐国，一定会同意留在齐国。

齐王被冯驩一番“危机轰炸”轰晕了，赶紧派人到边境查看，证实了冯驩的消息不假。

消息不假，危机也不会假，齐王一一兑现了冯驩的危机处理方案，立马恢复了孟尝君的相位。

魏国为相

孟尝君回返为相，冯驩亲自驾车去迎接他。

快要到齐国都城了，孟尝君很是感慨：当初他罢相后，周围的很多门客都离开了他，只有冯驩还顾惜他，还肯为他出谋划策，来回奔波。想他孟尝君，对待门客，尽心尽力，不敢有失礼之处，但是他们真的让他寒心啊！现在他又重返相位，估计这些人还会再投奔他吧，但是被伤了心的孟尝君，却不愿意再见到这些人的嘴脸，如果真见到了，他打算一定要狠狠地对着他们的脸吐口水，狠狠地羞辱他们一番。

听了孟尝君的这些话，冯驩收住缰绳，下了车，对着孟尝君行了拜礼。

孟尝君不知道冯驩为何如此，也立即下车还了礼。

孟尝君以为冯驩是在替那些门客道歉，但冯驩却说是孟尝君刚才说的话不对：富贵人朋友多，贫贱人朋友少，世事本就如此，这就好比早上的集市与傍晚的集市。早上，人们都向集市走，侧着肩膀往里走，很拥挤；傍晚，人们甩着手臂经过，连头也不回。这不是人们喜欢早上而厌恶傍晚，而是集市中已经没有了人们期望得到的东西。所以，孟尝君不能怨恨门客，也不要故意截断门客归附的路，而是应该一如既往，像往常一样对待门客。

孟尝君听完，连续两次向冯驩下拜，感谢冯驩的指教。

很快，孟尝君的家门又宾至如云了。

齐湣王与孟尝君之间的矛盾，是君权与相权的矛盾，当相权威胁到君权时，君权就会出击。齐湣王后来还是准备除掉孟尝君。孟尝君逃到了魏国，魏王任用孟尝君为相。

借助魏国的力量，孟尝君也要反击了。

当初冯驩劝说秦王、齐王，孟尝君到了别的国家，一定会是齐国的威胁。果不其然，孟尝君联合秦国、赵国、燕国，大败齐国，齐湣王逃亡，最后死掉了。

后来，孟尝君在诸侯国间保持中立地位，不从属于任何一个君王。

给我一个支点

孟尝君一生，曾风光无限，也曾险象环生。起起伏伏间，身上牢牢地贴上了“善养士”的标签。

孟尝君手下的门客，不拘一格，其中，有很多曾经作奸犯科的人，更不乏凶暴之人，这在“战国四公子”中是比较特殊的。

孟尝君从秦国逃回齐国途中，经过赵国，赵国的平原君待之以贵宾之礼。赵国人听说孟尝君到了赵国，都想见见这位耳闻已久的贤能之人，目睹一下孟尝君的不俗风采。孟尝君个头不高，还有点瘦小，与赵国人心目中的“伟丈夫”形象很不符，赵国人围观之后，大失所望，说了一些揶揄、嘲讽孟尝君的话。

一个人缺少什么，往往会最在意什么。孟尝君身材不够魁梧，他最受不了别人对他身材的指指点点，因此，他听到赵国人的话后大为恼火，立马要去教训教训这些不懂规矩的赵国人。孟尝君手下的一些门客，跟着孟尝君一起跳下车，砍杀了几百赵国人，毁了人家一个县，扬长离去。

这些行为很蛮横、很霸道，但是，不可否认的是，孟尝君一生最大的成功，就是养士。

他的逆袭，因为他重视人才。

他的成功，因为士人建言献策。

他的福泽，因为士人提前种因。

他的脱险，因为士人奔走相救。

没有士人，他不是死在秦王的刀下，就是死在齐王的猜忌下。

没有士人，他的缺点会被放大很多倍。

这或许就是“好风凭借力，送我上青云”的意思吧。

（本篇主要依据《史记·孟尝君列传》《战国策》）

原典

最下坐有能为狗盗者，曰："臣能得狐白裘。"乃夜为狗，以入秦宫臧[1]中，取所献狐白裘至，以献秦王幸姬。幸姬为言昭王，昭王释孟尝君。孟尝君得出，即驰去，更封传[2]，变名姓以出关。夜半至函谷关[3]。秦昭王后悔出孟尝君，求之已去，即使人驰传[4]逐之。孟尝君至关，关法[5]鸡鸣而出客，孟尝君恐追至，客之居下坐者有能为鸡鸣，而鸡齐鸣，遂发传[6]出。出如食顷[7]，秦追果至关，已后孟尝君出，乃还。

《史记·孟尝君列传第十五》节选

注释

①**臧：**音 zàng，贮藏财物的仓库，后写作"藏"。

②**封传：**古代官府发的用来出入国境或投宿驿站的凭证，类似现今的"护照""通行证"。传，音 zhuàn，凭证。

③**函谷关：**秦国东大门，因为关在谷中，深陷如函，所以称函谷关。

④**驰传：**驾驭驿站车马急行。传，音 zhuàn，驿车，传达命令的马车。

⑤**关法：**守关的规定。

⑥**发传：**交验通行证。发，出示。

⑦**食顷：**一顿饭的工夫。

译文

坐在最末位的是个会装成狗偷东西的宾客，说：“我能弄回白狐狸皮大衣。”于是他在夜里伪装成狗钻进秦国宫中的仓库，偷回孟尝君送给秦昭王的皮大衣，孟尝君把它送给了秦昭王的宠姬。宠姬向秦昭王替孟尝君说好话，秦昭王就把孟尝君释放了。孟尝君一被释放，赶紧逃离，他们伪造了通行证，改名换姓以混出关去。半夜时到达函谷关。这时秦昭王后悔放走了孟尝君，召见孟尝君时，发现孟尝君已经逃走，于是秦昭王派人坐着驿车去追。孟尝君来到函谷关下，关卡规定鸡叫后才能开门放行，孟尝君担心追兵马上来到，这时他的下等门客中有一个会学鸡叫的，他这么学着鸡一叫，顿时周围的鸡也都叫了起来，城门大开，孟尝君交验了通行证后被放出关去。出关后大约一顿饭的工夫，秦昭王派的人果然追到了关下，已晚于孟尝君出关的时间，只好回去。

奇货可居

秦昭襄王是国君界的健将，在位长达半个多世纪，他的长子没有熬过他，先行离开了这个世界。

秦昭襄王死后，次子安国君继位。

安国君死后会是谁做继承人呢?

一般情况下是嫡长子。嫡长子没了，可以继续往下轮。

一般情况下轮不上几个人，就能确定了。那排在十名靠后的，肯定没有机会了。

但是，偏偏历史最终还是选择了一个十名靠后的人。

那么，这个人是谁?他是怎么上位的呢?

落魄王孙

赵国邯郸城的一处僻陋的房子里，一个形神落魄之人，满面愁容，陷入沉思。

这个人，身份不一般，境遇很一般。

他是秦昭襄王的孙子，秦国太子安国君的儿子，名字叫异人，真的是王孙贵族。

他跑到赵国为哪般呢？

当质子。

战国时期，诸侯国与诸侯国之间常常互派公子为人质，简称质子。质子制度在秦国也是一个惯例。秦国自商鞅变法开始，人人都要为国立功，国君的儿子（公子）也不能例外。当然，国君的儿子立功不一定非要上战场，他们可以到他国去做人质，这是公子为国服务的一种方式。

表面上看，各国在结盟时为了推心置腹互派的质子，地位非常尊荣。其实，质子就是人质，国与国之间一旦翻脸，质子是首先遭殃的对象，是泄愤的最佳之选。何况那个时代，诸侯国翻脸比翻书还快，今天歃血为盟、明天兵临城下的事屡见不鲜。所以，当质子不是什么好活。

那么，异人为什么会被派往赵国做人质呢?

无足轻重，不受待见。

异人是庶出，是孽孙，他的母亲夏姬很不得宠，经年都见不上安国君一面，异人与安国君的见面机会也不多。安国君妻妾一堆，儿女成群，仅儿子就有二十多个，异人排行刚好处在中间，既不受重视，也不太受喜欢，祖父秦昭襄王、父亲安国君心中好像没有这么个人一般。正因为地位无足轻重，不值一提，他才具备了“光荣”当选为质子、进驻赵国邯郸城的资格。

那么，到了邯郸，他又是什么境遇呢?

每况愈下，艰难度日。

战国时代的质子，各国待遇很不一样。因为有些国家对质子的待遇并不坏，有时甚至派太子做质子。特别是强国为表示怀柔，派在弱国的质子，弱国臣民都要奉迎他、巴结他，全国上下也都怀着近乎感恩的心情，将其待为上宾。虽然秦国是强国，但异人没有享受到这种待遇。

这与秦赵两国的关系走势密切相关。

赵国一向作为合纵之约的“约长”，秦国又不停地东进，力图并吞六国，秦赵之间的战事经常爆发，所以异人时时刻刻在“刀架在脖子上”的环境中生存，两国稍有风吹草动，首先祭刀的自然是他。

秦国并没有顾惜身在赵国的异人，并没有因为他而有所顾忌，放弃东进统一步伐，而是该打就打，该狠打就狠打，毫不心软。秦国人这么强硬，这么不在意异人，赵国又何必对异人客气呢？异人在赵国的生活非常窘迫，很不得意，上轻下侮成了家常便饭。

异人很痛苦。

这样的日子，什么时候是个头啊？

“鉴宝师”的一场豪赌

不受人待见的异人，艰难度日。一次偶然的机缘，他被一个人发现了，这个人为他谋划了一双梦想的翅膀。这个人，就是阳翟（yáng dí，今河南禹州）大商人吕不韦。

吕不韦往来经商，家境富裕，生活优游。

吕不韦最大的本领就是发现商机，最常用的赚钱方法就是“贩贱卖贵”。他就是靠着这两点富起来的。

吕不韦到邯郸经商，见到了落魄的异人，他很兴奋，因为他发现了一个不可多得的“商品”，发现了千载难逢的“商机”。

这个“商品”就是异人，吕不韦认为此“商品”有着巨大的升值空间。

一个不受待见的落魄王孙，如果的确是宝贝，那不早就被人供起来了，何至于沦落到这个地步？

这就是吕不韦的厉害之处，眼光独到，不同凡俗。

吕不韦匆匆回到家，与他父亲做了一番商谈，因为父亲是位“老江湖”。

他问父亲：“投资耕田，有几倍利润？”

父亲说：“十倍。”

他问父亲：“经商，有几倍利润？”

父亲说：“百倍。”

他最后定了定神，问父亲：“投资一个未来的储君，有几倍利润？”

父亲淡淡一笑，说：“无数倍。”

正所谓知子莫若父，父亲知道儿子要做大事了——立主定国。

吕不韦提到的这三项工作，一项比一项困难，但利润一项比一项更具有诱惑力，对利润永无止境追求的欲望，使这位大商人不满足于仅仅在商界的“贩贱卖贵”了：金钱对于吕不韦来说，不过是账户上的数字，他要把他这套经商之道运营到政界，他要改变自己的地位，他想掌权。

吕不韦的契机，就是发现了质子异人。

在一位精明商人的眼中，没有一样东西不可以买卖，没有一样东西没有价值，差别只在于获利的多少。在吕不韦看来，异人是一只具有巨大升值空间的潜力股，他称异人是“奇货可居”。所谓“奇货可居”，是说异人是一种稀缺资源，应当预先收购，等待升值。

“奇货可居”，其实还是吕不韦惯用的“贩贱卖贵”。那么，异人何以能成为“奇货”呢?

异人的价值在于他的身份。他是秦国太子安国君的儿子，这一身份让他具备了巨大的升值空间，具备了日后成为秦王的最基本的条件。

但是，安国君有二十多个儿子，吕不韦为什么不选其他人，偏偏要选穷困潦倒的异人呢?

两个原则：一是他能够得着，二是利益最大化。

安国君的二十多个儿子，吕不韦并不是和所有人都能轻易搭上线，即便搭上线了，能否愿意听他安排，还是个问题。异人就不同了，吕不韦很容易能搭上线。

异人境遇困窘，改变命运的愿望极为强烈，一旦扶助他成功上位，异人的回报必然会很大。

腰缠万贯的吕不韦虽然从商，但对政界的操作规则也不陌生，而且，他相信自己翻云覆雨、点石成金的能力，自信凭自己精明的商业头脑，能够重新包装出一个准秦王。

一拍即合

商场如战场，眼光敏锐的吕不韦，执行力也很强。

吕不韦确定好目标后，马上去与异人正式洽谈。

异人正好非常郁闷，听说有一位大商人要拜访自己，就接见了吕不韦。看来，异人潦倒并不颓废，在逆境中寻求突破。

吕不韦抑制不住内心的激动，上来就对异人抛出了自己的壮美愿景：“我能够光大你的门庭。”

这话开门见山，效果却不怎么样。

异人虽然落魄，他仍然是秦国的王孙，他的未来哪轮得着一个商人来说三道四。异人虽然潦倒，却不卑怯，仍然有着王孙贵族的傲气。冷不丁听到吕不韦这句话，有些诧异，他压下怒气，淡淡地说：“你还是先光大你自己的门庭吧，然后再光大我的门庭。”

当时商人的地位并不高，异人本来对商人还没有太大的偏见，但吕不韦的这句话，让他多少有些讨厌起吕不韦来了，真是吹牛皮不上税，忽悠遍地是啊！

吕不韦听了异人的话，不急不恼、不紧不慢地说了第二句话：“你不知道，我的门庭要等待你的门庭光大了，才会光大。”

这句话很关键，吕不韦把自己的兴亡和异人的命运联系在了一起。

两人本不相识，没有关联，可吕不韦为何要把两人捆在一起呢？异人顿时来了兴趣，也看出了吕不韦的不同寻常。他拉着吕不韦一起坐下，请吕不韦赐教。

针对秦国国君与王储的现状，吕不韦讲了四点：

第一，安国君继位在即。秦昭襄王已经非常年迈

了，安国君作为太子，很快就会即位。

第二，华阳夫人是个关键人物。安国君最宠爱华阳夫人，华阳夫人有一个遗憾是没有儿子。华阳夫人虽然无子，却很有话语权，说话很有分量，拥有册立未来太子的影响力。

第三，异人竞争力不强。异人有二十多个兄弟，异人不是长子，又长期在外做质子，如果秦昭襄王仙逝，安国君继位为秦王，异人肯定比不过天天在安国君面前晃来晃去的那帮兄弟们。

第四，异人没有财力包装自己。异人客游他乡，毫无经济能力，因此，异人无法结交达官贵人，更无从得到他们的信任和推崇。就是说，在上流社会，没有经济实力进行自我包装，就拉不到足够的政治选票。

吕不韦一席话，异人彻底折服，这就是他的困境，是他无法突破的困境。更为重要的是，吕不韦愿意帮他！

异人没有钱，而吕不韦最不缺的就是钱。

异人没有竞争力，而吕不韦有头脑，是一位出色的营销策划人。

吕不韦愿意拿出自己的家财，为异人西游秦都，游说安国君和华阳夫人，立异人为华阳夫人的嫡嗣。

异人这些年，饱受冷落，备尝苦涩，他一直想改变，苦于没有办法。多少个白昼，他搜寻着方法；多少个夜晚，他流着泪水入梦，在梦中，他终于解放了，他终于振臂一呼了。

如今，这个梦，有人愿意帮他实现了，异人很感恩。

从小到大，从来没有人对他这么好过，从来没有人这么关心过他的未来，虽然吕不韦是“无利不起早”，也是为了自己，但是异人还是很感激他。异人坚定不移地对吕不韦说：“如果真能像您说的那样，我一定拿出秦国一半的权力、财富与你分享！”

异人承诺要与吕不韦共享天下，这正是吕不韦所期待的“利”。

二人达成一致，共谋大业。

这两个人，一个是虽然落魄却并不颓废的王孙，一个是雄心勃勃又非常现实的豪商。

这两个人一相逢，怎能不做出点改天换地、气吞山河的大事业呢！

如此包装

要把一个不受重视的王孙，变成未来的一国领导人，这事很难，难到让一般人难以置信。吕不韦的成功，恰恰在于他不怕困难，恰恰在于他明白困难之后的回报。困难越大，一旦突破，回报越大。

吕不韦的“冲天计划”，一步步铺开了。

第一步，包装二人组合。

吕不韦拿出五百金包装异人。

先是从个人形象上包装，一改落魄样子，包装成贤能的秦国王孙。

再是从外在名声上包装，拿钱让异人广交赵国政要及各国质子使节，以此抬高身价，提高知名度。

吕不韦对自己的包装，主要表现在广纳门客，让自己爱贤慕才的贤名传到秦国。

第二步，游说华阳夫人。

在异人能否被立为“嫡嗣”的问题上，华阳夫人最为关键。一来她是正妃，她的孩子才是名正言顺的“嫡嗣”，二来她的话对安国君最有影响力。

吕不韦首先选中华阳夫人进行突破，从哪里突破呢？

从弱点突破。

华阳夫人有一个致命的弱点：无子。吕不韦选择的突破点就在这里：吕不韦拿出五百金前往秦国，分别找到了华阳夫人的姐姐、弟弟，重金贿赂，通过他们劝说华阳夫人。

吕不韦送重礼给华阳夫人的姐姐，通过其姐对华阳夫人说：“异人非常有才，广交天下诸侯，朋友遍天下。而且，他把夫人看得像天一样重要，常常思念夫人。”华阳夫人听到这话，非常高兴，感觉异人很有心。

接下来，华阳夫人的姐姐又向华阳夫人传递了吕不韦的建议——立异人为嫡嗣。

什么理由呢？

为华阳夫人考虑。吕不韦说，以美丽的容颜侍奉他人的，一旦容颜消退，宠爱就会淡下去。如果现在不趁自己宠爱未败之时推出一个属于自己的嫡嗣，等到色衰爱弛之时，想立一个忠于自己的嫡嗣还有可能吗？异人在兄弟中排行居中，没有可能立为嫡嗣，他的母亲又得不到安国君的宠爱；如果此时夫人能够拉他一把，立他为嫡嗣，他能不感激您吗？夫人岂不是也有了自己的嫡嗣吗？安国君百年之后，夫人有自己的养子为王，终生都不会失势。这就是人们所谓的说一句话而可得万世之利啊！

根据《战国策》的记载，吕不韦还对华阳夫人的弟弟阳泉君进行了公关："您现在要钱有钱，要权有权，呼风唤雨，很是得意。这一切都源自您的姐姐。但是一旦您的姐姐不受宠，您的形势就如同累卵，危机四伏！"阳泉君一听，立即吓出了一身冷汗，因为，吕不韦讲的恰恰是阳泉君的死穴。

吓住了阳泉君，吕不韦为他开了一剂良药——立异人为嫡嗣。

什么理由呢？

为了保住他的权势，为了保住她姐姐的荣宠。公子异人是一贤才，被弃赵国做人质。如果华阳夫人现在拉他一把，立为嫡嗣，异人本来继位无望，现在有了希望；夫人本来无子，现在有了嫡子。岂不是双赢！

阳泉君深以为然，马上去劝说姐姐华阳夫人，华阳夫人对阳泉君的话立即照单全收。

吕不韦游说华阳夫人的姐姐，说的是天长地久，稳定地位。吕不韦游说华阳夫人的弟弟阳泉君，说的是功名利禄，生存危机。同样是游说，对男人、对女人，吕不韦从不同角度讲，直取要害。华阳夫人的姐姐、弟弟都被吕不韦的精确分析击倒，都高度认同了吕不韦的见解，效果都极其明显！

这说明什么？

吕不韦很懂人心，“他人之心，余忖度之”，商界、政界都吃得开！

华阳夫人本来就因为无子忧患不已，她权衡再三，确信吕不韦之言非常有道理。于是，她选准一个时机，不紧不慢却又很郑重地对安国君说：“异人在赵国，非常贤能，和他打过交道的人都交口称誉。”这是为异人说好话。

说着说着，华阳夫人还使出了撒手锏——“梨花一枝春带雨”的哭泣，边哭边说：“我非常荣幸地得到太子宠幸，但是，我也非常不幸地始终未能生育。我希望立异人为嫡嗣，让我晚年有个依靠。”

面对宠妃的哭诉，安国君自然要想方设法地满足华阳夫人的要求。他不但答应了华阳夫人的请求，而且，“与夫人刻玉符，约以为嫡嗣”。华阳夫人与安国君立约为据，郑重确立了异人的嫡嗣地位。

就这样，吕不韦以利害、财富、恫吓等不同方式的综合运用拿下了华阳夫人、阳泉君、华阳夫人的姐姐，完成了第二步。

但是，吕不韦对异人的包装，还没有结束，没有坐上君王宝座，每一步都要慎之又慎。

等到后来异人回到秦国，吕不韦又给他来了个“大换装”：异人穿上了一套耐看的楚服，前去拜见华阳夫人。

秦国人为什么要穿楚服呢？

因为华阳夫人是楚人，喜欢楚服，这是投其所好。

华阳夫人自然很高兴，感动于异人的细心、贴心、孝心，亲自为异人更名为子楚。

华阳夫人尽管只是一介女流，但也是经过宫廷角逐、百里挑一的宠妃啊！她必定也是有手段的，她能这么轻松地接受异人这么个饱含功利心的“儿子”吗？

每个故事后面都有很多未知的情节，因为我们今天看到的历史记载都只是文明的碎片，都是有选择的书写，文献没有记载的部分我们只能依靠猜测了。但有一点我们可以肯定：异人真行，吕不韦真行。

夺人所爱

有了安国君继承人的身份，异人的人生发生了极大的转变：

他有钱了，安国君和华阳夫人都送了好多礼物给他。

他有尊严了，安国君和华阳夫人请吕不韦当他的老师，他的名声在诸侯中越来越大了。

生活优游了，异人心情也好了起来，也有了玩乐之心。

有一天，吕不韦在家中举行一场盛大家宴，招待异人。

虽然这只是吕不韦与异人两个人的盛宴，但是，邯郸大富商与秦国太子嫡子的家宴仍然十分排场。酒酣耳热之际，歌舞表演开始。

第一位出场的是吕不韦的爱妾赵姬。赵姬是邯郸著名的舞女，长得极其美貌。

异人这是第一次见到赵姬，立时眼前一亮，不由暗中称绝。他的视线随着这个轻歌曼舞的女子移动，心动神摇，热血沸腾。原来，他对赵姬一见倾心、一见钟情了。

异人按捺不住心中的悸动，他站起来向吕不韦敬酒，希望吕不韦能将赵姬赐给自己。

从异人异样的眼光中，吕不韦早已看出异人的兴奋，但是，他没料到一位秦国太子的嫡嗣竟然如此大胆地横刀夺爱。赵姬是吕不韦的爱妾，而且赵姬此时已经怀上吕不韦的孩子。所以，一听异人提出这种不情之请，吕不韦心中顿时大怒，这明显是夺人所爱。

但是，吕不韦到底久经历练，转念一想，自己已经为异人花费了这么多钱财、精力，不能与他翻脸啊，他们的命运是拴在一起的。大丈夫做事要懂得抛舍，吕不韦怀着满腔怒火却笑呵呵地同意了，拱手把自己如花似玉的爱妾赵姬献给了异人。

异人一听，大喜若狂，酒不喝了，歌不听了，舞不看了，立即抱着美人赵姬回家。

当然，吕不韦与赵姬对异人隐瞒了她已经怀孕的事实。

赵姬跟着异人回到家中，备受异人宠爱。后来，赵姬生下一个男孩。

因为这个男孩是正月出生，于是取名叫政。这个男孩就是中国历史上鼎鼎大名的秦始皇。

母凭子贵，赵姬也因生下儿子被立为夫人。

当然，也有说法认为，这次家宴相见，并不简单，是吕不韦设的局，献上赵姬本就是吕不韦的目的，异人恰恰中了他的圈套。

不管怎样，因为这个孩子，因为这个赵姬，吕不韦与异人的关系更加紧密了。

梦想成真

秦昭襄王五十年（前 257），秦军大举进攻赵国。

这件事对于身在赵国的质子异人来说，非常危急：

赵国人怒了，想杀掉异人，报复秦国。异人与吕不韦一商议，活命要紧，当务之急，必须逃了。

但是，异人是重要的人质，要逃命，何其难矣！关键时刻，他们想到了“破财免灾”，他们采取了“金钱攻略”，他们拿出了六百金！

这真的是个大数目，当初吕不韦包装异人才用了五百金，游说华阳夫人才用了五百金。

这六百金要攻的是谁呢？

赵国看守城门的官吏。对于这些官吏来说，六百金确实是实打实的巨款，终其一生都不会得到这么多的钱。他们在巨款面前，屈服了。

买通了看门人，异人与吕不韦成功脱身，逃到秦军大营，顺利回国，来到安国君身旁。由于走得太急，异人没来得及带上妻儿，把惊慌、恐惧留给了他们。

异人走了，赵王发现后大怒，不过，即便再恼怒也抓不到异人了，只能拿异人的妻儿开刀，他准备杀了他们泄愤。

好在，赵姬很聪明，她带着孩子提前躲了起来，躲过了杀戮，活了下来。

秦昭襄王五十六年（前 251），秦昭襄王去世了。太子安国君被立为秦国国君，就是秦孝文王，华阳夫人被立为王后，异人顺理成章地当上了太子。经过一番运作，赵国也将赵姬和儿子嬴政送回了国。

异人人生中的危机，总算是过去了。异人与妻儿终于团聚了。

异人的人生梦想，总算是实现了。当了太子，再成为君王，没有意外，只是时间问题。

只不过，他没想到的是，幸福来得那么快。

原来，安国君当太子的时间太长，继位时年事已经很高，加之老太子无事可做，整年沉浸于声色之中，身体早就垮了。秦昭襄王一故去，他马上继位，此年仍然称为秦昭襄王五十六年，他在守丧。第二年（前 250），孝文王正式改元为孝文王元年，但是，改元仅仅三天，这位年事已高、身板早已被掏空的老太子、新国君就一命呜呼了！

就这样，刚刚当上太子没多长时间的异人，就成了新国君，史称秦庄襄王。

继位后，秦庄襄王尊华阳王后为华阳太后，华阳夫人当年的投资得到了丰厚的回报！

吕不韦被封为文信侯，食邑十万户，他终于从后台走上了前台，成为炙手可热的秦国丞相。

至此，以“奇货可居”开始的一场豪赌，终于见到了最大收益。异人、吕不韦、华阳夫人，这三位关键人物，终于求仁得仁，各自达到了各自的权力巅峰。

可惜的是，异人享受胜利果实的时间太少了，仅仅三年时间。三年后，刚刚要大展身手的异人竟然一病不起，撒手人寰。

人生“四行”

异人从落魄王孙到一国君主，这一段人生着实很酸爽，很奇异。他的人生逆袭，也是一个个奇缘缔造的。

第一个奇缘，是他的父亲安国君因其哥哥早逝而意外地成为太子，顺利地继承了王位。

第二个奇缘，就是他遇上了吕不韦。

“缘”是天时、地利、人和等各种外部条件的集合，一旦加入某个新元素，无缘可成奇缘，无缘未必无分。

有缘很好，但是有了机会，他们的苦心经营也不能否认。

考察异人一生，可知人生的绚烂，需有“四行”：

第一，自己要“行”。

异人身处逆境，寻求突破，他慧眼识才，重用吕不韦；他果断决定，与成功后的吕不韦共享天下，极大地调动了吕不韦的积极性。他高度重视华阳夫人，积极配合吕不韦，取得了华阳夫人的喜爱，获得最宝贵的一票。这一切说明，异人自己真“行”。

第二，要有人说你“行”。

第一个说异人“行”的是吕不韦。吕不韦上岸经商，如鱼得水，游刃有余，为确立异人的嫡嗣地位付出了巨大努力，并大获成功。

第三，说你“行”的人得“行”。

在确立安国君嫡嗣的问题上，华阳夫人和异人的父亲安国君都认同了异人，这两个人，一个是太子，一个是太子的宠妃，他们是确立太子嫡嗣最重要的两个决策人。他们说异人“行”，异人当然就行了，成为安国君的嫡嗣也就顺理成章了。

第四，自己的身体得“行”。

异人唯独没有完成“人生四行”中的最后一“行”。即位三年，撒手人寰。

即使如此，异人还是占了“人生四行”中的三个“行”，终于当上了秦国国君，在人生的最后阶段发出了耀眼之光，只是这耀眼之光太短暂了。

可见，“人生四行”，缺一不可！

最后一个“行”，更是“人生四行”中最为关键的一“行”。

有命在，一切都有可能。

命没了，说什么都不“行”了。

命没了，谁说也不“行”啊！

（本篇主要依据《史记·吕不韦列传》《战国策》）

原典

子楚，秦诸[1]庶孽[2]孙，质[3]于诸侯，车乘进用不饶[4]，居处困，不得意。吕不韦贾[5]邯郸，见而怜之，曰“此奇货可居”。乃往见子楚，说曰：“吾能大子之门[6]。”子楚笑曰：“且自大君之门，而乃大吾门！”吕不韦曰：“子不知也，吾门待子门而大。”子楚心知所谓，乃引[7]与坐，深语。

《史记·吕不韦列传第二十五》节选

注释

①**诸：**众多。

②**庶孽：**不是正妻所生，指妾生的后代。

③**质：**到别国做人质。

④**饶：**丰富，多。

⑤**贾：**做买卖。

⑥**大子之门：**使你的门庭光大。指抬高子楚的身份地位。

⑦**引：**拉，牵引。

译文

子楚，是秦王众多庶出孙子中的一位，在赵国做人质，车马用度都不富裕，日常生活很困难，心中不得志。吕不韦到邯郸做生意，一见到子楚，很怜惜他，心想："这样的稀有货，可以卖个好价钱。"于是前往拜访子楚，说："我能让您的门庭光大。"子楚笑着说："先生先去光大自己的门庭吧，然后再来光大我的门庭！"吕不韦说："您有所不知，我的门庭需要靠着您的门庭光大后才能光大。"子楚明白了吕不韦的意思，于是请他坐下，和他进一步交谈。

荆轲刺秦

历史上最有名的刺客是谁?

是鱼腹藏剑的专诸，还是毁面挖睛的聂政?是吞炭漆身的豫让，还是图穷匕见的荆轲?

他们是“春秋战国四大刺客”，侠肝义胆，以“士为知己者死”为信条，不惜慷慨赴死，为人惊叹，都很有名。

如果说非要选出一个“冠军”的话，应该非荆轲莫属。

荆轲的夺冠，不在于他的刺杀技能，而在于他刺杀的对象是后来的秦始皇。

他的知名度，随着大秦王朝的建立，伴着秦始皇的荣耀与唾骂，不断飙升。

他的热度，持续不减，一代代流传。

荆轲其人

荆轲是卫国人，祖籍为齐国。

荆轲的祖先，据说是齐国的庆封。庆封曾是齐景公的相，大权独揽，权倾一时，后逃奔到吴国，为楚人所杀。庆封的后代，有逃亡到卫国的，改姓荆，“荆”与“庆”，古音相近。荆轲据说就是庆封的这一支后代。

所以，荆轲在卫国，人称庆卿，“卿”是尊称。荆轲到了燕国后，燕国人称他为荆卿。

荆轲从小喜爱读书、击剑，也是能文能武的少年。学有所成之后，荆轲开始了漫游与游说生活。

他曾经去游说卫元君，表面讲的是剑术，实际是治国之道，可惜的是，卫元君没有任用他。

漫游路上，他遇到了一个剑术家盖（gě）聂。

这是遇到同行了啊！荆轲忍不住手痒，与盖聂谈论剑术。

结果一谈，盖聂嫌弃他了，嫌弃他剑术不精，嫌弃他谈论不当。盖聂有些生气，这么点儿水平也配和他盖聂谈剑术？

盖聂没有了好脸色，对荆轲怒目而视。荆轲一看，就退了出去，离开了这个地方。

后来，有人看不过去，劝盖聂把荆轲叫回来。得知荆轲走了，盖聂说荆轲被自己的大眼睛瞪得害怕，逃走了。

荆轲到了赵国的邯郸，遇到了鲁句践，他们一起下棋。下着下着，二人争执起棋路来，鲁句践大怒，呵斥荆轲。荆轲一见，没说一句话，离开了，以后再也没见过鲁句践。

荆轲怯懦吗?

并不是。

荆轲很有自控力，很克制，很沉稳。他不愿做无谓的意气之争。

荆轲到了燕国，结识了两个好朋友：一个叫高渐离，擅长击筑（古代弦乐器，形似钱，以竹尺击弦发声，今失传）。另一个没有留下名字，是一个宰狗的屠夫。他们三人志趣相投，爱喝酒，性情豪放，是当时燕国集市上鼎鼎有名的“三人行组合”。

他们每天都喝酒，喝酒喝得很有境界，似醉非醉之时，他们的表演开始了：高渐离击筑，弹奏慷慨悲壮的曲调，荆轲和那位屠狗者和着节拍纵情歌唱，自娱自乐，唱着唱着，竟然号啕大哭，旁若无人。“三人行组合”特立独行的行为，自然会引起行人驻足观看，引起行人评头论足，他们倒也因此打出了名声。

喝酒、娱乐只是一种生活方式，看似狂傲放纵，看似不务正业，但实际上荆轲本性很稳重，喜欢结交德高望重的贤士。燕国有位隐士田光先生，很有才德，荆轲多次拜访，田光先生很友好，也知道荆轲并非平庸孟浪之人。

荆轲继续在燕国狂放着，他没有想到的是，燕国正在密谋一件大事，而这件事改变了他的人生，也差点改写了历史。

友情破灭引发的复仇

这件事，就是刺杀秦王嬴政。

谁这么大胆，组织了这场刺杀呢？

燕王喜的太子丹。

太子丹为什么要如此冒险呢？

两个原因：一个是私仇，一个是国恨。

先说私仇。

太子丹与秦王嬴政是老相识，他们结识在赵国，当时他们的身份都是人质。共同的命运遭际，让他们更容易走到一起，更容易志趣相投，嬴政少年时与太子丹很要好。

后来，嬴政被接回了秦国，父亲死去后，很自然地成了秦王。太子丹呢，还是不断地做人质，做完了赵国的人质，做秦国的人质。这样，他们的身份就有了很大的差异。

太子丹本以为二人年轻时关系那么好，到了秦国，在嬴政的领土上，怎么也会得到嬴政的庇护吧。结果却令他大跌眼镜，大失所望。

当了王的嬴政，最不愿回忆、最不愿提及的，就是在赵国那段没有尊严、备受欺凌的日子。可是太子丹唯一能够与嬴政搭上边的，恰恰是在赵国一起当人质的日子。一个极度排斥，一个特想回忆，不在一条轨道上的两个人，怎么可能一起走呢？

太子丹可以说是犯了大忌讳，戳了人家的伤疤，因此，嬴政对他的态度很不友好。太子丹顿时感觉被伤害了，被侮辱了，我还是当初的我，为何你已不是当初的你？

有什么用呢，生活就是这么残酷，圈子不同了，再好的朋友也不要硬融。

心生怨恨的太子丹，再也不愿意待在那个让他“热脸贴冷屁股”的秦国了，他逃回了燕国，他要报复嬴政，他要让这小子知道知道他的厉害，他还是当初那个少年，很猛很厉害，千万不要小瞧他。

再说国恨。

太子丹逃归燕国后，秦国吞灭六国的计划如火如荼地进行着，先是灭了韩国，又兴兵攻赵。赵国都城邯郸被攻下，赵国灭亡。如此一来，燕国门户洞开，秦国大军即将陈兵燕国边境，燕国命运岌岌可危，燕国君臣忧虑不已。作为燕国的太子，太子丹自然不愿意也不能就这样眼睁睁地看着燕国被攻破。

无论是国仇还是私恨，太子丹都要想方设法阻挡秦王嬴政的进攻。

秦王嬴政不是一般的人，要刺杀这么一位国君，绝不是一天两天就能完成准备工作的，太子丹怎么可能立即组织起这场震惊中国历史的刺杀呢?

太子丹找到自己的老师鞠武，希望老师能给他出个主意。鞠武一时半会儿也想不出好主意来，秦国扩张是必然的，危害也是巨大的。鞠武最后说了一句话:“您为什么要因为被欺侮的怨恨，去触动秦王的逆鳞呢? ”

这句话很耐人寻味，太子丹当初遭到嬴政的不友好对待，看来也不是忍气吞声了，或许一时气愤，顶撞、嘲讽也是有的，这也加速了秦国讨伐燕国的步伐。

没过多久，秦将樊於期因为得罪了秦王嬴政，逃到燕国，投奔好友太子丹。当初太子丹在秦国做人质时，与樊於期私交很好，而且敌人的敌人就是朋友，太子丹就接纳了樊於期。

鞠武赶紧劝说太子丹，秦王性情凶暴，且早就与燕国有积怨，一旦收留秦国罪将，这就如同“委肉当饿虎之蹊”，把肉放置在饿虎经过的小路上，非常危险，不可挽救。

鞠武提出了两个建议:

一是将樊於期送到匈奴，以免再生事端。

二是向西与魏、赵、韩结盟，向南与齐、楚结盟，向北与匈奴和好，共同对付秦国。

这两个建议，太子丹都没有同意。

一是樊於期穷途末路，投奔于他，他不会迫于强秦抛弃他的好友。

二是联合他国的计划，时间太长，他已经等不及了，迫不及待地想要了嬴政的命。

这两条理由，都与友情有关，为友情他可以不顾一切，友情破灭时他仍然可以不顾一切，不顾一切地维护友情，不顾一切地报复不顾友情的人。如果是普通人这样做，他的人生就毁了，他已经与仇恨为伍，或许将行犯罪之事。作为太子丹，他的行径直接代表了燕国，他的一举一动事关国家社稷，他要毁的不是自己，而是整个燕国。

太子丹的复仇计划，太草率，太仓促，太意气用事了。

鞠武对此很担忧，这就如同把大雁羽毛放到炭火上，一下子就烧光了，太危险了。

鞠武对此很不认可，做危险的事而想求得安全，制造祸患而想求得幸福，太不现实了。

但是作为太子丹的老师，他还是给太子丹推荐了一个人。

这个人，就是田光先生。

田光先生智谋深邃，为人勇敢，性情沉着，或许能想出什么好主意吧!

确定刺客人选

鞠武将田光先生引荐给太子丹。太子丹对田光先生很尊敬，亲自上前迎接田光先生，倒退着走为田光先生引路，跪下来为田光先生拂拭座位，主动给田光先生让座。

太子丹离开自己的座位，向田光先生请教秦燕两国之事。

田光先生抱歉地说，太子听说的是他盛壮之年的事情，如今他已经老了，精力衰竭了，不能冒昧地谋划国事。

太子丹正要失望呢，田光先生给出了一个希望：他有个好朋友可以承担这个使命。

田光先生的好朋友，正是荆轲。对太子丹来说，现在只要有个希望他就兴奋，他赶紧请求田光先生帮他引荐。

田光先生当即答应了，立马回去，去找荆轲。

田光先生弯腰驼背地走着去见荆轲，告诉了荆轲把他推荐给太子的事情，让荆轲到宫中拜访太子丹。

荆轲拜见了太子丹，转达了田光先生的嘱托。

太子丹请荆轲坐稳，然后以头叩地，说出了自己的计划：与秦国硬拼不行，就使暗招吧！

具体的行动方案，有两套：

第一套方案，劫持秦王，让他完全归还侵占诸侯国的土地。这是最佳方案。

第二套方案，劫持不成功，或者秦王不答应，就刺杀他。如此一来，秦国政坛必然内乱，诸侯趁机合纵，可大破秦国。这是备选方案。

太子丹希望荆轲能够帮他完成复仇行动。

太子丹说这个计划时声音很小，但是落到荆轲心中，却是洪波涌起，震天动地。

其实，荆轲已经知道太子丹让他干的是一个“不可能完成的任务”。如今真正听到计划，他知道，这个任务无论成败与否，他生还的希望都非常渺茫。

荆轲好长时间没有说话，他还在消化这个信息，他还在消解自己的紧张情绪。终于，平复了情绪的荆轲，给了太子丹一个答复：不行。荆轲说自己才能低劣，不能胜任这样的国家大事，请太子丹另请高明。

听到荆轲的拒绝，太子丹一是叩头，二是再三请求，姿态很低，态度很诚恳。

荆轲禁不住太子丹的请求，最后还是答应了下来。

太子丹为了笼络住荆轲，给予了荆轲最高的待遇：尊荆轲为上卿，让他住在最豪华的宾馆里，为他提供佳肴、豪华轿车。只要荆轲想要，太子丹无不答应。

为了这个复仇计划，太子丹真的是豁出去了！

行动准备

荆轲享尽了人间富贵，还是没有动身的意思。

后来，秦国攻破赵国，向北挺进，直到燕国南部边界，太子丹再也坐不住了，亲自催促荆轲动身。

其实，荆轲这段时间并没有闲着，他在思考，不断在思考，思索接近秦王的方式。秦王何等人也，没有足够的信任，怎么可能接近他呢？不能接近他，什么劫持、刺杀，都是奢谈！

那么，燕国有什么足以打动秦王的东西呢？

荆轲想到了两样。

一是樊於期的人头。

二是督亢（dū gāng，燕国肥沃之地，今河北保定东南）地图。

樊於期是秦王嬴政最恨的叛将，这颗人头能使荆轲获得秦王的信任，领取一张进入秦廷面见秦王嬴政的门票。督亢是战国时期燕国最富庶的地区，它的价值是能激发起秦王嬴政的贪欲。荆轲自信，有了这两样东西，秦王嬴政一定会接见他。这是一切行动的基础。

可是，刚才还心急火燎的太子丹，听到这话，却犹豫不决起来。他不忍心为了自己的私利，伤害樊将军，希望荆轲能考虑别的方法。

荆轲接受了任务，一切的行动都是为了胜利完成任务，其他的都与他无关。太子不忍心，坏人只能他来做了！于是，荆轲当机立断，雷厉风行，私下里去见了樊於期。

见樊於期的目的，很明确，就是得到他的项上人头。当然，荆轲没有那么直接粗暴，他要让樊於期自己主动献出人头。

世上还有这样的傻人？荆轲不是做梦吧？

荆轲有把握，他明白樊於期的心理。

樊於期逃到燕国，他的父母妻子全部被秦王杀了。秦王又以赏金千斤、封邑万户悬赏他的人头，他的人生已经被秦王给毁了，没有希望了。当前，樊於期更想的是复仇，向秦王复仇。在这一点上，樊於期与荆轲的行动，是一致的。

荆轲见到樊於期，直接问他打算怎么复仇。

樊於期被说到痛处，顿时泪如雨下，每每想到家人，他就痛入骨髓，但是他就是想不出复仇之计，很失败！

荆轲说自己有个办法，可以报樊於期之仇，解燕国之危。只不过，这个办法，需要樊於期的帮助。

樊於期很急切，只要能复仇，让他干什么都行。

荆轲趁势说出了自己的计划：带着樊於期的人头去

面见秦王，秦王一定会接见他，届时，他左手抓住秦王的袖子，右手直刺秦王的胸膛。这样，樊於期的大仇也就报了。

樊於期很痛快，只要能复仇，头拿去便是。樊於期当即刎颈自杀。

这样，荆轲获得了进入秦廷的一张通行证。

至于督亢地图，对于太子丹来说，那都不是事儿了，很容易就可以给荆轲。

为了保证行动顺利，太子丹也做了两个准备：

一是武器。劫持、刺杀秦王，长枪大炮肯定是不行的，匕首短而锋利，当为上选。当时最锋利的匕首，是赵国徐夫人的匕首，太子丹花费百金买下它。此后，派人把匕首烧红，放在毒药中浸泡。经过试验，这把被毒药浸泡的匕首，只要划破人的皮肤，其毒性就会见血封喉，置人死地。

二是副手。劫持、刺杀秦王，是机密之事，不能有太多人知道，但是一个人又有独木难支的感觉，有个副手帮助，是比较好的选择。太子丹为荆轲选定的副手，名叫秦舞阳。

秦舞阳是燕国名将秦开的孙子，是燕国有名的勇士，从小就胆量过人。

太子丹一切准备就绪，就等荆轲出发了。但是，荆轲迟迟没有行动。

荆轲之所以没有行动，是因为在等一个朋友，这位朋友住得远，还没有赶到。荆轲已经为朋友准备好了行装，朋友一到，他们就可以出发了。

荆轲的等待，被太子丹误读了。太子丹怀疑荆轲，认为荆轲临阵怯懦，不敢去了。有了这样的认知，太子丹的焦虑症又犯了。他急赤白脸地找到荆轲，问荆轲什么时候动身，如果荆轲没有动身的打算，他就让秦舞阳先去了。

面对这样的误解，荆轲也恼了，如此怀疑他，干吗要用他呀！做事情，目的是做成事情。只管做，不管做成做不成，那是没出息的人才做的事情。这个没出息的人，很显然，就是太子丹。

一气之下，荆轲当即决定不等朋友了，马上出发。他要让太子丹知道，他不是懦夫！

工作还没有进行，主管领导与执行人就发生了信任危机。面对危机，双方没有良好沟通，没有冷静应对，而是意气用事，急躁冒进。这样做事，只会引发更大的危机。

易水送别

荆轲出发那一天，冷风拂面，分外寒冷。

太子丹与几位宾客都穿上了白衣，戴上了白帽，在易水边上为荆轲送行。

大家的脸上，满是哀伤，尽是悲痛。

这一去，基本上再无归路。

这一点，大家都心知肚明。

送行的人里，有荆轲的好友高渐离。荆轲即将做一件惊世壮举，作为好友，高渐离为荆轲骄傲，但是，他也知道，此一别，可能就是永别，昔日集市上的纵情歌舞，只能在回忆中回味。为了不留遗憾，为了给荆轲壮行，高渐离拿出熟悉的筑，与他熟悉的好兄弟荆轲，一起重温往日美好。

高渐离击着筑，熟悉的声调飘扬在清冷的易水河畔，荆轲和着节拍，唱起了熟悉的歌声。那歌声苍凉凄婉，那人儿悲壮激越。

送行的人，不禁涕泪涟涟。他们一边向前走，一边随着荆轲唱了起来：

风萧萧兮易水寒，壮士一去兮不复还！

唱着唱着，那悲伤的调子变得慷慨激昂，荆轲越唱越激动，送行的人越送越受感染，他们无一不是怒目圆睁，头发直竖，把帽子都顶了起来。

这就是榜样的力量。

荆轲明知只身赴险，只有一个结局，一个注定无法脱险的结局，他也要勇往直前，这就是荆轲的男儿志，这就是荆轲的血性。

多少年后，人们再想起荆轲，“易水送别”都是一个经典画面。

人们对荆轲的敬佩，随着那清冷的易水，一直流着，流到无数壮士的心田里。

唱罢，荆轲坐上车子，决绝地走了，没有回头。

他怕他回头，眼中的热泪会不受控制地流淌下来。

他没有退路，只能前行，回头已没有意义。

他期待着秦廷的“惊心动魄”。

他已经准备好了。

最后一击

荆轲与秦舞阳到了秦国，用重金买通了秦王嬴政宠信的侍从——中庶子蒙嘉，由蒙嘉向秦王嬴政报告了三件事：

第一，燕王被大王的威风吓得心惊胆战，“愿举国为内臣”。

第二，闻风丧胆的燕王，不敢亲自来秦，特派使者送来了一颗人头与一卷地图。

第三，使者出发时，燕王还在朝廷上举行了隆重的拜送仪式。

秦王最感兴趣的是人头和地图。

这颗人头可不是一般的人头，他是秦王最痛恨的叛将樊於期的人头。

这卷地图也不是普通的地图，它是秦王垂涎已久的燕国的督亢地图。

在冷兵器时代，地图对作战来说，意义极大。当时秦军已经灭了韩国、赵国，陈兵易水，兵临燕国。但是，因为燕国地处偏远，秦国对燕国的地理形势所知甚少。因此，督亢地图对秦王嬴政来说，干系甚大。这次是燕国特使来秦廷拱手奉送督亢地图，对燕国来说，即意味着向秦国献地投降。如果真是这样，燕国的投降，意味着秦王嬴政在统一的大路上，又向前迈出了至关重要且几乎不费吹灰之力的一步，秦王嬴政能不心花怒放吗？

因此，这天他穿上正装，用最隆重的礼节迎接两位燕国的特使。

看来，荆轲为秦王量身打造的“见面礼”，真的是投其所好，效果极佳！

一切准备就绪，仪式开始。

燕国正使荆轲手捧盛有樊於期头颅的匣子，副使秦舞阳拿着督亢地图，伴随着九位迎宾赞礼的导引，走进了威严富丽的秦宫。

到了秦廷台阶之下，燕国副使秦舞阳突然面如土色，浑身哆嗦。

秦舞阳的异常，引起了秦国大臣们的好奇与疑问：这位燕使是犯病了，还是有什么意外？

其实，秦舞阳就是害怕了！

秦舞阳在燕国耀武扬威，但那都是窝里横，并没有见过什么大世面。如今秦廷上上下下的武士成林，戒备森严，他内心的勇气顷刻间土崩瓦解，突然间感到极度恐惧。

这就是名副其实的“猪队友”，成事远远不足，败事绰绰有余，一旦秦国人生疑审问，秦舞阳必定悉数招供了！

荆轲在关键时刻，表现淡定，用一笑一话化解了危机。

荆轲笑着对秦王嬴政说：“北方偏远地方的粗人，从没亲身感受过大王的威风，没有经历过这样威严壮观的场面，所以怯场了。希望大王宽容他，让他能在大王面前完成出使的任务。”

秦王嬴政看了看镇定自若的荆轲，又看了看浑身哆嗦不止的秦舞阳，若有所思。

秦王嬴政很急切地想看督亢地图，就让荆轲独自上前，呈上地图。

荆轲从秦舞阳手中接过督亢地图，步履沉稳地走上了秦廷，在与秦王零距离接触时缓缓展开了督亢地图。这幅督亢地图是一副卷轴，需要一点一点地展开。

秦王嬴政不知道的是，在这幅地图中，藏着玄机，他只是兴致勃勃地看着地图。

旁边的荆轲屏住气息，等候“图穷匕见”那一刻的到来。

这一刻，将是他迅速出击的时刻。

这一刻，将是他改变历史的时刻。

督亢地图完全展开了，藏在地图里的匕首突然露了出来。

秦王嬴政的注意力都在地图上，陡然看见匕首，霎时一愣，大吃一惊。还没等秦王反应过来，荆轲的左手已经紧紧地抓住了他右边的袖子，右手也一下子握住了剧毒的匕首，直刺他的胸膛。

巨大慌乱中的秦王嬴政本能地拼命挣脱，由于用力过猛，被荆轲左手紧紧攥住的秦王衣袖竟然从肩部撕开了，袖子撕开之时，也就是秦王挣脱之际。

挣脱了荆轲的秦王立即拔腿就跑。荆轲一看秦王袖子断了，人跑了，穷追不舍。

一场刺客与秦王之间的百米竞赛竟然在偌大的秦廷之上开演了。场面之激烈堪比现代奥运会的百米冲刺。

惶恐中的秦王一边绕着大殿的柱子转圈，躲避荆轲；一边想拔出腰间的长剑，对付荆轲。但是，剑身太长，秦王从腰间抽剑的空间短于剑身，因此，慌乱中的秦王怎么也拔不出剑来。

秦朝宫廷的大臣从来没有遇见过这种紧急的场面，慌乱之中不知所措。按照秦法，大臣上殿不得携带任

何兵器，台阶下的武士没有命令也不能持兵器上殿，这才造成秦王前面拼命逃跑、荆轲后面死追不舍的紧张场面。

大臣们只能徒手阻拦荆轲，这对手持剧毒匕首的荆轲并没有任何威胁。在这千钧一发之际，身背药囊上朝的御医夏无且（jū），突然解下身上背的药囊，冲着荆轲砸了过去。

荆轲远远看见一件东西向他飞了过来，不知道它是什么，但是，为了自己的安全，不得不为避开这一击放缓了脚步，这给了秦王数秒钟的喘息之机。

愣在一旁的大臣这时看出了问题的症结：是秦王的佩剑拔不出来。于是，他们齐声大呼："王负剑！王负剑！"这种众人齐呼的场景，真像百米跑道两边的啦啦队一样，整齐有力。

所谓"王负剑"，就是让秦王把长剑推到背后去。这样，剑柄向下，剑锋向上，秦王就可以从下部向上向前抽剑，这就有足够的空间让秦王顺利地抽出长剑。

秦王嬴政听到提醒，马上醒悟过来，拔出了长剑。

长剑对匕首，荆轲就完全处于劣势了。

荆轲尚未接近秦王，秦王的长剑就砍伤了荆轲的左腿，荆轲一下子瘫倒在地。

受伤的荆轲孤注一掷，把匕首投向秦王，嬴政打了个激灵，迅速躲闪，匕首击中了柱子。

又怒又惊的秦王上前对着手无寸铁的荆轲连砍八

剑，荆轲知道大势已去，倚着柱子，放声大笑；他忍着剧痛，叉开双腿，以此羞辱秦王。由于古代中国衣服的形制，叉开双腿，即意味着“走光”，这对对方是一种极大的侮辱。

荆轲接着破口大骂秦王，骂秦王无德无义，暴虐残忍。秦王左右的人一拥而上，杀死了已经受了重伤的荆轲。

秦王嬴政看着荆轲在殿上的横尸，呆坐了很久很久没有出声，心中的惊恐伴随着他，后怕更是缠绕着他。这场虚惊使秦王嬴政第一次领教了什么是死亡，第一次懂得了什么叫作一只脚踏进了鬼门关。

谁来买单

荆轲刺秦，是一个惊险而勇敢的故事。

它像历史长河中一朵最惊悚（sǒng）、最漂亮的浪花，它在历史上出现，永远定格在了那里。

它又像一个百宝箱，有着无穷的发散点，引人解读，它在历史中流传，万人瞩目，千年流传。

一个悲壮的刺杀事件，重重准备，最后却功败垂成，令人唏嘘。

那么，谁该来为失败买单呢？

有人说是荆轲。荆轲是行动的执行者，他是最直接的责任人。

他的失误在哪里呢?

有人说他剑术不精。

这不是信口雌黄，而是有依据的。荆轲年轻时与盖聂论剑，盖聂嫌他说得不恰当；曾与他下棋的鲁句践，得知荆轲刺杀秦王之事，事后说他“剑术不精”。本身能力不够，担任刺杀工作，显然力不能当。

这些都是事实，但是最了解荆轲的，是他自己。他在刺杀计划中，为了弥补自己的短板，特意让自己的朋友当帮手。只不过，他的努力，被太子丹的焦虑担心破坏了，没有等到朋友，就提前动身了。

没有和朋友一起出发，荆轲的短板只能由副手秦舞阳来弥补了。

按照《史记》的记载，荆轲与秦舞阳是同时上殿，既然捧着督亢地图的是秦舞阳，因此，负责展开地图的也应当是秦舞阳，照此推断，担当刺杀任务的应当是秦舞阳。但是，秦舞阳一进秦廷，关键时刻突然掉链子，让秦王嬴政多了个心眼，只准荆轲奉图上殿，秦舞阳不能上殿。

虽然荆轲替秦舞阳做了解释，但是，秦舞阳在关键时刻的意外表现还是让整个计划大打折扣，功亏一篑。

第一，秦舞阳因为形迹可疑不能上殿，这使得刺杀秦王的千斤重担只能由荆轲一人承担了。两人一块儿行动，成功的概率肯定远远高于一人行动。

第二，从整个行动来看，秦舞阳负责持凶器劫持秦王，荆轲的任务只是忽悠秦王。现在秦舞阳根本上不了殿，忽悠秦王与劫持秦王的双重任务必须由荆轲一人来完成，这就叫“双肩挑”，两人分工协作尚无把握就一定能够成功，何况现在是由荆轲一人来完成呢？其难度之大可想而知。

每读至此，不禁在想：如果秦舞阳能够上来帮助荆轲，而且是拦腰抱住了秦王嬴政会怎么样呢？如果陪同荆轲前来的不是秦舞阳，而是荆轲最知己的那位朋友又会怎么样呢？

遗憾的是，历史没有如果，只有结果。

所以，一切根源，应当在太子丹身上。

太子丹的问题，主要有两点：

一是急躁冒进。

从想要向秦王嬴政复仇到确定行刺计划，从准备工作到催促荆轲上路，太子丹都是一副“急火攻心”的形象，他迫不及待地要给嬴政一个教训，他一刻也等不及了。

急躁冒进为一切工作的大忌。急则躁，躁则昏，昏则乱，乱则亡，这是规律，也是常识。孔子说的“欲速则不达”，就是这个道理。太子丹显然犯了大忌讳，他不听鞠武的话，他不信荆轲的心，逼着荆轲匆忙上路，以表其志。

二是心理干涉太强大。

太子丹为荆轲提供了两套方案：一是劫持，二是刺杀。这两套方案看似周全，但实际操作起来很难。秦廷之上，无论是劫持还是刺杀，都要在极短时间内完成，不容犹豫选择。这两套方案，太子丹更倾向于第一套方案，认为劫持是上策。这种认定，对荆轲的行动有直接影响，他也默认这次行动的目标是劫持秦王。

荆轲临死之前，笑着说，他本可以杀掉秦王，之所以失败，是因为他想劫持秦王，逼他签立和平契约。在秦舞阳无力帮忙之时，高压之下，荆轲执行的仍然是牢牢印在脑海中、预演过的方案，最终独木难支，颓然离世。

太子丹对这件事太看重了，事无巨细，他都要干涉，就差亲自上秦廷刺杀了。没有界限感的领导，累死了自己，也压坏了员工，更成不了大事。

余音不断

秦王嬴政兼并六国的血腥，遭遇了六国的顽强抵抗，他成了六国的公敌。

既然是天下公敌，想杀他的岂止是一个荆轲！荆轲只是当时众多想行刺秦王嬴政且最终几乎得计的一人，荆轲不自觉地代表了六国的反秦力量。

秦始皇一生遇刺三次，荆轲刺秦只是其中最著名的一次。

就在荆轲刺杀秦王后不到十年，荆轲的好友高渐离也来了一次“刺秦”。这可以视为荆轲刺秦王的续曲。

荆轲刺秦一事彻底激怒了秦王嬴政，他一方面派兵攻打燕国，彻底灭了燕国；另一方面又通缉太子丹和荆轲的门客好友，要严加惩戒。荆轲的密友高渐离，是通缉名单中的一个，但是他提前逃亡了。

高渐离改名换姓，逃到一个地方，给人家当酒保，隐藏起来，躲过了追击。时间长了，高渐离也就习惯了，唯有一点，喜欢击筑的他，经常手痒、心痒。

有一次，主人家的堂上有客人击筑，高渐离走来走去，舍不得离开，并对客人的击筑水平多次进行点评。高渐离精准的点评传到了主人的耳朵里，主人让高渐离击筑。高渐离太忘情了，以致忽略了危险，高超绝伦的击筑技艺让所有“评委”与观众为之倾倒。于是，高渐离开始再次走进公众视野，重操旧业，声名大噪。

此时的嬴政已经统一了中国，自称始皇帝。秦始皇非常喜欢流行音乐，他喜欢击瓮叩缶、弹筝搏髀（bì）的本土音乐，更喜欢郑、卫之地的异国之音。秦始皇听说有一个技艺高超的“艺人”，就下诏召见高渐离。但是，高渐离不久就被秦始皇身边的人认出。秦始皇酷爱高渐离的技艺，舍不得杀他，就熏瞎了他的双眼，让他继续为自己演奏。

高渐离的技艺，让秦始皇大加称赞，他也一步步取得了秦始皇的信任。

高渐离的眼睛虽然瞎了，但是他的心没有死，他记得惨死的荆轲，他记得秦人铁蹄下的涂炭生灵，他更知道自己眼瞎的罪魁。

多重情绪郁积在一起，他做了一个决定：刺杀秦始皇！

高渐离利用秦始皇对自己的信任，把铅藏在筑中，企图砸死秦始皇。

他的行动，有个致命缺陷，就是双目失明。双目失明下的行刺，命中率自然大打折扣，高渐离不仅没有杀死秦始皇，反而被秦始皇杀了。

这些都在高渐离的预料之中。或许只有这样，他才能再次回到那与荆轲一起载歌载舞的时光中吧。

秦始皇杀了高渐离，从此再不敢接近六国之人。但是，秦始皇不接近六国之人仍然免不了被刺杀。后来成为刘邦手下重要谋士的张良在韩国被灭、秦始皇统一天下之后，变卖家产，收买刺客，行刺秦始皇，只不过也未能成功。

问天下谁是英雄

荆轲刺秦王是第一次，也是最著名的一次刺秦行动。

从古至今，对荆轲的解读有着完全不同的观点。

第一种观点：侠义英雄。

从战国末年直至司马迁《史记》的《刺客列传》，荆轲始终被视为一个侠义英雄，千古义士。

荆轲死后，那个曾经呵斥他的鲁句践，深表后悔，敬佩荆轲的侠义精神。

第二种观点：愚蠢之人，匹夫一个。

最先提出这一观点者是西汉的扬雄，发挥其观点者大有其人，司马光就是其中一个。

扬雄认为荆轲不能算是一个义士，以君子的眼光来看，不过是个强盗罢了。

司马光认为，荆轲为了报答太子丹一个人的豢养之恩，不顾家族无数条性命，妄想用一把小刀让秦国衰落、燕国强盛，明摆着就是一个傻瓜。

朱熹也认为荆轲只不过是一介匹夫，其勇、其事何足挂齿，不值一谈。

第三种观点：雇佣军。

这是今人提出的。荆轲刺秦王并不是为了天下苍生，他只是个雇佣军，因为他欠太子丹的太多，太子丹通过各种手段拉拢、收买荆轲，最后荆轲以命相还，充当了职业雇佣军。

第四种观点：反动派。

这种观点认为，中国的统一是历史的必然，秦始皇是第一位统一中国的皇帝，因此，秦始皇的作为顺应了历史发展的潮流，是名副其实的时势英雄。

荆轲刺秦王则是逆历史潮流而动，所以，荆轲刺秦王是不自量力的螳臂当车。他之所以享有盛名是因为他刺杀的是秦始皇，是秦始皇成就了荆轲的盛名，这是荆轲的幸运。荆轲是最幸运的刺客，但并不是最伟大的刺客。

刺客以为杀掉某个人就可以改变历史走向，或改变两个集团军力的对比，这是不可能的。刺杀最多能做到的是延缓、跌宕或者加速，而绝不可能改变历史走向。

一个荆轲，多重形象。一个荆轲刺秦王，多种评价。

其实，中国历史上对荆轲的赞扬是出于对对抗暴力的侠义精神的赞扬。侠为名节，为尊严，为知己者死。侠客一诺千金，不负于人。自古艰难唯一死，而荆轲却从容赴死，悲壮苍凉，感动千载。

历史评价需客观，也应该有温情。不能因为秦王统一中国顺应了历史潮流，就简单地否定六国的反击抵抗，就简单地否定荆轲的行为。我们应当有一个“大英雄”的观念：

秦王嬴政统一天下，是时势英雄。

荆轲刺秦王，是侠义英雄。

（本篇主要依据《史记·刺客列传》）

原典

秦王谓轲曰："取舞阳所持地图。"轲既取图奏[①]之，秦王发[②]图，图穷而匕首见[③]。因左手把秦王之袖，而右手持匕首揕[④]之。未至身，秦王惊，自引而起，袖绝。拔剑，剑长，操其室[⑤]。时惶[⑥]急，剑坚，故不可立拔。荆轲逐秦王，秦王环柱而走。群臣皆愕[⑦]，卒[⑧]起不意，尽失其度。而秦法，群臣侍殿上者不得持尺寸之兵[⑨]；诸郎中[⑩]执兵皆陈殿下，非有诏召不得上。

《史记·刺客列传第二十六》节选

注释

①**奏：**臣子对帝王陈述意见或说明事情。

②**发：**打开。

③**见：**音 xiàn，显现。后写作"现"。

④**揕：**音 zhèn，用刀剑刺。

⑤**操其室：**握住剑鞘。室：剑鞘。

⑥**惶：**恐惧。

⑦**愕：**惊讶。

⑧**卒：**音 cù，同"猝"，突然。

⑨**尺寸之兵：**指各种兵器。

⑩**郎中：**宫廷的侍卫。

译文

秦王对荆轲说:“把他手里的地图拿过来。”荆轲就拿过地图送到秦王面前，秦王展开地图，展到最后，藏在里边的匕首露了出来。这时荆轲顺势左手抓住秦王的袖子，右手抄起匕首向秦王刺去。还没有刺到秦王身上，秦王已经警觉，挣扎着站起，袖子被扯断。秦王伸手拔剑，但佩剑太长拔不出来，只好抓着剑鞘格挡。当时情况紧急，剑在鞘中插得又紧，所以秦王一时之间拔不出剑来。荆轲在大殿上追赶秦王，秦王绕柱躲避。殿上的群臣都惊慌不止，因为事出突然，所以都失去了常态。当时秦国法律规定，凡是在殿上站着的臣子不允许携带任何兵器；所有手持兵器的卫士只能列队站在殿下，没有秦王命令谁也不能上来。

图书在版编目（CIP）数据

读史记，成大器 . 秦国崛起 / 王立群著 . — 北京 : 东方出版社 , 2022.9
ISBN 978-7-5207-2774-7

Ⅰ . ①读… Ⅱ . ①王… Ⅲ . ①《史记》—少儿读物
Ⅳ . ① K204.2-49

中国版本图书馆 CIP 数据核字（2022）第 152119 号

读史记，成大器：秦国崛起
DU SHIJI, CHENG DAQI: QINGUO JUEQI

作　　者：王立群
策　　划：王莉莉
责任编辑：王莉莉　赵　琳
产品经理：赵　琳
出　　版：东方出版社
发　　行：人民东方出版传媒有限公司
地　　址：北京市东城区朝阳门内大街 166 号
邮　　编：100010
印　　刷：鸿博昊天科技有限公司
版　　次：2022 年 9 月第 1 版
印　　次：2024 年 5 月第 4 次印刷
印　　数：70001—100000 册
开　　本：880 毫米 ×1230 毫米　1/32
印　　张：9.25
字　　数：170 千字
书　　号：ISBN 978-7-5207-2774-7
定　　价：280.00 元（全六册）
发行电话：（010）85924663　85924644　85924641

读史记，成大器

第四册

楚汉战争

王立群 著

人民东方出版传媒
People's Oriental Publishing & Media
東方出版社
The Oriental Press

目录

上蔡苍鹰

指鹿为马

陈胜起义

张耳陈馀的友谊

破釜沉舟

奇人刘邦

约法三章

鸿门宴

楚河汉界

乌江自刎

上蔡苍鹰

的丞相、皇帝的亲家，是个什么样的存在呢

人之下，万人之上”的顶级人物。

权在握、煊赫一时的殿前红人，最终的结局是怎样

顺利退休，寿终正寝？

大秦帝国的丞相李斯，却走出了不一样的

他被施以五刑，遭受腰斩，被夷三族。

那么，李斯走向辉煌的通行证是什么？

那么，李斯跌入深渊的墓志铭又该如何书写呢？

两只老鼠

李斯是楚国上蔡（今河南上蔡）人。年轻的时候，李斯曾在郡里当小吏，每日的工作，按部就班，倒还平稳。

后来，一件事改变了李斯的人生轨迹。

有一次，李斯在厕所里，看到厕所里的老鼠，吃的都是脏东西，见到人或者狗，就吓得“抱头鼠窜”，唰地一下逃命去了。

又一次，李斯到粮仓去，看到粮仓里的老鼠，吃的是囤积成堆的粟米，住在大房子中，见到人或者狗，依然安之若素，继续低头品味美食。

这两种情景，牢牢地印在李斯的脑海中，不断地跳出来相互碰撞，他不禁要问：同样是老鼠，生活境遇为什么会有天壤之别呢？

平台决定的！

同样是老鼠，换个环境，生活状态就大不相同了，一个饱受忧患，一个安于享乐。

李斯感慨，老鼠如此，做人何尝不是这样呢？一个人有没有出息，才能固然重要，但更关键的是身处一个什么样的平台。平台决定了人的生存状态。

好的平台，成就好的人生。

平台不同，人与人的差距就拉开了，而且越拉越大。

这就是李斯的“老鼠哲学”。

这一哲学，对他的一生影响深远，成与败，皆与此息息相关。

寻找好平台

谁都想有一个好平台，但是自己能在什么平台上，还真不是随随便便就能选择的。必须有足够的能力，才能站上理想的平台。

为了站上理想的平台，李斯离开了当时的平台，他要去“镀金”。

李斯选择跟着当时的大儒荀子学习，学习的是帝王之道。与李斯一同学习的，还有韩国的公子韩非。二人学习都很努力，颇得荀卿真传。

学成之后，需要找工作了，李斯的“老鼠哲学”又起了作用，他要选择一个最好的平台。

当时最好的平台是哪里呢？

李斯是楚国人，最熟悉楚国，在他心中，楚国根本不值得侍奉，可以直接剔除。其他东方五国国势也已衰微，没有建功立业的希望，不在考虑范围之内。最好的选择，就是秦国。

李斯对战国后期天下大势有着敏锐判断。

强秦想吞并六国，一统天下，李斯笃定秦国定能实现这一理想，届时秦国这个平台也会水涨船高。李斯决定抓住机会，施展抱负，改变命运。

李斯对自己有清醒的认识。

他本就是一个卑贱、穷困的人，遇到机会，绝对不能懈怠放松。地位卑贱，还不想改变，不想求取功名富贵，就如同禽兽一般，只会等看到现成的肉才想去吃。其实这是白白长着人的面孔，勉强直立行走。

李斯对人生的认识很现实。

他认为，世间最大的耻辱莫过于卑贱，最大的悲哀莫过于贫穷。长期处于卑贱、贫困之中，有的人会非难社会，有的人会标榜自己与世无争，这些做派，李斯瞧不上。非难与自我标榜，都不是努力生活的样子。

李斯与老师荀卿道别后，就去秦国游说秦王了。

这一去，他信心满满。

这一去，生活也没有辜负他这个“上进”的人。

一炮闻名

李斯到了秦国，不巧秦庄襄王去世了。

庄襄王去世，秦王嬴政即位，但国家大政依赖于相国吕不韦，而且当时吕不韦正在以高规格招纳天下贤士。

李斯考量以后，选择做了吕不韦的门客，这在当时也是一个最佳平台。吕不韦很赏识李斯，任命他为郎官。

很快，李斯就有了见到秦王嬴政的机会，他游说秦王，要抓住时机，痛下狠心，收买六国著名人物，离间六国君臣关系，如此一来，秦国统一就如同扫除灶台上的灰尘一样容易。一番游说，李斯得到了嬴政的认可，做了秦王的客卿。

看起来，李斯这次的工作找得不错，既找到了好的平台，又在平台中有了自己的一席之地。

正在李斯斗志昂扬，准备大干一场的时候，一件事差点毁了他来之不易的工作。

这件事，与历史上著名的郑国渠有关。郑国渠的得名，源自主持修建的人，他的名字叫郑国。

郑国本是韩国人，是韩国有名的水利工程师，是韩国派往秦国的“武器”，目的是“疲秦”：兴修水利需要大量的人力、物力、财力，秦国对外作战就要受到牵制，韩国就有了喘息机会。

郑国向嬴政描绘了这条水渠的美景：这条三百多里长的水渠，由西向东，横跨渭北高原，一旦修好，可以灌溉关中四百多万亩土地。特别是这条水渠含有大量泥沙，用泥沙淤灌盐碱地，可以彻底变盐碱地为良田。

秦王嬴政动了心，让郑国放开手脚去干。

正当郑国渠修建得如火如荼时，韩国的计谋被发现了，郑国的间谍身份暴露。秦王嬴政听说郑国是韩国间谍，勃然大怒，要杀郑国。

郑国非常坦然地承认了自己的间谍身份，但他同时又提出，这条水渠会带来巨大效益，他为韩国只是延长了几年的寿命，却为秦国建立了万世之功。

这件事说大不算太大，说小也着实不小。秦国的王族大臣们将这件事认定为“危害国家安全”的大事，要对郑国进行惩处。这还不算，他们还将此事视作导火索，引发了“集体驱逐”事件。

被驱逐的对象，是来自六国的全部客卿。

秦国自秦穆公、秦孝公以来，只要是人才，不论国籍，唯才是用，特别是商鞅变法，更是论功行赏。这种政策富了秦国，却严重伤害了秦国旧贵族的特权：贵族如果没有军功，就不能享受种种特权，六国之士因军功可以进入秦国高层。这使秦国既得利益集团的旧贵族积怨甚深。

秦国王族大臣利用“郑国间谍案”借题发挥，希望赶走在秦国官居高位的客卿，让秦国旧贵族恢复昔日的权势。于是，他们抓住“郑国间谍案”，大造舆论：不是秦国人，肯定与秦国不是一条心，肯定是替各国诸侯来离间秦国的。这真有点“非我族类，其心必异”的意味！

李斯也不是秦国人，自然也在被驱逐的行列中。刚刚到手的好工作，就这么丢了？李斯不甘心，关键时刻，唯一的方法就是自救。

李斯自救的方法，是上书秦王。

这一封上书，就是历史上著名的《谏逐客书》。

李斯开宗明义，指出驱逐客卿是不对的。支持这一观点的，有三个例证：

第一，客卿对秦有大功。

秦国恰恰是因为重用客卿才走向兴旺发达的，穆公、孝公、惠王、昭王都是如此，这是用历史说话。

第二，逐客是重物轻人。

秦王嬴政并不排斥六国的物产，六国的色、乐、珠、玉，秦王一概吸纳，多多益善，快意满足。这是用现实说话。

第三，逐客是帮助六国。

驱逐客卿，相当于借武器给敌寇，送粮食给盗贼，这是损己利人，增强敌国的力量。若想“跨海内，制诸侯”，一定少不了六国客卿的身影。这是用利害说话。

历史证明，六国客卿不但对秦国无害，还是秦国的重要帮手。

不问可否，不论曲直，一概以出生地驱逐客卿，不符合事理，不符合秦国的利益。

利害关涉，要明白一统六国之道。

这一上书，没有一字为自己发声，全是为秦国考虑，站在秦国一统天下的战略高度上，陈说利害，火力十足。

秦王嬴政读完，很快就收回了逐客令，而且重用了在被驱逐之列的李斯，任命他担任廷尉。廷尉是主管司法的最高官员，与客卿不同，是实职，是重臣。

李斯冒险写出了千古名作《谏逐客书》，解决了上升通道中最大的障碍，同时，也因为这封《谏逐客书》，李斯真正走上了秦国的政坛。

遇到危机，李斯没有怨天尤人，没有自怨自艾（yì），而是全力化解危机，在危机中寻找生机，在生机中寻找升级。

这就是李斯的定力。

他的定力来自他的能力，找到问题的关键，对症下药，药到病除。

毒杀韩非

李斯留在秦国，又给秦王出了一个主意：攻打韩国，恐吓他国。

这是挑软柿子捏。在东方六国中，韩国势力最弱，又离得近，最容易攻打。

秦王嬴政同意了。

韩王着急了，与韩非谋划“弱秦”之计。韩非，是李斯的同学，李斯自认为才能不如韩非。

韩非有个生理缺陷——口吃，但他也有一个弥补缺陷的方法——著书。他的文章写得很漂亮，酣畅淋漓，辛辣老到。

韩非一心想强大韩国，多次上书韩王，韩王都没有采纳他的建议，悲愤之下，他写就了《孤愤》《说难》等文，情感充沛，气吞山岳。这些文章传到秦国，秦王嬴政读过之后，非常喜欢，以为此人是古时人，恨不能与其相逢，感叹道:“我要是能见到这个人，能与他交往，就算死了也值了！”这就是韩非文章的魅力。

李斯知道这些文章是韩非写的，就对嬴政说了。嬴政知道后，极为兴奋，更加起劲地去打韩国，为的就是韩非。发动战争，只为一个人，这就是韩非文章的魅力。

刚开始不重视韩非的韩王，见情势吃紧，又得知嬴政的心意，就派遣韩非出使秦国，寻求出路。嬴政这个“铁杆粉丝”见到朝思暮想的“偶像”韩非，得偿夙愿，心中欢喜，也很喜欢韩非。

这种喜欢，却引起了李斯的担心。李斯自知才能不如韩非，一旦嬴政重用韩非，自己的光芒一定会被盖住，那时他在这个平台中的地位就堪忧了。

这对李斯来说，又是一个关键时刻。这一时刻，李斯要自保。

自保的方法，是诋毁韩非。

这一次，他还找了一个同伙。这个同伙，名叫姚贾。姚贾对韩非心存不满。

姚贾的出身不高，他的父亲是魏国看管城门的吏卒。姚贾的名声不好，他曾在魏国犯过盗窃罪，他受命于赵国后，因秦国用计，被赵国驱逐出境。姚贾在四个诸侯国（指楚、燕、赵、越四国）攻击秦国时，出使四国，绝其谋，止其兵，秦王嬴政大加奖赏，升他为上卿。

韩非得知此事，到秦王嬴政面前参了姚贾一本：

第一，姚贾是“世监门子，梁之大盗，赵之逐臣”，这是揭了姚贾的老底。

第二，重用这样的人，只能是树立坏典型，不是劝勉群臣的正确方法。

第三，姚贾此行，实际是拿着秦国的财富，私交诸侯。

嬴政质问姚贾，姚贾自辩成功，但是，他与韩非的梁子算是结下了。

李斯向姚贾一示意，姚贾就同意了李斯的计划。于是，他们两个人一起到秦王嬴政那里诋毁韩非，他们说韩非作为韩国的公族，与其他的客卿不一样，他势必要维护韩国的利益，这是人之常情。秦国要吞并六国，势必会与韩非的利益相左，因此，韩非绝对不能重用。不能重用的人，再返回韩国，一定是威胁，他会带回很多情报。如今之计，不如给他安个罪名，杀了他，以绝后患。

这些话，也不完全是诋毁，韩非确实有这样的想法。李斯除却嫉妒之外，他与韩非的政见不合，也是他要除掉韩非的一个原因。李斯主张秦国消灭六国的统一战争应当从韩国入手，先灭韩。韩非作为韩国的公子，不主张先灭韩。这种尖锐的政见冲突，让李斯感到必须除掉韩非，秦国统一六国的计划才能顺利得到实施。

李斯、姚贾都是秦国的重臣，又都擅长游说，两个人一起劝谏，秦王很难不被说动。

偶像的魅力与国家的利益相比，根本不算什么了。嬴政同意抓捕韩非。

就在司法部门为韩非定罪的时候，李斯又多了一个心眼，他怕秦王反悔，他怕夜长梦多，事情出现翻转。他当机立断，派人给韩非送去毒药，令韩非自杀。

韩非本想当面向秦王辩解，但是又没有机会，根本见不到秦王。被逼无奈，韩非只能吃下毒药，悲愤地离开了人世。

后来，秦王果然后悔了，派人去赦免韩非，但韩非已经死了。

这时，李斯暗自庆幸，好险啊！

位极人臣

经过多年的努力，秦王嬴政终于完成了大业，六合诸侯，一统天下，称为“始皇帝”。李斯在秦始皇打天下的过程中，一路相随，越发得到秦始皇的重用，后来官至丞相。

秦始皇要坐稳天下，也着实不易，千头万绪，都需要处理。这时，李斯果断、勇敢地站了出来，帮秦始皇打理一切。

大凡秦朝重要的制度、决策，诸如确立郡县制、书同文、车同轨、度同制，制定律法，焚书坑士，李斯都参与其中，为秦朝的发展迅速找准了方向。

秦始皇与李斯，在秦朝建立的前前后后，他们理念一致，工作极度合拍。

很多时候，秦始皇都是力排众议，支持李斯。

很多时候，李斯都是秦始皇想法的执行者、维护者。

郡县制的确立，是这样。焚书坑士，也是这样。

秦始皇三十四年（前213），一场盛大的酒宴在咸阳宫中举行，七十名博士（官名，主要职责是掌管图书，通古今，以备顾问）集体举杯向秦始皇敬酒，这个宏大的场面让秦始皇颇为振奋。

首席博士周青臣代表博士们向秦始皇敬献祝词，他说：“过去的秦国土地不过千里，偏处西陲，仰仗着陛下的神灵圣明，平定海内，驱逐胡人。如今，日月所照之处，无不服从陛下。往昔的诸侯之地被今天的郡县代替，天下人人安乐，再也不受战争之苦。大秦帝国可以传之万世。自古及今无人能比得上陛下的盛名与威德。”

虽然知道周青臣是光拣好听的话来奉承，但是，周青臣的这番贺词，说的也是事实，秦始皇听了心里自然是美滋滋的。

突然，一声“周青臣，你面谀陛下，是何居心！”

的斥责从博士方阵传出，随即走出一人。群臣大惊失色。秦始皇正在兴头上，被当头浇了一瓢凉水，忍住怒火一看，此人原来是齐地博士淳于越。

淳于越继续说了两点：

一要效法古人，恢复封建制。

二是周青臣阿谀逢迎，不是忠臣。

淳于越朗声讲完这番话以后，整个朝堂立时变得静悄悄的。

其实，淳于越批判周青臣是表面，根本上是批判秦始皇与李斯制定的郡县制度。秦始皇不傻，他很生气，收起了笑容。但由于淳于越危言耸听，牵涉大秦帝国江山，于是，他强压怒火，对大臣们说，此事交付廷议。

人们常说“闻过则喜”，但是，这个世界上哪有“闻过则喜”的？但凡是个正常的人，统统没有“闻过则喜”。“闻过则怒”叫正常，“闻过不爽”已是修养极高之人了。

丞相李斯第一个站出来据理反驳，他针锋相对，绝对维护郡县制，绝对维护秦始皇的权威，进而提出了一个建议——焚书。

焚书的范围很广：

不是秦国史官写的史书全部销毁；不是博士官职务的需要，各地藏匿的《诗》《书》和诸子百家之书，全部交到郡守处集中销毁；医药、卜筮、农家之书不在禁毁之列。

拒绝焚书的惩罚很重：

有敢再藏匿、聚众谈《诗》《书》者一律处死，有胆敢以古非今者灭族；官员知情不报，同罪；诏令下达三十天仍不遵从者，受黥（qíng）刑，罚作城旦（秦汉时期刑罚，四年筑城苦役）。

李斯的目的很简单，就是愚民，就是禁止有人诽谤新政，就是为了统一思想，控制舆论。

秦始皇听后，心中暗喜，“知我者，李斯也”，当即下令执行。历史上臭名昭著的“焚书令”就这样产生了。

李斯鞍前马后出力很多，秦始皇自然也给予回报。

一是赏赐。这赏赐不仅给李斯，还遍及他的子嗣，李斯的长子李由担任了三川郡郡守。

二是联姻。李斯的儿子们娶的都是秦国的公主，女儿们嫁的都是秦国的皇族子弟。

这时的李斯，位极人臣，很风光，在最高的平台上享受着最高的待遇，在最高的职位上享受着他人的崇拜。

为了登上这个平台，李斯一步步走来，很不容易，他很珍惜，也很忐忑。

有一次，他的长子李由回到咸阳家中，李斯在家中设下酒宴，为儿子接风。这本是家事，但听到消息的文武百官都前去给李斯敬酒祝贺，门前的车马数以千计，络绎不绝。

李斯一见这场面，很惊讶，也很惶恐。他李斯本是上蔡的一介平民，如今位极人臣，富贵荣华可以说是到了极点。当初他跟着老师荀卿学习，荀卿就多次说过要警惕事情过头，盛极则衰，如今他都不知道自己的归宿在哪里了。

此后，李斯谨言慎行，避免出现祸端。

有一次，秦始皇在一座行宫的高处远远看到丞相李斯的车队，很盛大，很豪华，心里有些不满意，随口嘟囔了几句。

有一位宦官把秦始皇不满的话悄悄告诉了李斯，李斯得知之后，立即大幅度减少了随从。过了不久，秦始皇再从行宫的高处看到李斯的车队，已经是轻车简从了。

即便如此，李斯的担忧，还是出现了。

沙丘政变

历史最怕意外，但是，历史往往充满着意外。

秦始皇三十七年（前 210），酷爱求仙、巡游的秦始皇，在巡游途中意外离世，提前谢幕，走完了他的一生。

秦始皇历次巡游天下，李斯都护驾随行，这次也不例外。秦始皇的意外离世，让李斯一时慌了手脚，他犯难了。

第一个大难题是公不公布秦始皇的死讯。

秦始皇之死，形成了大秦帝国“瞬间的权力真空”，在新的接班人没有正式确立之前，公布秦始皇的死讯，容易引起国家动荡。

思索良久，李斯决定秘不发丧，没有立刻起驾回京，而是按既定的路线继续巡游。

一个决定好做，问题是秦始皇死的时候正好是炎热的夏季，尸体的腐烂不可避免地要散发出难闻的臭味，随行的大队人马不可能闻不到。而且秦始皇是一个勤政皇帝，在巡游途中他还要批阅公文，如果长时间地不办公也难免会引起怀疑。

那么李斯怎样才能做到秘不发丧呢？

一是要让秦始皇“正常生活”“正常工作”，一切一如既往。

二是要保证尸体在盛夏腐烂发臭之事不被怀疑。

前者好办。该值班的宦官每天照样在秦始皇的车上值班，该上膳的时候照样送到秦始皇的车上，该处理朝政时照样在车上通过值班的宦官批准百官的上奏。

后者难办。秦始皇乘坐的这种豪华车的窗子可开可合，关上窗凉快，打开窗子就热，秦始皇病死于七月，正是一年中最热的季节，再凉的车子里也不可能保持尸体不腐烂。

李斯采用了“臭味相合”的方法。他派人弄来了好多臭鲍鱼，放在其他的豪华车上。臭鲍鱼和臭尸体发出的两种臭味混在一起，弄得大臣们都以为是鲍鱼臭而不知是尸体臭了。

等到回到咸阳，李斯才向天下公布了秦始皇的死讯。

作为丞相，在国家政权真空的关键时期，他稳住了局面，尽到了自己的责任。

第二个大难题是谁来即位。

秦始皇一共有二十多个儿子，直至临死之前，秦始皇也没有明确立下太子。

没有明确立太子，这二十多个儿子，就都有当太子的可能。但是，秦始皇对皇长子公子扶苏最器重，最看好，从他内心中可能是要让扶苏当接班人的。他病重时，曾立下诏书，让公子扶苏回咸阳主持他的丧礼。当然，主持丧葬完毕自然是继承帝位。

这不是一般的诏书，是关系到大秦帝国生死存亡的诏书。每一次帝国最高权力交接的时候都是一个帝国最危险的时刻，最高权力暂时的瞬间真空会引发各种势力的蠢蠢欲动与激烈角逐，而这封诏书是秦始皇化解这一角逐的定海神针。

按说，秦始皇都已经做了这样的安排，李斯只需要遵从诏令就行了，也不会太难做。但是，诏书根本就没有发出，有人从中做手脚了。

这个人就是赵高。

赵高作为中车府令兼符玺令，负责代拟诏书、存放诏书。诏书还没有发出，秦始皇就死了，这封诏书只有李斯、公子胡亥、赵高三人知道。

赵高看着诏书，心潮起伏，终于一个大胆、恶毒的计划在他的脑海中逐步形成了。

他要篡改诏书！

篡改秦始皇的遗诏可不是改文章、改错别字，那是灭族的重罪！

赵高为何要冒这么大风险呢？

利益！

这封诏书不仅关涉大秦的未来，也关涉他赵高的未来，谁当皇帝，他才能取得最大利益呢？成熟而不好忽悠的扶苏显然不行，对他言听计从的胡亥倒还可以。

胡亥很容易被忽悠，同意了赵高篡改诏书的主意。

他们两个人达成一致，还不够，这等大事，绝对绕不开丞相李斯。因为李斯既是知情者，又是大权在握者，没有李斯的允准，这事断然行不通。

李斯的态度，成为政变的关键！李斯是秦始皇身边的老臣、重臣，执掌朝政数十年，对秦始皇忠心耿耿，显然，他不会轻易同意这等逆天之事。

赵高为此与李斯六次过招，往返搏杀，最终拿下了李斯。

前五个回合，李斯都是坚持底线，不同意赵高的阴谋，但是语气越来越不坚定。

第六个回合，是生死大较量，李斯没有顶住赵高的进攻，屈服了。

他仰天流泪，高声叹息说：“遭逢乱世，我已经不能

以死尽忠了，又能怎么办呢？也只能以保身为重了！”

那么，是什么让李斯低下了头呢？

利害！

趋利避害，是人的软肋。李斯要避的“害”是什么呢？

赵高明言，公子扶苏即位，李斯必将官位不保，荣华不再。

为什么呢？

一是因为李斯与公子扶苏，本就政见不同。秦始皇三十五年（前212），秦始皇一怒之下大坑术士，扶苏极力劝谏；而此时的李斯却沉默不语。坑术士是秦始皇统一中国后的一件大事。李斯在秦始皇坑术士之时一言不发，是支持，还是不敢表示反对？支持的可能性应该更大一些，因为他一直与秦始皇政见一致。扶苏就是因为在“坑术士”一事上劝谏秦始皇，而被派往北部长城军团去做监军，离开了政治中心。一旦公子扶苏即位，他对李斯，还会像秦始皇那样重用吗？

二是因为公子扶苏身边还有个蒙恬，蒙恬的才能、功劳、谋略、人气都不比李斯差，更关键的是，扶苏与蒙恬关系很铁。一旦扶苏即位，蒙恬将会取代李斯的位置。

李斯一生拼命努力，好不容易得到的机会，自然不想轻易失去，他把这一切看得比自己的生命还要重要。

至于“利”，那就是长保封侯，永世相传。

赵高坚持不懈，威逼利诱，软硬兼施，双管齐下，李斯进退维谷，最后对功名富贵的依恋战胜了他的底线，他变节了。

经过一番运作，胡亥登基为帝，史称秦二世。

联盟瓦解

李斯与秦二世、赵高，在关键时刻结成联盟，改变了历史。但是，他们这个联盟很松散，本就是为了利益临时搭的伙。阴谋得逞后，这个联盟其实就自动解散了。

此前李斯是关键人物，需要拉拢，如今他的富贵要仰仗秦二世，说话没有那么硬气了。

赵高野心日渐高涨，李斯就成为他的挡路石。因此，赵高又一个阴谋出现了：除掉李斯。

凡事讲究机缘，赵高一直在寻找机会。

终于，机会来了。秦二世元年（前209）七月，陈胜、吴广在大泽乡（今安徽宿州）率领九百戍卒起兵反秦。

赵高求见丞相李斯，两人一见面，赵高就满脸谄媚地对李斯说：“丞相大人，关东群盗蜂起，天下形势非常危急。但是，皇上还忙着征调大批人员修阿房宫，我想给皇上提个醒，可是我的地位一向很低，这种有关国家大政的事，只能由丞相您这样的重臣说才合适。您为什么不给皇上提个建议呢？”

李斯一听，正中下怀，忙说：“我早就想给皇上提个建议，但是，皇上深居宫中，不见大臣，我想提建议苦于没有机会。”

赵高说，假如丞相愿意进谏，我可以为丞相找机会。

李斯非常高兴地说，好。

这样，赵高就为李斯安排了三次进谏。只是，这三次进谏，选择的时机，都不是秦二世的闲暇时间，他当时正在与嫔妃玩乐。

秦二世满脸不高兴，只得放下怀中美人，去见一脸老态的李斯。秦二世有着一肚皮的不愉快，怎么可能听得进去李斯的什么建议？在秦二世看来，李斯这是吃饱了撑的，没事找事。

中国人常说，事不过三。李斯第三次求见，秦二世非常生气：他闲着的时候李斯不来，非得来扰他兴头，这是瞧不起他，还是以为他鄙陋呢？

秦二世一生气，赵高就兴奋了，赶紧送上了一通谗言：李斯野心大，想称王；李斯权力太大了；李斯包庇陈胜起义军。

赵高说，李斯是楚人，陈胜也是楚人，他们是县挨县的老乡。李斯的儿子李由担任三川郡郡守，陈胜的部队经过三川郡，李由听之任之，不阻击他们，听说他们之间还有书信往来。

赵高这三条，直取李斯命门，立即说动了秦二世。

秦二世马上就想逮捕李斯，但又怕没有确证，于是就从李斯的儿子入手，先查李由“通贼”一事。

李斯当然不可能坐以待毙。他想求见秦二世，说明真相，但是秦二世在甘泉宫休假，李斯见不着。

李斯破釜沉舟，实名举报赵高可能谋反！

但是，事与愿违，秦二世不听他的，反而误会李斯想杀掉赵高，是为了更好夺权。

就这样，李斯一封实名举报信让他蹲进了秦国大牢。

屈打成招

负责审理李斯案件的，恰恰是李斯实名举报的赵高。秦二世的心思，也很有意思，很有意味。

李斯入狱之后，冤屈、愤怒、焦虑，纷纷向他涌来，他不由得悲愤填膺，仰天长叹，老泪纵横。

赵高自然不会放过李斯了，他一定要将李斯置于死地。既然都撕破脸皮了，那他也没有必要藏着掖着了。李斯不是一般的臣子，他是朝廷重臣，以什么罪名杀李斯呢？

谋反！

这是逆天大罪！

赵高以此为罪名，抓捕了李斯的宗族、宾客。赵高对李斯用毒刑拷打，拷打李斯一千多下，李斯实在受不了毒刑之痛，只好被迫承认谋反。

李斯屈打成招，但仍然没有放弃希望。

这次和李斯一块儿向秦二世进谏的还有右丞相冯去疾与将军冯劫。但是，冯去疾和冯劫认为自己身为将相，义不受辱，未入狱就自杀了。只有李斯一人入狱。

李斯为什么不自杀呢?

李斯希望奇迹出现。

李斯凭什么希望奇迹出现呢?

一是自负才能出众，二是自以为功劳很大，三是确无反叛之心。他希望像当年上《谏逐客书》一样，说服秦二世，一书定乾坤。

李斯在狱中写了一封上书，正话反说，列举自己的“七宗罪”：

一是兼并六国统一天下；

二是南平百越北逐胡人；

三是善待功臣拥立皇帝；

四是建立社稷修建宗庙；

五是统一制度统一文字；

六是修筑驰道大兴楼观；

七是轻刑薄赋获取民心。

这哪里是罪过，这明明就是他的功劳。

李斯希望能以此感动秦二世，希望能力挽狂澜。

很可惜，这一上书被赵高扣下了，秦二世根本没有见到，自然没有起到任何作用。

赵高是李斯案件的主审官，但是，这样的大案，他也不能一手遮天，证据、证词很重要。擅长搞阴谋的赵高，自然不缺“损招”。在他的导演下，一场别具风格的“模仿秀”开始了。

演员是赵高的门客，有十多个人。他们要模仿的角色是秦二世的御史、谒者、侍中。他们的戏码是作为复审官，提审李斯。

李斯信以为真，立即翻供，实话实说。

赵高知道后就让人再用严刑拷打李斯，李斯这才知道上了赵高的当。

这种猫捉老鼠的游戏可不是玩儿了一次两次，而是玩儿了多次，每一次都让李斯付出了血的代价。当秦二世真派人去验证李斯口供时，李斯反倒以为又是赵高的鬼把戏，不敢再翻供，而是认罪服罪。

这便是“真作假时假亦真”啊！

有了供词，定罪就很容易了。

李斯的末日

秦二世二年（前208）七月的一天，秦国都城咸阳人头攒动，观者如堵。

这一天，是李斯的末日。这一天，是李斯的忏悔日。

李斯没有想到，这一天还是到来了，而且还来得这么快！

他当初与秦二世、赵高篡改遗诏，改变了大秦王朝的命运，但是短短两年时间，秦始皇一手缔造的辉煌已经显出颓败之势。短短两年时间，他这个大秦帝国的“功臣”竟然被打上了“谋反”的罪名。

李斯很后悔，当初没有顶住压力，立了胡亥为帝。胡亥为帝之后，大修皇陵、阿房宫、直道（通往北部秦、匈奴边境的军事通道）、驰道（以咸阳为中心的，通往全国的用于秦二世出巡的道路），滥用民力，惹出了大麻烦。

李斯更后悔，自己竟然屈从于秦二世，默认秦二世施行严刑峻法。

秦二世认为，一个人不为自己争取利益，他要这个天下干什么呢？像尧、禹那样活得还不如个奴隶，实在没劲！

他可不想那样，他要的是享受、享乐。

秦二世问了李斯一个问题：怎样才能“肆志广欲，长享天下而无害”？意思就是，他想放纵自己的欲望，不加节制，还能长久地享有天下，没有祸患。

这是异想天开！

陈胜、吴广起义，不就是个例证吗？

但是，心大的秦二世可不认为这是自己的过错，而是大臣们办事不力。

这些大臣，就包括李斯和他的儿子李由。李由担任三川郡郡守，却不能阻止起义军；李斯身居三公之位，竟然让盗贼猖狂到这种地步，着实失职！

秦二世的态度，让李斯很害怕，他怕秦二世降罪，失去爵位俸禄。于是，李斯曲意阿顺秦二世的心意，给秦二世上了《行督责书》，想求得宽容。

李斯当年曾上过著名的《谏逐客书》，千古流传，流芳百世。这篇《行督责书》同样青史留名，不过，它为李斯留下的却是千古骂名。

为什么是骂名呢？

因为《行督责书》要求严厉监督惩处臣民，确保皇帝至高无上的权威，而皇帝则可以随心所欲地享受生活。

秦二世非常开心，丞相都给他找到享乐的依据了，他就可以放飞自我了，可以不受约束了。

李斯屈从于秦二世的淫威，让秦二世在专制、独裁的路上走得更快更远，而秦二世的独裁，恰恰成为李斯被杀的一个原因。

怪只怪，李斯把富贵权势看得太重了，在关键的位置上，在关键时刻，做出了关键性的错误决定。

李斯从监狱中走出，与次子一同被押解。李斯回头对着次子说:“我想和你再牵着黄狗，一同出上蔡东门，去打猎追逐狡兔，可惜永远没有机会了！”

儿子一听，顿时号啕痛哭，李斯亦是老泪纵横。

悔不当初啊！

这便是成语“东门黄犬”的来历，后来成为做官遭祸、抽身悔迟之典。

李斯在咸阳集市被当众腰斩，同时被处死的还有李斯的父母、兄弟、姐妹、子女等几十口人，“夷三族”。

进退之间大智慧

人生在世不可能没有错误，但是，有的错误可以挽回，有的错误则终生无法挽回。李斯在沙丘政变中变节背主，直接导致了昏庸无道的胡亥继承帝位。大错一旦铸成，就终身无法挽回了。

李斯变节虽然出于无奈，但是，他的背主变节才让胡亥登上皇帝之位。孰料，李斯将这样一个人推上了皇帝之位，杀扶苏、诛兄妹、戮功臣，而当所有的政敌都被杀戮殆尽之时，李斯就成了胡亥与赵高的屠杀对象。

李斯身陷囹圄之时，仰天长叹，慨叹人世不公；但是，与其诅咒黑暗，不如点燃光明。诅咒黑暗，并不能清除黑暗；点燃光明，方能使黑暗消失。如果李斯在沙丘政变中坚持守节，宁死不从，至多也是个死；但是，赵高的阴谋却未必能够如此顺利得逞。

李斯不懂得，人生需要追求卓越，但是，更应当接受平淡。不追求卓越，则可能永远没有卓越；但是，不接受平淡，则很可能误入歧途。在人生的征途中，继续辉煌固然是一种成功，失去辉煌，亦未尝不是一种解脱。

即使扶苏即位重用蒙恬、蒙毅，李斯失去了相位，但是，大秦帝国仍能存在；李斯自己失去的权力、荣耀，却带来了整个帝国的平安，带来了整个帝国调整政策的一个契机。

唐代诗人胡曾在《上蔡》一诗中咏叹李斯的一生：

上蔡东门狡兔肥，李斯何事忘南归？
功成不解谋身退，直待咸阳血染衣。

胡曾从功成身退的角度解读李斯悲剧结局的一生时，认为李斯知“进”而不知“退”；其实，懂得进退是人生的大智慧。人生懂得“退”比懂得“进”更难；因为“进”是人性的本能追求，“退”则是人生的生存智慧。

（本篇主要依据《史记·李斯列传》《史记·老子韩非列传》《史记·河渠书》）

原典

丞相谬[1]其说，绌[2]其辞，乃上书曰："……臣请诸有文学《诗》《书》百家语者，蠲除[3]去之。令到满三十日弗[4]去，黥为城旦[5]。所不去者，医药卜筮[6]种树之书。若有欲学者，以吏为师。"始皇可其议，收去《诗》《书》百家之语以愚百姓，使天下无以古非今。明法度，定律令，皆以始皇起。

《史记·李斯列传第二十七》节选

注释

①**谬：** 认为……是错误的。

②**绌：** 音 chù，通"黜"，排斥，贬退。

③**蠲除：** 废除。蠲，音 juān，除去，减免。

④**弗：** 不。

⑤**黥为城旦：** 脸上刺字罚去筑城。黥，给犯人脸上刺字。城旦，秦汉刑罚，一种筑城四年的劳役。

⑥**卜筮：** 预测吉凶，用龟甲称卜，用蓍草称筮。

译文

李斯认为淳于越的观点是错误的，排斥他的说法，于是上书说：“……我还请求下令对《诗》《书》等诸子百家书籍，一律销毁。下令三十天后谁还不销毁，就处以黥刑，罚去修城。不销毁的，只有看病、算卦和有关种植的书。如果有人想学习知识，就让他们拜法官学习法律。”秦始皇采纳了他的建议，下令销毁了《诗》《书》等诸子百家的著作，让百姓的头脑越来越简单，让天下人从此不敢再颂古非今。严明法度，编制律令，都是自秦始皇时代开始的。

指鹿为马

秦始皇死后，大秦帝国就像中了诅咒魔法一样，发生了一系列杀戮事件：秦始皇钦定的继位人皇长子扶苏，重臣蒙恬、大将蒙毅，秦二世的二十多位兄弟姐妹，发动沙丘政变的三巨头之一的李斯，相继被杀。

接连不断地杀人，大秦帝国的政坛会稳定下来吗？

当然不会！

不但不会，接下来还要有人被杀。

那么，谁将是下一个被杀的人呢？

秦二世。

谁有这么大的胆子，连皇帝都杀呢？

“连环杀手”赵高。

犯人的儿子

赵高是赵国王室的远亲。

究竟是什么样的远亲，赵高因为什么事情，什么时候到了秦国，史书都没有明确记载，已经无法准确得知。有人说他的祖上是作为人质到了秦国，后来就留在了秦国，不过，这也仅仅是个猜测。

赵高的母亲是个犯人，受过刑。刑满获释之后，便留在“隐官”干活，地位低下。

“隐官”是个什么地方呢?

“隐官”是一个安置刑满释放人员的作坊。赵高兄弟数人，都出生在“隐官”。

人不能选择自己的出身，但是人的出身却会影响一个人的性格养成。生活在这么一个特别的地方，根本没有什么社会地位可言，在低贱卑微中成长起来的赵高，感受了太多的漠视、嘲讽，一股浓深的改变现状的欲望油然而生。

赵高知耻而勇，练就了一大优势，两手绝活儿。

一大优势是“强力”，身强力壮，做事勤勤恳恳。

两手绝活儿：一是通法令。秦国自商鞅变法以来，重视法律，“焚书令”中就有“以吏为师”之说。二是擅书法。赵高练就了一笔好字，尤精小篆。秦始皇用小篆统一全国文字之时，颁布了三种标准字书，其中一种就是赵高写的《爰（yuán）历》篇。

正是凭借着一大优势、两手绝活儿，又善于观言察色、逢迎献媚，赵高逐渐博得了秦始皇的赏识和信任，被任用为“中车府令”，负责管皇帝的车马，成为秦始皇身边的官员。

“中车府令”官阶不高，但是，管理秦始皇的“专列”，地位重要。

司马迁对赵高早期发迹的过程，写得很简单。不过，按照常理推断，必然充满了艰辛与荆棘。一个犯人的儿子，成为皇帝身边的人，一步一步走来，步步不易。

找靠山

赵高做了机要官员，但他做的官，并非大秦帝国的重臣，不属于高官。因原生家庭遭受的轻视、鄙弃，赵高的欲望比一般人要强烈很多。他不会满足，他希望继续“进步”。

赵高下一步的目标很明确，就是做高官。

但是，高官不是凭空就当上的，要么有大功，要么需要多年历练。赵高的职位，决定了他没有立军功、建大功的机会，他又不愿意经年累月地等待，再说，即便等，朝中有那么多官员，也不会轮到他身上。

他想走捷径！

找靠山，历来是攫取权力的法宝之一。这个靠山，必须权力够高，能力够大，有发展潜力。思来想去，他明确了方向——皇子。皇子的身份本身就是一种权力象征，跟对了，或许还能跟出个未来的皇帝来呢！

选皇子也是个费心活儿，因为秦始皇有二十多位皇子，该选谁呢？

这个被选中的皇子必须同时满足三个条件：一是受喜爱，二是好忽悠，三是傍得上，三者缺一不可。长子扶苏倒是符合第一条，扶苏深得秦始皇信任，信任比喜爱更高一个层次。但是，扶苏已经成人，不好忽悠，而且扶苏远在边地，赵高也傍不上！

后来，赵高把目光对准了公子胡亥。

胡亥在众多皇子中排行第十八，深得秦始皇喜爱。最重要的是胡亥没有扶苏成熟，赵高能够忽悠得了他，而且胡亥就在宫中，赵高有机会傍上他。

为此，赵高利用自己的职务之便，结交了公子胡亥，并取得了传授胡亥法律的机会。赵高的“功课”做得很扎实，他与公子胡亥的关系越来越密切。

这是赵高人生发展中的第二个关键时刻，靠着投机取巧，与权力的关系愈加密切。

俗话说“背靠大树好乘凉”，但如果胡亥这棵大树没有足够的树荫，他赵高也不会得到多少阴凉。他要帮助胡亥成为参天大树！

野心家的阴谋

秦始皇三十七年（前 210）十月，秦始皇开始了他一生中的第五次大巡游。左丞相李斯是秦始皇的亲信，自然要陪他出巡。公子胡亥平日深得秦始皇喜爱，这次他主动要求陪父皇出游，秦始皇答应了。没想到，一次无心之举，竟然给了胡亥一个改变命运的机会。

赵高作为中车府令，专管皇帝的车马，自然也跟随巡游。

赵高还“行符玺事”，负责保管调兵的兵符和皇帝玉玺。

赵高一个人兼任了两个重要的职务，足见秦始皇对他的信任。

这场巡游持续了九个月，到了七月，秦始皇突然驾崩了。秦始皇令公子扶苏回咸阳主持丧礼的诏书，放在赵高手中，还没有发出。敏感的赵高突然发现，大秦帝国第一次最高权力交接，有一个巨大的政治漏洞：知道遗诏的人，只有李斯、胡亥和赵高。

这个漏洞，恰恰可以让胡亥成为天下最大的“树”。

赵高很激动，认为这是上天垂怜，给他一个扬眉吐气的翻身机会。

一旦胡亥做了皇帝，赵高有扶立之功，再加上私交甚笃，一定会得到他梦想的高官，甚至还会一步步掌握朝纲。一旦扶苏做了皇帝，赵高不但掌控不了朝纲，就连现有的位置都极有可能保不住。

两位公子谁当皇帝，对赵高来说太重要了，关系到他的直接利益，他必须打起十二分精神，奋斗起来！

于是，他决定篡改遗诏，让胡亥当皇帝。

当皇帝，对胡亥来说是天上掉馅饼的好事，但是，胡亥最初并没有当皇帝的意图，他愿意遵循父皇的旨意。胡亥认为这是不义、不孝、不能之事，赵高忽悠了两次，都被拒绝了。

赵高认定了这是个绝佳机会，过了这村就没有这店了，他不能就这样退缩了，他开始了第三次游说。

游说成败的关键，在于击中对方的软肋。赵高讲了两个历史故事：一是商汤杀夏桀，周武王杀商纣王，这是臣弑君。但天下人却大加称赞，认为符合道义。二是卫君弑其父，这是子弑父。卫国人却称赞卫君的盛德，连孔子都不认为这是不孝。

这两个历史故事，很有针对性地回击了胡亥的“不义”“不孝”之说，弑君弑父都能做，何况杀兄称帝呢？

这些历史事件，是赵高为政变蒙上的一层遮羞布，为的是让胡亥不致做贼心虚。把神圣的灵光涂满小丑的嘴脸，借以行其奸，这似乎成了历史上一些奸邪小人遮盖丑行的常规。这或许就是所说的“盗亦有道”吧！

赵高又为胡亥讲了一番“利害论”，最终打动了胡亥。

历史有时会玩弄一个恶作剧，使一个平庸可笑的人物去扮演一个英雄的角色。于是，在一个短暂的时期里，善恶、忠奸、美丑一下子都被颠倒，甚至成为一个社会或者一个王朝分崩瓦解的重要原因之一。

赵高为了个人的利益，为了傍上一个能够控制的大人物，使出了浑身解数，摇唇鼓舌，胡亥第一个败下阵来。

攻下了胡亥，赵高又摇唇鼓舌，对准李斯，火力全开，持续开火，最终拿下了李斯。

这样，知道遗诏的三个人达成了一致意见，篡改遗诏，扶助胡亥为帝，赐死扶苏。

只有扶苏死了，胡亥才是安全的。

扶苏接到诏书，如晴天霹雳，肝胆俱裂，痛心而泣，他没有想到父皇会这样对他，他更没有想到这份诏书是假的，无奈之下，拔剑自杀。

扶苏的愚忠愚孝，为赵高顺利实现自己的野心清除了障碍。回到咸阳，他们对外宣告了秦始皇驾崩的消息，拥立胡亥为帝，是为秦二世。

胡亥为帝，是赵高人生中关键的第三步，他做了九卿之一的高官郎中令，从此飞黄腾达了！

除掉绊脚石

野心是一把屠刀。一个利欲熏心、野心不断膨胀的人，时刻会挥舞着屠刀向一个个阻拦他达到狂妄目的的对象砍去。哪怕这个对象本来无心去阻拦他，但只要他“认为”这是一块绊脚石，谁都不能逃脱。

赵高的屠刀，首先砍向了蒙氏兄弟，即蒙恬、蒙毅。

蒙氏家族三代为秦国重臣，蒙毅、蒙恬一文一武，一内一外，屡建奇功，均为大秦帝国的重臣，在朝中权高位尊，是赵高平生最忌惮之人。

赵高与蒙氏兄弟，本就有着旧恨。当初赵高曾经犯法，受到审查，审查官就是蒙毅。蒙毅不畏强权，按照秦律，判了赵高死刑。后来，因为秦始皇的干预，赵高才侥幸躲过一劫。赵高从此对蒙毅恨之入骨，必欲除之而后快。

蒙氏兄弟，还让赵高感受到了深深的危机。蒙恬与扶苏关系非常好，蒙毅又秉公无私，对赵高自然不会俯首帖耳。更为关键的是，秦二世倾向于释放被囚禁的蒙恬，这是要重用蒙氏兄弟的信号。一旦蒙氏兄弟被重用，以蒙氏家族的影响与功绩，赵高自然不会有好果子吃了。

因此，蒙氏兄弟绝对不能留，旧恨勉强还可以忘却，未来的威胁绝对不能小视。

怎么除掉蒙氏兄弟呢？

小人的核武器就是诬陷。赵高在秦二世旁边不停地吹风：先帝想立你为太子，但是，蒙毅坚决反对，这是不忠。这样的风吹得多了，本来对蒙毅没有恶感的秦二世，下令赐死蒙毅，既而赐死蒙恬。

赵高的屠刀，再次砍向的是秦始皇的皇子、公主及旧臣。

秦二世为帝之后，他与赵高面对着一个不可回避的现实：根基不稳。

秦二世是怎么当上皇帝的，他自己心里很清楚，做贼心虚的他坐在龙椅上，心里一直不踏实。他害怕朝中大臣不听他的，他害怕他的二十多位兄弟与他一争天下。

赵高原是个被人看不起的内臣，沙丘政变之后，赵高才一下子跃居高位，当上郎中令，位居九卿（中国古代中央部分行政长官的总称，不同时期指代不同。秦朝的九卿指的是：奉常、郎中令、卫尉、宗正、太仆、廷尉、典客、治粟内史、少府）之列。大臣们虽然表面上不说，但心里并不服他。

赵高借机向秦二世提了两点建议：一是杀，二是提。

杀谁？杀大臣，杀皇子。

提谁？提拔无钱无势不受重用之人。这些人从来不受重视，没有地位，一下子把他们提拔上来，他们会非常感激，为秦二世效忠。

胡亥认为赵高的话很有道理，字字句句扣人心扉。两人不谋而合。

阴险毒辣的赵高利用了胡亥的恐惧心理，对大臣们、对胡亥的兄弟姐妹大搞“白色恐怖”。群臣和公子有罪，就交给赵高，让他审讯。秦始皇的十位公子在咸阳街头被斩首示众，十位公主也被处死，财物没收，连带治罪的不计其数。靠着这样的白色恐怖，秦二世安心地享受起来，丝毫不管大臣、百姓的战战兢兢。

最后，赵高又把屠刀对准了李斯。

赵高与李斯，曾是沙丘政变的“同伙”，他们同是沙丘政变的受益人。李斯保住了丞相之职，赵高成为郎中令。但是，赵高的野心并未得到满足，他的野心越来越大，李斯也成为他“进步”道路上的绊脚石。是绊脚石就得除掉，一番设计，李斯被杀，赵高取而代之，拜为中丞相。

至此，赵高完成了人生的第四步，位极人臣，权倾天下。

赵高当初下定决心，咬牙要完成的目标，悉数完成。

做个小测验

杀了这么多人，赵高能否得到朝臣的绝对支持呢？

赵高还不太清楚。他要做个调查。

秦二世三年（前207）八月的一天，秦二世的朝堂上发生了一件奇怪的事情：

当时秦二世正在朝堂主持朝议，突然，丞相赵高示意一位侍从上殿，这位侍从牵着一头鹿缓缓走上大殿。

大臣们见状，面面相觑，不知道赵高又要搞什么幺蛾子，不知道又将要发生什么祸端。

只见赵高笑盈盈地对秦二世说："这是一匹良马，臣谨请献给皇上。"

秦二世定睛一看，笑呵呵地说："丞相看走眼了吧，这明明是一只鹿嘛，丞相怎么说是马呢？"

赵高笑而不答。

秦二世转过脸问左右大臣，大臣们有的说是"马"，有的说是鹿，有的一言不发。

很快，整个朝堂陷入一片寂静。

秦二世不知道是自己眼花了，还是赵高和大臣们脑子进水了，他很恍惚。一头雾水、不知所措的秦二世草草结束了这一天的朝会。

这就是中国历史上著名的“指鹿为马”。

赵高为啥要搞这么一出戏呢？

他要测试人心。

这个小测验，看似荒诞，看似不合逻辑，却是一个成功的测试案例。唯有不合理，才能检验出谁是敌人，谁是朋友：明知不是马，还坚定地说是马，这样的人一定是站在赵高一方的；至于那些坚定地否认是马的人，一定是反对赵高的一方；至于那些沉默的，就是中立的一方。

赵高这是逼大家当场站队，测试的真实性相比“无记名投票”要高，而且更具震慑力。

测试结果出来了，赵高的后续措施自然也来了：反对者一个不留。赵高将那些说是“鹿”的大臣找各种理由先后处死，从此人人畏惧，噤若寒蝉，不敢再违抗赵高之意。这时，赵高才有了高枕无忧的感觉，朝中大臣已尽在他的掌握中了。

“指鹿为马”事件，是赵高展示自己实力的一份试剂，给了赵高极大的信心和力量。

这份信心，带来了更为疯狂的一次杀戮。

磨刀霍霍向胡亥

赵高当了丞相后，国家大事，多听命于他。他的理想达成，按说，他应该满足了。但是，欲望这个东西，很是奇怪，一旦有合适的时机，它就会生根发芽，蓬勃疯长。慢慢地，赵高又有了更大的野心。

这个野心，就是杀掉秦二世。

赵高这是杀人杀疯了吧？弑君可是逆天大罪，赵高哪里来的胆子？况且，秦二世是赵高扶持上位的，他们的关系一直很好，怎么会突然动了杀心呢？因为秦二世责怪赵高了。

当时农民起义军的熊熊大火越烧越旺，秦军多次失利，诸侯纷纷叛离，秦二世非常恼怒，又不知如何应对，就将责任推到了赵高身上。因为，当初赵高信誓旦旦地说过，这些农民起义军兴不起什么大浪，无须担忧。秦二世的责怪，让赵高很不开心，也有些恐惧，他从此装病不上朝。

他权势再大，也是臣，也要听命于秦二世。秦二世一声令下，他的官说撤就撤了，他多年的经营就会烟消云散了。

他不甘心！

赵高也着实是个狠人，他暗暗骂道：我当年能立你为帝，我今天也能废了你！

赵高秘密与他的女婿咸阳令阎乐、弟弟赵成商议，准备发动第二次宫廷政变——诛杀秦二世。赵高坦言，皇上不听大臣们的进谏，现在天下形势非常危急，皇上不责怪自己却想归罪于他。他想废掉胡亥，另立新君。阎乐、赵成立即赞成。

赵高先让掌管禁中的郎中令为内应，诈称有“大贼”。然后派自己的女婿阎乐率领一千多名士兵到秦二世居住的望夷宫追杀“大贼”。当然，根本目标是秦二世。

阎乐率领叛军追到望夷宫，先把防卫望夷宫的卫兵司令抓起来，严厉斥责这位警卫司令说：“盗贼都进望夷宫了，你为什么不抓捕？”望夷宫的警卫司令回答：“周围全是警卫部队，哪有什么盗贼私闯入宫？”阎乐一听，立即杀了警卫司令，率兵直入宫中。

阎乐率领的叛军一边往里闯，一边逢人就射。秦二世身边的卫兵、宦官，哪见过这等阵势，胆大的操家伙和叛军打，胆小的立即就逃，当然，操家伙打的卫兵全部战死了。

郎中令和阎乐一同进入望夷宫，对着秦二世的床帐一阵急射。

秦二世看见这个架势，勃然大怒，立即召唤左右侍从。左右侍从看见这种局面，没有人敢迎击，纷纷逃散。其中，有一位宦官没敢逃，秦二世进入内殿，对他说：“你怎么不早点告诉我？”这位宦官怯怯地说：“陛下，臣不敢说才活到今天。如果我早说了，早已经被皇上杀了，怎么能够活到今天？”秦二世一听，哑口无言。

阎乐走上前来，指着秦二世说：“陛下骄奢淫逸，诛杀无数，所以，天下人都背叛陛下，请陛下为自己安排一下吧。”

秦二世问：“我可以见见丞相吗？”阎乐说：“不行。”

秦二世又问：“我只想做个一郡之王，可以吗？”阎乐还是不答应。

秦二世再问：“我当一个万户侯，可以吗？”阎乐还是不答应。

秦二世悲凉地说：“我和我的妻子做普通百姓可以吗？”阎乐回答：“我受丞相之令，为天下百姓除害。陛下不要多讲了，陛下讲得再多，我也不敢答应。”

于是，阎乐指挥叛军持刀上前，秦二世万般无奈，只好拔剑自刎。就这样，骄纵无道的秦二世当了两年多皇帝就走完了他的人生之路。

以上是《秦始皇本纪》中对赵高发动政变的记载。《李斯列传》中的版本，与此略有差异：赵高亲自出面，逼杀了秦二世。

赵高假托秦二世的命令，让士兵们都穿着白色服装，手持兵器，杀向望夷宫。

赵高进入望夷宫，对秦二世说：“山东盗贼的军队已经杀入关中了。”秦二世登台一看，大批穿着白色衣服的士兵围住了望夷宫，心里十分害怕，赵高借机逼迫秦二世自杀。

虽然版本不同，但是赵高都是政变的主导者，这一点，是确定无疑的。

缘何能得手

赵高主动规避政治风险，主动出击杀了秦二世。堂堂大秦的皇帝，为什么这么轻易就被杀了呢？事出有因，绝非一朝一夕拍拍脑袋就能完成的。

原来，赵高早就下了套，愚弄了秦二世。为了能控制秦二世，赵高劝说秦二世隔绝与大臣的联系。

至于原因，一是遮短。

秦二世胡亥即位之后，赵高就对秦二世说：“先帝统一天下时间长，所以，大臣们不敢任意所为。您刚刚即位，又非常年轻，千万不能和大臣们一块儿议事，因为您对朝政也不熟悉。假如您处理朝政稍有失误，说了外行话，等于在朝臣面前示短献丑。”一旦被大臣们瞧不起，作为皇帝的权威也就没了。

二是方便。

秦二世是一个贪图安逸的人，他刚一即位，立即想到的就是享乐。年纪轻轻，为何如此渴望享乐？他深知生命太短暂了。秦始皇的突然离世给了他深深的刺激。

秦始皇第五次大巡游，出发之时还非常健康，毫无得病的症状，仅仅几个月的光景就一病不起，撒手人寰。胡亥目睹了自己父亲由生到死的全过程，这对于一位刚刚二十一岁的年轻人来说，太残酷了。

理解了的未必能够深刻地感受它，感受到的才能深刻地理解它。

秦二世认定，如果不能增加生命的长度，就一定要增加生命的密度。因此，赵高建议他居禁中处理朝政，可以说是大得其心。不上朝，仅仅在宫中与他最信任的赵高处理朝政，这比起上朝听政，自然是又快捷又方便，又省时又省事。与赵高商议朝政，没有杂七杂八的议论，耳朵很清静，加之赵高又善于阿从秦二世，所以，秦二世乐在其中。这等于取消了坐班制，变成弹性工作制，在家上班。胡亥何乐不为！

三是示高。

在禁中就能处理天下万事，充分显示了皇帝的万能和高明。这明明是赵高给秦二世胡亥戴的高帽，但是，胡亥就是喜欢这样的高帽，喜欢听这样的话。

高帽戴上了，方便享乐了，但是秦二世与大臣们的联系也被斩断了，秦二世真的成了孤家寡人，这就为赵高控制秦二世提供了极大的方便。

后来，赵高“指鹿为马”的把戏，让秦二世大惊失色，不知道自己得了什么病，连“马”和鹿都分辨不清了。于是，秦二世赶快召集太卜卜卦。太卜占卜后给出了一个建议，移驾上林苑斋戒。

上林苑是皇家的御花园，秦二世天天在苑中打猎。有一天，秦二世正在苑中打猎，有一位行人从苑中经过，秦二世抓起弓箭，一箭将这位行人射死了。

事情出了之后，赵高指使他的女婿阎乐出面，说是不知谁杀死了人，把尸体搬进上林苑中，要求严查凶手。这是给秦二世传达一个信号，先恫吓一番。紧接着，赵高向秦二世进谏，说天子无缘无故杀人，上天将会降灾，应当远离京城避难。

于是，秦二世就移居距离咸阳有十六里之远的望夷宫，进一步远离了朝廷。

赵高一步步控制了秦二世，杀戮就轻而易举了。

赵高的下场

杀了秦二世，赵高非常兴奋，他决定自立为皇帝。

赵高从秦二世身上摘下皇帝的玉玺带在身上，但是，这次与“指鹿为马”不同，这是改天换地的事情，宫中的侍从、文武百官都不愿服从。

赵高走上大殿，大殿竟然一次一次地摇晃起来。

赵高明白，这是天意不让他当皇帝啊！

关于赵高想坐上龙椅大殿摇晃一事，《史记》言之凿凿。但是，事实上不会发生这种事。龙椅不就是一把椅子吗？谁不能坐啊？如果赵高真感到大殿震荡，那也只是他的一种心理感受。赵高以臣弑君，想变嬴氏天下为赵氏天下，他的心理压力也是很大的。在巨大的心理压力之下，赵高走向龙椅之时，内心战战兢兢，如履薄冰，这才会感到大殿都在震动。赵高所理解的天意，实际上是他内心极度恐惧的反映。

既然赵高知道“天意”不同意他当皇帝，大臣们不同意他称帝，他只能非常无奈地选择另立新君。

当然，这位新君，必须是他能控制得了的。最后，赵高选择了秦始皇的弟弟子婴为秦王。之所以称秦王，是因为此时天下大乱，六国纷纷复国，大秦帝国的土地已经迅速缩水，再称皇帝就是一个空名，与事实不相符。

赵高万万没有想到，就是这位子婴，这位被自己认为“人畜无害”的公子，结束了他的生命。

赵高让子婴斋戒五天之后，再到祖庙中举行典礼，接受玉玺，继承王位。子婴很清楚，赵高立自己为王，实在是迫于无奈。子婴还听说，赵高已经和楚人商议联合灭秦而在关中称王。所以，赵高在时机成熟时，必定会杀了子婴。赵高寻找的时机，就是子婴到祖庙继承大统之时。为了自保，子婴决定先下手为强了。

五天斋戒完毕，按约定，子婴要到祖庙继承大统了，但是子婴迟迟没有出现。赵高派了几拨人来催子婴，子婴拿定了主意就是不去。

赵高急了眼，新国君在宗庙受命是国家大事，子婴怎么能不来？于是，他亲自到子婴斋戒的宫中来“请”。

子婴听说赵高求见，立即召赵高入宫。赵高一入宫，子婴趁机指使太监韩谈在斋戒的宫中刺杀赵高，韩谈眼疾手快，一刀就将赵高砍死了。子婴趁机灭了赵高三族。

赵高设计杀了那么多人，特别是杀扶苏，戮蒙恬、蒙毅，族李斯，弑胡亥，难度都相当大，赵高却如掌中运作一样，玩儿得顺风顺水，可他为什么最终却栽在了子婴手里呢？

低估了子婴！

子婴长期以来一直毫无政治野心，也无任何政治资源，只是一位默默无闻的公子。所以，赵高才敢立子婴为秦王，但他却不知子婴虽无政治野心，却不是一个没有作为的人。

赵高推着阴谋的车轮，踩着他一手酿成的血腥道路，走上了高位。他运用阴谋、权诈和恐怖，上下其手，给自己铺就了直达权势高位的台阶，也为自己挖掘了粉身碎骨的万丈深渊。机关算尽太聪明，反误了卿卿性命。赵高亲手把自己钉在了历史万劫不复的耻辱柱上。

赵高最终没能实现他的愿望，带着遗憾，走完了臭名昭著的一生。

坏人的疯狂

世界上的坏人有两种：一种是对谁都使坏，一种是对大多数人坏，只对某些人友善。

赵高属于第一种坏人，他不仅仅对蒙氏兄弟不好，对李斯不好，对秦二世不好，赵高对所有和他打交道的人都不好；就连他的女婿阎乐，奉命去杀秦二世，赵高还怕他变卦，事先扣押了他的母亲作为人质。如果子婴不杀赵高，赵高将来必杀子婴。这就叫坏人。这种坏人，对所有的人都使坏。这是一个铁律。

赵高的这种心理源于他从小的经历。赵高生于隐宫，从小为人所不齿。这种生存状态使赵高从小就不知道什么叫爱，他的心从小就是在恨水中浸泡长大的。他恨这个社会，他恨所有看不起他的人。

在这种心理驱使之下，赵高只想往上爬，他要爬上人上人的位置；赵高只能靠自己，他练习书法，学习秦法，为的就是有朝一日改变自己的生存状态。一旦有了机会，他爬上了一定的位置，他就像一头贪婪的野兽，拼命地吞噬着社会的一切。

他渴望权力，他知道只有权力能够让他出人头地。沙丘政变，杀扶苏，戮蒙氏，族李斯，弑胡亥，他在攫取权力的道路上越走越远，他的人性一点点泯灭，兽性却一天天膨胀。当他的兽性膨胀到极致时，他也就为自己挖好了坟墓。这就是赵高最后的疯狂。

历史从来都是这样：上帝要他灭亡，一定会先让他疯狂。当一个人疯狂到极点，他也就走到了地狱之门。

（本篇主要依据《史记·秦始皇本纪》《史记·李斯列传》）

原典

八月己亥①，赵高欲为乱②，恐群臣不听，乃先设验③，持④鹿献于二世，曰："马也。"二世笑曰："丞相误邪？谓鹿为马。"问左右，左右或⑤默，或言马以阿顺⑥赵高。或言鹿，高因阴中⑦诸言鹿者以法。后群臣皆畏高。

《史记·秦始皇本纪第六》节选

注释

①**己亥：** 己是天干之一，亥是地支之一，古代以干支相配，组成六十个组合，用来纪日。

②**乱：** 叛乱，指篡夺秦朝政权。

③**设验：** 设法试探。

④**持：** 带着。

⑤**或：** 有的。

⑥**阿顺：** 阿谀奉承。

⑦**阴中：** 暗中。

译文

八月己亥日，赵高想叛乱，害怕群臣不从，就想先设法试探一下，他牵来一头鹿献给秦二世，说:“这是一匹马。”秦二世笑着说:“丞相搞错了吧？把鹿说成了马。”赵高问秦二世身边的大臣，大臣们有的默不作声，有的说这是马以奉承赵高。有的则说是鹿，赵高于是暗地里以犯法为借口，把当时说鹿的大臣全都加害了。从此满朝文武都怕赵高。

陈胜起义

秦朝的暴虐与严苛，就如同一条条重重的鞭子，疯狂地抽打着百姓。一道道血痕，触目惊心；一声声哀叹，催人泪下。

血淌得多了，泪流得多了，有人就不愿流血掉泪了。一个人振臂一呼，斩木为兵，揭竿为旗，向暴秦反击了。这个人，就是“反秦第一人”陈胜。这场起义，就是大泽乡起义。

鸿鹄之志

陈胜，名涉，原本是秦朝一个底层的“打工者”。他靠着打工谋生，日子过得很艰辛。

生活的艰辛，为他留下了印记，手上磨起了厚厚的茧子，脸色变成了风吹日晒肆虐后的黑红色。但是，这些都没有妨碍他成为一个有梦想的人。他总想着有一天他会改变自己，改变无奈的人生。

有一次，陈胜被别人雇佣耕田。耕田的活儿很累，面朝黄土背朝天，他越干越没有劲头，越干越想结束这种生活。他不甘心自己的一生就这样度过了。

其间，陈胜与伙计们一起坐在田埂上休息。身体略作休息，大脑却开始了快速运转，陈胜越想越懊恼，越想越不甘心。感慨万分的陈胜，脱口而出一句话：“苟富贵，无相忘。”意思是说，假如将来谁富贵了，千万不要忘记了我们这群伙伴。

陈胜这话是对大伙说的，是一个倡议，其实心底更多的是：等我将来发达了，我不会忘了你们！这句话是对同地位同阶层人的嘱托与许诺，更多是对自己的期许与鼓励。

但是，陈胜的这个愿望，显然是他的小伙伴无法理解也不会苟同的。伙计们纷纷笑了起来，这个笑，带着不相信与嘲讽。他们说：“我们就是被人雇佣耕田的泥腿子，命运就在田地里，田地里能有什么富贵与发达呢！”言外之意，醒醒吧，伙计，别做梦了！

陈胜看着这些熟悉的陌生人，很无奈，不是同道中人，又怎能祈求相互理解呢？他深深地叹了一口气，掷地有声地说出另外一句话：“燕雀安知鸿鹄之志哉！”意思是说，燕子、麻雀这样的小鸟，又怎么会知道大雁、天鹅的凌云壮志呢！自然，他是鸿鹄，他的伙计们是燕雀，这是他在不为人所知、不为人理解的境遇下的自我肯定与期许。

高手在民间，陈胜是来自民间的“段子手”，在田间地头就创造了流传千古的两句名言。这是他梦想开始的地方，也是他励志奋起的力量。

当然，他的名言，还不止这两句，他的梦想实现得很快。

陈大胆与吴不怕

秦二世元年（前 209）七月，大雨滂沱，一队由贫民组成的九百人的队伍在泥泞的土地上艰难前行。他们是被征调去防守渔阳（今北京市密云区）的。

陈胜就在这个队伍之中。

他这次是“屯长”，是这批人的小头目。

除了他，还有一个叫吴广的，也是屯长。

雨下得越来越大，道路泥泞得都拔不出脚来，他们只能在大泽乡暂停，等雨停后再出发。天公不作美，天不遂人愿，他们停留的时间太长了，不用算就知道已经误了到达渔阳的规定期限。这对他们来说，是很大的罪过。秦法严苛，不按期抵达是要杀头的。

陈胜、吴广坐在一起，望着不停歇的雨水，陷入了沉思。

吴广与陈胜田间地头的伙计不一样，他是能与陈胜想到一起、说到一起的人，他们这一次不约而同地做了一个决定：反！

按照法规，如今他们是死路一条，到了渔阳也是被杀，逃了被抓回来还是被杀。常规之外，还有一个冒险的选择：带着这批人起义，反抗暴秦，干一番大事业。这一选择，结果可能也是死，但也有成功的零星希望！反正横竖都是一个死，不如就死得壮烈一些！

这两个人，有胆量，舍得一身剐，敢把皇帝拉下马！

但是，想把皇帝拉下马，可不是一件容易的事情，没有金刚钻儿，揽到瓷器活儿也白搭。

幸运的是，这两个人有胆有谋。要起义，单靠他们两个泥腿子，显然是成不了大气候的，要想弄出大动静，必须有大招牌。一拿出来，准能引起百姓的共情。

陈胜想到了两个人，两个招牌。

一个是公子扶苏。公子扶苏有仁德，多次劝谏秦始皇，秦始皇也想立他为继承人，却被罚去了边地。他没有什么过错，却被秦二世给杀了。老百姓都知道他的贤德，却不知道他已经死了。

一个是项燕。项燕是楚国的大将军，功勋卓著，很受楚国人爱戴。有人说项燕早就死了，也有人说他逃亡在外，躲了起来。

这两个人，一个可以做成理想国君的招牌，一个可以打造成能臣的招牌。有了这两个招牌，他们完全可以打造出一个绝佳的团队，缔造一个宣传神话。

陈胜为什么会这么自信呢?

源自他对天下大势的把握。

当时天下大势是个什么状况呢?

天下苦秦久矣!

老百姓被秦朝压榨得太久太厉害了，老百姓太痛苦了。这种苦，埋在心中，不代表没有。只要找到一个口子，它们就会宣泄而出，一发不可收。这便是“星星之火，可以燎原”。

如果他们利用这个机会，假借公子扶苏与项燕的名义，向天下百姓发出号召，号召他们起义推翻秦二世，百姓们一定会响应，而且是群起响应。苦日子过得太憋屈了，谁不想有人拉自己一把呢?

大楚兴，陈胜王

要起义，天下百姓是否响应，那是以后的事情。如今陈胜与吴广可以利用的，只有眼前的这九百人。怎样让这九百人跟着他们起义，这是最直接、最关键的。第一步走不出，走不好，再美好的愿景也只是海市蜃楼。

当时他们也很迷惑，不知道这第一步该怎么走，希望有人能肯定一下、鼓励一下他们的想法，为他们指点迷津。想来想去，他们就去找人占卜了。

很多时候，占卜是给人一种心理安慰。占卜人知道陈胜、吴广的意图，便肯定他们，鼓励他们，说他们一定能够成功，一定能够建功立业。

最后，占卜人问了他们一句话："你们向鬼神问过吉凶了吗？"

这句话，给了陈胜、吴广很大的启示。他们揣摩占卜人的意思，这是要让他们在众人那里树立威望。陈胜、吴广决定先造势，造出一个天命所归的阵势。

怎么造势呢？这也是个技术活儿，不太好搞。

陈胜、吴广有两条路径：

第一，造帛书。

先在一块白色的丝帛上，用朱砂写上“陈胜王”三个大字。再将这块丝帛放进别人捕来的鱼肚子里，静等着戍卒去买鱼。戍卒买了鱼，剖开肚子，发现了里面的丝帛，看到了上面的大字。戍卒感觉很奇怪，就把这件事传扬了出去。

第二，扮狐狸叫。

他们驻地附近有一座古庙，古庙里草木丛生，常有动物出入。陈胜暗中派吴广悄悄到古庙里，在漆黑的夜晚燃起了篝火，学起了狐狸叫，叫的内容是“大楚兴，陈胜王”。深夜中，万籁俱寂，“大楚兴，陈胜王”的叫声很是清晰。狐狸的叫声伴着篝火，人们深感诧异，同时也深深地记住了这句话。

有时候，人话很难让人相信，“鬼”话、“神”话却会让人深信不疑。这次，所有人都知道了“陈胜王”的话，都相信了这句话，就是不知道应在何处。

第二天早上，陈胜如同往常一样出现，没有什么异样。但是，所到之处，戍卒们都在议论纷纷，看见陈胜，他们都开始指指点点地看着他。

看到这些情景，陈胜表面上平静如水，心里早就乐开了花，似乎感觉到了他的周身有光。

他知道，造势成功了！

王侯将相宁有种乎？

一切准备就绪，他们起义需要有个导火索。

这个导火索，是吴广负责点燃的。

吴广为人很好，很懂得关心别人，戍卒中很多人愿意为他效力，群众基础很不错。这天，押送队伍的将尉喝醉了酒，吴广感觉机会来了。他决定实施一个“苦肉计”。

吴广故意在押送戍卒的将尉面前多次扬言要逃跑，这是对将尉工作的破坏，是对将尉的挑战、不尊重。如此扰乱人心，将尉接下来的工作怎么做？人都跑了，将尉回去怎么交差呢？吴广此举，意图就是激怒将尉。将尉果然中计，他喝点酒，嘴巴就控制不住了，当众责骂吴广，羞辱吴广，责骂声凶猛，羞辱话不堪入耳。

与吴广交好的戍卒们，听着一声声责骂，感同身受，他们的不满也被激发起来了，太欺负人了，太不把他们当人看了！

责骂、羞辱还不解恨，将尉又拿起鞭子狠狠地鞭打吴广。吴广没有躲闪，硬生生地接下了那一鞭鞭的抽打，留下了一道道鞭痕。

这就是他的“苦肉计”，他要用这鞭痕激起戍卒们的公愤。

打完之后，将尉还觉得不过瘾，他又拔出佩剑，准备杀了吴广。

见火候差不多了，吴广奋力夺过将尉的佩剑，一下子就将他“咔嚓”了。他要传递的是“被逼无奈”“正当防卫”的信息。

瞅准时机，陈胜上前帮忙，与吴广合力，又杀死了两名押送军官。

戍卒们也解气，平日里被这些人欺负，动辄被打被骂，如今可算有人帮他们报仇了。

陈胜、吴广随即召集了全部戍卒，做了一番“思想动员”。

这番动员，主要传递了三点信息：

第一，他们遇到大雨，耽误了行程，按规定是要杀头的。

第二，即使不杀头，到时戍边，也会有十之六七的人死去。

第三，大丈夫一生，不死则罢，死就要死得轰轰烈烈，扬名立世。

这三点信息，全部围绕一个“死”字：他们这些人，生还的希望渺茫，死本是他们必然的归宿。与其被惩罚、服役死去，不如做点轰轰烈烈的大事业。

最后，陈胜用一句“王侯将相宁有种乎”做了总结陈词：那些称王称侯、出将入相的人，难道是天生的好命吗？这句话很有激发力与鼓动性，激发起了戍卒们心底最深的渴望，鼓动戍卒们为改变命运而奋斗，拼出个王侯将相来。

于是，戍卒们纷纷响应，异口同声地说愿意听从陈胜调遣。

这次思想动员，可以称得上是绝佳的演讲。造反是死罪，很多人开始都不愿意干，不敢干，陈胜先用横竖都是“死”断了戍卒们侥幸的想法，又用“王侯将相”调动起戍卒们的积极性。要说服别人，最关键的是说到别人心坎上。

这就是领袖的力量，能够将一盘散沙整合成一个目标统一、步调一致的群体。

揭竿而起

水到渠成，起义正式开始。

起义队伍就是这九百人，大家露出右臂作为标志。

起义招牌就是公子扶苏与楚将项燕。

起义军称号为“大楚”。他们筑起高台，又用将尉的头做祭品，举行了隆重的仪式。随后，他们斩木为兵，揭竿为旗，反了！

自然，这支队伍的将领是陈胜，吴广为都尉，目标

对准大泽乡，他们要去“拼未来”了。

很快，大泽乡被攻了下来，起义军信心大增，一路进攻，一路成功，队伍不断扩充。等到达陈县（今河南周口市淮阳区）时，起义军已拥有兵车六七百辆，骑兵一千多，步卒好几万人。陈县的县令当时正好不在，留守的县丞率兵抵抗起义军的进攻。很快，县丞兵败被杀，起义军迅速占领了陈县。

这时，一路凯歌的陈胜又有了新想法。

他想称王。

这是陈胜多年的梦想，是陈胜心底的渴望，也是陈胜的政治手段。当日他为起义军许下了诺言，要为他们谋取富贵，他需要用一些名号来笼络人心，他需要进一步扩大影响。

当然，称王这事，不能贸然出手，也不适宜自己提议，否则陈胜的领袖威望可能会大打折扣，这事得有人出面，出面“请”他称王。当然，这些人也不是随便抓几个就可以的，他们得有威望，说话得管事。

陈胜选择了掌管教化的三老和地方豪杰。

陈胜占领陈县没几天，就下令召集陈县的三老和豪杰到他那里议事。

通知下达下去，三老和豪杰们心中都在嘀咕，平白无故不会请他们啊，到底是什么事情呢？他们不敢得罪陈胜，他们还想活命呢，只能遵命行事。

等到了陈胜那里，陈胜言谈之间透露出了称王的意思。三老和豪杰们何等聪明，他们一下子就明白了陈胜请他们的目的，他们都是“识时务者为俊杰”的人，赶紧配合着陈胜，一致“请求”陈胜称王。他们把陈胜大大地夸了一通：“将军您身披铠甲，手执武器，讨伐无道昏君，诛灭暴虐的秦王朝，功勋卓著，应当建立新政权，应该称王。”

陈胜表面上推脱一番，说了一套客气话。三老和豪杰们又“恳切请求”，陈胜便不再推辞，自立为王，以陈县为国都，国号为“张楚”，意思是张大楚国。

陈胜称王，影响很大，天下云集响应。一时间，各地百姓如同打了鸡血一般，杀官吏，占郡县，竟成燎原之势，“沛然莫之能御”。这一规模，这一声势，印证了陈胜“天下苦秦久矣”的观点。

这是陈胜、吴广起义军成功的关键。

夥涉为王

陈胜做了王，多年前的梦想成真了，他自然兴奋。

这个梦想实现得太快了，从起义到称王，短短几个月时间。幸福来得太突然了，他都有些蒙了。以前他自视甚高，但也没敢想过，会是这么“高”，他一下子被蒙蔽了双眼，以为自己真的很“高”，他有些飘了！

习惯了苦日子，一下子过上了“王”的富贵生活，他咸鱼翻身了，特别想享受。

习惯了富贵人轻视的目光，一下子赢得了众人膜拜的眼神，他逆袭了，他很得意。

可是，有一天，他那“得意的笑”被一个人扫了兴。

这个人，是当初与他一起耕田的伙计。这伙计听说陈胜当了王，有点惊讶：“嘿，别说，当初还真小瞧这小子了！”

这伙计也很高兴，因为他想起了那句“苟富贵，无相忘”，这话可是陈胜当初信誓旦旦说的，如今陈胜富贵了，自己去投奔他，应该能沾点光吧。

伙计衣衫褴褛、风尘仆仆地到了陈县，敲打着宫门，高呼着陈胜的名字，嚷嚷着要见陈胜。此时的陈胜已不再是田间地头下苦力的那个陈胜了，岂是谁都能见的？守宫门的军官以为这人是来闹事的呢，就要把他绑了治罪，他拼命解释，才被放过。

吃了“闭门羹”的伙计并不死心，就在宫门外边候着，等着陈胜出门。功夫不负有心人，伙计终于等到了陈胜的车子，等到陈胜出门了。他赶紧拦路呼叫，大呼陈胜的名字。陈胜听到后，与他见了面，与他同乘一辆车回了宫。

到了陈胜的宫殿，这伙计真的是开了眼界了，殿堂、宫室、帷帐、摆设富丽堂皇，哪是他这个下里巴人见过的？他看看这儿，摸摸那儿，不由自主地感叹道：

“夥（huǒ）颐！涉之为王沈（tán）沈者！”楚地人把“多”叫作“夥”，沈沈形容宫室高大深邃。这句话就是说，好阔气哦，陈胜的宫室好深哦！

此后，天下多了“夥涉为王”的成语，指地位很低的人突然富贵了，排场很大。

陈胜把昔日的伙计接到他的宫殿里，一方面有炫耀的意思：当初你们不信我的话，笑话我异想天开，今天我要让你们自己打脸；另一方面也有兑现承诺的意思，毕竟当初那句“苟富贵，无相忘”，是他真真切切地说出来的。

如果这个伙计能够识相一点，懂得进退分寸，想得到陈胜的提拔是不难的。偏偏这人不懂这个道理，在他眼中，陈胜还是那个挽着裤脚、光着膀子，与他一起干活儿的人。在他心中，陈胜富贵了，他也应该有这富贵，陈胜享受到的，他也想享受到。他在陈胜的宫里随便出入，越来越放肆，不断地对旁人讲述陈胜年轻时候的糗事。年轻的时候，陈胜有壮志，更多的却是落拓、不堪。

这些话，在陈胜看来，是在消解他的威严。再任由这家伙如此胡闹下去，他非得被扒个底朝天不可，到那时，谁还会听他的呢？他必须终止这一局面。

封口的最好方法，就是让嘴永远张不开。陈胜很果断地杀掉了这个昔日的伙计。

老伙计的嘴被封上了，但是很多人的心却因此封起来了。这些人是陈胜的故旧知交，是他最得力的臂膀，是他最可依靠的力量。

陈胜杀了早年的伙计，破坏效应很强，释放出的信号，让故交好友心寒不已。他们纷纷逃离陈胜，陈胜慢慢失去了亲附他的人。

吴广被杀

陈胜为了维持自己的权威，设立专门的职位，负责监督群臣。这些人为了迎合陈胜，苛刻地寻找大臣们的过失，一旦有过错，一旦有不满，就立即惩处。很多带兵的将领们因此事心生不满，离心离德的现象大规模出现了。

这一现象，伴随着秦兵的讨伐，日益突出。

秦二世专门派出擅长作战的章邯领兵，并且赦免了在骊山服役的罪犯以及家奴所生的儿子，大举平乱。面对气势汹汹的章邯军，陈胜派出将领应战。但一交手就败下阵来，一败再败。这种局面是陈胜不想面对的，他只能再次任命将领迎战。拥兵自重的将领们看在眼里，也在计算着他们的利益，谋划着他们的未来。他们有的自立为王，与陈胜分权并立；有的依靠六国旧贵族，建立新政权。

这是在挖“张楚”政权的墙根。

这是在自我削弱反秦力量。

屋漏偏逢连夜雨，这时又发生了一件事，动摇着“张楚”政权的稳定。

吴广被杀了！

当时吴广被任命为“假王”，也就是代理王，负责进攻荥阳（今河南荥阳），秦朝负责守卫荥阳的是丞相李斯的儿子、三川郡郡守李由。吴广久攻不下，双方一直僵持着。

恰巧这时另一支起义军队伍被打败，将军田臧等人很着急，因为秦军早晚会打到荥阳来，他们必须早做准备。但是，假王吴广日益骄横，又不懂兵法，与他商议大事，不但无法成功，反而会被他坏事。为了保证军事计划顺利实施，他们做了一个大胆的决定：假冒陈胜的命令，杀了吴广。

他们本就在做造反的事情，再反一个又如何！但是，他们假冒陈胜的命令，也太大胆了吧？他们不怕陈胜怪罪吗？要知道吴广可是陈胜最亲密的战友啊。

他们不但不怕，他们还把吴广的头献给了陈胜。

他们为什么敢这么有恃无恐呢？

他们知道，再亲密的战友，在利益面前，也有裂痕。张楚政权建立后，陈胜是真正的王，吴广是假王，是代理的王。陈胜的猜忌心一天天加重，要求大臣忠心，其实他最害怕的就是吴广。吴广一路和他走来，也有自己的势力，也有很大的功劳，吴广可以和他一起起义，难保日后不会造他的反。田臧在某种程度上说，是为陈胜及早地清除了障碍。

因此，陈胜在吴广被杀后，不但没有治罪田臧，反而赐给他令尹的大印，任命他做了上将军。

这件事，陈胜对外可以解释为，大敌当前，应以战事为重。但是，很多人却从中看到了刻薄寡恩，冷漠无情。

车夫杀了王

陈胜对最亲密的战友都这样无情，对别人呢?

可以想见，肯定好不到哪里去。

受惯别人压迫与虐待的陈胜，成了王，有了权势之后，他也用压迫、傲慢来对待手下人，而且更加疯狂。

这是他的隐性复仇!

他要寻求报复快感!

这就是陈胜的境界，很低很狭隘。

他反秦，但是，他成功后却与秦始皇、秦二世一般无二，奢侈享乐，暴虐无道。

他反秦，但是，他并没有尊重像他一样受尽秦人压迫的下属。

他反秦，为的是什么呢?

为了天下苍生？太高估陈胜了。

他只不过是为了改变自己的命运，他只不过是为了获取最大的个人利益。但是，他忘了，他不愿忍受压迫，别人就愿意忍受压迫吗？他能造反，别人就不能造反吗？这世界，不能小瞧任何一个人，哪怕是卑微到极点的人。

他的车夫，就是一个陈胜瞧不起的卑微之人。

他的车夫，就是一个陈胜欺负弱小的活体证据。

他的车夫整天为他服务，也算“亲密”的下属，但是陈胜从来没与车夫“亲密”过，动不动就对车夫乱发脾气。

有一次，章邯军打得太猛了，陈胜的军队节节败退，陈胜亲自督战，还是战败了，只能退守。郁闷的陈胜，满腔怒火无处发泄，只能对着车夫一顿狂轰滥炸，叱责、喝骂，一阵高过一阵。终于，不甘忍受的车夫，反手杀了陈胜，投奔了秦人。

陈胜从“王”到“鬼”，只有短短六个月时间，很快！

陈胜或许没有想到，他的生命会这样消失。

他或许想过，他会在他的豪华宫殿中享乐至死。

他或许想过，他会被秦军杀死。

但是，他或许从来没想过，一个小小的车夫，敢杀一个大大的王。

其实，一切都是他种下的因。

陈胜的成与败

司马迁为陈胜专门作《陈涉世家》，一称“陈涉”不称“陈胜”，是对他的尊敬；二入“世家”，是对他历史地位的肯定，“世家”专门写列国诸侯之事。

这是尊重历史。

在中国历史上，陈胜是个标志性人物，标志着人们不堪忍受、不愿忍受秦王朝的压制了。陈胜是个引领性人物，他引领出了浩浩荡荡的反秦起义，洪波涌起，蔚为壮观。后来，刘邦建立政权，专门安排了三十户人家为陈胜看守坟墓，按时杀牲祭祀他。这是“后浪”对“前浪”的礼敬，是对陈胜引领意义的肯定。

陈胜本为一“佣工”，逆袭成“王”，很不容易。

他的“鸿鹄之志”，是他逆袭的原动力。他有梦想，有方向，在人生的航行中，他才没有迷失在暴风雨中。

他的“王侯将相宁有种乎”，是他成功的翅膀。他敢打敢拼，勇于改变，不信命，不服输，杀出一条路，赢得了光明，创造了未来。

他的起义蔚为壮观，是“苦秦者”短时间内集体缔造的一朵盛开的花朵，在秦王朝还没反应过来、没做好“屠杀”准备时，就迅速成长起来。

他被云集响应的局面迷惑了眼睛，他被目空四海的感觉控制了心灵，他的源动力没了“活水”，他的翅膀被折断了。他冷血无情，他果断开刀，弄得人心离散，无人亲附。

那朵盛开的花，最终变成了昙花一现。

而别人借着他的势开出的花，却是盛世繁华，璀璨耀眼。

历史有多种可能，很多因素牵制着它的最终走向。但是，影响历史走向的核心因素，始终是人。

陈胜的“成”与“败”，即是明证。

（本篇主要依据《史记·陈涉世家》）

原典

召令徒属[①]曰："公等[②]遇雨，皆已失期，失期当斩。藉第令毋斩[③]，而戍死者固十六七。且壮士不死即已，死即举大名耳，王侯将相宁[④]有种乎！"徒属皆曰："敬受命[⑤]。"乃诈称公子扶苏、项燕，从民欲也。袒右，称大楚。为坛而盟[⑥]，祭以尉首。陈胜自立为将军，吴广为都尉[⑦]。

《史记·陈涉世家第十八》节选

注释

①**徒属：**手下的人。徒，同伙，同类人。属，部下。

②**公等：**你们诸位。公，对对方的敬称。

③**藉第令毋斩：**即使能免于斩首。"藉""第""令"，都是"即使、假若"的意思。

④**宁：**音 nìng，难道。

⑤**受命：**听从命令。

⑥**为坛而盟：**（用土）筑台，并（在台上）宣誓。为，音 wéi。盟，盟誓。

⑦**都尉：**武官名，级别低于将军。

译文

（陈胜、吴广）把戍卒们召集起来，说：“各位，我们在这里遇上大雨，无论如何也不能按时赶到渔阳，不能按时到达，按律是要杀头的。即使能免于斩首，也会有六七成的人最后为戍边而死。大丈夫不死则已，死就要死得轰轰烈烈，那些王侯将相，难道都是天生的吗！”戍卒们都说：“愿意听从您的指挥。”于是陈胜、吴广诈称公子扶苏和项燕是领导起义的真正首领，以顺应民心所向。他们褪下袖子露出右臂作为起义军标志，号称“大楚”。他们又搭起台子，用两个尉官的头祭天。陈胜自称将军，吴广做都尉。

张耳陈馀的友谊

什么是友谊？什么是真正的友谊？

有人说，友谊就是钟子期、俞伯牙的知音之交。

有人说，友谊就是管仲、鲍叔牙的知己之交。

有人说，友谊就是廉颇、蔺相如的刎颈之交。

有人说，友谊就是范式、张劭（shào）的生死之交。

有人说，友谊就是刘备、关羽、张飞的桃园之交。

这些都是友谊的典范。

历史上有一对好友，结成了真挚的友谊，相互扶助，相互信任，亲密无间。但是，这对好友的友谊，却没有成为友谊的典范。

两个靠婚姻改变命运的男人

战国末年，魏国的大梁（今河南开封）城里，有两个平常而又不普通的年轻人。一个叫张耳，一个叫陈馀。

张耳有幸做过魏公子无忌的门客，见过大世面，结交了一些人。后来不知道什么原因，张耳被取消了本地名籍，逃亡在外。逃到了外黄（今河南民权县西北）这个地方，张耳住了下来。

外黄是张耳的福地，在那里，他有了发迹的机会。

外黄有一户富豪人家的女儿，长相绝佳，也很有主见。她希望自己的夫婿是一位敢作敢为的大丈夫，能够拼出更远大的未来，可惜事与愿违，她嫁的夫婿是一个碌碌无为、不思进取的“蠢瓜”“懒蛋”。日子一天天过去，她的苦恼一天天在累积。终于有一天，她不愿和这样一个没有未来的人一起过了，她想要一种新生活。她向自己父亲旧时的门客寻求帮助，请他为自己物色一个有能力的人。

这位门客，恰巧与张耳熟悉，知道张耳的为人与能力，就向女子推荐了张耳。

女子回去之后，就干脆利索地“休夫”了，转身要改嫁给张耳。

张耳流亡在外，没有依靠，有富豪人家的女儿相中了他，他自然求之不得。娶了富豪人家的女儿，张耳就有了靠山，有了资助，张耳的人生从此开挂。

他从困窘中脱离出来，靠着岳父家的丰厚钱财，广泛结交士人，很多千里之外的人都成了他的门客。后来的汉高祖刘邦当时还是一介平民，曾多次追随张耳，在张耳家一住就是几个月。后来，在众力推动之下，张耳坐到了外黄县令的位置上。张耳的名声也越来越响，越来越大。

当然，幸运的人，不止他一个，陈馀有着与他相同的际遇。

陈馀是一位爱好儒家学说的人士，多次游历赵国。虽然刚开始没有靠游说换来富贵权势，却被一户富豪人家相中了，人家断定他不是平庸之辈，就把女儿许配给了他。

后来，张耳与陈馀有了交集，他们相识了。同样的际遇，让他们感觉特别投缘，似乎从对方身上看到了另外一个自己。

陈馀比张耳要小，他对张耳就像对待父亲一样，很恭敬，很尊重。

最后，他们结为刎颈之交，同生死，共患难，断头无悔。

隐姓埋名的蛰伏期

名声大了，有时也是麻烦事。

魏国后来被秦国灭了，作为魏国的知名人士，张耳、陈馀被秦国悬赏通缉了：捉住张耳的人，赏赐一千金；捉住陈馀的人，赏赐五百金。

魏国是待不下去了，张耳、陈馀不想死，他们选择了结伴逃亡。他们一路隐姓埋名，逃到了陈县，当起了“里监门”，也就是看门的小卒。

这个职位很卑贱，他们为了活下去，也只能这样了。

但是，这样的日子，并不好过。工作辛苦倒还是其次，关键是要遭受上司的斥责。斥责、责骂，基本上是家常便饭。时间一长，陈馀有些恼火，他沉不住气了。

有一次，陈馀又被挑出了小过错，他的上司——一个里中小吏——拿起鞭子，不由分说地就去打他。这小吏也是个欺软怕硬的主儿，在手下人那里能耐着呢，打得狠着呢。陈馀刚开始努力控制自己，后来实在控制不住了，就准备要反抗。

张耳就在陈馀对面，将他的情绪、动作都看在眼里，在陈馀要爆发的关键时刻，他赶紧踩住了陈馀的脚，示意他不要轻举妄动。

陈馀接收到张耳的信号，不再乱动，硬生生地、安安静静地接受了鞭打。

这就是张耳对陈馀的影响，陈馀无条件地相信张耳。

小吏发完脾气，收拾完陈馀，心满意足地走了。张耳把陈馀扶到一棵桑树底下，看四下无人，责备了陈馀一番："当初跟你说过，我们要忍辱负重，等待时机。如今为了一点小小的羞辱，差点闹出大动静。死在这么一个小吏手中，值不值当？"

张耳的一番话，让陈馀清醒了很多，刚才他太冲动了。

他们四处逃亡，是要做大事的，一旦命没了，还谈什么做大事！做大事者不拘小节，留得青山在不怕没柴烧。更何况，虎落平阳还遭犬欺呢，忍过一时，虎还是虎，能吃犬的虎！

从此以后，陈馀再也没有冲动过，他低眉顺眼地做着事情，任凭上司如何羞辱，他都没有吭过一声。秦国悬赏通缉张耳、陈馀的通告，也传达到了陈县。他们两人仍然面不改色地向百姓们传达命令，没有被发现。

张耳与陈馀在人生的困顿期，甘愿蛰伏起来。

这一路，他们抱团取暖，相互鼓励，相互提醒，相互陪伴，静候大显身手的时机。

劝说陈胜

机会终于在耐心的等待中出现了。

陈胜、吴广起义大军打到了陈县，浩浩荡荡地反对暴秦。张耳、陈馀作为秦王朝的通缉抓捕对象，自然会站到反秦大军一方，毕竟，敌人的敌人就是朋友嘛。张耳、陈馀赶紧去拜见陈胜，向他表达愿意追随左右之意。

张耳、陈馀的名声，陈胜与他的亲信们早就有所耳闻，只是没有机会见面。此次见面，他们惺惺相惜，气氛很融洽。

陈胜到了陈县，陈县三老、豪杰劝说他自立为王，其实这也是陈胜的想法，他太想获得权力了，他太想享受被人尊崇的感觉了。不过，贸然称王，是否妥当呢？他需要做一下“调研”。张耳、陈馀，就是陈胜调研的对象。

很可惜，张耳、陈馀极力反对陈胜称王。

张耳、陈馀刚刚投奔陈胜，按道理说，不是应该顺着陈胜的意思吗？不是应该给陈胜多戴高帽吗？其实，张耳、陈馀的反对，正是为了陈胜更长久的未来。

第一，当前称王，时机不对。

秦人无道，陈胜怒目圆睁，振臂一呼，放开胆量，不顾生死，是为天下人去除残暴，天下人才会高声称赞。如今刚刚打到陈县就称王，会让人怀疑这一切都是出于私心，影响他的声望。

第二，复立六国，他日可成帝王。

如今之计，不如派人拥立六国后代，这些人可以成为陈胜的党羽，成为秦国的敌对势力，秦国树敌多则兵力分散。如此一来，就不用独自抵抗秦军了，也不存在坚守不克的县城。届时陈胜就可以占据咸阳，向诸侯发号施令。

张耳、陈馀希望陈胜目标要大，眼光要远，不要急于证明自己，这是对当时形势的正确估量。陈胜如果采纳他们的主张，能否成为皇帝，虽然也存在一定的变数，但有一点可以肯定，陈胜的灭亡不会那么快。

很可惜，陈胜没有听从他们的建议，还是称王了。

张耳、陈馀对陈胜的第一次建言，就这样被否定了，他们心中多少有些不满。不过，跟着领导干事业，一次受挫，不能就灰心丧气啊。

张耳、陈馀再次建言：当务之急是攻破函谷关。陈馀在赵国待过多年，熟悉那里的地形，也结识了很多当地豪杰。他希望陈胜派出军队，出其不意，拿下赵国土地。

这次，陈胜同意了。只不过，带兵的将军是陈胜的老朋友武臣，而张耳、陈馀只是担任了左右校尉。

本来想当将军的张耳、陈馀，为他人做了嫁衣裳，自然，他们对陈胜的不满又加了一分。

劝说武臣

好歹有了份工作的张耳、陈馀，跟着武臣，带着三千人马，开赴赵国。到了赵国，武臣派人游说各县的豪杰，这些游说的人里就有熟悉赵国的陈馀。

游说的内容，就是讲清社会大势：天下同心而苦秦久矣。

游说的目的，就是诱导豪杰加入他们。打昏君，报父仇，成功业，唯有如此，才是有识之士，才能成就自己。

游说很有针对性、鼓动性，很多人加入了武臣的作战队伍。一时间，武臣的队伍扩充至几万人，收效很大。武臣很高兴，自立为“武信君”，带领军队，攻下了赵国十座城池。

张耳、陈馀一路随从，同时，他们还一路关注着各地信息。

他们知道，陈胜进攻关中的队伍，被打败了。

他们知道，为陈胜攻城略地的将领，很多获罪被杀，很多故交不再亲附陈胜。

他们知道，新的时机到来了。他们决定拥立领导武臣为王。

当初陈胜想当王，张耳、陈馀不同意，为何现在却要拥立武臣呢?

这里面，多少也有些较劲的意思。他们的计谋，没有得到陈胜的认可，他们也没有当上将军，既然如此，就没有必要死缠着这棵大树，只要有人重视重用，他们心甘情愿为其服务。

他们劝说陈胜，是要做大事业，是要成就帝王之业。他们劝说武臣，则是暂时之计，是现有条件下最好的提升。想法一变，做法也就不同了。

张耳、陈馀打出了“镇河北”与“避祸难”两面大旗，劝说武臣，抓住时机，自立为王。

这两面大旗，一面切中武臣对权势的渴望，一面切中武臣对陈胜的不满，既能自保，又能得利。不想走上因谗言无端获罪之路的武臣，听从了张耳、陈馀的建议。

自立为赵王的武臣，任命陈馀为大将军，张耳为右丞相。至此，张耳、陈馀的未来构建，终于走出了关键一步。

武臣自立为王，是对陈胜权威的挑战与践踏，陈胜大发雷霆，恨不得将武臣千刀万剐，灭他九族。这事很重要，事关稳定，一旦其他将军效仿起来，纷纷自立为王，他陈胜岂不就成了“孤家寡人”了？他要杀鸡儆猴。

怎奈形势逼人，诛杀武臣家人，就意味着与武臣对立了，又给自己树立一个强敌。陈胜在丞相的劝说下，放弃了灭族之事，只是把武臣等人的家人软禁起来，还封张耳的儿子为成都君。另外派出专人，去向武臣表示祝贺。

陈胜的这一番神操作，目的是什么呢？

继续拿武臣当枪使！陈胜借此让武臣出兵关中，攻打秦军。

张耳、陈馀自然看出了笑脸之下隐藏着的无穷怒火与算计，他们知道陈胜只是将计就计，一旦灭掉秦人，陈胜一定会发兵攻赵。因此，当今之计，就是要快速发展自身。

怎样发展呢？

秦人在西，不能向西进攻，可以向北、向南发展。向北夺取燕国、代国，向南攻占河内地区，扩充势力范围。到时，即使陈胜打败了秦人，也不敢轻易对赵国用兵，这样才是自保图强之策。

武臣对张耳、陈馀很信任，听从了他们的建议，没有出兵攻打秦人。

再立赵王

武臣派出武力扩充势力范围的，有一位名叫李良的将领，是位能将。

李良相继夺取了两个地方，后遇到秦军的阻击，久攻受挫，心情不佳。这时，秦军将领谎称秦二世派人送给李良一封信，这封信没有封口。

李良满脸疑惑地打开信读了起来，原来，这是一封“诱降信”。信上说，李良曾经侍奉秦二世，得到过宠幸。如果李良能弃赵归秦，秦二世不但饶恕李良的罪过，还会让李良显贵。

李良将信将疑，心中有了一些动摇。毕竟，秦二世才是名正言顺的皇帝。正好不能继续挺进了，李良决定先撤回邯郸，再做打算。

快到邯郸时，李良遇到了一行人，排场很大，大约有一百多名随从。李良远远望去，一见如此阔气，如此有气魄，便认定是赵王武臣的出行队伍，他赶紧跪在地上，通报自己的姓名。

其实，这是赵王姐姐的出行队伍，她外出赴宴正要回家。赵王的姐姐喝醉了，迷迷瞪瞪，而且也不认识李良，不知道他是将军，只让随从的士兵去答谢李良。

李良这才知道自己跪错了人，在众位官员面前，丢了面儿，他感觉耻辱，很生气。

恰好，他手下一个随行官员说："天下反秦，有本领的人就立为王。赵王原本地位在将军之下，如今他们家的女人竟然不下车向将军行礼，竟然也敢如此不尊重将军，请让我去杀了她！"

这番请命，正说出李良的不满，正遂了李良的愿：他收到那封"秦二世的信"，就想过要反赵，就想过要投秦，只是还没有决断。赵王姐姐的无心之过，恰巧给了他一个理由，他决定反了。

于是，赵王姐姐在醉醺醺中被杀了。

李良继续挺进邯郸，蒙在鼓里的赵王武臣也被杀了。

张耳、陈馀有很多耳目，他们成功地逃脱了。他们两人收拾武臣的残余部队，大约有五万人马，接下来应该怎么办呢？

他们自立为王？想法也有，但是不现实。他们是外乡人，想要赵国人归顺两个外乡人，不太可能。自己不行，那就再造一个"领导"出来，当然，这个领导，必须是战国赵王的后人。

张耳、陈馀对此事轻车熟路，寻访到赵王的后人赵歇，拥立赵歇为赵王。

张耳、陈馀自然是最大受益者。

兄弟反目

得到消息的李良，带兵攻打陈馀，被陈馀打败，他只能投奔秦将章邯而去。章邯带领大军攻打邯郸，荡平了城郭。张耳与赵王歇逃到钜鹿（今河北平乡）城，被秦将王离团团围住。

王离有章邯军的支援，军粮不断运来，士气足，多次进攻，誓要拿下钜鹿城。反观钜鹿城中的赵王军，兵力弱，粮将尽，很被动。张耳很是焦急，多次派人给陈馀送信，让陈馀想法救援。

这一对“一刻也不能分离”的兄弟，这时怎么没在一起呢？

原来，陈馀攻打李良后，就收集李良的残余部队，驻扎在钜鹿城北。兄弟俩还没来得及“合体”，钜鹿城就被围了。

张耳多次派人送信，但是陈馀一次也没有发兵。陈馀不知道钜鹿城的危险吗？他为什么一直不救呢？要知道他手中也握着几万人马呢。

这也是张耳的疑问。

一连持续了几个月，陈馀的救兵不至，心急如焚的张耳恼了，派人责备陈馀：“当初你我二人结为生死之交，如今赵王和我随时都会死亡，你拥兵数万，却迟迟不肯相救。请问同生共死的交情在哪里呢？假如你信守结交的约定，为什么不和秦军决一死战呢？”

陈馀也有自己的无奈，自己有数万军队不假，但是在强大的秦军面前，这点人马又算得了什么呢？他去救援，就如同“以肉委饿虎”，就是白白送死，不仅救不了人，还会全军覆没。

他不想同归于尽，他只想保存力量。赵王死了，张耳死了，他陈馀一定会寻找机会，为他们报仇。

显然，陈馀放弃张耳了！

陈馀是理智的，他不想做无谓的牺牲。

陈馀也是自私的，不能维护其生，静候其死，再行复仇，对于死者，又有何益呢？

正在这时，燕国、齐国、楚国听说赵国危急，都来救援。张耳的儿子张敖也带着一万多人赶来。后来，靠着项羽的巧妙计划，截断了王离军的军粮供给，又靠着项羽“破釜沉舟”的勇气，打败了章邯军。

钜鹿之围解了，但是解救他们的却不是陈馀。张耳见到陈馀，也没有客气，直接责备他不肯援救，并追问派去求救的两位将领的下落。

当初陈馀给了这两位将领五千人马，他们领兵去攻打秦军，结果全军覆没，没有一人生还，这两位将领自然也死了。陈馀把这些情况告诉了张耳，张耳却以为陈馀诓骗他，他坚信陈馀不愿发兵救援，把两位求救的将

领给杀了。

张耳多次追问，终于把陈馀惹恼了，他暴怒地对张耳说:“我知道你怨我，但我没想到你对我的怨恨这么深！你以为我多么稀罕这将军头衔啊？我不要了！”说完，陈馀随手解下了将印，给了张耳。

这一下把张耳整蒙了，他错愕不已，怀疑或许自己错怪陈馀了，不肯接受将印。

陈馀为了缓和气氛，转身出去上厕所了。张耳看着将印还在发呆，他的门客劝说他赶紧收下将印，这是上天赐予的机会，不接受不吉祥。

张耳回想陈馀当初的见死不救，心里就生气，在门客的极力劝说下，他收起了陈馀的将印，带在自己身上。

待到陈馀回来，这次轮到他蒙了，他没想到张耳真收了他的将印，他没想到张耳真绝情啊！他快步走了出去，带着自己的几百亲信，到黄河边捕猎抓鱼去了。

张耳趁势收编了陈馀的部队。

就这样，“友谊的小船说翻就翻”，曾经亲密无间的两兄弟闹掰了，而且掰得很厉害，想想对方就气得牙根痒痒！他们都后悔当初有眼无珠，竟然与如此不堪的人称兄道弟。

看着你死，是我最大的心愿

张耳跟随项羽进入关中，在项羽大封诸侯之时，被项羽封为常山王。陈馀没有跟随项羽入关，只封给了三个县。这件事，引起了陈馀极大的不满。

陈馀和张耳此前出谋划策都是相互商量，陈馀认为他与张耳的功劳是一样的，但是，为什么他张耳封了王，我陈馀只能封侯呢？陈馀认为，这是项羽的错，项羽处事不公平。他不能就这样便宜了张耳，也不会让项羽好过。

后来，他等来了一个机会，齐王田荣背叛了项羽。

陈馀赶紧派人游说田荣，一个劲儿抨击项羽的不公：项羽把好地方都分封给了他的亲近将军，原先称王的人却都迁到了坏地方。田荣就属于后者，赵王歇也是后者。

陈馀一方面是在增加田荣的怒火，另一方面是在为田荣寻找同盟，以赢得田荣的信赖。果不其然，田荣派给陈馀军队，希望他能在赵国树立党羽，反对项羽。

陈馀有了田荣的军事支持，又调动所属三县的军队，倾巢出动，合力攻打张耳。原来，他是打着公事的幌子报私仇呢！

张耳此次败下阵来，只能逃亡。陈馀的报复计划，部分成功了！

但是，张耳不死，陈馀心中的恨就没法消除，他需要继续筹划。

陈馀随后收复了赵国所有的土地，把赵王歇迎回来做了国君。赵王歇对陈馀感恩戴德，封陈馀为代王，一切政事都听从陈馀安排。

项羽不封他为王，他陈馀就自己给自己打出了一个“王”的头衔，这是向项羽示威，也算霸气！

那么，战败逃亡的张耳，去了哪里呢？

投奔谁，这是战败的张耳首先面临的问题。当时他有两个选择：一个是西楚霸王项羽，一个是汉王刘邦。项羽力量大，实力强；刘邦与他有旧交情。

张耳最初想投奔项羽，后来手下人劝说他投奔刘邦，认定刘邦一定能成就大业，吞并项羽。张耳听从劝说，投奔了刘邦。刘邦很高兴地接待了张耳，给予他很优厚的待遇。

汉二年（前 205），分立两国的张耳与陈馀，又有了交集。

此事源自刘邦的一个决定：联合赵国，共同攻击项羽。

刘邦的这个决定，为陈馀再次对张耳动手提供了机会。陈馀作为赵国的掌权者，向刘邦只提了一个要求：杀掉张耳。陈馀很痛快，只要刘邦杀了张耳，赵国随时可以出兵。

陈馀这是多恨张耳啊，竟然拿着一国的利益来交换一个人的生命。

刘邦并不想杀张耳，但是不杀张耳就得不到赵国的援助，这对刘邦来说，也是一个难题。后来，刘邦找了一个“替身”，这个替身长得很像张耳。刘邦派人将“替身”的头砍下，送给了陈馀。

陈馀看到这个“张耳”的人头，心中亦是感慨万分。不过，这时他的快意占据了上风，多年的仇怨得以宣泄，他释放了，他得意了。随后，陈馀信守承诺，很高兴地派兵援助刘邦。

只不过，刘邦的“李代桃僵”之计，后来还是被陈馀发现了，陈馀察觉到真的张耳并没有死。被戏耍了的陈馀，怒火中烧，当即撤兵，背叛了刘邦。

陈馀对刘邦的背叛，是他的大失误，因为个人怨仇引发的大失误，他彻底成为刘邦的敌人，让刘邦与张耳紧密地站到了一起。

第二年，刘邦派韩信与张耳攻打赵国，杀死了陈馀和赵王歇，立张耳为赵王。

过了两年，张耳也去世了，谥号景王。张耳的儿子张敖接班做了赵王，成为刘邦的女婿，刘邦的大女儿鲁元公主是他的王后。

陈馀、张耳的一番恩怨杀戮，张耳笑到了最后。不知道他临终之际，回顾一生，对于那位早已离去的昔日伙伴，是怨恨，还是怀念呢？

野心家的纸片友谊

一对冤家的仇怨，随着陈馀的死去而结束了。

而人们的评说，才刚刚开始。

刎颈之交反目，陡然变成了彼此的眼中钉、肉中刺，这种反差太强烈，本身就自带话题。再加上“友谊”这个永恒的情感需求，人们的评说自然不绝于耳。

张耳、陈馀的反目，源自张耳围困钜鹿之时，陈馀为保存实力见死不救。那么，不妨做个假设，如果被围的是陈馀，张耳会怎么做呢？

估计张耳的选择，与陈馀如出一辙。当初陈馀被小吏鞭打，是张耳教育陈馀要忍辱负重，保存实力，以图他日。这也是张耳的处世之道。

张耳、陈馀都是有野心的人，他们也想裂地称王。

有一次，赵王武臣被燕国抓了去，囚禁起来，要求赵国献出一半土地，才会放回武臣。赵国一个勤杂兵说他能将赵王救回来。同伴们嗤之以鼻，赵国派去的使臣有十几位了，去了就被杀，一个小小的勤杂兵，竟然如此大言不惭！没想到，这个小小的勤杂兵，竟然真做到了，他和赵王坐着车回来了。

他是怎么做到的呢？

讲张耳、陈馀的野心。

张耳、陈馀不甘心一生做他人的卿相，他们也想南面称王。当初只是考虑到时局还没有安定，他们才没有三分国土各立为王，才让武臣称王。如今赵国时局已稳，他们就开始要称王了，只是在等待时机。燕国囚禁武臣，恰恰是给了他们一个机会，他们表面上是救赵王，实际上是要借燕国之手杀掉赵王，他们好分国而治。他们反过头来，再以燕国杀害赵王的罪名来讨伐燕国，燕国灭亡就不远了。

燕王一听，很有道理，就释放了赵王武臣。

勤杂兵的话虽然有夸饰的成分，但对张耳、陈馀野心的分析还是比较符合实际的，否则燕王也不会听从一个小小勤杂兵的话。

陈馀想称王，他如果贸然带兵去援救围在钜鹿城的张耳，同归于尽的可能性很大。他的野心还没有实现，他不想就此陪着张耳死去。这是张耳一直给他灌输的理念，但是当他用张耳教他的处世之道对待张耳时，张耳受不了了。

其实，如果张耳换位思考一下，他或许会理解陈馀，毕竟当时与秦军真的是实力悬殊。春秋时期的鲍叔牙面对好友管仲的多分红、爱逃跑、办砸事等“缺点”时，都能站在管仲的立场上，理解管仲，为管仲辩护，这才是真正的友谊，这才是真正的刎颈之交。

张耳、陈馀的友谊，其实是禁不起考验的，司马迁称之为“以势利交”。他们的“刎颈之交”，只不过是当初的一个美好愿景，也是打造名声的一种手段。

明代理学家苏浚在《鸡鸣偶记》中说了一段经典的话：

道义相砥，过失相规，畏友也；缓急可共，死生可托，密友也；甘言如饴，游戏征逐，昵友也；利则相攘，患则相倾，贼友也。

在苏浚看来，友谊是有层次的，朋友是有区别的。张耳、陈馀似乎也曾当过“畏友”“密友”，他们也曾真心交往过，但终究没有抵挡住时间的检验，没能逃过“贼友”的命运。

一个“利”字，着实害人不浅！

（本篇主要依据《史记·张耳陈馀列传》）

原典

太史公曰：张耳、陈馀，世传所称贤者，其宾客厮役[①]，莫非天下俊杰，所居国无不取卿相者。然张耳、陈馀始居约[②]时，相然信[③]以死，岂顾问[④]哉。及据国争权，卒相灭亡，何乡者[⑤]相慕[⑥]用之诚，后相倍[⑦]之戾也！岂非以势利交哉？名誉虽高，宾客虽盛，所由[⑧]殆与太伯、延陵季子[⑨]异矣。

《史记·张耳陈馀列传第二十九》节选

注释

①**厮役：**服劳役之人的通称。

②**居约：**处于贫贱。

③**然信：**许诺。

④**顾问：**顾虑。

⑤**乡者：**从前。

⑥**慕：**敬慕。

⑦**倍：**通“背”，背叛。

⑧**所由：**所走的道路，这里指所做所为。

⑨**太伯、延陵季子：**太伯，周代太王长子，太王想传位少子，太伯便出走让国，后成为吴国开国之君。延陵季子，即公子季札，春秋时吴王少子，吴王想传位给他，季札逃去不受。

译文

太史公说：张耳、陈馀，是世人所传颂称道的贤者，他们的宾客使役无不是天下的俊杰，二人在其所辅佐的国家中取得了卿相的高位。然而当初张耳、陈馀贫贱的时候，能够许诺结为生死之交，那时哪里有过一丝顾虑。等到后来占据国土争夺权势时，便互相要置对方于死地，当初能够互相敬仰以诚相待的二人，后来互相背叛竟达到水火不容的地步！这二人难道不正是因为贪图权势利益才结为好友的吗？这二人虽然名气很大，宾客很多，但是他们的所作所为，和吴太伯、公子季札可就完全不同了。

破釜沉舟

司马迁的《太史公书》画卷中，走来了一位重量级人物。

他身高八尺有余，力能扛鼎，高大，有力。

他是楚国将门之后，有谋略，有骨气，立志要“亡秦”。

他年轻气盛，万丈豪情，一句“彼可取而代也”，耀眼强劲。

他以战闻名，战无不胜，攻无不克，他是赫赫战神。

他就是一代枭雄项羽。

项家的兴与衰

项羽，是楚国下相（今江苏宿迁）人，名籍，字羽。

项氏家族世世代代都在楚国担任大将，被封在项地，后来便以封地为姓。

项羽的祖父是项燕，是楚国有名的大将。项燕功勋卓著，曾拥立楚王的儿子昌平君为楚王；项燕关爱士卒，深受将士们爱戴，威望很高。

当初，秦王嬴政在灭掉韩、赵、魏三国之后，想出兵攻打楚国。出兵之前，需要先确定主帅。秦王嬴政在李信与王翦两位将军之间犹豫不决。李信就是汉代飞将军李广的先祖，年轻力壮，英勇威武，曾活捉燕太子丹。王翦是位老将，战功累累，为秦国的扩张立下了汗马功劳。

一天，嬴政问李信："我打算攻取楚国，将军估计得调用多少人马呢？"李信回答说："最多不过二十万人。"嬴政又问王翦，王翦则回答道："少说也得六十万人。"嬴政一听，多少有些不满，他认为王翦老了，太胆怯了，而李信则是果断勇敢，他的话应该是对的。

于是，自信的李信便成为主帅，负责攻打楚国。刚开始，李信打得很顺利，楚军节节败退，楚地接连失守，李信很得意。

在危机时刻，项燕悄悄派出军队追击秦军，三天三夜都没停息，结果攻入两个军营，杀死七个都尉，秦军大败而逃，楚军士气高涨。

李信败了，秦王嬴政很生气，亲自去请王翦，给了王翦六十万大军，让他负责攻打楚国。

项燕得知秦王增兵，严阵以待，要打好这场恶仗。

谁知王翦不按常理出牌，守着六十万大军，增固壁垒，坚守不出。项燕多次出兵挑战，王翦就是按兵不动。

按兵不动，这么多士兵，做点什么事情打发时间呢？

比赛投石！看谁投得又远又准。

其实，这都是王翦的计策，他要以静制动，要出奇制胜。

项燕屡次派兵挑战，秦军不肯应战，项燕就领兵向东去了。这时，王翦却发动攻击了。他派出身强力壮的士兵强势追击项燕军队，养精蓄锐的秦军犹如离弦之箭，很快大败楚军，项燕在秦军的团团包围下自杀身亡。秦军乘胜追击，占领了楚国城邑，俘虏了楚王，灭了楚国。

可以说，项燕是楚国抵抗强秦的最后一位名将，至关重要，他死去了，楚国也就亡了。

可以说，项氏家族是与楚国休戚与共的。

项家有男初长成

项羽的父母，史书中没有明确记载，项羽从小是跟着他的叔叔项梁长大的。

项羽年少时，叔叔曾让他读书识字，可没学多少，他就放弃不学了。于是，叔叔又让他去学习剑术，也没有学成，他又放弃了。

学习如此没有恒心，浅尝辄止，项梁很生气。但是，项羽却有他的主意，也有一套说辞，他说："读书识字，只要能记住姓名就够了，不需要学太多。剑术，学得再好，也只能对抗一个人，不值得学。这些东西，都是小道，我都不感兴趣，我要学习的是能对抗万人的本事。"项羽如此一说，倒把项梁说了个哑口无言，没了脾气。

项羽为什么一心要学习能够"万人敌"的兵法呢?

这与项燕的死关系密切。

项燕被秦将逼迫自杀，项羽认为这是家族的痛事与耻辱，所以，项羽自小就怀有强烈的仇秦心理。他认为，只有学会行军布阵的兵法，才能有机会为家族雪耻。

项梁低头一想，好像也有点道理，孩子既然有这样的大志，做叔叔的自然要满足他，培养他。于是项梁就开始教项羽兵法，这可是以一敌万的本领。

项羽乍一接触，非常高兴，梦想实现了，兴趣点也被触动了，但是过了一段时间，他的老毛病又犯了，略微了解了一些兵法大意后，就又不肯学了。

自己要求学的，为何也不能学彻底呢？这不是找抽吗？

项羽也有自己的道理：学兵法不能纸上谈兵，光靠书上的知识显然是不够的，必须活学活用，在现实中摸索。

少年时期的读书，就像一粒种子，总会在日后的某一个时刻，开花结果；少年时期的学习，就像一丝微光，总会在日后的某一个时刻，聚光绽放。少年项羽一心学习兵法的壮志使他成为消灭秦朝的主将。但是，项羽对读书功能的认识却使他在灭秦之后与刘邦争夺天下时犯下了一系列错误。书籍是人类智慧的结晶，项羽没有在少年时期遍读书籍，为他日后的失败预伏了祸根。

就这样，项羽在叔叔的照顾下，一点点成长着，虽然也有缺点。

初生牛犊不怕虎

项羽少年时期，是在叔叔项梁的影响与庇护下成长的。后来，项梁却接连出了两件大事。

先是项梁因罪案受到牵连，被捕入狱。这对项氏家族来说是一场大祸。幸亏托人求情，项梁才被释放，事情才得以了结。

后来，项梁又杀了人。秦朝法律极为苛刻，项梁杀人，必有重罚，而且，仇家也不会放过项梁。于是，项梁携带项羽逃亡到吴中（今江苏苏州）避难。

项梁本是逃命逃到吴中，没想到吴中郡却成了他的福地，项梁算是歪打正着，去对了地方。当时吴中郡有才能的士大夫，都没有项梁本领大，事事都很尊崇项梁。因此，每当吴中郡中有大规模的徭役和大的丧葬之事，项梁经常被推举为主办人。

项梁作为主办人很重要，也很受尊崇，但这不是项梁追求的全部，他在此活动中还有隐秘动作。

原来，项梁和项羽一样，有着极为强烈的仇秦和复仇之心。

项梁常常暗中用兵法部署组织宾客和青年子弟，在此过程中，考察他们的才能，为以后成大事储备人才。

年轻的项羽跟随着项梁，他的能力也逐渐显现。

项羽有一个很重要的特点：身高力大。

《史记》说他“长八尺余，力能扛（gāng）鼎，才气过人”。秦代一尺约相当于今天的23.1厘米，所以，“八尺余”应当是一米八四以上的大个头儿。

项羽力气很大，他的力气足以“扛鼎”，就是双手能举起一只鼎。在整部《史记》记载中能够扛鼎的只有两个人：一个是项羽，另一个是刘邦八子中的第八子淮南王刘长（cháng）。另外，有个秦武王，举鼎而力气不足，折断膑骨死掉了。

在那个充满血与火的时代，人们非常崇尚武力。胳膊粗，就有话语权；拳头重，就是英雄的标配。显然，项羽很符合英雄好汉的形象要求。因此，即使是吴中当地年轻好斗的年轻人，也都很惧怕项羽，很佩服项羽。

真正让项梁对项羽刮目相看的，源自秦始皇的一次巡游。

有一次，秦始皇巡视会稽，浩浩荡荡的巡游队，依次渡过钱塘江，百姓们纷纷前往，围在那里观看，项梁和项羽也在其中。

秦始皇的威风，让极端仇视秦王朝的项羽增添了一份奋斗的动力。项羽不顾秦法的残酷和亡命江湖的身份，很自信又很高傲地脱口而出："那个家伙，我能取代他！"

项梁一听，这还得了，赶忙捂住项羽的嘴，说："不要胡说八道，这是要灭族的！"

虽然当时项梁紧张、害怕，但事后他却感觉这个侄子很不一般，不同于常人，很有志向，将来定非池中之物。

从此，项梁对项羽更器重了。

跟着叔父打天下

秦二世元年（前209）七月，发生了一件大事，陈胜等人在大泽乡起义了。大泽乡的熊熊烈火，霎时成了燎原之势，也点燃了很多人心中欲望的大火。会稽郡守殷通就是其中一位。

九月，殷通找来会稽郡的重要人物项梁，对项梁说了自己的想法。他说："长江以西全部都造反了，这是上天要灭亡秦朝的节奏啊，看来，秦朝灭亡的时候是到了。我听说，抢先一步就能制服别人，落后一步就要被人制服。我想起兵反秦了，想让您和桓楚统领军队。"

当时桓楚正在逃亡，逃亡在草泽之中。另一个统帅人选项梁心中则颇有起伏，他知道等待多年的机会来临了。但项梁表面上却很平静，他说："桓楚现在还在外面逃亡，别人都不知道他的去处，只有项羽一人知道。"说完这些，项梁借机出去吩咐项羽，要求他带着剑在外面等候。

转而，项梁又回到屋内，与殷通坐在一起，说："请您召见项羽，让他奉命去把桓楚找来吧。"殷通说："好吧！"随后，项梁就把项羽叫了进来。项羽过来，殷通安排一番，项羽安静地听着。

一会儿，项梁用眼色暗示项羽，可以行动了。接收到信号的项羽，手起剑落，郡守殷通的头就被斩了下来。

原来想造反的人不止殷通一个，项梁也是一个，但是很显然，项梁不愿屈居人下，他想自己拉杆子，先下手为强了。

杀了殷通，这是第一步，更为重要的是要稳住局面，拢住人心。

项梁手提殷通的头颅，身上佩带着郡守的官印，出门去了。殷通的部下大惊失色，难以置信，一时间方寸大乱。混乱之中，项羽一连杀了数十上百人。

项羽的这一番杀戮，震惊了整个郡守府，全府上下都被项羽的勇力吓到了，全都瑟瑟发抖地跪在地上，拜伏项梁，没有一个人敢起来，没有一个人敢反抗。

随后，项梁召集此前有所交往的豪强官吏，向他们表明了自己反秦的决定，向他们说明了反秦的道理。这些人本就尊崇项梁，况且项梁叔侄又杀掉了郡守，他们便纷纷响应项梁，就这样，吴中之兵起事了。

起事需要人马将帅。项梁先是派人调集吴中郡下属各县军士，共得精兵八千人。又安排任命吴中郡的豪杰人物，让他们分别做了校尉、候、司马。

其中有一个人没有被任用，很不服气，同样是一起玩耍的，为什么别人做了官，自己就没有份儿呢？于是他就气冲冲地去找项梁，询问理由。

项梁其实早就考察过这些豪杰，对他们的才能已然有所了解，他这次是因才任命，知人善任，于是便对那人说："前些日子办理某家丧事，我让你去做一件事，你没有完成，这说明你能力有所不足，所以我才没任用你。"那人一听，无言以对；众人一听，极为敬服。

原来，每一个人做过的事情里，都藏着他的才能，藏着他的品行，藏着他对生活的态度。

最后，项梁做了会稽郡守，项羽担任副将，率军巡行，占领了辖区各县。

对于项羽来说，这个起点很高，为后来项羽登上秦末大起义政治舞台提供了许多方便。这是项羽崛起的一个重要原因。

一个人在短暂一生中能够有一个很高的起点，对一个人一生的事业极为重要。起点就是平台，起点高，平台高，机会就多。反之，起点太低，平台太低，往往事倍而功半。

项羽有了这么一个宝贵的平台，很幸运！

老祖拼下的政治资本

项梁的队伍拉起来了，发展非常迅速。

项梁有一个其他队伍没有的政治优势：项氏世世

为楚将。在当时的社会中，六国的遗老、官僚及普通百姓对被秦国灭掉的六国旧政权仍然存在着很强的依恋心态。项氏为楚国的名门望族，代表的是自战国以来长期存在于人们心中的一股强大政治势力。

有一件事情很能说明问题。这件事，就是秦末大起义初期的一位领袖陈婴投靠项梁。

陈婴，原本是东阳县（今安徽天长）的令史，为人诚信严谨，在县里口碑很好，人们纷纷称赞他的忠厚老实。后来，东阳县的年轻人杀死了县令，聚集起数千人，要推举一个人做首领，但是找来找去也没有找到合适的人选，最后他们想到了陈婴。

陈婴一听要让自己当首领，就推辞说自己能力不足，谢绝了他们的好意。但是，那些年轻人不愿再做无头的苍蝇，强行让陈婴当了首领，县里跟随他的有两万人。

再后来，东阳县的年轻人索性想拥立陈婴为王，军队用青头巾裹头，以此来表示这是一支异军突起的军队，以此来与其他义军相区别。

这样的想法，对于陈婴来说，实在是太虚幻了，一个小小的官吏，转眼之间要成王。陈婴的母亲对此看得很清楚，她劝说陈婴要看清自己，她对陈婴说："自从我进入陈家，做了陈家的媳妇，从来没听说陈家祖上出过什么显贵之人，如今你突然有了这么大的名声，这不是什么吉利的事情。如今最好的办法，是去归属某一个人，如果事情成功可以封侯，事情失败也容易逃脱，如此一来，你就不是世人瞩目的人，大家就不会针对你了。”

自古以来，对造反的人实行的都是首恶必办，胁从不问，因为，法不责众。陈母就是要陈婴当个胁从，不要当必办的首恶。陈婴本有些忐忑，听了母亲的一番教育，他心里坦然了，没有称王。

母亲说他可以依附一个人，那么该依附谁呢？恰巧这时项梁与他联络，思来想去，他决定归属项梁。

陈婴不做匪首，这是趋利避害的人之常情，可以理解。但是，陈婴这支队伍归属谁，就不是一个人之常情，而是受一种观念的支配。

这个观念，就是项氏世世代代都在楚国做大将，是楚国的名门。

陈婴对手下将领明确了自己的态度：“我们要起义成大事，就要依靠项家人。有了这样的名门大族做依靠，亡秦就是指日可待的事情了。”手下人都认同陈婴的话，军队全体归属了项梁。

有了陈婴的支持，项梁可谓如虎添翼，名声更响，归附的人也越来越多。

这样一来，项梁手下总共有六七万人，力量越来越强大。

项梁一路奏凯歌，却因骄傲丢了命

世界上除了朋友，还有敌人存在。这些敌人，有秦人，也有其他的起义军。对待敌人，项梁心不慈手不软，坚决打了过去。越打越有力，越打名声越大，项梁成为楚地反秦武装的核心人物。

后来，项梁听说了陈胜的死讯，就召集楚地各路反秦武装开会，共议大事。这时，在沛县起兵的沛公刘邦也得到消息，参加聚会。

这次聚会，项梁号令各路将领，很是威风，颇有大王风范。

其间，有一位叫范增的老者来到项梁处。

这位范增七十岁了，平时隐居不仕，就喜欢琢磨点奇谋妙计，这次居然主动造访，给项梁出了一个主意。

范增说："陈胜的失败，是必然的。秦国当初消灭六国，楚国是最没有罪的。当初楚怀王被骗入秦，一去不返。自此以后，楚国人一直同情他，直到如今，所以楚南公说'楚国即使只剩下三户人家，灭亡秦国的也必定是楚国'。如今陈胜率先起义，不拥立楚国的后代却自立为王，运势必定长久不了。现在您从江东起事，楚国那么多将士蜂拥而至，争着抢着归附您，就是因为项氏世世代代都是楚国大将，认为您一定能扶立楚国后代为王。”

范增的主意，是要借助楚王后代的“金字招牌”，打造出更大的号召力，做大做强事业。这个主意很不简单，直接决定了项梁集团的未来走势。

项梁很赞同范增的话，感谢范增的指点迷津，当即派人到民间寻找楚怀王的嫡孙熊心。当时熊心流落到民间，落拓得很，正在替人家牧羊。项梁找到熊心，拥立他为王。为了顺应楚国百姓的愿望，为了聚拢楚国百姓的仇恨，袭用他祖父的谥号，称他为怀王。项梁自称为武信君。

在此时期，项羽就是项梁手下的一员猛将，负责带兵打仗，冲锋陷阵。他多次大败秦军，还杀了秦丞相李斯之子李由，一路凯歌。

项羽的这些战功，为项梁集团的发展铺开了道路，但同时也为项梁集团的败亡埋下了隐患。

原因无他，项梁被胜利冲昏了头脑，迷惑了眼睛，他骄傲了，开始轻视秦军了。

项梁手下的宋义看到这种苗头，嗅出了一丝危险的味道。宋义赶忙规劝项梁，他说：“一打胜仗，将领就骄傲，士兵就怠惰，这样的军队必定会失败。如今士兵开始怠惰了，而秦国的军队却在一天天强大，我很为您担忧啊！”

但是，被胜利冲昏头脑的项梁，怎么可能听进这些逆耳之言呢？他甚至认为宋义这是在危言耸听，这种言论在将士们中间传播开来，那是要影响士气的，所以项梁派遣宋义出使齐国。

宋义在出使齐国的路上，遇见了齐国使者高陵君，便问道："您是准备去见武信君吧？"

高陵君回答说："是的。"

宋义便劝说高陵君道："武信君必定会失败，这一结果很快就会到来。您如果走慢点，就可以免于被杀，如果走快了，就会赶上灾祸。"

果然，宋义的话应验了。秦人派遣大军增援，大举进攻楚军。楚军大败，项梁在激烈的拼杀中战死了。

当时，还在外征战的项羽得知项梁的死讯，悲痛不已，项羽和刘邦一块儿商量，一起向东撤退，再做打算。

对项羽来说，项梁之死是一个严重的挫折。新立的楚王夺了项梁的余部军队，亲自带领，项羽则受到了明显的轻视。但是，项梁的战死也给项羽带来了历史性的机会。

项梁在世之日，于公，项羽是项梁的副将；于私，项梁是项羽的叔叔。因此，项羽始终生活在项梁的光环之中。项梁过早下世，将项羽抛向秦末大起义的烽火之中，给了项羽又一次历史性的机遇。

叔父死了，受憋屈

项梁死了，秦国大将章邯很得意，他认为楚军基本上已经不足为虑了。于是，章邯大军就渡过黄河，大举进攻赵国，把赵王包围在钜鹿城中。

楚怀王心惊胆战，准备救援赵国。但是，项梁死了，谁还有这么大的本领与秦人一决高下呢？

这时，齐国使者高陵君正在楚军中，他主动求见楚怀王，为怀王推荐人才。

这个人才便是宋义。高陵君认为宋义当初断言武信君必败，没过几天，果然应验。见微知著，提前预见败亡的，一定是懂得用兵的人，一旦重用，必定会大有作为。

楚怀王一听，很感兴趣，即刻派人召见宋义，与他共商军中大计。一番交谈下来，怀王对宋义极为欣赏，随即任命宋义为上将军，领兵援救赵国。

同时随行的，还有项羽和范增。项羽任次将，范增为末将。

几路人马跟随宋义，称宋义为“卿子冠军”，气势很盛。行军途中，却发生了一件令人意想不到的事情：军队停止不前，一连停留了四十六天。本来是带着救援任务出发的，为什么中途不走了呢？

这与主帅宋义有关。

宋义想以逸待劳，拖垮秦国。

宋义想“鹬蚌相争，渔翁得利”。

宋义想以静制动，静候时机。

一旦秦军精疲力竭，他擂鼓西进，定能歼灭秦军。

宋义的这一命令，急坏了项羽。这四十六天里，项羽急得像热锅上的蚂蚁，兵贵神速啊！后来，项羽实在没耐心了，他就去求见宋义，劝谏宋义出兵。

宋义坚决地拒绝了，最后还用语言“敲打”了项羽一顿：“披坚执锐，勇猛杀敌，我宋义比不上你，但是坐于军帐，运筹帷幄，你就比不上我宋义了。”随后，宋义立即通告全军：“凶猛如虎，狠戾如羊，贪婪如狼，倔强而不听指挥的，一律斩杀。”实际上，这条军令主要约束的是项羽。

项羽很郁闷，但是也没有办法，谁让人家是主帅呢？谁让自己的叔叔死了呢？谁让自己没权呢？

他再急，也只能憋着。

斩杀卿子冠军

时间一点点在消磨，宋义还是没有出发的意思。

后来，宋义派遣自己的儿子前往齐国当相国。宋义亲自送行，饮酒作乐，大会宾客，很是奢华。

与此欢快景象相反的是军中惨状：当时天气寒冷，下着大雨，士兵们缺衣少食，又冷又饿。

这一对比，深深地刺激了项羽，他内心那股狂傲不服输的劲头又给刺激出来了。项羽愤愤地数落着宋义的错误：

第一，决策失误。

宋义说自己计谋方面要强过项羽，但项羽也是学过兵法的。项羽认为不能坐等的原因，一是秦国强大。强大的秦国攻打刚刚建起的赵国，结果必是秦国胜利，一旦赵国被攻占，秦国就会更强大，有什么疲惫的机会可以利用呢？二是军备物资匮乏。当时正赶上荒年，百姓贫困，将士们吃的都是芋艿（yù nǎi）掺豆子，军中也没有存粮，再不率军队渡河，就不能从赵国取得粮食支援，等待他们的只能是灭亡。

第二，以权谋私，人品不佳。

项羽认为此次救援，非常重要。他们的军队刚刚打了败仗，楚怀王寝食难安，举全境之力支持宋义，国家安危，在此一举。但很显然，宋义没有感念恩情，一方面派自己的儿子去齐国为相，这是谋取私利，另一方面大宴宾客，这是不体恤将士。这样的人，怎么可能是真正的贤臣良将呢！

思索了一晚之后，项羽做出了一个重大决定：除去宋义。宋义死了，军队停止不前的决定也就“死”了，这是挽救时局的最直接方式。

第二天早晨，项羽拜见宋义。宋义没有未卜先知的本领，也没有防备，就让项羽入军帐见面。项羽打定了主意，到了军帐中，非常果断地斩杀了宋义，留给死去的宋义一个大大的问号。

项羽向全体将士们宣告：“宋义与齐国密谋，要反叛楚国，怀王密令我诛杀宋义。”

项羽这是以下犯上，杀了主帅，他能得好吗？

将士们本来就畏服项羽，再加上宋义的所作所为也确实不得人心，因此将士们都没有反抗。他们拥护项羽，纷纷说道：“当初扶立楚王的，是将军家族。如今又是将军，诛灭了叛乱之人。”于是大家一起拥立项羽为代理上将军。

此时，项家的光辉历史，再次彰显了威力，也为项羽送了一笔政治资本。

杀了宋义，宋义还有儿子，项羽决定斩草除根，马上派人去追击宋襄，追至齐国境内，杀死了宋襄。项羽又派桓楚去向怀王报告宋义被杀一事。楚怀王震惊之余也无可奈何，只好任命项羽为上将军，各路军队都归项羽指挥。

项羽诛杀了卿子冠军宋义，此事影响很大，项羽因此威震楚国，名扬诸侯。

狭路相逢勇者胜

杀了宋义，项羽夺了兵权，得到了楚怀王的任命，他要速战速决，救助赵国。

速战速决，不是只要速度，不要胜利。

胜利也不能只靠速度，还要动点脑筋。

项羽兵分两路:

一路由当阳君英布与蒲将军负责，共两万士兵，负责对抗章邯军，负责截断秦国输送粮食的甬道。

一路由项羽率领，带领剩余的全部人马，兵援钜鹿。

两路军马相互支持，目标是解钜鹿之围。但是，在实际操作中，这两路军马都遇到了难题。

英布、蒲将军一路，与秦军交战，并没有获得绝对的胜利。

项羽一路，对战王离的二十万军队，力量悬殊。

这个王离，是王翦的孙子。王翦，就是当初大败项燕军，逼死项燕的那位秦国名将。如今，项羽与王离对战，这是两位将军孙子的对战。这场战争，就显得很不寻常。

历史就是这样转动着，历史就是这样有意思!

一直想为项燕雪耻报仇的项羽，自然不会放过这个机会。于公于私，他都要取胜。他要为楚国正名，他要为祖父正名，他们楚国人不是孬种，他们项家人比王家人厉害！但是，要想取胜，并不容易，项羽与王离军团力量悬殊，不是一个重量级的选手，人家分分钟秒杀他。

项羽想找个帮手。

按说这个想法也是可行的，当时前来援救钜鹿的，有十多路诸侯军。虽然这些援军以楚军最为强大，但是毕竟众人拾柴火焰高，力量融合到一起，也是可以与秦军拼上一拼的。只不过，这些援军都不愿意做炮灰，他们都想保存有生力量，不愿意主动赴险。

项羽一看这些人是指望不上了，只能自力更生了。他决定自己干了。

自己干，拿自己的三万人马对战人家的二十万人马，这个想法多少有些疯狂吧！

项羽的“疯狂”还不止于此，他做了一个惊掉众人下巴的决定：破釜沉舟。项羽当机立断，亲自带领全部人马渡过漳河。渡河之后，项羽命令沉没所有的船只，砸破所有的锅碗，烧毁全部的营垒，只携带三天的干粮。

他这是不给自己留后路啊！

破釜，就没有饭吃。

沉舟，就别想退却。

带三天的干粮，是要在三天之内拿下对方。

项羽决定打一场硬仗，一场明知很难却必须打赢的硬仗。他要逼自己一把，也要逼将士们一把。没想到，这一逼，竟然逼出了一个千古奇迹。

楚军将士信念一致，斗志昂扬，不达目的誓不罢休，不见胜利决不退缩。他们与秦军交战，一以当十，杀声震天，惨烈中带着雄壮，血腥中藏着斗志。

诸侯军躲在营垒之中观望，没有一个敢出战的，这就是“作壁上观”。他们听着震耳欲聋的喊声，人人战栗惊恐，人人为之震撼。

项羽亲自指挥的凶猛之师，就如同猛虎下山，虎虎生威，最终血拼成功。秦军将领或者被杀，或者自杀，或者当了俘虏。这些俘虏中，就有项家的仇敌王翦的孙子王离。项羽这时总算可以告慰祖父，自己为他报仇了。

胜利之后，项羽召见诸侯将领。诸侯将领进入军门时，全部跪在地上，用膝盖前行，胆战心惊，没有一个人敢抬头仰视的。这就是项羽的威力。自此以后，项羽就成了诸侯的上将军，各路诸侯都归附他。

这是项羽用勇猛、果敢打拼出来的事业，一点一滴都凝聚着血汗。

钜鹿之战，项羽一战封神，迅速成为闪耀光芒的巨星。

匹夫之勇？

项羽是勇猛的，他靠着勇力跟着叔叔打天下，他靠着勇力杀了宋义，他靠着勇力创造了奇迹，他靠着勇力为自己挣下政治资本。

但是，项羽的勇猛，是什么段位的勇猛呢？

楚汉战争中一位战功卓著的名将韩信，曾这样评价过项羽：

项王喑恶叱咤，千人皆废，然不能任属贤将，此特匹夫之勇耳。

意思是说，项羽这个人大吼一声，上千人都会吓得瘫倒在地上，但是，他不懂得任用属下的将领，这只是匹夫之勇啊！

这本是一家之言，但“匹夫之勇”却几乎成为千古定案。

那么，项羽的勇猛真的是匹夫之勇吗？

要回答这个问题，先要明白什么是“匹夫之勇”。

“匹夫之勇”一词出自《孟子·梁惠王下》：

夫抚剑疾视曰：“彼恶敢当我哉！”此匹夫之勇，

敌一人者也。

孟子认为：手握利剑，口中大喊着“谁敢挡我”，这就是匹夫之勇。匹夫之勇的最大特点是凭一人之力，逞一人之强。

显然，韩信以项羽“不能任属贤将”为由，指责项羽是“匹夫之勇”，已经偏离了《孟子》中有关“匹夫之勇”的原始意义，也和今人理解的“匹夫之勇”有区别。

项羽有勇力，不代表他只靠勇力取胜，他并非总是逞一人之勇，钜鹿之战就是一个例证。

提到钜鹿之战的胜利，一般人们都会将它与破釜沉舟联系在一起。项羽破釜沉舟，激发了将士们的求生欲，置之死地而后生，这不单有勇敢，还有智慧；这不是单打独斗，这是依靠集体的力量。

其实，破釜沉舟决策的制定，一源自项羽整体策略的正确。他派出英布攻击章邯军的甬道，既让章邯受到牵制，又让王离军中缺粮，军心不稳。二源自项羽的果断。章邯与王离军团的距离，大约有三天的路程，章邯认为项羽不可能在这么短的时间内歼灭王离。但是项羽恰恰乘其不备，果断出击，将“不可能”变成了“可能”。

项羽一生领导的最著名的三大战役：钜鹿之战、彭城之战、荥阳会战，或者以少胜多，或者击打对方软肋，都证明了项羽是充满智慧的军事指挥家。

项羽既懂兵法，又果断勇敢，还能激发全军的最高战斗力，这绝对不是“匹夫之勇”所能全部涵盖的。只因，“力拔山兮气盖世”的光芒太盛了，盛到遮盖了事实，人们评价时产生了“晕轮效应”。

这是项羽的幸运，历史记住了他的神勇。

这也是项羽的不幸，历史淡化了他的智慧。

（本篇主要依据《史记·项羽本纪》《史记·白起王翦列传》）

原典

项羽已杀卿子冠军，威震楚国，名闻诸侯。乃遣当阳君、蒲将军将[①]卒二万渡河，救钜鹿。战少利，陈馀复请兵。项羽乃悉引兵渡河，皆沉船，破釜甑[②]，烧庐舍[③]，持三日粮，以示士卒必死，无一还心。于是至则围王离，与秦军遇，九战[④]，绝其甬道[⑤]，大破之，杀苏角，虏王离。

《史记·项羽本纪第七》节选

注释

①**将：** 音 jiàng，率领。

②**釜甑：** 釜，音 fǔ，圆底无足煮锅。甑，音 zèng，瓦制蒸锅。

③**庐舍：** 田野间的屋舍。

④**九战：** 多次交战，九为虚数。

⑤**甬道：** 砖石砌成的路，即军道。

译文

项羽杀了卿子冠军宋义后，威震楚国，名闻天下。于是项羽派遣当阳君英布、蒲将军率两万人渡过漳河，去钜鹿援救赵国。二将初战稍有胜利，陈馀继续向项羽请求援助。于是项羽亲率全军渡河，过河后，项羽下令凿沉全部船只，砸碎全部锅碗，烧掉沿岸房屋，只带三天的粮食，以此来向士兵们表示只能拼死战斗，毫不后退的决心。楚军到钜鹿后，立即包围了王离的部队，与秦军开战，经过多次战斗，切断了秦军的甬道，大破秦军，杀死了苏角，俘虏了王离。

奇人刘邦

据说他是龙子，是赤帝子；据说他长相不俗，左股有七十二黑子；据说他的居所上面常有云气，似乎他的江山天命佑助，他的江山唾手可得。

实际上，这是一个草根的逆袭，甘苦自知。

据说他好色好酒，不事产业；据说他吊儿郎当，泼皮无赖；据说他傲慢无礼，特好骂人，似乎他一无所长，似乎他就该一事无成。

实际上，这是一个人战胜自我的过程，终于走向成功。

他心胸宽阔，他知人善任，他忍辱负重，他深谋远虑，他刚柔相济，他恩威并施，他东征西战，他多处受伤，他的江山是他骑马打下来的，他的成功是他用命拼出来的。

他或许不是一个美好的完人，或许不是一个纯粹的善人，但是他一定是一个优秀的政治家，一个打下大汉王朝四百多年江山社稷的开创者。

他就是汉高祖刘邦。

这个刘季不简单

汉高祖刘邦，是沛郡丰邑县中阳里（今江苏丰县）人，姓刘，字季。季，是兄弟的排行，刘邦在兄弟中间排行第三。刘邦的父亲是太公，母亲是刘媪（ǎo），就是一对普普通通的乡间夫妇。

但是，有人说，刘季原来不姓刘！

为何这样说呢？不姓刘，他姓什么呢？

据说，刘邦不是太公的儿子，他是龙子！

话说有一天，刘媪在大泽的堤岸边休息，不知不觉竟然睡着了。睡着的刘媪做了一个梦，梦中她与神交合。当时电闪雷鸣，天昏地暗，太公找到刘媪时，竟然发现有一条蛟龙攀卧在刘媪身上。太公很惊讶，不知是何征兆。不久，刘媪就怀孕了，后来就生下了刘邦。

如此这般生下来的孩子，很不一般。

刘邦长着高鼻梁，额头突起，面有龙相，有着漂亮的胡须，左腿上有七十二颗黑痣。当时以左为上，七十二在古代文化中有顶级、显贵之意。这七十二颗黑痣，正是赤帝七十二日之数，应火德七十二日之征，象征着刘邦必将显贵。

其实，这种说法，在史书中并不少见。大凡帝王，或者优秀的人物，他们的出生总是自带神异，或者母亲梦日而孕，或者带着香气出生，等等，这都是为他们创造的“神话”。

人造神话不可信。不过，抛开这些神话，刘邦确实有点不一般。

刘邦虽是乡里人，但他总是不愿意干农活儿，不愿意下苦力，每日里总是想着干点大事业。刘邦游手好闲的样子，经常遭到太公的责骂，说他是“无赖”，说他不如哥哥。不过，刘邦仍然我行我素，不为所动。

刘邦喜欢喝酒，经常到王媪、武负的酒馆里赊酒喝，一直喝到醉，喝醉了就躺倒，躺倒了就睡。武负、王媪隐隐约约地看到，刘邦身上有龙出现，都感觉很奇怪，以为自己眼睛花了。

更奇怪的是，“刘邦一到，销量剧增”，刘邦每次去喝酒，武负、王媪店里买酒的人就会增加，卖出去的酒是平常的几倍多。刘邦俨然成了两家酒馆的“幸运星”“财神爷”，所以，每到年底，武负、王媪往往把刘邦欠的酒钱免了。

其实，刘邦放浪形骸、不务正业的外表下面，藏着一颗跃跃欲动的壮志凌云之心。

刘邦曾经到咸阳去服徭役，外面的世界很精彩，刘邦大开眼界。有一次，秦始皇出巡，人们夹道观看，刘邦看到秦始皇，很是感慨，长叹一声说：“嗟乎，大丈夫当如此也！”大丈夫在世，就应该是这个样子啊！

这句话经常与项羽的那句“彼可取而代也”对比，好多人欣赏项羽的霸气，刘邦的话则被解读为对富贵权势的欣羡，俗而懦。其实，这种抱负，亦是热血铮铮，荡气回肠。

这是刘邦的梦想，给他一个机会，他会让梦想实现。

一文钱不带，带回一个媳妇

刘邦成年以后，好歹做了个泗水亭长。

按照秦律，十里一亭，十亭一乡。亭长是临时聘用的小吏，主要负责社会治安等事务。刘邦得到这一工作，估计和刘邦结交的人有关，他们一帮游手好闲的人本身就是一股不稳定力量，让他来负责治安，这是“招安”之策。

刘邦做事，狂放不羁，不拘小节。官署中的官吏，经常被他捉弄，不过，有人倒很欣赏他。

这个人就是吕公。

吕公本是外乡人，与沛县县令很要好。后来，为了躲避仇人，吕公带着家人投奔沛县县令，索性就在沛县安了家，住了下来。

县令的贵客到了，这个消息一传开，沛县的豪杰、官吏们很高兴，又有了一个巴结县令的机会。于是，他们纷纷到吕公家，登门祝贺。

贵客就是贵客，也不是随随便便就能见的，随随便便就能拉拉关系的。当时负责接受贺礼事宜的，是县令的属官，名叫萧何。带的贺礼是多是少，待遇也不一样，萧何对送礼的宾客们说："送礼不满一千钱的，坐到堂下去。"

刘邦爱凑热闹，作为泗水亭长，他也跟着到了吕家。刘邦平日里就看不起这帮官吏，一时兴起，要了个恶作剧，他唰唰唰地在进见的名帖上写下了"贺钱一万"的字样，而实际上他一文钱也没带。

这种当面忽悠人还面不改色心不跳的从容，刘邦拿捏得很到位！

名帖递上去，刘邦也进去了，吕公一见刘邦，大吃一惊，赶忙起身，亲自到门口迎接刘邦。吕公的表现，不仅仅因为这一万钱，而是因为吕公喜欢给人相面，他也会看相。他看到刘邦的相貌，心中暗暗叫好，但是没有声张。

吕公以高规格的待遇对待刘邦，态度非常谦卑，将刘邦领到堂上就座。萧何看见了，对吕公说："刘季一向爱说大话，没有做成过什么事。"吕公没有回应，还是很敬重刘邦。刘邦一时也摸不着门道，不过他也不爱费那脑筋，管他呢！刘邦也不客气，不谦让，一屁股坐到了上座上，净顾着戏弄那些宾客，玩儿得不亦乐乎。

吕公设宴招待诸位宾客，很是尽兴。席间，吕公向刘邦递眼色，示意他留下来。刘邦收到信号，心领神会，喝完酒，留在了最后。

吕公特意留下刘邦，说有重要的事情，这件事就是刘邦的终身大事。

吕公对刘邦说："我从小就喜好给人看面相，经我看过的面相多了去了，但从来没见过你这样的面相，从来没有哪个人的面相能比得过你，希望你好自珍爱。我有一个女儿，我愿意把她许配给你，做你的妻子，拿着簸箕笤帚，服侍于你。"

刘邦这一趟很赚啊，什么也没拿，双手空空，肩膀上挑着个头，喝了一顿好酒，凭空受了这么大的礼遇，最后竟然还得了一个媳妇，这真是天上掉馅饼，赚大发了！

刘邦年纪不小了，还没有媳妇，如今有县令的贵客主动将女儿许配给他，他自然高兴得很呢！

酒宴结束后，吕公将许配女儿之事告诉了妻子吕媪。吕媪一听，大为恼火，便数落他说："你之前总是想让这个女儿出人头地，嫁个贵人。沛县县令跟你那么要好，前来求亲你都没有同意，今天你怎么能随随便便就把女儿许配给这个刘季了呢？刘季不就是个亭长吗？有什么好的呀？”

吕媪很纳闷，也很懊恼，但是吕公没有向她解释，只是说：“这事不是你女人家能知道的。”

这准岳父真是太给力了！

在吕公的坚持下，刘邦成功娶妻，成了家。

一家都是贵人相

吕公的女儿，名叫吕雉。吕雉为刘邦生下了一儿一女，儿子就是后来的汉惠帝刘盈，女儿就是后来的鲁元公主。

不一般的刘邦，很不一般地娶了吕雉，一家子人都很不一般。

刘邦有了老婆有了孩子后，比以前稳重了，比以前有责任心了。他经常请假回家，也知道干活儿了，田间地头也有了他的身影。

有一次，吕雉领着两个孩子正在田里锄草，有一位老人路过向他们讨水喝，吕雉热心地给他递过水去，还给老人拿了点饭吃。

老人很感谢吕雉，他抬头看到吕雉的相貌，有些吃惊。仔细端详一番后，老人对吕雉说：“夫人真是天下的贵人！”这位老人不单是因为吕雉给的水、端的饭而说好话，他确实会看相。

吕雉听了这话，很高兴，也很激动，她开心地把两个孩子带到老人面前，请老人为孩子们相面。老人也不推辞，看了刘盈后，老人说：“夫人之所以显贵，就是因为这个孩子。”老人又给女儿相面，说也是富贵面相。

吕雉高兴地拜谢老人，老人还礼就走了。

过了一会儿，刘邦从旁边的田舍走了过来。吕雉非常兴奋地将刚才老人为他们母子看相的事情告诉了刘邦，重点强调他们母子都是富贵相。

刘邦也很高兴，一家人都是富贵相，这个家能不好吗？

刘邦也很好奇，他特别想知道他是什么面相，忙问：“那个老人现在在哪儿？”吕雉回答说：“还没有走远。”于是，刘邦就急匆匆地去追赶老人。

追上老人后，他就问老人刚才的事，老人说：“刚才我看过贵夫人和孩子的面相都和您很像，您的面相贵不可言。”刘邦赶紧道谢说：“如果真像您老人家说的，我定不会忘记您的恩德。”

老人的这番话，给了刘邦很大的自信。从小到大，他爹、他哥、周围的邻居，没有一个人说他好话，整天都是打击、嘲讽、指责，“无赖”“流氓”“烂泥扶不上墙”等标签就贴在刘邦身上。贴标签的人太多了，标签贴的时间太长了，一直没有间断过，表面上不以为然的刘邦有时也会找不到北，也会怀疑自己是不是真是他们眼中那个不堪的刘季。

人在否定中长大，一点肯定都是阳光。很显然，老人的话，带来的是阳光普照，驱散了刘邦心头的乌云。

等到刘邦显贵了之后，他遵守承诺，想感谢老人，却始终没有找到老人的踪迹。

赤帝子斩了白帝子

有一年，作为亭长的刘邦接到一个任务：押送一批刑徒到骊山修秦始皇陵。

这批刑徒被称为“骊山徒”，此前被关押着，没有办法逃跑，如今走在路上，看守没有那么严密，他们就动起了小心思，弄开绳索，瞅准时机，撒腿就跑。刚开始跑的人，心里还有些胆怯，跑的人多了，刑徒们的胆子也大了，于是，跑的人越来越多。

刘邦等人力量有限，真的控制不了这番“逃跑运动”了。一看这情形，刘邦自知不妙！按照此等速度，不等到骊山，刑徒就逃光了。刑徒逃光了，他能有好果子吃吗？肯定要被治罪啊。

既然预知了结果，那就要避险，刘邦也决定逃了。走到丰西大泽时，刘邦让大家伙儿停了下来，招呼大家伙儿喝酒。喝罢酒，趁着夜色，刘邦将所有的刑徒都放了，并对他们说："你们都逃命去吧，从此我也要逃亡了！"刘邦一番话，让这些刑徒很感动，当即有十多个壮汉愿意跟随他。

这就是历史上有名的"丰西泽纵徒"。

刘邦没有拒绝，乘着酒意，带着这十多个壮汉，夜色沉沉中，深一步浅一步地走在草泽小路中。

这条路很不好走，刘邦就让一人先到前边探探路。很快，那个人着急忙慌地跑回来报告说："前边有条大蛇挡在路上，很恐怖，我们还是回去吧！"

刘邦当时还醉着呢，听说要避开危险回去，很生气，大声说道："大丈夫走路，有什么可怕的！"说完这话，刘邦只身一人，摇摇晃晃地赶到前面，拔出利剑，对着那大蛇就斩了下去。说也奇怪，那大蛇没有冲撞刘邦，反而被刘邦斩成了两截，道路通开了。

刘邦晃晃悠悠、吆吆喝喝地继续往前走，走了几里，醉得实在太厉害了，就躺倒在地上，睡着了。

后面的人悄悄来到刘邦斩蛇的地方，看见有一位老妇人在黑夜中哭泣。前不着村后不着店，一位老妇人突然出现，这是怎么回事？深夜之中，万籁俱寂，哭声格外惊心。

有人壮着胆子上前，问老妇人："您为什么哭

泣啊？”

老妇人说：“有人杀了我的儿子，我在哭我的儿子。”

又有人问：“谁杀了您的儿子？他为什么杀您儿子呢？”

老妇人说：“我的孩子是白帝之子，变化成蛇，挡在道路中间，如今他被赤帝之子杀了，我就是因为这个痛哭啊。”

大家都以为老妇人是在说谎，大晚上的听到些胡说八道的话，很不高兴，正想给她点苦头吃吃，老妇人却忽然不见了。

一个人，近在眼前，却突然不见了，这又是什么魔法？难不成真有鬼？后面的这些人，很是疑惑，议论纷纷，终于赶上了刘邦。这时刘邦的酒也醒得差不多了，那些人就将刚才遇到老妇人的事告诉了刘邦。

刘邦听了，心中暗暗高兴，认定自己是赤帝之子，更加自负。

当然，那些追随他的人更加畏惧他了。

天子气

与刘邦距离遥远的秦始皇，在咸阳深宫之中，眉头紧锁，陷入了沉思。原来，有人告诉他：“东南方有象征天子的云气。”

古人讲究天人交感，总认为冥冥之中，上天在观照人间，上天能预示吉凶，天象与人事直接对应。东南方有天子气，意味着东南方有未来的天子存在。秦始皇之所以称始皇帝，就是希望大秦王朝能够一代又一代传下去，直到永远。况且，当时他迷恋长生之术，希望自己能够长生不老，永享富贵。如今有威胁他、威胁后世的人出现，他必须想尽一切办法除掉他。

但是，这个人是谁，秦始皇并不清楚。只知道此人在东南方向，于是秦始皇开始巡游东方，他想用真龙天子之身压制所谓的“天子之气”。

事情慢慢传扬开来，刘邦也得知了这一消息，他不禁也眉头紧锁，陷入沉思。

他在心中问自己：“这团云气与谁有关呢？”

心里有个声音不大却很坚定地传了出来：“你！”

最近，在他身上发生的奇奇怪怪的事情太多了，让他都不禁怀疑起来，他隐隐约约感觉，这团云气可能与自己有关。如果真的与自己有关，那他就危险了，他一介平民，没有本领，秦始皇要抓他的话，实在是手到擒来，太容易了。

刘邦害怕，为了活命，他逃亡躲避，最后藏身在芒山、砀山一带丛林的隐秘深处。

但是，每次吕雉和别人一起去找他，总能找到他。刘邦感到奇怪，便问吕雉是怎么找到他的，吕雉说：“你所在的地方，上空总是环绕着一团云气，只要顺着这些云气，就能找到你。”

刘邦一听，更加高兴，或许他真有天子命？

慢慢地，这件事也传扬了出去，沛县的年轻人知道后，很多人都愿意跟随刘邦。

刘邦渐渐也有了影响力。

奇人缔造记

司马迁记载的刘邦早年的事迹，虚幻离奇，似乎这刘邦就不是俗人，而是奇人一个。放到今天，什么龙子、赤帝子等，我们一看，瞬间就明白是假的。

至于相术，这是中国自古以来的术数之一，直到今天，有人还信。

这些奇奇怪怪、似真似假的事情，为什么会堂而皇之地写入正史之中呢？

这些故事，性质不同，其形成时间，当不尽同。

第一步，发生过的历史真实。

吕公给刘邦相面一事，可能是历史的真实。吕公对女儿的婚事极为重视，一心想将女儿许配给不同寻常的人，他不会草率地将一无是处的刘邦选为女婿。吕公算中了刘邦的富贵，不管是巧合，还是必然，吕公给刘邦相面，是他做出决定的诱因。

刘邦一家算命之事，也是同样的道理。一位老者受人滴水之恩，说些好话，也有可能。当然，也有可能老者真是一位道行深厚的术士。

第二步，出于政治目的造出来的虚假之事。

刘邦丰西泽纵徒，这是他兴起之始。他的身份、处境与陈胜、吴广相似，没有兵，没有功，只是区区的一个临时“小吏”，别人凭什么服气呢？因此，必须“造势”！

造势，就是要把刘邦说得神乎其神，并非俗人，他起义反秦，是顺应天意。刘邦斩蛇一段，就是一场精心策划好的造势大戏。

早在周朝，民间就有“五帝五方”的说法：

青帝居于东方，主木。

赤帝居于南方，主火。

白帝居于西方，主金。

黑帝居于北方，主水。

黄帝居于中央，主土。

秦人位于西方，对应着白帝；刘邦是楚人，在南方，对应着赤帝。赤帝子斩杀白帝子，意味着来自南方的刘邦，要吞灭西方的大秦王朝。

深夜之中，隐蔽性强，一些事情易于操作，陈胜造势也是在夜晚进行的。哭泣的老妇人突然不见了，可以有他人在旁边暗中帮助，把她悄悄移走。

造势成功，人们对刘邦就另眼相看了，再加上“天子气”之说，人们更加相信刘邦神异，跟随他的人越来越多。有人才能有势力，有势力才能干大事。光杆司令一个，再厉害，能厉害到哪里去呢？

第三步，刘邦建立大汉王朝之后，为抬高自己的地位，进一步造势。

刘邦布衣出身，草莽起家，三年亡秦，四年灭项，七年得天下，成为大汉帝国的开国之君。如果不搞一番造神运动，让天下百姓知道他刘邦绝非平常之人，那后果就会相当严重：眼看着如此强大的秦帝国仅仅维系了十五年便轰然坍塌，一介草民堂而皇之地开辟新朝，天下千千万万的人都会做起皇帝梦来！

刘邦在夺取天下后，大力倡导君权神授之说，极力演绎着自己天生龙种、真龙天子的身份，潜台词无非就是：不是随便什么人都可以凭借武力夺得天下！

第四步，好“奇”的司马迁，尊重历史，将奇事写入《史记》。

有关刘邦出生、面相、婚姻、起义等诸多异象，在司马迁写《史记》之前早已在民间流传，很多人已经接受了刘邦的神异，脑海中有了一个不同寻常的刘邦形象。这也是一种真实的历史存在。司马迁尊重历史，记录下奇闻异事，完成了书写的历史。

历史从来不止有一面，历史的印象从来不是一个人一本书能左右的，背后有着无数的手推着历史前行。

过去已走远，历史却一直在变。

（本篇主要依据《史记·高祖本纪》）

原典

高祖曰：“公知其一，未知其二。夫运筹策帷帐①之中，决胜于千里之外，吾不如子房。镇国家，抚百姓，给馈饟②，不绝粮道③，吾不如萧何。连④百万之军，战必胜，攻必取，吾不如韩信。此三者，皆人杰也，吾能用之，此吾所以取天下也。项羽有一范增而不能用，此其所以为我擒也。”

《史记·高祖本纪第八》节选

注释

①**帷帐：**营帐。

②**给馈饟：**供给军需给养。饟，同“饷”。

③**不绝粮道：**使粮道畅通不断。

④**连：**联合。这里指率领。

译文

刘邦说：“你们只知其一，不知其二。要讲运筹帷幄，决胜千里，我不如张良。要讲镇守后方，安抚百姓，给前方运粮草，保证供应不断，我不如萧何。要讲率领百万军队，战必胜，攻必取，我不如韩信。这三位都是人中豪杰，而我能重用他们，这才是我得天下的原因。而项羽只有一个范增他还不能重用，这是他最后被我打败的原因。”

约法三章

秦二世元年（前 209），大泽乡一声怒吼，“王侯将相，宁有种乎？”霸气响彻云霄，回荡在不堪忍受暴政的人们心中。

陈胜做了第一个吃螃蟹的人，反暴秦，建政权，大楚兴，陈胜王。

人们受的苦太多了，他们索性“斩木为兵，揭竿为旗”，也跟着反了。

一时之间，天下云集响应，许多郡县都杀死了当地的官吏来响应陈胜。

藏身在深山之中的刘邦，终于等来了机会。

终于等到了

官吏被起义军杀害的消息，很快传到了沛县。

当时，最害怕的，就是沛县县令。他是沛县的最高长官，一旦沛县人起义，他是必死无疑。

沛县县令忧心如焚，如坐针毡，生怕哪天被人杀了。不过，沛县县令也是个明白人，他明白必须迅速找到“逃生通道”。最后，他想到了一个绝佳的通道：起义。他主动变成起义军，身份转变，从潜在的被杀者变成了杀人者，可以名正言顺地护住自己的生命。

想法很好，能不能实现却是另外一个问题。

狱掾（yù yuàn，管理监狱的小吏）曹参、主吏萧何对此看得很清楚，沛县县令是秦朝的官吏，本是讨伐的对象，现在想背叛秦朝，率领沛县子弟起义，恐怕没有人会听从他的命令。

这盆冷水，浇灭了沛县县令的满腔热情，浇得县令透心凉，他瘫坐在椅子上，不知如何是好。这时，曹参、萧何提出了一个建议：召回逃亡在外的人，利用他们，领导沛县子弟起义。逃亡在外的人，都是犯了事的人，或者凶猛无比，或者势力不小。他们一到，众人或害怕，或拥护，一定能服从命令。

曹参、萧何都是刘邦的旧相识，他们这个提议，很大程度上是为了帮助刘邦。

刘邦的追随者已经有几十甚或一百人了，渐成规模。但是，老窝在山里，总归不是办法。刘邦很憋屈，他早就想出山了，只是苦于没有机会。在关键时刻，曹参、萧何恰如其分地为刘邦争取到了机会。

沛县县令没有办法，只好同意了这一建议，派樊哙去召回刘邦。

樊哙是刘邦的酒友，到了刘邦那儿，没怎么费劲，就说服了刘邦，一块儿回去了。一行人说说笑笑，很快就到达了沛县县城。不料，县城的城门紧闭，坚决不让刘邦进城。

这是发生了什么呢?

原来，沛县县令在樊哙走后，思来想去，后悔了。他害怕刘邦回去，会养虎为患，威胁到自己。因此，他一方面下令士兵坚守城门，不放刘邦进城，另一方面又想杀掉萧何、曹参。

这本是沛县县令的自保之策，却蠢到了家。刘邦、曹参、萧何，这三个人，他哪个都得罪不起。如今他同时得罪了三个人，他的命也该到头了!

萧何、曹参一看沛县县令要杀他们，直接翻越城墙，投靠了刘邦。他们三人见面一商量，决定一不做二不休，先拿沛县县令下手，直接反了他。

揭竿而起

主意确定，接下来干就是了。

但是，城门紧闭，刘邦他们进不了城，这个问题很棘手。连城都进不了，就靠他们这一百来个人，也成不了什么大气候。好在，刘邦、曹参、萧何脑袋灵活，进不了城，就利用城里的力量。

这力量很大，它来自所有的沛县父老。

于是，刘邦写了一封帛书，用箭射到城里，这是一封告沛县父老书。在书信中，刘邦主要表明了两点内容：

一是说明天下大势。当今天下，百姓忍受暴秦的残虐之苦已经很久了，起义军势头很猛。各地全都行动了起来，很快就会打到沛县。

二是为沛县父老指明出路。为今之计，就是沛县父老协同一致，杀掉县令，从年轻人中选择一人当首领，以此来响应各地诸侯，如此一来，就可以保全家室。否则，全县父老全都玩儿完，什么都做不成，什么都剩不下。

这封书信，站在沛县父老的立场上说话，攻心效果很不错，谁都想活命，谁都想好好活着。最后，县令被杀了，城门打开了，沛县父老出门迎接刘邦。刘邦没有费一兵一卒，就被“尊敬”地接进了城，牛气！

这就是“不战而胜”。

沛县父老主动推举刘邦当县令，这是意外之喜。本来他只是来投奔县令，在县令手下谋点出路，没想到县令的出尔反尔给了他绝佳的机会，真的是“踏破铁鞋无觅处，得来全不费工夫”。

刘邦心中暗喜，但是面子上还是要推托一下的，毕竟当初说选首领的人是他，如果欣然接受，似乎有拿沛县父老当枪使的感觉。

刘邦很会说话，他说：“如今天下大乱，诸侯纷纷起兵，我们要想胜出，必须选择合适的首领，如果首领选择不当，就会一败涂地。我并不是爱惜自己的性命，而是怕自己能力不够，不能保全沛县的父老兄弟。这是大事，非同小可，还是希望大家认真思考，一起推选出最能胜任的人。”

他特别强调选择首领，一定要谨慎，这个人一定是能力最强的人，否则后果很严重。这话说得沛县父老更没人敢出头。

萧何、曹参都是文官，而且他们很顾惜自己的性命，害怕起兵不成而被治罪。满门抄斩的祸患是他们不愿面对的，于是他们极力推举刘邦。

沛县父老平日里就听说过刘邦那些奇异传闻，坚信刘邦必定会显贵，而且他们也占卜过，只有刘邦当首领最吉利。

这么多人一致推举，刘邦还是推让再三，坚持要选他人。众人都不敢做这个领头羊，最后还是拥立刘邦做了沛公。

刘邦成为沛公，这是他绝处逢生的转折点，这是他一生功业的关键点。

每个人生来都带着一份特殊的使命，他是否能在有限的人生中去完成，时代的大趋势和个人的小宇宙定然是不可或缺的。没有天时地利的大环境，再生猛的人也无法成为时代的弄潮儿，这是机缘不到；相对应的，如果这个人没有足够强大的内心，自然也无法驾驭时代的大趋势传递给他的力量。

汹涌澎湃的反秦浪潮无疑是时代的大趋势，沛公的身份只是刘邦个人小宇宙的表征而已。刘邦成功地完成了大趋势与小宇宙的结合，实现了他人生的第一个目标：利用秦末大起义拉起一支队伍！

人心与人马，一个不能少

要拉起一支队伍，要带好一支队伍，绝不是一件容易的事情。

刘邦做了沛公，他很清醒，也很努力。他知道，拉起一支队伍，需要人马；带好一支队伍，需要人心。

人马很重要，没有人马，怎么打仗？显然，刘邦当时的人马并不多，很不够。于是，很多人员被发动起来，年轻的子弟，有为的官吏，比如萧何、曹参、樊哙等人，他们都负责为沛公招收年轻力壮之人，最后聚集了两三千人。

人心更重要，人心不一，再多的人马也不堪一击。刘邦很明白这个道理，他选择用祭祀来祈求保佑，凝聚人心。祭祀的对象，是黄帝和蚩尤。黄帝安定天下，蚩尤是战神，祭祀他们的意思就是想征战顺利，大安天下。

这个祭祀典礼很隆重：杀牲畜，把牲血涂在旗鼓上，以祭旗祭鼓，旗帜都是红色的。

刘邦之所以如此崇尚红色，源自“赤帝子斩杀白帝子”的传闻，赤帝之子斩杀白帝之子，意指刘邦要打败秦朝，取代秦朝。

刘邦很懂得舆论战、心理战。老百姓相信、敬畏这些神异的事情，既然如此，不妨将舆论进一步扩大。仪式、旗帜等都是宣传手段，进一步加深、坐实刘邦为“赤帝子”的身份，进一步强化人们对刘邦成就大业的信心。

有了坚定的拥护者，刘邦才算顺利地迈出了通往成功的关键一步。

人类文明的历史进程始终存有一个真理：时势造就英雄，时代玉成大业。秦末大乱的局面定然要有一个去收场的人，刘邦能在这个时候脱颖而出，那是必然中的偶然，偶然中的必然。

遭遇背叛

走出了关键一步，很重要。但是，怎样走得更远，怎么走出个美好未来，有时却很难。

没多久，大秦的“灭火军”就到了，要一举灭了他们。

这一仗，在所难免。

这一仗，是刘邦起义后的第一场战斗，必须打赢打好，要不然，追随他的人就会转移阵地，队伍就不好带了。

刘邦亲自带兵，出城迎战秦军，结果很理想，秦军一败涂地。

成功击败秦军，刘邦的信心成倍递增，他的心理更加强大了，他决定迎难而上，转战他地，扩大势力范围，扩大影响。出发之前，刘邦派出专人负责守卫丰邑。丰邑是他的老家、大本营，不能丢，必须守好。刘邦对丰邑很重视，负责守卫的人，自然要能力强，还得值得信任。最后，刘邦任命雍齿负责守卫。雍齿勇武，刘邦信任他。

万万没想到的是，刘邦为这个决定吃了大苦头，也改变了他的发展路径。

是什么苦头呢？

雍齿背叛了他！

秦末大起义举旗之初，起义军并非团结的整体，每一支起义军都面临着两股敌对力量。一是秦军，二是别的起义军。秦军被起义军视为天敌，而起义军之间也时时充满弱肉强食的杀机。

当时，魏国人周市（fú）趁机攻打丰邑。周市派人游说雍齿说："丰邑，本来是过去魏王迁徙的都城。如今魏地已经被平定了几十座城邑。你若是归降魏国，魏国就封你为侯，依然能驻守丰邑。如果不归降，我们就要屠城。"

魏国招降，雍齿立刻就背叛了刘邦，丰邑改换门庭，变成了魏国的地盘。

刘邦这么信任雍齿，雍齿为什么要背叛他呢？

原来，雍齿出身豪强，心里对刘邦还是有些轻视的，他本不愿归附刘邦，大势面前，他不得不随大流，跟了刘邦。

人生就是错综复杂的演出，有的人面冷心热，有的人笑里藏刀。一个个面具下面，一张张化了装的脸庞后面，藏着的永远是最难测的人心。刘邦没有看懂雍齿，没有看到雍齿的内心，才遭遇了最初起义时最大的挫折。刘邦自然不会眼睁睁看着丰邑"花落他家"，他带兵攻打，久攻不下。

气急攻心之下，刘邦病倒了。

加盟大集团

丰邑失守，刘邦对雍齿恨得咬牙切齿，雍齿也成了刘邦一生最痛恨的人。

但是，恨归恨，刘邦还得面对现实。他的力量不够，单靠他自己收不回丰邑，他必须寻求援兵；无缘无故，别人也不会帮他，他只能率领自己的队伍，加盟势力强大的起义军。

刘邦最初投奔的是景驹。

景驹是楚国的王族后人，秦末大起义开始之后，被立为假王。刘邦投靠景驹是想借其力收复丰邑，可惜的是景驹还未腾出手来拉刘邦一把，秦军就杀将了过来。

刘邦见势不妙，当即决定：撤!

刘邦带着自己的人马离开，这是一件幸事。因为，景驹很快被杀，他的军队全军覆没。当然，这也足见刘邦的果断。

刘邦随后投奔的是项梁集团，这是他当时最为明智的选择。能够加盟项梁这一军事集团，对于刚刚起兵、势单力薄的刘邦来说，等于有了一个“核保护伞”。无论对其他起义军，或是对秦军，他都不再是孤军作战。

项梁很大方，直接给了刘邦五千士兵，五大夫级的将领十人。有了这些援兵，刘邦信心满满地再次对丰邑发起进攻。

可惜的是，丰邑还是没有打下来。不过，刘邦这次没有像上次那般怨恨，那般急切，他决定跟随项梁，慢慢再做打算。

心里不那么焦虑，机遇反而来了！

第一个机遇，是参与拥立楚怀王。

应该说，项梁是刘邦的第一个贵人，他对刘邦很欣赏，很提携，刘邦因此得以参与拥立楚怀王熊心的大会。因为参会，刘邦有了一个新身份：拥立楚怀王的功臣。这一身份，为刘邦带来了福利，他颇得楚怀王的欣赏，备得楚怀王的支持。楚怀王的欣赏与支持，在项梁战死后，又为刘邦赢得了新的生机。

第二个机遇，是成为楚怀王牵制项羽的力量。

项梁战死，对项氏集团来说无异于晴天霹雳，但对楚怀王而言却是一个千载难逢的好机会，他可以趁机确立起自己的权威。楚怀王这个王要想做久点，就不能让手下的人一家独大，必须形成牵制。他的策略，就是削弱项羽，扶植他人。

楚怀王很快收回了项羽的军权，将独立指挥权收归己有，项羽一下子失去了独立指挥权；同时，楚怀王又封刘邦为“砀郡长”，统领砀郡军队，刘邦纵身一跃成为独当一面的军团首领，远比项羽更有实权。

获得“分蛋糕”的权利

很快，两个问题摆到了楚怀王面前：救赵与灭秦。

这两件事都要做，都很迫切。更为迫切的是，该让谁去做呢？

当时，秦军强大，势头也盛，往往乘胜作战，因此，起义军众将领没有谁认为先进入关中是有利的事。只有项羽痛恨秦军打败了项梁的军队，很激愤，很兴奋，愿意入关灭秦。

但是项羽的入关愿望，却没有通过。没有通过的原因，在于有些人认为项羽的性格不适合担任此职。

这些人，主要是楚怀王手下的老将。

他们认为项羽勇猛凶残，性情暴躁，好伤人性命。当初项羽曾经攻下襄城，那里没有一个人活下来，全都被他活埋了。他所经过的地方，没有不被毁灭的。

这样一个劣迹斑斑的人，入关攻打秦地，会有什么后果呢？

很显然，必定残暴，而且会更残暴。因为，他还要报叔父项梁被杀之仇。

秦地百姓受苦已经很久了，以暴易暴自然不行。当今之计，是不施加暴虐、欺压百姓，显然，凶悍暴虐的项羽，不是最佳人选。

老将们提供了一个合适的人选，此人便是刘邦。

为什么选刘邦呢？刘邦比项羽有什么优势呢？

老将们对刘邦的评价是两个字：长者。

“长者”包含两个层面的意思：一是年长稳重，二是宽厚仁爱。这是明面上最能说出口的理由，都是项羽不具备的优势，自然就把项羽排除了。

其实，最根本的原因，是楚怀王根本不想让项羽入关。

在决定派遣刘邦入关之前，楚怀王与刘邦、项羽等众将士订下了一个盟约：先入关者为关中王。这一约定是为了激励士气，“关中王”这块蛋糕对将领们的诱惑力实在不小。一旦项羽借入关之机，真当上关中王，项氏家族的势力将再度膨胀，熊心这个楚王就又难受了。若是刘邦当了关中王，暂时不会有太大威胁，而且还会牵制项羽的势力，一举两得。

楚怀王是为自己考虑，无形之中却成就了刘邦，刘邦成为最终受益人。

一场特别的“面试”

刘邦奉命西征，这一路跌跌撞撞，并不好走。好在身边有张良等谋士出谋划策，还不断有新的谋士加入他的队伍中来。

郦食其（lì yì jī）就是其中一个。

郦食其好读书，胸中有万千沟壑，只因家贫落魄，为了谋生，做了一个看门的小吏。别看他工作低微，但是县里的豪杰都不敢差遣他，他也就有了“狂生”的称号。

狂生郦食其是有大志向的，他只是在等待时机，等待足以成大事的人。郦食其看守城门，见识了起义军的各路人马，他都没有找到合适的那个人。这些将军们或者拘泥礼节，或者目中无人，或者心胸狭隘，郦食其很失望。后来刘邦来了，郦食其很激动，他感觉自己找到那个足以依赖的人了。

刘邦身上哪点打动了他呢?

第一，“长者”风度。郦食其见过的将领很多，唯有刘邦，是位心胸宽大、忠厚老实的长者。

第二，有大略。做大事者，必须有大智慧，格局要大，站位要高。

恰好，刘邦手下有位骑兵是郦食其的老乡，郦食其急切地请求老乡帮忙引荐。

他这位老乡却不看好郦食其的“毛遂自荐”，因为刘邦特别不喜欢儒生，一提到儒生就破口大骂，见到有人戴着儒生的帽子，他就上前一把把帽子扯下来，这还不算，他还要在里面尿尿，儒生的帽子经常成为他的“尿罐”。不过，老乡还是将郦食其的“自荐词”说给了刘邦听：

郦食其，六十有余，身高八尺，人称“狂生”，自己却不认为是狂生。

刘邦听了这个“自荐词”，很感兴趣，同意见见。

但是，要想通过刘邦的“面试”，并不容易。刘邦总是不按常理出牌，出的题目都很刁钻。郦食其被引入室内，映入眼帘的是一幅很不雅观的景象：刘邦叉开双腿坐在床上，两个女子正在给他洗脚。这一景象，对于一个求职者来说，是一种侮辱，也是一种漠视。

见到此景，有的求职者，或许扭头就走，此处不留爷自有留爷处，爷也有自尊。有的求职者，或许假装没看见，卑躬屈膝，只要能留我，当孙子也愿意，孙子很听话。

郦食其与此二者皆不同，他没有躲避，也没有就此离去，更没有跪拜，只是作了个长揖，然后冷冷地说：“如果您要诛灭无道的暴秦，就不应该傲慢地坐着接见长者。”

刘邦貌似漫不经心，不正眼看郦食其，其实他一直在观察郦食其。这一见一听，就知道郦食其不一般，郦食其的面试自然就通过了。刘邦急急站起身来，整理好衣服，向郦食其道歉，并请他坐上座，以示尊敬。

郦食其心中有数，没有点干货，怎么能赢得刘邦的尊敬呢？

好在郦食其不缺干货，他能从自己脚下的这块土地上找出打动刘邦的制胜“干货”。这一“干货”，就是陈留（今河南开封市陈留镇）的粮食。陈留储存有秦军大量的粮食，而粮食对于长途跋涉的军队来说至关重要。郦食其主动请缨，他可以带路，袭击陈留。

刘邦自然很高兴，有人助他，何不招入麾下呢？

人才是多多益善，人才要用对地方，刘邦的识人、用人之道，真的是自有章法。

秦宫的诱惑

越靠近咸阳，刘邦反而打得越顺利了。

越打越顺利的刘邦，没有骄傲，反而命令全军，所到之处不得掳掠。秦地人都很高兴，秦军纷纷瓦解，终于，刘邦彻底打败了秦军，顺利入关了。

汉元年（前206）十月，刘邦的军队率先到达霸上（一作灞上，今陕西西安东）。秦王子婴乘坐白车白马，用丝绳系着脖子，手捧着皇帝的玉玺和符节，向刘邦投降。至此，中国历史上第一个统一帝国——秦帝国终于走下神坛，成为历史，成为后人永恒的话题。

这个投降礼，秦王子婴郑重其事。

这个投降礼，刘邦手下的将领却不领情。

这些将领，本也是被压迫的百姓，无奈之下，揭竿而起。如今亲见仇人，他们群情愤懑，怒火中烧，欲杀之而后快，想要子婴这个“替罪羊”血债血偿。

刘邦却很清醒，没有被情感左右，他说：“当初怀王派我攻打关中，就是认为我宽厚容人，我现在杀掉秦王，对不起‘宽容’二字。再说人家已经投降了，又杀掉他，这么做不吉利。”于是，刘邦让主管官吏看守秦王，他又继续西进，进入咸阳。

如何处置子婴，这件事情其实很具有挑战性。刘邦以“宽人律己”为由，说服众人，保住了子婴一条命。这样做的效益，远远大于逞一时之快的即时效应，彰显了刘邦成熟的政治智慧。

到了咸阳，进了秦宫，刘邦却不淡定了。

金碧辉煌、富丽堂皇的秦宫大殿，让草根刘邦眼睛发晕，他的内心又响起了当初那个声音：“大丈夫当如是也！”他禁不住诱惑，不想走了，他想歇一下，想享受一下当皇帝的感觉。

樊哙感觉不妥，但他笨嘴拙舌，说不出什么大道理，只会说“不行”“危害大”。

张良这时出面了，他不是直接劝说，他提了三个问题：

第一，您是怎么来到秦宫的呢？

很明显，秦王无道，天下苦秦久矣。如若不然，想他刘邦，一介草民，哪有机会来到这里。

第二，为天下清除暴君的人该怎么做呢？

自然应当反其道而为之，他荒淫暴虐，你就应该俭朴仁德。光想着寻欢作乐，与暴君无异。

第三，应该怎样对待忠言呢？

俗话说“忠言逆耳利于行，良药苦口利于病”，不要因为忠言不好听就不听了。

张良出马，一个顶俩，刘邦控制住了自己，下令封存秦宫的珍宝财物和库府，恋恋不舍地离开，回师驻扎在霸上。

安民心

回军霸上，刘邦开始思考一个迫切的问题：如何安定民心。

这是刘邦要做的第一个功课，做得好坏，直接关系到他能否在关中站稳脚跟，直接关系到他的未来走向。

刘邦请来各县的父老豪杰，举行了一次“见面会”，见面会的主题是为民政策。

刘邦的讲话，表达了两层意思：

第一，他是来除害的，不是来害人的。

刘邦很会做思想工作，很会拉拢人心，他把自己放在与秦地百姓同样的“受压迫”的位置，感同身受地说出百姓心中的苦：动辄得咎的日子很不好过，很难受。同为受苦人，刘邦斩钉截铁地说，他入秦，是要为父老们除害的。他既不会攻城略地，也不会走暴秦的老路。他希望父老们放宽心，别害怕，别抗拒。为了让父老们放心，他提出了三条规则：杀人者处死刑，伤人者依法治罪，抢劫者依法治罪。秦朝的其他法律全部废除，所有官吏与百姓，各司其职，各安其位。这就是著名的“约法三章”。

第二，他本应当关中王，但他不称王。

当初“怀王之约”规定，谁先进入关中，谁就在这里做王，所以，刘邦应当做关中王。但他却宣布暂时不称王，而是等待诸侯到来，共同制定一个规约。

见面会后，刘邦派人将这些政策传达到各乡县的每一位老百姓那里，让他们心中有数。

秦地百姓一心一意要过点安生日子，早已领受了秦朝暴虐的他们，喜悦无比，争先恐后地给刘邦送牛羊，运酒食，慰劳刘邦的“仁义之师”。

面对百姓的热情，刘邦却坚决拒绝，不肯接受，他说：“仓库里还有很多粮食，并不缺乏，我不想让大家破费。”

百姓们一听这话，更加高兴，感谢上天为他们送来了对的人，宽厚长者沛公刘邦就是他们的福音，他们期盼着刘邦做关中王，生怕刘邦走了。

刘邦“仁义之师”的秀场，抓住了秦国失掉民心最

重要的原因：暴政和苛法，他反其道而为之，为百姓送去温暖。

刘邦“仁义之师”的秀场，深得民心，人气爆棚，赚得了满堂彩，群众呼声很高，为他赢得了群众基础。

这是一场成功的攻心战。

（本篇主要依据《史记·高祖本纪》《史记·郦生陆贾列传》）

原典

乃以秦王属[①]吏，遂西入咸阳。欲止宫休舍[②]，樊哙、张良谏，乃封秦重宝财物府库，还[③]军霸上。召诸县父老豪杰[④]曰："父老苦秦苛法久矣，诽谤[⑤]者族，偶语[⑥]者弃市[⑦]。吾与诸侯约，先入关者王[⑧]之，吾当王关中。与父老约，法三章耳：杀人者死，伤人及盗抵罪。余悉除去秦法。诸吏人皆案堵[⑨]如故。凡吾所以来，为父老除害，非有所侵暴，无恐！且吾所以还军霸上，待诸侯至而定约束耳。"

《史记·高祖本纪第八》节选

注释

①**属：**音 zhǔ，委托，交付。

②**止宫休舍：**止休宫舍。停留在宫中休息。

③**还：**退回，返回。

④**豪杰：**才智勇力出众的人。

⑤**诽谤：**批评朝政之得失。诽为背后指责，谤为公开指责。

⑥**偶语：**聚在一起说。偶，相聚。

⑦**弃市：**处死。古时刑人于市以表示"与众共弃之"，故称"弃市"。

⑧**王：**音 wàng，称王。

⑨**案堵：**安定，安居。也写作"安堵"。

译文

于是刘邦把子婴交给手下看管，而自己进占咸阳。刘邦想住在秦宫里享受一番，樊哙、张良劝说阻拦，于是刘邦封起秦宫里的仓库和各种珍宝，率军重回霸上。刘邦把关中各县的父老乡绅们找来，说：“乡亲们受秦朝的暴政太久了，说朝廷坏话的就要被灭族，相聚议论国事的就要被杀头。我们各路将领在东方出发前已经约定，谁先攻入关内谁就当关中王，现在我应该当关中王。我与诸位约定，今后的法律只有三条：杀人者处死刑，伤人和偷人东西的按情节定罪。秦朝法律一概废除。官吏和百姓都像以前一样安心工作生活。我到这里来，是为父老们除害，绝不会侵害大家，请不要怕！我之所以带领人马回到霸上，是等候其他各路将领到来，共同商定日后的法令。”

鸿门宴

每一天，人们都需要吃饭，都有饭局。

有些饭局，注定随着吃过的饭，消失得无影无踪。

有些饭局，则会在历史的传诵中，愈发高光，愈发亮眼。

历史上最有名的饭局，非鸿门宴莫属。

鸿门宴的有名，源自饭局的双方都很厉害，一为西楚霸王项羽，一为后来的大汉天子刘邦。

鸿门宴的有名，源自饭局的影响很大，影响了楚汉战争的走势。

这是一场不怀好意的饭局。

这又是一场出其不意的饭局。

项羽两怒

秦末反秦运动中，有一个著名的约定“怀王之约”：“先入关者王之。”也就是说，谁先攻下函谷关，占据关中，谁就称王。

这个约定，本是楚怀王孤立项羽、加强集权的幌子。项羽被命“北上救赵”，楚怀王想让他有去无回；刘邦被命“入关亡秦”，即便做了关中王，也不会有太大危机，而且还会牵制项羽。结果天不遂人愿，楚怀王的如意算盘落了空：项羽不仅没有灭亡，反而实力更强大了；刘邦抢先入了关，有了更大的野心。

“怀王之约”，是刘邦通往成功的关键，也是引发楚汉战争的重要导火线。

刘邦入关后，有人向他提了一个建议：关中富甲天下，易守难攻，应据关自守，阻止诸侯军队入关。

当时刘邦正是志得意满、情绪高涨之时，没有细细揣摩就把枪上了膛，派兵把守函谷关。但是，这一步，走得实在有些大意，走得有些着急，犯了大错。

这个错，就是公开与项羽为敌。

怀王之约是当年怀王所许，但现在手握重兵、拥有绝对权力的是真正的诸侯盟主项羽。到底谁来做关中王，不是楚怀王说了算，实际上是项羽说了算。

其实，项羽不会让刘邦当关中王，他在关中地区封立了四个诸侯王，将令人垂涎三尺的“关中王”分立，这就是明证。然而，刘邦还陶醉在“先入关者王之”的许诺中，做起了美梦。只不过，这个梦，才刚刚做，就被项羽打破了。

项羽率领四十万大军浩浩荡荡到达函谷关，却见关门紧闭，驻守官兵拒绝开门。这一记“闭门羹”，不禁让项羽大怒。想他项羽，成为诸侯盟主，叱咤风云，威风八面，诸侯唯命是从，他正享受其中呢，刘邦却给他来这么一招，着实不把他看在眼中。既然如此，项羽也不客气，直接强行攻关。很快，函谷关就被攻下。

此时的刘邦正驻军霸上，项羽休整后驻军新丰鸿门，两人还没有机会见面。不过，很快项羽就得到了一个更令他大怒的消息。

这个消息，是刘邦的左司马曹无伤告的密。消息内容是：刘邦想做关中王，要立子婴为丞相，要将秦宫中所有的珍宝异玩、美女宫娥据为己有。项羽顿时火冒三丈，气不打一处来。这个刘邦，真的是没把他这个诸侯盟主放在眼里，他一定要让刘邦明白，谁才是“带头大哥”，谁才是“王”！

这时，项羽的谋士范增又说了一番话，更加坚定了项羽灭亡刘邦的决心。范增说刘邦虽然只有十万军队，但绝对不可小瞧。他讲了两点理由：

第一，入关后的刘邦“很反常”。

此前刘邦贪财、好色，但是入关后，他既不索取财物，也不亲近美女。这是刘邦改变喜好了吗？不！他的喜好没变，他只是在克制，克制的原因在于他的志向不小，他的图谋更大。

第二，刘邦身边的云气“不一般”。

范增曾让人观望过刘邦那边的云气，发现总有龙虎之状，五色斑斓。这种云气不一般，这可是天子的瑞气呀！

范增建议，必须不惜一切代价，必须以最快的速度拿下刘邦，否则就会错失良机。

项羽本来就怒火难平，听了范增这番话，更加坚定了要消灭刘邦的决心，于是下令：“明天早上让兄弟们吃好吃饱，我要灭了刘邦那小子！”你跟我讲“约定”，我就跟你玩“实力”，老虎不发威，你刘邦还真拿我项羽当病猫了呀！

大战一触即发，而刘邦还在大营中继续做美梦呢。

项伯泄密

项羽决定和刘邦一争高下，如果真能打起来，或许中国的历史会被改写。然而这一决定最后无疾而终。

为什么没有打起来呢?

因为消息泄露了，刘邦有针对性地熄灭了项羽的一腔怒火。

泄密的人，是项羽的叔叔项伯，当时担任项羽的左尹，也就是左丞相。

项伯与项羽这么近的关系，他为什么要泄密呢?

其实，项伯不是刻意泄密，不是去给刘邦通风报信，最初只是为了私人情谊。

原来，项伯与张良是生死之交，张良当时正跟随着刘邦。

项伯是知恩图报之人，听闻项羽的决定之后，心中慌乱起来，他不想让张良跟着刘邦一块儿完蛋。一旦明早大战开始，刘邦在劫难逃！张良也在劫难逃！项伯一心想要救张良于水火之中，情急之下也顾不得那么多了，直奔刘邦大营而去。见到张良，项伯将项羽的计划和盘托出，并让张良赶紧跟他走，不要跟着刘邦送死。

张良听完，心里咯噔一下，但依然佯装镇静。张良淡定地说，自己是代表韩王来护送沛公刘邦的，如今沛公情况危急，他若逃走，很不仁义，不能不告诉沛公这件事。

张良这番话颇有讲究，打出“义”字旗号，令项伯无言以对。项伯救张良是出于“义”，张良通知刘邦也是“义”，项伯不得不妥协，同意张良将这个绝密情报告诉刘邦！

从两人这番你来我往中不难看出，张良的确比项伯高深莫测许多，他看出项伯是只认个人之“义”而不顾集团之“利”的糊涂人，便以此攻心，顺利拿下。

听到消息后的刘邦，被狠狠地打了一记闷棍，直接蒙了，这真的是突如其来的毁灭性打击！他只能急吼吼地问着：“这该如何是好呢？”

张良没有立即回答，反问道：“是谁给您出的主意，派兵把守函谷关的？”

沛公和盘托出说：“是一个浅陋小人告诉我，只要守住函谷关，不让诸侯军入关，整个秦地都可占为己有，可以称王了。”

张良继续问道：“您感觉您的兵力能敌得过项王吗？”

刘邦无语，空气一时凝固，很明显，敌不过。

这两问，表面上看来是在了解情况，实际上是在引导刘邦认清形势：项强、刘弱是客观事实。张良见刘邦已有悔意，这才娓娓道出破敌之策：告诉项伯，说刘邦不敢背叛项王。

张良的应急之策，概括起来就是四个字：政治欺骗！缩简为两个字就是“欺骗”！说白了就是一个字：骗！

不就是“骗”吗，刘邦心领神会，没再多问。哄骗术对刘邦来说轻车熟路，无须人教，他老练得很呢！

突然，他问了张良一个问题：“你怎么和项伯有这么深的交情呢？”

张良从容地解释道：“在秦朝的时候，我们就有交往，当时项伯杀了人，我帮他免了死罪。如今他看我有了危难，便来救我。”

刘邦的这番问话，看似突兀，其实不然！

刚才刘邦急得跺脚，一心只想着该如何应对危机。现在对策有了，刘邦心中就有了底，他慢慢清醒过来了。大战在即，项伯夜闯敌营，将绝密军情通告张良，这实在不合情理，其中必有隐情。由此可见，刘邦的政治警觉性还是很高的。

随后，刘邦又问了张良一个问题：“你与项伯，谁的年龄大？”张良说项伯要大一些。刘邦了解清楚后，便请张良把项伯请进大帐，他的哄骗大戏马上要开演了。

夜间大戏

刘邦遇到了大危机，多亏张良，他幸运地提前得知了即将到来的重大危机，并获得了化解之法。他要做的，就是开展一次成功的危机公关。

这次的危机公关有两点很关键：一是项伯，二是欺骗。一句话，利用项伯，欺骗项羽。只有项伯能在战前见到项羽，他刘邦必须先忽悠住项伯，才有可能忽悠项羽。怎么忽悠项伯呢？刘邦没有过多的时间考虑，他只能脑子飞速地运转，即兴表演，一边演一边想，演完了，也想完了，确实是高手。

刘邦的危机公关，用了两招：

第一招，拉关系。

项伯进帐与刘邦相见，刘邦非常热情，非常尊重项伯，像对待兄长那样侍奉项伯。

刘邦设宴招待项伯，捧起酒杯，向项伯献酒祝寿，又与项伯定下了儿女婚姻，约定为儿女亲家。

第一次见面，敬敬酒，聊聊天，就能把敌我关系搞成融洽的姻亲关系，真是匪夷所思！

这就是刘邦与生俱来的本领。能大能小，能屈能伸，能远能近，能亲能疏，这就叫随机应变！

第二招，表忠心。

项羽对刘邦的怒火，就是刘邦驻兵函谷关，要做关中王。这是刘邦这次危机产生的根源。这个问题解释不清楚，再近的关系，也无法帮他忽悠住项羽。好在，刘邦要做关中王的话，都是外人传的，刘邦自己并没有公开说过。这就让刘邦有了回旋的余地，打死都不承认自己有这样的想法。

更为重要的是，刘邦说自己驻兵函谷关，不是为了称王，而是为了项羽。他进驻函谷关以来，秋毫无犯，清查官民户口，查封各类仓库，只等着项将军到来。之所以派兵守关，是为防备其他盗贼窜入，防备有意外的变故。他日夜盼望着项将军到来，怎么敢谋反呢！

他对项羽一片忠心，别人却造谣中伤他，项羽还怀疑打压他，他心里委屈得很呢！

刘邦很有演讲口才。一份冲动的野心，被他巧舌如簧地说成了无限的忠诚，这颠倒黑白的功夫，的确了得。

刘邦很有表演天赋。一份演技，打造出了一个情真意切、掏心掏肺的仁义形象，项伯不自觉地感动了，相信了，而且是深信不疑。

项伯此时已经与刘邦站在一起了，他愿意为他的儿女亲家出力，他也自信可以说服项羽。临走之前，项伯又特意嘱咐刘邦，第二天一早一定要亲自到鸿门，向项羽亲自道歉，亲自解释。

刘邦心中暗爽，大功告成，口中连连答应“诺”。

忽悠住了项伯，危机公关就成功了一半，接下来就要靠项伯了。

项伯劝项羽

项伯回到项羽大营，立马去见了项羽，他要完成“亲家公”交给他的任务。

这个任务，不太好干，该怎么平息项羽的怒火呢？

项伯其实心中已经有了主意。项伯对项羽是了解的，他年轻、骄傲、讲义气，因此，项伯决定对症下药，一打感情牌，二打仁义牌。

项伯没有掩饰自己到了刘邦大营一事，主动对项羽坦白，避免项羽的怀疑，这是游说劝说的前提。项伯见项羽没有生气，便一五一十地把刘邦的话转告给了项羽，说项羽误会刘邦了，其实，刘邦很委屈，很可怜。

为了说服项羽，项伯特意强调了一点：刘邦有功。若不是刘邦先入关灭秦，项羽大军也不可能如此轻松入关。刘邦立了大功，如今却要消灭他，实在是不仁不义啊。

两张牌打完了，项伯又提了一个避免不仁义的解决方案：招待刘邦，缓和一下双方关系。

项伯的这番话，即使有理有据，也存在一个无法回避的罪责：他泄密了，他通敌了。军事机密事关集团的胜败存亡，一旦泄露，后果不堪设想。因此，军事泄密，必须严惩重罚。万万没想到，项羽听后，不但没有治罪项伯，反而欣然同意了项伯的建议。

也就是说，项伯忽悠项羽成功。

也就是说，刘邦的危机公关基本上成功了。

此等大事，事关生死，项伯一番话，项羽没有与人商量，就立马改变了主意，擅自取消了第二天的行动，太草率了吧？就在几个时辰之前，刘邦缓过神来之后还知道问张良一句："君安与项伯有故？"而此时项羽却对项伯一系列离奇举动毫无怀疑，显然脑子里少了这一根筋，真是可惜之前白白怒了两次。

其间原因，或许与项伯的叔侄关系，让项羽不认为自己的叔叔会害自己。但最根本的原因在于，项羽太自傲了，他内心也不认为刘邦敢背叛自己，他更愿意看到的是刘邦的俯首帖耳。项羽没有意识到刘邦已经成为自己的最大劲敌。是的，不是将要，不是正在，而是已经。这点很恐怖。世间可怕的，不是你的对手有多强大，而是你不知道谁是你的对手，是你忽视了对手的强大。

历史走到这个特殊时刻，还为项羽保留着最后的机会，他仍然有机会翻盘。

这个机会，就是第二天与刘邦的见面。

只是，他把握住机会了吗?

忽悠项羽

第二天一大早，刘邦就带着一百多名骑兵赶到鸿门，拜见项羽。

见到项羽，刘邦就赶紧赔罪，恭恭敬敬地说:“我与将军合力攻秦，将军在河北作战，我在河南作战。不承想，我能先一步入关破秦，能够在这里见到您。如今却有小人散布谣言，说我坏话，离间将军和我，使将军与我有了嫌隙。”

刘邦这番话很见功力，可以说是中国历史上非常出色的说辞之一，短短几句话却蕴含了三层深意：

第一，你我曾是亲密的战友。

刘邦封堵函谷关，已经是在和项羽争天下，已经是敌我关系了。但是为了躲过这一劫，刘邦必须让敌我关系模糊。他回忆往昔，以当年并肩作战的战友情为突破点，将自己在项羽心里的定位拉回到反秦统一战线的阶段。

第二，你是老大，我是跟班。

项羽决定动武的重要原因，是自尊心受到了伤害，诸侯“老大”的身份受到威胁。刘邦对此心知肚明，因此，安抚项羽受伤的心，是刘邦说辞的重中之重。怎么安抚呢？抬高项羽，贬低自己。刘邦强调，自己先入关灭秦，实属无心插柳之举。灭秦大事就该由项羽来担当，自己就应该是“配角”。

刘邦不愧是实力派演员，纵然是如此虚情假意之话，从他嘴里说出来也成了真心实意。拍马屁拍到了正地方，怎能让人不喜悦呢？

第三，我们的隔阂是小人陷害。

刘邦、项羽的矛盾是根本利益的冲突，最终只会剩下你死我活的局面。此刻刘邦硬把它说成是被小人离间所致，硬把它说成是人为造成的误会，将必然性的矛盾说成是偶然性的冲突，掩盖了真实的对抗性。

这就是政治游戏，也是政治策略。实在是高啊！

刘邦的说辞堪称完美，再加上他的卖力演出，颇具感染力。但是，演员卖力是一方面，观众买账才是硬道理。那么，项羽到底被刘邦这番精心炮制的谎言忽悠住了吗?

那是当然！看看项羽的反应就知道了！

项羽听完刘邦这番“真情告白”之后，直接交了底:“这是您的左司马曹无伤说的，不然，我怎么会生疑心！”

项羽这不是把自己安插在刘邦身边的卧底曹无伤给卖了吗?

项羽粗线条的确不假，不过此刻，他是被刘邦说得无地自容了，觉得太对不起兄弟，又不能失了脸面，于是曹无伤就要“受伤”了。想要扔掉头上“不仁不义”的帽子，只能撂出曹无伤为他承担责任，政治从来都是这样冷酷。

这是刘邦与项羽的第一次正面“交锋”，刘邦完胜。刘邦“避其锋芒”，混淆视听，模糊敌我，把自己降到尘埃中，忽悠住了项羽。

那么，刘邦的危机真的解除了吗?

事情没有那么简单。

一个人，一场酒宴，一场刺杀，慢慢地要上场了。

项庄舞剑

项羽为了表达歉意，联络感情，设宴招待刘邦，一起喝酒，一起畅叙友情。

参加宴会的，有五位成员，依次坐下。

项羽、项伯，面朝东坐着，这是最尊贵的位次。

范增，面朝南坐着，是其次尊贵的位次。

刘邦，面朝北坐着，是第三的位次。

张良，面朝西陪侍在一边，是最下一等的位次。

这种位次安排，项羽的自负自得、刘邦的作秀谦恭，展露无遗。

这就是历史上著名的鸿门宴。

说起这鸿门宴，很多人都很熟悉，这可是史上千年难遇之酒无好酒、饭无好饭、惊心动魄、斗智斗勇的一幕好戏。

既然项羽已经彻底被忽悠，怎么还会有惊心动魄的局面?

其实，一幕幕精彩画面，均是出自大师范增的手笔，不容错过!

范增是项羽军中最厉害的智囊，他的眼界与心智远在项羽之上。他对刘邦的一言一行一举一动，那是看在眼里急在心里。看到刘邦如此胆大妄为不说，竟然几句话便能挽回局面，其能量实在太可怕了！范增深知，一旦这次留了刘邦小命，势必后患无穷。

既然如此，杀戮是必须的了！

席间，范增多次对项羽使眼色，示意项羽找机会杀掉刘邦。但是，项羽毫无反应，也不知道是没看见，还是假装没看见。接着，范增又多次举起身上佩戴的玉玦，向项王示意要当机立断。但是，项羽依旧默不作声。

范增一见这情形，知道不能依靠项羽了，他决定“先斩后奏”，直接下手。他是个谋士，动手杀人不是他的长项，但是，项羽帐下这样的人倒不少，他很快想到了一个人选。他悄悄起身离席，出去叫来了项庄，对他说：“将军心太软，不愿意杀刘邦。要不你去敬个酒，敬完后表演舞剑，然后伺机将刘邦解决了。今天不灭了他，回头就得被他灭了！”

项庄领命，进入大帐，献酒致敬。献酒完毕，项庄对项王说：“君王与沛公饮酒，军营中也没有什么可以娱乐的，就让我来舞剑助兴吧。”项羽没有多想，就同意了。

只见项庄拔剑起舞，寻找着时机，刀光剑影，意在沛公。

项庄舞剑，是刘邦在鸿门宴上遇到的最为凶险的一劫，按说原本很难逃脱。随刘邦而来的樊哙等四员大将均未得列席，一旦项庄瞅准时机，刘邦在劫难逃。

关键时刻，项伯出手了，刘邦这才幸免于难。

项伯异常警觉，看出了项庄的意图。他不愿意眼睁睁地看着“亲家公”丢了性命，他赶紧拔剑起舞，亦步亦趋，用身体掩护着沛公，如此一来，项庄始终没有办法下手。

就这样，范增精心策划的暗杀行动，被刘邦的“亲家”给搅黄了。

刘邦此次遇险，是范增一手策划，前前后后的计划安排，在座的除了一位没有眼力见儿，其他人都不言自明。

是谁那么愚笨呢？

刘邦是猎物，凭他的悟性和敏锐的直觉，当然知道舞剑是为了刺杀自己；张良那么精明的人，更是洞若观火；范增是主谋，自不在话下；项伯要是看不出来，干吗起来陪舞？

唯独项羽竟然毫不知情。

试想一下，如果项羽能明白项庄舞剑的举动是“意在沛公”的话，还能欣然同意吗？那怎么可能！早先刘邦的那番说辞已经让他深感愧疚，此时又怎会默许一场谋杀呢！

所以，大名鼎鼎的鸿门宴说穿了就是：五个明白人（刘邦、张良、范增、项庄、项伯）陪着一个糊涂蛋（项羽）吃饭罢了。

樊哙闯帐

张良也是谋臣，勇力不够，刀光剑影之时他的作用有限，他也需要外力支援。

张良眼见局势不妙，急忙走到军门，找到樊哙。樊哙原先是个杀狗的，有勇力，一直追随刘邦，忠心可鉴。

樊哙问道："今天的事情怎么样了？"

张良说："十分危急！现在项庄正在舞剑，但是他一直在打沛公的主意！"

樊哙一听，急得不行，说："这也太危险啦！让我进去，我要与沛公生死与共！"

樊哙佩带着宝剑，拿着盾牌，就往军门里闯。负责安全的卫士，手拿叉戟，挡住樊哙，不让他进去。樊哙急了眼，侧过盾牌，往前一撞，那些卫士们就被撞倒在地上。樊哙趁机闯进军门，面朝西站定，瞪大双眼，怒视项羽，头发根根向上竖起，眼角都快要瞪裂了。

忽然之间，军帐内闯进这么一个人，项羽陡然有些紧张，他腾地一下挺直身子，握住宝剑，这一系列紧急戒备的动作一气呵成，迅猛到位。

项羽大声问道："这是什么人？"

张良说："这是沛公的护卫樊哙。"

项羽提起来的心又落回了原地，他打量着樊哙的威武之躯，情不自禁地说："真是壮士啊，赐他一杯酒。"手下人递上一大杯酒，樊哙拜谢，起身站着"咕咚咕咚"喝了下去。

项王又说："赐他一只猪肘！"手下人递上了一整只猪肘。樊哙一见，把盾牌放在地上，把猪肘放在盾上，拔出宝剑，边切边吃。这便是成语"彘肩斗酒"的来历，形容英雄豪壮之气。

项羽看着樊哙吃猪肘的架势，禁不住赞叹地问："真是壮士，还能再喝吗？"

樊哙毫不在乎地说："我连死都不怕，一杯酒又有什么可推辞的！"

说完，樊哙又借题发挥道："秦王有虎狼一样凶狠的心，杀人无数，唯恐杀不完；给人加刑，唯恐不够重，天下人都背叛了他。当初怀王与诸将约定，谁先击败秦军，进入咸阳，就让谁在关中称王。如今沛公先击败秦军，进入咸阳，秋毫不犯，封闭秦王宫室，撤回霸上，等待大王您的到来。为防备盗贼窜入和发生意外的变故，沛公特地派人把守函谷关。如此劳苦功高，您非但不赏赐沛公，反而听信小人谗言，想杀害有功之人。您这是在走秦朝灭亡的老路，我私下认为大王您不会这样做！"

樊哙虽然行事凶猛，但人不可貌相，粗中有细的樊哙找准时机配合着刘邦，旁敲侧击，一番话说得有理有据，无懈可击。先为刘邦说好话，又给项羽预扣了一顶“与秦王无异”的大帽子，最后却又轻轻略过，“窃为大王不取也”，帮助项羽开脱。这番话出自粗野武夫之口，更具独特的攻心效果。

本来就心怀内疚的项羽，此时更是没了面子，无言以对，只能尴尬地招呼樊哙道：“坐！坐！”樊哙也不客气，挨着张良就坐了下来。

樊哙闯帐是鸿门宴的一个重要转折点。

樊哙刚进来的时候，项羽非常警觉。当得知这位彪悍大汉其实是刘邦的保镖时，项羽便立刻放松下来了。物以类聚人以群分，樊哙以一介武夫的特有形象——粗鲁、豪爽，轻易地赢得了项羽的好感，所以项羽才会一口一个“壮士”叫个不停。在粗犷外表的掩护下，樊哙继而上演了一场精彩绝伦的鸿门畅饮，并获得项羽由衷的赞美。

至此，项羽在政治上的低智商表露无遗。

至此，再让项羽杀刘邦，那绝对是不可能了。

估计再有刺客来，掩护刘邦的，就该是项羽了！

刘邦逃席

有樊哙在侧，刘邦的人身安全有了保障，局势稳定了下来。坐了一会儿，刘邦起身上厕所，顺便把樊哙也叫了出去。

刘邦的确机警，他明白虽然摆平了项羽，但范增不好糊弄，此地极为凶险，最好先行离去。只是刚才出来，没有告别，刘邦感觉有些不妥。

樊哙急呼呼地顶撞了一句："干大事不必顾及小节，讲大礼不必躲避小难，如今人为刀俎我为鱼肉，人家好比是快刀砧板，我们好比是任人宰割的鱼肉，还告辞什么！"

刘邦一听也对，还是逃命要紧，于是就匆匆离去了。

樊哙一番说辞，就出现了"大行不顾细谨""人为刀俎，我为鱼肉"两个成语，谁还能说樊哙只是莽夫一个呢？

刘邦虽然逃了，却不是一走了之，即使是逃席也不能怠慢。刘邦特意部署了一下，安排得很周密，滴水不漏。

首先，留下张良向项王致歉。

刘邦来的时候，带了一双白璧，准备献给项羽；还有一对玉斗，准备献给范增。刚才形势不妙，刘邦没敢也没来得及拿出来。如今刘邦不辞而别，外交上失了礼，怕项羽抓住不放，刘邦就让张良帮他把礼物呈上。

其次，确定行进路线。

刘邦为了不打草惊蛇，没有坐车，而是独自一人骑马离去，樊哙、夏侯婴、靳强、纪信四人手持剑、盾，跟在后面，徒步奔跑，抄小路逃离。

最后，确定张良道歉的时机。

当时，刘邦的军营与项羽的军营，相距四十里。刘邦临行前对张良说："我们走小路，到军营，超不过二十里。等到我们差不多到了军营，你再进去。"

张良估算着时间，感觉刘邦已经赶回军营了，才进去面见项羽，说刘邦不胜酒力，无法道别，呈上礼物，以表歉意。

项王一惊，问道："沛公现在在什么地方？"

张良答道："沛公听说大王有意责怪他，他就只身一个人走了，现在应该已经回到军营了。"

这话一出，很明白，人家逃命回家了。

但是，项羽此时还没有意识到后果的严重性，痛痛快快地接过张良呈上的厚礼，放在自己的座位上。范增则气得七窍生烟，拔出佩剑，朝着玉斗猛挥下去，玉斗应声而碎。

范增对着项伯，咬牙切齿地说："唉！这班小子，真没办法共谋大事！夺取天下的，一定是刘邦了。我们这些人，终究要成为他的俘虏了！"

刘邦回到军中，立即诛杀了奸细曹无伤。

鸿门宴至此，訇（hōng）然落幕。

大智慧与小细节

一场鸿门宴，一场生死战，从古说到今，今人还在说。

刘邦成功的危机公关，悬念丛生，跌宕起伏，最终扭转死局，成为最后的赢家。

他的赢，近的来说，保住了命，避免了力量悬殊下的战争屠杀。

他的赢，远的来说，保存了实力，杀了个回马枪，灭了项羽，建立了大汉王朝。

他的赢，必定有自然而深刻的道理。忽悠，亦见其道，亦有其理。

一场鸿门宴，是大智慧与小细节的对撞，显然，刘邦是胜者。

刘邦早早把握住了历史大势，明晰了入关后他与项羽关系的转变，政治敏感度很高。面对危机时，他亦能审时度势，认清形势，该低头时低头，该赔罪时赔罪，该认栽时认栽，该吹捧时吹捧，毫不在乎脸面，毫不顾惜身段。这是做大事者的一个必备素质，也是人生的大智慧。

刘邦很注重细节，这些细节，分布在危机公关的每一个环节。

初知危机，刘邦很慌乱，略一定神，他反问张良与项伯是什么关系。这一问，似乎有些小人之心，但不确定他们的关系，怎知消息真假，怎知项伯是否可利用呢？

问完关系，刘邦又问张良与项伯的年龄大小。这一问，就已经在为后面忽悠项伯做功课了，以兄长之礼待之，以婚姻之约稳固关系。

临去之前，刘邦细心地准备了礼物，既有项羽的，又有范增的，不失礼节。礼物一为玉璧，一为白斗，皆为玉器，表明自己的一片冰心。

忽悠之词，是危机公关的关键，共出现了三次：一次是刘邦忽悠项伯，一次是刘邦忽悠项羽，一次是樊哙质问项羽。这三次，内容完全贴合，没有出现纰漏。樊哙是危急情况下自行闯入营帐的，事先不一定有他拜见项羽的计划，但是樊哙仍然说得严丝合缝，滴水不漏。如此接近的说辞，只能有一种可能，那就是跟随刘邦的四位将军，甚至是士兵，在临去之前一定是统一了口径。

逃离之时，刘邦抛下一百多位骑从，只带了四位将军，这是为了避免动静太大，引发范增的追杀。刘邦自己骑马，四位将军步行，一旦追兵赶来，四位将军只有拼死格斗，组成一道防火墙，方便刘邦自己脱身。

刘邦把每一个环节，都做得很细致。只有确保每一个细节不出错，他才能化解危机，保住性命。

大智慧，铸就大格局，定下总基调。

小细节，成就大格局，执行大目标。

一大一小之间，皆是变化，或扭转乾坤，或全盘皆输。

一小一大之间，即是人生，即是生存之道。

（本篇主要依据《史记·项羽本纪》）

原典

项王、项伯东向坐，亚父[1]南向坐。亚父者，范增也。沛公北向坐，张良西向侍。范增数目[2]项王，举所佩玉玦[3]以示之者三，项王默然不应。范增起，出召项庄，谓曰："君王为人不忍，若入前为寿，寿毕，请以剑舞，因[4]击沛公于坐，杀之。不者，若属[5]皆且为所虏。"庄则入为寿。寿毕，曰："君王与沛公饮，军中无以为乐，请以剑舞。"项王曰："诺。"项庄拔剑起舞。项伯亦拔剑起舞，常以身翼蔽[6]沛公，庄不得击。

《史记·项羽本纪第七》节选

注释

①**亚父：**项羽对范增的敬称，意思是仅次于父亲。亚，次，次于。

②**数目：**屡次递眼色。数，音 shuò，屡次，多次。

③**玉玦：**环形有缺口的佩玉。"玦"与"决"同音，范增用举玦暗示项羽下决心杀刘邦。

④**因：**趁机。

⑤**若属：**你们这些人。

⑥**翼蔽：**遮护。

译文

项羽、项伯朝东坐，亚父朝南坐。亚父，是范增的尊称。刘邦朝北坐，张良朝西陪坐。范增连连给项羽使眼色，又几次拿起他身上所佩戴的玉玦向项羽示意，项羽默默地不加理睬。范增站起来，出去找来项庄，对项庄说："大王为人心肠太软，你进去给他们敬酒，敬完酒后，就请求给他们舞剑助兴，趁机把刘邦杀死在他的座位上。要不然，你们这些人日后都会成为他的俘虏。"项庄立刻进帐向刘邦、项羽敬酒。敬完酒说："大王和沛公饮酒，军营里没有什么东西可供娱乐，请让我舞剑助兴。"项羽说："好。"项庄就拔出宝剑舞了起来。项伯一看，也起来拔剑起舞，频频用身体掩护刘邦，项庄没有机会下手。

楚河汉界

国象棋的人，都会知道棋盘上“楚河”“

线。楚河汉界

，凑成“九五至

设置，源自历史上特别有名的

霸王项羽

战事。

“楚河汉界”

彭城之战

鸿门宴后，项羽领兵西进，攻入咸阳城，杀人屠城，杀了秦降王子婴，烧了秦朝的宫殿。随后，项羽论功行赏，大封诸侯王，自立为“西楚霸王”，刘邦被封为汉王。

这是项羽一生中最为辉煌的时刻，赫赫声名，虎虎生威。

这是刘邦一生中蓄势待发的时刻，忍辱负重，等待时机。

被封为汉王的刘邦，管辖巴蜀之地，是被打压得最厉害的一个。虽然鸿门宴刘邦自救成功，捡回了性命，但接下来的日子并不好过，项羽虽然不杀他，但是也绝不会允许他自由发展。刘邦很气愤，但是他还得弯下腰来装孙子，没办法，实力不够啊！

对分封不满、怨恨的不止刘邦一个，威风凛凛的项羽，在荣光背后隐藏着阵阵危机。田荣率先反叛，陈馀随后跟从，刘邦后来也不遵从分封了。

项羽一身勇力，从不惧怕打仗，从不害怕战争。对待叛军，他一贯采取的是顺我者昌，逆我者亡。

本来，项羽最先要打的是刘邦，但是齐国与赵国要联合攻楚，项羽转而向北攻打齐国去了。这给刘邦制造了一个好时机，他率领五个诸侯国的兵马，背后起兵造反了。

历史上有名的楚汉之争，正式打响。

刘邦最开始轻视了项羽，打下彭城（今江苏徐州）后，得意忘形，每天都大摆酒席，宴饮宾客，不亦乐乎。不料，被急行军赶来的项羽打了个措手不及。士兵死的死，伤的伤，损失惨重。

楚军自然不会放过刘邦，他们首要的擒拿对象就是刘邦。楚军把刘邦里里外外围了三层，刘邦危在旦夕。正在楚军要抓到刘邦之时，突然天降异象，从西北方向刮起了一阵阵狂风，树木被拦腰吹断，房屋被掀毁，飞沙走石，顿时天昏地暗。这阵风，恰巧冲着楚军迎面吹去。士兵们眼睛根本睁不开，身体也被吹得乱跑，一时间，楚军大乱，对刘邦的包围圈也自动瓦解。

刘邦瞅准时机，带领几十名骑兵，慌慌张张地逃离了战场。

逃离战场，还不安全，刘邦知道项羽不会放过他，他要赶紧再逃。

这一次，项羽发狠，抓住刘邦，必不能让他活了。

逃出去的刘邦，想回到家乡带着全家人逃亡。项羽军一路追杀，追到刘邦的家乡，俘虏了刘邦的父亲与妻子，拿他们当起了人质。

刘邦逃亡路上，遇到了自己的儿子、女儿，就带着他们一起坐车西逃。但是，因为项羽的追兵越来越近，情急之下，为了活命，刘邦做出了备受诟病的“扔孩子”举动：刘邦把两个孩子推下了车，驾车的夏侯婴赶紧下车，把两个孩子抱到车上。刘邦一见，又把孩子推到了车下，夏侯婴又跳下车去抱孩子。如此上上下下好几次。

最后，夏侯婴有些不满地对刘邦说：“即便情况危急，也不能把自己的孩子扔掉啊！”刘邦一听，也就不再扔孩子了，这样姐弟俩才没被自己的爹坑死。

彭城之战是项羽与刘邦的第一次正面交锋，以项羽的胜利告终。

项羽靠着一身勇猛、一腔血性，如猛虎下山，如战神附体，无往而不胜。项羽的胜利，向诸侯宣告了一个信号，那便是项羽有足够的力量打击反叛者。

诸侯转而又都归附了楚王。

范增死了

后来，刘邦到了荥阳，各路败军都到荥阳集合。萧何也紧急征调关中没有载入兵役名册的老弱人员，赶到荥阳，前来助战。一时间，汉军声威重新大振。

但是，项羽这次是盯住了刘邦，就是要打他。

打，必定要打。

打，必须有方法。

项羽瞅准了刘邦运送粮食的甬道，下手了。

项羽屡次入侵刘邦的甬道，抢夺粮食。战争时期，粮食供应非常重要，没有粮食，肚子空空，这仗就很难打。项羽这一招真的是稳准狠，打得刘邦没有了脾气，刘邦支撑不住了，粮食匮乏，军心一乱，一切都坏了。好不容易抬起头与项羽对抗的刘邦，没有办法，思来想去，只能不情愿地再次低下头，请求与项羽讲和。

项羽的粮食也不是那么充足，旷日持久，军马疲乏，他也耗不起，他准备同意讲和。但是，有一个人不同意讲和。

这个人就是亚父范增。

亚父，是项羽对范增的尊称。“亚”，次一等的意思，亚父是指项羽以仅次于父亲的尊敬来对待范增。这一称呼，足见项羽对范增的尊敬与亲密。

范增一直将刘邦视为最大的劲敌，鸿门宴没有杀了刘邦，才会有如今的战争。有过一次放虎归山，绝不能再有第二次了。况且如今刘邦处于弱势，打败他相对要容易些，这是一次绝佳机会，一定要把握住。

这次项羽听从了范增的建议，不想再留遗憾，不愿再次后悔，他拒绝了讲和，急速围攻刘邦。

刘邦一看，这次是玩儿完了，急得团团转，不知如何是好。这时，谋士陈平献了一个“离间计”：离间项羽与范增。范增是项羽的智囊，很多针对刘邦的行动都与范增有关，一旦离间了项羽与范增，他们关系一疏远，刘邦就好办了。

刘邦同意了。

陈平做起了导演，刘邦主动当起了“男一号”。

项羽的使者到了刘邦军营，刘邦派人置办了特别丰盛的酒筵，招待使者。

宴席马上开始，刘邦入席，一见到项羽的使者，脸上陡然现出错愕、震惊的表情，说道：“我以为是亚父的使者，原来是项羽的使者啊。”于是，便命令手下人将酒筵撤去，重新更换饭菜。当然，这次拿出来的绝对不可能是更为丰盛的饭菜，而是粗劣的饭食，与之前的饭菜对比非常鲜明。

陈平这个“导演”很有想法，刘邦这个“男一号”又是演技纯熟的“老戏骨”，一场好戏，骗过了项羽的使者，也激怒了项羽的使者。

这个使者很受伤！

这是对他赤裸裸的羞辱，让他当面下不来台。

这更是对项羽的羞辱，因为他是代表项羽去的。

于公于私，他都要让项羽报这个仇，找回被人踩在地下的尊严。

使者回去了，回去向项羽报告。不用想，那必定是一个“大气包”气呼呼地把肚子里的怒气、怨气、屈辱之气，一股脑地甩向了项羽。

带有个人倾向的“狂风暴雨”，确实来得有些猛。项羽虽然没有亲临那一场景，但是使者义愤填膺（yīng）的神态，不由得他不信。项羽开始怀疑了，怀疑范增，怀疑范增与刘邦之间有私情。

疑心是个怪东西，它只要一出现，再坚固的情谊也会被它一点一点地吞噬掉。

这样，刘邦主演的“离间计”成功了。项羽对范增有了防备之心，渐渐地剥夺了范增的权力。

范增是聪明人，他自然明白项羽的心思，但他自有他的傲骨，他不会为了那一点点权力去辩解，他也不愿与随便怀疑他的人为伍。要信我，就是完全相信，既然不信，那不如离去。范增对项羽说：“天下大事，局势已定，何去何从，君王您自己看着办吧。我只希望您把我这把老骨头赐还给我，让我回家为民吧。”

范增自请离去，这是自明心志，也是在呵护他那颗高傲而又受伤的心。

范增请辞，并没有消除项羽的怀疑，他考虑再三，为了避免被人设计，同意范增回家。

其实，这一举动，恰恰是被人设计了。

范增就此启程，打道回府。他的决绝，带着失望、不甘与无奈，一路上各种情绪不断交织，结果还没走到彭城，范增就因背上的毒疮恶化去世了。

范增死了，刘邦的一个心腹大患除掉了。

范增死了，项羽的霸王大业也快到头了。

一场“调包”戏

刘邦的倾情表演，终于扳倒了死对头范增，他舒畅地开怀大笑。但是，他的笑容并没有维持多久。

因为，项羽并没有放弃围攻他，他仍然处在项羽的包围中，无法脱身。

幸运的是，每当危难之时，刘邦身边总有人为他排忧解难。这次出面的是汉军将领纪信。

纪信说，形势危急，刘邦作为汉军首领，必须活着。

纪信这话，刘邦自然愿意听，他不想死啊。但是这话也相当于废话，谁不想活着呀，关键是现在他们处在项羽军的包围圈里，出不去啊！刘邦要的不是希望，而是方法。

其实，纪信早就想好了方法。这个方法，刘邦也很擅长，就是演戏。

只不过，这次的戏，他的主角光环要被夺去，纪信要做主角。基本的脚本就是，纪信假扮成刘邦，诓骗楚兵，吸引汉军的注意力，刘邦趁机逃走。

纪信这是为主公主动扛雷，义薄云天啊！

刘邦一心想活命，对主动跳出来的纪信很感激，口头嘉奖一番，大戏就开始了。

这是一场配角当得很开心的戏。

当晚，夜色沉沉，一辆车辕横木左方插着牦牛尾装饰的黄屋车出了荥阳城东门，前后左右有两千名披着铠甲的护卫，行色匆匆。这辆车，很明显，是刘邦的车。楚军一见，马上明白，刘邦这是要逃跑啊，立马围了上去。

这时，车里缓缓传来一个声音："城中粮食吃光了，刘邦投降！"一听这话，楚军群情欢呼，高呼"万岁"。围了这么久，终于抓到大人物了，终于可以歇歇了。

"大人物"被楚军带到了项羽那里，这场戏的"底"才露了出来：这是个冒牌货。

项羽与刘邦是老相识，一见冒牌货纪信，就知道自己又中计了。这时，手下又有人来报，汉军的两千护卫，全是清一色的女人假扮的。项羽怒不可遏，质问纪信："刘邦在哪儿？"纪信说："刘邦已经出城。"

原来，纪信的车马仪仗，只为吸引楚军的注意力。

原来，纪信的投降之言，只为冲淡楚军的警惕心。

在楚军欢呼的那一刻，刘邦悄悄带着几十名骑兵，从荥阳城西门逃走了。

历史何其相似，刘邦又一次在项羽的眼皮底下逃走了，愤怒的项羽杀不了刘邦，只能拿假刘邦撒气了。

就这样，忠心救主的纪信被活活烧死。

烹杀汉将

纪信死了，却依然浇灭不了项羽被戏耍的怒火。跑得了和尚跑不了庙，刘邦能跑，荥阳城可跑不了。项羽又把怒火对准了荥阳城，下令楚军，必须拿下荥阳城。

刘邦在离开荥阳之前，曾经对荥阳的防卫工作做过部署。他派御史大夫周苛、枞（cōng）公、魏豹等人一起把守荥阳。

这三个人中，周苛、枞公关系很好，二人对魏豹则有很强的防备之心。

这其中有什么纠葛呢?

他们倒也没有什么私人恩怨，只因魏豹有“前科”，曾经背叛过刘邦。

当时刘邦于彭城大败，魏豹错估形势，认定项羽必胜，刘邦必败，就以回乡探亲为名，带走了一批精兵。在家期间，一个人的一句话，直接让魏豹叛汉了。

这个人，是当时非常有名的女相士，名叫许负，精通相术。

许负被邀请到魏豹家，给魏豹的夫人薄姬看相算卦。看过之后，许负说薄姬会生下天子，尊贵无比。

这句话，对于魏豹是极大的鼓舞，他老婆生下的孩子是天子，那他不就是天子的爹吗？这真是太令人兴奋了，太刺激了！魏豹的自信心无限膨胀，儿子的事业不得爹给铺垫吗？他得努力啊。

于是，魏豹背叛了刘邦，背叛得很坚决，“吾不忍复见也”，再也不想见到刘邦那趾高气扬的样子了。为了做大事业，魏豹由刚开始的中立，转而变成与项羽合作，目标就是打败刘邦。

不过，魏豹“天子爹”的美梦做了没多久，就被刘邦生生打破了。魏豹被打败，全家被俘虏，薄姬被送入刘邦的宫中做织工。

后来，刘邦临幸了薄姬，薄姬有孕生下一子，再后来这个孩子当了天子，他就是汉文帝刘恒。魏豹老婆生下的儿子确实当了天子，但是，爹爹却不是魏豹。魏豹没有这个命，却在“拼儿子”与“为儿子拼”的路上拼得头破血流。

魏豹战败后，刘邦为了笼络人心，没有杀他，让他防守荥阳。

周苛、枞公与魏豹根本不是一路人，他俩对刘邦很忠心。自然，他俩对魏豹这个有前科的人很不信任，一个人能叛变一次，就会有很多次。一旦魏豹故态复萌，最先遭殃的就是周苛、枞公等人。他们自然不愿意面对这样的厄运，所以，周苛、枞公决定先下手为强，解决掉麻烦。解决“麻烦”的最根本方法，就是让魏豹变成一个死人。

魏豹死了，没有人叛变，但是最后荥阳城还是被项羽攻了下来，周苛、枞公成了俘虏。

项羽对周苛这样的忠勇之士很欣赏，就劝说周苛投降。项羽开出来的待遇很优厚，他承诺让周苛当上将军，封三万户侯。

项羽自忖（cǔn）这个条件足够有诱惑力了，不料想周苛一点儿不感兴趣，不但断然拒绝，反而大声骂道："我劝你还是投降汉王吧，要不然，汉王就要俘虏你了，你不是汉王的对手。"

项羽一生骄傲，最不愿意听到的就是自己不如别人，尤其是从他眼皮底下几次溜走的刘邦，所以，当时项羽就怒了，说道："不识抬举的东西！这么想死，那就成全你！"

周苛死得很惨，他被项羽活活给烹了。一起死的，还有他的好战友枞公。

差点煮了刘太公

此后，项羽与刘邦陆陆续续又打了几场大仗，刘邦都没有占到什么便宜。

这就是项羽的战斗力，是经过一次次实战验证的。

不过，按下葫芦起来瓢，刘邦这边刚刚老实了，东边的彭越又给他制造了麻烦。项羽只得赶赴东方“灭火”。东方的战火，又给了刘邦机会，他趁机烧毁了项羽的粮草等战备物资，斩断了项羽的粮道。

项羽稳住了东方局势，再回头西进。到了西边，东边又开始骚动。这对项羽来说，实在是个大难题。来回征战，太疲惫，不是办法。他想结束与刘邦的对峙，腾出手来专门对付东方叛乱。用什么办法呢?

这次，项羽想智取。

他想拿手里的刘太公——刘邦的父亲做做文章。

项羽这篇文章作得很有气势，他命人做了一张高高的案板，把汉王的父亲太公放在上面，一副要杀之而后快的样子，他向刘邦宣告道:“如果你现在不快快投降，我就把你老爹给煮了!”

这是项羽为刘邦设置的难题，眼瞅着爹爹被杀而不救，这是大不孝啊!项羽自信刘邦一定会低头，一定会救他老爹。

但是，演惯了戏的刘邦，又怎能不知道项羽的把戏?刘邦根本不上套，他回敬道:“当初，我与你一同作为臣子，接受了怀王的命令，相约结为兄弟，因此，我的父亲也就是你的父亲，如果你非要煮，希望你别忘了分给我一杯肉汤。”

刘邦的回答很巧妙，他又把难题扔给了项羽。结拜兄弟的父亲也是自己的父亲，杀了结拜兄弟的父亲就如

同杀了自己的父亲，杀了自己的父亲，更是大逆不道，更是不孝。

这一番话，说得自信满满的项羽瞬间变了脸色，怒发冲冠，真的要杀太公，他要让刘邦见识见识他的厉害，他要让刘邦吞下自酿的这杯苦酒。

这时，项羽的叔叔、刘邦的准亲家——项伯出面了。

项伯说："天下事还不知道会怎么样，况且要夺取天下的人是不会顾及家人的，即便杀了他也不会有什么好处，只不过会增加更大的祸患罢了。"

项伯的说辞，集中到一起，就是一点：杀太公不但无益，反而有碍大事。

这个项伯，对项羽来说，对刘邦来说，真是神一样的存在，总能在关键时刻拉刘邦一寸，推项羽一尺。更神的是，偏偏项羽就听他的。

鸿门宴是这样，这次还是这样。

项羽很听话，没有杀太公与刘邦的妻子吕雉。

项羽这场戏，是搬起石头砸了自己的脚。本来想给别人制造难题，没想到最后难题到了自己身上；本来是拿着砝码必赢的事情，结果却让对手寒碜了一番。

自导自演自我谋利，看来真不是什么人都能干的！

刘邦受伤

楚汉两军继续对峙，胜负未决。

时间一久，年轻壮士厌倦了长期的军旅征战，老弱士兵也因粮草运输而疲惫不堪。项羽也不愿意一直这样拖下去了，他想快刀斩乱麻。

项羽对刘邦说："天下纷纷扰扰，持续了好几年，都是因为我们两人。为了解除百姓的困苦，不再连累他们老小，我希望能与你单独对战，一决雌雄。"既然是他项羽与刘邦两个人的事情，那不妨就由他们二人解决吧。

项羽的提议，是血性男儿的解决方案，当然也是利于他的方案。

刘邦可不傻，项羽力能扛鼎，要是单打独斗，他刘邦岂是项羽的对手呀，于是笑着回绝道："我宁愿斗智，不想斗力。"

这就是刘邦的智慧，不拿自己的弱势与别人的长处比，很有自知之明，也很有克制力。

项羽见刘邦不接招，空有一副好勇力，也打不到刘邦，只好命令壮士出营挑战。

刘邦勇力不如项羽，但是刘邦军营里的将士并不比项羽手下的将士差。汉军营中有一个特别善于骑射的人，人称楼烦。每次楚军前去挑战，楼烦都把他们射死了。楼烦一个人，就为刘邦赢回了面子。

如此几番，惹恼了项羽，项羽亲自披甲持戟，出营挑战。

楼烦并不知道来者是项羽，还是像往常一样拉弓射箭。谁知正要射箭时，只见项羽怒目圆睁，对着楼烦大吼一声，楼烦霎时被吓傻，眼睛不敢正视，手也不敢放箭，转身逃回了军营，久久不敢出来。

刘邦很是诧异，谁人这么厉害，竟然把楼烦吓成这样？派人私下一打听，才知道刚才那人是项羽。

项羽随即靠近刘邦阵营，他要和刘邦谈判。在广武涧两边，二人展开对话。刘邦先发制人，一条一条地数落项羽的罪状，这便是著名的"十罪项王"。这一桩桩的罪状，说得项羽面目红赤，极为恼火，他要与刘邦单挑。

刘邦又不傻，要是单挑，他哪里是项羽的对手呢？刘邦直接回绝说："我率领正义之军讨伐残暴伤人的罪人，光发动受刑犯罪的人就可以击杀你，又何必劳烦我与你单挑呢？"

刘邦这拒绝的理由，实在太霸气了，一时占据了上风。但是，这却让本来想好好谈判的项羽颜面顿失，怒发冲冠，于是，一声令下，埋伏的弓弩手射中了刘邦。这一箭很厉害，不偏不倚，正好射中了刘邦的胸部，但是刘邦却用手捂着脚说：“这贼子射中了我的脚趾！”

刘邦这是迷惑项羽，也是稳定军心。

不过，刘邦毕竟受伤了，楚军一时群情激荡，他们又在声势上占据了上风。

刘邦的箭伤很严重，卧病在床，为了进一步稳定军心，张良还是坚持请刘邦起来，慰劳部队，不能让楚军威势压倒汉军。为了胜利，刘邦也是拼了，他支撑着病体，出去巡视军队，稳住了军心，却让病情加重了，只能安稳养伤。

刘邦受伤，暂时不会有什么大动静了，项羽转过身又去解决其他麻烦了。

鸿沟议和

临走之前，项羽还得安排好，必须保证这边的防线不能垮，否则他只能顾东不顾西了。

项羽选择的守军将领是大司马曹咎。曹咎曾经有恩于项羽的叔叔项梁，项羽对他很信任很倚重。项羽给曹咎布置的任务是坚壁不出，等他回来。

项羽走后，伤病痊愈的刘邦瞅准时机，开始放大招：派专人前去谩骂楚军，二十四小时不间歇，什么难听骂什么，祖宗八代被问候了无数遍。曹咎知道这是刘邦的

"引蛇出洞"之计，他坚决执行项羽的命令，不管汉军怎么骂，他就是不出兵。

刘邦也不着急，项羽一时半会儿也回不来，时间多得很，慢慢耗，慢慢骂，他就不信曹咎耐性那么强！果然，一连骂了五六天，大司马曹咎终于受不了了，被骂火了。一上火，就上当了，此前无比理性的曹咎气愤难耐，派兵渡河要攻打汉军。

刘邦等的就是这个机会，项羽不在，他不怕打，就怕曹咎不出头。他的士兵早就准备好了，随时可以作战。结果可想而知，楚军渡河刚过一半，汉军就出击了，楚军被打了个落花流水，楚军的物资财宝也都被汉军缴获了。

事已至此，曹咎等人悔恨不已，悔恨没有听项羽的话，悔恨中了刘邦的计。为了谢罪，他们都在水边自刎而死。

得到消息的项羽，心下一惊，赶紧带兵往回赶。这时，楚汉两军的形势已经悄悄发生了变化：楚军东西作战，来回奔波，加之曹咎战败，楚军士兵疲惫，粮食告绝；与此同时，汉军士气旺盛，粮草充足，占据了优势。

刘邦趁机派人劝说项羽，希望休战，要求放回太公。但是，项王拒绝了。

刘邦还是不放弃，又派人去劝说项羽，提出休战。这次，项羽同意了。

项羽心里很不甘心，但是也没有办法，再打下去也没有什么好结果了。项羽与刘邦正式签订盟约，以鸿沟为界，平分天下，鸿沟以西的地方划归刘邦，鸿沟以东的地方划归项羽。这就是历史上著名的“楚河汉界”。

盟约签订以后，项羽遵守约定，放回了太公与吕雉，停战撤兵，东行回国了。双方士兵松了一口气，终于可以不用再打仗了。

没有战争，这真是一个美好的愿景。但是，无论是项羽，还是刘邦，他们都明白休战只是权宜之计，战争才是必然的，他们之间必有一场生死之战，有你无我，有我无你。

只不过，他俩谁都没有想到，这一战会来得那么快！

（本篇主要依据《史记·项羽本纪》《史记·高祖本纪》）

原典

项羽数①击彭越等，齐王信又进击楚。项羽恐，乃与汉王约，中分②天下，割鸿沟而西者为汉，鸿沟③而东者为楚。项王归④汉王父母妻子，军中皆呼万岁，乃归而别⑤去。

《史记·高祖本纪第八》节选

注释

①**数：**多次。

②**中分：**平分，对半分。

③**鸿沟：**古运河名，在今河南省。

④**归：**归还。

⑤**别：**分解，分开。

译文

项羽几次攻打彭越等，齐王韩信又进军攻打楚境。项羽害怕，于是与刘邦订立条约，把天下一分为二，划鸿沟以西归刘邦，鸿沟以东归项羽。项羽把刘邦的父母和妻子儿女放了回去，两军得知停战都欢呼万岁，于是楚、汉两军都各回阵营，撤军回去了。

乌江自刎

西楚霸王项羽，一生传奇，千古人物。

他生得传奇，带着重瞳子来到人间，注定不俗。

他活得传奇，二十四岁起兵，短短三年间即成为分封十八位诸侯王的“西楚霸王”。

他死得传奇，留下一句“无颜见江东父老”，自杀身亡。

他的一生，定格在三十一岁，留下了永远的遗憾与叹息。

他的一生，大起大落，令人敬畏，令人唏嘘。

四面楚歌

鸿沟议和，项羽与刘邦暂时止戈，握手言和。项羽遵守承诺，带兵回国，但是，刘邦这边却生了变故，违约了。

刘邦本来也是要守约撤兵，张良、陈平却劝说他趁机灭了项羽。他们说，现在是上天灭亡楚国之时。原因有二：第一，汉军已据有了大半的天下，诸侯又都归附于汉。第二，楚军兵疲粮尽，无心打仗。趁其撤退之时，攻其不备，必定能胜。

放走项羽，是妇人之仁，是养虎为患。一旦项羽重振军威，胜负如何，委实难以预料。

灭了项羽，天下即归刘邦所有。在这个巨大的诱惑面前，刘邦抵抗不了，他也不想抵抗。刘邦决定违约兴兵。

刘邦找了两个强有力的帮手：韩信与彭越。这两个人都是打仗的能手，手里也握着大量兵马。刘邦与韩信、彭越约定好时间、地点，约定三军会合，共同击灭项羽。

按照约定，刘邦军到达约定地点。不过，这次他守约了，韩信、彭越却违约了，他被人放了鸽子。韩信、彭越的部队没有前来会合。结果，楚军大败汉军。

刘邦逃回营垒，一方面深掘壕沟防守，一方面考虑韩信、彭越违约之事。

刘邦问张良："诸侯不遵守约定，该如何是好？"

张良给刘邦开了一个药方：封地。

张良说，韩信、彭越之所以没有按时赴约，主要原因是他们还没有得到封地。一旦有了封地，他们就会立刻前来。因为他们的战斗有了动力，他们是在为自己战斗。

舍不得孩子套不住狼，为了更大的目标，该出血时就出血。刘邦明白这道理，他在这一点上不犹豫，不小气，该给地时就给地。

封地一到位，韩信、彭越当天就出兵了。

刘邦这边统一了行动，项羽那边则出了差错：他的大司马反了！项羽的大司马带着他手下的兵，与韩信、彭越等人会师垓下（gāi xià，今安徽灵璧县东南、沱河北岸），将项羽重重围住。

这对项羽来说，是莫大的损失。

这对刘邦来说，却是极大的利好。

项羽在垓下筑起营垒，兵少粮尽，情况艰难，士兵们斗志几无。为了瓦解楚军的斗志，刘邦命令所有汉军唱起楚地的歌谣，一时间，楚歌从四面传来，传遍了楚军大营。楚军将士听到熟悉的旋律，不禁泪流满面，想念起那多日不曾回去的故园，想念起那多年未见的亲人。

这便是著名的"四面楚歌"的典故。

霸王别姬

项羽自然也听到了楚歌，他不知是计，大为吃惊，说道："难道汉军已经完全占据了楚地？为什么楚地人这么多呢？"

一想到此，项羽心中波涛汹涌，再也平静不下来，这或许就是日薄西山、穷途末路了。

没有任何睡意的项羽，深夜起身，端起酒杯，在营帐中饮起酒来。

怎料借酒浇愁愁更愁，项羽不禁悲从中来，慷慨作诗：

力拔山兮气盖世，时不利兮骓（zhuī）不逝。
骓不逝兮可奈何！虞兮虞兮奈若何！

这就是著名的《垓下歌》。

这首诗的意思是说，我力能拔山，豪气盖世，但是，战局对我如此不利，连一生追随我冲锋陷阵的乌骓宝马也不愿再跑了。宝马不愿再跑了怎么办？虞姬啊虞姬啊，我该怎么安排你呢？

这首歌充满了英雄末路的万绪悲凉。项羽回顾一

生，既自豪，又无奈，自豪于叱咤风云的气概，无奈于行将烟消云散的功业，当然他也有自己的牵挂，那便是伴随左右的虞姬与乌骓马。自己死，项羽倒也不怕，怕的就是死后虞姬无人照拂。虞姬，是项羽宠爱的美人，一直随行在项羽身边。项羽是一位叱咤疆场的猛将，但他对虞姬却是万般柔情，柔情似水。

项羽将这首歌，唱了一遍又一遍，虞姬伴在一边，应和伴唱。项羽眼泪一道道流下来，泪流不止。数行泪中，饱含了对虞姬的悲怜、难舍、刻骨铭心的爱，包含着霸王护惜战马、体恤将士的柔情悲怀，包含着日暮途穷、英雄失路的无奈。左右侍从也都跟着落泪，没有一人忍心抬头看他。

据《楚汉春秋》所载，虞姬也唱了一首歌：

汉兵已略地，四面楚歌声。
大王意气尽，贱妾何聊生。

唱完，虞姬挥剑自刎，美人溘然（kè rán，突然）长逝。

虞姬为什么自杀？

第一，无处可逃。项羽都不知道怎么突围，虞姬更不用说。

第二，不落敌手。刘邦是有名的贪财贪色之人，虞姬当然不愿落入刘邦之手。从虞姬对项羽的感情来说，她不愿意拖累项羽，不愿意让项羽担忧。

这是她对项羽的爱，也是她最后能为项羽做的事情，她就是这样无惧死亡地爱着项羽。

英雄与美人，自古是标配，看点很多。

亡国与美人，自古也是标配，骂声很多。

项羽与虞姬，赢得了世人的哀叹与赞美，却鲜少有骂声，人们在他们身上寄予了真爱的意义。虞姬是红颜，却不是祸水，项羽从未因为虞姬而荒废军国大事；虞姬也从未因自己得宠而要求项羽去为自己做荒唐之事。

英雄末路，霸王别姬，绵绵情意，千古流传。

垓下突围

项羽决定突围！

他东西驰骋、南北征战，遇到多少个坎儿，他都勇猛地闯过去了。这次，他还不想束手待毙，这不是他的风格。

突出重围，一靠机会，必须出其不意；二靠勇力，乘其不备，火速突围。

项羽选了八百多名精壮勇士，这些都是他的亲信。他自己披坚执锐，骑上乌骓马，一马当先，趁着夜色，一路骑行，一路冲击，最终突出重围，一路向南，飞驰而去。天快亮的时候，刘邦才得到消息，心下大惊，赶紧命令骑将灌婴带领五千骑兵前去追赶。

项羽神勇，乌骓马神速，项羽渡过淮河后能跟上的壮士只剩下一百多人。

按照这样的速度，刘邦的追兵是不可能追上项羽了。但是，偏偏走着走着，项羽一行迷路了，不知该往哪个方向走了。正巧旁边有耕作的农夫，项羽就派人前去问路，农夫指了一条向左的道路。项羽他们急速地往左前行，怎料前方却是大沼泽，他们躲闪不及，掉到了沼泽中。他们在沼泽里挣扎、逃命，耗费了很大精力，浪费了很多时间。

这些时间，恰恰给了刘邦的追兵缩短距离的机会，追上了他们。

项羽只好领着逃出沼泽的勇士继续逃命，一路逃去，跑到东城（今安徽定远），跟随的勇士越来越少，只剩下二十八人了。这时，一路追上来的汉军，则有几千人。

实力对比太悬殊，项羽自知难以逃脱了。这时的项羽，脑海中闪过一幕一幕，一幕一幕尽是他的战场风云。从他带兵起事，至今已有八年。八年间，他亲自打了七十多场硬仗，多少敌人成为他的刀下鬼，多少敌人对他闻风丧胆。领兵作战，他几乎没有失败过。他靠着勇力，靠着战争，才能称霸天下。

现如今困在这里，项羽认为，这是上天要亡他，而不是他不会作战。要不是农夫指错了路，他怎么会有如此困境。

不过，对于一个战士来说，他可以被打败，却不可以被打倒。

项羽决定，即便是死，也要死得轰轰烈烈！

临终，他要痛痛快快地再打一次仗，为诸位勇士冲破重围，斩杀汉将，砍倒军旗。这也是让跟随他的这二十八位勇士知道，的确是上天要灭亡他项羽，而不是好战的过错。

这就是项羽的执念，这就是项羽的决绝。

项羽对一生中最后的一次作战机会，很珍惜。

这时的项羽，没有末路的恐惧，他淡然如常，如同指挥千军万马一般，自信笃（dǔ）定。他把二十八位骑兵，郑重分成四队，面向四个方向。

具体作战方案，就是四面骑兵飞奔而下，在山的东边分三处集合。

作战之前，项羽对手下的骑兵大呼：“我为你们拿下一员汉将！”说着，便如同猛虎下山一般，率先高呼着冲了下去。汉军大惊，吓得就像草木随风倒伏一样倒退，项羽随手就杀掉了一名汉将。

这时，汉军骑将杨喜，冲到项羽前面，项羽瞪大眼睛，大声呵斥一声，杨喜吓得连人带马倒退了好几里。

这便是韩信所说的“项王喑恶叱咤，千人皆废”的功夫。

“喑恶叱咤”是怒喝之声。“废”的含义是“瘫”。也就是说，项羽大吼一声，上千人都吓得瘫在地下。韩信在项羽手下当过郎中（官名，执掌门户、车马），他很了解项羽这一特点。

就这样，项羽神奇地与他的骑兵在约定的三处会合了。

汉军不知项羽到底在哪里，就兵分三路，再次包围楚军。项羽驱马奔驰，又斩杀了一名汉军都尉，杀死了百八十人，而他仅损失了两位骑兵。

项羽一时得意起来，便问骑兵们:“怎么样?”骑兵们都佩服地说:“正像大王说的那样!”

东城之战，项羽以二十八位骑兵与刘邦的五千骑兵相周旋，的确勇武过人!

不肯过江东

东城之战的“胜利”激发了项羽的勇气，本来以为要死在这里的项羽，心中又有了活下去、斗下去的念头。

或许，老天还不想让他灭亡?

人在困境，一丝希望都会被无限放大，项羽似乎又看到了东山再起的那一刻，他打算东渡乌江，杀回老家去。

到了乌江边，乌江亭长已经停好船，正等候在岸边，准备接项羽过江。

乌江亭长见过项羽，赶紧劝说道：“江东虽然小，但土地纵横千里，民众有几十万人，足够称王了。希望大王赶快渡江！现在只有我这一只船，请您抓紧时间，等到汉军来了，就没法渡江了。”

这番话，有两层意思：

第一，项羽依据江东，可以东山再起。

第二，速速渡江。

乌江亭长好心，也很有规划，一为项羽解决了后有追兵的困境，二为项羽谋划未来的道路。既有前景规划，又有温情安慰；既有实际帮助，又有言语鼓励。

但是，正是这番好心的话语，中断了项羽东渡乌江、东山再起的念头。

项羽笑了笑，拒绝了。

《史记》记载项羽好怒，项羽发怒有好几次，而项羽的笑，却只有这一次。此时，项羽面临着一生最痛苦的生死抉择。前有大江，后有追寇，“关山难越，谁悲失路之人”，复杂纷繁的心态、百感交集的情绪，司马迁举重若轻地拈出了一个“笑”字，把这一场面乃至项羽一生的悲剧色彩渲染得无以复加。

这一笑蕴含着太多的意味：悲凉、愤恨、无奈、无畏、蔑视、高傲、感激、愧疚、痛苦、留恋……

乌江亭长的话看上去没有毛病，为什么却影响了项羽一生最重要的选择呢？

第一，他不愿独生。

乌江亭长只有一艘小船，只能保他一人逃生，看看身边伤痕累累却毫无怨言的二十六位兄弟，他项羽怎么忍心看着他们被汉军屠杀？他项羽怎么忍心置战友不顾而苟且偷生？

生要一起生，死就一起死。既然不能一起过乌江，那就一起面对屠杀！

第二，他愧疚。

当初，项羽起兵，与江东子弟八千人渡江西征，如今只有他一个人回去，纵使江东父老兄弟怜爱他，愿意奉他为王，他又有什么脸面去见他们呢？纵使他们不说什么，他项羽心中也会很愧疚。

这就是“无颜见江东父老”。

第三，他耻于兴兵。

项羽在荥阳对抗时就已经意识到，天下多年战争，相持未决，都是因为他与刘邦的战争，所以，他要求与刘邦单挑，以此结束天下百姓的困苦。项羽早就意识到，为了自己当霸王而让天下百姓受苦，太自私了。

他已经做错了一次，他不会再错一次了。他已经害过天下百姓一次，他绝对不会再害他们一次了。

项羽将这一切又归之于“天欲亡我”，既然老天要灭亡他，即使渡过乌江又有什么意义呢？

其实，渡过乌江，不一定会卷土重来，但是，不渡乌江，就一定没有未来。

项羽勇敢地选择了死亡，不愿苟活，此等血性，此等气概，很是悲壮。

难怪李清照《夏日绝句》会发出“至今思项羽，不肯过江东”的赞叹，“人杰”“鬼雄”的标签，项羽当得起！

宁可站着死

项羽虽然拒绝了乌江亭长的好意，但还是很感激他，感谢这位忠厚长者。

为了表示感谢，项羽将自己的乌骓马送给了乌江亭长。

这匹马，伴随项羽征战五年，日行千里，所向披靡。项羽与乌骓马是并肩作战的战友，他们一同见证了那么多的胜利，他不忍心杀掉它。

这也算是为乌骓马寻得一个好去处吧！

安置好了人生最后的一个牵挂，项羽义无反顾地回过了头，走向汉军。

他与二十六位兄弟，全都下马步行，手持短兵器，勇猛地打了起来。

这一仗，无关胜败，无关霸业，只为尊严而战。

这一仗，不管流血，不管伤亡，只管“打”就是了。

项羽一人，就杀掉了几百名汉军，但是毕竟寡不敌众，他自己身上也有十几处负了伤。

混战之中，项羽一回头看到了一个熟悉的面孔，原来是他的一个故人。

此人名叫吕马童，曾经是项羽的部下，后来投靠了刘邦，当时任汉军骑司马。项羽对着吕马童大声说道："这不是我的老相识吗？"吕马童循声望去，这才跟项羽打了个照面，于是大声说道："这就是项王！"

项羽这时已经决意自刎，他对吕马童说："我听说汉王用黄金千斤、封邑万户，悬赏我的项上人头，我就把这份好处送给你吧！"

话音刚落，项羽拔剑，自刎而死。

一代战神，就这样结束了自己的生命，即便是最后，也想着惠及故人。

但是，悲哀的是，在汉军将领眼中，死去的项羽，就是金灿灿的钱，就是大块大块的土地，是可以带来富贵的"财富"。他们丝毫没有怜惜之情，开始抢夺项羽的尸体，争抢之中，项羽的尸体被践踏了多次，被撕裂成了几块。

一场为了"财富"的争夺战，让汉军自相残杀，几十个人就此死去。最后五位将领分别争到项羽尸体的一部分，进行拼合，正好合成一整个。

曾经的西楚霸王，威风八面，死后却被分尸，确为一场跌宕惨剧。

刘邦见到项羽残破的尸体后，也很感慨。这个曾经与他同甘共苦的军中兄弟就此离去，他的最大威胁就此消失，他有喜悦，然而不免也有些悲叹。

刘邦言而有信，兑现承诺，论功行赏，封赏了五位争得项羽尸体的将军。

项羽死后，楚地全部都投降了刘邦，只有鲁城不投降，不归顺。当初，楚怀王封项羽为鲁公，鲁城百姓对项羽极为尊崇。

刘邦本想率领天下之兵屠杀鲁城，转念一想，鲁城百姓恪守礼义，为君主守节，以死尽忠，不能杀。刘邦为了让鲁城人死心，命人将项羽的头颅拿给鲁城人看，鲁地父老一见，这才投降。刘邦按照“鲁公”这一封号的礼仪，将项羽安葬。刘邦亲自为项羽发丧，哭了一通，方才离去。

当然，这完全是作秀！

这样的作秀，刘邦很在行，几年前哭义帝时，他早就贡献过精彩的演技了。

永远的项羽

项羽已去，他的身影却永远定格在历史中，无法撼动，他是永远的项羽。

项羽是盖世英雄，也是悲剧英雄。

他年纪轻轻，攻无不克，一往无前，成为霸主，左右历史走势，这种光环实在太盛了，这是他足以傲视群雄的资本。

光环盛，是能力强大的表现。

光环太盛，容易让人睁不开眼睛，看不清方向，迷失自我。

项羽自带英雄气概，战场上从不畏惧，从不退缩，他身先士卒，驰骋沙场，浴血奋战，他的事业是他一点点打下来的，是他一步步闯出来的。这样的“成功道路”，在让他自傲的同时，也深深印到脑海中一种理念：拳头硬，战胜一切。

因此，不听话的，打他！

坑杀秦军二十万降兵，就是例证。

当时章邯率领二十余万秦军投降项羽，这是增强项羽军事实力的好事。但是，秦军降兵的待遇并不好，经常受到诸侯军的“报复性”侮辱，他们很不满意，逐渐有了不满、后悔，甚至是叛乱之心。

项羽得知消息，感觉这不是好苗头。秦军降兵内心不服，到了关中，他们若不听指挥，事情就危险了。项羽最后决定，挖了个大坑，将二十万秦军降兵全部埋了。

项羽的个人英雄主义情结比较重，过分相信拳头的力量，而很少研究人心，很少能团结一批有能力的人。

韩信、陈平等人，都是从项羽阵营走向刘邦阵营的能人，他们又用自己的智谋与勇力瓦解着项羽的强大：“四面楚歌”的迷惑人心计策，就是韩信的主意；逼走范增的“反间计”，是陈平设计的；项羽手下忠诚而善战的将领钟离昧，也是陈平设计除去的。

项羽年少得志，成功来得太快，他很自傲，不自省，即使是做了错事，他也不认为是自己错了。

项羽打进咸阳火烧秦宫后，有人给他提了一个好建议：建都关中。

关中确实是个好地方，有山河作屏障，四方都是要塞，易守不易攻，而且土地肥沃，定能成就霸业。

项羽看了看被熊熊大火烧得残破不堪的秦宫，不太感冒。关键是，他一心想着衣锦还乡，想回到家乡，让家乡人见证一下他的成功。于是，项羽就拒绝了。拒绝的理由说得很充分：“人富贵了不返回故乡，就像是穿了锦绣衣服，却在黑夜中行走，又有谁能知道，又有谁能看到呢？”

劝说项羽的人一听，这是干大事的人吗？当即愤愤地说：“人说楚国人就像是猕猴戴了人的帽子，果真是这样。”这就是成语“沐猴而冠”的来历。沐猴，是猕猴，猕猴戴上人的帽子很像人，但实际上却不是人。这是讽刺项羽虚有其表。

项羽听了这话，非常生气，这不是侮辱他，侮辱他们楚人嘛！当即下令将那个人扔进热锅里煮死了。

迷信武力、自恃神勇的项羽，直到生命的最后，还是要证明他的神勇，还是要维护他“战神”的尊严。即便是败了，也不承认是自己的错，而要用“天亡我，非用兵之罪也”来自我开脱，确实太荒谬了！

一个人最难认识的，就是自己。

一个人最难战胜的，也是自己。

战胜自己的前提，是认清自己。曾子有言“吾日三省吾身”，人要学会自省，摊开自己的缺点，正视自己的问题，才能有战胜自我的可能。

世界上真正强大的力量，不是外在的勇力，即便力能扛鼎，也有扛“扛鼎人”的力量。

世界上真正强大的力量，一定是来自内心的力量，自省自查，寻他山之石，行攻玉之事。

（本篇主要依据《史记·项羽本纪》）

原典

项王军壁[1]垓下，兵少食尽，汉军及诸侯兵围之数重。夜闻汉军四面皆楚歌，项王乃大惊曰：“汉皆已得楚乎？是何楚人之多也！”项王则夜起，饮帐中。有美人名虞，常幸从；骏马名骓[2]，常骑之。于是项王乃悲歌慷慨[3]，自为诗曰：“力拔山兮气盖世，时不利兮骓不逝。骓不逝兮可奈何，虞兮虞兮奈若何！”歌数阕[4]，美人和[5]之。项王泣数行下，左右皆泣，莫能仰视。

《史记·项羽本纪第七》节选

注释

①**壁：**军营，这里指扎营坚守。

②**骓：**音 zhuī，毛色青白相杂的马。

③**慷慨：**充满正气，情绪激昂。

④**歌数阕：**连续唱了几遍。阕，音 què，次，遍。

⑤**和：**音 hè，伴唱。

译文

项羽部队驻守垓下，兵力很少，军粮也没有了，刘邦的军队和各路诸侯的军队把楚军层层围住。深夜里项羽听到四面的汉军都在唱楚地的歌谣，大惊说：“莫非汉军已把楚国全部占领了吗？怎么他们军中会有这么多楚人！”于是项羽披衣起来，在帐中饮酒浇愁。他身边有一个叫虞的美人，深受项羽宠爱，一直跟在他身边；还有一匹叫骓的骏马，是项羽冲锋陷阵一直骑乘的。此时项羽感慨万分，于是作歌道：“力能拔山啊豪气盖世，时运不利啊骓马不再奔驰。骓马不再奔驰啊我该怎么办？虞姬啊虞姬我将如何安置你！”他一连唱了好几遍，虞美人也随他伴唱。这时项羽泪如雨下，左右侍从也都涕泣唏嘘，都不忍心抬头仰视。

图书在版编目（CIP）数据

读史记，成大器．楚汉战争／王立群著．—北京：东方出版社，2022.9
ISBN 978-7-5207-2774-7

Ⅰ．①读… Ⅱ．①王… Ⅲ．①《史记》—少儿读物
Ⅳ．①K204.2-49

中国版本图书馆CIP数据核字（2022）第152117号

读史记，成大器：楚汉战争
DU SHIJI, CHENG DAQI: CHUHAN ZHANZHENG

作　　者：王立群
策　　划：王莉莉
责任编辑：王莉莉　赵　琳
产品经理：赵　琳
出　　版：东方出版社
发　　行：人民东方出版传媒有限公司
地　　址：北京市东城区朝阳门内大街166号
邮　　编：100010
印　　刷：鸿博昊天科技有限公司
版　　次：2022年9月第1版
印　　次：2024年5月第4次印刷
印　　数：70001—100000册
开　　本：880毫米×1230毫米　1/32
印　　张：7.875
字　　数：145千字
书　　号：ISBN 978-7-5207-2774-7
定　　价：280.00元（全六册）
发行电话：（010）85924663　85924644　85924641

读史记，成大器

第五册 大汉奠基

王立群 著

人民东方出版传媒
People's Oriental Publishing & Media
東方出版社
The Oriental Press

目录

大风歌

运筹帷幄

国士无双

相国萧何

萧规曹随

无冕女皇

绛侯周勃

贤相陈平

大风歌

楚汉相争，刘邦打败了项羽，打下了江山。

汉五年（前 202），诸侯王联名上书，恭请刘邦接受“皇帝”尊号。

刘邦却以担不起这个称号为由推辞了。

诸侯王又以刘邦功大、德厚、区分尊卑为由，为刘邦搭好了梯子，刘邦成功上位。

刘邦举行了隆重的登基大典，定国号为“汉”，是为汉高祖。

汉初三杰

刘邦登基为帝，很得意，也很享受。不过，他没有完全沉浸在自己的快乐中，他没有忘记帮助他的人。

有两种人，刘邦需要感谢：

一是功臣。对于与刘邦一起出生入死打下大汉江山的功臣集团，刘邦没有吝啬，大封诸侯，感谢他们的汗马功劳。

二是士兵。战争结束了，士兵们终于可以解甲回家了，刘邦对士兵们都有奖赏。留在关中的诸侯子弟，免除十二年的赋税徭役；回到封国的，免除六年的赋税徭役，国家供养他们一年。

其中有三个人，刘邦需要特别鸣谢。

这三个人就是号称“汉初三杰”的张良、萧何和韩信。

当时楚汉战争虽然胜利了，但刘邦并没有满足于胜利，他希望对胜利做个准确到位的总结。有所总结，有所感悟，人生才能更好地走向新征程。于是，刘邦在洛阳南宫摆设酒宴，大宴群臣。

自然，这又是一场酒酣耳热的畅快酒局，君臣上下，把酒言欢，不亦乐乎。不过，刘邦此次宴会，却不单单是喝酒庆功那么简单，他有更大的目的。

席间，刘邦说：“列侯与诸位将领，你们不能瞒我，都要说真心话。我为什么能够取得天下？项羽为什么失去了天下？请诸位思考一下原因。”

这个问题很大，事关王朝的建立，事关历史的沧桑变化。

作为历史的亲历者与见证人，参加酒宴的诸侯、将领最有发言权。

高起、王陵率先回答：“陛下为人傲慢而又喜好戏辱别人，项羽为人仁厚而又愿意爱护别人，这么说来似乎项羽更有夺取天下的可能。但是陛下攻下城邑就分封给大家，与大家共享利益。而项羽却妒贤嫉能，忌妒有功劳的人，猜疑有才能的人，打了胜仗不给人授功，夺得了土地也不给人奖励，这就是他失去天下的原因。”

一帮底层出身的壮士豪杰把脑袋系在裤腰带上跟着刘邦打天下，图什么？

天下熙熙皆为利来，天下攘攘皆为利往，当然是利益！当时最抢眼的利益，就是裂土封王。裂土封王，意味着财富、权势、地位和名望的赋予。高起、王陵的观点，代表了大部分人的意见，刘邦虽然有缺点，但他很大方，他舍得分享。这是刘邦能够战胜项羽的重要原因。

刘邦也认可高起、王陵的话，但是这个回答并没有答到点子上，刘邦摇着头说：“你们只知其一，不知其二。”

刘邦说，他能够取得天下，要感谢三个人，这三个人都是人中豪杰。这三个人，都有刘邦比不上的卓越能力：

张良多智谋，在帷幄之中出谋划策，就能决定千里之外的胜利。

萧何有才干，镇守国家，安抚百姓，供给粮食，保证粮草运输不被阻断。

韩信明军略，统领百万大军，战必胜，攻必克。

这三个人，刘邦深深佩服，信任他们，重用他们。这才是他能够打败项羽的主要原因。

对比之下，项羽就有些落下风了，他手下只有一位范增是人才，但是范增还得不到他的信任。刘邦认为，这就是项羽被他擒杀的原因。

刘邦这番话，提出了一个非常重要的课题：打江山什么最珍贵？人才！刘邦这番话，也是对自己的个人总结。这个总结，很客观，很谦逊，很接地气。刘邦并没有因为自己高高在上的地位，就作高高在上、不知人间烟火气状，群臣个个心悦诚服。

从此，“汉初三杰”也名扬史册了。

长乐宫里权威立

刘邦成了至尊的“皇帝”，但是刚开始那段时间，他并没有感觉到那无上的权威到底是什么滋味。

这中间出了什么差错吗?

其实，也算不上大差错。只不过，皇帝权威的外在依仗没有立起来。

刘邦登基之时，博士叔孙通奉命制定了一套礼仪，刘邦过目后大大简化了一番。这一简化不要紧，郁闷的事情来了。朝中的很多大臣，都是刘邦未发迹之前的好友、伙伴，他们在朝堂上仍然毫无顾忌地喝酒争功，醉酒后大呼小叫，甚至还有人拔出剑对着殿上的大柱猛砍。场面失控，混乱不堪，刘邦看在眼里，郁闷在心里，这哪里是皇帝的朝堂啊!

这时，叔孙通又出面了，主动为刘邦分忧。

叔孙通请命，为刘邦制定一套当朝的君臣之礼，定让他感知“皇帝范儿”。

叔孙通知道刘邦不待见儒生，不喜欢儒家那一套，为了劝说刘邦，他着重强调：儒生那一套虽然难以用来打天下，但是可以用来守天下。

果不其然，刘邦的反应很强烈，马上问道：“会不会很难搞啊？”

刘邦这是在替自己担心，万一叔孙通搞得太复杂，自己也会受不了。叔孙通赶紧说，一定会让刘邦满意！

就这样，叔孙通开始了一场“礼仪大操练”，他是主教练。

叔孙通手下的人马很壮观，主要有三类人：

一是特地从鲁地招聘的三十位儒生。

二是刘邦身边的学者。

三是叔孙通自己的一百多位弟子。

他们的工作地点是广阔的野外，他们拉起绳索，扎上草人，模拟训练了一个多月。

这一个多月的封闭式训练，很见成效，刘邦很满意，主要是叔孙通的礼节简单实用。于是，刘邦下令手下大臣听从叔孙通安排，学习礼仪。

学习是手段，关键得看学习效果。汉七年（前200），长乐宫重新装修完毕，诸侯群臣都前来朝贺，对叔孙通训练成效的检验正式开始了。

验收工作，有三大亮点：

第一，场面隆重。

大殿前面战车陈列，手持武器和旗帜的骑兵、步兵威严站立。郎中们都侍立在大殿每一级台阶的两侧，整个台阶上站立了几百号人。整个仪式，总共有九种引领宾客的礼仪。

第二，森严有序。

从皇帝到大臣，从司仪到士兵，每个人都有自己的位次。武将按次序面东而站，文官按次序面西而站。有专人拿着旗，引领从诸侯王到年俸六百石的低级别官员依次上前拜贺。有秩序就不杂乱，有秩序就会有威严。

第三，庄严肃穆。

朝见皇帝的礼仪结束，下面就是酒宴。这是最具考验价值的环节，刘邦就是因为酒宴才郁闷的，叔孙通得让刘邦在酒宴上高兴起来。

叔孙通主要解决了两个问题：

一个是“不敬”，陪坐在大殿之上的大臣，低眉顺眼，依次向刘邦敬酒。

另一个是“喧哗”，安排御史专门督责此事，一旦有人不遵守礼仪，吆三喝四，立即带下去。如此一来，从开始直至结束，没有一个人在朝堂上大声喧哗。这与此前“怎一个乱字了得”的场景，简直是天壤之别。

场面隆重，有礼有节，众人膜拜，无人喧哗，刘邦看在眼里，乐在心中。

这一天，很重要；这一天，要铭记。因为刘邦终于知道了什么叫作“皇帝的尊贵”。

这才是“大丈夫当如此也”的气派！

未央宫里比产业

有些事情，刘邦没有感觉到有损皇帝权威，其他人却为他努力着。

第一个人是刘邦父亲的家令。

刘邦作为皇帝，权倾天下，在朝堂上接受群臣礼拜。但是，刘邦还是儿子，他还有父亲，需遵行平常人家父子相见的礼节，每五天就朝拜太公一次。

后来，太公的家令发觉此事很不妥当，有损皇帝的威望。太公的家令就去劝说太公，他说:“天上没有两个太阳，地上也不应有两个君王。当今皇帝虽然是您的儿子，但他还是万民之主，太公您虽然是父亲，但也是臣子。怎么能够叫君王拜见他的臣子呢？这是不合理的。长此以往，皇帝的威严就难以遍行天下了。”

太公一听，还真是这样，所以为了儿子，他决定改变了。

后来，刘邦再去拜见太公，太公就抱着扫帚，在大门口迎接，然后面对大门口倒退着走。刘邦一见，大为吃惊，急忙下车搀扶太公。太公说:“皇帝是万民之主，怎么能因为我而乱了天下的规矩呢！”刘邦这才明白父亲的心意，于是就尊奉太公为太上皇。

刘邦心里非常赞赏那个家令的话，赏赐他五百斤黄金。

第二个人是萧何，他为刘邦打造了一座豪华宫殿。这座雄伟壮观的宫殿，就是著名的未央宫。

刘邦刚开始见到未央宫，却非常生气：天下战乱，王朝初始，百废待兴，为什么要建造这么豪华的宫殿呢？他感觉这宫殿的豪华劲儿太过了。

萧何很淡定，他给出了三条理由：

第一，时机正确。正因为天下没有安定，才更要利用这个时机建造宫殿。

第二，有助君威。天子以四海为家，宫殿不壮伟，就无法显示天子的威严。

第三，后代不及。雄伟的气象打造出来，后世便无法超越了。

三条理由，很充分，很到位，刘邦这才高兴起来。

未央宫建成之后，刘邦在未央宫前殿摆设酒宴，大会诸侯、群臣，一为庆贺，二为显示权势。

刘邦很开心，很畅快，不由得多喝了几杯。借着酒劲，他的思绪又回到了很久以前。他想起了当初他那游手好闲的无赖样，他想起了当初被父亲责骂的懊恼样，他想起了当初被邻居们瞧不起的落拓样，不由得感慨万千。

刘邦站起身来，手捧着玉制酒杯，向太上皇献酒祝寿，他说：“当年您常以为我没有才能，没有出息，不会经营产业，不如哥哥刘仲勤劳努力。现在您看一下，我的产业与刘仲相比，哪一个更多啊？”这一刻，他终于说出了多年的委屈，他终于倾泻出了多年的不满。

殿下群臣却不知刘邦的心事，听后都高喊“万岁”，一笑而过。

刘邦希望得到别人的尊重，他更希望得到父亲的认可。原来，高大如他，心中也住着一个宝宝，一个渴望被父母赞美的宝宝。

征战路上回故乡

刘邦称帝，大封诸侯，但是，天下尚未安定，诸侯还有异心。

臧荼、利几、韩王信、贯高、陈豨（xī）、韩信、彭越、黥布相继叛乱，刘邦只能亲自出征，讨伐叛逆，维护权威。这一路征战，刘邦很疲惫，也很痛心。

讨伐黥布回京途中，刘邦路过沛县，这是他起兵的地方，这里有他的回忆，这里有他的辛酸与喜悦。

刘邦停留下来，在沛县行宫置备酒席，与父老乡亲把酒言欢，纵情畅饮。刘邦还挑选了沛县一百二十名儿童，教他们唱歌。

酒意正浓，酣畅淋漓之时，刘邦亲自击筑，唱起了自己创作的歌曲：

大风起兮云飞扬，
威加海内兮归故乡，
安得猛士兮守四方！

这首诗，后人称之为《大风歌》。

诗之大意为：大风刮起来啊云彩飞扬，声威遍海内啊回归故乡，到哪里招收猛士啊守卫四方！

一首诗，三句话，两种情感，几世流传。

刘邦回返家乡，既有荣归故里的豪迈，又有战乱不断的无奈，喜悦与压力之下，陡然生出一份希冀，一声疑问。王者风范，家国兴亡，尽系于风云变化中。

刘邦让儿童们跟着学唱。歌声响起，他起身跳舞，一时间感慨万千，既有豪情，又有悲凉，不由得洒下了行行热泪。

远行的游子总是思念故乡，刘邦说他死后，他的魂魄还要回到故乡。为了表达对故乡父老的怀念之情，刘邦为他们送去了切实的福利：免除沛县父老的赋税徭役，世世代代不必纳税服役。

沛县父老对此感恩戴德，他们天天陪着刘邦开怀畅饮，纵情欢宴，畅谈往事，愉悦欢乐。

过了十几天，刘邦要离开了。沛县父老坚决挽留，要刘邦多留几日。刘邦笑着说："我的随从人员太多，父

兄们供应不起啊。”

刘邦离开这天，沛县人倾城而出，百姓们全都赶到城西，向刘邦敬献酒食等物品。

刘邦又停了下来，搭起帐篷，痛饮了三天。

沛县父兄又叩头请求，希望刘邦免除丰邑的赋税徭役。

丰邑是刘邦的出生地，这是他一生的印记，他自然不会忘记。之所以没有免除丰邑的赋税徭役，是因为此前丰邑人跟着雍齿反叛了他，这是刘邦一生的痛，一生的恨，他不想原谅。或许，这就是爱之深责之切吧！

沛县父老再三请求，刘邦心一软，答应免除丰邑的赋税徭役。

回返故乡，刘邦了了多年的心愿，也解了多年的心结。

这次，他真的带着对家乡的思念走了。

这次走后，他再也没有回来。

长乐宫里高祖崩

战争是残酷的，总是会伴随着伤痛和死亡。

这次，伤痛与死亡，找到了刘邦。

刘邦征讨黥布的时候，曾被飞箭射中，回返途中，他就病倒了。刘邦的病情越来越严重，急坏了吕后。吕后请来了医术高明的医生，为刘邦诊治。

医生进宫，刘邦问医生自己的病情如何，医生说："可以治好。"没想到这么一句让病人心情大好的话，却让刘邦极为不满，破口大骂。

刘邦这是不是有些不知好歹了呢？尊贵如他，也是病人，也需要医生帮助。医生愿意帮助也能够帮助他摆脱病痛，他不应该高兴吗？

原因在于，刘邦认为人的命天注定。他本是一介平民，手提三尺宝剑，最终取得了天下，这难道不是天命吗？他的生死也应该由上天决定，即使是扁鹊，又有什么用处呢？

骂完之后，刘邦拒绝让医生治病，赏赐给医生五十金，打发医生回去了。

相信天命的刘邦，病情并没有好转，反而有恶化的迹象。吕后眼见不妙，就向刘邦询问身后之事。此时的吕后，除了夫妻情分，她考虑更多的显然是政权的交接问题。她的儿子太子刘盈年纪轻轻，即位之后能否稳住政权，这是一个很大的考验。吕后希望刘邦能为大汉江山做一下规划，帮他们母子谋划一番。

吕后问道："陛下百年之后，如果萧相国死了，该由谁接替他做相国呢？"

刘邦说："曹参可以。"

吕后又问曹参以后的人选，刘邦说："王陵可以。不过王陵有些迂愚刚直，陈平可以帮助他。陈平智慧有余，却难以独自担当重任。周勃深沉厚道，缺少文才，但是安定刘氏天下的一定是周勃，可以让他担任太尉。”

吕后又问再以后的人选，刘邦说：“再以后的事，就不是你能知道的了。”

刘邦的这些话，再次显示了刘邦的识人之明，以后的历史一点点印证了他的“神预言”。

刘邦没有再说，吕后也就没有再问。

没过多久，刘邦就在长乐宫驾崩了，带走了一生的沧桑与骄傲。

吕后的小心思

刘邦死后四天，吕后都没有对外发布丧事消息。

吕后之所以如此，是有她的担忧，也有她的谋划。

吕后和审食其（shěn yì jī）商量说：“朝中的诸位将领，先前同先帝一样，都是平民老百姓，后来北面称臣，有些人时常流露出不服气的样子，现在又要让他们侍奉年轻的新皇帝，他们心中肯定更加不服，定会有人做出不臣之举。如果不全部诛灭他们，天下就难以安定了。”

很显然，吕后决定对朝中重臣下手了。

有人听到了这个消息，悄悄地告诉了将军郦商。

按照吕后的谋划，郦将军也在被诛杀之列，他得到消息后，首先想到的不是自己的生死，而是朝廷安危。朝中重臣被诛杀，势必会掀起一场血雨腥风，对大汉朝廷来说有百害而无一利。

郦将军连忙去求见审食其，他开门见山道："听说皇帝已经驾崩四天了，现在还不发布丧事消息，而且想诛杀所有的将领。如果这是真的，如果真的这样做了，天下就危险了。"

吕后本是求平安的，为了摆脱危险才想出这么个点子，为什么郦商却说危险呢？

只因这些重臣手中握有兵权。

陈平、灌婴率领十万大军镇守荥阳，樊哙、周勃率领二十万大军平定燕地、代地，都是兵权在握。一旦他们听说皇帝驾崩、诸将将被诛杀的消息，必定会联合起来，率大军进攻关中。到那时，大臣在朝内叛乱，诸侯在外面造反，灭亡就是翘足可待的事情了。

审食其一听，恍然大悟，这一招确实危险，掌控不了局面，就会引火上身。于是，审食其赶紧进宫禀告吕后。吕后权衡再三，铲除重臣计划取消，对外公布了刘邦驾崩的消息，大赦天下。

刘邦安葬完毕，大臣们共同拥立太子刘盈即位。

大臣们认为，刘邦由平民起家，平治乱世，平定天下，是汉朝的开国皇帝，功劳最高。因此，献上尊号，称刘邦为高皇帝。

草根逆袭皆有因

刘邦一生，口碑也不怎么样，有缺点，主要是好骂人，曾拿着儒生的帽子当尿壶。后世甚至给了他一个“流氓皇帝”的称号。

刘邦原本一介平民，没有钱，没有权，没有爹可以拼，没有颜值可以拼，即便有颜值他都没有地方去展示。刘邦并非战神，他没有勇力，没学过兵法，彭城战败之后，刘邦几乎没有打过什么胜仗，几乎是屡战屡败。

但是，世间之事，本就没有随随便便成功的。

刘邦的成功，他自己也有总结，“一个篱笆三个桩”就是很好的注解。其实，刘邦的成功是多方面铸成的，他是“五个一”人才。

第一个“一”，是指一双好眼睛。

刘邦慧眼识才，无论是未发迹前的“狐朋狗友”，还是后来的“引进人才”，都能在刘邦手下发挥出自己的潜力。

陈平当初投奔刘邦，很多人都不看好他，在“招聘会”上没打高分，尽是否定。刘邦却力排众议，留下了陈平，并给他绝对信任，让他放开手脚大胆做事。刘邦去世后，诸吕作乱，维护汉室江山，陈平功不可没。

第二个“一”，是指一对好耳朵。

刘邦善听会听，能听下级意见，能听不同意见，能听出正确意见，从谏如流说的就是他。

刘邦一生最恨的人，就是雍齿——在他起事之初给他背后一击的人，他永远不想原谅。但是，后来刘邦不仅原谅了雍齿，还封雍齿为侯。

刘邦如此变化的原因，在于听从了张良的劝谏。

那时刘邦刚刚封赏了二十几人为侯，其余很多人则日夜争功，没有决断，封赏一事暂缓执行。有一天，刘邦看到一些将领坐在沙地上指指点点，议论纷纷，他不知道是怎么回事，就去问张良。张良说这些人在谋划造反。

此话一出，刘邦有些不明白了，天下刚刚平定，为什么要造反呢?

原因很简单，他们害怕。原来刘邦封赏的都是此前的好友，与刘邦有仇恨的都被诛杀了。图谋造反的将领算计一下自己的军功，还不够封侯，又怕刘邦想到他们以前的过失会杀掉他们。为了避免杀戮，他们才想造反。

这些将领要造反，事情就有些难办了，好在张良帮刘邦出了个主意：封赏雍齿。

为什么要封雍齿呢?

做给那些将领看，让他们看看刘邦的容人之量。将领们都知道刘邦对雍齿恨之入骨，一旦雍齿受封，那他们就对自己受封信心百倍了，就不会铤而走险了。

刘邦一听，很有道理，赶紧派人去落实，大摆酒宴，封雍齿为侯。将领们一见雍齿都封侯了，他们很开心，也不担忧了，也不造反了。一场危机，因为张良的劝说而消解，当然，消解的关键是刘邦听从了建议。

第三个“一”，是指一副好头脑。

刘邦很清醒，善度大势，“天下苦秦久矣”即是对当时天下大势的一个基本判断。刘邦收放自如，该变脸时就变脸，该作秀时就作秀。

“哭义帝”，就是很典型又很优秀的表演。义帝熊心被项羽杀死，刘邦利用这一事件，成功上演了一场哭戏：刘邦为义帝举行隆重的葬礼，“袒而大哭”，连续三天。“袒”即“袒踊（yǒng）”，就是“袒左跳踊”的意思，通俗地讲，就是“光着左膀，蹦蹦跳跳”，这是古代丧礼的仪节，表达悲痛之深。

刘邦这么做，是因为他需要一面正义的旗帜。哭戏结束后，他立刻举起为义帝复仇的大旗，东伐项羽。

第四个“一”，是指一支好队伍。

刘邦接纳五湖四海的人才，但是，他也有一支独特的骨干队伍：丰沛故人集团。这个集团的核心人物有萧何、曹参、樊哙、夏侯婴等人，他们在大起义前已经和刘邦有非常密切的交往。萧何多次在刘邦触犯刑律时援手相救，夏侯婴则常常承担全部责任也不连累刘邦。

丰沛故人集团在刘邦集团中起着凝聚人心的巨大作用，是刘邦集团的定海神针。楚汉战争，胜负无常，无论成败，丰沛故人集团始终紧随刘邦，维持着刘邦集团的基本稳定。

第五个“一”，是指一个好心态。

刘邦敢闯敢干，很自信，敢于揭竿而起，敢于屡败屡战。

刘邦“脸皮很厚”，他敢于向臣子认错。

刘邦曾出击匈奴，出发前曾派大臣娄敬出使匈奴，为的是摸清匈奴的底细。娄敬回报，匈奴不可击，他们故意暴露短处，这是诱敌之策。刘邦当时已经决定打匈奴了，二十万大军已经出发了，娄敬这话真是丧气！刘邦大怒之下，对娄敬破口大骂，骂他妖言惑众，并拘禁了娄敬。结果，刘邦不久便被匈奴军围困在白登山七天七夜，不能突围。得救之后，刘邦赦免了娄敬，并向他诚恳道歉，大加封赏。

刘邦很勇敢，他敢于承认自己能力有限。

韩信刚刚投靠刘邦时，曾问过他一个问题：在勇敢、强悍、仁厚、兵力等方面，刘邦与项羽哪个更强？这个问题很尴尬，说自己厉害是说谎，说项羽厉害又没面子。但是，刘邦沉默了一会儿，很诚实地回答自己不如项羽。

刘邦不是完人，他身上的缺点很明显，他身上的优点需要去辨别。同时，刘邦也是变化的，街溜子、沛公、汉王、汉高祖，几种不同身份里面的刘邦，其面貌必然是有差异的。看不到变化，就会丑化刘邦；强调这种变化，就会美化刘邦。

我们需要的是一位真实的刘邦，既不要丑化，也不要美化。

识人是门大学问，既不要戴着有色眼镜去看人，也不要一棍子打死人，更不要人云亦云。

（本篇主要依据《史记·高祖本纪》《史记·刘敬叔孙通列传》《史记·淮阴侯列传》）

原典

高祖还归，过沛，留。置酒沛宫，悉召故人父老子弟纵酒[①]，发[②]沛中儿得百二十人，教之歌。酒酣，高祖击筑，自为歌诗曰："大风起兮云飞扬，威加海内兮归故乡，安得猛士兮守四方！"令儿皆和习之。高祖乃起舞，慷慨伤怀，泣数行下。谓沛父兄曰："游子悲故乡。吾虽都关中，万岁[③]后吾魂魄犹乐思沛。且朕自沛公以诛暴逆，遂有天下，其以沛为朕汤沐邑[④]，复[⑤]其民，世世无有所与。"沛父兄诸母故人日乐饮极欢，道旧故为笑乐。

《史记·高祖本纪第八》节选

注释

①**纵酒：**无节制地饮酒。

②**发：**征调。

③**万岁：**帝王去世的讳称。

④**汤沐邑：**帝王贵族收取赋税自用的私邑。

⑤**复：**免除（赋税徭役）。

译文

汉高祖回返国都，路过沛县，停留下来。他在沛县的行宫里置备酒席，把昔日的亲朋故旧都召来尽情饮酒，又从沛县征调来一百二十个小孩，教他们唱歌。等大家喝到兴高采烈时，刘邦一边击筑，一边自己作歌唱道："大风起兮云飞扬，威加海内兮归故乡，安得猛士兮守四方！"让那一百二十个孩子都跟着学唱。接着，刘邦又起来跳了一回舞，感叹伤感，泪珠滚滚而下。他对沛县的父老们说："游子因思乡而悲伤。我今天虽然建都于关中，但死后魂灵还依旧想念沛县。我是以沛公身份起家讨伐暴逆，最终夺得天下的，我要以沛县作为我的汤沐邑，免除县里的赋税徭役，并且让他们以后世世代代都不纳税。"接下来几天，沛县的父老亲朋们一起和刘邦整天饮酒欢乐，说起往日事迹，作为笑谈。

运筹帷幄

刘邦的“开国大业”，少不了智囊团的身影。智囊团的首席，当推张良无疑。

刘邦那句“运筹帷幄之中，决胜千里之外”，是张良的身份标签，也是后代谋士们向往的境界。

他出身于贵族人家，也曾仗义行侠，博浪沙刺杀秦始皇。

他状貌如妇人，穿梭于刀光剑影中，却也无坚不摧。

“留侯画策”，功若泰山，流响天际。

但是，功名富贵，于他皆是浮云。

他功成身退，寻仙问道，辟谷清修，醉心于修道无为。

谁能说，这不是他的“运筹帷幄”呢?

侠义报国仇

张良祖上是韩国人，是韩国的高官。他的爷爷，曾是三朝国相。他的父亲，也是两朝国相。

他的父亲死后二十年，秦国灭了韩国。当时的张良，年纪尚小，还没能做官，但是，韩国灭亡的现实，他不能接受，内心一股熊熊烈火燃烧起来。他们家的荣耀光环，都是韩国给的，他必须做点什么，要不然都过不了自己这一关。

做什么，是第一个问题。

俗话说“解铃还须系铃人”，既然灭掉韩国的是秦始皇，张良的复仇对象就是秦始皇，复仇计划就是刺杀秦始皇。

怎么做，是第二个问题。

他自己亲自去做？不行，他学过礼，单用“礼”杀不了秦始皇，礼如果对秦始皇有用，韩国也就灭不了了；他一介书生，没有过硬的身体条件，勇力不够。

自己不行，那就找人去做。

这件事很大，很难，很凶险，没有重金买不动人家动身。好在，韩国虽然灭国了，张良家里还有奴仆三百人，还有不少的财富。为了刺杀秦始皇，张良下了狠心。他的弟弟死了，他都没有厚葬，他拿出全部家底，重金寻求勇士，以报国仇。

功夫不负有心人。张良终于在东方找到了一个力大无比的人，“工欲善其事，必先利其器”，张良深以为然，他又为大力士专门制造了一个一百二十斤重的铁锤，作为刺杀工具。

前期工作准备就绪，张良静心等候，等候恰当的时机。

秦始皇二十九年（前218），秦始皇要向东巡游。张良得知消息，就在秦始皇巡游的必经之路上选择了一个绝佳的刺杀地点——博浪沙（今河南原阳）。

这个地方，路面高低起伏，车辆行进速度自然会降低，利于刺杀行动。

这个地方，一边是黄河，一边是芦苇丛，利于撤退、隐藏。

紧张的时刻即将到来，张良与大力士提前埋伏好，等待着秦始皇车队的到来。

鸣锣开道，旌旗飘飘，前呼后拥，秦始皇的车队浩浩荡荡地行进到博浪沙，好生壮观！张良与大力士顾不得欣赏，他们悄悄地寻找目标，寻找那辆最豪华、规格最高的马车。看了半天，他们傻眼了，傻傻分不清，哪个是真哪个是假。

原来，秦始皇早有前车之鉴，为保证安全，他另外准备了多辆外观一致的车，他究竟坐在哪辆车里，只能去猜了。

张良看了半天，也没分出究竟，但时间不等人，再不行动，车队就要过去了。情急之下，张良决定赌一把，让大力士对准中间那辆车出击。说时迟那时快，只见大力士一跃而起，手起锤落，狠狠地砸在了车上，车子顿时碎了。车队慌作一团，赶紧护卫秦始皇，大力士趁机钻进芦苇丛逃跑了。

可惜的是，张良的判断失误，秦始皇没有坐在那辆车里，砸中的只是副车。

受到这番惊吓，秦始皇勃然大怒，下令在全国范围内紧急行动，大肆搜捕，捉拿刺客，一连搜寻了十天。

张良只好隐姓埋名，逃到了下邳（xià pī，今江苏睢宁）城，躲避风声。

张良拾履

逃避追捕的张良，在下邳城竟然有了一场奇遇。这场奇遇，改变了他的人生走向。

有一天，他闲来无事，在下邳桥上漫步。突然，一位穿着粗布衣服的老人，径直走到他面前，故意把鞋子甩到了桥下面，然后傲慢地对张良说：“小子！下去给我把鞋捡上来！”

一连串的举动，把张良看呆了。他与这位老人素不相识，老人明明是故意扔的鞋，却让他去捡，这不是戏弄他吗？那一副理所当然的口吻做派，真让人生气，凭啥呀？

张良抬起头刚要教训那老人，看到的却是老人满头的白发，他按下怒火，走到桥下，帮老人捡来了鞋子。

张良把鞋子递过去，谁知老人没接，反而跷起脚来，又让张良给他穿鞋。张良那股刚刚压下的怒火一下子又冲到了头顶，他真想把这个“坏老头”暴揍一顿！

最后时刻，他及时刹车，一个老人，和他计较这些干啥？不就是穿鞋吗？一伸手的事。想到这儿，他弯下身，单膝跪下，帮老人穿上了鞋子。

鞋子穿好了，老人连声“谢谢”也没说，还是一副理所应当的样子，哈哈大笑，扬长而去。

这个“怪老头”，难不成是“坏人变老了”？一点人情都不通！

满脸错愕，张良盯着老人离去，很久都没回过神来。

谁知“怪老头”走出去大约一里路，又掉转回来，对张良说了句“孺子可教矣”，夸奖张良还不错。

总算是说了句人话。张良心里默默说道。

接着，“怪老头”又给张良下了一道指令：五天后的凌晨，桥边见。

不知道这老头到底葫芦里卖的什么药，张良纳闷、郁闷、疑惑，但他还是恭敬地跪在地上允诺了下来。

五天后的拂晓，张良如约来到了桥边，却看见老人早就等在桥头上，满脸怒气，质问张良道："和老人有约，怎么能迟到？五天后再来！"说完，又扬长而去。

其实，张良并没有迟到，而是老人故意提前到了。

五天后，刚刚鸡叫，张良就匆匆赶到桥边，以为这一次应该不会出岔子了。结果，同样的剧情再次上演：老人又早到了，还是满脸怒气，还是质问张良："为什么要迟到？五天后再来！"说罢，扬长而去。

两次都很被动，很尴尬。张良的斗志也被激起来了，他就不信斗不过这个老头！

五天后，张良半夜就到了桥边，幸好这次桥边还没有老人的身影。老人来了之后，见到等待的张良，很高兴，赞赏地说："年轻人，就应该这样嘛！"

张良终于松了一口气！

老人拿出一本书，递给张良，希望张良好好读这本书，好好琢磨这本书。读好这本书，就能给帝王当老师；读这本书十年以后，就能立邦兴国，飞黄腾达；十三年后，老人希望张良到济北去见他，谷城山下的黄石就是他。

说完，老人就走了，没再多说一句话，也没再来桥边一次。

张良这才明白，这一切都是老人在考验他。原来，坏老头、怪老头，其实是个好老头。

老人送的这本书，就是有名的《太公兵法》。张良一读，就被吸引了，情不自禁陷了进去，他感觉有一个新世界正在向他展开，他感觉有一种前所未有的力量牵引着他，指引他向前进。

跟定刘邦

在下邳，张良待了十年。

这十年，是他磨砺自己的十年，是他聚集力量的十年。

这力量，有充盈内心的力量，也有外在投奔他的力量，他身边慢慢聚集了一百多个青年。

这个时候，陈涉起兵，全国反秦运动风起云涌。张良想起了十年前那位老人的话，是时候出去闯荡闯荡了。

张良最初打算投奔自立为代理楚王的景驹，半路上，他遇到了一生的“领导”——刘邦。刘邦已经拉起了几千人的队伍，夺取了下邳以西的地方，张良眼瞅着不错，就跟随了刘邦。一开始，刘邦对张良也不熟悉，给张良的职位仅是“厩（jiù）将”，负责车马后勤。

虽然干的是后勤工作，张良却时不时地研读《太公兵法》，时不时地给刘邦出谋划策，每次刘邦都很开心地采纳他的计策。

这也是职场中的生存之道，不论在什么位置上，都要把自己的优势展现出来。唯有展现，才有机会。

张良在刘邦那里，找到了“一见如故”“一见倾心”的感觉。几千人的队伍，他对别人讲《太公兵法》，没有人能领悟，唯有刘邦懂了，懂谋略，懂张良。

这种感觉，对张良来说太幸福了。人生一世，最难一个“懂”字，有人倾其一生也感受不到这种心灵的悸动。初入职场，就遇到懂自己的领导，张良属实幸运！

也因为这一个“懂”字，张良明白了刘邦的厉害，大大咧咧、胡吃海喝、骂人辱人，只是刘邦的表象。其实，刘邦是有头脑、有想法、有智慧的人。

想那《太公兵法》，张良揣摩了十年，揣摩出来的东西，刘邦一下子就能明白，这绝对有几把刷子啊！张良感慨之余，不由得在想：“这个沛公，大概是上天赐予人间的吧？”

为了这个“懂”字，张良决定，就这样跟着刘邦干下去。

从此以后，张良就成了刘邦身边的“核武器”，打咸阳，入关中，鸿门脱险，都书写着张良的丰功伟绩。

同事不同策

刘邦“不拘一格纳人才”，身边聚集了很多谋士、说客，这些人亦是不俗。但是，他们的建议，有时也难免走入误区。每每这个时候，张良就需要“纠偏”，担起“定海神针”的责任。

汉三年（前 204），刘邦被项羽围困在荥阳，非常忧愁，不知如何解困。这时，谋士郦食其给刘邦出了一个主意：重新册封六国后裔。

郦食其这个主意，源自历史上的事实：商汤讨伐夏桀，把夏朝后人封于杞国。周武王讨伐商纣，把商朝后人封于宋国。郦食其认为，古人有这么好的经验，完全可以古为今用。如今六国被秦所灭，六国后裔没有一点立足之地。但这是一股很大的势力，一旦他们接受了刘邦的印信，肯定会对刘邦感恩戴德，全员归顺。时间一久，刘邦一定能南面称霸，项羽必定会恭敬地前来朝拜。

郦食其为刘邦画了一个“大饼”，顿时令刘邦垂涎欲滴，恨不得马上拿到这个“大饼”！刘邦当即命人去刻印信，由郦食其亲自负责这事。

郦食其还没出发，张良从外面回来了，前去拜见刘邦。当时，刘邦正在吃饭，兴冲冲地把郦食其谋划的事情告诉了张良，谁知张良当头给泼了一盆冷水，泼得他一激灵，顿时感觉嘴里的美食也不香了。

张良说，这是一个馊主意。一旦如此，刘邦的大事算是完了！

看着刘邦迷惑不解的眼神，张良说："请允许我用大王的筷子，为您分析一下。"

张良说一个问题，放一根筷子，一连来了八连问，终于让刘邦明白了。

第一问：商汤讨伐夏桀，而封夏朝后人，那是估计能置夏桀于死地。您现在能置项羽于死地吗？

第二问：周武王讨伐商纣，而封商朝后人，那是估计能得到纣王的脑袋。您现在能得到项羽的脑袋吗？

第三问：武王攻陷殷都后，表彰贤人商容，释放被囚禁的箕子，重新修了比干的坟墓。您现在能重修圣人的坟墓，表彰贤人，在有才智的人面前向他们致敬吗？

第四问：周武王曾发放粮仓的存粮，散发府库的钱财，赏赐贫苦民众。您现在能放粮散财来赏赐穷人吗？

第五问：周武王灭商以后，把兵器倒置存放，盖上虎皮，向天下示意不再动用武力。您现在能停止打仗，推行文治吗？

第六问：周武王将战马放牧在华山之南，向天下示意战马没有用武之地了。您现在能不再用战马了吗？

第七问：周武王把牛放牧在桃林之北，向天下示意不再运送作战用的粮草。您现在能不再运输粮草了吗?

第八问：天下的游说之士，离开亲人，舍弃祖坟，告别老友，跟随您四处奔走，日夜盼望的是得到一块小小的封地。假如恢复六国，册封六国后人，游说之士就会回去侍奉他们的主上，陪伴他们的亲人，返回他们的故乡，您还能靠他们夺取天下吗?

张良连着八问，让刘邦重复了八个“不能”，终于让刘邦明白了时代变了，形势不同，不能盲目学习古人。

张良反驳郦食其，还基于他的一个根本理念：世间最可依靠的是自己，自己最可依靠的是强大。它会让你从此披甲戴盔，不惧风沙与暴击；它会让你从此光芒万丈，芳香自来。

张良提出，刘邦的根本之计是强大自己，削弱项羽，如若不然，即便册封了六国后裔，他们仍然会重新屈服于项羽。

事情紧急，刘邦饭也顾不得吃了，吐出口中的食物，赶紧让人去销毁印信，大骂郦食其：“这个笨蛋，这个书呆子，几乎坏了我的大事！”

定都关中

汉五年（前 202），一个叫娄敬的人要到陇西戍守边塞，途中路过洛阳。当时，刘邦即皇帝位，就住在洛阳。娄敬进城后，解下车前面拉车子用的横木，穿着一件破旧的羊皮袄，去见了老乡虞将军，希望虞将军引见，他想拜见皇帝，上陈一件国家大事。

虞将军见他衣服有些破旧，就准备给他换一件档次高一点的衣服，毕竟要去见的是当朝天子，马虎不得。

谁知娄敬坚决不同意，他说：“我穿着丝绸衣服来，就穿着丝绸衣服去拜见皇帝；我穿着粗布短衣来，就穿着粗布短衣去拜见皇帝。”看来这也是个注重内里的人，穿啥不重要！

虞将军见他这么固执，也不好说啥，就进宫把娄敬的请求报告给了刘邦。刘邦一听娄敬这么不拘小节，顿时也来了兴趣，不按常理出牌的人往往能打出“王炸”。

娄敬进了宫，刘邦很客气，赐给他饭吃。

谈话进入正题，刘邦问娄敬：“你要说的是什么国家大事？”

娄敬也不客气，直接问了刘邦一句：“陛下建都洛阳，难道是想要与周王比试一下谁更兴隆吗？”

刘邦也不客气地承认了。他有这种霸气，不想当第一的皇帝不是好皇帝！

娄敬直言不讳地说："陛下取得天下的方式，与周王不同。定都洛阳，也是无法与周王比拼的。"

周王朝是从后稷开始，经过了数十代的经营，到了文王、武王之时，天下归心，共同灭掉了商朝。到了周成王的时候，才营造洛邑为国都。周朝鼎盛时期，周王时时以修德为要务，天下和睦，四方归顺。到了周朝衰落时期，无人朝拜，无法掌控天下，这不是因为恩德少了，而是形势不同了。如今刘邦从沛县起事，大战七十次，小战四十次，天下百姓血流满地，枯骨露于荒郊，横尸遍野不可胜数，伤病残疾欲动不能，哭声不绝于耳。这种情况，与鼎盛时期的周王朝，是不可同日而语的。

当然，娄敬不是来打击刘邦的，而是为刘邦出谋划策的，他提出可以建都关中。

两个理由：

第一，形势险要。关中之地有高山被覆，黄河环绕，四面边塞都是坚固的防线，易守难攻，可以应对危急情况。

第二，物产丰厚。秦国在关中有几百年的经营，再加上有肥沃的土地作依托，真的是千里难求的"天府"之地。

与别人搏斗，不掐住他的咽喉，击打他的后背，是不能完全获胜的。建都关中，就是掐住了天下的咽喉，而又能击打它的后背。

刘邦被娄敬说得有些心动，但是，建都是大事，他必须征求大臣们的意见，寻求一个最好的方案。

刘邦手下的大臣，大多数是函谷关以东的人，他们不愿意背井离乡，坚持建都洛阳。他们用两个事实来说话：

第一，周朝建都洛阳，称王天下几百年。

第二，秦朝建都关中，只到二世就亡了。

这两条对比鲜明的“历史存在”，反击力很强、很猛。刘邦一时之间左右为难，犹豫不决。

关键时刻，刘邦想到了张良，他相信张良一定能帮他决断。

这样，张良当起了“大法官”，最终判定：建都关中有益。洛阳虽然有险固的城郭，但一则土地狭小，二则土地贫瘠，三则四面受敌，不是用武之地。关中地区，正如娄敬所说，土地广袤，经济富饶，地势险要，可依靠三面险阻固守，只用东方一面控制诸侯。如果天下安定，可由黄河、渭河往西运送天下粮食，供给京都；如果天下有乱，又可顺流而下，往东运送物资。

张良的判决，刘邦立马认可，当日就乘车到关中建都。

娄敬也因提议有功，被赐了“刘”姓，改名为刘敬，拜为郎中。

册封留侯

刘邦打败了项羽，打下了江山，接下来有一件非常重要的事情就是论功行赏，大封功臣。他知道，手下这么多人，跟着他四处征战，风里来雨里去，刀光剑影时时在侧，他们为的是啥？不就是“名利”二字嘛！

刘邦明白这一点，用土地、钱、虚名能解决的事，都不叫事，他不像项羽，不是吝啬鬼！

这个江山，是实打实打出来的，因此，战功就是行赏最重要的衡量标准。

张良一直伴在刘邦身边，因身体多病，他一直没有独立带兵作战，只是做着谋臣该做的事情。张良没有战功，但是刘邦却没有忘了他身边这位“运筹帷幄”的国宝级“智囊”。他认为张良居功至伟，没有他的计策，现在他刘邦在不在人间都不好说，更别提当皇帝了。

刘邦对张良很慷慨，提前给了张良一个特权，让张良自己从齐国选择三万户作为封邑。这里有三个关键词：齐国、三万户、自由选择，每一个词都能看出刘邦对张良的重视与感谢：齐国物产丰富，是个好地方，三万户的封邑也属实不少了，关键是还能自由选择，那不是什么好选什么呀。

这待遇，绝无仅有！

这待遇，世人羡慕！

如此好意，张良却拒绝了。

论功行赏，这是多么激动人心的时刻。一到这时候，好多人都在争，想破了脑门，一些若有若无，甚至是不搭边的事情都会被堆在功劳簿上，为的就是把自己的排名往前拉，把自己的功劳拉厚点，因为，前一点，厚一些，所换得的名头就要高一些，财富就会多一些。张良不用抢，不用争，刘邦就给他记了头功，还给了他如此丰厚的奖赏，他为何拒绝呢？

不敢！

他明白“兔死狗烹”“鸟尽弓藏”的道理！懂得生存之道的人，立功之时努力去做，立功之后不要夸耀，不说别人也清楚，说了别人就思考，一思考，功劳也会变成罪过。这就是，论功有风险，说话需谨慎。

既然刘邦允许张良自己选择，那他选择受封留县（今江苏沛县）。

留县只不过是个小县城，张良即使不领头功，也没有必要这么自减待遇吧？这个留县难不成有什么“宝贝”？

原来，留县很不一般，是个值得纪念的地方。张良说，当初他们相遇在留县，这是上天要把他交给刘邦。此后他出谋，刘邦采纳，幸运的是，这些计谋还能经常有效，他很高兴。因此，留县对于他来说，很有纪念意义，也是备感荣耀的地方，他不敢忘，也不能忘。

这番话，也让刘邦忆起了那段做“沛公”的日子，虽然艰难，但是，艰难中有张良陪伴，张良既是手下，又是伙伴，更是良师，也是他一生的幸运。于是，刘邦就带着十二分的满意，封张良为留侯。

张良这一招，很高明！一来不抢功，不居功自傲，谦卑低调；二来又用“留侯”这个身份、“留县”这个地方，不断暗中强化着他与刘邦的交情。

功成身退

刘邦入关，建都长安，张良依然一路相随。只不过，入关之后，张良选择了另外一种生活：养生。张良闭门不出，从此不管人间事，一心修道，辟谷轻身，只愿跟着仙人去遨游四海。

这种选择，有三个原因：

一是身体原因。张良身体确实不好，体弱多病，他确实需要休养。

二是政局复杂。刘邦猜忌心重，尤其是对有功重臣，一着不慎满盘皆输。张良主动示弱，主动避让，不惹风险近身。

三是张良不贪。张良一生的梦想就是像祖父、父亲一样，辅佐帝王。当初韩国灭亡，他不惜钱财，刺杀秦始皇，天下震动，如今他凭借三寸之舌为帝王师，封邑万户，位居列侯，他感觉已经是至高无上的荣耀了，他很满足。

张良一生，一心一意辅佐刘邦，既能谋国，又能谋身，这份谋略，这份洒脱，令人钦佩。很多道理，比如“满招损，谦受益”“月盈则亏”，很多人都知道，都明白，但是“知道”与“做到”之间，还差了一个“行动”，在巅峰时刻主动隐身的有几个呢？

人们套在自己身上的枷锁太重了，被欲望推着一步步前行，满眼的繁花似锦，殊不知前面是万丈悬崖，走过去就是粉身碎骨。更不知，停下脚步，或者转弯，别有洞天。正因为如此，张良云淡风轻的谢幕，才显得那么珍贵，那么引人注目。

不贪，别人就无法引诱你，就无法掌控你。

无欲，面前的世界就一片澄净、简单，无喧嚣，无争斗。

张良辟谷导引的生活，让吕后看了都不忍心，她劝说张良：“人生在世，时光如白驹过隙，转瞬即逝，何必让自己苦到这种地步啊！”

吕后感激张良，在关键时刻拈出良策，及时请出商山四皓，保住了刘盈的太子之位。刘邦驾崩后，吕后对张良满怀期待，希望张良继续发挥“智囊”作用，为她、为汉惠帝披荆斩棘、保驾护航。因此，吕后竭力让张良进食。

张良不得已，勉强听命进食。

但是，跻身政事是不可能了。

多维角色

张良与刘邦，相互成就，成为一对完美的创业搭档。刘邦给了张良一个平台，张良回报给刘邦的是一次次的旗开得胜。有张良在，刘邦安心！

一个人怎么可能会如此神奇，竟能招招制胜?

司马迁将之归于“天意”。

此种天意，或许在“怪老头”赠书之时就有显现。这个怪老头，有人说有名有姓，人称黄石公，有人则说那其实是块黄石幻化的人。张良与怪老头分别后的第十三年，他随刘邦经过济北，在谷城山下确实看到一块黄石，张良想起老人的话，恭敬地把黄石取回，恭敬地祭祀，奉若至宝。张良死后，黄石被一起埋葬，他的后人祭祀、上坟，都会专门祭祀黄石。

这种似真似幻的故事，出自人们对于神奇张良的崇拜，“此人只应天上有，人间能得几回闻”啊！司马迁将这些传闻写入《史记》，表达的是他对张良的敬仰。

在司马迁的认知中，横扫千军如卷席、运筹帷幄如神助的张良，顶天立地，一言胜于九鼎。他脑海中的张良，是一个“伟丈夫”，高大威猛。其实，现实中的张良，却是柔弱、美丽如女子的一个人。

这种形象反差，让司马迁感慨万千，原来柔弱书生也可以如狼似虎！

这种形象反差，让“以貌取人，失之子羽”一句又有了一个注脚。

“一切历史，都是在历史学家自己的心灵中重演过去的思想”（柯林伍德《历史的观念》），司马迁用他的叙述构建起了一个“记录的历史”中的“张良”：他任侠行义，他智谋过人，他能为帝王师，他能精仙道。

这一写，就为张良的形象定了基调，以后“接受的历史”中的重写、再写、改写，都以此为起点，或直行，或绕行，或发散，或集中。

（本篇主要依据《史记·留侯世家》
《史记·刘敬叔孙通列传》）

原典

良尝闲从容步游下邳圯[1]上，有一老父[2]，衣褐[3]，至良所，直堕[4]其履圯下，顾[5]谓良曰："孺子，下取履！"良鄂然[6]，欲殴之。为其老，强忍，下取履。父曰："履我[7]！"良业为取履，因[8]长跪履之。父以足受，笑而去。良殊大惊，随目[9]之。父去里所[10]，复还，曰："孺子可教矣。后五日平明[11]，与我会此。"良因怪[12]之，跪曰："诺。"五日平明，良往。父已先在，怒曰："与老人期，后，何也？"去，曰："后五日早会。"五日鸡鸣，良往。父又先在，复怒曰："后，何也？"去，曰："后五日复早来。"五日，良夜未半[13]往。有倾[14]，父亦来，喜曰："当如是。"出一编书，曰："读此则为王者师矣。后十年兴。十三年孺子见我济北，谷城山下黄石即我矣。"遂去，无他言，不复见。旦[15]日视其书，乃《太公兵法》也。良因异之，常习诵读之。

《史记·留侯世家第二十五》节选

注释

①**圯：**音 yí，桥。

②**老父：**老年男子。父，音 fǔ。

③**衣褐：**穿着粗布衣。衣，穿着……的衣服。

④**堕：**掉下来。

⑤**顾：**回头看。

⑥**鄂然：**吃惊的样子。鄂，通“愕”。

⑦**履我：**为我穿鞋。履，穿鞋，动词。

⑧**因：**于是，就。

⑨**随目：**目送。

⑩**里所：**约一里路。所，表示约数。

⑪**平明：**天刚亮。

⑫**怪：**对……感到奇怪。

⑬**夜未半：**未过午夜。

⑭**有顷：**过了一会儿。

⑮**旦：**明天。

译文

张良曾闲暇时在下邳的桥上散步，有一个穿着粗布衣服的老人，走到张良跟前，把自己的鞋子扔到了桥下，转头对张良说：“小子，下去给我把鞋捡上来！”张良吃了一惊，真想揍他一顿。只因看他年纪大了，勉强压着怒火，下去把鞋捡了上来。老人又说：“给我穿上！”张良既已把鞋捡上来了，也就跪下去给老人穿好了鞋。老人伸着脚让张良给他穿好鞋后，大笑着走了。张良心里很吃惊，目送老人离去。那位老人走出去一里来地，又转身回来，对张良说：“小子，你很值得培养。五天后的黎明，你我在这儿会面。”张良越发觉得奇怪，很恭敬地回答说：“是。”到了第五天，天刚蒙蒙亮，张良来到桥头，老人早已先到那里，生气地对张良说：“同老人相约，居然来得比老人晚，你怎么回事？”说完便转身离去，又说：“再过五天早点来。”五天后，鸡刚叫，张良就来到桥头，老人又先到那里了，生气地说：“又迟到了，怎么搞的？”说完回头便走，并说：“再过五天，记着要早点来。”五天后，还不到午夜，张良就到桥头去了。过了一会儿，老人也到了，高兴地说：“就应当这样！”拿出一本书，交给张良说：“读通这本书就可以成为帝王之师。过十年后，你将会发达。十三年后，你会在济北见到我，谷城山下的黄石便是我。”说完就走了，没有再说别的话，再也没有出现。天亮后张良看这部书，原来是《太公兵法》。张良因此感到奇异，经常学习诵读这本书。

国士无双

“汉初三杰”之一的韩信，“战必胜，攻必取”，是一代战神，被后人奉为“兵仙”。

中国成语世界中与韩信有关的条目很多，诸如一饭千金、胯下之辱、解衣推食、背水一战、国士无双、拔旗易帜、居常鞅鞅、金石之交、功高盖主、独当一面、多多益善，等等。

能留下这么多典故的人，必定是一个经历丰富、有故事的人。

他的一生，才能卓著，“萧何月下追韩信”，即是明证。

他的一生，跌宕起伏，“成也萧何，败也萧何”，也是无奈。

有人赞其智谋，有人敬其战功，有人为他鼓掌，有人为他悲叹，各有不同，只因每个人心中都有一个独特的“韩信”。

吃饭是大事

韩信，是淮阴（今江苏淮安）人，出生在一个普通的平民家庭，家里穷，相当穷，这是他无法选择的出身。

年轻时的韩信，很迷茫，找不到出路。

他没有特别突出的品行，没法被举荐做官。他也没有经商天分，不会做买卖。他只能整天游荡，连基本的温饱也无法自我满足，只能到别人家里蹭饭。

他认识的人，家庭也都不是太富裕，即便是富裕人家，整天去人家家里蹭饭，谁人不烦啊？他又不是人家的爹！

所以，韩信就成了很多人避之唯恐不及的“讨厌分子”。

他曾经到一位亭长家中吃闲饭，一吃就是几个月。刚开始，亭长老婆碍于面子，还能准时上菜上饭。时间一久，亭长老婆不愿意了，非常厌恶韩信，不愿伺候这位白吃白喝的“爷”了。

但是，直接拒绝也不好啊，怎么办呢？亭长老婆想来想去，想到了一个法子，如果韩信识趣，就不会再麻烦他们了。什么法子呢？亭长老婆提早做好了饭，一家人在正常饭点之前，匆匆吃饭完毕。到了饭点，韩信又像往常一样，准时到了亭长家，却没有见到饭菜。一问，亭长老婆说他们早吃过了，不好意思，没有给他准备饭菜。

韩信穷，可不傻，他当即明白了亭长老婆的意思，转身离去，再也没有去过亭长家，再也没有吃过他们家一顿饭。

韩信走得决绝，但是肚子很不争气，“咕噜咕噜”地乱叫，饿啊！没办法，他已经没有地方去蹭饭了，只好到河边钓鱼，想用鱼填填肚子。

但是，他并不是钓鱼高手，鱼儿也不会主动上钩让他吃，钓了半天没钓到，肚子叫得更厉害了。这时，旁边一位在漂洗丝绵的老妇人注意到了他，随手拿出自己带的饭给他吃。韩信连忙感谢，拿起饭就狼吞虎咽地吃了起来。

这样的情形，持续了有几十天。韩信很高兴，也很感激，真诚地对老妇人说：“大娘，日后我一定会重重报答您的！”谁知老妇人却生气了，说：“这么大个人还不能养活自己，我只是见公子可怜，才给公子饭吃，难道是希望公子报答吗？”

虽然如此，韩信却在心中记下了这份不求回报的情谊。

保命最要紧

无所事事的韩信，终日在街上来回游荡，很多人都瞧不起他。

有一天，一个年轻的屠户挡住了韩信，傲慢地嘲笑他，说别看韩信长得高高大大的，整天身上还挂着把剑，实际上他就是个胆小鬼！

韩信不想和他争执，侧身准备离开。没想到，这个屠户还就是和他杠上了，他往哪儿走，屠户就往哪儿堵，就是不让他离开。

街道上的人越来越多，有人在起哄，有人加入了嘲讽阵营，屠户更加得意了。屠户当着众人的面，给韩信下了“挑战书”：不怕死，就拿剑杀了我；怕死，就从我的裤裆底下钻过去。

此话一出，所有的人都等着看韩信的笑话，钻裤裆这是多大的耻辱，士可杀不可辱，他们都感觉韩信不会钻，但是，当街杀人，他们也估量韩信没有那个胆子。

韩信面无表情地打量了一下屠户，沉思一会儿，低下身子，从屠户的胯下钻了过去，推开众人，离开了。

围观的众人哄堂大笑，他们纷纷笑话韩信，笑话他胆小如鼠，笑话他没有尊严。一时间，韩信的“胯下之辱”成了街谈巷议的“头条”，韩信更被人瞧不起了。

但是，只有韩信知道，他不是害怕屠户，而是怕自己和这样的人较真丢了命，他还要留着命去做大事呢。

有时候，冷嘲热讽、耻笑侮辱也是一种力量，一种促人警醒的力量，一种让人不敢偷懒的力量，一种让人进步的力量。韩信忍着“胯下之辱”，避免了冲突，保住了性命，他不能让这条命活得如此不堪，他得活出个样子给这些瞧不上他的人看看。

没有本领的呐喊，只会引来更多的嘲讽，韩信明白这个道理，他咬着牙，暗自练着本领。他练剑术，他读兵法，他要让自己充满力量。

后来，他仗剑追随项梁，项梁死后，又跟了项羽。他多次献计项羽，想得到重用，但都被无视。眼见在项羽处没有前途可言，韩信溜之大吉，投奔了刘邦，因为当时的韩信还是个无名小卒，跑到刘邦那里也只做了个接待宾客的小官。

小官就小官，努力等机会吧，韩信这样鼓励着自己。不料，机会没等来，却等来了死刑，韩信与十三个同伙触犯了法令，被判斩首。

同伙十三人都被杀了，接下来就轮到韩信了。韩信不想死，他不甘心，不甘心就这样白白丢了性命。与其这样，还不如当初和那个屠户好好地斗上一斗，即便死了，也落得一个敢打敢拼的美名。

于是，韩信抬头仰视，恰好看见了滕公夏侯婴。他大声高呼：“难道汉王不想成就统一天下的功业吗？为什么要斩杀壮士啊？”

滕公被呼喊声吓了一跳，见韩信相貌堂堂，语出惊人，认定他不同凡响，就赦免了他。一番交谈之后，滕公向刘邦举荐了韩信，但刘邦实在没有察觉出韩信有什么出奇超众，不过，还是给了滕公一个面子，任命韩信为治粟都尉。

生死关头一声吼，韩信保住了性命，谁能说他是个胆小鬼呢？

萧何追韩信

韩信保住了命，升了官，但是这个官职显然还没有达到韩信的心理预期。

韩信多次去找萧何，二人谈天论地，说古道今，很有共同语言。多次交谈下来，萧何越来越欣赏韩信，越来越佩服韩信，认定韩信是个奇才。

韩信与萧何交谈后，萧何多次向刘邦推荐过韩信，但刘邦没有重用韩信，韩信知道这是刘邦不认可他。后来，刘邦手下的几十位将领在半路上逃跑了，韩信也动了“离职”的心思。

身处职场，不受重视，不被认可，是很尴尬的。有的人选择默默承受，忍着性子做孙子；有的人选择在沉默中蕴积力量，努力证明自己是“爷”；有的人选择甩手走人，此地不留爷，自有留爷处。显然，韩信属于最后一种，他不愿意受窝囊气，跳槽走人了。

听说韩信走了，萧何焦急万分，来不及向刘邦汇报，就亲自去追韩信了。

快马加鞭，追赶及时，萧何终于追上了韩信。韩信慷慨激昂，牢骚满腹，去意已决。萧何只得推心置腹，诚恳挽留，恳请韩信姑且信他一回，他一定会让刘邦改变主意。面对萧何的真情，韩信竟无法拒绝，从小到大，从来没有一个人如此为他打算，如此重视他，他又怎么能伤了伯乐的心呢！

萧何追韩信，事发突然，大家都不知道其中的缘由，一些捕风捉影的流言蜚语就产生了：萧何也不愿跟着刘邦干了！流言一出，军心动荡，很多人议论纷纷，也动了跳槽的念头。

刘邦也不知情，不知萧何为什么走，他非常恼怒。他们的关系杠杠的，难道萧何吃错了药？他怎么会走呢？刘邦就如同失去了左右手一般，心痛啊！

一两天后，萧何回来了，回来拜见刘邦。

刘邦那脾气，直接开骂：“你小子居然也要逃跑！”

萧何赶紧解释说：“我可不是要逃跑，我是去追回逃跑的人。”

这么一说，刘邦的怒火略微消了一些，就问："你去追谁了？"

萧何说："追韩信！"

一听是韩信，刘邦的怒火腾地一下又上来了，随即开骂："你骗鬼呢！那么多将领你不追，你去追那么一个不起眼的韩信？你闲得难受啊？"

萧何没有生气，郑重地对刘邦说："逃跑的那些将领不罕见，再招聘就是了！但是韩信不同，他非常优秀，优秀到全天下找不出第二个人来。"这就是成语"国士无双"的来历，是萧何对韩信的评价。

萧何接着说，如果你只想在汉中称王，也用不着韩信，我们这帮子人就够了。但是如果要争夺天下，那必须留下韩信，他是一把利刃。

萧何把问题讲明了，说透了，接下来怎么决断就看刘邦的心意了。其实，萧何又怎么会不清楚，刘邦哪里会甘心憋在关中一方呢。

萧何说，如果要用韩信，就必须重用，不能重用，韩信终究还是要走的。

其实，这时的刘邦还是很不以为然。不过，因为萧何如此郑重推荐，他才勉为其难决定给韩信一个将军头衔，这样总算够意思了吧？

谁知，萧何竟然说将军头衔还不够。

将军都不行，那只能再往上升，让韩信做大将军？这太儿戏了吧？

萧何听到“大将军”三字，顿时眉开眼笑，如此，事情应该就成了。

刘邦没好气地就要派人召见韩信，要任命韩信。谁知，萧何又否定了他的做法。

为什么呢?

太儿戏，太不正式，就像呼喊小屁孩一样。

对待手下人，刘邦向来轻慢，不讲礼节，这恰恰就是韩信离去的原因。如果决心任命韩信，萧何建议选择良辰吉日，刘邦亲自斋戒，设置高坛和广场，举行一场礼仪完备的高规格任命仪式。有了被尊重的感觉，韩信就能留下了。

刘邦很信任萧何，依从了萧何的建议，派专人去准备大将军任命仪式。

众将听说要任命大将军的消息，都很高兴，私底下都以为自己要做大将军了，要么就是来了一个了不起的人物。谁知到了任命那一刻，知道任命的大将军竟然是韩信，全军上下张大了嘴巴，惊讶声一片。

这一段故事，萧何很出彩，知人识才，为刘邦留住了“国士无双”的人才。《史记》只记载了萧何追韩信的故事，没有记载更多细节，具体的过程也一带而过，后代文人则在想象世界中加工出了“萧何月下追韩信”的典故。加上一个“月明星稀”的背景，故事一下子就生动起来了。

牛刀小试

任命仪式结束后，刘邦心里仍然忽上忽下：他内心没有说服自己，韩信是了不起的。于是，一场正式上任之前的“入职谈话”开始了。谈话的主题是目前的形势和汉军的未来。

刘邦先从萧何说起，说萧何多次称道韩信，希望韩信有所指教。

韩信自然明白刘邦的意思，一番谦让后，他反客为主，提出了一个本质性问题：如今争夺天下，刘邦与对手项羽相比，在勇敢、强悍、仁厚、兵力方面，哪一个更强？

刘邦沉默了好大一会儿，承认自己不如项羽。

韩信也不客气，他说他也认为刘邦比不上项羽。

韩信是不是疯了？对自己的顶头上司说出如此不敬的话，他还想不想在刘邦那里混了呀？别急，这只是韩信抛的“砖”，他的重点在引出的“玉”上：项羽虽然在这些方面占优势，但他的优势很容易变成劣势。韩信曾经侍奉过项羽，对项羽的为人很了解，概括来说，项羽有三个弱点：

第一，匹夫之勇。

项羽愤怒咆哮时，千百人都吓得不敢动弹一下，确实有勇力有威力，但是他太骄傲了，不懂得放手，不能任用有本领的将领。所以他的勇，也不过是匹夫之勇罢了。

第二，妇人之仁。

项羽待人恭敬仁爱，言语温和。手下有人生病了，他会心疼流泪，他会把自己的食物分给别人。但是，他又太小气了，不舍得给立有战功的人加官晋爵，刻好的大印放在手里，磨得都没有了棱角，他也不舍得给人。所以他的仁爱，也只是妇人之仁。

第三，失却人心。

项羽违背义帝的约定，自封为西楚霸王，把自己的亲信分封为王，把义帝迁徙到偏远之地，诸侯们愤愤不平。项羽活埋了已经投降的二十多万秦军，唯独章邯、司马欣和董翳（yì）投降得以活命，如今项羽又强行封此三人为王，秦地百姓离心离德，对此恨之入骨。

与项羽相比，刘邦在秦地百姓之中更得民心：刘邦约法三章，秋毫无犯，秦地百姓没有不想刘邦在秦地做王的。按照“怀王之约”，刘邦理应为关中王，却没有做成，秦地百姓都为刘邦鸣不平。

刘邦要想战胜项羽，很简单，只需要反其道而行之即可。

第一，重用人才。有了英勇善战的人才，有什么不可以被诛灭呢？

第二，分封功臣。将天下城邑分封给有功之臣，有什么人不臣服呢？

第三，行正义事。顺从将士东归的心愿，做正义之师，什么敌人打不倒呢？

最后，韩信总结说，刘邦要东进争夺天下，只要一道文书三秦封地就可以平定了。

这一幅坐拥天下的政治蓝图，说到了刘邦心坎上，刘邦很高兴，也很服气，连连感叹认识韩信太晚了。韩信“国士无双”的标签，从此就在刘邦的心里贴住了。

“谁无暴风劲雨时，守得云开见月明”，韩信终于有了证明自我的舞台！

背水一战

韩信真正证明自己，靠的是井陉（xíng）之战。

井陉关为太行山内的一条隘道，扼守河北、山西的交通咽喉，四面高平，中部低下如井，故称井陉。刘邦想攻打赵国，就派韩信与张耳率领几万人马，攻击井陉关。

井陉关是赵国的命脉所在，赵国岂敢怠慢，迅速在井陉口聚集了大量兵力，号称有二十万大军。

赵国有个叫李左车的人，他是赵国名将李牧的孙子，李牧曾经在井陉关这个地方围困了秦国名将王翦，如今李左车也想续写爷爷的辉煌。李左车认为汉军乘胜征战，锋芒正盛，不可正面硬杠，可以利用井陉关的地理优势，大做文章。

做什么文章呢?

第一篇文章，名为奇兵劫粮草。

汉军远征，只能千里运粮。但是，井陉关狭窄，两辆战车不能并行，骑兵不能排成行列，行进的队伍得迤逦（yǐ lǐ）数百里，运粮食的队伍势必要远远落到后边。李左车的目标就是这支运送粮草的队伍，他主动请缨，愿带三万奇兵，从隐蔽的小路拦截粮草。

第二篇文章，名为守军不出兵。

没了粮食，汉军就支撑不了多长时间了。在井陉关的军队，只需要坚守不出就行了。无论汉军如何挑衅，都不要出战。如此一来，汉军就会陷入困境，进打不成仗，退有李左车奇兵拦截。不出十日，韩信、张耳的人头就会送到赵王面前。

李左车深谙奇正之术，又有关隘相助，这一应对计谋，不失为当时的最佳战术。

可惜的是，这一战术被否决了。

否决的人是赵国国相陈馀。

否决原因是：正义之师，不必用诡计。

陈馀说，兵书上讲，兵力十倍于敌人，就可以围歼；兵力一倍于敌人，就可以交战。如今汉军虽号称数万，实际上不过数千，而且跋涉千里，早已疲惫至极。这样的局面，赵国再不出击，还不被诸侯笑话死，到那时谁都敢随便欺负赵国了。

这是陈馀给出的正面理由，实际上，他的内心还隐藏着一个声音：不能被张耳取笑了！

陈馀与汉军的张耳本是好兄弟，后来反目成仇，一直想要压倒对方，一心想置对方于死地。一旦坚守不出，陈馀不用想就知道张耳藐视的表情，他又怎么会让张耳看扁呢？他不仅要出兵，而且一定要给张耳好看。

当然，陈馀的决定，还基于赵国谍报系统回馈的信息：韩信虽然打了几次胜仗，但并没表现出什么特别之处；汉军虽号称数万，这并非实情，实际上只有几千兵力。陈馀笃定打败汉军是手到擒来、轻而易举的事情，又怎么会放弃扬眉吐气的机会呢！

但是，很显然，赵国的情报系统这次出错了，而且错得很离谱，他们即将见识韩信的神奇！

韩信的情报人员则如实地将赵国的决策传递回去，韩信一直悬着的心这才落下来，大喜过望。他领兵前进，在离井陉口三十里的地方停下宿营，安排下一步战斗计划。

韩信决定兵分两路：

一路为一万多人的先头部队，背靠河水摆开战斗队列。

一路为两千名轻骑兵，每人拿一面红旗，从小路上山，静候时机。

韩信在半夜时分，下令开饭，告诉大家："今天打败了赵国军队再犒劳大家，正式会餐！"将领们假意应和着，心里却一点不看好韩信的安排：按照兵法，行军布阵应该背后、右边靠山，前边、左边临水，韩信却让军队背水列阵，一旦兵败，逃都没法逃。

天刚蒙蒙亮，韩信就带着先头部队出了井陉口，背水列阵。陈馀远远看到韩信的排兵布阵，大笑不止，这个韩信果然是个军盲，不懂兵法，真是天赐良机，今天就让他有来无回吧！

一声令下，赵国军队出击，誓要一举拿下汉军。汉军迎战，激战一段时间，韩信假装不敌，丢旗弃鼓，往河边阵地退去，逃到营垒里面。

汉军的逃跑，激发了赵军的斗志，他们倾巢而出，追逐战利品，追击韩信、张耳。这个时候，韩信的轻骑兵悄悄出动了，他们火速冲进赵军的营垒，拔掉他们的旗子，换上汉军的两千面旗子。

赵军对此尚不知情，他们激烈地攻打汉军营垒，没想到汉军的战斗力那么强，他们再没占到便宜。眼见不可能一下子打败汉军，赵军就决定撤兵，回到营垒先行休整，他日再行攻击。

但是，返回时他们看到了一幅难以置信的情景：赵军的营垒插满了汉军的旗子。这是什么情形？难不成汉军占领了他们的营垒？将士们顿时慌了，大惊失色，张皇失措，军心涣散，一时间纷纷逃跑，即便将领下令诛杀逃兵，也改变不了乱纷纷的局面。

韩信见时机到了，当即下令进攻，两路人马前后夹击，彻底击溃了无心作战的赵军，后又俘虏了赵王，大获全胜。

获胜的汉军将领纷纷向韩信祝贺，表达了对韩信的无比敬意，但其实他们还是一头雾水："背水而战"的战术，违背兵法，为什么还能胜利呢？

韩信哈哈一笑，坦言这种战术也在兵法上，只是将领们没有注意而已。兵法有言"置之死地而后生，置之亡地而后存"，他用的就是这一招。韩信此前没有训练过这些将士，这就如同赶着街市上的百姓去打仗，"驱市人而战之"，如果给将士们留有生路，一旦作战，他们都会逃跑，根本不可能胜利。所以他才想出"背水而战"这个主意，为的就是激发出将士们本能的求生欲望，为自己而战，为活命而战。

韩信以数万军队击败了二十万赵军，不按常理出牌的"背水一战"也让他名扬四海，声震天下，韩信善用兵的形象也立了起来。但是，他的成功，绝对不仅仅是"置之死地而后生"支撑起来的，他的谍战戏、他的两千轻骑兵、他的主动示弱，都为战争的胜利贡献了各自的力量。

这就是“国士无双”的战斗力，很勇猛，又很细腻！

赵国被攻下

韩信背水一战，还有一个收获，那就是李左车。

韩信明白，如果当初李左车的战术被采纳，战败的或许就是他韩信了。对这样一个强劲的“对手”，韩信特别想见上一面，聊上一聊。因此，作战之时，韩信就传令全军，切切不可伤害李左车，谁活捉了李左车就赏赐一千金。命令一出，李左车的性命保住了，被捆送到韩信面前。

韩信赶紧上前，亲自为李左车解开绳索，请面向东坐，他自己则面向西坐着。韩信态度恭敬，就像对待老师那样对待李左车。

韩信为何会对一个俘虏如此恭敬呢？

惜才！惺惺相惜！

更为重要的是，要为我所用。

韩信还有任务，他要向北攻打燕国，向东讨伐齐国，怎样才能又快又省力地完成任务呢？单靠蛮力是不行的，需要有战略设计。单靠他韩信自己也是不行的，需要有能人为他指路。这个人，就是李左车。

但是，刚开始李左车却拒绝了韩信，不肯提建议。原因无他，他是败军之将，亡国之人。败军之将不足言勇，亡国之大夫不可以图存，他没有资格。

韩信将李左车比作百里奚，赵国亡国不是李左车无能，而是国君有眼无珠，他坚决恳求，希望李左车能赐教一二。

李左车见韩信是真心求教，就以有名的俗语“智者千虑，必有一失；愚者千虑，必有一得”开场，全盘托出了他的建议：以己之长，攻人之弱。

韩信的长处，就是声名远扬，威震四海，百姓们相信一旦韩信打来，即是末日。

韩信的短处，就是将士疲惫，一旦持久作战，很难成功。

攻燕伐齐，则是拿自己的短处去消耗自己的优势，并非良策。当今之计，不如先按兵不动，安定赵国，犒劳士兵，摆出要攻打燕国的阵势。此后，再派说客到燕国、齐国，强调韩信的威名，燕国、齐国一定会闻风降服。

韩信非常认可李左车的建议，他正是感觉到了士兵的疲惫，才不敢肆意征讨，才向李左车寻求良策。接下来，一切按照李左车的建议实施，燕国果然不战而降。

韩信自己很有才，是个实打实的能人，但他并没有因此而自高自大，目中无人，唯我独尊。他虚心求教，借力打力，遂令自身战斗力指数大增。

生而为人，要懂得欣赏，欣赏他人，也会赢得他人的欣赏。

生而为人，要学会相互成就，成就他人，也会成就自我。

刘邦夺兵权

燕国被攻下，张耳被封为赵王，与韩信一起镇抚赵国。

此后，项羽多次派兵攻打赵国，张耳、韩信只好尽力应对，保证赵国的安全。

这时的刘邦，日子很不好过，被项羽大军围困。刘邦只好奋力突围，一路向东，很是狼狈。最后，只有夏侯婴一个人跟着刘邦，一路狂奔，到达了张耳、韩信的驻军附近。刘邦先在旅店落了落脚，他对张耳、韩信极为不满：自己逃得那么狼狈，这两个人却不知道救他一把。他们手里的那些兵是干什么用的?

刘邦越想越生气，越想越不能眠，越想越要治治这两个人。

怎么治呢?

釜底抽薪！既然他们手里的兵不起作用，那他们也就别要兵权了！

但是，代表兵权的兵符在张耳、韩信手里，他们又怎么会随随便便交出来呢？一旦处理不好，刘邦不但达不成目的，还有可能会为人所制。

这事必须慎重！一着不慎满盘皆输，每一步都必须提前设计好。

第二天一早，天还没怎么亮，刘邦骑着马就来到了张耳、韩信的军营前，自称是汉王的使臣，有要事求见。卫兵放行之后，刘邦骑马前行，径直到了张耳、韩信的卧室，悄悄拿走了他们的兵符和印信。随后，又用军旗召集诸位将领，更换了他们的职务。

这就是历史上有名的刘邦“夺兵权”之事。

这一番操作，一气呵成，迅疾如风，张耳、韩信还在睡梦之中，并不知晓。待到醒来之后，张耳、韩信方才知道刘邦来了，方才明白兵权没了，大为震惊。

刘邦打了张耳、韩信一个措手不及，事已至此，他们也只能俯首听命。刘邦直接命令张耳继续守卫赵国，韩信则集结一部分队伍，负责攻打齐国。

刘邦夺兵权，是刘邦对韩信的第一次不满，第一次惩治。

这只是一个开始。

有了第一次，第二次还会远吗？

齐国被攻下

韩信领兵前行，走到半路上，传来了一个消息：郦食其说服齐王归顺了。齐王都归顺了，他还打什么呢？韩信便打算收兵。

这时，说客蒯（kuǎi）通用“两个没有”劝阻了韩信。

第一，没有收兵的命令。汉王下达的是韩信出兵齐国的命令，却没有下达停止进攻齐国的命令。行军打仗，要服从命令，不可擅自更改。

第二，没有收兵的理由。郦食其一个人，坐着车子，鼓动三寸之舌，就拿下了齐国七十座城池，而韩信率数万大军，一年多才拿下赵国五十多座城池。为将多年，浴血沙场，却被郦食其抢了风头，大不应该。

收兵无功，进攻有功，为何不进攻呢？

韩信在刘邦剥夺兵权之时，就感受到了刘邦的不满。如今听蒯通一番话，他恍然大悟，如果收兵，一是违背军令，二是不能建功，都会继续加大刘邦的不满，因此，他必须继续前行。

这时的齐王听从郦食其的建议，与郦食其把酒言欢，撤除了对汉军的防备措施。这为韩信攻打齐国提供了绝佳机会，韩信趁着夜色，越过平原，突袭齐军，非常顺畅地打到了齐国的国都临淄。

韩信兵临城下，打蒙了郦食其，打怒了齐王。

郦食其领刘邦之命来劝说齐王，他不知道为何韩信又来了。

齐王认为他着了人家的道，中了人家的奸计，非常恼怒，要求郦食其去劝说韩信退兵，如能劝退，还能饶恕郦食其，如果不能，他就烹了郦食其。

郦食其很委屈，但是他的狂劲又被齐王给激出来了，他郦食其从来不怕威胁，从来不吃这一套：老子拒绝为你服务！

不合作的后果，自然是死亡，而且是被烹死。

烹死郦食其，齐王也只是泄愤，他的困境无解，他只能逃亡。

齐王败逃，项羽派司马龙且（jū）率领二十万兵马，前来救援。这个司马龙且也是个要立功的主，坚决拒绝了手下人提出的坚守不出、不战而胜的建议，不战胜韩信，怎么能显示他的功劳？如果战胜韩信，他能得到齐国一半的土地，为何不战？

看来，司马龙且与韩信倒是同道中人，理由都那么雷同！都想立功的两个人相遇，谁能立功，就得拿出真本领来练练了。

结果，司马龙且从一开始就埋下了失败的种子：他太轻敌了！

司马龙且说他很了解韩信，韩信很容易对付！

谁给他的自信呢？

或许是韩信当初的“胯下之辱”，让司马龙且对韩信有了“怯懦”的第一印象？又或许是韩信故意撒下的烟幕弹，让司马龙且“大意失荆州”？

不管怎样，过于自信就会自高自大，自高自大很大程度上就要走向灭亡。

关键是，他遇到的对手，恰恰是不怕打仗的韩信！更为关键的是，韩信就是要让司马龙且骄傲起来！看来，韩信的情报人员很硬核，或许司马龙且心中那颗自大的种子，就是韩信帮他种下去的。

司马龙且急于立功，很快就在潍水（今山东潍河）河边摆开了阵势，气势汹汹，大有一朝翦灭韩信的架势。

韩信命令将士们连夜赶做了一万多个口袋，里面装满沙土，堵住潍水上游。交战之时，韩信带领一半军队渡过潍河，没打多久，韩信带着将士“佯逃”，纷纷往回跑。司马龙且一见，甚为高兴，一副料事如神的样子，哈哈大笑，说：“我本来就知道韩信胆小怕事。”既然韩信如此不堪一击，司马龙且就亲自领兵出马，要渡过潍水追赶韩信。

司马龙且万万没有想到，这恰恰是中了韩信的圈套。韩信当即下令挖开沙袋，潍河水汹涌而至，司马龙且的队伍一多半还没有渡过河去，被冲走的冲走，呼救的呼救，淹死的淹死，逃命的逃命，一时乱作一团。

韩信瞅准时机，回转攻击，杀死了司马龙且。“射人先射马，擒贼先擒王”，主帅死了，楚军更乱了，还没有渡河的士兵四散逃亡，连齐王也逃了。

韩信追赶败兵，俘虏了全部楚军，平定了整个齐国。

这就是历史上有名的“潍河之战”。

潍河之战，再次见证了韩信战神的功力，也为刘邦赢得了东部战场的主动，扭转了楚汉战争的根本局势。

做了真齐王

打走了齐王，韩信很高兴。

打败了司马龙且二十万大军，韩信很得意。

韩信是奔着立功去的，如今功也立了，他感觉是时候奖励一下自己了。于是，韩信主动上书刘邦，要求做个“假齐王”，也就是代理齐王。理由是，齐人狡诈多变，反复无常，南面又与楚国搭界，为了稳定局势，需要设立代理齐王来镇抚齐国。

其实，这都是面上的说法，韩信这是要自封齐王。封王从来都是自上而下册封，韩信这一次明显越权，有点威胁刘邦的意味。

韩信立功本是为消除刘邦的猜忌，这次为什么如此不避嫌呢？他不怕刘邦恼怒吗？

韩信当然考虑过，不过，他这一仗打得实在太精彩，太有收获了，要让韩信为自己打分，他都会毫不犹豫地打出高分，他相信刘邦也会高兴的。

但是，他还是考虑得太简单了。

刘邦见到韩信的使者，打开书信，不高兴，很不高兴，他没有控制住，一下子勃然大怒，破口大骂。

刘邦之所以有这番表现，主要是因为他当时的处境实在太难了。他被项羽围困在荥阳，处境极为不利，他最渴望的是韩信战场上的支援。韩信不但不动，反而借此机会要自立为王，这着实给他添堵。

张良、陈平见状不妙，赶紧暗中踩了踩刘邦的脚，凑近刘邦的耳朵说："如今荥阳战场不利，如果不册封韩信，万一他再生乱，局势就不好控制了。"

刘邦顿时恍然大悟，小不忍则乱大谋啊，韩信的使者还在跟前瞧着呢，于是不动声色地将"骂戏"继续下去："大丈夫平定了诸侯，要做就做真王，做什么假王呢！"

刘邦是聪明人，危机公关能力也很强，避免了在韩信使者面前的失态。随后，刘邦派张良前往齐地，郑重册封韩信为齐王。当然，刘邦也不做赔本的买卖，封韩信为齐王，韩信就得派兵攻打楚军，帮他解围。

册封之后，韩信得到了齐王的称号，刘邦得到了援军，似乎是皆大欢喜，实际上却是“一人欢喜一人恨”，欢喜的是韩信，恼恨的是刘邦。

刘邦恼了，韩信的危机也慢慢种下了。

拒绝三足鼎立

韩信成了齐王，手中掌管大军，这是韩信一生中最为得意、最辉煌的时刻。

楚汉相争，项羽与刘邦僵持不下，韩信的力量变得举足轻重起来。韩信手握重兵，是天下胜负的关键，韩信偏向哪一方，哪一方就会获胜。

项羽看清了这点，于是派出说客武涉，前去游说，希望能将韩信拉到自己这一边来。

武涉能言善辩，他向韩信说了四层意思：

第一，刘邦不可亲近，不可信任。

第二，韩信之所以被刘邦重用，是因为项羽的存在。项羽今日亡，下一个被诛杀的就是韩信。

第三，韩信与项羽有旧交情。

第四，韩信最明智的选择是，反汉，联楚，三分天下，自立为王。

武涉这番话，虽然是为项羽争取利益，但是对局势、人性的分析，还算客观。不过，他刻意忽略了一个事实：韩信是因得不到项羽的重用才去投奔刘邦的。

韩信与项羽之间，只有“交”，没有“情”，而韩信对刘邦，却是情意深深。

刘邦把自己的衣服给他穿，把自己美味的食物给他吃，还授予他上将军的印信，给他几万人马，对他言听计用，这样的恩情，他又怎么能背叛？到死他都不会变心！

武涉离开后，韩信手下的说客蒯通也开始劝说韩信，也希望韩信三分天下，与项羽、刘邦鼎足而立。

蒯通想了一个招数，他想用看相的方式说动韩信。

他说看相，无非三个层面：骨骼、面色与决断。人的高贵卑贱在于骨骼，忧愁、喜悦在于面色，成功失败在于决断。看韩信的面相，只不过封侯而已，而且还有危险，不安全。看韩信的背相，却显贵无比。怎么显贵呢？足以与项羽、刘邦三分天下，进而天下诸侯听命于齐。

韩信一听，“换汤不换药”，原来蒯通说的也是这事。很自然，他又用刘邦对自己的恩情堵了回去，他绝不会为了个人私利背信弃义。

蒯通针对“友情”这个话题，以张耳、陈馀为例，说明世间没有永远的朋友，没有无坚不摧的友情，祸患产生于贪得无厌，人心又难以猜测。随后又以文种、范蠡为例，说明“狡兔死，走狗烹”的道理。韩信与刘邦，友情比不上张耳与陈馀，忠诚信义赶不上文种、范蠡与句践。如今韩信功勋卓著，天下无二，功高震主，很危险：归附楚王，楚人不信任；归附汉王，汉王震惊恐惧。

这话说得吓人，韩信有些紧张，他没让蒯通再说下去，说要考虑考虑。

几天后，蒯通又去劝说韩信，旁征博引，说了一大段，主题是希望韩信抓住时机，该出手时就出手，否则就会引来祸患。

韩信始终犹豫不决，他还是感恩刘邦，他没有异心又屡立战功，他坚信刘邦不会杀他。

武涉、蒯通两个人，两个阵营，三次劝谏，一个主题，韩信独立应该是最佳选择。他之所以没有抓住时机，没有独立，是他心中"知恩图报"的观念太根深蒂固了。

韩信功成名就后曾回到家乡，找到曾经对他有过"一饭之恩"的老妇人，回馈给她黄金一千金。他还找到南昌亭亭长，说他做好事有始无终，只赐给他一千钱。至于那个曾给予他"胯下之辱"的屠夫，他也没忘记。不过，他不但没有杀屠夫，还让屠夫当了中尉，别人都说他是"以德报怨"，说他肚量大有胸怀，他则说这是另一种形式的"馈赠"：他忍受了一时之辱，成就了一世功业。

感恩很好，它很简单，就是一对一的回馈，讲究的是情谊。

政治却不一样，它错综复杂，牵一发动全身，讲究的是利益。

当“感恩”遇到“政治”，激起的不是幸福的碎屑，而是冷冰冰的夺权，血淋淋的杀戮。

戴上了“谋反”的帽子

韩信没有背叛刘邦，他坚定地成为楚汉战争最后一击的利刃，深深地刺向项羽，帮助刘邦成功翻身。但是，刘邦最大的敌人项羽死后，韩信的好日子也快到头了。

显然，武涉的预言要实现了，韩信已然成了刘邦最大的敌人。韩信就如同刘邦身边的一个“雷”，有可能永远不炸，也有可能随时就炸，一旦炸了，刘邦就是血肉模糊。刘邦自然不愿意见到这样的惨剧，他需要除雷，他必须除雷。

刘邦的“除雷”行动，分了三步走。

第一步，夺兵权。

韩信这个“雷”，最大的能量来自他手里的兵，有兵才能掀起大风浪。无兵一时爽，有兵一生安。刘邦必须把这些兵变成自己能直接管辖的兵。这事，对刘邦来说并不难，因为他有经验，也算轻车熟路了。

刘邦又一次故技重施，再次给韩信来了一次突然袭击，夺了韩信的兵权。

第二步，挪挪窝。

韩信在齐国一番经营，经营成绝对忠于他的“根据地”，有军队，有百姓支持。如果韩信有异心，即便夺了他的兵权，以他的能力与威望，照样可以制造大麻烦。因此，韩信必须离开齐国！换个地方，韩信根基不牢，危险指数要小很多。

因此，刘邦以韩信熟悉楚地风俗为由，改封韩信为楚王。

第三步，抓一抓。

后来，有人告发韩信谋反。这个告发，是有人构陷，很明显是诬告，韩信此时并没有谋反之意。刘邦随即以巡视云梦泽为由，通知各路诸侯到陈县（今河南周口淮阳区）集合，实际是要袭击韩信。

韩信并不知情，直到刘邦快到楚国之时，他才得知消息。一时间，韩信陷入两难处境：反抗吧，他又没罪，一旦反抗罪名就坐实了；去见刘邦吧，又怕自投罗网，被刘邦擒拿。

这时，有人给韩信出了个主意：杀掉钟离眛，以消除刘邦的怒火。

钟离眛是谁？为何会有这么大的灭火作用？

钟离眛本是项羽手下的大将，项羽败亡后，他逃到韩信那里。刘邦听说钟离眛逃到楚国，诏令韩信抓捕钟离眛，但韩信与钟离眛早年交好，韩信不愿抓捕，一直保护着钟离眛。

韩信如今有难，他也不知该如何是好，就去找钟离眛商量。

钟离眛一听，明白了，韩信这是要拿他去取悦刘邦，于是大骂韩信不忠厚，一旦他死了，韩信也活不长！骂完，钟离眛刎颈自杀了！

韩信心里也不好受，他也不想钟离眛死，但是他自身难保，也顾不得那么多了。韩信捧着钟离眛的人头，前往陈县，拜见刘邦。

到了那里，韩信就被绑了，戴上刑具，押在刘邦随行的车上，返回京城。

韩信感慨良久，这世上真的是“飞鸟尽，良弓藏；狡兔死，走狗烹”吗？如果真是，如今天下已经安定，他韩信早就应该被烹杀了。

刘邦也不想让自己带上诛杀功臣的标签，就告诉韩信：有人告他谋反！也就是，抓他是有理由的。到了洛阳，刘邦赦免了韩信，改封他为淮阴侯。

逆天大计划

被贬为淮阴侯，这对韩信是极大的刺激，他心中很不快乐，怨恨逐渐多了起来。

刘邦对他的猜忌，已经暴露无遗，韩信直接采取了回避政策，报了病假，不朝见，不侍行。

韩信为人也很骄傲，如今却落得与周勃、灌婴等人同列，他深以为耻。有一次，韩信去拜访樊哙，樊哙倒很客气，跪拜送迎韩信，自称臣子，恭敬地说“大王怎么竟肯光临”。但是，韩信还是感觉很悲凉，出门后，苦笑着自嘲：“我这辈子竟然和樊哙这般人为伍了。”

刘邦却时不时地与韩信议论手下将军们的高下，说大家都各有长短。有一次，刘邦向韩信提了个刁钻的问题：“依我的才能，能统率多少兵马？”

这个问题，说多说少都很为难，说多了明显是骗人，说少了又会让刘邦没面子。韩信想了想，据实说道：“陛下不过能统率十万兵马。”

刘邦又抛出另外一个问题：“你能统率多少兵马呢？”

韩信很自信地回答：“我是多多益善。”

刘邦一副胜利者的姿态，皮笑肉不笑地说：“您越多越好，为什么还被我俘虏了？”

韩信又是直言不讳：“陛下不能带兵，却善于驾驭将领，这就是我被陛下俘虏的原因。”后来，韩信想了想，还是说了一句恭维的话：“陛下是上天赐予的，自然非同常人，不是人力能做到的。”

虽然是闲谈玩笑，但是总是被人提及失败、俘虏等字眼，韩信心中的怨恨又增加了一层。他开始重新思索他的人生选择了：我没谋反，你们偏偏要给我戴上谋反的帽子。既然你们说我谋反，不妨我就真的反了吧！但是，谋反哪里那么容易，况且现在他手中无兵，难成大事。

只要心中打定主意，方法总是能找到的。韩信慢慢将目光集中在了陈豨身上。陈豨曾在韩信帐下效力，后出任赵国丞相，却又因他人告发，为刘邦所猜忌，被改任为钜鹿郡守，心中不满。

赴任之前，陈豨去向韩信辞行。韩信拉着他的手，避开左右侍从，走到庭院里，突然，韩信仰望苍天，深叹一口气，悄悄说出了他的大计划：里应外合，共取天下。

陈豨管辖的地区，天下精兵聚集。但是，手中有兵，是好事，也是坏事。

为什么这么说呢？

如果有人告发说陈豨反叛，刘邦或许不会相信；再次告发，刘邦就会怀疑；三次告发，刘邦必定大怒，定会亲自率兵围剿。到那时，坏事就可以变成好事，韩信在京城为陈豨做内应，天下就唾手可得了。

陈豨一向佩服韩信的雄才大略，对韩信的计划深信不疑，表示万事听从韩信安排。

一场谋反大幕即将拉开。

韩信这次还能料事如神吗？

谋反不成反被杀

韩信猜中了一半。

陈豨起兵后，刘邦果然大怒，亲自领兵，前往讨伐。这次，韩信又装起了病，没有跟随刘邦出兵，反而暗中派人告诉陈豨："只管起兵，我负责协助。"

韩信怎么协助呢？

韩信与家臣商量了一个好主意：夜里假传诏书，赦免各官府服役的罪犯和奴隶，打算发动他们，袭击吕后和太子。陈豨在外，负责对付刘邦；韩信在内，负责对付吕后和太子。一旦成功，皇帝一家子都收拾了，天下不就落到他们手里了吗？

韩信筹划得很好，但是在执行过程中出了岔子。

韩信的一个家臣得罪了他，韩信把他囚禁起来，打算要杀了他。这个家臣参与了韩信的谋反筹划工作，还把这事告诉过他的弟弟，他弟弟就上书吕后，告发韩信要谋反。

吕后很冷静，她知道大事面前，她必须稳住。

看来，韩信是不能留了，必须把他拿下。不过，这事也不好办，如果贸然召韩信入宫，以韩信目前的警觉，一定会找借口推辞。

吕后找到相国萧何，二人一商量，决定来个“诱杀计”：

先找一个人，装作从刘邦那儿来，带来一个好消息：陈豨已被俘获处死了。

再借着列侯群臣都来祝贺的由头，由萧何去往韩信处，劝说韩信即便病着，也得进宫庆贺此等大事。

待到韩信进了宫，吕后当即命令等候多时的武士将韩信捆了起来，直接在长乐宫杀了韩信，没有丝毫犹豫。

千算万算，韩信没算到得罪一个下人，坏了整个计划。他很懊悔，懊悔自己当初没有听蒯通的话！没有听蒯通的话，最后落得一个被妇人小子欺骗的下场，他感觉这就是上天的惩罚。

一代名将，就此陨落！

韩信没有算准自己这一边，也没有算准陈豨那一边，陈豨叛军最终被刘邦平叛，陈豨也身首异处。所谓的“天下”，还在刘邦手中牢牢攥着。

神机妙算一辈子，最后一算没算准，丢了卿卿性命，连累了三族家人，甚是可叹！

成也时机，败也时机

韩信自小就志向不俗，他立志要做一番大事业，成就大功名。

他母亲去世时，韩信很贫穷，没有钱安葬母亲。即便如此，他还是在四处寻找，寻找又高又宽敞的墓地，让坟墓旁可以安置万户人家。因为他知道，时机一到，必然能成就他的孝心。

正因为有大志向，他才能忍人所不能，才能在众人的嘲笑声中钻了别人的裤裆，戴上了“胆小鬼”“窝囊废”的大帽子。因为他知道，时机不到，他需等待。

他待时而动，用一场场战争证明了自己，他是顶呱呱的大丈夫。

他得时无怠，用一次次胜利成就了功业，他是举世无双的大英雄。

司马迁认为韩信的功业，可以与周朝的周公、召公、太公相比，大丈夫功名至此，足矣足矣！

他年少成名，死时也不过才三十五岁，难免有些骄傲，做事有时不懂得退让，犯了大忌，引起了刘邦的忌惮与怀疑，最终招致杀身之祸。

历史给了韩信一次机会，他本可活得更加得意、更加长久，那便是“三足而立”。韩信没有看清刘邦，犹犹豫豫，自己丢掉了这个绝佳机会。等到被刘邦安上了谋反的罪名，他懊悔不已，怨恨不已，这才想起要谋反。但是，时移世易，他手里没有兵权，而天下已经尽归刘邦所有，时机不对，却一心造反，等候他的只能是死路一条。

《管子·霸言》有曰:“知者善谋，不如当时。”有智慧者，善于谋划，但再好的谋划，也不如审时度势，抓住时机。韩信的成与败，都与时机息息相关。

错过了时机，很可惜。

错过了时机，再想“往日重现”，这是不知“时”，结果往往很狗血，甚至很血腥。

因为，时机是个怪东西，它要的是刹那的芳华，它向你微笑时，你没有投过欣赏的眼光，没有拥抱它，它受伤了，从此不愿再相逢。

（本篇主要依据《史记·淮阴侯列传》《史记·高祖本纪》《史记·郦生陆贾列传》）

原典

淮阴屠[①]中少年有侮信者，曰："若虽长大，好带刀剑，中情[②]怯耳。"众辱之[③]曰："信能死[④]，刺我；不能死，出我袴[⑤]下。"于是信孰视[⑥]之，俯[⑦]出袴下，蒲伏[⑧]。一市人皆笑信，以为怯。

《史记·淮阴侯列传第三十二》节选

注释

①**屠：**屠户，屠宰牲畜卖肉为生的人。

②**中情：**内心。

③**众辱之：**辱之于众，当着众人的面羞辱韩信。

④**能死：**舍得死。

⑤**袴：**通"胯"。

⑥**孰视：**注目细看。

⑦**俯：**低头，屈身。

⑧**蒲伏：**又作"匍匐"，伏地而行。

译文

淮阴屠户中有侮辱韩信的年轻人，他说：“别看你身材高大，喜欢带刀挎剑，内心却懦弱得很。”于是他当众侮辱韩信说：“你要是不怕死，就拿刀捅杀我；要是怕死，就从我裤裆钻过去。”韩信听完盯着他看了很久，俯下身子，从他裤裆下爬了过去。满街的人都笑话韩信，认为他怯懦。

相国萧何

西汉王朝的第一位丞相，是没有什么战功的萧何。

他是刘邦早年的好友。慧眼识英雄，在刘邦默默无闻之时，他就认定刘邦必成大事，推举刘邦，追随刘邦。

他是刘邦的“后勤部长”，为刘邦筹集粮草、运送物资，为刘邦安抚后方百姓，勤勤恳恳，任劳任怨。

他是刘邦的“大管家”，大局观念强，眼光长远，出入关中，不看财富，不看风景，一心忙着收集图籍，明典章，知法令，明地势，知人口，天下大势了然于胸。

他也是刘邦后来的“防范对象”，时时提防，他也只能自泼污水，自毁形象。

他还是刘邦的“识才官”，追韩信，荐曹参，不怕奔波，不囿私怨。

他是一个好公务员

萧何，是沛县（今江苏沛县）人。

萧何与刘邦相识时，刘邦还是个普通百姓，萧何是沛县县令手下的官吏。

萧何有专业技术才能：精通法律，县中无人能比。因此，也就有了萧何“刀笔吏”的说法。

所谓刀笔吏，是指掌管文案或者诉讼的人。当时还没有发明纸张，人们主要在竹简上写字，字有错讹之处，一般都是用刀把错字削去，再重新写上正确的字。为此，从事文字处理工作的官吏，就要随时携带刀和笔，这样便有了“刀笔吏”的称呼。

干法律的人，必须思路清晰，逻辑谨严，萧何就是这样的。

有一次，秦朝的御史到泗水郡（今安徽濉溪县）督察工作，检查的工作很烦琐，很细致，泗水郡上下全体动员，官吏们都在紧张地准备督察相关的事宜。

这次督察工作，萧何很亮眼！

萧何跟着他的领导，处理着相关事务，赢得了领导的认可与赞赏。

萧何工作能力超强，把每一件事情都办得很有条理，清清楚楚，没有遗漏，没有错误。

迎接督察一事过去后，萧何因为表现突出，被任命为泗水郡卒史，每一年的公务考核他都是名列第一。

秦朝的御史对萧何印象深刻，打算入朝进言，征调萧何，萧何一再推辞，这才没被调走，仍然留在原地。

这么好的机会，萧何为什么坚决推辞呢？

别人看到的是机会，他看到的是危机，一场暗潮涌动的大危机。萧何在基层，接触到的是底层百姓——他们在徭役与酷刑的折磨中艰难度日，他们对暴秦的苛政与贪婪心生不满，见证了“天下苦秦久矣”的怒火，他敏锐地感觉到，一场大的祸乱即将来临。一旦祸乱起，京都必是攻击对象，待在京都一定是凶多吉少，萧何不想惹祸上身。

他要静观其变，再做打算。

眼睛很毒

能把握社会大势的萧何，眼光的确独特，更关键的是，他发现了一个更独特的人。

这个人就是刘邦。

刘邦当时很不受人待见，爹爹骂，邻居笑，就是一个“小混混”，萧何却独具慧眼，他就认为刘邦不是常人，刘邦不会永远如此。

他们的交情，也从此开始了。

刘邦无所事事，四处游荡，难免会惹是生非，萧何时常借助自己的权力保护刘邦，为他开脱。

后来，刘邦当上了泗水亭长，萧何还是一如既往，时时帮助他，还带着他结识了很多有头有脸的人。

刘邦押送徒役前往咸阳时，官员们为他送行，每人资助刘邦三百钱，唯独萧何不一样，他送给刘邦五百钱。

再后来，刘邦起事，萧何就一直跟随着刘邦，为他督办公务，成为刘邦的得力助手。

终于，刘邦入关，打进咸阳。事实证明了萧何的眼光，他没有看错人。

到了咸阳，进了皇宫，这一群“乡下人”都蒙了，眼前的金碧辉煌，让他们迷失了心智。刘邦就想住在皇宫里不走了，将领们争前恐后地奔向府库，抢夺金银财宝。唯独萧何不在意这些，他在意的是秦朝丞相、御史掌管的法律条文、地理图册、户籍档案等文献，他仔细分类，珍藏了起来。

其实，不少将领对萧何这种行为很不理解，甚至有点不屑一顾，要这些竹简有什么用呢？能盖房，还是能做船啊？

这就是萧何的与众不同，这就是萧何的高明之处。这些竹简的作用，是花多少钱财都买不来的；一旦没了，就是永远的遗憾。

后来，项羽进入咸阳，大肆屠杀，火烧咸阳，熊熊大火连续烧了三个月，咸阳城一片残骸，满目焦土。如果萧何没有收走那些珍贵的文献，“楚人一炬，可怜焦土”的罪过就更大了。

这些文献的能量，在楚汉战争以及西汉王朝建立之后，都释放出来了。无论打仗还是治国，都需要掌握详尽的“信息”，这是一切行动的先导。天下的险关要塞、户口多寡、地方强弱、风俗民情等，一切尽在竹简文献中。有了这些，刘邦才能知己知彼，占据战略主动，这才有了后来的大汉王朝。

不一样的萧何，很有眼光，活脱脱一枚“战略工程师”。

疑心起

刘邦做了汉王之后，就封萧何当了丞相。

刘邦对萧何很倚重，很信赖。他领兵东进，平定三秦，萧何就负责给他一个稳固、安定的“大后方”。只有大后方稳固了，才有前方的横扫千军。

萧何就这样一直做着，安抚着百姓，运送着粮草。一些重大的事情，比如制定法令，营建宗庙、宫殿等，萧何总是先向刘邦请示，待刘邦审批通过后，他才正式实施。有时来不及请示，萧何就先酌情处理，待到刘邦回来后再行汇报。

刘邦在前线打仗，很多时候不顺利，多次被项羽打败，还多次逃亡。战败了，但是战争还要继续，萧何就会发动百姓，征发关中弟子，补充军队缺额。

萧何与刘邦，各负其责，各安其位，堪称一对完美搭档。

但是，这对亲密无间的搭档，慢慢也有了嫌隙。

那时，刘邦与项羽打着拉锯战，久久难分胜负，军备供给、士兵补员，都极度依赖萧何。刘邦在焦灼之中，生怕“后院起火”，就多次派遣使者专门慰问萧何。

萧何心中没鬼，也就没太在意，一个叫鲍生的人却看出了其中的奥妙。鲍生找到萧何，说刘邦对他起了疑心，希望萧何及时打消刘邦的疑虑。

怎么做呢?

鲍生给出的建议是，将萧何的子孙兄弟中能打仗的人，全部派到军营中去。这些子孙兄弟，相当于送给刘邦的“人质”。人质换来的，是刘邦的信任。

萧何很赞同这个建议，立马送人，刘邦知道后，非常高兴。

封赏风波

刘邦打败项羽，打下了江山，要论功行赏。论功行赏，是件大好事，但是，却惹来了大争议：

一是群臣纷纷争功，都说自己功劳大。结果，一年多了，也没定下功劳的大小。

二是反对萧何封赏最多。

刘邦认为萧何的功劳显赫，准备封他为酂（zàn）侯，给他的封赏最多。这时，此前争功的那些功臣也不再讨论自己的功劳了，纷纷联合起来，将矛头对准了萧何：萧何不配！

萧何身为丞相，为何不配呢？

反对者认为，江山是打下来的，他们披战甲，执兵器，浴血沙场，攻城略地，多者身经百战，少者交锋也数十回，立下的都是汗马功劳。反观萧何，隐藏在大后方，只不过是舞舞文，弄弄墨，动动嘴皮子，根本不参加战斗，封赏却在他们之上。这真的是没有对比，就没有伤害啊！

刘邦没有直接回答，先问了两个问题：

第一个问题是：诸位懂得打猎吗？

反对者回答：懂。

第二个问题是：诸位知道猎狗吗？

反对者回答：懂。

既然都懂，那就好办了，刘邦就用他们都懂的道理来反驳他们：打猎时，追咬野兽的是猎狗，而发现野兽踪迹、指明猎取目标的则是猎人。如今，浴血沙场的功臣们，他们就是“猎狗”，捕捉“野兽”。

如今，退守大后方的萧何，他就是“猎人”，他负责指明方向，确定狩猎对象。

猎狗与猎人，哪个功劳最大？一目了然。

刘邦接着，又说了一个理由：萧何舍得投入。这些议论纷纷的功臣大部分只是个人追随着刘邦，顶多一家有两三个人跟着他。萧何却把本族几十个人送到了战场，跟着刘邦打天下，这种气魄与忠心，无人能比！

两个理由说完，反对者没有一个人再敢言语，集体沉默了。

排位次

封赏完毕，功臣们都得到了应有的奖赏，接下来就是排位次的问题。从古到今，排位次都是一件费脑的事情。因为，这里面有玄机，有江湖。

刘邦心中的第一名，一定是萧何。这个心思，很多功臣也明白，但是他们就是见不得没有战功的萧何骑到他们头上，他们联合推出了一个人，要让这个人排第一。这个人，名叫曹参。

曹参攻城略地，奋勇杀敌，身上有七十处创伤。一个创伤，就是一个故事；一个创伤，就是一次战功。这样的人不排第一，还有天理吗？

刘邦封赏时，已经力排众议，给予了萧何最多的封赏，如今也不好再反驳群臣。

这时，关内侯鄂千秋出面，力主萧何排第一。

在功臣集团看来，鄂千秋这是在讨好刘邦。讨好刘邦，就意味着与功臣集团作对。如果鄂千秋不能给出一个绝佳的理由，不但萧何不能排第一，他鄂千秋一定会被功臣集团排挤至死。

鄂千秋自然明白这个道理，不过，没有金刚钻，他又怎么敢揽瓷器活儿呢？鄂千秋提出了两个名词："一时之事"与"万世之功"。

一时之事，说的是曹参的功劳。曹参转战各地、攻城略地，解决的只是一时之间的事情。

万世之功，说的是萧何的功劳。刘邦与项羽对战五年，五年间，刘邦多次败逃，在危急时刻，都是萧何主动地从关中征调士兵，补充前线；五年间，军中粮草都是萧何从关中运送，从无匮乏；五年间，萧何尽心保全关中，忠心等着刘邦回返。

这些功劳，是绝对不能忘记的。

这些功劳，是万世不朽的。

曹参的功劳也很重要，但是像曹参这样浴血沙场的人很多，像萧何这样尽职尽责的“大管家”，却只有一个。

即使没有上百个像曹参一样的人，对汉王朝来说，也不会有多大损失。

即使有上百个像曹参一样的人，对汉王朝来说，也不一定能保全。

但是没有萧何，汉王朝一定无法保全。

因此，绝对不能让一时之事凌驾于万世之功之上。

因此，必须让萧何排第一，曹参排第二。

鄂千秋这番话，说的是心里话，说出了刘邦的心声，更说得功臣集团哑口无言，事情就是这么个事情，怎么反驳呢！

就这样，位次排好了。

另外，刘邦赐予萧何两项特殊待遇：

第一，恩许萧何带剑穿鞋上殿，上朝时无须按礼仪小步紧走。

第二，加封萧何两千户。这两千户，是对萧何的回馈。回馈当初刘邦出发去咸阳服役，萧何比别人多送给刘邦的二百钱。

如此折腾，如此费劲，刘邦还是给萧何排了第一名，足见萧何在他心中，很重，很有地位。

疑心再起

汉十一年（前 196），陈豨反叛，刘邦亲自率军讨伐。平叛未果之时，韩信在朝廷又意图谋反，一旦“后院失火”，绝对不好收拾。萧何与吕后果断出击，由萧何出面劝诱韩信入宫，一举杀死了韩信。

韩信是萧何当初力荐给刘邦的，如今又是萧何出面诱杀了韩信，这便是成语“成也萧何，败也萧何”的来历。

萧何与韩信关系很铁，但是当韩信威胁到大汉王朝的安危时，萧何是毫不犹豫的，因为，他是大汉王朝的丞相，他是刘邦的“大管家”，护国护家是他的职责，义不容辞。

还在平叛的刘邦，得到消息，派回使者，拜丞相萧何为相国，加封五千户，还为萧何配备了由五百名士卒和一名都尉组成的卫队。

皇帝如此赏赐，如此荣宠，朝中很多人都羡慕不已，都向萧何表示祝贺。众声贺喜中，突然响起了一个不和谐的声音：为萧何哀悼！

是谁这么煞风景呢？

此人名叫召平，曾是秦朝的东陵侯。秦朝灭亡后，他沦为平民，就在长安（今陕西西安）城东种瓜。他这一出手，种出的都是味道甜美的瓜，远近闻名，人们根据他曾经的封号，称这瓜为“东陵瓜”。

召平提醒萧何，祸患就要来了！

刘邦在外风吹日晒，平定叛乱，很辛苦。萧何留守朝中，没有战事，没有危险，刘邦却给他增加封邑，配备护卫队。这事情太蹊跷了！

蹊跷背后，隐藏的是刘邦对萧何的疑心，他担心萧何步韩信后尘，也给他来个谋反，他身在外地，鞭长莫及。

刘邦懂得止损的道理，他派出的护卫队，说是护卫萧何安全，实际上就是监视萧何，一旦萧何有不轨行为，一定会在第一时间被护卫队囚禁起来。

为今之计，就是要让刘邦消除疑心。消除疑心最好的方法，就是让他安心。

召平向萧何提了两条建议：

一是辞封不受。

二是捐出家财，援助军队。

辞封不受，表明的是不贪功，韩信谋反，这是他做丞相的监管不力，本应受罚，不该再受赏。捐出家财，表明的是与刘邦同心协力，没有二心。

萧何按照召平的建议去做了，刘邦当即转忧为喜，非常高兴。

疑心三起

汉十二年（前 195），黥布反叛，刘邦拖着病躯，前往平叛。

萧何留守朝廷，多次收到了刘邦的询问：相国在做什么呢?

这次萧何有了经验，知道刘邦又起疑心了，就又拿出家财，捐助军队。

萧何想，这样应该没问题了，应该能让刘邦安心了。

但是，这时又有一个门客出来，说了一句让他不高兴的话：您离灭族不远了！

萧何安守本分，勤勤恳恳，还把所有家财都捐了，已经表明忠心了，这样还要被灭族？瞎说啥呢！

门客却自有他的道理，这个道理就是：功高盖主。

萧何当初跟随刘邦入关，就深得民心。如今十几年过去了，萧何没有膨胀，依然关爱百姓，勤勉做事，老百姓都很拥戴他。以前萧何做事得力，刘邦给他钱给他封地，给他加官晋爵，但是现在的萧何位居相国，为百官之首，再往上就是皇帝了。刘邦害怕萧何打开“欲望之门”，借百姓之力，向皇帝宝座靠近。

萧何想想，也是这么个理，自己这个位置，确实容易让人多想。既然自己的形象太高大了，太得人心了，那就只能往自己脸上抹黑了，抹成让百姓痛恨的样子：贪婪，无耻，谋私利。

萧何采纳门客的建议，开始了“自污”行动：他大量买进土地，但是，这些土地，都是以极低的价格买进，并且还赊账，不给人钱。萧何买的地很多，损害了很多百姓的利益，于是，百姓们议论纷纷，咒骂萧何：当初真是瞎了眼，竟然以为这个萧何是个大好人、大清官，原来他才是隐藏最深的大坏蛋！

这些话，说得太多了，自然传到了刘邦耳朵里。

这种舆论转向，太明显，萧何直接成了“贪官”。

刘邦知道之后，不怒反喜，他的疑虑瞬间烟消云散。

身陷囹圄

刘邦平叛回朝，百姓拦路告御状，状告萧何，告他以权谋私，低价强买土地，损害百姓利益。刘邦收下上书，见到萧何，笑着说：“你这个相国，就是这样‘利民’的啊？”

萧何心里委屈啊，他真的是想“利民”啊，这不是被您逼着，才逼出一个“利己”的相国嘛。委屈归委屈，却也不能说。

刘邦把百姓的上书交给萧何，让他自己去向百姓请罪。

萧何趁此机会，向刘邦提出让百姓到上林苑的空地上去耕作种植，一来可以缓解长安土地少的问题，二来可以解决上林苑空地荒芜的问题，三来可以解决上林苑禽兽的饲料问题，庄稼的禾秆可做饲料。

怎料，这个请求，却惹来了刘邦的勃然大怒：“你接受了商人的钱财，就想占用我的上林苑！”

盛怒之下，刘邦叫来廷尉，给萧何戴上了镣铐，拘禁了起来。

皇帝绑了相国，这是国家的头条新闻，人们各有评论。

过了几天，有一个侍奉刘邦的王卫尉，上前求问刘邦：“萧相国犯了什么弥天大罪，陛下给他这么大的惩罚？”

刘邦回答道：“我听说，李斯辅佐秦始皇，有了成绩就归秦始皇，出了差错就自己承担。萧相国却相反，他大量收受奸商钱财，占用我的林苑，这是向民众讨好，成绩归自己。”

原来，症结在这里。

原来，刘邦的疑心病一直没有好。

这个王卫尉非常大胆，直言不讳，刘邦怀疑萧何，太浅薄了。

第一，萧何没有越权。萧何做的是有利于百姓的事，这本就是相国的职责，是他分内的事。

第二，萧何没有反心。刘邦与项羽打仗多年，平定陈豨、黥布，领兵在外，萧何镇守关中，但凡萧何有一丝恶念，他只需要动动脚，那么函谷关以西的地界就不是刘邦的了。有那么好的时机，萧何都不用，不谋私利，现在却贪恋商人那点钱？不合常理。

第三，李斯分担过错，不值得效法。一国之君，需要倾听不同的声音，秦始皇就是因为听不到自己的过错，失去了天下。

这话说得很直白，很露骨，揭了刘邦的疮疤，说得刘邦很不高兴。但是，这话起了很大作用。当天，刘邦就派人赦免了萧何，释放了萧何。

被释放后，一向谦恭谨慎的萧何，虽然上了年纪，入见高祖时，仍然赤脚步行，叩头谢罪。

刘邦说："相国算了吧！相国为百姓谋福，为百姓请求上林苑，我若不答应，我就是桀、纣那样的昏君，而你则是贤相。我之所以把你拘禁起来，是想让百姓知道我的过错。"

刘邦这话，有置气的成分，也有掩饰的成分。

好在，君臣之间的关系，没有闹到鱼死网破的地步。

刘邦还是好皇帝，萧何还是好相国。

重病荐贤

刘邦与萧何，打也打了，好也好了，但是他们的分离，也近在眼前。

刘邦平叛黥布回来，箭伤发作，很快驾崩了。

萧何身体也越来越不好，后来直接病倒了，病情越来越严重。

后来，汉惠帝亲自去探望这位大汉王朝的好管家，一来表达他的关心，二来询问萧何接班人的问题。

相国位置关键，辅佐皇帝，必须有足够的应对能力，必须选对人。

汉惠帝问道："百年之后，谁可以接替您呢？"

萧何虽然在重病中，头脑却清醒得很，依然很谨慎，他没有直接回答，回了一句"知臣莫若君"，让汉惠帝自己说。

汉惠帝说出了一个人的名字，这个人就是曹参。

曹参与萧何一直关系不好，很不和睦，论功行赏那次他们的梁子就结定了。但是，在汉惠帝说出曹参的名字后，萧何叩头说："恭喜陛下找到了合适的人选！我死而无憾了！"

萧何作为相国，很有气度，也很有边界感。

他和曹参的仇怨，这是私事。他推荐相国接班人，这是公事。曹参虽然与他不合拍，却也是一个人才，这个人才，能堪大任。若因私害公，必将引来无穷无尽的攻击与杀戮，必将置大汉江山于危险之中。

显然，萧何不允许好不容易打下的江山，摇摇晃晃。举荐优秀接班人，这是他作为相国的最后一项大事，他要秉持公心。

这就是萧何的胸怀，这就是一个优秀政治家的做派。

心中装着家国

综观萧何一生，他是一个干事的人。

他从干刀笔吏起，就是踏踏实实，一路走来，一步一个脚印，认定一件事，就要把它做好。作为刘邦的“大管家”，他真的很称职。

综观萧何一生，他还是一个明白人。

他清楚自己的能力，对自己定位很准确，他只能处理一些具体的事务。揭竿而起的大事，他知道做不了，他没有那样的气魄，所以他拥护刘邦沛县起兵。建国立邦的大事，他知道那不是他的任务，那需要天命所归之人出现，所以他尽心辅佐刘邦的“建国大业”。

他更清楚人心的复杂，对君权与相权的平衡关系，尽力去做好。面对刘邦的猜忌，他舍家人，捐家财，勇自污，为的就是要保身保家又保国。

综观萧何一生，他又是一个达观的人。

他购置的田地住宅，都在贫苦偏僻的地方，建造的房屋也很简陋，连矮墙都没有修筑。堂堂的相国，何苦如此节俭呢？

萧何自有他的道理：子孙贤能，就学习我的俭朴；子孙不贤能，田宅也不会被有权势的人夺去。既能修身，又能避祸，何乐不为呢？

正是萧何的这种思虑，才让他的子孙承续荣耀。萧何的子孙因为犯罪而失去侯爵封号的有四世，但是每次断绝了继承人时，皇帝总是要再找萧何的后代，续封为酂侯。

这份荣宠，其他功臣都没法比。

这份荣宠，也是对萧何的价值肯定。

（本篇主要依据《史记·萧相国世家》）

原典

汉五年，既杀项羽，定天下，论功行封。群臣争功，岁余不决。高祖以萧何功最盛，封为酂侯，所食邑多。功臣皆曰：“臣等身被[1]坚执锐，多者百余战，少者数十合[2]，攻城略地，大小各有差[3]。今萧何未尝有汗马之劳，徒持文墨议论，不战，顾反居臣等上，何也？”高帝曰：“诸君知猎乎？”曰：“知之。”“知猎狗乎？”曰：“知之。”高帝曰：“夫猎，追杀兽兔者狗也，而发踪指示兽处者人也。今诸君徒能得走兽耳，功狗也。至如萧何，发踪指示，功人也。且诸君独以身随我，多者两三人。今萧何举宗[4]数十人皆随我，功不可忘也。”群臣皆莫敢言。

《史记·萧相国世家第二十三》节选

注释

①被：音 pī，穿。

②合：两军交战。

③差：音 cī，区别，等级。

④宗：同宗亲属。

译文

汉高祖五年（前 202），项羽已兵败身死，天下平定，于是刘邦对群臣论功行赏。群臣相互争功，一年多还没有定下来。刘邦认为萧何功劳最大，封他为酂侯，封地也最多。功臣们都说：“我们身披铠甲，手执刀枪，打仗多的身经百战，少的也有几十次，功劳尽管有大小的不同，但都有攻城略地的功绩。如今萧何没有一点战功，只靠着舞文弄墨耍嘴皮子，没有上过一回战场，功劳反而比我们都高，这是为什么？”刘邦说：“诸位懂得打猎吗？”功臣们回答说：“知道。”“你们知道猎狗吗？”功臣们说：“知道。”刘邦说：“打猎一事，追杀野兽兔子的是猎狗，发现野兽兔子并指挥猎狗的却是猎人。诸位只能在猎场上追野兽，获得的功绩类似于猎狗。而萧何，做的是发现野兽踪迹并指挥猎狗，功劳可和猎人相比。而且你们多数只有自己追随我，多的也不过带来两三个人。萧何整个家族几十个人都追随我，这种功劳是永远也不能忘的。”大家都不敢再说什么了。

萧规曹随

萧何重病之时，推荐曹参为他的接班人。

曹参上任之后，秉持“萧规曹随”的执政理念，不折腾，不瞎折腾。

萧何与曹参，各自留下了美名。

西汉初年的老百姓，休养生息，有了喘息的机会。

“萧规曹随”也就成了一段历史美谈。

其实，“萧规曹随”背后，还有一番人事纠葛，也有政治势力的交锋。

打出来的英雄

曹参，是沛县人。

曹参和萧何，是老乡，也是同事。秦朝末年，曹参和萧何都已经是沛县有点名望的官吏了，曹参为狱掾，萧何做主吏。两人时不时地谈天论地，纵谈天下大势，很是快活。

后来，他们结识了刘邦，认为他是个人物。

再后来，起义军四起，他们劝说沛县县令召回逃亡的刘邦。结果沛县县令反悔，紧闭城门，想杀了他们二人，于是他们逃出城外投奔刘邦，一起拥立刘邦做了沛公。刘邦起事后，曹参就一直跟随。

从此以后，曹参的世界只剩下了一个字：打。

与不同的阵营打，打完了秦军，打项羽；打完了项羽，打逆臣。

在不同的地方打，辗转各地，哪里有军情，就到哪里去。

这一打，打下了赫赫战功：打下了两个诸侯国，一百二十二个县；俘获了两个诸侯王，诸侯国的三个丞相、六个将军，郡守、司马、军候、御史各一人。曹参成为韩信之外，最能打的将军。

这一打，打得伤痕累累，身上有七十多处创伤。

这都是拿命硬生生拼出来的！

他是大汉王朝的大英雄！

辅政齐王

刘邦当了皇帝之后，调封韩信为楚王，把齐国这个富庶而重要的大国，封给了他的长子刘肥，凡是说齐语的百姓都归属齐王。

刘肥做了齐王，刘邦给他加配了得力的干将——曹参，让曹参做了齐国的国相。

一个是长子，一个是好战友，都是刘邦重视的人。把二人组合在一起，就是为了缔造强大王国的。刘肥成长了，王国强大了，这就是刘邦的心愿。

曹参不负所望，尽心尽力地辅佐刘肥。关键时刻，他还挺身而出，在刘邦危难之时，为他排忧解难。打陈豨，攻黥布，齐国都出兵出力，曹参与刘肥还亲自领军前往，助力刘邦，成功平叛。

汉惠帝元年（前 194），朝廷下令，废除诸侯国设相国的法令，改任曹参为齐国丞相。

当时齐国有七十座城邑，责任重大，而刘肥年纪尚轻，很多事务没有经验，曹参就主动承担责任，思考如何治理好齐国这个大问题。

刚开始，曹参还没有形成自己的想法，就想问政于百姓，想从百姓中汲取智慧。于是，曹参把齐国的老人、读书人请来，与他们共商国策。

齐国早在战国就设立了“稷下学宫”，重金请士，士人可以“不治而议论”，真正践行了“我可以不同意你的观点，但我坚决捍卫你说话的权利”的理念。整个齐国，一直以来，都弥漫着一种自由的氛围。曹参请来这些人“问道”，他们也不客气，管他用不用呢，管他行不行呢，先痛快痛快嘴巴呗。

就这样，一场“问政会”，成了读书人展现自我的舞台，他们登台亮相，各抒己见，相互辩论。最终，数以百计的读书人贡献了数以千计的谋略。

这看似有了“成果”，但却没有解决问题。众说纷纭，公说公有理，婆说婆有理，没有达成共识，这让曹参无法抉择。后来，曹参听说胶西地区有一位盖公，精通黄老之道，就派人送去厚礼，谦恭地将盖公请到国都。

盖公很感谢曹参的厚爱，他给曹参出了一招：清静无为。

这是典型的黄老思想。

老子有句非常著名的话，叫“治大国，若烹小鲜”，煎小鱼，不能老是翻来翻去，翻得多了，小鱼就烂了，治理国家何尝不是如此，不要老干扰百姓，老折腾百姓。为政者，不强作妄为，老百姓自我劳作，自我安排，社会就会安定。这正是“无为而无不为”的意思。

盖公给曹参上了一堂精深而切实有效的“哲学课”，曹参肃然起敬，佩服之至。曹参当即让出自己的“办公室”，那可是一间大大的正厅，敬请盖公入住。一来表示对盖公的尊敬，二来可以近距离地听盖公“授业”，解疑答惑。

这样，曹参就明确了为政理念：不折腾，不瞎折腾。

时间过了九年，齐国经济越发富庶，社会更加安定，百姓们纷纷称颂曹参，感谢曹参，说他是一位贤明的丞相。

得到百姓如此高的评价，曹参很骄傲，很高兴。

接班萧何

汉惠帝二年（前 193），萧何去世了。这个消息传到曹参那儿，曹参告诉他的门客，赶紧给他整理行装。

曹参这是要干吗呢?

他说他要到朝廷当相国去。

手下人心中都犯嘀咕：丞相这是怎么了?怎么换了一个人似的，这么不稳重。朝廷的相国那可是百官之首，任命是极为慎重的事情，都得有正式诏令。没见诏令，就说自己要当朝廷的相国，说不定要治大罪呢？难不成丞相得了“妄想症”？曹参却一副笃定的模样，继续准备入京事宜。

很快，朝廷的诏令来了，召曹参入京为相国。

这下，曹参的手下人又对曹参竖起了“大拇哥”，原来丞相就是丞相，总能料事如神，个中因由，确非他们这些人能参透的啊！

曹参为什么这么笃定相国一职会是他的呢？

因为，他了解萧何。曹参与萧何一起走过了很多时光，曾经也是一对“知己”。

曹参知道萧何看人的本领。当初他们在沛县，萧何做“主吏”，负责的正是人事工作，他看人眼光很“毒”，刘邦、韩信的不俗就是他首先发现的。

曹参还知道萧何的心胸，萧何心怀天下，不是小肚鸡肠之人。

虽然远隔千里，但是曹参依然笃定：萧何会从国家社稷的利益出发，一定会推荐自己。

权力交接

曹参要离开齐国了，他对齐国是有感情的，这是他为政的一块“试验田”，也是一块“黄金地”，他希望它能持续好下去，强起来。

曹参与继任的齐国丞相交接工作，最先嘱咐了一件事情。这件事，就是不要轻易干涉包揽诉讼、交易买卖的行为。

国家事务繁多，曹参为什么偏偏要交代这么一件看似不太重要的事情呢？

继任丞相也不理解，就问曹参：“国家事务没有比这更重要的了吗？”

其实，这倒也不是，重要的事情很多。但是齐国的现实是，有很多人依赖于此，而且这些行为，是善恶并容的。如果严加干涉，坏人就没有了容身之处，没有容身之处，势必要作乱。一旦乱了，齐国安守本分的百姓就遭殃了。

在一定的可控范围之内，允许一些不法行为的存在，这是需要魄力的。

说到底，曹参还是想给百姓一份空间，一份信任。

说到底，这还是黄老之道。

虽然看上去不是很重大的事情，但事关百姓，事关安定，这就是大事，所以曹参才决定把这件事放在前面嘱咐嘱咐。

吃喝玩乐也是工作

曹参接替萧何做了大汉王朝的相国，很多人都在等着曹参的“新官上任三把火”。

因为，他们都知道曹参与萧何有矛盾，有隔阂，曾经闹得很不好。他们以为，曹参上任以后，一定会将萧何的为政之道推倒重来，以此显示他曹参的独到之处。

但是，他们只知其一，不知其二。

曹参与萧何确实有矛盾，但是曹参与萧何曾经也是惺惺相惜，相互欣赏。萧何很有气度，举荐曹参；反过来，曹参也不是睚眦必报之人，他也有气度，他也是以大局为重的人，公私分明。

所以，曹参继任后，一切照旧，一切都遵循萧何制定的法度，没有任何改变。这让一些要看热闹的“吃瓜群众”没有了谈资。

曹参上任后，主要做了两件事情。

第一件事，是选拔属官。

属官要在自己手下直接做事，必须得力，因此曹参从各郡和诸侯国中优中选优。他的“优”，有自己的标准，就是人品要好。他选的人，都是一些质朴而不善文辞的厚道人，至于那些言辞上苛求细节、一味追求声誉的人，一概斥退。

第二件事，是吃喝玩乐。

属官选完了，事情就由他们去做。他要做的，就是喝酒，不仅自己喝，还拉着别人喝。

这些“别人”，都是上门劝他的人。当朝相国，不理政事，只知吃喝玩乐，着实不太像话，有些官员、门客就上门好言相劝，希望曹参能够痛改前非。

曹参明白这些人的意思，但是他就是不让他们把话说出来。一见面，曹参就立即拿出美酒，让他们喝酒。相国让喝，也不能不喝啊，他们只好喝了起来。

喝着喝着，他们又想起了自己的任务，他们又开始要说，曹参又开始了新一轮的劝酒，他们又只好喝了起来。喝着喝着，就喝醉了，直到醉酒离开，那些劝谏的话都没有说出口。

这样的事情太多，不断地在曹参府中上演。时间一久，劝说的人也就少了，他们似乎已经适应了喝酒打发时间的生活。

曹参住宅的后园靠近官吏们的房舍，那里面每天都会传来饮酒放歌的声音，整天都有大呼小叫的声音。曹参劝退了劝谏的官员，但是他的属官也开始有意见了，他们对那些吃喝玩乐、吆三喝四的官吏很不满，他们希望曹参能对这些官吏多加管束，制止这些无良行径。

于是，属官们将曹参请到了后园游玩，那些狂乱的醉酒乱语，一阵阵传出。曹参听到属官的请求，没有

回应，反而派人陈设宴席，派人准备酒食。他一屁股坐下，大口痛饮起来，大声高歌起来，与那些醉酒的官吏应和起来。

曹参在府中就是一个“和事佬”，别人有什么小过失，他总是隐瞒遮盖，他总是调解缓和，因此他的相府中一直平安无事。

不折腾，好！

曹参的这些所作所为，自然传到了汉惠帝的耳朵里。汉惠帝大为不满：一个相国，不好好工作，整天就知道玩，成何体统？他拿出高薪俸禄，不是要养闲人，他需要的是能人。

有一天，汉惠帝实在忍不住了，他召来曹参的儿子——中大夫曹窋（zhú），发了一大通牢骚。

汉惠帝的牢骚有两个内容：

一是曹相国不理政事，这是不作为；

二是曹相国看不起他，这是不应该。

汉惠帝一通牢骚出来，宣泄了情绪，却吓坏了曹窋，曹窋也不知如何是好。

最后，汉惠帝给了曹窋一个任务：问出曹参的真实想法。汉惠帝让曹窋回家，私下里，不经意间，问问曹参："高帝刚刚驾崩，皇上很年轻，您身为相国，整天喝酒，遇事也不向皇上请示报告，您依据什么来考虑国家大事呢？"曹窋跪拜应允。

临走前，汉惠帝还特意叮嘱曹窋："千万别说这是我说的！"

曹窋找了一个休息日，回到家中，陪父亲闲聊的时候，把汉惠帝的意思改编成自己的话，说给了曹参听。

正所谓"知子莫若父"，曹窋"不正常"的劝说，让曹参起了疑心，他怀疑这不是儿子的意思，不是儿子的意思，又有谁能指使得动儿子，敢到他面前质问他呢？

答案很明显。

曹参当即一脸怒火，狠狠打了曹窋二百板子，恨恨地说："你的任务是侍奉皇上，国家大事不是你应该说的，赶紧进宫侍奉皇上去！"

曹窋带着一身伤，去向汉惠帝复命。汉惠帝一见一听，非常生气，曹相国哪里是打曹窋，分明是打他嘛！

等到上朝时间，汉惠帝再也忍不住了，当众质问曹参：为什么要惩罚曹窋？曹窋是代表他去问的。

汉惠帝和盘托出，曹参也不再回避这个问题。在给出答案前，他先问了汉惠帝两个问题：

第一，陛下与高祖相比，哪个更圣明英武？

汉惠帝自然答："我怎么能与高祖相比。"

第二，他曹参与萧何相比，哪个更贤能？

汉惠帝终于找到反击机会，答道：“您好像也不如萧何！”

曹参要的就是这个答案，既然承认高祖刘邦与前相国萧何，要比现任皇帝与现任相国要厉害，那么现任皇帝与相国还折腾个什么劲啊？再折腾，也搞不出刘邦与萧何的强强联合；再折腾，也只能是画蛇添足。

因此，为今之计，就是不折腾。皇帝垂拱而治，大臣们各安其职，遵循高祖刘邦与萧何制定的法度，不要随意更改。

曹参这番话，解除了汉惠帝的疑惑，也给汉惠帝指明了道路。

汉惠帝释然了！

政治，还是政治

曹参做了三年大汉王朝的相国，这三年，清静无为，休养生息。

曹参死后，百姓作歌称赞：

萧何为法，顜（jiǎng）若画一。
曹参代之，守而勿失。
载其清净，民以宁一。

大意是说，萧规曹随，清静无为，百姓因此得安宁。

萧规曹随，从而成为一个为政的标杆。

萧何没有囿于个人恩怨、嫉贤妒能，而是以相国的职责为准，以宽广的胸襟与气魄推荐了曹参；曹参没有拘于个人恩怨、仇恨满胸，而是以国家的利益为重，以同样的胸襟承续了萧何的治国理念，不曾改变。以国家百姓利益为重，这才是成功政治家的本色。

曹参作为一个成功的政治家，他制定“萧规曹随”的为政方针，除了常说的汉初经济的破败、百姓的困苦、生产生活亟须恢复等原因，复杂的政治环境也是他考虑的一个因素。

刘邦驾崩之后，吕太后疯狂地复仇，戚夫人成了人彘，赵王如意被杀，刘姓子弟危机重重。汉惠帝二年（前 193），楚元王刘交、齐悼惠王刘肥都入京朝见。有一天，汉惠帝与齐王在吕太后面前宴饮。汉惠帝重感情，认为齐王是兄长，就按照家人的礼节，请齐王坐上座。

太后大怒，当即起了杀念，命人倒了两杯毒酒，放到齐王面前，命令齐王起来向她献酒祝寿。

齐王遵命，站了起来。

已经见识过太后狠毒的汉惠帝，明白了太后的意思，为了保护兄长，他也站了起来，端起了其中一个酒杯，要一起向太后祝酒。

太后当时害了怕，急忙站起，借故打翻了惠帝手里的酒杯。

齐王见此情形，感觉奇怪，不敢再喝这杯酒，佯装醉酒离席。

回去之后，齐王心里还是不安定，于是便派人打听，这一打听不要紧，齐王才知道那酒是毒酒。他心里着实害怕，太后的手腕他早有耳闻，如今施到自己身上，那他还有活命的机会吗？齐王自己揣测，这次定不能平安脱身了，非常焦虑。

此时，齐国内史向齐王献了一个计策。他说："太后只有惠帝和鲁元公主两个孩子。如今大王您拥有七十多座城，而公主只有几座城作为食邑。大王您不妨将自己属下的一个郡献给太后，作为公主的汤沐邑（由受封者收取赋税自用的私邑），太后必定高兴，到时，您也就不会有什么忧虑了。"

齐王一听，很高兴，只要能活命，一个郡又算什么呢？于是，齐王就向太后献上了城阳郡，还推尊鲁元公主为王太后。鲁元公主是齐王的妹妹，尊她为王太后，显然违背常理，也违背礼法，太后却很高兴，也接受了。此后，他们一起在齐王的府邸摆设酒宴，欢饮一番。齐王保全了性命，安全返回了封地。

辅助齐王刘肥，是刘邦交给曹参的任务，这件事对曹参刺激最大。他明白，要想在吕太后的权威下为政，必须低调、低调、再低调。

曹参作为刘邦功臣集团的一员，本就是吕太后忌惮的人物，他要再大张旗鼓地改革，那等待他的只有死路一条，弄不好还会坏了刘姓的江山事业。因为只要改革，就有弊端，有弊端，就容易被人揪住小辫子，很容易被拉下来。

曹参不想辜负刘邦的重托，不想成为千古罪人，于是他将自己伪装成一个“酒晕子”，一个没有任何威胁的“摆设”。

曹参大半生都在“争”，争城池，争胜利，争军功，争爵禄，争位次。

晚年他却玩起了“藏”，藏一己之真心，藏他人之过失，藏本真之能力。

一争一藏，是他的责任，争来的是赫赫江山，藏来的是江山安宁。

争不容易，藏更需智慧。

（本篇主要依据《史记·曹相国世家》
《史记·齐悼惠王世家》）

原典

至朝时，惠帝让参曰："与窋[1]胡治乎？乃者[2]我使谏君也。"参免冠[3]谢曰："陛下自察圣武孰与[4]高帝？"上曰："朕乃安敢望先帝乎！"曰："陛下观臣能孰与萧何贤？"上曰："君似不及也。"参曰："陛下言之是也。且高帝与萧何定天下，法令既明，今陛下垂拱[5]，参等守职，遵而勿失，不亦可乎？"惠帝曰："善。君休矣！"

《史记·曹相国世家第二十四》节选

注释

①**窋：**曹窋，曹参之子。

②**乃者：**从前，往日。

③**免冠：**摘下帽子，表示谢罪。

④**孰与：**两词连用，是一个固定格式，表比较。

⑤**垂拱：**垂衣拱手，不亲理事务，指无为而治。

译文

到了上朝时，惠帝责备曹参说：“您为什么要打曹窋？上次是我让他劝您的。”曹参脱帽请罪说：“陛下您看您与高皇帝比谁更英明神武？”惠帝说：“我哪里敢同先帝相比！”曹参又说：“在陛下看来，我同萧何谁的才能高？”惠帝道：“您好像不如萧何。”曹参说：“陛下说得很对。高皇帝同萧何一起平定天下，已经制定了各种规章法度，如今陛下垂衣拱手无为而治，臣等恪守本职工作依法行事，遵循旧规不随意变动，不就足够了吗？”惠帝说：“说得好。您就继续歇着吧！”

无冕女皇

历史上有一种刑罚，残酷狠毒，受刑之人被称为“人彘（zhì）”。

“人彘”的出现，源自一个女人的仇恨与报复。

这个女人，就是汉高祖刘邦的皇后吕雉，汉惠帝刘盈的母亲吕太后。

被施以刑罚的也是一个女人，是一个令吕雉羡慕嫉妒恨的女人。

带着仇恨因子生成的“人彘”刑罚，是那场“宫斗戏”的必然结局，更是一场人性的较量。

吕雉的幸福生活

秦朝末年，沛县来了一户避难的人家，这一家的男主人是沛县县令的好友，姓吕，人称吕公。

吕公家有一个女儿，名叫吕雉，面相尊贵。吕公一直想为女儿找一个好夫婿，好多人提亲他都没相中，甚至连沛县县令求婚都被拒绝了。他在寻找一个不同寻常的人，只有这个人才能配得上他的女儿。

有一天，吕公家里大宴宾客，非常热闹。这时，一位递上“贺钱一万”名帖实则一文钱没有的客人，引起了吕公的注意。这位客人，戴着长长的竹皮冠，行事不俗，豪迈不羁。更为重要的是，此人面相贵不可言。

吕公仔细、反复打量，心中异常激动，久久不能平静，这才是那个让他等了好久的人！

这个人，就是刘邦。

第一次见面，吕公就把自己的宝贝女儿吕雉许配给了他。吕公的这个决定，在当时让很多人大跌眼镜，他的老婆吕媪反应最强烈，坚决不同意。也难怪吕媪反对，刘邦一没钱，二没权，三没正行，四还有个未婚生的儿子，怎么说也没有什么拿到台面上炫耀的资本。不过，吕公坚持己见，还是把女儿嫁给了刘邦。

这就是吕雉与刘邦的结缘。

吕雉对于父亲安排的丈夫，是什么态度，历史没有记载。只知道，她听话地嫁给了这个看似“没前途”的男人。

嫁给刘邦，其实，吕雉的日子还算幸福。那个从来不愿下地干活的男人，在结婚之后，也知道干活了，也知道照顾家了，三天两头就请假回家。后来，吕雉给刘邦生了一儿一女，凑成一个“好”字，日子过得很有烟火气，简单而甜蜜，平淡而自然。

不过，刘邦注定不是一个窝在家里的人，他揭竿而起，四处奔波。从此以后，吕雉就在家照顾老人孩子，还曾被人抓去，当过俘虏，差点丢了性命。

好在，吕雉无怨无悔，一心一意，做着贤内助，默默支持刘邦甩开膀子干事业。

一切的一切，都是那样自然，吕雉在为夫分忧的过程中，体味着夫妻同心的坚守，感受着成功带来的喜悦。

日子本可以继续美好地过下去，但是，一个人的出现，让吕雉的努力几乎成为泡影，吕雉的日子顿时黯淡无光，她之前的坚守无情地嘲讽着她：何其愚蠢的人啊！

废嫡风波起

打破吕雉心理满足与平衡的人，是戚姬。

戚姬是刘邦做汉王时东征得到的，她身姿曼妙，容颜娇媚，还有一项特长：擅长跳楚舞。见到戚姬，刘邦喜欢得不得了，整天和她腻在一起。

后来，戚姬如愿为刘邦生下一个儿子，儿子长得特别像刘邦。刘邦特别高兴，郑重地为这个孩子取名“如意”，一则这个儿子让刘邦如意，二则刘邦希望儿子一生如意。

有人欢喜有人忧。忧伤的人，就是吕雉与她的儿子。

吕雉已经不再年轻，与戚姬相比，她本身没有多少竞争力。戚姬跟在刘邦身边，跟着他四处征战；吕雉经常被留在家里，连刘邦的人影都不常见，他们的关系越来越疏远。

再观吕雉的儿子刘盈，为人仁慈柔弱，不像刘邦的性格，刘邦不太喜欢他。

吕雉与戚姬的生活，成了“冰火两重天”：

一个年轻，一个年老；

一个受宠，一个失宠；

一个常相伴，一个久别离；

一个儿子像父亲，一个儿子不像父亲；

一个儿子很有分量，一个儿子存在感极差。

吕雉心中难抑悲愤，想想这么多年，她跟着刘邦，没过过几天安稳日子，她任劳任怨地支持他，她无怨无悔地奉献着。现实却在不断地打击她。

好在，她的儿子被正式册封为太子，也算是对她多年付出的肯定。吕雉忍住心中的痛，尽心教育儿子，期待儿子有朝一日可以独当一面。这是吕雉最大的梦想，也是她在忧伤中艰难度日的精神支撑。

没承想，就连这一点点支撑，都差一点失去。

原来，刘邦想废掉刘盈的太子之位，立如意为太子。

废太子的原因，刘邦对外的说法是太子太过软弱，不够强大，很难当好大汉王朝的当家人。当时刘邦刚刚打下江山，内忧外患，问题很多，刘盈能否当好接班人，刘邦心里没底，甚至基本上不看好。因为，要坐稳江山，光靠仁爱是不够的。

当然，除了面上的说辞，还有一个隐蔽的原因，就是戚姬的意愿。戚姬仗着刘邦的专宠，借着陪伴在刘邦身边的机会，日夜啼泣，用各种手段劝说刘邦立如意为太子。

刘邦本就偏爱如意，也希望能给如意一个好的未来，再加上戚姬的软硬兼施，他就同意了，多次提出要废太子。

为了儿子拼一把

吕雉不傻，她自然明白这中间有戚姬的“功劳”。

如果说，戚姬只是与她争丈夫，吕雉作为皇后，她可以忍住女人的妒忌，不与戚姬为仇。但是，戚姬要动她吕雉的儿子，她就不会再忍了。

吕雉不是只会哭哭啼啼，她也是个狠角色，“诱杀韩信”就是她做的，杀伐果断。

吕雉是个双面手，能柔能刚。那个只会吹枕头风的戚姬，显然和她不在一个段位上。

她容忍，不代表她不会发威。如今，戚姬傻蠢地触碰了她的底线，是时候展示下“老虎”的威力了！

不过，吕雉这只老虎不会直不愣登地去和刘邦闹，去和戚姬算账。那样的段位太低，只会增加刘邦的反感，她还没傻到那个地步。

吕雉使出了一招“借力打力”，借朝臣之力，挫败刘邦的想法。

刘邦废长立幼、废嫡立庶，事关国本，“本一摇天下振动”，不能头脑一发热就改变。朝中本就有大臣不同意，很多人强烈反对。

其中有一个人，名叫周昌，为人倔强，直言敢谏。

有一次，周昌在闲暇时进宫拜见刘邦，进到宫里，却看见刘邦正抱着戚姬嬉戏。周昌一见，掉头就走。刘邦看见周昌走了，赶忙起身追赶，追上之后，刘邦骑在周昌脖子上问他："你看我是什么样的皇帝？"周昌挺直脖子，昂着头，大声说："和夏桀、商纣一般。"刘邦听了，哈哈大笑起来，这事就过去了，不过，在刘邦心中又多了几分对周昌的敬畏。

刘邦要废太子的事情出来之后，周昌在朝堂上与刘邦争辩，极力劝阻刘邦。周昌有一个生理缺陷：口吃，一着急，一生气，口吃愈发厉害。争辩之时，周昌生气地说："我说话不顺畅，但是我期……期……知道这样做是不行的。陛下想废掉太子，我期……期……不接受这样的诏令。"

周昌面红耳赤、结结巴巴的样子，让刘邦一下子笑了，废太子的事情暂时不提了。

据理力争的周昌，与三国口吃的邓艾，留下了"期期艾艾"的成语，形容口吃的人吐词重复，说话不流利。期期，一般认为是拟声词。艾艾，则是邓艾重复自己的名字。

周昌与刘邦争辩时，吕雉在东厢听到了。她再见到周昌时，直接跪谢周昌："若不是您据理力争，太子差点就被废掉了。"

吕雉贵为皇后，对周昌行此大礼，周昌很感动，更加尽心阻挠废太子一事。

吕雉为了儿子，什么地位、面子，在她看来都不是事儿。

商山四皓出山

吕雉找到了“汉初三杰”之一的“智囊”张良，请求张良帮她一把。

张良一直跟随刘邦，他会与刘邦对着干吗?

刚开始，张良着实不愿意蹚这趟浑水。刘邦与如意是亲父子，骨肉之亲谁也替代不了，谁也离间不了，刘邦就是想给如意最好的，外人改变不了他的心意，即便是百余名大臣群起而攻之也无益。

但到最后，张良还是干了!

其中原因，一是张良被吕后派人劫持了，二是废黜太子，易生事端，确实不稳妥。

张良说，如今刘邦主意已定，说辞不会起作用，因此必须另辟蹊径。这一蹊径，就是让太子做刘邦不能做的事情。刘邦说太子能力不够，如果拿出事实反驳刘邦的理由，那刘邦必会哑口无言。

有什么是刘邦没能做成的事情呢?

召请“商山四皓”。

商山四皓，是隐居在商山的四位白头发的老人，人称东园公、甪（lù）里先生、绮里季、夏黄公。他们节义清高，很有名望，刘邦当初特别想召请这四位老人，为他的大汉王朝装点门面，出谋划策。

但是，这四位老人瞧不上刘邦那股轻慢劲儿，很不喜欢刘邦爱侮辱人的做派，坚决不同意做刘邦的臣子，直接到商山隐居去了。刘邦一直很看重商山四皓，这事就成为他心中一直的遗憾。

张良的主意是不错，但是刘邦都没做成的事情，太子怎么能做到呢？

一要“卑辞”。太子主动写信，言辞一定要谦恭，态度一定要诚恳，表现出与刘邦不同的风格。

二要“厚礼”。商山四皓虽然不看重物质，但珠宝玉帛、贵宾之礼是种态度，代表的是对他们的无限尊敬与礼拜。

就这样，一批人带着厚礼，态度恭敬地出现在商山，诚恳地代表太子邀请商山四皓。商山四皓被这一番诚心安排打动了，他们坐着舒适的车辆，出了商山，到了京城。

商山四皓请来了，吕雉也算松了一口气。不过，她并没有让商山四皓直接出面，而是继续好吃好喝好礼遇地招待着商山四皓，表达着对他们的敬意。

她虽然很急，但是她却不想立马把商山四皓当枪使，那样太心急了。商山四皓何等精明，一旦让他们感觉到中计了，被人利用了，还能留得住他们吗？

这就是吕雉的远见与定力。

商山四皓出马

汉十一年（前 196），黥布发动叛乱，刘邦很生气，叛贼有一个要消灭一个，决不能惯着他们。不过，这时刘邦偏偏还在病中，病得还不轻，他就决定派太子领兵前往，讨伐叛军。

商山四皓听到这个消息，立马嗅出了一股危险的味道：太子领兵出战，无非成功与失败两种结果。成功了，受奖赏，但权位再高也不会高过太子。失败了，受指责，祸患就开始了。

关键是，太子立不了功。

一起出征的那些将领都是跟着刘邦打天下的猛将，让太子统率他们，这就相当于让羊去指挥狼，他们必定不服气，必定不肯为太子卖力。如此一来，太子又怎么可能立功呢？

商山四皓在京城待久了，也知道了朝廷的一些事情，他们便明确了自己的任务：保全太子，保住太子的位子。

一旦太子无功而返，刘邦势必会借机拿走太子刘盈的太子之位，喜滋滋地送给儿子如意。一旦太子被废，商山四皓的任务也就失败了。显然，商山四皓是不愿接受失败的。他们赶紧授意吕后表演声情并茂的“苦情”大哭戏，劝说刘邦改变主意。

吕后也不敢怠慢，找到刘邦，哭诉了三点内容：

第一，出征的将领们战功在身，太子年轻，指挥不了他们。

第二，黥布是天下的猛将，听到太子出征，必定会大张旗鼓，奋力西进。

第三，刘邦可以躺在辎车上指挥三军，三军不敢不努力，黥布也会有所忌惮。

刘邦听完之后，大骂道：“我就说这小子不行，不能派他去！还是我自己去吧，谁让我有这么个窝囊儿子呢！”

刘邦拖着病躯，亲自领兵出征，他心里对太子刘盈的成见更深了。击败黥布之后，刘邦的病情越发严重，他急切地想换掉太子，断然不能再让这个不成器的小子居于他的爱子如意之上。

商山四皓明白，关键时刻他们必须亲自出马了。

那一天，刘邦设宴，太子刘盈在一旁侍奉，商山四皓恭敬地跟在后面。

刘邦从来没有见过商山四皓。只见这四位老者，每人大约八十岁，眉毛雪白，胡须皓白，衣冠奇特，神态飘逸。刘邦非常惊讶，不知这四人是何来历。

商山四皓一一报上名字，刘邦更加惊讶，这不就是

自己苦心召请而不得的人吗？刘邦不解，他们为何会陪在太子身边呢？

商山四皓也不掩饰，他们之所以躲着刘邦，是因为刘邦轻慢士人，喜欢骂人，他们不愿受辱。但是太子不一样，他仁孝有义，谦恭有礼，礼遇士人，天下人都伸长了脖子想为太子效力。

此话一出，刘邦啥都明白了，他的算盘应该不会如意了。他只得希望商山四皓能始终如一地护佑太子，保太子周全。

商山四皓一一答应，向刘邦敬酒完毕，就离席了。

刘邦的选择

太子做成了刘邦没有做成的事情，这对刘邦来说，是喜，也是忧。

喜的是，看似不成器的太子却有高人帮忙，做大当家的应该没有问题。

忧的是，自己喜欢的如意可能无法做大当家的了。

刘邦目送商山四皓离开，把戚姬叫过来，指着商山四皓的背影，无奈地对戚姬说："我本想更换太子，但是这四个人辅佐太子，太子的羽翼已经丰满，难以更换了。吕雉就是你日后的主人了！"

戚姬一听，当即哭了，哭她的梦想破灭，哭她的可怕未来。

只不过，她的未来，可怕到超出了她的猜度范围。

刘邦年纪大了，又有病在身，他对于命运的掌控力越来越差，心中五味杂陈，他对戚姬说："我为你唱楚歌，你为我跳楚舞吧！"

刘邦唱的楚歌，被人称作《鸿鹄歌》，歌辞为：

鸿鹄高飞，一举千里。
羽翮（hé）已就，横绝四海。
横绝四海，当可奈何。
虽有矰（zēng）缴，尚安所施。

鸿鹄，喻指太子刘盈。刘盈的势力越来越大，而刘邦年纪越来越大，有些事情已经不在刘邦的掌控范围之内了，他最迫切要做的事情也只能搁浅。虽然他还活着，还掌握着最高权力，却也只有无可奈何的份儿。这份无奈，刘邦深感不安，他知道吕雉的能耐，他也明白戚姬与如意以后不会有好日子过了。

刘邦的歌情真意切，他一连唱了几遍，不断倾泻着心中的无奈与担忧，感同身受的戚姬哭得更厉害了。一场宴会，在悲泣声中结束，刘邦与戚姬的忧虑，却一直萦绕在心头。

有一天，刘邦闷闷不乐，又唱起了悲歌，弄得满朝文武不知所措。一个叫赵尧的臣子，看出了刘邦的心事，上前请问道：“陛下是担心您百年之后，赵王（如意）不能保全自己吗？”

刘邦说：“正是，我非常担心，却又想不出好办法。”

赵尧见自己猜得没错，就为刘邦出了一个主意：为赵王选一位得力的相国。

这位相国，可不是随便什么官员就能当的，他必须同时满足三个条件：

第一，地位高贵。

第二，坚强有力。

第三，吕后、太子和群臣都敬畏。

朝中哪位大臣符合条件呢？

赵尧推荐的人选是周昌，就是那位曾经反对刘邦废太子而被吕雉感谢的周昌。刘邦一心要保护赵王如意，深以为然，赶紧把这个决定告诉了周昌。周昌很不愿意，他本是朝廷的御史大夫，若到诸侯国任相国，很明显这是降职任用，他又没有过错，为什么要被降职呢？

刘邦只好“哄”起了周昌：“我也是迫不得已，实在是太担心赵王了，其他人去，我不放心。唯有你，我最满意，最放心！”

周昌没有办法，皇命如此，只有遵从。

第一场复仇大戏

没多久，刘邦就驾崩了，太子刘盈即位，这就是汉惠帝。吕雉自然成了太后。

汉惠帝顺利登上了皇位，一直以来悬着一颗心的吕雉，终于松了一口气，他们母子从此安全了。吕雉心中郁积了很久的恨，无须再掩饰，无须再压抑，一下子喷涌而出，她的复仇大戏不用排练不用彩排，直接上演了。

她的复仇对象，很明确，就是戚姬。这个女人，几乎毁掉了汉惠帝的江山事业。刘邦在位时，有刘邦护着，吕雉没有办法；如今刘邦死了，吕雉没有顾忌，自然要大展拳脚，有仇报仇，有怨报怨。

对待戚姬，吕雉先是把她囚禁在永巷，这是专门关押宫中女性犯人的地方。戚姬被剃掉头发，脖子上戴着铁圈，穿着囚衣，从早到晚不停地舂米。

朝夕之间，戚姬一下从天堂跌入地狱，她一时还无法接受这样的局面。有一天，她正在舂米，心中的凄苦、悲愤、孤独、思念等情绪交织冲撞着她的内心，一首歌便脱口而出。这首歌被称为《戚夫人歌》，也有称《舂歌》的，歌辞为：

子为王，母为虏。
终日舂薄暮，常与死为伍。
相离三千里，当谁使告女（rǔ，通“汝”）。

这首歌，是唱给远在赵国的赵王如意的。戚姬陷入痛苦之中，无法自救，她只能寄希望于自己的儿子，希望他能救自己脱离煎熬。

吕雉听说了这首歌之后，勃然大怒，说道：“这个不知死活的女人，竟然还想依靠儿子活命，那我就先解决掉你的儿子！”于是，吕雉就下令召赵王入京。

赵王一旦入了京，下场可想而知，所以征召赵王并不顺利，使者往返几次，都被挡了回去。谁这么大胆，竟然敢违命不从呢？

此人就是赵国的相国周昌。

周昌是带着使命到赵国的，他不能辜负刘邦对他的信任。周昌直接顶撞了回去：“高皇帝把赵王托付给我，赵王年纪还小。我听说太后怨恨戚夫人，想把赵王召去一同诛杀，因此，臣不敢遣送赵王前去。况且赵王也有病，不能奉召前往。”这话说得如此露骨，如此不敬，估计也只有周昌敢这样做，直接把脓包挑破了，表面光滑有什么用！

吕雉一听这话，非常恼怒，不过，她也很聪明：你和我明着来，我就和你打太极！这次，吕雉不召赵王了，她召周昌。她倒要看看，周昌有什么花招。

周昌没有辞召的理由，只能应召前往京城。周昌离开了赵国，吕雉马上派人征召赵王。这时的赵国，没有人敢违抗太后的旨意，赵王没法，只好动身应召上路。

一旦赵王到了长安，吕雉绝对不会给他活命的机会，这是必然的。但是，这时又一个人杀将出来，破坏了吕雉的复仇计划。

此人不是别人，正是吕雉的儿子，当时的皇帝汉惠帝。

汉惠帝了解太后的怒火，知道太后恼恨赵王，也明白太后征召赵王的意思，但是，汉惠帝生性仁慈，他不忍心就此杀掉赵王，毕竟那是他同父异母的弟弟。于是，汉惠帝的“护弟行动”开始了。

赵王还没有到达长安时，汉惠帝就亲自前往霸上，迎接赵王，与他一同回到宫中，亲自保护，与赵王同吃同睡。

吕雉想要杀赵王，却因为汉惠帝搅局，一直得不到机会。不过，她从来没有放弃复仇念头，她在等待。

有一天，汉惠帝要外出射箭打猎，赵王年幼贪睡，实在起不来。汉惠帝心想，就一会儿工夫，应该不会出什么乱子，就没让赵王跟随。他没有想到的是，偏偏就是这一会儿工夫，给了太后复仇的机会。

原来，吕雉一直派人监视着汉惠帝与赵王的一举一动，汉惠帝一走，消息就传到了她那里。吕雉当机立断，马上命人拿去毒酒，逼着赵王喝下。等到汉惠帝打猎完成，回到宫中，赵王早就死掉了。

汉惠帝很伤心，但是人死不能复生，朝政还需处理，他只能另立他人为赵王。

第二场复仇大戏

赵王如意死了，戚姬没有了任何的依靠，只能任人宰杀。当然，吕雉也不客气，她势必要让戚姬明白得罪她的后果。如果说，吕雉杀死赵王，还可以说是为了儿子的江山稳定，那么，惩罚戚姬，就是为了吕雉自己。这么多年，戚姬一直是她心头的一根刺，拔不掉，却一直在，刺得她生疼。

对戚姬的惩罚，最直接的方式就是杀了她，这也曾经是吕雉的心愿。但是，现在吕雉改变主意了，她要一点点地折磨这个曾经风光无限的女人，她要让这个女人遍尝痛苦的滋味。

因为戚姬，她成了历史上著名的刑罚发明家。

她将戚姬做成了“人彘”。

吕雉派人砍断戚姬的手脚，挖去了眼睛，熏聋了耳朵，灌了哑药，把戚姬扔到猪圈里，让戚姬像猪一样趴伏。戚姬对外界的感知，只能靠残缺的躯体。像猪一样生活，那都是一种奢侈！

曾经享受皇帝专宠待遇的人，一下子变得人不像人鬼不像鬼，这种心理折磨，或许比生理折磨还要狠，戚姬真正知道了什么叫“生不如死”。

戚姬的痛、戚姬的苦、戚姬的生不如死，在吕雉那里却是淋漓尽致的快感。或许，只有这种残忍的方式，才能宣泄她多年以来的愤怒与压抑。

人妒忌起来，死神都汗颜！

复仇的代价

吕雉心中很得意，多年的抑郁一扫而光，她终于成为胜利者。胜利的喜悦需要有人分享，吕雉最希望跟她的宝贝儿子来分享她的喜悦。

她也希望把她的胜利当成一节生动的教育课，教育课的主题就是如何成为一个强者。她的儿子，她最了解，善良心软，作为一国之君，需要加点刚硬进去。

那一天，吕雉带汉惠帝去观看“人彘”。

汉惠帝见了“人彘”，不知这是什么，只觉得有些奇怪。他张嘴一问，才知道这叫“人彘”，而“人彘”就是戚姬。

这个答案，让汉惠帝一下蒙了，他瞪大眼睛看了看，又赶紧闭上了眼睛。他不愿相信，原本好好的一个人，变成了这个样子，这是多么悲惨！他不愿接受，这么悲惨的事情，他的母亲竟然是罪魁祸首，他的母亲何时变得这么残忍了呢？汉惠帝大哭起来，从此就病倒了，一年多不能起来。

后来，汉惠帝派人对吕雉说："这不是人干的事情，我作为太后的儿子，终究不能治理天下。"从此，汉惠帝整日饮酒作乐，放纵无度，不问朝事，不理朝政，所以一直病着。

吕雉这一堂生动的教育课，劲头太大，教育效果非但不佳，还走到了反方向。

她没有想到，更大的代价还在后面。七年后，汉惠帝驾崩，年仅二十三岁。

吕雉斗来斗去，只为给儿子一个安稳的江山，希望儿子平安度日，最后却刺激儿子走向了绝路。这样的结局，自然不是吕雉想要的。

汉惠帝发丧时，吕雉只是干哭，并没有流眼泪。

吕雉的表现，很不符合常理。唯一的儿子，先自己而亡，吕雉这是白发人送黑发人。要是换作一般人，早就号啕大哭，涕泣涟涟了。事出反常，必有原因，这个原因，被一个十五岁的孩子看透了。

这个孩子不一般，他是张良的儿子张辟彊（qiáng），当时担任侍中。

张辟彊前去拜见丞相陈平，问道："太后只有惠帝一个儿子，如今惠帝去世，太后却只干哭，不是很悲伤，您知道其中的原因吗？”

陈平反问道：“是什么原因呢？”

张辟彊说：“皇帝没有成年的儿子，太后顾忌的是你们这帮老臣，害怕你们夺权。你们现在不妨请求太后任命吕台（yí）、吕产、吕禄为将军，负责统南北二军的卫队，并请吕家的人都入宫，在宫中掌握重权，这样一来，既能让太后安心，又能让你们这帮老臣幸免于难。”

丞相陈平这才恍然大悟，就按照张辟彊的建议去做了。

果然，张辟彊猜中了吕雉的心意。吕雉没有了顾忌，这时的她才卸下盔甲，哀叹起自己的孩子，痛哭起来。

吕雉后悔吗？

当然后悔，毕竟死去的是她风华正茂的儿子。

但是，如果让她重新选择一次，她还是会复仇。不复仇，她过不去心中的那道坎儿，她无法安慰自己那颗受伤多年而依旧痛感明显的心。

索取狂的必然

“人彘”一事，让吕后饱受诟病，后人说她残忍，泯灭人性。戚姬作为受害者，在无尽的苦痛折磨中死去，她成了被同情的对象。

但是，戚姬真的值得同情吗？刘邦有那么多的嫔妃，为何吕雉唯独要与戚姬过不去呢？

可怜之人必有可恨之处，这句话用在戚姬身上，还算恰当。戚姬的悲剧，源自她的贪念与无知。

她本只是一个长得好看的普通女子，享受了天下女子难得的荣宠。刘邦对她温柔呵护，异于他人，这让戚姬产生了一个错觉：她理所应当拥有最好的。

最初，世间最好的是刘邦的爱，戚姬也沉溺其中，自感幸福。但是，当这一切成为日常之后，戚姬的幸福感没有那么强烈了。她开始把目光从她与刘邦的幸福生活中移开，发现有一个女人，高高地站在那里，她竟然无法企及。

心中有了比较，心理就会失衡，她迫切地希望自己站到那个最高处，取代那个人老珠黄的老女人。但是，这个女人吕雉，是刘邦的发妻，朝中的很多重臣都是吕雉的贫贱之交，动不得。

终于，儿子的出现让她看到了希望，做不成皇后可以做皇太后嘛。于是，眼泪一次次上场，哀求戏一次次上演，她成功说服了刘邦。

这就是戚姬唯一的武器，但是她的武器只对刘邦管用，朝中大臣不吃她那一套，吕雉更是手段高超，戚姬的“傻白甜”只能让她在作死的路上越走越远。

戚姬的一切，都是刘邦给的，一旦没了刘邦这个依靠，一切都会成空。刘邦驾崩之后，她被囚永巷，她又想依靠儿子，希望儿子能救她于水火，结果，一首《春歌》，却让儿子丢了性命。

她似乎从来没有想过，以她自身的能量，她可以做点什么，她可以为儿子做点什么。

因为，一个习惯于索取的人，从来不知道“付出”为何物。

因为，一个伸手党，心中只有自己。

（本篇主要依据《史记·吕太后本纪》《史记·留侯世家》《史记·张丞相列传》《汉书》）

原典

太后称制①，议欲立诸吕为王，问右丞相王陵。王陵曰："高帝刑白马盟②曰'非刘氏而王，天下共击之'。今王吕氏，非约也。"太后不说。问左丞相陈平、绛侯周勃。勃等对曰："高帝定天下，王子弟，今太后称制，王昆弟③诸吕，无所不可。"太后喜，罢朝。王陵让④陈平、绛侯曰："始与高帝啑血盟，诸君不在邪？今高帝崩，太后女主，欲王吕氏，诸君从欲阿意⑤背约，何面目见高帝地下？"陈平、绛侯曰："于今面折廷争，臣不如君；夫全社稷⑥，定刘氏之后，君亦不如臣。"王陵无以应之。

《史记·吕太后本纪第九》节选

注释

①**称制**：特指古代后宫女性代理皇帝职责发号施令。制，皇帝的命令。

②**刑白马盟**：古人盟誓杀牲以血涂口，又称"啑血盟"，表示庄重。下文"啑血盟"意思相同。啑，音 shà，通"歃"。

③**昆弟**：兄弟。

④**让**：责备。

⑤**从欲阿意**：顺从她的心意。阿，曲意献媚。

⑥**社稷**：祭祀土神和谷神的祭坛，指代国家和朝廷。

译文

吕后行使皇帝的职权后，计划封吕氏诸人为王，问右丞相王陵的意见，王陵说：“先帝当年杀白马立下盟誓‘刘姓以外的人称王，普天下就要起来讨伐他’。如今您封吕氏为王，这不符合先帝的盟约。”吕后很不高兴，又问左丞相陈平与绛侯周勃，周勃等人回答说：“先帝平定了天下，封他的子弟为王，现在太后行使皇帝职权，封自己的兄弟族人为王，没什么不可以的。”太后这才高兴地宣布退朝。王陵下来责怪陈平、周勃说：“当初和高皇帝一起歃血为盟，你们难道不在场吗？如今高帝驾崩了，太后以一个女人当权，想封吕氏为王，你们就由着她的心意违背高皇帝的盟约，将来有什么面目去地下见高皇帝？”陈平、周勃说：“像今天一样在朝廷上当面力争，我们不如您；保住大汉江山，安定刘姓天下，您不如我们。”王陵无言以对。

绛侯周勃

刘邦重病之时，说过一句话："安刘氏者必勃也。"勃，指的是周勃。在刘邦心中，安定刘氏江山的人必定是周勃无疑。

这句话，果然不错。刘邦没有看走眼。

后来，吕太后去世，诸吕欲作乱，周勃当机立断，铲除诸吕。

后来，周勃带头拥立代王刘恒为皇帝，安定了刘氏江山。

纷乱之中，他平平稳稳地站着，稳稳当当地完成了刘邦的嘱托。

但是，世事难料，这样功勋卓著的功臣，曾被汉文帝刘恒投入监狱，张皇失措。

他是大汉王朝的功臣，他又是一个可怜人。

革命友谊

周勃，是沛县人，穷苦人家出身。

年轻时的周勃，没有固定的工作。最初他靠编蚕箔谋生，蚕箔是一种用竹篾或苇子等编成的养蚕器具。间或哪里有人死了办丧事的时候，他就去当“吹鼓手”，吹箫奏挽歌。后来他还学会了拉硬弓，成为一名勇士。

有了过硬的本事，如果没有足够的舞台，也只不过是偶尔自豪一下而已。就像古代有一个人学会了杀龙的技艺，可世间哪有龙去杀呢！不过，周勃很幸运，因为他很快获得了一个展现自己的舞台。

带领周勃走上舞台的，是刘邦。当时刘邦刚刚起兵，招纳勇士，周勃入伍，成了刘邦的侍从官，跟随着刘邦转战各地。这是周勃一生的转折点。

从此，周勃离开了偏僻、贫穷的家乡。

从此，周勃仗剑而行，勇闯天涯。

周勃是刘邦的“急先锋”，是刘邦的“好战友”。

周勃有勇力，不偷懒，不滑头。每次作战，他都是一马当先，勇往直前。攻城的时候，周勃基本上都是“登墙将军”——总是第一个登上城墙。

周勃质朴少文，不喜欢文辞，不喜欢学问，不喜欢儒生，不喜欢游说之士，说到底还是一个“大老粗”。每次见这些善谈之人的时候，周勃没有那么多客套，总是面向东坐着，那是尊贵的位置，对他们说道：“赶快说，有什么说什么，别扯没用的！”

周勃这样的人，简单，单纯，一是一，二是二，质朴刚强，忠厚老实。刘邦认定他人品好，可以托付大事，很信赖他。

周勃与刘邦的“革命友谊”，有两件事可以看出：

第一，封侯。刘邦当上皇帝后，论功行赏，将绛县（今山西曲沃）八千一百八十户赐给周勃作为食邑，封周勃为列侯，人称“绛侯”。刘邦剖符为证，保证周勃的爵位代代相传，永不断绝。

第二，托孤。刘邦重病之际，他与吕后都在考虑大汉王朝的稳定与发展，他提到了萧何、曹参、王陵、陈平四人，四人相继为相；但最终能够安定大汉江山的，一定是周勃。

刘邦为什么这么笃定？多年的交情磨出来的认知！

混乱之际，一要忠心耿耿，二要果敢有力。周勃二者兼具，理所当然是最佳人选。

北军夺权

刘邦驾崩之时，周勃还在平定叛乱。他悲痛难忍，痛哭流涕，暗暗叮嘱自己，一定要替刘邦守好刘姓江山。

周勃开始尽心尽力地辅佐汉惠帝，他被任命为太尉，为最高军事长官，执掌天下军务。

但是，汉惠帝软弱，朝中事务多被吕太后掌控。汉惠帝驾崩后，太后扶植的小皇帝不过傀儡一个，一切都在太后的掌握之中。

太后为了自身利益，大力扶植吕氏家族的势力，任命侄子吕产为相国，统领南军；侄子吕禄为上将军，统领北军。当时，周勃身为太尉，却不能进入军营大门；陈平身为丞相，却不能处理政务。吕氏家族兵权在握，把持朝政，一时间，大有取代刘姓江山之势。

吕太后临终之际，告诫吕禄、吕产两件事：

第一，握住兵权，保卫皇宫。

第二，不要为她发丧，不要为人所制。

吕太后的告诫，源自她对局势的分析。当初刘邦与大臣有白马之盟，“非刘氏而王者，天下共诛之”，如今诸吕被封为王，大臣早就心生不满，只不过因为有她在，他们还不敢作乱，一旦她死了，大臣们一定不会善罢甘休。

吕太后很清醒，分析很到位，事情就是这么个事情。

“有名无实”的周勃被剥夺了权力，他表面上不作声，但一直在谋划，一直在寻找合适的时机，一直在寻找出奇制胜的策略。

铲除诸吕的关键，是兵权。谁掌握了“枪杆子”，谁就掌握了主动权。在这一点上，周勃与吕太后的认识是一致的。

直接夺权，根本没有可能，因此，必须“曲线救国”。周勃思来想去，想到了一个人，这个人或许能帮他打开缺口。

这个人，是曲周侯郦商的儿子郦寄。

郦寄本人并没有什么特别之处，但他与吕禄非常要好，二人经常一起外出游玩、打猎，吕禄很信任郦寄。周勃看中的就是这一点，要利用的也是这一点。

周勃与丞相陈平谋划了一番，便命人劫持了年老有病的郦商。

劫持郦商，为的是要挟郦寄。

要挟郦寄，为的是让吕禄归还兵权。

郦寄没有办法，不得不劝说吕禄交出兵权，再由吕禄劝说吕产归还相印，与大臣们约定，返回封国，高枕无忧地做他的诸侯王。

没有兵权，没了相权，他们吕氏岂不成了待宰的羔羊？这点吕太后临死之前已经特意嘱咐过了，吕禄又不傻，他能同意吗？

要是换成另外一个人来劝说，吕禄早就把这人打死了。但是来的人是郦寄，结局就大不同了。吕禄无条件地信任郦寄，他相信郦寄不会骗他，他相信郦寄是为他好，为他着想，竟然同意交出兵权。不过，在交出兵权之前，吕禄还是派人将此事告诉了吕产与吕家的长辈们。

吕家人对此事议论纷纷，有些人认为可行，有些人认为不可行，没有达成统一，迟疑未决。吕禄又去看望姑姑吕媭（xū），吕媭得知此事，大发雷霆，她说："你身为将军，却放弃军队，吕家人很快就没有容身之地了。"说完，吕媭就把所有的珠玉宝器统统扔到庭堂下面，愤愤地说："我再也不替别人保存这些东西了。"

吕媭这一闹，吕禄交兵权一事，就暂时搁浅了。

周勃可没有气馁，他一方面让主管皇帝符节的大臣拿着符节，假传皇帝诏令，要太尉进入北军。另一方面，继续让郦寄去劝说，必须啃下这块"硬骨头"。

这一次，郦寄成功了，吕禄把将印交出来了。

周勃拿着将印，走进北军军门，发号施令："拥护吕氏的袒露右臂，拥护刘氏的袒露左臂。"军中将士都袒露左臂，表示拥护刘氏。

就这样，周勃顺利掌管了北军。

铲除诸吕

下一步，就是控制南军了。

此时的吕产尚不知道吕禄已经交出了兵权，但他也意识到了“山雨欲来”，他准备到未央宫，先下手为强：进，可以杀了皇帝，直接换了江山；退，可以拿皇帝当人质，保住性命。

但是，他的秘密被泄露了。周勃早已下令，守卫皇宫的卫尉不得放吕产入宫。

进不了宫门，吕产意识到情况有变，该怎么办呢？他徘徊不定，最后决定来硬的，直接冲进宫门。

周勃得知消息，拨给朱虚侯刘章一千多人，命他疾驰飞奔，入宫保护皇上。

朱虚侯进入未央宫，就见吕产已在宫中。傍晚时分，朱虚侯向吕产发起了攻击，吕产逃走。突然，狂风大作，吕产的随从一片混乱，没有一个人再抵抗。朱虚侯趁势领兵追赶吕产，将他杀死在郎中令官府的厕所中。

朱虚侯杀掉吕产后，皇帝命谒者手持符节前来慰劳，朱虚侯想夺下符节，谒者不肯。朱虚侯就与谒者同乘一辆车，凭着谒者手中的符节在宫中疾驰，斩杀了长乐宫的卫尉吕更始。

朱虚侯杀掉吕产、吕更始后，疾驰回到北军，向太尉周勃报告。周勃大喜，他最担心的就是吕产。吕产一死，刘氏天下就安定了。

随即，周勃命人将吕氏家族的男男女女全部抓来，不分老少，一律斩杀。吕禄被斩首，吕媭受笞刑（用荆条或竹板等拷打犯人臀部、背部或大腿的刑罚），被活活打死。

还得刘家人坐江山

诸吕被灭，大臣们松了一口气。但是，问题还没有彻底解决：当时的皇帝不是汉惠帝的儿子，是吕氏拥立的傀儡。如果留着吕氏所立之人，一旦皇帝成年掌了权，他们这帮铲除诸吕的大臣就要等着灭族了！这可不是闹着玩儿的，必须“灭火”！于是，他们一致决定，另立他人为帝。

该立谁呢？这又是一个问题。

大臣们提出了三个“候选人”：

第一个人选，是齐悼惠王刘肥的儿子。

齐悼惠王是高帝刘邦的长子，现在他的嫡子为齐王，从血统上说，这是刘邦的嫡长孙。按说，这是最合适的人选。但最后这个人选，被否决了。因为他的外祖母家非常强势。外戚强大，在刚刚平定完吕氏家族的大臣们看来，是大威胁。吕氏就是凭借着外戚的身份作恶，杀害功臣贤良，几乎毁了刘氏宗庙社稷。如果立齐王为皇帝，吕氏作乱的历史有可能重演。

第二个人选，是淮南王刘长。

刘长是刘邦的小儿子，汉惠帝同父异母的弟弟。这个人选，最后也被否了。原因有二：一是淮南王刘长年少，二是外祖母家凶恶。

第三个人选是代王刘恒。

代王刘恒是刘邦健在的儿子中年龄最大的，为人仁孝宽厚。母亲薄氏娘家恭谨善良。拥立皇帝，立长本来就名正言顺，合乎礼制，而且代王又以仁爱孝顺名闻天下，立他为帝最合适。大家一致赞同，立代王刘恒为帝。

周勃与陈平派人去迎接代王刘恒。

对代王来说，这是一件好事，但他的脸上却写满了迟疑、犹豫、不安。

刘恒的母亲薄姬，是刘邦的一个很不得宠的妃子。刘恒八岁那年，刘邦平叛代地叛乱，他就被封为代王，从此，他在代国一待就是十五年。这十五年，他与母亲远居代国，主要做了一件事，那就是远离宫廷争斗，明哲保身。吕后专权，他的兄弟刘如意、刘恢、刘友、刘建全都丢了性命，他与母亲只能谨言慎行，谨小慎微，如临深渊，如履薄冰，拒绝了吕后改封他为赵王的决定，尽量减少存在感，这才躲过了吕后的杀戮。

刘恒犹豫再三，占卜问卦，与大臣们反复商量，这才动身前往京城。

周勃率领群臣迎接，周勃跪在地上，恭敬地奉上皇帝的玉玺和符节，代王却拒绝了。

到了代王府，周勃等人跪在地上坚决请求，刘恒多次辞谢之后，终于同意了。

刘恒即位为帝，史称汉文帝。

做丞相辞丞相

汉文帝能从没有存在感的代国走出，当上皇帝，周勃的功劳最大。为了表示感谢，汉文帝任命周勃为右丞相，赐黄金五千斤，食邑一万户。

汉文帝此前看似温顺，低调得不能再低调了，但他绝对不是“扶不起的阿斗”，他也不是“瓷娃娃”，实际上，他很有手腕。

汉文帝为代王时，代国就是他为政的试验田与主耕地，他在那里积累经验，反复耕耘。结果显示，实验很成功，耕种大丰收。他即位之后，有两件事，很能说明他的能力。

第一件事，是安排心腹，掌控军队。

汉文帝即位当天，住进了未央宫，连夜任命原代国中尉宋昌为卫将军，镇守抚慰南北军；任命张武为郎中令，负责巡视，保卫殿中。

第二件事，是收了周勃的兵权。

周勃是功臣，更是汉文帝忌惮的人，他手中握着的兵权，就是横在汉文帝头上的利刃。万一自己不合周勃心意，周勃会不会对他下手呢？汉文帝不敢想。为防万一，他擢升周勃为右丞相，免除了太尉一职。看似是褒奖，实际上是名正言顺地夺兵权。

作为拥立汉文帝的首席功臣，周勃似乎还沉浸其中，沾沾自喜，自鸣得意。在汉文帝面前，没有任何收敛，狂傲自满。反观汉文帝，每次见到周勃，都是恭恭敬敬，谦逊礼让。这个样子，谁是君，谁是臣，有些颠倒，失却了君臣该有的礼节。汉文帝心中自然不满，他的恭敬也是刚刚即位的无奈之举。

汉文帝有意为之，周勃却浑然不觉。朝中大臣开始窃窃私语，到汉文帝那里告周勃的状，说周勃虽是功臣，但不是社稷之臣，如今失却了君臣礼数，需要惩处。

汉文帝要的就是这个效果！

他就是要让周勃翘尾巴。

他就是要让大臣们指责周勃。

他就是要让周勃丧失威信。

只不过，时机还不成熟，汉文帝没有贸然出手。

过了一个多月，有人看出了端倪，劝说周勃当止即止。这人说道："您已诛灭了吕氏家庭，拥立代王为天子，威震天下。您得到了丰厚的赏赐，处在尊贵的地位，如此受宠，时间一长，将会有灾祸降到您的身上。”

这番话，说得周勃很害怕。周勃跟着刘邦，见识了韩信的被杀、萧何的被绑，他深刻地知道，功高震主是为官大忌。没想到，他也有这样的一天。他暗暗告诉自己，一定不能让祸患来临，他当即归还相印，辞了官。

他一提，汉文帝就同意了。

如此痛快，没有过多挽留，这种态度，让周勃更加心惊胆战。

回到封地

过了一年多，丞相陈平去世，汉文帝没有更合适的人选，他信赖的人都还没有足以成为百官之首的资历，他只得任命周勃为丞相。

说到底，周勃不过是个“救场”的。不过，这也说明，周勃还有余威，还有利用价值。

又过了十几个月，周勃在丞相座椅上刚刚坐热乎，汉文帝就免了他的职，让他回封国。

这个决定，出乎周勃所料。

这个决定，却是汉文帝蓄谋已久的。

他要绝对控制权力，必须摆脱功臣集团笼罩的阴影。功臣集团的首席，非周勃莫属，那他就拿周勃开刀，杀鸡儆猴。他之所以敢拿周勃开刀，在于他慢慢开始掌控大局。

当然，他必须找到一个合适的理由，让周勃不好反驳。

恰好，当时很多诸侯久居长安，既不能好好地管理封国，还要从封国运送物资，劳民伤财，更重要的是，诸侯容易“抱团”。为此，汉文帝决定下发“遣返令”：列侯各回封国，在朝廷有任职的诸侯，派遣其太子回封国。“遣返令”下发后，很多人不愿意离开长安。诏令下达，必须落地，没人执行，本身就是对执政者权威的削减。

周勃身为朝廷的丞相，有任职，不在遣返范围之列，但是汉文帝却让周勃带头，先行回到封国。汉文帝给周勃戴了个高帽：周勃是汉文帝器重的功臣、重臣，由他带头，朝廷的政策才能推行下去。

高帽送出去了，汉文帝的语气却没有任何商量、回旋的余地。

周勃明白，这只不过是让君臣二人留一些颜面罢了。

周勃明白，这只不过是汉文帝的“卸磨杀驴”罢了。

此前周勃是主动辞职，现在是被领导炒了鱿鱼，下了驱逐令，其间的微妙让这个只知道冲锋陷阵的勇士迟疑了、胆怯了。

被谋反

周勃回到封国，他的日子很不好过。

他很愤懑。他是开国元勋，他是平乱功臣，他有拥立之功，他本该被重用。如今却被削职遣返，虽然说不上一落千丈，也是落差甚大。他自然心中不平，满腹怨气。

他很恐惧。他的这种境遇，起于汉文帝的忌惮与不满，终于削职与隔离。但是，这是不是最后的结局呢？周勃忖度汉文帝的心思，感觉他的厄运并没有结束。他害怕自己重蹈韩信的覆辙，害怕被杀掉。

内心被这些负能量的情绪左右着，周勃每一天都活得很焦虑，很忐忑。他俨然已经得了“被迫害妄想症”，变成了惊弓之鸟，有一点风吹草动，就以为有人要杀他。

这样的生活过了一年多，每当河东郡守和郡尉巡视到绛县时，周勃都很害怕。为了自保，每次见面，周勃都会全副武装，穿戴好盔甲，家人们也会手持武器。

这样的阵势，太不寻常了。

这样的阵势，太容易被人利用了。

有人开始利用周勃的“过度武装”大做文章，直接上书汉文帝，状告周勃要谋反。这是典型的揣度圣意、落井下石。

汉文帝心底很开心，真是想什么来什么。既然周勃自己送上门来了，那就先让他吃点苦头吧！汉文帝让负责刑狱的长官廷尉来负责这个案子。

廷尉知道这不是个好差事，弄不好还会惹一身骚，他不能贸然出手，他又把案子下放到长安，让长安刑狱官负责此事。

长安刑狱官接到指令，马上开工，派人逮捕了周勃，投到牢狱之中。

周勃虽然出身底层百姓，虽然起义造反，虽然总理过天下之事，但他从未亲身体会过牢狱生活的滋味。无论此前多么风光，到了牢狱之中，一切光辉都黯淡无光，一切荣耀都烟消云散，狱吏眼中无英雄，一切人都是他们的“管理对象”，要在他们手底下低头过日子。

周勃是皇帝钦点的“重犯”，狱吏自然要“重点照顾”了。他们审问周勃。周勃无法把心底的真实恐惧和盘托出，那意味着诋毁当朝天子；周勃不知道如何回答他那“怪异”的自保行为，只能喊冤。很快，狱吏对周勃的态度越来越差劲了，甚至开始凌辱周勃。

周勃哪里受过这等待遇！

这种折磨，让他度日如年，让他倍加恐惧，让他想赶紧“脱困”。

该求人时得求人

周勃恐惧之余，开始思索自救方案。

第一步，收买狱吏。

这是最现实的一步，可以免除加在身上的凌辱，让他在监狱中的日子好过一些。

周勃让家人送给狱吏一千金。这一千金很见成效，狱吏对周勃的态度有了改变，更为重要的是，狱吏给周勃支了一招，帮他“脱困”。这一招就是让公主出马。

原来，汉文帝的公主，是周勃的儿媳妇，是周勃儿子周胜的媳妇。公主出马，为周勃做证，证明周勃没有反叛之心，应该能起一定作用。

第二步，贿赂薄昭。

公主出马，是个妙招，但是公主毕竟已经嫁到周家，说的话不一定管用。保险起见，周勃必须找一个说话有绝对分量的人。放眼朝廷，只有一个人符合条件。这个人名叫薄昭。

薄昭是薄太后的弟弟，是汉文帝的舅舅。薄昭最初很得汉文帝信赖。当初还是代王的刘恒，犹豫是否进京即位，是薄昭早一步前往京城，替他打探消息。恰巧，薄昭去问的人，就是周勃。周勃仔细答疑，薄昭确认无误后，赶回代国复命，代王这才进京，这才有了汉文帝。

薄昭在汉文帝、薄太后那里都能说上话，而且还与周勃有交情，是救周勃出牢狱的关键。如果薄昭都不能救他，那他周勃只能认命了！

薄昭不是狱吏，地位不同，能力不同，办的事也不同，当然“贿赂金”也不同。周勃在官场摸爬滚打，体会到了“重赏之下才有勇夫”的道理，要让薄昭替他说话，必须猛砸重金。于是，周勃把自己所有的封赏都送给了薄昭。

薄昭收到重金，很开心，他找到自己的姐姐薄太后，向薄太后替周勃说情，替周勃鸣冤。

薄昭很聪明，他如果直接去劝说汉文帝，会有与周勃勾结的嫌疑。但是薄太后不一样：一来，她是薄昭的姐姐，对他没有防备之心，不会怀疑他；二来，薄太后为周勃出面，汉文帝不敢质疑。

薄太后本就不太相信周勃会谋反，经薄昭一说，笃信无疑。

有一次，汉文帝去拜见薄太后，薄太后顺手抓起头巾，就向汉文帝扔去。汉文帝从来没见母亲如此生气，他很惶恐。

薄太后说道：“当初周勃身上带着皇帝的印玺，领兵北军，他心中若有反叛的念头，那个时候是最好的时机。他放着最好的时机不用，到了一个小小的绛县，他反倒要谋反？他有这么傻吗！”

此时的汉文帝已经看过了周勃的供词，周勃表明了对大汉江山的忠心。薄太后一番教训，汉文帝赶紧向薄太后谢罪，当即表示释放周勃，恢复他的爵位和食邑。

周勃走出了监狱，看着外面蔚蓝的天空，感受着自由的美好，他悲喜交加，不禁感慨道：“我曾经率领百万雄师，但是现如今才知道狱吏的尊贵呀！”

安全感的力量

汉文帝对周勃的猜忌，源自他的恐惧。

他从小就与母亲战战兢兢地生活，要让父亲高兴，要逃过吕后的杀戮。一个整天担惊受怕的孩子，待他长大成人，他的心也会往里收缩，不太敢放松。汉文帝的一生，都在治愈童年的内伤。

虽然天上掉下的馅饼砸到了他头上，他做了皇帝。但是，这个皇帝能不能长久做下去？他能不能做好呢？他担忧，他战战兢兢。他重用代国旧臣，他起用朝廷新秀，为的只不过是稳住局面，给自己一个安全感。

新秀之中，有一个叫贾谊的人，汉文帝很欣赏。

这个贾谊，当时也就二十多岁，汉文帝任命他为博士（掌管书籍文典、通晓史事的官职）。

别看贾谊年纪小，却通晓诸子百家之书，每次汉文帝让博士们讨论问题，那些年长的老先生都无话可说时，贾谊却还能一一答出，而且他的回答很让人佩服，每个人都感觉贾谊说出了他们想说的话，对贾谊倍加称赞。

汉文帝很高兴，破格提拔贾谊，一年之内贾谊就升为太中大夫。

贾谊的才能也不是吹的，他建议朝廷改正朔，易服色，法制度，定官名，兴礼乐，建立大汉王朝自己的制度。后来，大汉王朝的一些法令、规定，遵循的都是贾谊的主张。

汉文帝认为，可以依靠贾谊，来提升他的掌控力，就想再次破格提升贾谊任公卿。但是，他的这个想法，引起了周勃、灌婴等老臣的不满，他们指责贾谊“专欲擅权，纷乱诸事”，想专权，要坏事。汉文帝扛不住老臣们的不满，疏远了贾谊，流放了贾谊。

贾谊被流放了，汉文帝心中对绝对权力的渴望，更加迫切。

没有绝对权力，他就没有绝对权威。

没有绝对权威，他就无法消除恐惧。

所以，才有了后来周勃的削职遣返。说到底，这一切，其实是汉文帝与功臣集团的较量，是汉文帝寻求安全感的努力。

汉文帝没有安全感，被削职遣返的周勃，同样如此。为了寻求安全感，周勃才会披甲，将日常生活变成了“战场”。

所谓的“安全感”，只不过是人对“确定性”的追求，只不过是人对“不确定性”的摒弃，这似乎是人的本性使然。不安全感会伴随恐惧，恐惧会带来黑暗。每个人都想努力，迎来一束光，驱走黑暗，迎来“重生”。

长者周勃

经此一劫，周勃似乎看开了，他不再贪恋功名利禄，不再纠结皇帝的清算，唯愿永存记忆的是他的戎马生涯，是他的匡扶社稷。

他的功劳，千秋可表。

他的功劳，功比伊尹、周公。

当然，他的功劳，他的品性，也留在了汉文帝心中。

有一次，汉文帝登临虎圈，询问书册上登记的各种禽兽的情况，一连问了十几个问题，上林尉都没有答上来。这时，看管虎圈的啬夫却非常周全地回答出了所有的问题，颇有炫耀的意味。

汉文帝对上林尉的表现非常不满——竟连一个啬夫都不如！在汉文帝心中，他直接将上林尉与“不作为”画了等号，想他大汉王朝，如果尽是这样的官员，能好得了吗？汉文帝立即让随行的谒者仆射张释之下达指令，提拔啬夫为上林令。

上林令是上林苑的主官，上林尉则是次官。啬夫的一番炫耀式回答，目的达成，他真的快要青云直上了。

张释之看汉文帝怒气冲冲，便应允下来。过了一会儿，汉文帝稍微平静了，张释之上前问了汉文帝两个问题。

第一个问题：陛下认为绛侯周勃是个什么样的人？

汉文帝答道：长者。

第二个问题：陛下认为东阳侯张相如是个什么样的人？

汉文帝再一次答道：长者。

张释之得到这两个同样的答案，就开始了他的劝说："绛侯与东阳侯是您心目中的长者，可这两个人，谈论政事时都不善于言谈。如今越级升迁啬夫，难道是让人们去效法这个伶牙俐齿的啬夫吗？天下人追随这种风气，就会喋喋不休，徒逞口舌之能，不求实际。秦朝就是这样土崩瓦解的，请陛下慎重！"

经过张释之的劝说，汉文帝取消了升迁啬夫的打算。

在这个事件中，我们关注的是汉文帝对周勃"长者"的评价。

所谓"长者"，指的是年高有德之人。

上林尉一问三不知的那般尴尬，周勃也曾遇到过，他被陈平比得更加尴尬，但这就是他，知之为知之，不知为不知，不知而不会变通，不知就会自责。

他自跟随刘邦起，就是木讷少文，正直稳重，正因为如此，他才被刘邦看重，视为安定刘氏江山的重臣。

他所求不多，只不过是尽己之力，做事做人。

正因为如此，待到汉文帝因周勃而产生的“不安全感”消失后，他会重新品味周勃的正直，他会客观评价周勃的功劳。

一句“长者”，足以告慰平生了！

（本篇主要依据《史记·绛侯周勃世家》《史记·吕太后本纪》《史记·屈原贾生列传》《史记·冯唐张释之列传》）

原典

勃为人木强①敦厚，高帝以为可属②大事。勃不好文学，每召诸生说士，东乡③坐而责之："趣④为我语。"其椎⑤少文如此。

勃既定燕而归，高祖已崩矣，以列侯事孝惠帝。孝惠帝六年，置太尉官，以勃为太尉。十岁，高后崩。吕禄以赵王为汉上将军，吕产以吕王为汉相国，秉⑥汉权，欲危⑦刘氏。勃为太尉，不得入军门。陈平为丞相，不得任事。于是勃与平谋，卒诛诸吕而立孝文皇帝。

《史记·绛侯周勃世家第二十七》节选

注释

①**木强：**敦厚刚直。

②**属：**托付。

③**乡：**音 xiàng，同"向"，朝着。

④**趣：**同"促"，迅速。

⑤**椎：**朴实。

⑥**秉：**掌握。

⑦**危：**威胁。

译文

周勃为人刚直憨厚，刘邦认为他可以托付大事。周勃不喜欢讲究斯文，每当会见儒生和游说之士时，总是坐在上位呵斥他们:“有话赶快给我说！”他的朴实粗鲁就是如此。

周勃平定燕国的叛乱回到长安后，刘邦已经去世，周勃就以列侯的身份侍奉孝惠皇帝。孝惠帝六年（前189），设置太尉官一职，周勃被任命为太尉。十年后，吕太后去世。当时吕禄正以赵王的身份充任上将军，吕产以吕王的身份充任相国，控制着国家的权柄，计划着推翻刘氏统治。当时周勃虽然名义上是太尉，却无法进入军营。陈平虽然名义上是丞相，却不能过问国家大事。于是周勃与陈平谋划，最终铲除了吕氏一党而拥立了孝文皇帝。

贤相陈平

刘邦建立功业，身边谋士功不可没。他深深地感谢[illegible]帷幄之中，决胜千里之外”的张良；其实，刘邦应该感谢的还有一位，此人便是陈平。

他离间项羽君臣，瓦解敌方。

他李代桃僵，解荥阳之围。

他智擒韩信，解决了项羽之后最大的威胁。

他拈出奇计，解了“白登之围”。

他六出奇计，六次封赏，善始善终。

他伪装自我，铲除诸吕，帮助大汉政权过渡到刘姓子孙手中。

如果说张良的计谋，更多是帮助刘邦打江山的话，陈平则是既打江山，又稳江山。

他有一个好哥哥

年轻时候的陈平，家中穷得叮当响，他与哥哥陈伯生活在一起。陈平与哥哥感情很好，两个人也有不同的分工。陈平喜好读书，哥哥就自己负责种地，让陈平读书，任由陈平外出求学，没有半点意见。

哥哥是亲哥哥，哥哥愿意，怎奈嫂子却满肚子意见。

陈平家里虽穷，但他的长相却不像穷人家孩子那般面黄肌瘦，很能为家里撑门面，高高大大，很是魁梧，白白净净，一表人才。这让人很纳闷，有一个人甚至好奇地问陈平："你家里那么穷，你是吃了什么好吃的，长得这么高大呀？"

陈平还没回答，他嫂子就接话了："家里都穷死了，还能吃什么？不过就是吃糠咽菜罢了！一个大男人，也不知道干点活儿，不知道照顾家。有这样的小叔子，真是倒霉透顶，有还不如没有呢！"

借着这个机会，嫂子将平日里对陈平的不满一股脑倒了出来，也是发泄一番。她这一倒不要紧，却惹恼了陈伯。

陈平读书游学，是陈伯同意的，陈伯就是希望陈平能有出息，不要像他一样站在烈日之下劳作，他心甘情愿地支持陈平。他希望自己的妻子，是个支持弟弟的好嫂子，如若不然，不如没有。

就因为这番话，陈伯休了妻，继续支持陈平读书。

得兄长如此，陈平着实幸运，着实幸福！

寒门美男子的婚事

陈平长大成人，到了该娶妻的年龄了。但是，陈平的家境，陈平的要求，让他陷入“高不成低不就”的怪圈，家境好的人家看不上他，他又不愿意娶普通人家的女子，婚事一直没有着落。

过了一段时间，陈平却自己相中了一个妇人。这个妇人很不一般：家中多金，身背恶名。她是当地大富豪张负的孙女，深得张负宠爱。她嫁了五次人，丈夫都死了，人们将她视为“克夫”的灾星，没有一个人再敢娶她。

陈平为什么敢娶这么一个人呢？他不怕死吗？

其实，他就是相中了人家家中有钱。

同时，这也是一个出名的好机会，世人都不敢娶的人他娶了，一定会形成一个轰动效应，他陈平也就闻名遐迩了！既能得利，又能得名，何乐而不为呢？

陈平很大胆，愿意勇敢地走出一步。但是，他愿意，人家还不一定愿意呢。陈平也知道这点，他就想办法，先与张负搭上线，靠自身魅力去征服张家人。

有一次，陈平去帮助别人料理丧事，早去晚归，希望多得些报酬。恰巧，张负也去了办丧事的这家，见到了陈平。陈平很高兴，终于搭上线了，为了能给张负一个好印象，他做事谦恭谨慎，直到很晚才离开。

初次见面，陈平成功地在张负那里留下了好印象，张负相中了这个高大魁梧的小伙子。但是，毕竟事关孙女的幸福，张负也不敢疏忽，他决定亲自调查一番。

有一天，张负偷偷跟踪陈平，一路跟到陈平家门口。乍一看，这是啥啊，陈平这个家是真偏真破啊！靠近外城城墙的偏僻小巷子里，一领破席就当了门，张负不禁心中一沉。再一看，陈平这家还真不简单呢，门外有很多富贵人留下的车轮印迹，张负不禁又心下一震。

回到家，张负叫来儿子，告诉他，准备把孙女嫁给陈平。虽然张负的儿子看不上又穷又不干活儿而被全县人笑话的陈平，张负却坚持认为陈平是块金子，像陈平这样仪表堂堂的人不可能永远贫穷，永远卑贱。

就这样，一门亲事就敲定了，接下来就是娶亲了。

陈平穷得连行聘、置办酒席的钱都拿不出来，张负一应负责，没有让陈平出一个子儿。张负相信自己的眼光，他看好陈平，告诫自己的孙女：切不可因为陈平穷就不好好待他，一定要像对待父母一样侍奉陈平的兄嫂。

陈平如愿娶到了张负的孙女，得到了张负的资助，家里日益富裕。他的名声传了出去，交游也越来越广了。

陈平分肉

陈平人生前期有两个贵人，一个是哥哥陈伯，一个是张负。这两个人，对陈平来说，非常重要。这两个人，为陈平提供了两种不同的支持，一种是时间与精神上的支持，一种是物质与人脉上的支持，这使他能够全力读书，了解天下之事，明晓治国之道。

陈平在张负的帮助下，做了乡里的社宰，也算有了个稍微能拿上台面的工作。

有一次，乡里祭社神，按照习俗，需要把祭祀社神的祭肉分给参加祭祀的人家。这个活儿，不是个好活儿，分多分少，都有意见，结果都是出力不讨好。

陈平作为社宰，在不讨好的工作上，却赢得了众人的交口称赞。他把肉分得十分均匀，不多不少，人人满意。父老乡亲们不约而同地赞叹："陈平分祭肉，分得公平，称职！”

陈平的秘诀，很简单，就是公平。在利益面前，能够秉持一颗公心，看似容易，其实很难，这是大智慧。

听到众人的赞语，陈平却感慨道：“假使我陈平能有机会治理天下，也能像分肉一样！”

陈平这番话，有他对治国之道的理解，正如“治大国若烹小鲜”一样，小事情中凝聚着大道理。当然，更多的是，那深深的无奈和对成就功业的渴望。

什么时候，上天能够赐给他一个机会呢？

很快，陈胜在大泽乡振臂一呼，毅然起义，点燃了多少底层百姓心中的热情，他们纷纷投入反秦起义的浪潮中，做起了弄潮儿。陈平很兴奋，终于等到大显身手的机会了，他离开家，寻找他的梦想去了。

两次逃亡路

陈平寻找梦想的道路，并不平坦。

陈平第一个投奔的对象，是陈胜任命的魏王魏咎。

魏咎给陈平的职位是太仆，这是根本没拿陈平当盘菜，陈平向魏咎建言献策，魏咎充耳不闻。后来竟有人进谗言，说陈平的坏话。在这种工作环境中，恐怕会丢了性命，陈平就找个机会逃了。

陈平第二个投奔的对象，是项羽。

陈平跟着项羽破秦入关，项羽给了陈平一个卿一级的爵位。后来因为殷地人反叛，项羽又封陈平为信武君，命令他负责平叛。陈平不负所望，胜利而归，项羽又任命他为都尉，赏赐黄金二十镒。

陈平在项羽麾下，表现突出，也有回报，他很开心。但是，开心的日子没过多久，汉王刘邦又攻下了殷地，项羽大怒，准备处死此前平定殷地的将领。

陈平自然在被杀行列中，他很害怕，他不愿意束手就擒。他把项羽赐给他的官印和黄金封好，派人送还项羽，他自己一个人，只带着一把剑，从小路偷偷逃走了。

逃到黄河边，陈平跳上一叶小舟。船上只有陈平和船夫，船夫摇着船，竟打起了陈平的主意，因为他见陈平白白净净，仪表堂堂，定非寻常人，怀中肯定藏着金玉宝器，就准备杀掉陈平，夺了他的钱财。

船夫可能太急切了，眼睛一直盯着陈平看。陈平是何等聪明的人，一下子就看穿了船夫的鬼心思。他知道危险已经来临，船夫随时可能动手，他必须自救。

怎么自救呢?

在陆地上他都不一定是船夫的对手，更不用说在水上了，这可是船夫的“一亩三分地”，人家的地盘，当然可以为所欲为。

这时，陈平的脑袋瓜飞快地运转，终于想到了一个主意，既然船夫是想劫财，那他只需让船夫知道他无财，困境即破。

陈平稳住神，脱下身上的衣服，赤身裸体地帮助船夫撑船。船夫一看，大失所望，原来穷鬼一个！真是看走了眼，差一点犯了大错，幸运啊幸运！

一场灾难，消解于无形之中！

陈平当初送还黄金，为的是消减项羽的怒火，不要急于追捕他，杀他。不承想，不贪心的举措，让他逃过了一劫。假使他带着那二十镒黄金，他肯定就葬身鱼腹了。

看来，逃难，不光要身子逃，还得捎着脑子，身体和脑子，都要在路上。

问责风波

陈平渡过黄河，为的是第三个投奔对象：刘邦。

陈平经由魏无知的举荐，见到了刘邦。当时与陈平一起去见刘邦的还有其他六个人，刘邦招待他们吃了一顿饭，就让他们回客舍休息。其他人都领命而去，陈平却说："我有要事前来，不能拖过今日。"刘邦一听，大喜，他就喜欢这股自信满满的劲儿。

刘邦留下陈平，一番交谈后，很高兴，他要给陈平安排一个好职位。

刘邦问:“你在项羽那里担任什么职务?”

陈平回答道:“都尉。”

刘邦哈哈一笑说:“那我也让你当都尉。”

陈平在项羽那里当上都尉，是立了大功才升职的。到了刘邦这儿，什么事情还没有做，就得了个都尉的职位，这让很多将领不满意。将领们纷纷议论:“这个陈平，不过是个楚国的逃兵，还不知道本领如何，就与大王同乘一辆车子，还要监管我们这些老将，太让人憋屈了！他有什么能耐呀?”

刘邦听到这些议论，也没有解释，反而更加宠幸陈平了。

后来，周勃、灌婴也加入诋毁陈平的大军。他俩有水平，可不是光过过嘴瘾，他们拿出陈平的“罪状”，才去告状。

第一条罪状，盗嫂。这是说陈平生活作风不好，与他的嫂嫂私通。

第二条罪状，反复。这是说陈平没有忠贞之心，老是跳槽，一会儿投靠魏咎，一会儿投靠项羽，一会儿又投靠刘邦，反复无常，不可信任。

第三条罪状，受金。这是说陈平工作受贿，将领们给他的钱多，他就给人好处；给的钱少，他就故意给人小鞋穿。

这样的人，即便长得再仪表堂堂，估计也是徒有其表，没有真才实学。这么多的恶行加起来，他就是一个“乱臣”，怎么可以重用他呢?

周勃、灌婴的“状词”，说得有鼻子有眼的，刘邦不禁也起了疑心，后悔如此重用陈平。

上级的怒火，往往需要质问、责骂下级才能发泄出来。刘邦找来了推荐陈平的魏无知，责问魏无知为何推荐一个如此不堪的人。

魏无知倒也坦然，他说自己和刘邦不在一个频率上，他推荐的是陈平的才能，刘邦现在问的却是陈平的品行。楚汉对峙，刘邦招聘的人，应当是能出奇谋，助他成就功业，这是关键点；即便是像尾生、孝己那样品行卓著，如果对战争胜负没有任何帮助，那也不能用。

刘邦也承认这是现实需要，可他还是生气，他又找来当事人陈平，指责陈平不断跳槽，没有信用，没有职业操守。

陈平作“自辩陈词”，传递了三层意思:

第一，跳槽事出有因。魏咎、项羽都不信任他，即使他献出奇计，他们也不予理睬。在一个不受重用的集团，再待下去还有什么意义？况且集团领导没有信用在先，他不算失去职业道德。

第二，归附刘邦，要个奔头。经历过被人漠视的沉痛，陈平明白要想活出劲头，必须找个好领导。刘邦知人善任的名声在外，陈平就是奔着这点来的，要的就是一个展示自己的平台。

第三，受金事出无奈。陈平说自己空身而来，不接受钱财，就没有办事的费用。如果他的计谋有价值，希望刘邦采纳；如果没有价值，钱财还在，他会封好送回，辞职回家。

陈平这番话很真诚，不否认，不辩解，有一说一，最后说得刘邦道了歉。刘邦不但没有治他的罪，还大加赏赐，让陈平不再为钱发愁，并任命他为护军中尉，负责监督全体将领。

如此一来，底下人便没有敢质疑陈平的了。

“反间计”高手

在刘邦与项羽的交锋中，刘邦遇到了一个大难题——被围困在荥阳，久久不能解困。

刘邦提出与项羽讲和，项羽不同意。刘邦忧心忡忡，不知如何是好，向陈平求教良策。

陈平分析了项羽、刘邦各自的优势与缺点，找到了可以攻击项羽集团的方法——反间计。

项羽生性多疑，好听信谗言，反间计就是为他量身定制的。

项羽手下刚直的臣子不多，也不过就是范增、钟离昧、龙且、周殷之辈，几人而已。陈平反间计的对象就是这些人，离间他们与项羽的关系，让他们互生怨意，互相残杀。到时刘邦再趁机发兵攻打他们，一定能够成功。

只不过，反间计得花钱，而且是大钱，陈平不知道刘邦舍不舍得。

刘邦这一点倒还不错，舍得投资，舍得花钱，他拿出四万斤黄金给陈平作为活动经费。刘邦把钱拿出去了，也不问具体支出情况，一切由陈平自由支配。

这是何等的信任啊！陈平深感自豪，他自然要尽心完成任务。

陈平的反间计首先瞄准了军营的将领，这是打仗的主力。

陈平用大量黄金"砸人"，在楚军军营收买人心，散布虚假消息：钟离昧等将领，功劳很大、功劳很多，但是项羽就是不肯划地封王，他们准备联合汉王刘邦，消灭项羽，瓜分楚国的土地，各自为王。

一时之间，满营风雨。这些捏造的消息传得军营里人尽皆知，大家议论纷纷，项羽自然也知道了，目的就是让他知道。他很快就中计了，猜忌钟离昧等人，不再重用他们。

项羽怀疑上钟离昧等人，又派使者到刘邦大营去刺探情况。陈平一听，自己送上门来了，那么反间计的重头戏——离间亚父范增——上场了。

范增对于项羽的意义，那可不一般。作为项羽集团的智囊，战争的战略、集团的顶层设计，都是范增策划的，扳倒他，项羽集团的杀伤力必将大大削弱。于是，一场极具戏剧性的情景出现了：刘邦故意命人用丰盛的酒筵招待使者，当酒筵呈上来时，又故作惊讶地以为是亚父范增的使者，便命手下人立即撤掉酒筵，换成粗劣饭食。

这一情景要表现的主题就是：范增的使者待遇高，项羽的使者待遇低。

为何有此不同呢?

范增与刘邦亲近啊！项羽是刘邦的敌人，他的使者怎么能好吃好喝招待呢?

一场戏，骗过了使者，也骗过了项羽，从此项羽与范增心生隔阂，范增再说什么项羽也不愿意听了，最后范增悲愤离去，毒疮发作而死。

项羽身边的重要人物或者死去，或者不受重用，单靠他自己单打独斗，又怎么能斗得过人才环绕的刘邦呢?

就这样，刘邦不仅从荥阳成功突围，最终还消灭了项羽。

计擒韩信

汉六年（前201），有人上书，告发楚王韩信谋反。

看到此书，刘邦心中一沉。两个词很刺眼睛，一个是韩信，一个是谋反。谋反是大罪，不管是谁，都要诛杀，又何况是韩信这个早就被刘邦恼恨、忌惮的人物呢！

但是，怎么诛杀呢？韩信可不是想捉就捉、想杀就杀的！

刘邦赶紧召集诸位将领询问对策，将领们都说："赶紧发兵，活埋了这小子！"听到这话，刘邦默然不语，显然将领们没有摸透刘邦的心理。

刘邦转而去问陈平，陈平开始一再推辞，他先问将领们都什么意见。得知将领们的主张后，陈平一连问了刘邦四个问题：

第一问：有人上书告韩信谋反，还有外人知道这事吗？

刘邦答：没有。

第二问：韩信知道这事吗？

刘邦答：不知道。

第三问：陛下的精锐部队与楚国比，哪一个更强？

刘邦答：超不过它。

第四问：陛下的将领中有比韩信厉害的人吗？

刘邦答：没有。

这四问一出，发兵讨伐韩信，基本就被否了，不可行，而且还很危险。刘邦其实也知道不可行，所以才没回应将领们，但他还是不清楚该怎么做。

陈平这时不再推辞，他提出一个主意：假借巡游云梦泽，活捉韩信。

天子巡游天下，自古有之，韩信不会怀疑。刘邦到达楚国的西部边界时，召见诸侯，韩信猜度应该没事，定然会去拜见刘邦。届时，拿下韩信，轻而易举，一个力士即能办到。

刘邦一听，大喜，既无须大动干戈，又能达成目的，很好！

后来的一切，都在陈平的预料之中。

捉住韩信，刘邦心中轻松了很多，与陈平剖符，封陈平为户牖（yǒu）侯。陈平辞谢说："这不是我的功劳！"刘邦大笑道："怎么不是？我就是用了先生的奇计，才能出奇制胜，你就是有功之臣！"陈平缓缓说道："要不是魏无知，我也到不了陛下这里为官。"

刘邦明白了陈平的意思，陈平这是不忘本啊，自己发达了，还不忘记自己的贵人，随即又赏赐了魏无知。

白登之围

汉七年（前200），陈平以护军中尉的身份，跟从刘邦攻打叛乱的韩王信，这个韩信，不是刚刚被捉住的韩信，不是鼎鼎大名的“汉初三杰”之一的韩信。韩王信是因为被匈奴攻击，吃了败仗，怕被刘邦问责，就投降了匈奴。刘邦无比震怒，亲自率兵讨伐，带着三十二万士卒，击败了韩王信的军队，韩王信逃奔匈奴。韩王信的手下王黄等人，拥立了新的赵王，并收集韩王信逃散的军队。

于是，韩王信、匈奴冒顿（mò dú）单于、王黄等人，三股势力，约定合力攻打刘邦。

刚开始，刘邦打了几次胜仗，就一路急进，意图全歼叛军与匈奴军。但是，没想到，刘邦带着一部分士卒，率先到达白登山（今山西大同），就被匈奴四十万大军“包了饺子”，围了个水泄不通。

原来，刘邦中计了，中了冒顿单于的“诱敌”之计。

这一围，就是七天。

这一围，围得刘邦抓耳挠腮，六神无主。

当时恰值寒冬，天降大雪，士兵们饥寒交迫，很多人冻掉了手指，刘邦自然也不好过。想他刘邦一世豪杰，难不成就这么困死在白登山上？显然，他不愿意。但是，打又打不过，他带的这小部分士卒，与匈奴兵相比数量悬殊，没有突围的能力。

这时，陈平出面了，硬拼不行，那就来暗的吧。

陈平的主意，是“吹枕头风”。

陈平瞄准的对象，是冒顿单于的王后阏氏（yān zhī）。

根据桓谭《新论》等书的记载，阏氏有一个特点，善妒，不愿意冒顿单于身边有美貌女人出现。陈平就派人送给阏氏很多礼物，并送上了一幅美女图，请阏氏转交冒顿单于：这幅图上的美女，是大汉王朝的第一美女，刘邦愿意献给冒顿单于，以求解困。

阏氏脸色一沉，生气了。如此美女，她自叹不如，一旦送来，冒顿单于一定会无比宠爱她，到时阏氏就会被疏远了。

使者赶紧说事出无奈，当然，如果阏氏能说动冒顿单于退兵，美女就不会送来了，而且还会再送阏氏一堆珍宝。

《史记》没有记载陈平劝说阏氏的过程，只用“其计秘，世莫得闻”一笔带过。

阏氏为了自身利益，向冒顿单于吹起了枕边风：攻占了汉人的土地，也无法安居；刘邦有神助；两国君主不能相互围困，还是放了刘邦吧。

这时，恰巧王黄等人没有按照约定举兵前来，冒顿

单于害怕他们与汉军联合，等到汉军的援军到来，一场恶仗是免不了的，胜算如何，不得而知。

到第七天的时候，匈奴军悄悄打开了包围圈的一个角，趁着大雾，汉军慢慢往外撤，撤出了包围圈。

如果没有陈平的计谋，刘邦或许就被围死在白登山上了。刘邦南归途中，经过曲逆（今河北顺平），登上城楼，感觉这座城很壮观。他行遍天下，只有洛阳和曲逆是这样的。为了感谢陈平，刘邦改封陈平为曲逆侯，尽享全县的赋税收入。

不杀樊哙

后来，刘邦去讨伐黥布时，箭伤发作病倒了，只得回到长安。这个时候，燕王卢绾又发动叛乱，刘邦自己是动不了了，就命樊哙以相国的身份去平叛。

樊哙启程后，就有人谗毁樊哙，说他与吕后联合，想帮吕氏霸占刘家的天下。一旦刘邦驾崩，樊哙就会带兵杀死戚夫人与赵王如意。

这番话，是很容易就让人相信的。为什么？

樊哙的妻子吕媭是吕后的亲妹妹，他们夫妻与吕后、吕氏家族休戚与共。显然，刘邦也相信了。刘邦大怒："这个樊哙，见我病了，就想我死呢！"

为了平息刘邦的怒火，陈平献计，让周勃在病榻前受命，代替樊哙领兵。刘邦当即下令由陈平驾车，与周勃一起前往军营，到了军中，立即由陈平斩下樊哙的头，以绝后患。

二人领命而去，一路急奔。在路上，陈平与周勃商量：不能杀樊哙。

这不是违背圣意吗?

陈平与周勃之所以如此，主要是因为樊哙身份太特殊了，一来他是刘邦的老朋友，功劳大；二来他是吕后妹妹吕媭的丈夫，与刘邦有亲戚关系，身份显贵。他们认为刘邦是一时愤怒才要杀樊哙，为了避免刘邦日后后悔，他们选择把樊哙囚禁起来，交给刘邦亲自处理。无论刘邦如何对待樊哙，都是他自己的事情，后悔与否，都怨不得他们，陈平这是在为自己留后路。

于是，还没到军营，二人便命人堆土筑坛，用符节召樊哙。樊哙一到，就被绑了起来，装入囚车，送往长安。

周勃代替樊哙领兵，陈平返回长安。途中，有消息传来，刘邦驾崩了。

陈平既为刘邦痛心，又为自己担忧：樊哙被囚，陈平负主要责任，一旦吕媭到吕后那里哭哭啼啼说上几句话，吕后一生气，他陈平的小命可能就不保了。陈平要在这一切可能发生之前，提前“灭火”。

他快马加鞭，自己驱车赶回宫廷，在刘邦的灵堂内大哭刘邦，痛哭流涕，让人动容。一边哭，一边向死去的刘邦汇报执行命令的情况。

其实，陈平这些话是说给吕后听的，他哭诉的重点是他没杀樊哙，以此消除吕后的问责。

吕后哀怜陈平，就让他出宫好好休息，但是，陈平拒绝了，坚决要求留在宫中担任警卫。实际上，陈平是怕吕媭的谗言，害怕吕后反悔。

吕后此时千头万绪，也需要朝中重臣的辅助，于是就任命陈平做了郎中令，嘱托他好好辅佐汉惠帝刘盈。

后来，樊哙回到长安，又恢复了原来的爵位和封邑。试想，如果陈平当初杀了樊哙，刘邦死后，他还有没有活着的可能？试想，如果陈平没有提前“灭火”，吕后会不会治罪于他？

答案都很清楚。

陈平的高明之处在于：总能及时发现问题，并能及时止损。

伪装者

汉惠帝六年（前 189），相国曹参去世，王陵被任命为右丞相，陈平为左丞相。

此时的吕太后已经大权独揽，汉惠帝驾崩之后，她就想立吕氏家族的人为王，王陵却搬出了“白马之盟”，坚决不同意。白马之盟，是刘邦在世时，杀了白马，与大臣们歃血立下的盟誓：“非刘氏而王，天下共击之。”也就是说，不是刘氏子弟却称王的，天下共同诛讨他。吕氏不是刘氏子弟，封吕氏为王，显然违背誓约。

王陵拒绝的理由很硬，让人很难反驳，吕太后很不高兴。

吕太后又问陈平，陈平却给了她一个让她欣喜的答案：可以。

为什么可以呢？

此一时彼一时。当初高帝平定天下，大封刘氏子弟为王。如今太后代行天子之权，想封吕氏诸兄弟为王，很正常，没有什么不可以的。

这番话，说得太后心花怒放，非常满意。

退朝后，王陵大声斥责陈平、周勃道：“当初，我们跟高帝歃血为盟，诸位难道不在吗？如今高帝去世，太后临朝执政，却要封吕氏子弟为王，这明显违背盟约。你们不仅不阻止，反而纵容她，逢迎她，听从她，难不成你们忘记了当初的誓言？试问将来你们有何脸面去黄泉之下面见高帝呢？”

陈平、周勃说：“如今在朝廷上当面反驳，据理劝阻，我们比不上您；但是要保全江山社稷，安定大汉天下，您却比不上我们。”

一番话下来，王陵无话可说，无言以对。

后来，吕太后让王陵做了皇帝的太傅，夺了他右丞相的实权。王陵也很明白，这是太后在清除异己，就称病辞职回乡了。

丞相一职非常重要。因为当初高祖曾经对吕后说过陈平可以担当此任，而且陈平也没有公然反对过自己，于是，太后便任命左丞相陈平为右丞相，任命辟阳侯审食其为左丞相。

按照旧制，左丞相不能处理政事，只是负责监管宫中事务，就像郎中令一样。但是，左丞相审食其，原先是太后的舍人，一直跟随太后，很得太后宠信。有太后的宠信，审食其常常越权行事，决断朝中大事。当然，这是太后的意思，陈平毕竟没有审食其让其放心，权力还是需要掌握在至密的亲近人手里。

陈平为了迷惑太后，整天饮酒作乐，美女在侧，不理政务。吕媭得知后，赶紧到太后面前说陈平的坏话，说这样的相国，就该治他罪。此话传到了陈平耳朵里，陈平不但不加节制，反而越发放纵起来。

吕太后听说之后，很高兴，她最不愿意看到的就是老臣们指手画脚。这个陈平，很识相，很好！

于是，吕太后当着吕媭的面，对陈平说：“俗话说，小孩和女人的话不可信，你不要怕吕媭说你的坏话，就看你对我怎么样了。”

吕太后这既是拉拢，也是威胁，陈平对她则是绝对的顺从，不给她添乱。因此，吕太后在世时，陈平稳坐右丞相之位。

但是，吕太后一去世，陈平与太尉周勃立即合谋，一举诛灭了吕氏宗族，将汉文帝拥立即位。

陈平、周勃是非常高明的“伪装者”，他们掩饰着对刘邦的忠诚，他们伪装成随波逐流者；他们忍受着辱骂，他们从未放弃任务。多年潜伏，终于迎来了决战胜利的时刻。

丞相不是“全国通”

汉文帝即位后，对周勃、陈平非常感谢。

但是，二人的功劳，在汉文帝那里似乎不太一样。整个过程中，陈平主要负责谋划，真正带兵诛灭吕氏家族的是周勃。在刚刚即位的汉文帝心中，似乎周勃的功劳更大一些。

陈平隐约觉察到汉文帝的心思，就装生病，想借此把右丞相的位置让给周勃。

陈平病得太突然，汉文帝感觉有些奇怪，前去探望。这时，陈平正式提出了自己的意见：“高祖时期，周勃的功劳不如我。诛灭吕氏宗族时，我的功劳不如周勃。希望陛下允许让周勃当右丞相。”

汉文帝一听，和自己的想法一样，就同意了。随后，汉文帝任命周勃为右丞相，陈平做了左丞相，并赏赐陈平黄金千斤，加封食邑三千户。

又过了一段时间，汉文帝渐渐熟悉了国家大事，他对周勃、陈平的认识又有了一个改变。这个改变，源自一次御前会议。

汉文帝接受群臣朝拜后，问了右丞相周勃两个问题，周勃都无法回答。

第一个问题：全国一年判决的案件有多少？

第二个问题：全国一年的钱粮收入与支出各有多少？

周勃没有回答出汉文帝的问题，他感觉很失职，也很羞愧，急得汗流浃背，满脸通红。

汉文帝自然也不高兴，又把同样的问题抛给了左丞相陈平。陈平不慌不忙，干脆利落地给了一个答案：“有主管的人。”

这个答案，四两拨千斤，把问题推了出去。

汉文帝还是不满意，继续追问：“主管是谁？”言外之意，你俩不就是主管吗？

陈平又给了一个解答：“陛下如果问案件，主管是廷尉；如果问钱粮，主管是治粟内史。”

汉文帝气哼哼地再问道：“如果各有主管，那么你们俩管什么呢？”言外之意，要你们干什么吃的？

陈平感受到了汉文帝的怒意，赶紧谢罪，同时还要负责解答疑惑：丞相一职，对上辅佐天子调理阴阳，顺应四时；对下养育万物，适时生长；对外镇抚四夷，安定诸侯；对内关爱百姓，使公卿大夫各自胜任自己的职责。

陈平对自己定位准确，清楚“分工明确”对国家治理的意义。从上到下，各司其职，各安其位，国家自然安定。汉文帝这才恍然大悟：丞相不是大包大揽，啥事都干；丞相不是事无巨细，无所不知。

比较之中见高下，汉文帝对陈平大加称赞。

周勃出了丑，心里很憋闷，退朝后他埋怨起了陈平：“你平时怎么不教我回答这些话呢！”陈平笑着说：“你做了丞相，还不知道丞相是干什么的吗？如果陛下问起长安的盗贼数目，难不成你还要凑数回答吗？你凑的数字能准确吗？”

这时，周勃才明白了，带兵打仗他很擅长，但是在治国方面，自己比陈平差远了。有了这个体会，不久周勃就托病辞去了右丞相的职位，陈平独自一个人承担丞相的职责。

陈平位极人臣，往日“分肉”时“宰天下”的梦想，如约而至。

他终于圆梦了！

“不倒翁”的成功秘诀

陈平对于自己有一个评价:“我多阴谋。”也就是说，他经常使用阴谋诡计。

陈平自小喜好黄老之学，而“阴谋”是道家的禁忌。阴谋用多了，陈平认为自己积下了很多祸因，预感自己的后代将会被废黜，他这一脉终归不会再兴起了。

陈平去世之后，他的儿子、孙子、曾孙相继接替了他的侯位。他的曾孙陈何为侯第二十三年时，抢夺别人的妻子，被处以死刑，封国被废除。从此以后，陈平一脉就衰落了。

那么问题来了，陈平为什么“明知山有虎，偏向虎山行”呢?

第一，这是他实现梦想的砝码。

陈平一没后台，二没爹可以拼，妥妥的一枚穷光蛋。

他唯一可以依靠的，就是“智”。从小读的书，已经存储在他的大脑中，可以在适当的时候提取出来，变成一个个“金点子”，点石成金。在正面交锋无效之时，这些“金点子”就成了“阴谋”，克敌制胜，为他赢得奖赏，赢得升职。

“阴谋”，是陈平吃饭的家伙什，是陈平改变命运的助力器，唯一可以抓住的“法器”。即便知道它会“反噬”，陈平也只能毫不犹豫地走下去。

第二，这是他的救命稻草。

陈平经历了楚汉战争、汉初诸侯叛乱、吕后执政，每一个环节都是险象环生。

楚汉战争，整天打仗，打仗无非就是两种结局：胜利与失败，陈平跟着刘邦随时都有掉脑袋的危险，他要保命，就得与刘邦同舟共济。

刘邦做了皇帝后，也动了杀功臣的念头，韩信、彭越、英布全部被诛杀，甚至连他的老朋友、老战友樊哙，都被列入诛杀名单。

所谓“伴君如伴虎”，陈平低调内敛，不生事，不招摇，没有被刘邦敌视。更为重要的一点，陈平做到了让刘邦离不开他，他不断出奇计，不断立功，为刘邦清除障碍，为自己筑牢堡垒。

吕后执政，最大的敌人，就是刘邦朝的那些老臣，动辄拿出“白马之盟”约束她。陈平作为老臣中的一员，他委曲求全、韬光养晦，规避风险，不但保住了命，还升了职，最后还反击成功。

没有这些“阴谋”，陈平不会走出贫困，走向成功。

没有这些“阴谋”，陈平不会保住性命，匡扶社稷。

有人说陈平是“贤相”，善始善终；也有人说陈平是“官场不倒翁”“老狐狸”，滑头阴险。前者看到了陈平“阴谋”的正面作用，后者追究的是陈平“阴谋”的道德缺失。

孰对孰错？或许无对无错，亦对亦错。

（本篇主要依据《史记·陈丞相世家》《史记·匈奴列传》《史记·吕太后本纪》《史记·樊郦滕灌列传》《史记·绛侯周勃世家》）

原典

汉王召让平曰："先生事魏不中，遂事楚而去，今又从吾游[①]，信者[②]固多心[③]乎？"平曰："臣事魏王，魏王不能用臣说，故去事项王。项王不能信人，其所任爱，非诸项即妻之昆弟，虽有奇士不能用，平乃去楚。闻汉王之能用人，故归大王。臣裸身来，不受金无以为资。诚臣计画有可采者，愿大王用之；使无可用者，金具在，请封输官[④]，得请骸骨[⑤]。"汉王乃谢[⑥]，厚赐，拜为护军中尉，尽护诸将。诸将乃不敢复言。

《史记·陈丞相世家第二十六》节选

注释

①**游：**交往，交游。

②**信者：**诚实不欺的人，守信义的人。

③**多心：**有异心，不忠实。

④**输官：**送缴官府。

⑤**请骸骨：**古人事君，认为应以身许君，进退不该自主。因此想辞官，便要请求君王赏还身体。骸骨指身体。

⑥**谢：**道歉。

译文

刘邦召来陈平责备说：“您过去侍奉魏王时不得志，就去投奔项羽，现在您又来找我，讲信义的人难道会像你这样三心二意吗？”陈平说：“我过去侍奉魏王，魏王不采用我的意见，所以我去投奔项王。项王不能信任人，他所任用的不是项家的子弟就是他的小舅子，别的人哪怕有奇才他也不用，所以我才离开了他。我听说您能够知人善任，所以才来投奔您。我是光身一个人来的，不接受一些金钱，我就无法生活。如果我的主意有可用的，请您采用它；如果没有可用的，我所接受的钱财都还在，请上缴充公，我自己请求辞职还乡。”刘邦听后赶紧赔礼道歉，厚厚赏赐陈平，封为护军中尉，负责监督所有的将领。这一来将军们才不敢再说三道四了。

图书在版编目（CIP）数据

读史记，成大器 . 大汉奠基 / 王立群著 . — 北京 : 东方出版社 , 2022.9
ISBN 978-7-5207-2774-7

Ⅰ . ①读… Ⅱ . ①王… Ⅲ . ①《史记》—少儿读物
Ⅳ . ① K204.2-49

中国版本图书馆 CIP 数据核字（2022）第 152118 号

读史记，成大器：大汉奠基
DU SHIJI, CHENG DAQI: DAHAN DIANJI

作　　者：王立群
策　　划：王莉莉
责任编辑：王莉莉　赵　琳
产品经理：赵　琳
出　　版：东方出版社
发　　行：人民东方出版传媒有限公司
地　　址：北京市东城区朝阳门内大街 166 号
邮　　编：100010
印　　刷：鸿博昊天科技有限公司
版　　次：2022 年 9 月第 1 版
印　　次：2024 年 5 月第 4 次印刷
印　　数：70001—100000 册
开　　本：880 毫米 × 1230 毫米　1/32
印　　张：6.75
字　　数：124 千字
书　　号：ISBN 978-7-5207-2774-7
定　　价：280.00 元（全六册）
发行电话：（010）85924663　85924644　85924641

读史记，成大器

第六册

强汉盛世

王立群 著

人民东方出版传媒
People's Oriental Publishing & Media
東方出版社
The Oriental Press

目 录

七国之乱

周亚夫军细柳

汉武登基

飞将军李广

大将军卫青

封狼居胥

凤求凰

发愤著书

七国之乱

汉景帝三年（前 154），一场大乱揭开了帷幕。

吴王、楚王、赵王、济南王、胶西王、胶东王、菑川王联合发动叛乱，气势汹汹地要夺权，要颠覆汉景帝掌权的王朝。

就这样，大汉王朝历史上的第二次“大劫”上演了。

此时，距离铲除诸吕已经过去了二十多年，社会渐趋稳定，经济也开始复苏，为什么刘家人要造反？自己人打自己人，这是哪里来的仇怨呢？

“潘多拉的盒子”打开了

事情要从刘邦封侯说起。刘邦建国后，分封了七个异姓诸侯王，但对他们都不太放心。

他总结秦亡的教训时，得出一条重要结论：秦始皇没有分封同姓。只有同姓才能同心，因为他们血脉相连。于是，他相继做了三件事：

第一，消灭异姓诸侯王，七个异姓诸侯王中只有长沙王吴芮得以善终。

第二，分封同姓诸侯王。

第三，立白马盟约，非刘姓子弟不得为王。

在天下尚未完全安定之时，刘邦的这些举措很及时，也很必要。同姓的子弟没有异心，他们分散到各地，心却往一块儿使，一心一意充当朝廷的屏藩。为此，刘邦也给了他们足够的信任、足够的权力，他们可以有自己独立的武装力量，有自己独立的赋税，有自己独立的货币。

在刘邦那个时代，同姓诸侯王是他绝对忠心的帮手，但是，时间一长，诸侯王与皇帝的血缘逐渐疏远，诸侯王作为独立王国的野心慢慢滋长开来，他们的忠心一点点被吞噬。汉文帝即位之后，诸侯王的野心终于缔造了叛乱。

当初铲除诸吕之后，大臣们议论皇帝人选，共有三个“候选人”：齐王刘襄、淮南王刘长、代王刘恒。后来，刘恒即位为汉文帝，但是齐王与淮南王能被推为候选人，实力亦不可小觑，与皇位失之交臂，他们自己乃至支持他们的人，心中多少会有失落、不满，乃至仇怨。

终于，有人成了“始作俑者”，跳将出来。

汉文帝即位的第三年（前 177），济北王刘兴趁着汉文帝御驾亲征匈奴之际，发动叛乱。济北王当初是拥立齐王的，汉文帝即位后给他的封赏一般，他一直对“庶子”出身的汉文帝不太看好，不太拥护。

汉文帝当即回返朝廷，予以讨伐，济北王野心不小，实力却不足，最终兵败被杀。

济北王虽然死了，但是“潘多拉的盒子”已经打开了，贪婪与邪恶开始肆虐狂舞。

惯出来的逆臣

过了三年，淮南王刘长也走上了那条充满诱惑的叛乱之路。

刘长是刘邦的小儿子，他的母亲过去是赵王张敖的妃嫔。刘邦经过赵国时，赵王将她献给了刘邦，颇得刘邦宠幸，很快就有了身孕。赵王从此不敢让她住在自己的后宫，而是另建外宫，专门供她居住。

过了一段时间，赵国国相意图谋杀刘邦，赵王也一并被治罪，赵王的母亲、兄弟、嫔妃一律被囚禁起来。刘长的母亲也被视为赵王的嫔妃，被囚禁了。她对狱吏说自己怀了皇帝的孩子，请求转告刘邦，希望得以释放。但是，当时刘邦正在气头上，没有理睬。

刘长的母亲只好又让弟弟央托辟阳侯审食其，将此事告诉了吕后。吕后本就嫉妒刘邦身边的妃嫔，她又怎么会向刘邦求情呢？审食其明白吕后心中的苦，也就没有再劝她。

刘长的母亲也是个要强的女人，她一直被囚禁着，对刘邦又怨又恨，在生下刘长之后，她就愤而自杀了。狱吏只好把刚刚出生的刘长送到刘邦那里，刘邦这才追悔莫及，下令吕后好好收养这个可怜的孩子。

刘长自小便没了母亲，着实可怜。不过，母亲的死，却为他赢得了很多东西。

第一，父亲的关照：王位。

刘邦对刘长母亲、刘长是有愧疚的，他总想补偿一下。后来，淮南王黥布谋反，刘邦就立刘长为淮南王，全面接管黥布昔日领属的四郡封地。当时刘长只不过是两岁的小娃娃，父亲的这份大礼，是他一生的荣耀与依托。

第二，吕后的关照：保命。

刘长依附吕后长大，虽然是养母，也有一些情分，吕后杀了刘邦的几个儿子，但就是没动刘长。刘长躲过了政治祸患，保住了命。

只不过，刘邦与吕后的关照，也让刘长从小养成了骄横的习性。待到汉文帝即位后，他依仗自己与汉文帝的至亲关系，骄横不逊，经常无视法纪，违法乱纪。捶杀辟阳侯，就是典型案例。

辟阳侯审食其是刘长自小就恨在心里的人，他不敢恨刘邦，不敢恨吕后，他敢恨审食其。在他心中，审食其是他母亲自杀的帮凶，如果当初审食其努力劝说吕后，吕后一定会听。但是，他没有，没有就是罪过。以前他小，没有能力，他只能忍着。如今他长大了，很有力气，力能扛鼎，也是秀秀肌肉、有仇报仇的时候了。

他来到辟阳侯府上，见到辟阳侯，拿出藏在袖中的铁槌，对准辟阳侯就捶了过去，辟阳侯当场躲闪不及，受了重伤。刘长感觉还没有解恨，又命手下直接杀死了辟阳侯。

刘长很聪明，杀了朝廷重臣，是要担责任的。于是，他骑快马到宫中，袒露上身，向汉文帝请罪。

说是请罪，其实是在告状，告发辟阳侯的三桩罪：

第一，不救他的母亲。

第二，不救赵王如意。

第三，不救刘氏天下。

所以，他既是为母报仇，也是为朝廷铲除危害社稷的奸臣。

汉文帝虽知刘长做得太过，但念及手足之情，还是原谅了他，赦免了他。

一味宽容，即是纵容。纵容带来的，是无法无天。刘长越发放肆起来。

刘长时常与汉文帝同乘一辆车，称呼汉文帝为“大哥”，失却君臣礼数。从薄太后到太子、朝中大臣，都惧怕他。

回到封国之后，他的一切都在模仿着天子。模仿毕竟是假的，时间一久，就想当真的了。他谋反了！

即便如此，汉文帝还是不愿意依法制裁刘长。最后，汉文帝决定杀掉刘长的同盟者，贬刘长到蜀郡，十位嫔妃随同；每日供应食肉五斤，酒二斗。汉文帝这样做，只不过是为了堵住悠悠众口，也是为了让刘长吃点苦头，长点记性。

他没有想到的是，从小顺利、跋扈惯了的刘长，哪里受得了这种待遇？

被困在囚车中的刘长，曾对他的仆人发泄道：“谁说老子是勇士？待在这里，我还能上哪里勇猛去？人生在世，怎么可能忍受这等郁闷！”

于是，刘长绝食身亡。汉文帝也因此被打上了“杀弟”的恶名。

汉文帝很痛心，按照列侯的待遇安葬了刘长，又为刘长四个七八岁大的儿子封了侯。

老百姓们为此还专门创作了一首歌：

一尺布，尚可缝。一斗粟，尚可舂。兄弟二人不能相容。

这首歌，传到汉文帝耳朵里，汉文帝心中很不舒服，百姓们这是讽刺他，以为他贪图淮南王的封地呢，他觉得很委屈。

后来，汉文帝就把刘长原先的封地，一分为四，让刘长的四个儿子共享。

又一个不服管的诸侯王

其实，想谋反的诸侯王不止刘兴、刘长，势力最强大的也不是刘兴、刘长。

吴王刘濞才是那一个。

吴王刘濞，是汉高祖刘邦的侄子，是刘邦哥哥刘仲的儿子。

当初英布谋反，刘邦前往平叛，二十岁的刘濞一路跟随。英布被打跑，刘邦担心吴地人浮躁强悍，不好管束，就想找个勇壮威猛的人来做王，震慑他们。

但是，这个人必须是自己人，异姓人是不能再封侯了。

刘邦自己的儿子，这个时候年纪尚小，还担当不起如此重任。这时，他想到了刘濞，刘濞正好强壮有力，而且还是自己的侄子，这不正是最佳人选吗？

于是，刘邦就封刘濞做了吴王，统辖三郡五十三个县。

拜官受印后，刘邦把刘濞叫了来，要给他相面。这一相，不得了，竟然发现刘濞有“反相”，会谋反！

刘邦追悔莫及，后悔没有早给刘濞看看相。但事已至此，给他了，再给他夺了去，刘濞肯定不愿意，刘仲也会怨刘邦。

刘邦只能寄希望于侥幸了，他拍着刘濞的后背，问道：“汉兴五十年间，东南方向会有叛乱发生，会是你吗？”

刘濞吓得不行，赶紧说：“侄儿不敢！”

刘邦语重心长地说：“希望你记住今天的话。天下同姓是一家，无论如何，你千万不要造反！”

这时候的刘濞很感激叔叔刘邦，因为吴国是块宝地，有铜矿山，有海水。刘濞因地制宜，招募亡命之徒，发展了两大产业：铸钱与制盐。这两大产业，为吴国迎来了大发展、大繁荣，不用征收赋税，国家的收入也很富足。

刘濞很满足，但是后来的一件事情，却改变了他的想法。

这件事，就是他的太子被人打死了。

打人的是汉文帝的皇太子。

当时吴王的太子进京，与皇太子一起喝酒下棋。两个人是同姓兄弟，一起玩耍本是好事，但是，两个人都是年轻人，而且平时都骄纵惯了，多少有些个性。吴太子的老师，都是楚地人，浮躁强悍，这种风格深深地影响了吴太子。

吴太子争强好胜，下棋时因为一步棋与皇太子发生了争执，吴太子的态度很不恭敬，很是蛮横，终于激怒了皇太子，皇太子拿起棋盘就向吴太子掷去。这一掷，击中了要害，直接要了吴太子的命。

皇太子一时也慌了神，他没想要吴太子的命啊！这下，他可闯祸了。汉文帝只能派人向刘濞表达歉意，将吴太子的尸体运回吴国安葬。

好好的儿子，走的时候活力四射，回来却无声无息，刘濞再也听不到儿子叫自己一声爹，再也看不到那熟悉的身影，他恨啊，他恨不得将凶手千刀万剐，可偏偏凶手是皇太子，他又动不得。没有办法，刘濞只能对着使者发泄怒气，说道："不是说天下同姓是一家吗？死在长安，就应该葬在长安，何必送来吴国下葬！"说完，就让使者走了，让他们送遗体到长安下葬。

自此以后，吴王称病不再入朝，这是有违藩臣的职责与礼节的，但是他已经不管不顾了。

自此以后，吴王心中就种下了一颗仇恨的种子，这颗种子长得很快，生根，发芽，渐趋成熟。

长出来的果实，就是谋反。

汉文帝刚开始以为刘濞痛失爱子，忧心成疾，也没有怪他。但是，后来知道刘濞根本没有病，他是故意的，汉文帝也有些生气了：恼归恼，怨归怨，该有的君臣礼数还得有。此后，吴国的使者一到长安，马上被抓起来，责问治罪。

刘濞一见如此，这是要对他下手吗？杀了他的儿子还不够吗？他可不愿意受这样的欺负，他更加起劲地准备谋反。

事态一度紧张起来！

后来，刘濞的另外一个使者入京，又被抓起来诘问。这个使者本领很大，说了一番话，入情入理，竟然说动了汉文帝，捐弃前嫌，不再怪罪刘濞，给他一个重新开始的机会。所有被抓起来的使者全都送回了吴国，汉文帝还赐给吴王手杖，说他年纪大了，以后可以不用入京朝拜。

这是给了双方一个台阶。

刘濞见汉文帝不再追究他的失礼，就慢慢放松了步伐，不着急谋反了。

但是，他心中的那颗种子还在，还在继续长着。

刘濞为了积蓄更大的能量，他在吴国苦心经营：百姓不用纳税，士兵服役给钱，慰问有才高人，赏赐平民百姓，收容他国逃犯。

终于，吴国百姓都能为其所用了。

削藩行动

诸侯王的强大，严重威胁中央皇权，这个问题，朝中很多大臣，包括汉文帝，都清楚。

早在淮南王杀死辟阳侯审食其时，大臣袁盎就发觉了危机：诸侯骄横，必然发生祸患。因此他向汉文帝建议：适当削减诸侯王的封地。

在吴王刘濞有不敬之心时，太子家令晁错多次告诉皇太子：吴王有罪，应削减他的封地。皇太子很信赖被他称为“智囊”的晁错，赞同晁错的计谋。

但是，朝廷的决断权掌握在汉文帝手中，汉文帝却对削藩之事不太赞成。晁错几十次上书汉文帝，汉文帝都没有采纳。

汉文帝在位期间，对诸侯王的限制，主要是“众建诸侯而少其力”，将一些大国再析分为几个小国，分封给诸侯王的儿子等，目的是尽量缩小每个诸侯国的控制领域，尽量削弱每个诸侯王的势力。

等到汉景帝即位，有了决断权，晁错这个“红人”又火了，多次与汉景帝单独商量国事，受宠幸程度超过了九卿。

商量的国事中，很重要的一点，就是削藩。

晁错的削藩主张，主要有以下三点：

第一，当初高祖刘邦分封同姓，齐王、楚王、吴王，分去了天下的一半。太多！

第二，吴王刘濞骄横无法，招纳亡命之徒，意图谋反。太大胆！

第三，对刘濞削藩，他肯定会反，但是不削藩，他照样会反。同样是反叛，结果却大为不同：削减他，反得快，灾祸小；不削减他，反得晚，灾祸大。

汉景帝也觉得有道理，削藩是势在必行了。但是，怎么削呢？也得讲究个方式方法。

晁错给出了方法：逮错。逮着谁的错，就可以顺理成章地削藩，以示惩戒。

就这样，四个诸侯王相继被削减了封地。

一个是赵王，犯了罪，削减了他的一个郡。

一个是胶西王，售卖爵位，徇私舞弊，削减了他的六个县。

一个是楚王。楚王的罪过是在为薄太后服丧期间偷偷享乐，这是大不孝。晁错趁着楚王进京朝见的时机，请求诛杀楚王。汉景帝赦免了楚王的死罪，削减了楚王的一个郡以示惩罚。

最后一个，就是吴王。吴王的罪责，在很多年前就很明显了，不用刻意去找，大家都清楚，他的两个郡被削减了。

晁错还专门制定了相关的法令三十章，诸侯们都叫

着喊着反对，恨死了晁错。

晁错一心一意要推行削藩，大刀阔斧要为汉景帝清除障碍，去除危险，他并不在意这些。他的父亲却替他、替他一家人担心，专程从老家赶来劝他，问他为何要做这招人恨的事情。晁错一脸不在乎，他说："事情本来就应该这样，只有这样，皇帝才能真正地受尊崇，国家才会得安宁。"

父亲见说不动这个倔强的儿子，只能悲叹地说："皇家安宁了，我们晁家却危险了！"老父亲预见到暴风雨即将到来，一旦到来，首先遭殃的就是他的儿子、他的家人。他不愿意看到晁家危险的那一天，他选择先行"离去"，服毒而死。

晁错措手不及，百感交集，但还是忍住悲痛，继续前行。

诛晁错，清君侧

晁错父亲的担心不是空穴来风，他死后十几天，一场大的叛乱就开始了。

最先作乱的，就是吴王刘濞。

刘濞在削减二郡的文书到达吴国之后，马上就起兵了。他心中的那颗种子，早就按捺不住，早就想破土而出了。他想起兵谋反，本没有好借口，如今晁错给他送上门来了，他怎能错过？

但独木难成林，即便他准备了这么久，他也没有必胜的把握，他得活动活动了。

首先，招募“子弟兵”。

他广泛发动百姓，应征入伍。刘濞当时六十二岁了，他身先士卒，亲自统领军队。他的小儿子当时才十四岁，也要身先士卒，参军作战。吴国百姓得刘濞多年恩惠，都听从他的命令，从十四岁到六十二岁的人，都出征了，组成了二十多万人的队伍。

接下来，就是寻找“加盟商”。

他把第一个目标，锁定为胶西王。胶西王勇壮有力，争强好胜，容易被激发出斗志。胶西王又与刘濞同病相怜，都被削减了封地。如此，既可以以此拉近关系，又可以用怨恨大做文章。

刘濞很谨慎，不用书信，派使者口头表达了他的意愿：牺牲个人，为天下除害。

其实就是造反！

胶西王虽然心中不满，但他从来没想过造反，因为他确实是有错在先，汉景帝赦免了他，他应该感激。使者见此，巧舌如簧，一则说出了“诛晁错”的借口，再则说出了吴王与他二分天下的诱惑。胶西王经过一番思考，同意了。

使者回去复命，刘濞生怕胶西王变卦反悔，决定亲自走一趟。见到胶西王，他将一番谋划和盘托出，胶西王吃了定心丸，很满意，二人当面签订了盟约。

后来，他们又联合赵王、菑川王、胶东王、济南王、楚王，七国联合发兵，气势汹汹，要打出一个自己掌控的未来。

刘濞很擅长搞舆论工作，他们这是造反，名不正言不顺啊，容易找打啊，于是，他给各地的诸侯王写了一封起兵书，表达了两点内容：

第一，他们不是谋反，他们是清除奸臣，安定刘氏江山。

第二，欢迎更多的诸侯王、勇士们加入这一正义事业中来，他刘濞省吃俭用三十多年，有足够的钱财，只要加入，只要有功，定会重赏。

刘濞破釜沉舟，不惜一切代价，坚定而又决绝地向前进军了。

晁错做了刀下鬼

七国叛乱的消息传到京城，作为诛杀对象的晁错，将矛头对准了朝中的一位大臣。这位大臣，曾经做过吴王刘濞的丞相，他就是袁盎。

晁错与袁盎两个人，本来就不对付，你瞧不上我，我瞧不上你，两个人从来不坐在一起谈话。有晁错在的地方，袁盎就离开；有袁盎在的地方，晁错也离开。汉景帝即位后，晁错当上了御史大夫，就派人去查袁盎。

袁盎有什么可查的呢？袁盎收受刘濞财物！

晁错请求严厉惩处袁盎，汉景帝赦免了袁盎，不过也免了他的官，将他贬成一介平民。

刘濞谋反，晁错可找到了口实，要求惩治袁盎，断定袁盎就是同谋，就是帮凶。袁盎面对这一口“大黑锅”，非常害怕，就托人请求面见汉景帝，自证清白。汉景帝当时正在与晁错商量派兵与军粮的事情，很焦虑，见到袁盎之后，就询问袁盎对叛乱的看法。

谁知袁盎却说了一句：“陛下不必担心，他们掀不起大风浪，马上就能打败他们！”

这话说得汉景帝一头雾水，刘濞有铜矿，有海盐，招纳豪杰，他能在花甲之年兴兵作乱，没有十足的把握，没有周全的计划，他怎么可能这么大胆呢？自己怎么能不忧虑呢？

更烧脑的是，一向与袁盎不和的晁错，这时竟然称赞袁盎说得对！

袁盎回答道，刘濞有铜矿有海盐不假，但是召来的却不是什么豪杰，豪杰不会跟着他做奸邪之事，召来的都是些无赖。

即便如此，汉景帝心里还是不安，他脑中还没有想到什么好的应对之策，便向袁盎询问。袁盎则说要屏退左右之人，才能回答。

汉景帝屏退左右，只留下了晁错。袁盎却说此事机密，为人臣者也不能知道。汉景帝只好也屏退了晁错。

为什么连晁错也要屏退呢？

只因为，袁盎的计策就是向晁错开刀。既然叛军打出了“诛晁错，清君侧”的口号，那杀掉晁错，恢复他们的封地，他们没有了口实，只能退兵，也会退兵。如此一来，兵不血刃，即可结束战争。

汉景帝沉默了很长一段时间，他不清楚叛军的真实想法，他们会因为杀掉晁错就罢兵吗？他有些怀疑。

袁盎说他只有这么一个计策，希望汉景帝好好考虑。

汉景帝当时也没有更好的计策，只因袁盎曾经是刘濞的丞相，算是比较了解刘濞的人，只好抱着“死马当活马医”的想法，病急乱投医，同意了袁盎的办法。

十多天后，汉景帝派人召晁错，让他乘车巡行东市。到了东市，穿着朝服的晁错被杀死了。

得尽皇恩的晁错，怎么也没有想到，关键时刻汉景帝竟把他当成了“灭火器”，当成了向叛军示好的“礼物”。其实，杀死晁错，汉景帝确实有些舍不得，但是在一个大臣与整个江山之间选择，汉景帝还是会毫不犹豫地选择后者。

这就是帝王的政治。

这就是君臣的情谊。

袁盎上场

杀了晁错，叛军“诛晁错”的理由没了，但是，能不能撤军，还是一个问题。这时，就需要袁盎出马了。

一来袁盎曾是吴王刘濞的丞相，能说得上话。二来杀晁错即能平定叛乱是袁盎提出来的，如今汉景帝已经贡献出了晁错，袁盎不能干吆喝，他得出来干活儿。

袁盎就带上吴王刘濞的侄子，一起去拜见吴王，请吴王跪拜接受诏令。

刘濞听说袁盎来了，自然明白他的来意，“诛晁错”只不过是一个借口，他又怎么会因此而结束谋反行动？他眼中早就没有皇帝了，他就是要自己当皇帝，又怎么会接受诏令？刘濞始终没有见袁盎，而且还把袁盎扣留在军营之中，想让袁盎为他所用。

袁盎此前是刘濞的丞相不假，但现在他是汉景帝的太常，有自己的职业操守，不会随意“跳槽”。

不合作的结果，在刘濞那里，只有一死，他派一名都尉、五百士兵，围住袁盎，想第二天一早杀死袁盎。事情很是危急，袁盎命在旦夕，他急得不知如何是好。

这时，一个人趁着夜色放走了袁盎。

是谁这么大胆呢？

原来是袁盎的故人。

当初袁盎在吴国为相时，这人是袁盎的从史。当时，从史爱上了袁盎的婢女，二人两情相悦，两相为好，遂有私通之事。袁盎知道此事后，没有声张，没有怪罪，一如既往地对待从史。但是，有人却对从史说，袁盎已经知道了他与婢女的事情，事情不妙了。从史怕袁盎怪罪，赶紧逃亡。袁盎得知消息，亲自驾车，追上了从史，让他安心大胆地干他的从史，还把婢女赐给了他。袁盎的这份恩情，从史一直记在心中，总想找机会报答。

如今，袁盎成了待宰的羔羊，从史成了吴王手下的校尉司马，正好负责围困袁盎。报恩的机会来了！

校尉司马把身上所有的财物卖了，换了两担美酒，这美酒就是他报恩的工具。当时恰逢天气寒冷，围困袁盎的士兵们又冷又饿又渴，看到美酒，都不管不顾，喝了起来，这一喝就没收住，都醉倒了。

校尉司马要放袁盎离去，袁盎不敢相信，这人为什么要为他冒这么大的风险呢？原来，袁盎根本没有认出此人。

待到校尉司马道明自己的身份后，袁盎非常吃惊，也很感激，但他不愿意连累校尉司马，不能让校尉司马为他丧命，无法奉养父母。校尉司马安慰袁盎，无须为他担心，只管走就是。袁盎逃后，他也会逃走，他会把自己的父母藏匿起来。

校尉司马用刀割开军营的帐幕，引导着袁盎从醉倒的士兵旁边逃了出来。后来，二人分道而驰。袁盎步行了七八里地，天渐渐亮了，恰巧梁国的骑兵经过，救了袁盎，还把袁盎出使吴国的情况上报了汉景帝。

打仗也得用脑子

和谈无果，那只剩下一条路：打！

汉景帝派出的军队很坚挺：条侯周亚夫率领三十六个将军，攻打吴楚联军。曲周侯郦寄攻打赵军，将军栾布攻打齐军，大将军窦婴在荥阳驻军，监视齐、赵军队。主力军自然是周亚夫，对阵吴王刘濞。

当然，高明的将帅，从来不屑于硬碰硬，得玩转大脑。

吴王刘濞发兵，军中一共出现了三条作战战略：

第一条，兵分两路。

这是大将军田禄伯提出来的。田禄伯认为，军队一起西进，难于成功。他愿意率领五万奇兵，沿长江、淮水而上，攻入武关（今陕西丹凤县），与吴王会师。

田禄伯自己认为的“奇计”，在吴太子那里却被视为危险之招。吴太子很谨慎，他们是以造反起兵的，这样的军队，很难委托给他人，因为，他人也可能会造反，难于控制。这实际上是自损，不可取。有吴太子反对，这条路线就被否了。

第二条，兵陈洛阳。

这是一位年轻的桓将军提出来的。桓将军认为，吴军大多是步兵，适宜在险要地带作战；汉军多战车骑兵，适宜在平地作战。他们可以迅速西进，占领洛阳的兵器库，吃敖仓的粮食，依靠山河险要，定能控制天下大局。

桓将军的“扬长避短”之策，很高明，也很实际。但是，最后却被否了。因为，桓将军年轻，一些老将军认为他这是抢风头，他这是冒进之策，坚决反对。

第三条，攻打梁国。

这是最寻常的打法，走一路打一路，攻城略地，不断扩大战果。

吴王的目的是入关，兵陈京都。这一路，有一个必经之地，就是梁国。梁国也是当初汉文帝布下的一枚棋子，横亘在关中与东部诸侯之间，牵制诸侯，保护朝廷。梁王刘武是汉景帝同父同母的弟弟。

这种打法，桓将军认为必定失败。吴王刘濞用的恰恰就是这一战略。

周亚夫没有那么多挣扎，他的策略很明确：坚守，抢粮道，打疲军。

周亚夫最担心的是叛军占领洛阳。他到达洛阳时，很惊讶，他自己都没有想到他会安全抵达，他以为叛军已经占领了洛阳，得到了洛阳侠士剧孟。如今洛阳还在，剧孟也没有起兵，他就放心了。周亚夫很果敢，很坚决，以不变应万变，最终成功击溃了吴楚联军。吴王被杀，楚王自杀，叛军的主要力量被消灭。

再说叛军另外的头目胶西王。胶西王与胶东王、菑川王一起围攻齐国的临淄（今山东淄博市临淄区），三个月没有攻下来，待到汉军来后，他们各自领兵而去。

胶西王此时颇有悔意，为何要谋反呢？他光着胳膊，光着脚，坐在草席上，喝着水，看着自己的母亲，很懊恼。灾难即将来临，母亲也会受他牵累，太不孝了，他不禁悲从心中来，向他的母亲谢罪。

这时，朝廷送来了“招降书”，让胶西王抉择。胶西王袒露胳膊，来到汉军军营，叩头请罪，最后自尽身亡。

胶西王的死，是一个讯号，叛军必须接受惩罚。随后，胶东王、菑川王、济南王、赵王也先后死去，封国也被废除。济北王当初是被劫持被迫参加叛乱的，并没有发兵，得以幸免，没有被诛杀，被封为菑川王。

一场浩浩荡荡的叛乱，来势汹汹，三个月时间，倏忽而逝。

为人谋，要慎重

七国之乱，是西汉历史上的一件大事，一件改变历史的大事。

它的出现，如同缓缓细流，终成汪洋之势。

它的消失，如同百川归海，惠泽大汉。

皇权逐渐得到强化，诸侯王的威胁逐渐走弱。

在整个事件中，汉景帝、晁错、袁盎三个人很关键。汉景帝是拍板者，晁错、袁盎是献策者，更有意思的是，晁错与汉景帝是师生，袁盎与晁错是死敌。种种关系错杂在一起，上演了惊心动魄的大戏份。

汉景帝与晁错最初是坚定地站在统一战线上的，即便预测到削藩必然出现的反弹，他们还是决定做这件大事。只不过，诸侯反弹的力度过大，超过了他们的预期，他们事先并没有制定出相应的应对之策，这时，他们的统一战线逐渐出现了裂痕。

汉景帝有了迟疑，他似乎更想和平解决，而晁错则是坚持武装解决。但是，负责打的人不是他晁错，而是汉景帝。根据《汉书》的记载，晁错建议汉景帝御驾亲征，他则负责固守京城。

这就有些作死了！虽然晁错是老师，备受尊崇，但那也只是在皇权许可的范围之内，一旦越权，那就成了碍眼堵心的棋子，只能被拿掉。

晁错的死，与其说死在袁盎的私心上，不如说死在皇权的冷酷上。用你时，它可以把你捧至“北斗之尊”的位置；弃你时，它必定是弃之若敝屣，如风过耳。

袁盎只不过是一个推手而已，在适当的时候将晁错推到了汉景帝面前，借汉景帝之手泄了私愤。其实，这个时候，不论是谁，只要能“挡箭”，汉景帝都会将之推出去，晁错只是一个倒霉鬼，撞到了枪口上。

替人筹谋划策者，最后往往都是“背锅侠”，晁错是这样，袁盎也没有逃脱这一定律。

后来，栗太子被废，窦太后有意让梁王当接班人，兄终弟及。汉景帝不愿意，他想传位给自己的儿子，但是又不知如何拒绝，这时，袁盎出面了，言说利害，最终窦太后放弃了这一念头。

梁王没有达成心愿，对袁盎恨之入骨，派刺客去刺杀袁盎。刺客先做了一番调查，调查袁盎的口碑，结果很多人都对他赞不绝口。刺客不忍心杀他，就去告诉了袁盎：梁王派出了十多批人刺杀他，希望他多加防备。袁盎心中很是惊恐，就到一位卜者那里去占问吉凶，回返途中，被杀身亡。

最终，独享平安富贵的，还是汉景帝。

有一种痛，叫自视甚高，好为人师。

有一种智慧，叫明确站位，不越线。

（本篇主要依据《史记·吴王濞列传》《史记·袁盎晁错列传》《史记·淮南衡山列传》《史记·梁孝王世家》）

原典

迁[①]为御史大夫，请诸侯之罪过，削其地，收其枝郡[②]。奏上，上令公卿列侯宗室集议，莫敢难，独窦婴争之，由此与错有郤[③]。错所更令三十章，诸侯皆喧哗疾[④]晁错。错父闻之，从颍川来，谓错曰："上初即位，公为政用事，侵削诸侯，别疏人骨肉，人口议多怨公者，何也？"晁错曰："固也。不如此，天子不尊，宗庙不安。"错父曰："刘氏安矣，而晁氏危矣，吾去公归[⑤]矣！"遂饮药死，曰："吾不忍见祸及吾身。"死十余日，吴楚七国果反，以诛错为名。及窦婴、袁盎进说，上令晁错衣朝衣[⑥]斩东市[⑦]。

《史记·袁盎晁错列传第四十一》节选

注释

①**迁**：调动官职，一般指升职。

②**枝郡**：属郡。

③**郤**：同"隙"，嫌隙。

④**疾**：怨恨。

⑤**归**：死。

⑥**衣朝衣**：穿朝服。

⑦**东市**：汉代在长安东市处决死刑犯，后泛指刑场。

译文

晁错被提拔为御史大夫后，向景帝建议查处诸侯的罪过，削减他们的领地，收回他们管理的一些旁郡。奏书呈上后，景帝令公卿列侯和皇族一起讨论，没有人敢提出不同意见，只有窦婴表示反对，从此窦婴和晁错有了矛盾。晁错修改法令章程达三十项，诸侯全都哗然，怨恨晁错。晁错的父亲得知，从颍川赶来，对晁错说："皇上刚刚即位，你在朝中担任要职，削减诸侯的领地，离间皇族亲情，坊间议论时大多都怨恨你，你这是何苦呢？"晁错说："这是早就料到的。不这样做，天子就尊贵不起来，刘家的江山就不会安稳。"晁错的父亲说："刘家的江山安稳了，晁家却危险了，我要离开你，和你永别了！"于是服毒而死，死前说："我不忍心看到大祸临头。"晁错父亲死后十几天，吴楚七国果然叛乱，以讨伐晁错作为理由。等到窦婴、袁盎向景帝进言后，景帝下令，在晁错穿朝服上朝时，把晁错押送刑场腰斩。

周亚夫军细柳

绛侯周勃被释放，重新回到封地，几年后就去世了，谥号为武侯。

按照惯例，他的长子周胜继承了爵位。

周胜，是汉文帝的女婿，汉文帝将自己的女儿嫁给了他。但是，周胜与公主的感情并不和谐，公主时不时地会到皇帝父亲那里倾诉委屈。

六年后，周胜犯了杀人罪。

此时，汉文帝对周胜这个女婿很失望，剥夺了他的爵位，废除了他的封地。

惩罚了周胜，汉文帝解了气，但是，有个问题还必须解决。

当初，汉高祖刘邦与周勃剖符为信，保证周勃的爵位代代相传，永不断绝。汉高祖的承诺，汉文帝不能违背。

周胜没有资格保有爵位，谁能替代他承继周勃的爵位呢？

生死预言

这个人，就是周勃另外一个儿子周亚夫。

周亚夫时任河内郡守，工作认真，有能力，有魄力。

周亚夫在河内郡守任上的一天，当时著名的“相术大师”“女神相”许负曾替他看相，透露了三条重要信息：

第一，三年后，周亚夫会被封侯。

第二，封侯八年后，周亚夫会相继被任命为将军、丞相。届时，位高权重，无人能比，天下大权，尽握手中。

第三，再过九年，周亚夫会饿死。

周亚夫听了许负的预言，哈哈大笑，在他看来，这太滑稽了，太不可思议了，这是绝对不可能的事情。

周亚夫的质疑，主要集中在两点：

第一，他的哥哥周胜已经继承了父亲周勃的爵位，如果哥哥不幸亡去，也是哥哥的儿子来承继爵位，怎么会轮到他呢？

第二，即便这些都是真的，想他那么富贵了，又怎么会饿死呢？于情于理都不通啊！

许负没有争辩，只是告诉周亚夫，他的脸上有纵纹入口，这种面相，就是饿死的面相。

周亚夫听完，没当回事，也没往心里去，就当听了一个笑话。

周亚夫的质疑，按照一般情况，应该是对的。但是，生活就是这样，并不总是一览无余，却总是不乏意外，意外让生活深不可测，意外让生活波澜起伏。

三年之后，周亚夫不相信的事情还是发生了：他的哥哥周胜被削除爵位，汉文帝从周勃的儿子中挑选贤能之人，续接爵位。大家都推举周亚夫，周亚夫就这样被封为条侯，继承父亲的爵位。

加封晋爵，以一种不可思议的方式，在不经意间降临到周亚夫头上。周亚夫意外之余，开始慎重对待许负的预言了。

那么，许负的预言，真的都会成真吗？

皇帝都得守规矩的军营

汉文帝后元六年（前 158），匈奴来犯，大举入侵。汉文帝不敢怠慢，当即部署了三队人马，守卫京都。

第一队人马，刘礼为将军，驻军霸上，负责长安东部的安全。

第二队人马，侯厉为将军，驻军棘门（今陕西咸阳东北），负责长安北部的安全。

第三队人马，周亚夫为将军，驻军细柳（今陕西咸阳西南），负责长安西部的安全。

为了鼓舞军心，汉文帝亲自前往三处，视察工作，慰劳将士。

当然，汉文帝出动，绝对不是他一个人，随从大臣、护卫人马浩浩荡荡。

汉文帝一行到达霸上、棘门时，长驱直入，无人阻拦，两位将军带领手下士兵，列队欢迎，骑马送别。汉文帝习惯了手下人的毕恭毕敬，很自然地慰问了一番将士们，就离开了。

可是，在周亚夫的细柳营，汉文帝一行却吃了"闭门羹"。

周亚夫的细柳营，是另外一种风格：将士们盔甲在身，兵刃擦拭得很锋利，弓弩都张开了，弓弦都拉满了，一副戒备状态。

汉文帝的前导人员，被拦在了军营外面，不允许进入。这些人非常生气，他们代表的可是最高天子，于是傲慢而又生气地斥责道："天子就要到了，赶紧开门迎接！"

他们以为拿出天子的招牌就一定会通行无阻，怎料军门都尉丝毫不为所动，给出了一个响亮的拒绝理由：将在外，君命有所不受！

这个理由，是周亚夫的命令。

领兵在外，形势多变，军中只能听从将领的命令，可以不听远在战场之外的天子的诏令，为的是便宜行事，为的是保证胜利。

过了一会儿，汉文帝到达军营门口，那些先导人员一副看笑话的嘴脸，心想你们再能，还会能过天子吗？有本事别让天子进啊！要真有这本事，就敬你是条好汉！

军门都尉还真是一条好汉，他直接拒绝了汉文帝，不让汉文帝进入军营。

全体人员几乎都惊掉了下巴，这可是当朝天子啊，他的话都敢不听啊？真是大胆啊！

其实，汉文帝也很惊讶，他一向否决别人，没想到今天被一个小小的都尉拒绝了！被人拒绝的滋味，确实不好受，但他又不能丢了天子的身份，随意发怒，只好派使者手持符节，向周亚夫将军下达诏令："天子要入营，慰劳将士。"

周亚夫收到诏令，传令手下打开军营大门，放天子一行进入，但是却又下达了一项军令：军营里不允许驱马奔驰。汉文帝只好下令拉紧缰绳，慢慢行进。

终于，周亚夫现身了。只见周亚夫，一身戎装，手持武器，对着汉文帝拱手行礼，说道："穿戴盔甲的将士不能跪拜，请允许我以军礼参见陛下。"

置身于周亚夫的军营中，面对全副武装、全程肃穆的将士们，汉文帝突然升起了一份敬意，一份感动，这才是军营该有的样子！汉文帝的面容，不知不觉间也变

得庄重起来，靠在车前的横木上向将士们挥手致意，并派人专门向周亚夫表达了谢意，表达了慰劳之情。

劳军礼仪结束，走出营门，大臣们都长长地舒了一口气，一副难以置信的样子，真的是“没有对比就没有伤害”。

汉文帝却对周亚夫称赞不已：“这才是真正的将军啊！霸上和棘门的军营，简直就是儿戏，那两位将军真上了战场，只能当俘虏。至于周亚夫，谁人能侵犯他呢？”

过了一个多月，险情解除，三支队伍也被撤了。为了奖励周亚夫军纪严明，汉文帝授予周亚夫中尉一职。

“细柳营”，从此也青史留名，成为堡垒牢不可破的代名词。

第二则预言实现

汉文帝驾崩之前，对天下很不放心，他特意叮嘱太子：如果遇到危急情况，一定要重用周亚夫，唯有周亚夫，能真正担当领兵重任。太子牢牢记住了这句话，待他即位为帝、成为汉景帝之后，擢升周亚夫为车骑将军。

汉景帝三年（前154），发生了七国之乱。汉景帝又想起了汉文帝嘱咐的话，升任周亚夫为太尉，领兵攻打吴楚叛军。

周亚夫认为吴楚叛军很勇猛，轻装简从，行动迅速，气势很盛，不宜与其正面交锋。根据当时的局势，他亲自请示汉景帝，希望实施“欲擒故纵”之计：暂时放弃梁国，依靠梁国吸引叛军的军力，他则从后切断叛军军粮，届时力争一举击中。

在这个计谋中，梁国是关键，它能顶住攻势，平叛就成功了一半。

在这个计谋中，梁国也很惨，以一己之力抵抗吴楚强大的攻势，这根本就是“委肉于虎”。

汉景帝当时如热锅上的蚂蚁，只要能平乱，怎么都行！

周亚夫得令，领兵而去，深挖壕沟，坚守不出。

一切都在预料之中，梁国战事吃紧，被吴楚叛军打得很惨，梁王天天派使者求救于周亚夫。周亚夫以大局为重，坚守不出。梁王没有办法，只得上书向汉景帝哭诉。汉景帝派出使者诏令周亚夫“救梁”，怎料周亚夫“故技重施”：将在外，君命有所不受。

周亚夫坚守不出，让梁王很恼火，但实际上，周亚夫并非完全不动，他早就派出了轻骑兵前往切断叛军军粮。他在等待，等待轻骑兵的好消息。

终于，消息等来了，周亚夫却还是坚守不出。

叛军没了粮食，忍饥挨饿，只想尽快结束战斗，不断派人挑战，周亚夫还是坚守不出。

周亚夫稳得住神，手下的将士却各怀心思。一天夜里，周亚夫的军营受惊，军内发生了“内斗”，阵势很大，竟然闹到周亚夫的营帐之下，周亚夫仍然很淡定，静卧不起。过了一会儿，“内斗”也就结束了。

后来，叛军发动了攻势，进攻方向是汉军军营的东南角，攻势很猛。周亚夫却下达命令，要求将士们防备西北角。

果然，叛军就是在“声东击西”，精兵都到了西北角。因为周亚夫有所防备，叛军并没有攻入。时间一长，他们又累又饿，只能退去。

这时候，周亚夫却不客气了，他派出精兵追击，大败叛军，吴王刘濞丢下大队人马，带着几千名精兵，逃命自保。周亚夫乘胜追击，俘虏了全部叛军，并悬赏购买吴王刘濞之头。

一个月后，有人献上了吴王之头。一场叛乱，就此结束。将领们这时才明白过来，才知道周亚夫的高明！

周亚夫平叛有功，回朝之后，汉景帝升任周亚夫为丞相。至此，许负的第二个预言应验了。

汉景帝极为器重周亚夫，周亚夫迎来了一生中最辉煌的时刻。

得罪了天子

平定七国之乱后，汉景帝做了一项重大的决定：立储。唯有名分定，诸侯王才不敢窥伺王权，才能维护稳定。这是七国之乱的教训。

在当时，对皇权最虎视眈眈的就是梁王刘武。

刘武是汉景帝的弟弟，窦太后的小儿子。窦太后对梁王宠爱无比，总想把世上最好的东西统统送给这个小儿子。汉景帝明白母亲的意思，有一次，汉景帝与梁王宴饮，或许是因为喝了点酒，汉景帝对梁王说："等我千秋万岁之后，传位于你。"梁王虽然知道这不是汉景帝的真心话，他表面上也在辞谢，但他的心中却是暗喜不已，窦太后也很高兴，更是当了真，一定要让梁王当上未来的天子。

汉景帝为了打消梁王等人一些不必要的念头，立了皇长子刘荣为太子。可是，后来发生的一件事情，却让汉景帝否定了自己的决定，废了太子刘荣。

这件事，源自太子的母亲。

太子刘荣的母亲是栗姬，太子也因此被称为栗太子。

有一次，汉景帝生了重病，他自己感觉很不好，就把栗姬叫来，把自己已经封王的儿子托付给栗姬，希望栗姬在他死了之后，能好好照顾他的儿子们。

汉景帝之所以如此，是因为母凭子贵，日后刘荣即位为帝，栗姬就是太后。他不希望吕后残杀刘氏子孙的事情再次出现，就特意郑重其事地把儿子们拜托给栗姬。

按说，栗姬接收到汉景帝的信号，应该高兴才对，因为这是汉景帝对她地位的肯定。没想到，栗姬的反应，却令汉景帝大吃一惊：

第一，怒了，生气了。

第二，不肯答应。

第三，出言不逊。

汉景帝很愤怒，就栗姬这个表现，他的儿子们能有好日子过吗？

汉景帝心有怨恨，也开始怀疑立刘荣为太子是否正确。

汉景帝的姐姐长公主得知这消息，心中暗喜，趁着汉景帝余怒未消，点了一把火，让汉景帝的怒火一发不可收。

长公主与栗姬本就有矛盾。长公主给汉景帝进献了几个美人，非常受宠。感受到冷落的栗姬，恨死了长公主。可巧的是，后来长公主想将自己的女儿嫁给太子，栗姬终于逮到了报复的机会，坚决拒绝了。长公主与栗姬的梁子就此结下了。

长公主是什么人啊？她从小备受呵护，哪里受得了这样的对待，常常在汉景帝面前说栗姬的坏话，惹得汉景帝对栗姬很是恼恨。这次，长公主自然不会放过对付栗姬的机会，她要让栗姬明白，想和她作对，那就是找死！

长公主暗中使劲，催促大臣奏请立栗姬为皇后。这件事，被汉景帝解读为栗姬贪心不足，心中的恼恨一股脑儿发泄出来：处死了奏请的大臣，废了太子。这招釜底抽薪，让栗姬慌了，也让栗姬更加怨恨，不久栗姬就死了。

废太子一事，事关国体，必须慎之又慎。时任丞相的周亚夫，极力争辩，极力劝阻汉景帝，怎料汉景帝主意已定，不可能更改。

周亚夫的劝说，让汉景帝很不满意，心里将周亚夫列入太子一党，从此疏远了他。

得罪光了人

栗太子被废，在长公主的鼓动下，汉景帝改立儿子刘彻为太子，太子的母亲王夫人被立为皇后。

有一天，窦太后对汉景帝提了一条建议：给皇后的哥哥王信封侯。

汉景帝为了防止外戚独大，暂时不想做这件事，他以窦太后的哥哥、侄子在汉文帝朝都没有封侯为由，表明了自己的态度。但是，窦太后却说，哥哥在世没能封侯，是她一生的遗憾，是她一生的悔恨，希望汉景帝不要将遗憾留给王皇后。看来，王皇后在长公主、窦太后那里没少下功夫啊，窦太后如此为她、为她哥哥争取利益。

汉景帝不好回绝，说要和丞相商量一下。但周亚夫不懂回旋，直接给否决了。他的理由是汉高祖刘邦与大臣们的约定：非刘氏不得王，非有功不得侯。不如约，天下共击之。如今王信虽然是皇后的哥哥，但他并没有立过什么功，封他为侯，显然是违背高皇帝的约定。周亚夫搬出来的后台太大了，太硬了，大到无法反驳，汉景帝也无法再说啥，此事只好作罢。

事情虽然作罢，周亚夫的厄运却不远了。

这么一件事，周亚夫得罪了朝中最有权势的几个人：窦太后、王皇后，甚至是汉景帝。这些人，掌握着最高权力，有窦太后、王皇后不断地给周亚夫穿小鞋，周亚夫的日子能好过吗？

况且，窦太后早就对周亚夫极为不满，不满的原因，就是周亚夫平叛七国之乱时“丢车（jū）保帅”，不救梁王。平定七国之乱的功劳让周亚夫风光无限，抢尽了“风头”，而梁王当时却是吃尽了“苦头”，梁王心里想起来就恨得牙痒痒，恨周亚夫按兵不动。梁王自己奈何不了当了丞相的周亚夫，但他的娘、他的哥哥可以啊，因此梁王每次进京朝见，都会在窦太后那里说周亚夫的坏话，讲周亚夫的短处。

梁王是窦太后心尖上的人，他受了委屈，窦太后是真真切切地疼啊，咬牙切齿地恨呢，总想着找机会给周亚夫穿个小鞋。

不满一天天累积，总有爆发的那一刻，就看引爆点是什么了。终于有一天，周亚夫触发了引爆点。

事情起因是匈奴的五位将领投降了大汉王朝。

这件事，汉景帝看得很重，认为是一个极好的宣传题材，一来可以显示君威，振奋国人；二来可以诱导匈奴人，投降大汉。要知道，多少年来，大汉王朝饱受匈奴侵扰，高祖刘邦被匈奴人围困七天，吕太后被匈奴人调戏，多少汉王室的女儿被送到匈奴和亲，一条条都是屈辱啊！如今匈奴人来降，这就是他汉景帝的政绩啊！他龙颜大悦，当即决定封匈奴降将为侯。

谁知，周亚夫又跳出来浇掉了他的满腔热情，周亚夫坚决反对封匈奴降将为侯。

周亚夫的理由，是这些人不守臣道，没有操守。这些人背叛了他们的君王，这是应该被谴责的事情。如今汉景帝却要封他们为侯，这种价值导向很可怕，很危险，会让大汉王朝的臣子们心生节操无用的想法。

显然，汉景帝与周亚夫，对匈奴降将这件事，根本不在一个频道上。汉景帝看重的是政治意义，周亚夫看重的则是道德价值。

汉景帝这次的态度特别强硬，没有采纳周亚夫的意见，坚决将匈奴降将封了侯。

周亚夫见此，也生气了，索性装病不上朝。这明显是和汉景帝杠上了。

汉景帝更生气了，好，既然有病，那就在家养病；既然你不上朝，那就干脆以后也不要来了。就这样，汉景帝以周亚夫有病为由免去了他的丞相职务。

这明显是针尖对麦芒。

吃肉不给筷子

汉景帝与周亚夫闹掰了，汉景帝也不舒服，他也不希望这样。他年纪渐渐大了，太子还小，他希望给儿子找几个稳重、谦逊、一心为主的社稷之臣。这时，他又想到了周亚夫。毕竟，周亚夫有能力，有威望。

但是，周亚夫的缺点也很明显，太自大，脾气倔，不太会变通。汉景帝想测验一下周亚夫，看看他在家这么长时间了，有没有改掉那些熊脾气。

有一天，汉景帝召见周亚夫，赏赐他酒食。只不过，这一次的食物不太一般，只有一整块肉，没有切，也没有放筷子。

这就是汉景帝的测试题。

周亚夫可不知道这是汉景帝在测验他，他没有意识到这个饭局不简单，也没有发觉有一双锐利的眼睛在紧紧地盯着他。他想得很简单，就是没法吃肉，没法吃肉这不是逗他玩儿吗？他非常不高兴，扭过头就叫管宴席的官员拿筷子。

看来，周亚夫的脾气还是没有改，还是老样子。汉景帝看在眼中，冷冷一笑，说：“这些还不能满足你吗？”

周亚夫一听，这语气，这话，不对劲啊，赶紧脱下帽子，向汉景帝谢罪。汉景帝没有言语，起身要走。周亚夫一见，趁机快步走出了宫殿。

汉景帝注视着周亚夫离去的身影，叹了一口气，缓缓说道：“这种遇事就不满意的人，又怎么能够辅佐少主呢？”

很显然，周亚夫没有通过汉景帝的考验。于是乎，周亚夫在汉景帝那里彻底丧失了机会。

人的脾气，是内在心理状态的外在表现，最能见出一个人内心深处的真实面目。

周亚夫贵为丞相之后，每次朝廷议事，所有列侯都不敢与他平起平坐，不敢与他抗礼。周亚夫越来越傲慢，大臣们见到他都得跪拜，也就一两个不畏权势的人敢只对他作揖，比如号称“苍鹰”的郅（zhì）都。

周亚夫成功平叛七国之乱，是他最引以为傲的资本，有这个资本，他才得到了丞相一职，他才敢傲视群臣，他才敢叫板皇帝。他认为他理应获得权势、富贵，一旦没有满足，就会不满。时间一长，不满就成为常态，不经意间就会流露出来。

但是，不满是自己的情绪，别人没有义务为他的不满买单。

尤其是，这个人还是当朝天子。

第三则预言又应验了

过了一段时间，周亚夫的儿子又惹出了大乱子。

周亚夫的儿子出于孝心，提前给周亚夫准备了一些殉葬品。

这些殉葬品可不一般:

一是制造方不一般，来自专门给皇家制造和供应用品的官署。

二是物品敏感，造的是盔甲盾牌。

三是数量很大，有五百件。

周亚夫的儿子私下里暗自为他做殉葬品，本来也没有什么大问题。可偏偏这个“官三代”太贪心，太小气，竟然连搬运工的辛苦钱也要昧下。搬运工辛辛苦苦干了活儿，却收不到一分钱，他们心里很气愤，豁出去，就把周亚夫的儿子给告了。搬运工很聪明，单纯告他不给工钱，对他来说没有任何痛感，顶多就是补上工钱罢了。他们不愿意便宜了这小子，就状告他要谋反。

谋反罪很大，但是屎盆子也不能随意往别人头上扣，搬运工们怎么如此大胆呢？

因为他们有证据。证据就是他们运送的物品。这些物品，都是天子用的东西。周亚夫的儿子敢弄这些东西，他不是觊觎天子之位吗？这样，谋反罪就顺理成章了。

这件事，牵涉周亚夫，也惊动了汉景帝，汉景帝派人查办此事。

办案人员根据搬运工的说辞，一一询问周亚夫，结果，周亚夫很不配合，拒不回答。

这种态度，再一次惹恼了汉景帝，他又不是要治周亚夫的罪，只是在走正常的办案程序，周亚夫如果没有谋反之心，据实回答就可以了。如今这个态度，明显还是赌气！

不过，这次汉景帝不陪他玩儿了，直接责骂周亚夫，表示再也不用他了。汉景帝直接将周亚夫交到廷尉那里，让廷尉一定要审问出个结果来。

廷尉得到命令，也不客气了，责问周亚夫："你是想造反吗？"

周亚夫气哼哼地回答："我买的只不过是些殉葬品，和造反根本不搭边！"

这时，狱吏接了一句话："纵使你不在地上造反，也是要到地下造反！"这话是典型的"莫须有"罪名，人都死了，在地底下他能翻起什么浪头啊？

但是，这话也很微妙，透露出了一个信息：周亚夫必须死。

一个小小的狱吏有这么大的胆量吗？他敢私自给前丞相定罪吗？虽然周亚夫的父亲周勃曾经感叹过狱吏的能耐，但是，那也仅限于凌辱一番。如此大的罪名，没有汉景帝的授意，狱吏是不敢如此猖狂的。

那么，汉景帝为什么非要置周亚夫于死地呢？

周亚夫不服管！

不服管的功臣，他在世尚且不好压制，等到年轻的太子即位，更加难以控制。不受控制，就是隐患。汉景帝为了大汉王朝的江山，为了儿子的未来，必须快刀斩乱麻，铲除一切威胁。

周亚夫被逮捕之时，就想自杀，他的夫人阻止了他，他就被投进了监狱。狱吏的逼迫让周亚夫气愤不已，他选择了绝食，五天没有吃喝，以此自表清白，以此表示抗议。

但是，这些对汉景帝来说，没有任何意义了。

悲愤交加的周亚夫，五天滴水未进，最后吐血而死。

当初他认为于理不通的第三则预言，还是被他横冲直撞地创造了出来。

存在即是威胁

《史记》用许负的三则预言，串联了周亚夫的一生，得意外之喜，获意外之祸，大起大落，令人慨叹。

周亚夫，就是升级版的周勃。

周亚夫与父亲周勃，真的是虎父无犬子，都很“猛”。父子二人皆对大汉王朝有匡扶之功。周勃平定诸吕之乱，周亚夫平定七国之乱，还大汉王朝一个稳定。

周亚夫与父亲周勃，真的是有其父必有其子，都很“直”。父子二人都是战场上的猛将军，不惧流血；父子二人都是政坛上的“猛直愣”，不懂变通。

周亚夫与父亲周勃，真的是一对苦命父子，都很“可怜”，皆被天子猜忌，锒铛入狱。只不过，周亚夫走得更绝，他得罪光了所有的高层，待到锒铛入狱之时，没有一个人愿意救他，没有一个人为他鸣冤。所以，周勃尚能善终，周亚夫只能吐血而亡。

有人说，汉景帝刻薄寡恩，兔死狗烹。

有人说，周亚夫性格决定命运，咎由自取。

其实，历史的定格，都是各方面的力量不断较量的结果。

周亚夫与权力最高层的三次意见相左：废栗太子、

封王皇后哥哥为侯、封匈奴降将为侯，涉及的是国家的未来接班人、朝廷政治势力的平衡、国家与匈奴的关系问题，这些问题，都是重中之重，牵一发而动全身。作为国家的丞相，必须明确站位，与天子坚定地站在一起。

天子掌握着最高权力，却不能掌握全部权力，他需要分割部分权力，来维系朝廷的稳固与平衡。一旦分割出去的权力，影响到、威胁到最高权力的至高无上与绝对权威，那这部分权力，势必要收回。

周亚夫收获的权力，起于七国之乱，起于他与汉景帝成为“亲密无间”的战友。他们一起，共同保住了最高权力。

周亚夫的祸根，起于七国之乱收获的权力。他位高权重，无人抗礼；他振臂一呼，云集响应。他的存在，既可以成为一份保障，也可以成为一种威胁。

保障时，最高权力可以送出前途无量，登峰造极。

威胁时，最高权力只能送出刀光剑影，腥风血雨。

这就是权力的较量。

这就是权力的游戏。

沉重，悲凉，却又无处不在。

（本篇主要依据《史记·绛侯周勃世家》《史记·梁孝王世家》《史记·外戚世家》《史记·酷吏列传》《史记·魏其武安侯列传》）

原典

上自劳军[1]。至霸上及棘门军[2]，直驰入，将以下骑送迎。已而[3]之[4]细柳军，军士吏被[5]甲，锐兵刃[6]，彀弓弩[7]，持满[8]。天子先驱[9]至，不得入。先驱曰："天子且[10]至！"军门都尉[11]曰："将军令曰'军中闻将军令，不闻天子之诏[12]'。"居无何[13]，上至，又不得入。于是上乃使使持节[14]诏将军："吾欲入劳军。"亚夫乃传言开壁[15]门。壁门士吏谓从属车骑曰："将军约，军中不得驱驰。"于是天子乃按辔[16]徐行。至营，将军亚夫持兵揖[17]曰："介胄之士不拜[18]，请以军礼见。"天子为动[19]，改容式车[20]。使人称谢[21]："皇帝敬劳将军。"成礼而去。

《史记·绛侯周勃世家第二十七》节选

注释

①**上自劳军**：皇帝亲自去慰劳军队。劳，慰劳。

②**军**：军营。

③**已而**：不久。

④**之**：到，往。

⑤**被**：同"披"，穿着。

⑥**锐兵刃**：这里指刀出鞘。

⑦**彀弓弩：**张开弓弩。彀，音 gòu，张开。弩，音 nǔ，用机械发箭的弓。

⑧**持满：**把弓拉满。

⑨**先驱：**先行引导的人员。

⑩**且：**将要。

⑪**军门都尉：**把守军营的将官，职位低于将军。

⑫**诏：**皇帝发布的命令。

⑬**居无何：**过了不久。居，经过。无何，不久。

⑭**持节：**手持符节。节，皇帝派遣使者或调动军队的凭证。

⑮**壁：**营垒。

⑯**按辔：**控制住马车。辔，音 pèi。

⑰**持兵揖：**手执兵器行礼。揖，拱手行礼。

⑱**介胄之士不拜：**穿戴盔甲之将不行跪拜礼。介胄，铠甲和头盔，这里指披甲戴盔。士，将领。

⑲**为动：**被感动。

⑳**改容式车：**表情严肃起来，扶着车前横木俯下身子，表示敬意。式，同“轼”，车前横木，这里指扶轼。

㉑**称谢：**向人致意，表示问候。

译文

文帝亲自去慰劳军队。到达霸上和棘门的军营时，车驾侍从都是长驱而入，以将军为首的所有人等都骑着马迎送皇帝。接着文帝来到了细柳军营，这里的官兵们都身披铠甲，兵刃出鞘，弓弩拉满。皇帝车驾的先驱到达营门，不被允许入内。先驱说："皇帝马上就要到了！"把守营门的都尉回答："将军命令'军营中传达将军的命令，不能听皇帝的圣旨'。"过了不久，文帝的车驾来到营前，仍不被允许入内。此时文帝只好派使者手执符节通知周亚夫说："皇帝要入营慰劳官兵。"周亚夫这才传令打开军营大门。营门守卫又对皇帝的侍从说："将军规定，军营中不准车马飞驰。"于是文帝下令勒住缰绳，让马车缓步前进。文帝到达大营，将军周亚夫手持兵器作揖行礼说："穿戴盔甲的将士不能行跪拜礼，请允许我以军礼参见。"文帝很受感动，他神情严肃地俯身在车前的横木上敬礼，让人向周亚夫致意说："皇帝慰问将军辛苦。"慰问仪式完成后文帝起驾离去。

汉武登基

汉高祖刘邦颠沛流离，四处征战，终于打下了江山，为刘氏子孙建立了“大汉王朝”。

创业的刘邦很不容易，但是当了王朝最高领导人的刘邦，却很窘迫。家底太薄了，他出行时，甚至连四匹同样颜色的马都凑不齐。

继任的汉惠帝、汉文帝、汉景帝，都推行“无为而治”，致力于脱贫攻坚战，终于成功脱贫，“太仓有不食之粟，都内有朽贯之钱”。

汉家天下的接力棒传到汉武帝手里后，大汉帝国的国策开始发生重大变化。汉武帝年轻力壮，雄才大略，果敢进取，独尊儒术，开疆拓土，文治武功，世人叹服。

把大汉王朝带到顶峰的汉武帝，自然是刘氏集团的骄傲。

不过，最初的汉武帝根本无缘帝位；就是刚刚做了皇帝的汉武帝，他也只能装孙子。

姥姥的豪赌

汉武帝的母亲，名叫王娡（zhì），是汉景帝的王夫人。

王娡与汉景帝的关联，是王娡的母亲一手推动而成的，是一次“豪赌”。

王娡的母亲臧儿，也就是汉武帝的姥姥，本来有个好家庭。她的爷爷是项羽分封的十八路诸侯之一的燕王臧荼，臧荼后来又投降了刘邦，待遇都还不错。

后来，臧荼又起兵造反，被刘邦平叛，臧氏一家被诛杀，臧儿侥幸活了下来。但是，日子却没法好下去了：臧儿嫁了两个丈夫，第一个丈夫病故，她一共生下了三个儿子、两个女儿，她的生活普通得不能再普通。

但臧儿是个要强的女人，在接二连三的厄运冲击下，她没有低头，反而把头仰得更高，她要让日子好起来，重回原先臧氏封侯的时光。

臧儿把宝押到了两个女儿身上，希望靠她们的美貌来改变命运。

王娡是臧儿的大女儿，生得美艳动人，臧儿千挑万选，为她挑得了一个“金龟婿”——金王孙。

金王孙，姓很好，家里也有点金，臧儿看重的也就是这“金”。

金王孙对王娡很好，对丈母娘臧儿也不错，臧儿的日子比以前好了很多。

有一天，老想改变命运的臧儿，为她的五个子女一一算命，就是这一次算命，改变了王娡的命运。

算命先生给出了一个极具诱惑力的信息：两女当贵。

臧儿接收到这个信息，她就在思索，两个女儿定会大富大贵，为女儿带来富贵的人会是金王孙吗？

似乎不像。

算命先生的话，有些人就是听听，但是臧儿当真，而且要靠自己的努力去创造未来。既然金王孙不是正主，那她就把女儿送到正主身边。

臧儿瞅准的是当朝太子，未来的皇帝。

只有他，才能带来至高的富贵。

臧儿这想法也太大胆了吧！王娡此时已经与金王孙有了一个女儿，她舍得离开女儿吗？金家人放不放她离开呢？更为关键的是，她能攀上太子这棵大树吗？太子能要一个生过孩子的女人吗？

女儿是自己的，臧儿知道女儿的心性，也明白女儿会听自己的。

金王孙自然是不愿意，而且还很愤怒，但是臧儿打定了主意，没有回头路，硬生生地把女儿强行接回了家。

至于太子那里，臧儿硬是把两个女儿一起送了过去，还把王娡生过孩子的事瞒了过去。

冒险家臧儿很疯狂，野心家臧儿很果断。

在整个“豪赌”过程中，王娡没有反抗，而是处处配合母亲。因为，她是母亲调教出来的女儿，一样冷酷，一样狠。

梦日入怀

到了太子宫中，只是万里长征迈出了第一步。太子宫中的女人很多，要站稳脚跟，要赢得富贵，一是要有太子的宠幸，二是要有儿子。

王娡与妹妹本就貌美，再加上母亲调教，很会讨太子欢心，太子对这一对“姐妹花”也是爱在了心头。

这对“姐妹花”很争气，很“高产”，王娡生下了三女一男，妹妹则生下了四个儿子。

太子很高兴，臧儿更加高兴，她的冒险投资终于有了回报，她是最大的赢家。

王娡生下的这位“小皇孙”，就是后来的汉武帝。

这位“小皇孙”的出生，可不一般。据说有一天，怀孕的王娡做了一个梦——日入其怀，也就是梦见太阳落到了自己的肚子里。

这个梦很神奇，寓意很好。古代的人有太阳崇拜，太阳高挂天空，如同帝王俯视万民；太阳普照万物，如同帝王恩泽百姓。

王娡把这个梦告诉了太子，太子自然也很高兴，说这是显贵的征兆，这个孩子定能有好运。

王娡的这个梦，也很可疑，她真的做了这么个梦吗？有可能，但更大的可能是自造的梦境。为了争宠，为了显贵，神化其子，这是后宫女人常用的手段之一。再说，谁又能说这个梦是假的呢？谁又有能力入他人之梦验证真假呢？既能达到造势目的，又不具有危险性，这事做得很巧妙。

王娡自入太子宫前，就把“显贵”作为人生的目标，她像她的母亲，心思缜密，手段高妙，这种为儿子、为自己造势的事情，对她来说，小菜一碟。

《汉武帝内传》还记载，太子刘启也做了一个梦，这个梦也可以称作“日入其怀”。这个梦中，一个神女拿着一个太阳，恭敬地送到了王娡的嘴边，王娡把太阳吞了下去，十四个月后，王娡生下了一个儿子。

这个梦，应该是王娡那个梦的“副产品”，人们不断传诵着的梦故事，被加工成了不同的版本。

当然，如果太子真做过这样的梦，那小皇孙在太子、皇帝心中的位置自然是妙不可言，要高看一眼的。据说，连死去的刘邦都入了汉景帝的梦，亲自为这个孩子取了一个名字叫“刘彘”。

这个孩子很讨喜，就在他出生的那一年，太子刘启顺利登基，他就是汉景帝。

汉景帝很喜欢这个讨喜乖巧的儿子，在刘彘还是四岁小娃娃的时候，就封他为胶东王。

王娡作为胶东王的母亲，已经在显贵的路上了。

按说王娡也应该满足了，但是“臧儿二世”的野心也很大，她要的是极致的显贵。

金屋藏娇

王娡的下一步目标，是把儿子扶到太子宝座。

这事在当时，就是空想。

第一，刘彘既不是嫡子，也不是长子。 古代册立太子有两大原则：一是立嫡，二是立长，刘彘是汉景帝的第十二个儿子，基本上无缘太子之位。

第二，当时已有太子。汉景帝册封刘彘为胶东王的同年，立了栗姬的儿子刘荣为太子。

但是，一个看似可能性为零的事情，竟然让王娡给做成了。

王娡的心里有了主意，她的眼睛不停地在转动，时刻注视着后宫，注视着汉景帝，寻找着机会。终于，她的眼睛定在了一个女人身上，她从这个女人身上感受到了一股强大的力量，她从这个女人身上嗅到了一股熟悉的味道——野心。

这个女人，就是长公主刘嫖。长公主是窦太后的长女，汉景帝的姐姐，亦称馆陶公主、窦太主。

长公主在母亲窦太后眼中，那就是自己的骄傲，自己的贴心小棉袄，金钱、富贵，能给的都给长公主配齐了，长公主的能量很大，她的手伸得也很长。她的手伸到了汉景帝的后宫，汉景帝的很多妃嫔都是长公主送去的，挑选的都是天下的极品女子，很得汉景帝喜欢。

最开始，长公主是为了自己，为了自己的生活，为了自己的成就感。后来，她开始为自己的女儿打算。

长公主的女儿，名叫陈阿娇，就是“金屋藏娇”典故里的那个阿娇。

据说，当时的阿娇还小，刘彘也还是个小孩子。一天，长公主抱着刘彘玩儿，一时兴起，逗弄起这个小侄子，就问：“彘儿，你想娶个什么样的媳妇？”长公主随手指着身边的一百多个宫女，一一询问，刘彘都没有相中，全部摇头否定了。

长公主被逗得笑个不停，又指着自己的女儿阿娇问道：“让阿娇给你当媳妇怎么样呢？”

这时的刘彘点头了，他笑着说：“要是阿娇能给我当媳妇，我就给她专门建造一个金屋子，让她在里面住。”

“金屋藏娇”的故事，或许是小孩子的玩笑话，也或许是出自后人的加工。

长公主在阿娇长大后，为她瞄准的第一个目标，是太子刘荣。太子就是未来的皇帝，嫁给他，阿娇就是未来的皇后，这是古代一个女人最高的荣宠了。长公主积极地向刘荣的母亲栗姬抛出了橄榄枝，也在想象着阿娇成为皇后的样子。谁知，这个美梦被人硬生生地碾碎了。

栗姬很幼稚，以为自己的儿子当了太子，她就是未来的太后，谁也不放在眼中，更何况她对长公主恨得牙痒痒，老弄些狐媚子来迷惑汉景帝。

栗姬这步棋，实在是太臭了，太草率了。她在暗自得意灭了长公主威风时，没有料到，一场针对她与太子的灾祸已经在路上了。

长公主碰壁后，心里要气炸了，她长这么大，还从来没有人敢如此顶撞她！这个不知好歹的栗姬，是时候让她见识一下长公主的厉害了。

长公主转移目标，找到了王娡，想与她结成儿女亲家。

王娡一直在默默地看着这场戏，看着栗姬如何作死，看着长公主如何气急败坏。她很安静，但心里却是波澜起伏。待长公主向她伸出橄榄枝时，她痛快、谦恭地接受了。

于是，两个有野心的女人走到了一起，这是“强强联盟”。

强强联盟，不单是结为亲家那么简单，她们都想让儿女“显贵”。

最显贵的，儿子莫过于做皇帝，女儿莫过于成皇后。

她们要做的第一件事，就是“废荣立彘”。

这件事很难，但是在两个有野心的母亲眼中，一切皆有可能。

长公主不断地在汉景帝面前说栗姬的坏话，再加上栗姬自己作死，在汉景帝面前不加收敛，出言不逊，终于惹怒了汉景帝。

汉景帝雷霆万钧，贬太子刘荣为临江王。

栗姬终于为自己的无知、幼稚、霸道买了单，不过，这个代价是巨大的。

窦太后横插一杠子

太子之位空了出来，长公主与王娡又开始运作，扶刘彘上位。但是，这个时候，偏偏又出了岔子。

长公主的娘，窦太后出头了。她为谁出头呢？梁王。

窦太后这已经不是第一次为小儿子梁王争权了。面对窦太后的再次发难，汉景帝很郁闷，但又不能公开顶撞母亲，他自己说同意，但是事关重大，需要与群臣商议。

汉景帝这是在打太极呢，他要用群臣之口封太后之心。

群臣倒很会猜度汉景帝的想法，以袁盎为首的大臣集体反对太后的提议，而且他们集体到太后宫中摆明观点。

窦太后也很强硬，坚持要立梁王为储君。

袁盎接着问了窦太后一个问题：梁王去世之后，皇位再传给谁?

这个问题，窦太后似乎没怎么考虑过，她只是想让梁王当皇帝而已，便脱口而出："传给他哥哥的儿子呗。"哥哥的儿子，就是汉景帝的儿子。

看来，窦太后想得简单了。她只是想在正常的皇位传递中，加入一个楔子——梁王，其他的一仍其旧。

袁盎很机灵，也很狡猾，他就是想让窦太后说出这话。有了这话，就顺理成章激活了他取胜的砝码。这个砝码，是春秋时期的一桩惨案。

这一惨案的起因，与当时汉朝的储君之事很相似。

故事说的是，宋国的国君宋宣公将王位传给了自己的弟弟宋穆公，宋穆公感激哥哥的恩情，临终之前，决定将王位传给哥哥的儿子，而将自己的两个儿子驱逐出宋国。待宋宣公的儿子即位之后，很快被朝中大臣杀害，宋穆公的儿子被接回宋国，立为国君。宋宣公、宋穆公的一番好心，最后却酿成了血腥惨案。

这个故事，一下子撞击了窦太后的内心，让她直呼可怕！她虽然宠爱梁王，但她还没有完全糊涂，她不想看到大汉江山因为她的私心而动荡不安，她不想看到自己的子孙相互屠戮，这不是她的本意。她退出了，绝口不提立梁王为储君之事。

梁王得知消息后，气急败坏，满腔的怒火对准了袁盎这帮大臣。他连续派出多批刺客，将反对立他为储君的十几位大臣悉数杀死。

梁王这次的泄愤之举，做得过火了，十多位朝廷重臣暴毙，朝廷又怎能放过他？虽然行动是刺客所为，但是，他这个幕后主谋是很容易被找到的。

梁王在他人的劝说下，主动交出了刺客，亲自入京，负荆请罪。

汉景帝赦免了他的罪过，但他也永远地退出了储君之争。

父爱如山

窦太后不再纠结立梁王为储君，事情就好办了。长公主、王娡成功地将窦太后拉入自己的队伍，为刘彘拉票。本来势单力薄的王娡，一下子成了最有靠山的后宫妃嫔。

显贵，不再是梦！

很快，王娡被册封为皇后，刘彘被册封为太子。这一年，刘彘才七岁，汉景帝为其改名为刘彻，取“通彻”之意。

刘彻自小聪慧过人。三岁时，汉景帝把他抱在自己膝盖上，逗弄他玩儿。汉景帝随口问了一个问题：“愿意做天子吗？”

这个问题，即便是大人也不好回答，说愿意吧，还轮不到你，就显得冒进；说不愿意吧，又会被认为没有大志。结果，就是这小娃娃，说了一句让人特别满意的话：由天不由儿。也就是说，这不是我想当就能当的，老天说了算。

更为关键的是，小娃娃满脸真诚地说：“孩儿愿意每天陪在陛下面前玩耍。”

汉景帝听后，既感觉温暖，又感觉欣慰，不由得对刘彻另眼相看了。

七岁时，刘彻已经知道很多历史典故，自伏羲以来的圣贤都铭记于心，数万言的书册，他能一字不落地背下来，聪颖有智慧。汉景帝为其改名，一是源自这个娃娃给他的感觉，二是出于作为父亲的期望。

为了好好培养这棵好苗苗，汉景帝要给他找个好师傅，带着他往大道上走。找了一圈，汉景帝找到了卫绾。

卫绾这个人，本来是一个车把式，因为车技一流被汉文帝相中，做了侍卫汉文帝的郎官，后来又升迁为中郎将。汉文帝对忠厚谨慎的卫绾很满意，临终之前还嘱咐汉景帝要好好对待卫绾。

其实，汉景帝在还是太子的时候，对卫绾就印象深刻。有一次，太子举办盛大的宴会，邀请汉文帝身边的近臣。太子请客，绝大部分人都忙不迭地早早赴宴，唯独卫绾一人称病没去。

卫绾真病了吗？明眼人都知道，这只是一个托词。

这么好的机会，卫绾为什么不去呢？

卫绾不去，恰恰因为这是太子请客。

卫绾作为汉文帝的近臣，深得汉文帝信赖，这时候，如果着急忙慌地去太子那里，容易造成一种巴结未来新皇帝的错觉。如此行事，一让汉文帝心里不舒服，二会有投机取巧的嫌疑。

卫绾的“缺席”，却深深地印在了汉景帝心里。

等到汉景帝即位后，卫绾没有什么突出表现，只是一如既往地干好本职工作，谨慎负责。

有一天，汉景帝要去上林苑，下令让卫绾与他共乘一辆车。卫绾只是一个小小的中郎将，按说是没有资格享受这样的待遇的，他心里在思索汉景帝的意图。

其实，汉景帝一直对卫绾的“缺席”耿耿于怀，心里有个疑问，让他想去一探究竟。今天他就要问个明白，卫绾为何那么不赏光。

卫绾得知缘由，只能请罪：“臣该死，那时臣确实生病了！”

卫绾又怎么能把真实想法告知汉景帝？万一汉景帝一生气：当时不想巴结我，现在也无须再侍奉我，他的仕途就毁了。

汉景帝见此，也不再追问了，反而赐给卫绾一把剑。

这是旧事不提的意思，这是希望卫绾继续忠心辅佐的意思。没想到，卫绾还是不赏光，竟然拒绝了。拒绝的理由是，汉文帝已经赐给他六把宝剑，都在家中好好放着。

汉景帝不信，剑是人们的喜爱之物，要么就佩带在身上，要么就赠人，要么就交换他物，卫绾能一直不用？为了再次解开心中的疑惑，汉景帝派人到卫绾家中去取剑，六把剑全在，好好的，真没有使用过。这一次，汉景帝再次刷新了对卫绾的认识，原来一个人真能做到如此忠诚！

卫绾品性方正，经常代下属受过，有了功劳也常常谦让给他人。

如此种种，汉景帝都看在眼中，记在心中。

如此种种，都是卫绾成为太子太傅的资本。

汉景帝在晚年，为刘彻找好老师，为刘彻清除一切危险因素，尽最大力量保证儿子能顺利、优秀地君临天下。

祖孙反目

汉武帝十六岁登基，成为少年天子。

汉武帝不愿意辜负父亲的期望，即位之后，他重用“目不窥园”的董仲舒，尊崇儒学，革除弊政，新政迭出，要打造一个不一样的“大汉梦”。这一变革，历史上称为建元新政。

变革势必会损害既得利益者的利益，自然会引起不满，乃至抵制、反抗。权贵们要维护权益，思来想去，他们殊途同归，找到了窦太后。

无论是刘姓人，还是窦家人，无论是诸侯，还是公主，他们都与窦太后有千丝万缕的关联，他们央求窦太后为他们做主。

窦太后对于建元新政也不太喜欢，她本身是“黄老思想”的忠实信徒，并且把黄老之书作为皇家教育的指定教材，上起皇帝、太子，下至所有的窦氏子弟都得读，都得尊奉黄老之学。

早在汉景帝时期，窦太后就曾为维护黄老之学几近杀人。窦太后想杀的这个人，叫辕固生，是经学博士，专治《诗经》。

辕固生进入窦太后的视野中，实因一次引人注目的大辩论。论辩双方，一个是儒生辕固生，一个是黄老之学的研习者黄生。论辩的主题是：汤武革命。

辕固生的观点是：桀纣昏聩，暴虐无道。汤武革命，顺天应人。

黄生的观点则是：君臣之道，上下分明。汤武革命，以臣弑君。

两人陈词，各有主见；两种观点，针锋相对；自圆其说，胜负难分。关键时刻，辕固生找到了制胜法宝：高祖刘邦代秦即天子位，是弑君篡位吗？这话抓住了要害，堵得黄生哑口无言，败下阵来。

论辩涉及敏感话题，作为论辩主席的汉景帝及时总结：言学者无言汤武受命。由此，争议被搁置，这个话题也被冷冻起来了。

这场论辩，辕固生一战成名，窦太后深居后宫也听说了他的事迹。窦太后对这个儒学斗士很反感，她召见辕固生，想看看他是何方神圣，有何本领。

窦太后拿出一本《老子》，问辕固生这是一本什么书。

辕固生也很傲慢，直接说："此是家人言耳。"

"家人言"，有人认为是相对于官学而言，是驳杂的一家之言，意义不大；有人认为是僮隶奴仆之言，是下等人喜欢的言论。无论是哪种意思，总归这话不是什么好话，辕固生看不上《老子》一书。

这句话，直接把窦太后激怒了。黄老之学，是窦太后的精神信仰，却被辕固生这样踩在脚下，窦太后接受不了这样的亵渎。

另外，窦太后出身低微，她本来是吕太后的宫女，后被遣送出宫，送到代王刘恒那里。她的弟弟被辗转卖了十几家，后来姐弟俩才相认。这一“家人言”，戳中了窦太后的痛处，那不愿提及的过往又涌上心头。

窦太后愤愤地说：“自然比不上你们儒家管制犯人似的《诗》《书》！”

窦太后手握权力，哪里会只这样斗斗嘴呢？她想到了惩治辕固生的一招：借猪杀人。

窦太后命令辕固生到兽圈中刺杀野猪。辕固生一介儒生，赤手空拳，又怎能斗得过野猪？这不就是去送死嘛！

汉景帝得知窦太后生气，赶紧来劝，辕固生抓住机会，高呼他没有罪过。汉景帝也不愿看着辕固生白白死去，但又不好违背太后的旨意，就借给辕固生一把锋利的匕首，让他自求多福。辕固生为了保命，精神高度集中，拿起匕首，对准野猪就刺了过去。这一刺，正中要害，野猪应声倒下。

辕固生捡了一条命，窦太后也没有理由再治罪，只得作罢。

但是，窦太后以此显示了她的态度：黄老之学，至高无上，不容亵渎。

汉武帝推崇儒学，窦太后自然是不愿意的，只不过，小孙子刚刚登基，想做点事，她也没有过分干预。

后来，告状的人多了，窦太后心里的不满也多了起来。

直到有一天，御史大夫赵绾上了一道奏疏：朝中大事不用请示东宫。

皇太后的长乐宫在未央宫东，因此这里说的“东宫”就是指手握大权的窦太后。

这道奏疏，在窦太后看来就是作死，直接引爆了那早就蓄势待发的炸药桶，赵绾被投入牢狱，被逼自杀。汉武帝身边的一大批官员，包括丞相窦婴与太尉田蚡（fén），也被免职。

夹起尾巴做孙子

窦太后大刀阔斧地法办建元新政的骨干力量，这一年是建元二年（前 139）。

这一年，是汉武帝即位的第二年。

这一年，汉武帝年仅十七岁。

他本来踌躇满志，他本想“飞龙在天”，他本想大展宏图。 但是，一切戛（jiá）然而止。

奶奶的势力盘根错节，太强悍。

黄老思想的影响根深蒂固，太强大。

作为少年天子，他羽翼未丰，翅膀还太弱，他想飞，但是他不想折断翅膀。于是，他收起了翅膀，他念叨着“潜龙勿用”，不再有大动作。如今，孙子真的当了“孙子”。

低下头来当“孙子”，很难。要忍，要装，要会表演。这是汉武帝职业生涯的第一课，这一课挫了他的锐气，但没有磨灭他内心的征服欲。只不过，他换了一种方式。

表面上，他游山玩水，他吃喝玩乐，工作上的事情，都听奶奶的，但实际上，他从来没有放松自己的进步，他从来没有放弃新政的想法。他要的是让自己强大起来，他要的是厚积薄发，他要的是一飞冲天。

他戴着伪装，忍了六年，直到窦太后去世，他才彻底抬起了头。

属于他的精彩，即将上演。

（本篇主要依据《史记·孝武本纪》《史记·外戚世家》《史记·万石张叔列传》《史记·儒林列传》《汉武帝内传》《汉武故事》）

原典

元年，汉兴已六十余岁矣，天下乂安①，荐绅②之属皆望天子封禅③改正度也。而上乡④儒术，招贤良，赵绾、王臧等以文学⑤为公卿，欲议古立明堂⑥城南，以朝诸侯。草⑦巡狩封禅改历服色事未就。会窦太后治黄老言，不好儒术，使人微得赵绾等奸利事，召案绾、臧，绾、臧自杀，诸所兴为者皆废。

《史记·孝武本纪第十二》节选

注释

①**乂安：** 安定。乂，音 yì。

②**荐绅：** 本指高级官吏的衣束，后用以代称官吏。

③**封禅：** 帝王祭天地的典礼。

④**乡：** 同“向”，向往，崇尚。

⑤**文学：** 指文章博学，为孔门四科之一。

⑥**明堂：** 古代帝王宣明政教的地方。

⑦**草：** 草拟。

译文

武帝元年（前140），汉朝建国已经有六十多年了，天下太平无事，士大夫们都希望天子举行封禅大典、修改历法和服色。而武帝向往儒学，因此也招纳贤良，赵绾、王臧等人就是凭借儒学成为公卿的。他们雄心勃勃地商议着要按古代的制度建立明堂，用来接受诸侯的朝见。他们草拟的巡游天下、举行封禅以及改历法、变服色等方案，还没有完成，恰逢窦太后以黄老之道治国，不喜欢儒学，派人暗中调查得知了赵绾等人投机倒把谋利的事情，立案召审赵绾、王臧，二人自杀，这些正在筹备的事都被废止了。

飞将军李广

飞将军李广，从汉代开始，就不单是一个人的名字、一位驰骋沙场的将领，而是一个话题、一个符号，还是一种精神。

多少文人，用他们的诗心文笔，书写着飞将军的喜与悲：高适苍凉喊出“君不见沙场征战苦，至今犹忆李将军”，王昌龄豪言掷出“但使龙城飞将在，不教胡马度阴山”，王勃感叹“时运不齐，命途多舛。冯唐易老，李广难封”。

他一生以善射闻名，射石缚虎，箭箭生风，人送外号“飞将军”。

他一生以善战扬名，大小作战七十余次，射杀射雕手，射杀白马将，战斗力爆表。

他一生爱兵如子，身先士卒，是位好领导。

但他的头上似乎总有那么一片乌云，让他无法痛快淋漓地长笑一声。

封侯的梦，只差一步，总是难以到达。

他的一生，终归是快意难平。

将门之后

李广，是陇西（今陕西陇西县）人，典型的西北汉子。

李广的祖上，很了不起。秦朝的名将李信，是他的先祖。

李信是秦始皇身边少壮派的军营代表，年少壮勇。他一生最大、最亮眼的功劳，就是逼杀了燕太子丹。

荆轲刺秦王的背后主谋是燕太子丹，他欲置秦始皇于死地，秦始皇怎么可能放过他？又怎么可能放过这吞灭燕国的绝好借口？一场灭燕之战，正式上演，燕军战败，燕国国都被攻陷，燕王与太子丹逃亡。

此时的李信带领数千士兵一路追逐，没有停歇的意思。燕王听信他人劝说，以为杀了太子丹，就能止住秦军的侵扰，还能保住燕国，忍着悲痛，命人斩杀了太子丹，将太子丹的首级献给秦军。

当然，燕王想得太简单了，秦军灭燕，是必然之势，怎么会因此而终止呢？可怜的太子丹，白白丢了性命，没有任何意义。

不过对于李信来说，太子丹的死，倒是一个晋升之机。他因为逼死了太子丹，深得秦始皇的信任，认为他是个有勇有谋的“贤勇”之人。

得到最高领导人的认可，机会不是说来就来嘛。于是乎，李信就在一次讨伐楚国的主帅“竞选会”上成功地击败了老将军王翦，并获得了秦始皇“壮勇”的赞誉。

虽然李信最后没能击败楚军，但他仍然活跃在秦始皇平定六国“余孽”的战场上。

李信一族，世世代代传习箭术，这是他们老李家立身扬名的看家本领。李广在射箭方面，更有天赋。他身材高大，两臂如猿，箭术远远超越同族中人，他的子孙或外人即便是向他学习，始终也没人能赶上他。

作为将门之后的李广，自小就以苦练武艺、光耀门楣为志向，渴望着建功立业的那一天。

天下无双

李广入伍，是在汉文帝时期。

当时匈奴军大举入侵，李广以良家子的身份参军入伍。参军打仗，给了李广一个广阔的舞台，让他多年的勤学苦练大放异彩：他的骑射本领强，每次都能斩杀很多敌人。

没有白练的功夫，的确如此，它总会在特定的时候回馈惊喜。

李广身上还有一个优点，就是不惧危险，勇往直前。

战场上，敌我交锋，不是你死，就是我亡，首先气势上不能输。李广冲锋陷阵，抵御敌人，从来不吝惜力气，从来不胆怯退缩。

凭着一项坚挺的本领，靠着一种勇猛的气势，李广接连被授予中郎、武骑常侍的职务。

武骑常侍就是皇帝的贴身护卫，负责跟随皇帝车驾游猎等，这是近距离接触皇帝的机会。当然，李广也不会浪费这样的大好机遇，在汉文帝面前展露了一个勇士的本领与精气神，格杀猛兽，冲锋陷阵，很是霸气。

汉文帝发自内心地喜欢李广，又发自内心地为李广可惜:“你没有赶上好时机啊，要是在高祖时代，封个万户侯，都不在话下！”正所谓“乱世出英雄”，没有大仗打，哪里能有大功可立呢?

到了汉景帝时，七国之乱爆发，对于国家来说，这是一次大危机；但对于一些将领来说，这是他们建功立业的机会。

李广也不想放过这个机会，更何况这也是军人义不容辞的职责！当时李广任骁骑都尉，他的领导恰恰是平叛七国之乱的最大功臣周亚夫。正所谓“强将手下无弱兵”，李广一马当先，夺取了叛军军旗，大振军威，立功扬名。

很快，七国之乱被平定了。但是，论功行赏时，李广却没有因此得到朝廷的封赏。

立功为何不行赏呢?

只因为李广做了一件很不明智的事情。

或许是他太渴望成功了，他接受了梁王赐给他的将军印，这是私自接受诸侯王的军权馈赠，朝廷是不允许的。况且，在当时的敏感时刻，汉景帝对每一个诸侯王都心存忌惮，梁王虽然阻击敌人有功，但他的潜在威胁更大，因为窦太后想让他做汉景帝的接班人。

李广的政治敏感性不高，在这件事上可见一斑。

此后，李广就被调任为边境不同地方的太守，在边境上阻击匈奴。李广自恃武艺在身，每次都与敌人正面冲突，奋勇杀敌。

是战争，就会有流血，有官员认为李广如此不爱惜自己，很担忧，担忧国家失去一员良将，哭着对汉景帝说“李广才气，天下无双”，希望能适当保护他。

如此高的评价，汉景帝也不得不重视，就给李广换了个地方，继续当太守，但是，李广一如既往，仍然奋战在抗击匈奴的第一线上。

李广也摆“空城计”

有一次，匈奴大举入侵李广的守地。汉景帝派去了一名宦官，说是跟随李广学习军事，学习如何抗击匈奴。其实，就是不放心，派人去监督。

宦官到了边境，就想四处去看看。一天，宦官带着几十个骑兵，纵马驰骋，欣赏大好风光，很是开心。

不料想，路上遇到了三个匈奴人，宦官一看，就三个人，打他！

不料想，这三个匈奴人很厉害，回身放箭，射伤了宦官，骑兵几乎全部被杀。

宦官好不容易逃回李广那里，告知事情的经过。李广当即断定，这三个匈奴人必定是射雕高手，箭术高超。

这反而激起了李广的斗志，他没有告诉其他人，只带上一百名骑兵，快马加鞭去追赶那三个匈奴人。三个匈奴人没有骑马，步行前进，李广一行大约追了有几十里，就发现了他们。

李广命骑兵左右散开，两路包抄。一番较量，李广射死了两人，活捉了一人。一问，果然是匈奴的射雕手。李广很得意，与匈奴的射雕手相比，还是他技高一筹啊！

但是，接下来的一幕却让李广的得意劲儿瞬间全无，惊出一头冷汗。

他将活捉的匈奴人捆到马上，准备返程，一抬头，却望到远处出现了一大批匈奴骑兵，黑压压的，有几千人的样子。

尽管李广勇猛，箭术高超，一百人对阵几千人，胜算的概率几乎为零。

李广发现了匈奴兵，匈奴兵也发现了李广，他们也很紧张。为什么？他们见李广人少，怀疑李广一行为诱敌的骑兵，后面肯定还有大部队，于是，赶紧策马奔驰到山上，摆开阵势，严阵以待。这下可把李广的骑兵吓坏了，下意识地就想回马逃跑。

李广立即喝止了他们，他明白，他必须稳住，稳住神，才能稳住事。

危急关头，他的脑海中两种选择在打架：

一种是逃跑。

逃跑是本能，但却是死路一条。只要有一个骑兵逃亡，匈奴兵就会断定他们是孤军，就会追击，他们离开大部队有几十里，马跑得再快，在回到大本营前，他们一定会被匈奴兵杀光，一个不剩。

一种是前进。

前进是冒险，但却可能闯出一线生机。目前匈奴军应该还不知道他们的真实状况，应该也在琢磨，他要做的就是让匈奴军认定他们是负责“诱敌”的先头军。一旦这种印象形成，匈奴军必定不敢轻举妄动，他们才有生还的可能。

李广最后决定，拼一把！他当即下令，全体骑兵，平稳前进。待到离匈奴军大约二里地的位置，李广下令停止前进，全体骑兵下马，解下马鞍。

骑兵们瞪圆了眼睛看向李广，难以置信会有这样的命令：匈奴兵那么多，距离又这么近，一旦匈奴军出击，他们一点活路都没有了。

李广这次也是破釜沉舟了，既然演戏，就要演到位，不逼真，“观众”怎么会相信呢？他们越淡定，越不逃，在敌人眼中越蹊跷，越不敢相信，越会认定他们为诱敌之兵。果然，匈奴军没有动，不敢乱动。

时间一点点过去，两队人马一直僵持着，他们一直在观察，一直在思索战术。

后来，匈奴军一个骑白马的将军，出来监督士兵，李广瞅准时机，纵身上马，奔驰向前，射死了这位白马将军。

匈奴军没有想到这么几个人竟然敢主动出战，他们一时竟蒙住了，李广趁机快马赶回自己的骑兵队中。更蒙的还在后面，李广解下马鞍，让骑兵们都放开马，随便躺卧在地。这是什么节奏？出的什么牌？看得见，猜不透。

天色渐晚，日暮黄昏，匈奴军不敢出兵。

天色更晚，夜半时节，匈奴军撤军了。

他们害怕了，害怕附近有汉军伏兵，害怕汉军伏兵趁机偷袭他们。

第二天早晨，李广一行才回到军营。

亲身经历“生死劫难”的骑兵们，回到军营，这才彻彻底底地松了一口气，他们发自内心地崇拜起李广，没有李广，他们真的就“作别西天的云彩”了。于是，他们当起了讲解员，绘声绘色地再现那“危急时刻”，声情并茂地宣扬那“绝地反击”。自然，李广是绝对的主角，绝对的英雄。

就这样，李广再一次成为“头条”人物。

士兵眼中的好将军

士兵们对李广，在崇拜之外，更多的是尊重。

领兵打仗不容易，一个士兵一个样，一个士兵一个心思，怎么把不同的士兵整齐划一，怎么把千万个心思化为一个心思，都是大学问。

有的人能打仗，不能领兵，这是没有将才。有的人不能打仗，能领兵，这是只会管理。李广则是既会打仗，又能领兵，是实战型的管理者。

当时，以善治兵闻名的，除了李广，还有一位将军，叫程不识。这两位将军，风格截然不同：

程不识以“严”著称。队伍的编制、行军队列、驻营阵势，都有明确规定，一切需严格遵守规定；夜里要打更；文书、军吏等处理文件要值晚班，直到天亮。每时每刻都要夯实危机感，士兵们得不到休息，感觉很苦。

李广以“宽”著称。队伍没有严格的队列和阵势，军队就驻扎在水丰草茂的地方；晚上不打更自卫；简化各种文书；远远地布置哨兵，防备危险。士兵们感觉很便利，很安逸，很快乐，都甘心为他效力。

两种风格背后，是两位将军两种不同的性格。

程不识稳重，心思缜密，要的是稳中求胜，大事上不糊涂，不犯错。李广果敢，雷厉风行，喜欢险处求胜，干脆利索，不拖泥带水。

按照常理，治军当以严厉为首，没有规矩不成方圆，没有约束就会凶险。因此，效法程不识，即便无大功，也不会失败。

至于李广的做法，这不是一般人能效法的，没有李广的才能而效法李广之“宽”，其结果不是被敌人打败，就是被自己人搞下来。

即便是李广，也曾遭到程不识的批评：“李广治兵简易，如果敌人突然进犯他，他就无法阻挡。我的军队军务纷忙，敌人绝不敢贸然侵犯我。”

不过，在当时，李广的风头要超过程不识，匈奴人都害怕他。没办法，谁让人家有才呢！

霸气的人生，不需要解释，一样开挂。

有才的李广，光环很盛，但是，在士兵们心中，他不仅是一位“勇士”，还是一枚“暖男”。

李广清廉，他得到赏赐，就分给部下，自己基本不留。李广一生，做二千石俸禄的官总共有四十多年，但是他的家中没有多余的财物，他根本也不会去想置办什么家产的事。

李广爱护士兵。有时候行军也会缺水断粮，见到水，士兵们没有全部喝到水，李广不会靠近水；士兵们没有全部吃上饭，李广不会吃一口饭。

李广不善言谈，平时说话不多，在军营中，他最大的娱乐还是射箭，只不过，“独射箭不如众射箭”，他更愿意与众人一起组织射箭比赛。比赛过程是先在地上画上军阵，再比箭术，再行罚酒，既锻炼了箭术，又拉近了感情。

李广治兵的“宽”与“简”，是以“才”与“爱”为根基的。

李广有才，才有向心力。

李广有爱，才有凝聚力。

虎口脱险

汉武帝即位后，左右近臣都对李广交口称赞，称他为名将，汉武帝对李广也很重视，调任他到京都，做了未央宫的禁卫军长官。

后来，因为要对匈奴作战，李广又改任骁骑将军、将军，征战在辽阔的边境线上。

“兵家胜败事不期”，骁勇善战的李广，也有“大败亏输”之时。在一次与匈奴的对战中，敌我力量悬殊，李广的军队被打败，李广也被匈奴兵生擒活捉。

李广被俘这件事，对匈奴军来说，是件大事。名声在外、响当当的汉军将领李广，战功赫赫，如今被他们抓住了，这该是多么自豪的事情，必须大加宣传。

匈奴单于也很振奋，他也想看看这个“神人”到底是何模样，为何会如此有能耐？当然，如果能说服李广，为他所用，那就再好不过了。单于下令，一定要把李广活着送到他面前。

这个命令，给了李广一个机会，一个绝处逢生的机会。当时，李广作战受伤了，生了病，匈奴兵就在两匹马中间搭上了一个用绳编的网兜，李广就在网兜里躺着。李广虽然受伤了，但是他的脑袋很清醒，他绝对不愿意自己的命运就这样被别人支配了。他躺在网兜里，不断地观察着，寻找着突破点。

走了十多里地后，李广想到了一个好主意。要逃命，必须有马，而且得是好马，不易让人追上的好马。恰巧，李广旁边的一个匈奴少年，骑着的就是一匹好马，这真是天无绝人之路啊！

李广屏住呼吸，闭上眼睛，假装死去了。匈奴兵停下步伐，派人查看，李广瞅准时机，纵身一跳，跳到匈奴少年的马上，夺了匈奴少年的弓箭，顺势将匈奴少年推了下去，策马而逃。

匈奴兵怎么会让李广逃掉呢？他们派出几百名骑兵来追赶李广，一定要将他再次抓住。怎奈，李广的马上功夫、箭上技术太高超，他一边逃，一边弯弓搭箭，射杀追兵。匈奴追兵为了躲避飞箭，只能放慢速度，就这样，他们眼睁睁地看着李广成功逃亡。

李广打马南飞，飞驰数十里，遇到了他的残部，于是，李广带领他们一起进入关塞。

李广一个人从几百名匈奴骑兵的面前，硬生生地逃亡成功，不是硬汉做不到这些，不是神箭手连门儿都没有，真的是让人叹为观止啊！

怒杀霸陵尉

成功逃亡，很好；但是李广回到朝廷之后，惩罚不可避免。

李广有两大罪过：一是所带部队损伤死亡人数过多，二是他自己被敌人俘虏了。这两大罪过加在一起，执法官判处李广死刑，要斩首。好在当时的法律规定，可以用钱财来赎罪，李广用钱买了条命，被削职为民。

李广闲居在家多年，很是无聊，只能靠打猎来打发时间了。

即便是打猎，李广也是名声在外，最为有名的就是"射虎入石"。有一次，李广外出打猎，看到草丛中一块石头，以为是一只老虎，赶紧拉弓射箭。这一次，力量很足，李广一下子射中石头，箭头都没到石头里面了。李广过去一看，竟然是块石头，也是一愣。再细看，箭头都在石头中了，心头一震，连自己都吃了一惊，很是得意。接着，李广又射了几次，但是怎么也射不到那种程度了。

这就是危机状态下的强大爆发力。

唐朝诗人卢纶《和张仆射塞下曲·其二》，写的就

是此事。诗云：

林暗草惊风，将军夜引弓。
平明寻白羽，没在石棱中。

这是在《史记》基础上的进一步细化，突出了夜晚、风吹等细节，解释了李广为何“以石为虎”。

李广外出，虽然不是每次都如此传奇，但基本上还算尽兴，他尽情展现着超凡的箭术。但是，有一次，他却惹了满肚子怨恨。

那天晚上，李广带着一名骑马的随从外出，与人在田间喝酒。喝酒喝得很尽兴，喝着喝着，就忘记了时间。等到往回返经过霸陵亭时，已经过了宵禁时间，霸陵尉对他们大加呵斥，不让他们通行。

霸陵尉这是依法行事，夜晚不允许瞎溜达，过了点就不能通行。只不过，他的执法方式有些过。他喝醉了酒，说话很硬气，语气很不好听，李广的随从心里很不舒服，直接报上名姓：“这是前任李将军。”

随从是想用李广曾经的身份来压制一下霸陵尉，谁知，喝醉了的霸陵尉根本不买这个账，直接说：“现任将军都不许通行，更何况是前任！”

这话说得够狠，很明显，对李广很不屑，有点“狗眼看人低”的感觉，李广心里自然不舒服，他相信如果他现在还是将军，这个小小的霸陵尉断然不敢如此放肆！

更不舒服的还在后头，霸陵尉直接扣留了李广，让他停宿在霸陵亭下。李广就这样待了一个晚上。

这个夜晚，似乎格外长，长到让他回忆了整个人生，也没有结束。

这夜的风，似乎格外猛，猛到让他凉透了身，凉透了心。

这个夜晚，让他终生难忘，让他更加明白了权力的力量。

没过多久，汉武帝调任李广任右北平太守，李广终于等来了权力。赴任之前，李广提了一个要求：带着霸陵尉一同上任。霸陵尉本就不是什么重要人物，这个要求很容易就通过了。

李广的这个要求，目的也很简单，就是报仇。此前，李广一介平民，受到霸陵尉管制，不得不忍受屈辱。风水轮流转，如今，李广成为太守，霸陵尉成为他的手下，他也可以掌控霸陵尉的命运了。

李广也不客气，到了军中，随便找了个借口，就把霸陵尉杀了。

这件事，成为李广人生的一个大污点。很明显，他这是在公报私仇。

再造奇迹

后来，李广被任命为郎中令，与博望侯张骞兵分两路，出击匈奴。张骞率领的是一万骑兵，李广率领的是四千骑兵。

行军途中，匈奴的左贤王率领四万骑兵，将李广军团团围住。四千人对阵四万人，这是以一敌十啊，李广的士兵都很害怕，估计小命就交待在这儿了。

李广不慌吗？他也慌，但是，表面上他还一副云淡风轻样，他若慌乱，势必会军心涣散，这仗就更不必打了。

李广的首要任务是稳住军心。

怎么稳呢？证明敌军中看不中用，人虽多力量不大。于是，李广派出一支敢死队，要证明给士兵看。

这件事很难，一旦不能成功，就会适得其反，不战而降了。李广派出的敢死队队长，是他自己的亲儿子李敢。派自己的儿子做这样危险的事情，一来是为了激励士气，二来是因为相信儿子。

李敢果然没有辜负父亲的期待，也对得起名字中的“敢”字。他带领几十名骑兵，直奔匈奴骑兵阵，直穿而过，又从左右两翼突出重围。李敢回到军营，禀告李广:“这股匈奴兵很好对付！”

李敢成功地完成了任务，成功地稳住了军心，避免了自乱阵脚。

接下来，就要真刀真枪地打了，这个糊弄不了人。

李广高度集中精神，研究对策，他布成了一个圆形兵阵，全体士兵面向外侧，持盾牌防守。但是，毕竟实力悬殊，匈奴军猛攻，一时间，箭如雨下，李广军死伤一多半。而且他们自己的箭也快用完了，武器不够用，只能受死。

危急时刻，李广当机立断，命令士兵拉满弓，不要轻易放箭，保存力量。

危急时刻，李广亲自出马，他用大黄弩弓对准匈奴的副将射去，一连射死了几个副将，匈奴军陷入混乱。

天色慢慢黑了下去，匈奴军渐渐散去了。

李广的士兵个个面无人色，腿脚酸软，唯有李广仍然神态自若，他命令整顿军队，以防匈奴军卷土重来。

李广又一次缔造了一个“奇迹”，在士兵们心中越发高大起来。

第二天，匈奴军果然又来了，李广再次带队迎战，死伤严重。后来，博望侯张骞带队赶来，打跑了匈奴军。

这场仗，李广的四千人马，几乎全军覆灭，很是惨烈。

收兵回朝后，张骞因为行军迟缓，延误时机，按律当处以死刑，张骞用钱赎罪，降为平民。李广功过相抵，没有受罚，也没有封赏。

人生谢幕

慢慢地，李广老了。汉武帝更信任卫青、霍去病两个年轻果敢的将军，不太想用李广了。

但是，对于李广来说，抗击匈奴，裂土封侯，是他的愿望。他的愿望还没有实现，他仍然是“老骥伏枥，壮心不已”，主动请缨，多次请求出征。汉武帝一开始是不同意他去的，但经不起他再三请求，就任命他为前将军，跟随大将军卫青出征匈奴，参与了漠北之战。

没想到，这一次成了他最后一次出征。

出了边塞，卫青捉到了匈奴兵，得到了一个重要情报，知道了单于所在之处，他当即决定亲自率领精兵，斩杀单于。卫青命令李广与右将军合并队伍，从东路出击。

李广对于这个命令，很排斥：

第一，他是皇帝任命的前将军，是要冲锋陷阵的，如今却让他做起了后卫，迂回绕远。

第二，单挑匈奴单于是他多年的梦想，一直没有机会，如今得此千载难逢之机，他又怎么舍得错过？他的心都激动得要跳出来了，他似乎都看到了“直捣黄龙”、亲射单于的情景。

第三，这是个绝佳的立功机会。他年纪大了，还有多少次冲锋陷阵的机会，还有多少次立大功得封侯的机会呢？

李广想立功，不想当后卫，坚决要求大将军收回成命。

但是，卫青还是坚决没有同意。卫青这么做，有两个原因：

第一，皇帝的嘱托。当初出征之前，汉武帝曾暗暗叮嘱卫青，说李广年老，命运不好，不能让他与单于对战，因为有他参与，可能不会俘获单于。

第二，个人的私心。当时跟随出征的中将军公孙敖，是卫青的救命恩人，刚刚丢掉了侯爵。卫青为了帮助公孙敖，故意支开李广，让公孙敖与自己一起立功。

其实，对于第二个原因，李广也明白，他很不服气，他愤愤不平，但是，卫青毕竟是大将军，军令如山，再加上卫青正式发了文书，命令李广立即出兵东路，他再不服气，也得听令。只不过，他非常恼怒，没有向大将军告辞就出发了。

带着恼怒走的李广，也没有找向导，在大漠之中迷失了道路，落在了大将军一行的后面。

大将军卫青与单于交战，没有绝对优势，最后让单于跑掉了。卫青只好回兵，在回返途中，遇到了李广与右将军。

卫青对于李广、右将军没有及时赶到一事心生怀疑，怀疑是李广心存不满，有意为之。如果实情如此，那李广就是此次未能俘获单于的罪魁祸首。

卫青因为要向汉武帝禀告详细的军情，所以就派人去向李广、右将军询问迷路“误期”的情况，结果，李广认为这是对他的侮辱，直接拒绝回答。

卫青也很生气，又命人急切责令李广幕府的人员前去受审。这时，李广站了出来，说：“迷路是我的责任，与校尉们无关，我亲自去大将军幕府接受审问。”

到了大将军幕府，李广突然改变了主意，他不想去接受审问了。他已经六十多岁了，再去接受那些刀笔吏的侮辱，他不愿意！想他李广，从少年起就开始与匈奴作战，大大小小的战斗，得有七十余次，如今有幸出征能与单于交战，可是大将军却偏偏调他去走迂回绕远的东路，走就走吧，偏偏又迷了路！封侯的最后一次机会，就这么丢失了。李广认为这就是天意，上天不佑助他啊！

既然天意如此，那就顺从天意吧。

那一刻，他似乎放下了封侯的执念，无牵无挂了。

那一刻，他心生绝望，拔出了佩刀，自刎身亡。

消息传出，李广军营中的所有将士，全都痛哭流涕，哀恸万分。

消息传出，认识李广的、不认识李广的，年老的、年少的百姓，纷纷为之流泪，哀叹国家失去了一员猛将。

李广何以难封

李广一生最大的梦想，是封侯。

李广一生最大的遗憾，是没有封侯。

李广对这件事很在意。按说，骁勇善战、震慑匈奴的他是能被封侯的，事实上却没有。他不封侯不要紧，关键是他身边的人，很多不如他的人都封侯了，这对他是一个刺激。

李广和堂弟李蔡，他们是一起出门闯事业，一起侍奉过汉文帝。汉武帝时，李蔡当了代国的丞相，后来因军功被封为乐安侯，再后来又成了朝廷的丞相，位列三公。李蔡的才干不如李广，也没有李广有声名，但是，他的官运亨通，李广只能扼腕叹息啊！

更为刺激李广的是，他曾经的下属，也有因军功而被封侯封地的，而且这些人还不少。

李广很不解，难不成他的骨相就不适合封侯？难不成他就没有这个命？有一天，他实在憋坏了，就找到了星象家王朔，询问原因。

王朔问了李广一个问题：回想一下往事，有没有什么很悔恨的事情？

王朔一问，倒真让李广想起一件事情。当初他任陇西太守时，有一次羌人发动叛乱，李广用了“诱降计”，诓骗他们投降。结果羌人八百多人相信了他，投降了，但李广却将他们杀掉了。李广事后想想自己言而无信，诓骗了这么多人，白白杀了这么多降兵，非常后悔。

王朔说：“世间最能让人受祸的事情，莫过于杀死已经投降的人了，这就是您不能封侯的原因啊。”

李广认为自己不能封侯，是天意如此，王朔则将之归结为杀降兵，事情果真如此吗？

按照汉高祖刘邦“无功者不得为侯”的约定，要想封侯，必须有军功。李广距离封侯最近的一次，是汉景帝时，平叛七国之乱，他立有大功。但因私自接受梁王的将军印，犯了大忌，有了过错，功过相抵，未能封侯。

到了汉武帝时，武将的功劳主要来自征讨匈奴。封侯的功劳，主要有两条规定：

一是俘获匈奴单于或者王室成员。李广打了很多次仗，但只有最后一次漠北之战，才与匈奴单于有了接触的可能，却被卫青调开了；李广与匈奴左贤王有过一次遭遇战，但是因实力悬殊，四千对四万人马，虽经力战，却也几乎全军覆没。功过相抵，也没有封赏。

二是斩获敌人首级达到一定数量。李广虽然骁勇善战，虽然也常常打胜仗，但他总是没有达到规定的数量，也无法封侯。

朝廷有封侯标准，李广都没有达标，这中间有时运不济的原因，要不就是遇不到重要人物，要不就是遭遇敌强我弱的局面，同时，李广身上也存在一些问题，影响了他封侯的道路。李广身上最大的问题，就是自负其能，恃才自傲，逞勇弄险。

李广以射箭闻名，他射箭有个习惯，即必须与对手相距数十步之内，超出这个范围，他估计射不中，就不会去射。只要射出了，必须保证对手应声倒下。凡事有利有弊，数十步之内，容易射中对方，也容易被人射中。所以，李广领兵有几次被困受辱，射猛兽也有几次被猛兽袭击。被俘就要受罚，甚至是面临死刑。被俘次数多了，就会影响军功。

还有追杀三个射雕手那次，他急奔而去，没有告诉军营中人他的去向，为的是要与射雕手一决高下。一军之主帅，个人英雄主义浓厚，妄自行动，过于冒险，也是影响李广斩获敌人首级数量的一个原因。

当然，朝廷的规定是死的，汉武帝也有灵活变通之时，因为恩泽、善方术等原因，他也曾封了一些没有军功的人为侯。

那么，汉武帝为什么就是不肯对李广施以恩泽呢？

只因，汉武帝对李广有偏见，认定他为“数奇”之人——命不好。

只因，汉武帝更想重用他喜欢的卫青等人，不愿再给李广机会。

失去了最高权力人的认可，李广的封侯梦，注定是梦一场。

这是李广的悲哀，更是时代的悲哀。

儿子替父圆梦

李广自杀，李广难封，很多人为他难过，为他惋惜。最哀恸的，是他的儿子李敢。

李广生前有三个儿子，大儿子、二儿子先他而亡。李广自杀之时，小儿子李敢正跟随着骠骑将军霍去病。

李广因何而死，李敢心知肚明，他将罪魁锁定为卫青。

李广带着遗憾而死，李敢心中恼恨，他发誓要替父圆梦。

终于，机会来了。

李敢跟随霍去病出击匈奴左贤王，他奋勇杀敌，斩杀了很多敌人的首级，又夺得了左贤王的战鼓和军旗，战功卓著，被赐封为关内侯，封给二百户的食邑。

李敢封侯，为的就是替父争光，为父鸣冤，但是，父亲已经长眠于地下，这些还有意义吗？况且，卫青这个杀父仇人，还好好地活在世上，享受着帝王恩宠。这种怨恨郁积在心中，终于有一天爆发了，李敢打伤了卫青。

卫青白白挨了打也没有追究，还把这件事隐瞒了下来，没有张扬。

卫青的这个态度，大部分人说卫青大度，其实，某种程度上说，他心中亦有愧，毕竟李广的死与他脱不了干系。

卫青挨打的事情，被霍去病知道了。霍去病是卫青的外甥，他可看不得舅舅白挨打，他必须教训李敢。有一天，李敢跟随汉武帝去打猎，霍去病直接把李敢给射死了。

霍去病杀了人，这是死罪，但是，当时霍去病正得宠，汉武帝不忍心治他的罪，就隐瞒了真相，对外宣称李敢是被鹿撞死的。

汉武帝的处理方法，足以见出他确实是以个人好恶亲疏来对待臣下的。如果换一个人，平白无故杀了关内侯，怎么也得治罪吧？

上了汉武帝“黑名单”的李广，能封侯，才怪呢！

司马迁的“同情之理解”

“李广难封”，是唐代王勃在《滕王阁序》中提出来的，从此成了命运多舛、郁郁不得志的代名词。其实，这种关联，它的建立，最早当始于司马迁对李广的倾情书写。

司马迁与李广，看似很不一样：司马迁是文士，李广是武将。

司马迁选择隐忍苟活，完成梦想；李广选择结束生命，维护尊严。

李广选择的道路，是司马迁曾经要选择、最终而否定的道路。

但是，有两条线，将司马迁与李广连在了一起。

第一条线是李陵。李陵是李广大儿子的遗腹子，也就是李广的孙子，是改变司马迁一生命运的人。

第二条线是同病相怜。李广与司马迁都是皇权任性的牺牲品，都是失意不遇者。司马迁为李陵辩护，被认为是在诋毁贰师将军李广利，而李广利的妹妹恰恰是汉武帝的宠妃李夫人，汉武帝暴怒，以宫刑惩治司马迁。

同是忠良被弃，司马迁对李广，有了一种发自内心的情感共鸣，有了一种悲戚的生命认同。他饱含深情地为李广立传，掬起一把辛酸泪，流淌进多少怀才不遇者的心窝里，动了情，不忍看。

李广的一生很悲情，他为人厚道，不善言辞，但是他的名声、功业、人品，却为人称道。民间百姓中间流传着很多李广的故事，人们信赖他，人们哀悼他。

这就是所谓的“桃李不言，下自成蹊”。

不炫耀，不争功，正如一缕芳香，沁入人心；不雕琢，不加工，正如一方璞玉，自保其真。

这是一种无声的耕耘，这是一种不言的低调。

司马迁的共情之外，还有“理”之展示。他没有为李广掩恶，实录李广杀霸陵尉、诱杀降兵二事，这是他作为史官的客观、公正。

但是，情与理的书写分量、书写倾向，却让人们更多记住了“李广之奇”“李广难封”。亚里士多德说，“我们的怜悯之心，是由于感觉某人遭受了不应遭受的灾难而产生的”(《诗学》)，司马迁成功地唤起了人们的怜悯心，自觉地为李广“鸣不平”。

（本篇主要依据《史记·李将军列传》）

原典

广廉，得赏赐辄[①]分其麾下[②]，饮食与士共之。终广之身，为二千石[③]四十余年，家无余财，终不言家产事。广为人长，猿臂，其善射亦天性也，虽其子孙他人学者，莫能及广。广讷口少言[④]，与人居则画地为军陈，射阔狭[⑤]以饮。专以射为戏，竟死[⑥]。广之将兵，乏绝之处，见水，士卒不尽饮，广不近水；士卒不尽食，广不尝食。宽缓不苛，士以此爱乐为用。

《史记·李将军列传第四十九》节选

注释

①**辄：**就。

②**麾下：**部下。

③**二千石：**指郡守一级，汉代官秩。

④**讷口少言：**说话迟钝，不善言谈。

⑤**射阔狭：**比赛谁射得准。阔狭，指实际着箭点与预期着箭点之间的距离大小。

⑥**竟死：**直到死。

译文

李广为官清廉，每次得到了朝廷的赏赐总是全都分给他的部下，和士兵们一起吃喝。李广一生，当了四十多年二千石俸禄的官，到头来家中没攒下一点钱财，他也从来不提家产的事。李广个子很高，胳膊也长，他射箭的绝技也确实是出于天赋，即使是他的子孙或外人向他学射箭，也没有一个人能赶上他的。李广言语迟钝，很少说话，和别人在一起时总喜欢在地上画图演习排兵布阵，比赛谁射箭射得准，输了的罚酒。他以射箭为消遣，一直到去世都爱好不变。他带兵之时，每遇到缺粮断水的时候，只要士兵还没喝上水他就决不喝水；只要士兵们还没有吃到东西他就决不吃东西。他待士兵宽厚和气，因此士兵都乐于为他效力。

大将军卫青

在汉武帝北击匈奴的战略中，大将军卫青是个关键人物。

龙城大捷，卫青粉碎了匈奴不可战胜的神话，吹响了大汉王朝反败为胜的号角。

七战七胜，卫青击溃了匈奴在漠南的主力，令其十几年内再无南下之力。

卫青是“英雄不论出处”的代言人，他本是一介奴仆，却草根逆袭，位极人臣。

卫青还是“谨言慎行”的践行者，他不贪功，不养士，安守为人臣子的本分。

有人说，卫青的成功，也很偶然。

有人说，卫青的成功，也没那么神奇。

只因他有一个好姐姐，汉武帝的皇后卫子夫。

只因他的裙带关系很硬，他才有大展身手的机会。

事情真的是这样吗？

他从底层一路走来，拼血性，比智谋，一场场的硬仗，单靠裙带又岂能左右？

艰难童年

卫青是河东郡平阳（今山西临汾）人。

这个平阳，是平阳侯和平阳公主夫妻两人共同的封地。卫青的一生，与平阳侯、平阳公主关系密切。

首先，他的父母都是平阳侯的人。他的母亲，人称卫媪，是平阳侯的女仆。他的父亲，名叫郑季，是平阳的县吏。卫青的出生，源自这两个人一次不该有的私通。卫青一出生，就带上了“私生子”的标签，一辈子也无法揭去。

卫青出生后，就跟在卫媪身边，在平阳侯府里当小仆人。一个不该出生的奴仆小孩，他在平阳侯府里的生活可想而知，很不受待见。当然，卫媪也很难。后来，卫媪实在没有办法，就把卫青送到了郑季那里。

本以为有父亲保护，卫青的生活能好一些，没想到，悲惨一如既往，甚或有过之而无不及。郑季给了卫青一个工作：放羊。放好羊，养大羊，给家里挣钱，这样才换来一口饭吃。

对于一个孩子来说，放羊虽然辛苦，但还是可以做的，毕竟也不是什么富贵人家。卫青备受折磨的是，来自兄弟们的敌视。这些兄弟，对卫青这个突然而至的“外来人”很排斥，他们不愿意与他称兄道弟，他们不愿意与他同等待遇，他们自发地联合起来欺负卫青。

同样是儿子，卫青却只能当牛做马，干辛苦活儿。

同样是兄弟，卫青却被视为仆人，被人颐指气使。

身体上的劳累与精神上的奴役，就是卫青童年生活的全部。小卫青很可怜，整天战战兢兢，含着泪水小心度日，却还是动辄得咎，非打即骂。

卫青很委屈，但是他没有办法，苦难的生活，他唯有一个应对之策：忍。生存规则是由强者来设定的，当你没有获得制定规则的权力时，忍耐是唯一可以掌控的，这就是生活的残酷。

有一次，卫青跟着别人到了甘泉宫，一位脖子上戴着铁枷的囚徒看到卫青很惊讶，他仔仔细细地端详卫青的面相，告诉卫青：“你有贵人相，以后定能封侯，做大官！”

虽然谁都希望自己的未来会更好，但是人的认知都是在现有基础上的提升，眼睛怎么也看不到的事情，很多人想都不敢想。

对于整天以泪洗面的卫青来说，他的期望很简单，就是能吃饱饭，不挨打，不被骂！这么简单的愿望，其实，对当时的卫青来说，都是奢望。

卫青对自己的身份很清楚，他说自己是“人奴之生”，一个奴仆生的儿子，谈什么未来呢？如今有人说他以后会被封侯，他只能把它当作笑谈来看，他只能对那个囚徒回报一笑。

但，这真的是笑谈吗？

一个女人改变一家人

卫青慢慢长大了，他不愿意再过这种寄人篱下的生活，决定回到母亲身边。同样是做仆人，还不如做个名正言顺的仆人，最起码，有娘陪伴的日子会多一些温暖。

卫青的这个决定，改变了他一生的轨迹。

因为，他与平阳公主有了关联，他成了平阳侯家的骑奴，负责跟随平阳公主，保护她。卫青的骑射能力很强，材力绝人，骑奴的身份为他以后征战沙场准备了必要能力。

因为平阳公主，卫家有了飞黄腾达的机会。

平阳公主是汉武帝的姐姐，是王太后的长女，与汉武帝关系很好。汉武帝即位后几年，都没有儿子，平阳公主很着急，就在自己家里养了十几位貌美的女子，每日里打扮得漂漂亮亮的，等着汉武帝驾临，可以随时挑选。

有一次，汉武帝参加除灾求福的仪式后，顺便到了平阳公主家里。平阳公主一看，非常高兴，赶紧让这十几位美人出来拜见。

平阳公主本来信心满满，十几位美人，总归会有让汉武帝看对眼的人吧，结果却很扫兴，汉武帝一个也没看上。

平阳公主只好招待汉武帝宴饮。喝完酒后，平阳公主又让歌姬前来助兴。突然，汉武帝的目光定在了一位歌姬身上，眼珠随着她移动。

这位歌姬长着一头乌黑的秀发，歌声悠扬，天真纯美，令汉武帝的心儿雀跃了起来。

这位歌姬，就是卫青的姐姐——卫子夫。

当天，汉武帝就亲幸了卫子夫。汉武帝非常高兴，当即赏赐平阳公主黄金千斤。这真是“有心栽花花不开，无心插柳柳成荫”，平阳公主赶紧奏请将卫子夫送入宫中，侍候汉武帝。汉武帝乐不可支地答应了。

卫子夫上车后，平阳公主抚摸着她的后背说：“去吧，好好努力！哪一天尊贵了，不要忘了我。”平阳公主笃定，卫子夫一定会独得荣宠。

卫子夫出身卑微，如今被天子一见钟情，这是多大的福分啊！她满心欢喜，向往着美好的未来。但是，汉武帝又没按常理出牌，卫子夫入宫一年，再也没有得到汉武帝的亲幸。

一会儿爱得要死，一会儿冷得要命，这是为哪般呢?

一来汉武帝“后宫佳丽三千人”，汉武帝身边不缺女人。

二来后宫制度管理严格，卫子夫缺少见面机会。

这一年，卫子夫每天都在期待——失望——再期待——再失望中度过，这样的日子过得着实煎熬。终于，一年后，她等来了机会。

当时，汉武帝准备将宫中一些宫女遣送回家，这是一次“大裁员”。正是这次机会，卫子夫才再次见到汉武帝。见到汉武帝的那一刹那，卫子夫委屈的泪水不受控制地流了下来，哭着请求出宫。这一副楚楚可怜状，这一脸梨花带雨容，彻底征服了汉武帝，让他陡然心生一股强烈的保护欲。卫子夫这次很争气，也很幸运，她有了身孕，更得汉武帝宠爱。

卫子夫得到宠幸，对于卫家来说，是好事，也是坏事。

坏就坏在，有些人对此不满意了。这些人还不是一般人，她们就是汉武帝的皇后陈阿娇与丈母娘窦太主刘嫖。

阿娇爱着汉武帝，但生性骄横，又迟迟没有身孕，汉武帝对她多少是不满的。阿娇自己得不到的，她也不希望别人有，听说卫子夫受宠且有了身孕，她非常嫉妒。满腹的委屈与嫉妒，阿娇都说给了母亲听。

窦太主是个杀伐果断的主儿，她不会单单地自己生气，她会把怒气投掷到让她生气的人身上。但是，卫子夫怀有身孕，是动不得的，窦太主就把报复对象锁定在卫青身上。弟弟为姐姐担当罪责，也算是解恨了！当时，卫青在建章宫做事。窦太主派人秘密逮捕了卫青，囚禁起来，准备除掉他。

卫青的生命岌岌可危，随时可能掉脑袋。关键时刻，一个叫公孙敖的人救了他。

公孙敖，当时是汉武帝的骑郎，是卫青的好朋友。公孙敖很讲义气，愿意为朋友两肋插刀，他带着几个壮汉，硬生生地将卫青捞了出来，卫青才幸免于难。

事情传到汉武帝耳朵里，汉武帝对阿娇愈发不满：这不仅是嫉妒卫子夫，更是向他示威。汉武帝当即给了阿娇一个“下马威”，提拔卫青为建章监，也就是负责管理建章宫的官，并加封卫青为侍中。

随后，卫家的兄弟们都得以显贵，数日之间，汉武帝的赏赐就累积了千金之多。

后来，救了卫青的公孙敖也备受尊崇，越来越显贵。

再后来，卫子夫升为“夫人”，卫青做了太中大夫。

汉武帝这一番连环操作，是向阿娇、窦太主传递信号：休得为难卫家人。

至此，卫青实现了人生命运的大转变，他不再是奴仆，一跃变成了显贵之人。

不过，这一切来得很偶然，来得也不算很光彩，他只不过是沾了姐姐的光，靠着裙带关系升了官。

活出个样子

命运陡然转变，如梦如幻，卫青多少有些难以置信。从小吃惯了苦头，习惯了被人踩在脚底，卫青对改变他及一家人命运的汉武帝感激涕零，总想找个机会报答。

机会总是青睐有准备的人。

汉武帝元光六年（前 129），汉武帝一改建国以来的对外政策，主动出击匈奴。这次主动出击，拉开了汉武帝时期长达四十余年汉匈战争的序幕。

当然，匈奴这么多年一直猖狂，也不是好对付的。汉武帝的这次“试水”，很稳重，兵分四路，四路各带一万人马，从四处出击。四路军队的将领分别是卫青、公孙敖、公孙贺、李广。

这是卫青人生中第一个真正属于自己的机遇，他暗暗告诉自己，一定要证明自己！带着这样的信念，从来没上过战场的卫青，直捣龙城，杀死了数百匈奴人，震惊朝野。

卫青杀掉的匈奴人虽不多，却很振奋人心，意义重大。

一者因为四路军队，唯有卫青一路胜利。公孙贺没

漢
漢
漢

有遇到匈奴军，一无所获；公孙敖则被匈奴大军打得损失了七千骑兵；李广不仅打了败仗，自己都被抓住，当了俘虏。

二者因为龙城地理位置重要。龙城在匈奴腹地，此前汉匈交战都是在汉朝边郡，汉军基本上没有越过边界深入匈奴腹地作战。如今卫青到达了龙城，等于释放了一个信号：匈奴的腹心之地也不安全了。

三者因为龙城意义特殊。龙城是匈奴人祭祀天地祖先的地方，是会合各个部落的王庭，既是匈奴的政治中心，还是宗教圣地。

卫青这次出击，能立大功，最主要的原因，是他肯动脑筋，他能出人意料。

第一个出人意料，准确地选定龙城作为进攻对象。

这个决定，很大胆，眼光超凡：既不会无功而返，也不会遭受重创。作为匈奴的祭祀圣地，龙城一定会有匈奴兵驻守，但是因为它在汉军从未到达过的腹地，也一定不会有重兵把守。这便是出其不意，攻其不备。

第二个出人意料，选择了“千里奔袭”的作战方式。

卫青准确地把握住了时代脉搏，把握住了汉匈作战的脉搏，一改过去的被动防御为主动进攻，一改过去的阵地战为运动战，长途奔袭，在运动中寻找机会歼灭敌人。

卫青生活在汉武帝时代很幸运，可谓生逢其时。他要感谢时代，为他提供了一个热血奔腾的舞台；他要感谢汉武帝，果敢有魄力，敢于起用新人，他才能崭露头角；他也要感谢自己，敢打敢拼，为自己代言。

卫子夫的荣耀时刻

卫青证明自己的同时，他的姐姐卫子夫的荣宠也越来越盛。

卫子夫的荣宠，与她为汉武帝生下一男三女有莫大的关系。尤其是，卫子夫生下的这个男娃，是汉武帝的第一个儿子。当时汉武帝已经二十九岁了，接近而立之年，喜得长男，汉武帝龙颜大悦，举朝欢庆。母凭子贵，汉武帝于元朔元年（前 128）册封卫子夫为皇后。

汉武帝原先的皇后，不是“金屋藏娇”的主角阿娇吗？其实，此时的阿娇早已经成为废后，退居长门宫，失去了权势。

阿娇的母亲窦太主很是厉害，也是汉武帝成功继位的最大推手，汉武帝为何还要废掉阿娇的皇后之位呢？

两个原因：

一是无子。阿娇曾经花费九千万求子，但终未奏效。在皇家，一个女人立身的根本就是子嗣，没有子嗣，地位就不稳。

二是巫蛊。汉武帝宠幸卫子夫，阿娇很气愤，几次都要死要活，汉武帝很生气。为了挽回汉武帝的心，糊涂的阿娇竟然施用妇人惑人的邪术。这就是犯罪了！

事情败露后，早就对阿娇不满的汉武帝，以正当理由废后。

阿娇的被废，与卫子夫关系很大。她的受宠，是阿娇走向不归路的导火索。但根本上，阿娇玩火自焚，也是咎由自取，怨不得别人！

卫子夫成功成为皇后，又是一个励志的故事，是汉代的“灰姑娘传”。

作为卫子夫的弟弟，卫青的晋升之路相对容易了很多。爱屋及乌，汉武帝愿意把更多的机遇给他。

封侯拜将

汉武帝给了机遇，卫青又会怎样自我证明呢？

再战再立功！

战战立功！

卫青人生中的第二次关键战役，是元朔二年（前127）的河南之战。

这个“河南”，不是现在的河南，而是指黄河河套以南的地方。

这个河南地，自古以来就是好地界。“黄河百害，唯富一套”，这一套，指的是河套，具体指黄河以南的河套灌区，自战国时代始，这里就是天下闻名的“米粮川”。这么好的地方，汉朝初年却丢了，丢到了匈奴手中，成为匈奴人的富饶粮草库。这么好的地方，必须夺回来！

况且，这个河南地，对于汉帝国来说，是性命攸关之地。河南地的正南方，就是汉帝国的首都长安，一旦匈奴出兵，直取长安，危险就大了。这是匈奴插入汉帝国版图的一把尖刀，必须拔掉！

基于这两个原因，汉武帝明白，这个河南地，必须打一场硬仗了。这次，汉武帝派出了两路人马：一路由将军李息带队，一路由将军卫青带队。

两路人马一路向西，长途奔袭，袭击了盘踞在河南地的匈奴楼烦王、白羊王。汉军士气高涨，捕获几千名敌人，缴获了百余万头牛羊，楼烦王、白羊王仓皇逃窜，全面收复了河南地。

这次战役很重要，丰饶的河套地区成了汉帝国的粮库，曾经刺向汉帝国的“尖刀”如今转了方向，成了匈奴人的致命威胁。

汉武帝后来将河南地改设为朔方郡，重新修缮秦朝蒙恬所修筑的长城要塞，招募十万民众迁徙到朔方郡，武装屯边。如此一来，曾经的河南地成了汉帝国反击匈奴的前沿阵地。

胜败优劣，一战而定，卫青功不可没，汉武帝从朔方郡划定三千八百户赐给卫青，封卫青为长平侯。

那一刻，卫青耳边再次响起了当初那个囚徒的预言，此前不敢想的事情，如今成真了。

那一刻，卫青很满足，最好的人生莫过于此啊。

当然，卫青满足，不代表他的人生顶点就止步于此。

卫青的第三次关键战役——漠南之战，在汉武帝元朔五年（前 124）上演了。

所谓“漠南”，即大漠之南。

这次战争，源自匈奴人在丢掉河南地之后的疯狂报复，屡屡入侵汉帝国边境，数次攻击朔方郡，企图再次夺回河南地。

接二连三的进攻，让汉武帝很不舒服，他决定反击，打消匈奴的嚣张气焰。

这一次，卫青以车骑将军的身份，统率四位将军，从朔方郡出发，进入大漠之南。

这一路，卫青长途奔袭，出塞六七百里，突袭了匈奴右贤王的王庭，又来了个出人意料、出奇制胜，打了右贤王一个措手不及。

长期的战争主动滋生了匈奴人高傲自大的心理，右贤王亦是如此，他从来没有想到汉军会打到他那里。那天夜里，右贤王正在饮酒作乐，很是快活。卫青却以疾风迅雷般的速度包围了右贤王的老巢，他根本没有能力组织有效抵抗，只能带上一名爱妾、几百精骑急驰突围，仓皇逃遁。右贤王用自己的傲慢证明了一个道理：

世界上最大的敌人，是自己。

这次战役，卫青收获颇多：捕获了右贤王的十多个小王，俘虏了一万五千余名匈奴男女，缴获了千百万头牲畜。

这次战役，巩固了河南之战的战果，巩固了朔方要地，彻底消除了匈奴对长安的直接威胁；又打出了新局面，将匈奴左右贤王两部切断，匈奴主力被迫迁至漠北。

卫青这一战又打出了一个“第一”——汉帝国第一次取得如此辉煌的战果。汉武帝备感振奋，派出使者，在卫青班师回朝的途中，任命卫青为大将军。

按照常理，封赏是班师回朝才进行的。汉武帝如此破例，足见他对卫青的认可，足见他是多么高兴。

“大将军”是汉帝国的最高军职，荣耀无比。谁能说贫贱者永远贫贱，谁能说出身决定未来？卫青用他的血汗证明了自己，成功逆袭，用荣耀回馈了付出，诠释了“英雄不论出处”的道理。

低调做人，谦虚做事

卫青班师回朝后，汉武帝又再加了封赏：

第一，加封卫青六千户。

第二，封卫青的三个年幼的儿子为侯。

第一个封赏，卫青接受了。但是，第二个封赏，他坚决不予接受。

卫青拒绝的理由是：有功要封赏，无功不能赏。

有功的是跟随他浴血奋战的将士，无功的是卫青年幼而在家的儿子。将士们征战沙场不封赏，却要封赏没有上过战场、没有劳苦与功绩的孩子，这不是鼓舞士气的方法。如此一来，他对不起将士们的拼搏，无颜见将士们的伤痕。

其实，汉武帝并没有忘却将士们的功劳，也没有忘记封赏将士们，这只是对卫青的额外奖赏。随后，汉武帝对跟随卫青出征的将军、校尉一一封赏，共有十人得到侯爵，获得食邑。

卫青成为大将军，一时风光无限，备受尊崇。公卿以下的官员见了他，都是毕恭毕敬，行跪拜之礼，唯独有一位大臣是个例外。

这位大臣，就是朝中的“耿直男”汲黯。汲黯见了卫青，只行平等之礼：作揖。

有人看不过去，就劝汲黯：“要认清形势，天子器重大将军，希望大臣们自屈于大将军之下，大将军如此尊贵，不可不拜。”

汲黯还是一副毫不在乎的样子，抛下一句话，扬长而去。这句话就是，如果有一个人对大将军只揖不拜，难不成大将军就不尊贵了吗？言外之意，大将军的尊贵难不成是你们这些趋炎附势的人跪拜出来的?

卫青听到汲黯的话，不但没有生气，反而更加敬佩汲黯。此后，卫青多次就一些朝中难以决断的大事向汲黯请教，对汲黯的礼遇胜过平常人。

这就是卫青，谦谦君子。

或许是童年生活的烙印太深厚了，也或许是卫青内心深处对自己的出身留有难以去除的自卑，这一切造就了他的“仁善退让”之心。从社会生存链的最低端一路走来，他习惯了忍让，他不愿意争。卫青虽然实现了命运的改变，但他从来没有因为改变了命运而自高自大，反而越发谦虚低调了。

不居功，不专权

元朔六年（前123），卫青又领兵出发，目标是匈奴的单于部。

这次，卫青杀敌不少，但是中间却出现了一件不太好的事情：前将军赵信投降，右将军苏建一人逃回，二人率领的军队全军覆没。

二人手下共有三千多骑兵，遭遇了匈奴单于的主力军。二人率领士兵奋战一天多，伤亡惨重。前将军赵信本就是匈奴人，投降汉朝后被封为侯，如今军情危急，匈奴人引诱他，他就率领剩下的约八百骑兵，投降了匈奴。苏建军队损失殆尽，他只身逃回。

在如何处理苏建的问题上，卫青征求将领们的意见。意见分为两派：

第一，杀苏建以立威。卫青出征以来，从来没有杀过副将，如今恰恰是立威的好机会。

第二，留苏建以行仁。苏建之败，源自人少。自古交战，实力悬殊，人少的一方总归会被打败，且苏建拼死奋战，不愿背叛朝廷，宁愿受罚，也归来请罪。如果杀了苏建，等于告诉将士们，打了败仗就不要回来了。

听完不同的意见，卫青做出了自己的决定：由天子裁定。

卫青说，自己以皇亲的身份带兵，他考虑的是如何报答皇恩，而不是树立自己的威严，这不是他作为臣子的本意。即使他有处死有罪将军的权力，他也不敢在国境外擅自诛杀。一切上报天子，由天子裁决，他不敢专权。

汉武帝与卫青，既是姐夫与小舅子，还是伯乐与千里马。汉武帝在卫青面前很是放松，对他很信任。卫青来见，汉武帝正上厕所，就会在厕所里接见、说话。但是，二人最根本的关系是君与臣。卫青很有分寸感，时刻恪守臣子本分，从来没有因为汉武帝的信任恃宠而骄，从来没有因为自己的军功自高自大。

有一次，苏建劝说卫青“养士”，靠养士扬名，靠养士提升舆论影响。对此，卫青坚决拒绝，理由有三：

第一，大臣不该养士。大臣养士，为人痛恨，魏其侯窦婴和武安侯田蚡就是例子。

第二，选拔人才，废除不肖，是国君的权力。

第三，大臣要做的是干好本职工作，不要越权，也别想越权。

这就是卫青的为臣之道。他头脑很清醒，他很谨慎：汉武帝反对的事，他不会妄发一言，妄做一事，更不会"功高震主"。

卫青清醒地知道自己是谁，清醒地知道自己是如何走向巅峰的，因此，他心中无野心，他做事少焦虑。人这一生，最难的、最根本的，是学会与自己相处。唯有如此，才能找准生命的坐标，才能达成心性的宁静，才能找到成长的力量。

娶了皇姐

卫子夫成了皇后，卫青成了大将军，卫青的长子为侯世子，常侍宫中，卫青三个儿子贵幸封侯，卫家贵震天下。为此，当时的百姓创作了一首歌："生男无喜，生女无怒，独不见卫子夫霸天下！"

皇恩浩荡，却也多变。隆盛之时，恰恰也是危险之时。很多只眼睛盯着卫青，卫青稍有不慎之举，就会被人抓住小辫子。

卫青征战后返回京城，因为损失了两位将军的军队，军功不多，汉武帝便没再增封，仅赏赐给他一千金。卫青的一名手下乘机劝说卫青，把这一千金送给汉武帝的新宠王夫人，为她的父母双亲祝寿。

为什么要这么做呢？均衡！

卫青食邑万户，三个儿子都受封为侯，是因为卫皇后。如今王夫人得幸，而她的同姓亲戚还没有一个富贵的。不过，现在不富贵，不等于日后不富贵。多一个朋友，就少一个敌人；多一个朋友，就多一份保障。卫青思索了一番，将五百金送给王夫人的双亲祝寿。

汉武帝知道这事之后，认定这不是卫青的风格：他不是一个投机钻营的人，就询问卫青这是谁的主意。卫青据实汇报，汉武帝很高兴，看来他还是很了解卫青的。

卫青一如既往地忠君报国，守疆拓土，做着他应该做的事情。这时，一件喜事悄悄降临了。

当时平阳公主正寡居，想再找一位丈夫。当然，能配得上皇帝姐姐的可不能是一般人，必须是列侯。选来选去，挑来挑去，长安城里的列侯都过了一遍，大家一致推荐大将军卫青。

对于这个人选，平阳公主还是很满意的，只不过，卫青曾经是她家的骑奴，跟在她后面，跟随她出行，现在如果做她的丈夫，心里多少还是有些别扭。

平阳公主身边的随从都劝她，不要用老眼光看人，卫青今非昔比，姐姐是皇后，儿子都封了侯，可不能看轻他。平阳公主想想也对，就同意了。

平阳公主的想法报到了卫子夫那里，卫子夫又报到了汉武帝那里，于是，一场历史上特别有趣的“翻身农奴把歌唱”的故事就出现了：曾经的家奴娶了主子。

汉武帝娶了卫青的姐姐，卫青又娶了汉武帝的姐姐，这是亲上加亲，这是贵上加贵。

人的出身，不能选择，这是自己不能决定的。

人生的痕迹，一定是自己选择镂刻上去的。

补写《史记》的褚少孙评价卫青为“丈夫龙变”，大丈夫要像龙一样乘时兴起，善于变化。待到成就功业时，过往的贫贱、卑微都会成为打造光彩荣耀的底色。

所以，还有什么理由不努力呢！

（本篇主要依据《史记·卫将军骠骑列传》《史记·外戚世家》《史记·汲郑列传》）

原典

大将军青既益尊，姊为皇后，然黯与亢礼[①]。人或说黯曰："自天子欲群臣下[②]大将军，大将军尊重益贵，君不可以不拜。"黯曰："夫以大将军有揖客[③]，反不重邪？"大将军闻，愈贤[④]黯，数请问国家朝廷所疑，遇[⑤]黯过于平生。

《史记·汲郑列传第六十》节选

注释

①**亢礼：**以平等的礼节相待。亢，对抗，匹敌。

②**下：**退让。

③**揖客：**长揖不拜、分庭抗礼的宾客。

④**贤：**以（汲黯）为贤。

⑤**遇：**对待。

译文

大将军卫青的地位很高，而且他的姐姐（卫子夫）还是皇后，然而汲黯见了卫青却仍是和他平等见礼。这时，有人就劝汲黯说：“皇帝希望群臣百官们尊重大将军，大将军的地位如今越来越高，您见了他不能不行跪拜之礼。”汲黯说：“难道大将军有个只和他作揖的客人，就降低他的身份了吗？”大将军卫青得知，越发觉得汲黯贤良，多次去向汲黯请教在国事上的疑惑，对待汲黯的态度比以往任何时候都要好。

封狼居胥

汉匈战争中，大汉王朝出现了一对双子星——卫青与霍去病。他们狂飙突进，打出了大汉的声威与气势。

与卫青相比，霍去病似乎更为耀眼，更加璀璨。

他是位“少年英雄”，用两年的时间做到了与十年戎马的卫青平起平坐。

他是位“闪电专家”，他的闪电战，纵横驰骋，令匈奴闻风丧胆。

他是一代又一代的“青年偶像”，一句“匈奴未灭，无以家为也”，慷慨激昂，掷地有声，喊出了大汉气度，呼出了大汉精神。

可惜天妒英才，他的辉煌，定格在二十四岁的一天。这令汉武帝悲不能已，令后人扼腕叹息。

不一样的私生子

霍去病，是卫青的外甥。他们舅甥二人有很多相似点，都是私生子，都是一代战将。

卫青共有三个姐姐，大姐卫君孺，二姐卫少儿，三姐卫子夫。因为卫子夫得宠，大姐、二姐的婚事也攀了高枝：大姐嫁给了太仆公孙贺，二姐嫁给了陈平的曾孙陈掌。霍去病就是二姐卫少儿的儿子。

卫少儿的丈夫姓陈，为何霍去病姓霍呢?

那是因为，霍去病不是卫少儿与陈掌的儿子，而是卫少儿结婚前与平阳县的一名小吏霍仲孺生的儿子。霍去病姓的是亲生父亲的姓。

更为不同的是，霍去病的童年生活很富裕，过着锦衣玉食的贵胄生活。当然，这一切都得感谢卫子夫。卫子夫的得宠，使卫家人摆脱了奴仆身份，摇身变为皇亲国戚。

不一样的童年生活，造就了不同的性格。

与卫青的谦卑谨慎不同，霍去病敢说敢做，从不畏惧。他似乎有着天生的神力，善骑射，又得舅舅卫青提点、教育，年纪轻轻就显示出不一般的气度。

霍去病在十八岁的时候，因为卫子夫的关系，做了汉武帝的侍中，随侍汉武帝。汉武帝对霍去病很满意，觉得这是棵好苗子，想重点培养一下。

有一天，汉武帝想亲自教他《孙子兵法》《吴起兵法》，天子主动当老师，这是多大的荣耀，多好的机会啊，多少人抢破脑袋都沾不到一点边，谁料霍去病竟然拒绝了！

霍去病拒绝得很霸气，他说："战争只要看自己的战略就够了，不必学习古人的兵法！"

这么牛气，敢驳皇帝，哪来的底气？

从小形成的自信。

一个人如何评价自己，决定着他的处事方式，决定着他的人生走向，决定着他的命运归宿。生活在富贵家庭中的霍去病，家庭氛围很轻松，他收获了太多的鼓励与掌声，他的脸上洋溢着英姿勃发的豪情，他的身上弥漫着无所畏惧的冲劲儿。

霍去病的拒绝，不但没有被汉武帝怪罪，反而收获了他不一样的关注。

对汉武帝来说，霍去病是一面镜子，照出的却是自己。这股初生牛犊不怕虎的猛劲儿，汉武帝很熟悉，他曾经也是这样的一个少年。

一战封侯

十八岁那年，霍去病第一次上了战场。

这一战，是阴山北麓之战。主帅是大将军卫青，霍去病任剽（piāo）姚校尉。

这一战，霍去病这把从未开封的利剑，一剑出鞘，剑气逼人。

霍去病手下有八百名轻捷勇敢的骑兵，这八百名骑兵，就是他的“制胜武器”。他初上战场，没有畏惧，反而有一种抑制不住的兴奋，或许他就是为战场而生的吧！他率领八百骑兵，径直离开大军几百里，寻找有利时机，攻杀敌人。

这一次，霍去病“玩的就是心跳”，轻装简从，长途奔袭，速战速决，决不恋战。

这一次，霍去病收获满满，杀敌两千零二十八人，其中包括匈奴的相国等高官，杀死了单于祖父辈的籍若侯产，活捉了单于的叔父。

这是巨大的胜利。

最关键的是，阴山北麓之战，霍去病是“最靓的仔”“最亮的星”。其他人打得并不顺利，卫青也没有占到便宜，只有霍去病打得匈奴措手不及。

霍去病的功劳，位列全军第一，因此，汉武帝非常高兴地划定一千六百户，封霍去病为“冠军侯”，意思是功冠全军。

十八岁凭战功封侯，试问天下有几人？此种际遇，此等能力，连卫青都羡慕。想他卫青，征战了十年，才立功封侯。

汉武帝对霍去病，赏识之情溢于言表，大汉王朝的披荆斩棘、开拓进取，要的就是霍去病这样的奋进力量。

从此，匈奴人记住了“霍去病”这个名字。

从此，时代记住了“霍去病”这个名字。

一个属于霍去病的时代，到来了。

独当一面

河西之战，是霍去病独立指挥的第一仗。

汉武帝任命霍去病为骠骑将军，以“断匈奴右臂”为战略目标，出征匈奴。

这次征战，共有两次进攻：

一次是春季攻势。霍去病亲自率领一万骑兵，经过匈奴的五个王国，不掠取财物，不砍杀顺从者，目标很明确，那就是捕获匈奴单于的儿子。有志者事竟成，霍去病做到了。

霍去病并不满足，他又连续转战六天，马不停蹄，驰骋一千余里，杀死了折兰王、卢胡王，抓获了浑邪王的儿子及匈奴的相国、都尉等高官，共歼敌八千余人，还缴获了休屠王的祭天金人。

霍去病不负所望，汉武帝非常兴奋，亲自下诏嘉奖霍去病，加封霍去病两千户。

另外一次是夏季攻势。霍去病与公孙敖、张骞、李广分路攻打匈奴。这一次，又是霍去病狂飙突进，独自立功。

李广寡不敌众，损失惨重；张骞赶到时，匈奴已撤军，延误军机，被判死刑，以金赎罪，成了平民百姓。公孙敖迷失了方向，走错了道，没能与霍去病会合。

霍去病没有因为孤军作战迟疑畏惧，一直打到祁连山（今甘肃酒泉），与匈奴军鏖（áo）战，斩获甚多：

俘虏酋涂王，杀敌三万零二百人，两千五百人投降；俘获五个匈奴小王、五个匈奴小王的母亲、单于的妻子、五十九个匈奴王子；俘获匈奴相国、将军、当户、都尉等高官，共计六十三人。

这就是霍去病作战的风格，他“擒贼先擒王”。汉朝计算军功，擒获匈奴单于、王族子弟、高官等，是最为重要的考核标准。霍去病不是一般的将领，他要拿，就拿最大、最高的奖项。

更为关键的是，霍去病战斗力强，如此功绩，他率领的军队减损不到十分之三。

汉武帝备感振奋，再次颁布诏书，增封霍去病五千户。

一般来说，生存之道，要有作为才能有地位，要有功劳才能有掌声。霍去病再次赢得了汉武帝的赞美，靠的就是“指哪打哪，能打胜仗”的本领。

河西之战，霍去病两次攻势，基本荡平了匈奴右部的势力，夺得了战略要地河西走廊，实现了“断匈奴右臂”的战略目标。匈奴损兵折将，更为重要的是损失了大片优良牧地，战略优势全无，遂哀声一片，哀歌连连，“亡我祁连山，使我六畜不蕃息。亡我焉支山，使我妇女无颜色”。

连锁反应

河西之战，还有一项意想不到的战绩——战败的连锁反应，引发了匈奴内部的分裂。

匈奴大单于遭遇了从来没有过的系列败绩，恼羞成怒，怒不可遏，迁怒于匈奴西部的浑邪王和休屠王。大单于决定先召浑邪王到王庭，趁机诛杀他。浑邪王和休屠王得到消息，为了活命，他们苦思冥想，想出了一招：

投降汉朝。

这对浑邪王、休屠王来说，是大事情。对汉武帝来说，同样也是大事情。双方心存忌惮，都有疑心：汉武帝害怕浑邪王、休屠王诈降，偷袭边境；浑邪王、休屠王对投降之后的命运，忐忑不安。双方各自带着防备，开始了一场波澜暗生的“归降战”。

汉武帝为防不测，派霍去病领兵迎接浑邪王和休屠王。霍去病渡过黄河，遇到了浑邪王的部队，商量归降事宜。

但是，霍去病的军队一到，浑邪王的副将们慌了。明明是归降，为何会有这么黑压压的一片汉军？汉军到底是来干吗的？杀他们吗？即便不杀，投降之后日子能好过吗？他们窃窃私语，传递着疑惑，他们几乎达成共识：投降难免一死，不投降顶多是头领被处死。于是，他们改变主意，不投降了，不少人趁机逃走了。

军心一旦乱了，投降一事就很难成功。在混乱时刻，霍去病当机立断，做出了三个决定：

第一，杀逃兵。他领兵驰马前进，杀死了想逃走的八千人。

第二，护送浑邪王离开。他让浑邪王乘坐专车，由专人护送，先到汉武帝的行宫。

第三，接管军队。霍去病亲自率领浑邪王的军队，全部渡过黄河。

霍去病干脆利落，平定骚乱，成功引领浑邪王投降大汉。

匈奴王投降，对于汉匈双方来说，肯定都是头条消息。为了宣扬大汉的声威，霍去病夸大了浑邪王投降的人数，实际是几万人，却号称十万人。

此等舆论一出，振奋了汉朝人，打击了匈奴人，这是历史性的时刻。

霍去病一行人到达长安，汉武帝龙颜大悦，慷慨大方，大手一挥："赏！""赏"字一出，就赏了几十万钱，还划定了一万户封浑邪王为漯阴侯，还加封了他手下的三个小王、一个当户为侯。

达成这一历史时刻，霍去病功不可没！

没有他的河西之战，大单于就不会有杀心；大单于不起杀心，浑邪王就不会降汉。

没有他的果敢，浑邪王就不能成功归降；浑邪王不归降，这一载入史册的关键时刻就不会出现。

如此功臣，汉武帝又怎么会忘记呢？霍去病又被增封了一千七百户。

至此，霍去病四次受封，共计一万零三百户，成为名副其实的万户侯。

大汉荣耀

汉武帝元狩四年（前 119），汉武帝派出卫青、霍去病，寻歼匈奴单于主力。这次战争，史称漠北之战。

卫青、霍去病各领五万骑兵，分两路攻击，几十万步兵和转运物资的人，紧随其后。

卫青遭遇匈奴单于主力，俘获、斩杀匈奴兵一万多人，还占领了他们的粮仓，唯一的遗憾是没有生擒匈奴首领，让单于逃了。

霍去病深入匈奴腹地两千余里，重创匈奴左贤王部，捕获单于近臣，诛杀匈奴小王三人，诛杀将军、相国等八十三人，获取了他们的粮食，保证了军粮供应。此后，霍去病一路北上，到达狼居胥山，俘虏和杀敌共七万零四百四十三人。

至此，霍去病漠北之战的军功已经超过了卫青。更为重要的是，霍去病在狼居胥山举行了祭天仪式，在姑衍山祭地，开历史之先河。这就是成语“封狼居胥”的来历。

祭天为封，祭地为禅。自古以来，封禅是帝王的最高大典，只有在天下太平或者天降祥瑞之时，方能举行。霍去病一介武将，本没有封禅的权力。他举行封禅，是代汉武帝封禅，目的是宣告此地为汉朝疆土。

霍去病站在狼居胥山上，放眼四顾，到处是广袤的沙漠。黄沙飞扬，霍去病的心儿也飞扬了起来，那一刻，他内心充盈着一股股力量，发出一声声响亮的呼喊。

汉朝人从未到过的地方，他来了。

汉朝人从未得到的地方，他打下来了。

从此，漠南再无匈奴王庭，“胡无人，汉道昌”（李白《胡无人》）。

从此，封狼居胥就成为一个符号，一个大汉荣耀的符号，一个武将荣耀的符号。

从此，封狼居胥就成了后代人追寻的梦想。寒风冽，黄沙狂，依然抵挡不住满腔热情，即便能力不足的宋文帝刘义隆也要来一场“模仿秀”，只不过到头来却是“元嘉草草，封狼居胥，赢得仓皇北顾”！

如此荣耀的军功，汉武帝必须赏。

汉武帝划定五千八百户，增封骠骑将军霍去病，再一次让这颗熠熠发光的新星荣耀无比。

汉武帝的奖赏，还留下了一个美丽的传说。据说，霍去病凯旋途中，汉武帝派人赐御酒，霍去病将酒倒入一池泉水中，让三军将士都感受胜利的喜悦、皇帝的洪恩。这池泉水，从此有了一个美名——酒泉。

一路走红

霍去病是位“天才型选手”，他一生从无败绩，打出了盛世雄风。

他一路走来，一路坦途，火速走红，又变成了“偶像派明星”。青春年少的脸庞，总是带着酷酷的、踟踟的神情，却是那样令人心动。

汉武帝既是霍去病的老板，又是霍去病的重量级粉丝。

汉武帝特许霍去病一项“特权”，他可以优先选择士兵、马匹、武器。他挑选完了，才轮得到那些老将军。

漠北之战后，汉武帝特意设置了“大司马”官职，大将军卫青与骠骑将军霍去病都当了大司马。汉武帝特意下令，骠骑将军霍去病的官阶和俸禄与大将军卫青相等。

卫青也曾是汉武帝眼前的红人，但是虎虎生风的青春派新星，多少黯淡了老牌明星的风采，双子星座渐渐变成了一枝独秀。

汉武帝的态度，是一个风向标，朝中大臣纷纷离开卫青，去攀附骠骑将军。

从小享受惯了，顺利惯了，霍去病很自我。他打仗喜欢孤军深入，如同一个大冒险家，只不过，每次幸运之神都能眷顾他，每次都能大胜而归。

自我的人做了将军，一个弊端就出现了：不太懂得体恤将士。

出兵打仗时，汉武帝赠送他几十车食物，他自己吃不了，也不给士兵吃。待他回朝时，辎重车上有很多剩余的米、肉，他的士兵却在忍饥挨饿。他在塞外打仗，士兵缺粮，有些人都饿得站不起来，霍去病仍然兴致盎然地踢球游戏。

按照传统的观点，霍去病似乎不能称得上是好将军，但是他的军队战斗力却很强。这又为何呢？

第一，战场上有共同目标。

霍去病从第一次上战场，他就立下了“消灭匈奴”的远大目标，他不惜勇力，他一马当先，在战场上能迅速提升士气、凝聚力量。

汉武帝曾经为霍去病修盖府第，想让他成家。他却连去看都没看，扔下了一句：“匈奴未灭，无以家为也！”

这句话，慷慨激昂，掷地有声，多么豪情，令人振奋！

像霍去病这样抱定“明犯强汉者，虽远必诛”理念的，在当时还有很多热血青年，在那样一个时代，他们为了一个共同的目标，走到一起。

抱负远大，目标一致，他们就能最大限度地抛却嫌隙，共同做事。

第二，战后福利多。

战场上风霜雪雨、刀光剑影，将士们出征在外，为的是啥？

说得高大上一些，就是建功立业，报效朝廷！

说得俗一些，讨碗饭吃。

但是，同样是作战，跟着不同的将军，命运是不一样的。跟着一些将军，可能命就没了，即便有命，战后也可能没有赏赐，或者赏赐不多，比如威名远扬的李广，甚或大将军卫青，漠北之战后，卫青没有封赏，手下士兵自然也没有奖赏。

跟着运气好的霍去病，一路都是胜利，一路都是封赏。同样是漠北之战，霍去病手下的将领很多跟着封了侯，甚至是属下的小吏士卒，当官和受赏的都很多。

一个强大的人，正如一束强光，可以照亮黑暗，余光之处，亦有福泽。

巨星陨落

汉武帝元狩六年（前 117），年仅二十四岁的霍去病溘（kè）然长逝。

霍去病身强力壮，骁勇善战，没有一点征兆，怎么就突然死了呢？

太不正常了！

司马迁只用了一个“卒”字写其死亡，至于死亡原因，只字未提。

大家习惯于“新闻越短事越大”式的解读，从而对霍去病的死因去探秘、解谜。大致来说，有两种观点：

第一，病死。

这一观点，最早出自西汉的褚少孙。褚少孙续补《史记》，说霍去病是病死。至于什么病，他却没有明说。

有人从霍去病的儿子也是年纪轻轻死去的事实，猜测霍去病是猝死，可能有家族遗传病。

有人却说这个病是瘟疫而生的传染病。匈奴单于把得了瘟疫的动物投到水源中，霍去病在行军过程中喝了这水。这个说法，经不起推敲，霍去病是漠北之战后两年死去的，这类传染病的潜伏期不可能这么长，况且喝了这水的不止霍去病一个，为何独独死了霍去病呢？

第二，谋杀。

这一观点认为，霍去病不是正常死亡，而是为人所害。

害他的是谁呢？嫌疑人之一，是卫青。霍去病被赏识之前，卫青是汉武帝汉匈战争最重要的依傍，后来他的风头被霍去病盖过。利益面前无亲人，卫青心生不满，遂生杀心。

嫌疑人之二，是汉武帝。汉武帝为何杀霍去病呢?霍去病有威胁。霍去病兵权在握，功高震主，更关键的是，很少干预政治的霍去病在去世前几个月，出头奏请册立汉武帝的三位皇子为王，前往封国就任。汉武帝嗅到了卫氏外戚独大的危险，为保社稷安全，拿霍去病开刀。

这是明显的“阴谋论”!

卫青不可能杀霍去病，他的谦虚低调、安守本分，不允许他做这种事。

汉武帝也不可能杀霍去病，不符合利益最大化原则。霍去病是汉武帝踏平匈奴的最坚定执行者，杀了霍去病，相当于“自断手臂”。霍去病一死，汉武帝的对匈作战就按下了“暂停键”，再也不能顺利对匈奴发动战争。霍去病此前杀了李广的儿子关内侯李敢，汉武帝都替他隐瞒了真相，不忍治他死罪。如果汉武帝真想杀霍去病，这不是送上门来的正当理由吗?

所以，霍去病暴病而卒的可能性最大，天妒英才，才高寿短。

霍去病死后，汉武帝扼腕叹息，给予了霍去病“最后的殊荣”：调遣边境五郡的铁甲军，从长安到茂陵排列成阵，负责为霍去病修坟。霍去病的坟墓，位于汉武帝的陵寝旁边，外形像祁连山。

“祁连山”的风沙掠过，似乎夹杂着“天兵照雪下玉关，虏箭如杀射金甲”的豪迈呼喊。

“马踏匈奴”的雕像身上，似乎稳坐着“流星白羽腰间插，剑花秋莲光出匣”的骠骑将军。

霍去病生前沉默寡言，不爱说话，他用战功为己发声。

霍去病死后更无言，却扬名千秋，受万世景仰。

一生短暂，划过历史的天空，却不妨碍他成为永恒!

（本篇主要依据《史记·卫将军骠骑列传》《史记·外戚世家》《史记·李将军列传》）

原典

军既还，天子曰：“骠骑将军去病率师，躬将所获荤粥[1]之士，约轻赍[2]，绝大幕[3]，涉[4]获章渠，以诛比车耆[5]，转击左大将，斩获旗鼓，历涉离侯[6]，济弓闾[7]，获屯头王、韩王等三人，将军、相国、当户、都尉八十三人，封狼居胥山[8]，禅于姑衍[9]，登临翰海[10]。执卤[11]获丑七万有四百四十三级，师率减什三[12]，取食于敌，逴行[13]殊远而粮不绝，以五千八百户益封骠骑将军。”

《史记·卫将军骠骑列传第五十一》节选

注释

①**荤粥：**音 xūn yù，北方部族名。

②**约轻赍：**约，准备。轻赍，随身携带的少量粮食。赍，音 jī。

③**幕：**通“漠”，沙漠。

④**涉：**蹚过河水。

⑤**比车耆：**王号。

⑥**离侯：**漠北山名。

⑦**弓闾：**水名。

⑧**狼居胥山：**今蒙古国乌兰巴托东。

⑨**姑衍：**山名，今狼居胥山西北。

⑩**翰海：**北海，今蒙古高原东北。一说指今内蒙古呼伦湖、贝尔湖。

⑪**卤：**通“虏”，对敌人的蔑称。

⑫**什三：**十分之三。什，同“十”。

⑬**逴行：**远行。逴，音 chuō。

译文

出征部队凯旋后，汉武帝说：“骠骑将军霍去病统领三军，亲自率领从前俘获的荤粥部族勇士，轻装前进，穿越沙漠，渡河捉拿单于的近臣章渠，讨伐了比车耆王，转而攻击匈奴左大将，缴获了敌人的战旗和军鼓，先后翻过离侯山，渡过弓闾河，俘虏了匈奴屯头王、韩王等三人，俘虏匈奴将军、相国、当户、都尉等八十三人，登上了狼居胥山祭天，在姑衍山祭地，一直到达了翰海之滨。共计斩杀和俘虏了匈奴七万零四百四十三人，自己减员只有十分之三，他们能从敌人手里夺取军粮，因而远行千里却没有缺乏粮草，特加封骠骑将军五千八百户。”

凤求凰

自古以来，爱情就自带看点。

文人的爱情看点更多。过程总是曲折离奇，跌宕起伏，或温婉，或甜蜜，或无奈，总会成为人们欣羡的对象、忙余的谈资。

“凤求凰”，是西汉时期的一出文人爱情大戏，有才子佳人，有父母干预，有情人私奔，有修成正果，有移情别恋，有捍卫爱情，是一曲五音俱全的爱情长歌。

穿越千年，这首长歌，依然拨动着你我的心弦。

追星男孩

故事的男主角，名叫司马相如。

司马相如出生在成都一户还算殷实的人家。小娃娃长得白净喜人，一家人甚是疼爱，父母希望他有个好身体，有个好未来，就给他取字长卿，取名犬子。长卿是古代六卿之长，父母这是希望他将来做大官；犬子通俗点说，就是“小狗子”，古人认为贱名好养，父母这是希望他身体倍儿棒。

“小狗子”小时候聪颖活泼，很喜欢读书，也喜欢剑术，更为关键的是，这孩子学啥像啥，学啥啥成，时时被别人家的父母作为“学习楷模”鼓励与鞭策着别人家的孩子。没办法，就是这么优秀！

读书学习过程中，司马相如被一个人深深吸引了。这个人就是战国时期赵国的上卿蔺相如。他期待着自己能像偶像蔺相如那般智勇双全，凛凛生风；他期待着自己也能像偶像蔺相如那般精诚信义，扬名立身。于是，他做了一个重大决定：改名。

古代人改名，大多数时候是因为避讳，除此之外，很少自行改名，因为名字与身体发肤一样，是父母赐予的，要跟随一生。

追星是很多年轻人都有的行为。追星不是洪水猛兽，但需理智追星。追星要清晰地知道三个问题：追什么星，怎么追星，追星的目的为何。司马相如的追星，算得上正能量，他实际上为自己树立了一个标杆，一个引领他不断前行的标杆。

他追星是为了遇到更好的自己，他更加努力地读书、练剑，揣摩着历史大势，汲取着营养，不知不觉间，壮大了自己。

他常常在想，梦中如果与蔺相如相遇，他是否会有底气走向前，与蔺相如指点江山呢?

他希望做到“蔺相如，司马相如，实相如”!

梁园一曲《子虚赋》

有梦想，生活就很充实。生活充实，日子就过得飞快。

司马相如长大了，他渴望着建功立业，他渴望着走向仕途。

当时普通人想做官，主要有两条途径：征辟、察举。征辟是指皇帝、官员征召有名望有才能的人，是由上而下的选官制度。察举是指从基层一层层推举人才，是由下而上的选官制度。

无论是被征召，还是被举荐，都需要长时间的积淀、考察，得有卓越之处。司马相如虽然优秀，但还没优秀到年纪轻轻就被举荐做官的程度，他就选择了另外一条道路：訾（zī）选。

訾选，也就是有资产的人，自备车马衣服到朝廷做官。其实说白了，就是花钱买官。

朝廷这样做，源自两个考虑：一是“仓廪实而知礼节”，二是缓解朝廷负担。

司马相如的父亲很支持儿子，他竭尽所能，给儿子谋得了一个郎官之职，负责侍卫汉景帝，做了武骑常侍。这个工作，就是汉景帝打猎、游玩的时候，随侍左右。

这个工作很单调，也不是自己的兴趣所在，司马相如干得不太开心。他是个“文艺青年”，喜欢辞赋，而汉景帝不喜欢辞赋，他与最高统治者之间缺少能够“交通”的媒介。他既没有知音，又没有同伴，缺少宣泄的对象，心中憋闷。

他有大志向，渴望建功立业。当年他初到长安，意气风发，在驷马桥曾立下“不乘赤车驷马，不过汝下”的誓言。谁知到了长安做了郎官后，却没有施展才华的平台与机会，他很不甘心。

“嘤其鸣矣，求其友声”。终于有一天，他的生活被点亮了，他听到了同伴的声音。

汉景帝的弟弟梁孝王进京朝见，跟随梁孝王一起进京的有邹阳、枚乘、庄忌等一帮文人。这些人，谈天论地，纵论古今，诗词歌赋，洋洋洒洒，司马相如一见就喜欢上了。

司马相如抑制不住地兴奋，他心中悸动，他内心雀跃，这就是知音的力量。于是，他毅然决然地以生病为由辞掉了好不容易得来的官职，追随梁孝王一起回了梁国，成了一名梁园（今河南商丘）文人。

有知音，有同志，有切磋，有唱和，一扫过去的沉闷与压抑，司马相如的日子过得那叫一个美。

司马相如的梁园生活，结出了一颗硕果——《子虚赋》。这篇赋，有开拓之功，有典范意义，确立了汉大赋的体制。

看来，生活真的要与兴趣共舞，才能活出滋味，才能绽放绚烂。

临邛县里一场秀

司马相如在梁国一待就是好几年，尽情挥洒着他的才情与抱负，但是，好景不长，梁园主人梁孝王去世了。

主人没了，梁园文人群体只好各自散去。失业的司马相如回到了家乡成都，生活陷入了困顿。

司马相如家不是有钱吗？怎么会困顿了呢？

第一，钱都给他訾选做官用了。他任性跳槽，钱全花了，拿不回来了。或许还有一种可能，是遭遇变故，家道中落。

第二，没有工作可做，没有进钱的门路。

到最后，司马相如几乎无法维持生活了，很窘迫。

这时候，他的一位好朋友出现了。此人名叫王吉，时为临邛（qióng）县（今四川邛崃）县令。

王吉深知司马相如的才情，断定他不是池中之物，但人穷志短，无人赏识，只能被视为池中之鳖。王吉给司马相如发了邀请函，邀请司马相如到他的一亩三分地临邛走一遭，毕竟在这一亩三分地上他才有话语权，他想借助自己的力量，将司马相如隆重地推出去，希望把司马相如打造成一颗新星。

想法很好，关键还要做法给力。王吉与司马相如一商量，方案就定了。

什么方法呢？

造势！

舆论造势！

司马相如到了临邛，暂时住在城内的一家旅馆里。每一天，县令王吉都会准时出现，恭恭敬敬地前往拜访，并且大张旗鼓，因为生怕别人不知。

县令的行踪，本就是全县关注的焦点。王吉每一天必至司马相如处，立即吸引了大家的注意力，大家都在议论这位司马相如究竟是何方神圣，竟能让县令如此尊崇？

王吉与司马相如在此时刻，适时推出关键一环：县令吃闭门羹。

刚开始，王吉拜访，司马相如以礼相待。过了一段时间，王吉拜访，司马相如称病拒见。

一个落魄文人，衣食无着，受王吉照拂，寄居临邛，不但不感激恩公王吉，反而屡屡让恩公吃闭门羹，这是为哪般呢？很是蹊跷！

更为蹊跷的是，王吉不但不生气，碰了一鼻子灰后，每天还是乐此不疲地去吃闭门羹，而且态度更为恭敬。

这一番操作，已经将司马相如打造成一个神秘而神圣的能人，成功地成为临邛县新闻的“头版头条”，每天滚动更新播出。临邛县百姓甚至展开了各种跟帖讨论：这位神秘人有何能耐？县令为何屡吃闭门羹？他们之间有何瓜葛？

临邛县有两位钢铁大王：一位是卓王孙，这是全国首富，光家中奴仆就有八百多人；另一位是程郑，家中资产丰富，家中奴仆也有好几百人。他们关注着县里的新闻，刚开始没太在意，后来也被成功地激起了好奇心，他们特别想见识一下县令的这位神秘贵客。

只是，怎么见呢？县令都经常吃闭门羹，他们要去拜访，肯定也会无功而返。

后来，卓王孙与程郑一合计，想出了一个办法：宴请。

正所谓，伸手不打笑脸人，盛情款待，此位贵客应该会赏光，到时即能一睹“贵客”风采。宴请县令的贵客，自然县令也要作陪，如此一来，还能拉近与县令的关系，何乐而不为呢！反正，一顿饭钱，对他们而言，都是小事！

卓王孙与程郑说干就干，他们将宴请地点定在了卓王孙家里，选了一个吉日，把县里大大小小的名人请了个遍，排场铺得很大。当然，这一切都是为了司马相如，司马相如才是主角。

精心准备完毕，宴请的时刻终于到了。

王吉早早到了卓王孙家里，到了中午，卓王孙家里已经有上百位宾客入席。大家虚位以待，翘首以盼，期待司马相如的莅（lì）临！

一切准备就绪，卓王孙才派人去请司马相如赴宴，以示尊重。孰料，司马相如又故技重施，他又称病拒绝了。

主宾不来，宴会主人卓王孙别提多难堪了！

主宾不来，满座不能进食，但是胃口却被足足地吊了起来。

王吉再次上场。一听司马相如不来，他“不敢”吃一口菜，赶紧起身，亲自去请司马相如赴宴。司马相如刚开始还是不愿意去，后来才“勉为其难”，同意前往。

如此一波三折，大家的好奇心更足，伸长了脖子，挤破了脑袋，都想看看司马相如的“真身”。司马相如落座，英俊潇洒，从容大方，举止文雅，满座的人都为其倾倒。

其实，这一切，都是司马相如与王吉演的戏。

只不过，这一切，还只是个开始。重头戏，还在后面。

琴挑文君

一出“千呼万唤始出来”的戏码，抬高了司马相如的身价，但这一切仅仅是打出了名声。司马相如与王吉想通过联姻获得上层社会的认可与支持。

原来，卓王孙有一个女儿，名叫卓文君，年方十七，新寡在家。如果打动了卓文君，司马相如就有了翻身的可能。

而卓文君对临邛县的这场大戏，也有耳闻，自然也很好奇这位“神秘大咖”。等待司马相如落座之后，卓文君就从门外偷偷地观看司马相如。看到司马相如一表人才，风流倜傥，卓文君内心仰慕之情油然而生。

宴会在欢快的氛围中进行着，司马相如却没怎么说话。

一来保持神秘，二来回避缺点。

司马相如的颜值很高，却有一个无法改变的生理缺陷：口吃。口吃，对于第一印象来说，很减分，司马相如与王吉自然明白这点。为了给司马相如加分，他们便有了一个才艺展示的环节：相如弹琴。

宴会进行到高潮时，王吉适时而出，拿着一把琴，走到司马相如面前，恭敬地请求司马相如弹上一曲，以助欢乐，一饱耳福。司马相如先是推辞，推辞之后接受了。

为什么弹琴成了司马相如的加分项目呢？

一是司马相如善弹琴，二是卓文君喜好琴瑟。正所谓高山流水，一个会弹，一个会听。

司马相如“醉翁之意不在酒”，不是为了取悦县令，更不是为了取悦宾客，他的目的很明确，就是要“琴挑文君”。

相传，司马相如弹的曲子，其中一首名为《凤求凰》，其曲辞为：

凤兮凤兮归故乡，遨游四海求其凰。
时未遇兮无所将，何悟今兮升斯堂！
有艳淑女在闺房，室迩人遐毒我肠。
何缘交颈为鸳鸯，胡颉颃（xié háng）兮共翱翔！
凰兮凰兮从我栖，得托孳（zī）尾永为妃。

交情通意心和谐，中夜相从知者谁？
双翼俱起翻高飞，无感我思使余悲。

此曲言说美人之思、知音之念，大胆而热情，直率而热烈。当然，这首曲子极有可能出自后人的附会，但司马相如弹唱类似的曲子是极有可能的。

精通琴曲的卓文君听得如痴如醉，自然也接收到了曲中之意，一下子被打动了。她的情思为琴曲拨动，她那无处安放的浪漫期待着完美着陆。

卓文君心中雀跃无比，久久不能平静，她芳心暗许，却又怕司马相如不了解她的心思，更怕自己配不上司马相如。

司马相如又岂会让她如此迷茫呢？宴会结束之后，司马相如用重金收买了卓文君的侍女，请她转达自己对卓文君的爱慕之情。

卓文君此时还沉浸在对“偶像”的暗恋之中，正不知如何结识“偶像”，“偶像”却率先向她求爱，这是何等的幸运啊！

人生最难，两情相悦，得卿如此，夫复何求！

当天晚上，她就乘着夜色私奔司马相如。

卓文君的到来，让司马相如一直悬着的心终于落下，他的计划终于成功了！

司马相如按捺住心中的狂喜，连夜带着卓文君离开了临邛，回到了成都。

文君当垆，相如涤器

回到成都，卓文君那一腔热情、满腹浪漫，瞬间跌落现实，清醒无比。只因为，她面对的是空无一物、家徒四壁的一个家。

人说“有情饮水饱”，但更多人说“贫贱夫妻百事哀”，尤其是对临邛首富的女儿来说，卓文君过惯了豪门生活，实在过不了这样的穷日子。

刚开始，卓文君只好典当自己的裘皮大衣，赊点酒喝。但是，喝完了酒，还得过苦日子，卓文君想到这儿，禁不住悲从中来，抱着司马相如的脖子就大哭起来。

这样的结局，司马相如也没有想到。他原先预想的是，卓文君跟着他私奔了，卓王孙的援助也就到了。怎料，卓王孙被气得嗷嗷直叫，平静之后，精于商道的卓王孙恍然大悟，明白了司马相如的计谋，知道着了司马相如的道。

卓王孙很痛心，痛心自己引狼入室，痛心女儿不顾礼仪，他怎么也是临邛的风云人物，家中出了此等糗事，他老脸往哪里安放啊！在得知司马相如与卓文君的困窘后，卓王孙不但不施以援手，反而拿出了撒手锏——经济制裁，一方面让司马相如死心，另一方面也是要惩戒一下任性的女儿。

有人劝说卓王孙，多少帮帮卓文君，但是卓王孙非常坚决：一个子儿也不给！

卓文君过了一段困苦的日子，老是这样，终归不是办法，她必须自救，她提出了一个解决办法：回临邛。

临邛是卓文君的娘家，娘家人家大业大，父亲不帮，兄弟们总归能帮衬一把！

夫妻俩回到临邛，没有回卓家，而是变卖了车马，开了一个小酒店，专门卖酒。卓文君当垆卖酒，司马相如则系上大围裙，像用人一样打杂干活儿。

司马相如就是有本领，一到临邛，就能成为“话题王”，引发舆论热议。说什么的都有，有骂司马相如的，有骂卓文君的，也有骂卓王孙的。当然，也有同情司马相如与卓文君的，更有同情卓王孙的。吃瓜群众不嫌事大，他们的热议，让此事继续发酵。

卓王孙对于女儿当垆卖酒一事，甚感耻辱，这不是丢人丢到家门口了吗！颜面尽失的卓王孙为此大门不出，不愿意去听那嚣嚣乱音，不愿意去看那丢人现眼的女儿！

其实司马相如和卓文君哪儿是真想卖酒啊？他们夫妻俩，一个文人，一个大小姐，哪里是干这活儿的呀？他们就是要让卓王孙难堪！他们就是要逼卓王孙出手援助！

后来，卓王孙的兄弟和长辈们纷纷出面斡旋，让卓

酒

王孙援助女儿：

第一，卓王孙不缺钱，只有一个儿子，两个女儿，这些钱不就是给他们花的吗？

第二，司马相如与卓文君已经是夫妻了，这是既成事实，不认也不行。

第三，司马相如虽然贫穷，但也是个人才，可以依靠。

第四，司马相如是县长的贵客，不能得罪。

卓王孙实在受不了这份窝囊气，却也没有办法，为了消除舆论影响，他分给卓文君一百名僮仆，一百万钱，还有一大批嫁妆。

得到援助的司马相如与卓文君当即关闭了酒店，打道回府，回到成都，摇身一变，成为远近闻名的大富翁。

上林一赋把身翻

没有了钱财之忧的司马相如与卓文君，这才开始了真正的“蜜月生活”。

卓文君面容姣好，“眉色如望远山，脸际常若芙蓉，肌肤柔滑如脂”，懂琴音，会诗文，是个好伴侣。

才子佳人，琴瑟缱绻，自然是美妙无比！

正所谓“人逢喜事精神爽”，幸福的家庭生活之外，司马相如又迎来了仕途的美好。

这一美好，源自汉武帝。

有一天，汉武帝读到了司马相如那雄壮恢宏的《子虚赋》，一见钟情，赞叹不已，这才是大汉气象嘛！汉武帝以为写出如此气象之作的人，一定是位故去的老者，遗憾不能与他同时，不能一睹风采。

汉武帝说这话时，旁边有个专门负责管理猎狗的“狗监”，名叫杨得意，是司马相如的老乡。听到汉武帝的感慨，杨得意赶紧上前说《子虚赋》的作者还活着，就是他的老乡司马相如。

这真是“朝中有人好做官”，杨得意的推荐，是司马相如命运转变的关键。

汉武帝知道了司马相如这个人，汉武帝特别急切地想见司马相如。

对于一个人来说，光有爱情，人生似乎还不够完满，更需要社会的认可。司马相如得到征召命令，极为欢喜，他隐隐感觉，一切美好都在向他招手。司马相如匆匆与卓文君告别，即刻入京去了。

这一去，就闯出了一个新天地。

再回来，就是荣耀加身。

司马相如拜见汉武帝后，说《子虚赋》写的是诸侯之事，不值得天子看，他要为天子专门写一篇游猎赋。

《子虚赋》本就让汉武帝大开眼界，司马相如却说要创作更高水平的赋作，这又吊足了汉武帝的胃口，看来司马相如很懂心理学啊！

当然，司马相如不只是会说，他更擅长的是“笔上功夫”。很快，一篇新赋写就，这就是彪炳千古的《上林赋》。此赋洋洋洒洒，铺采摛（chī）文，极言天子园囿美景，最后卒章显志，规劝天子节俭。

汉武帝读后龙颜大悦，任命司马相如为郎官，成为御用文人。

更为关键的是，汉武帝还给尚书下达了一项指令，负责为司马相如作赋提供素材，提供“笔札”。

此等待遇，极为罕见！

司马相如满身才情，却因汉景帝不好辞赋而不被重视；时间一转，换成爱好辞赋的汉武帝，却对他钟爱无比。

人还是那个人，机遇不同，际遇亦有天地悬殊之别。

人生路上，何时是坦途，何时是坎坷，很多时候不是个人能左右的。唯一能把握的，就是做好自己，迎接机遇。准备是最好的进阶石，机遇悄然而至时，你才能拾级而上，翻山越岭，顺利登峰。

政治生涯的辉煌

司马相如做着受宠的御用文人，也为他的才华找到了一个可以安放的位置，他应该满足了。但是，他的心中时不时会冒出一个声音：这就是你想要的吗？

是呀，这是他想要的吗？

他的偶像可是蔺相如啊！

是那个外交舞台上的佼佼者蔺相如，大智大勇维护国家尊严；是那个政治舞台上的好手蔺相如，胸藏万壑保全国家安宁。

司马相如也渴望不世之功，追赶偶像蔺相如。

终于，历史给了他一次机会。

当时汉武帝要开发西南夷，派大臣唐蒙负责此事。谁知唐蒙的残暴，却引发了巴蜀百姓的不满与恐慌，甚至出现了百姓起义反抗之事。汉武帝当机立断，痛斥唐蒙，并派出特使安抚巴蜀百姓。汉武帝派出的这位特使，就是司马相如。

为什么派司马相如呢？

一是司马相如有才。司马相如跟在汉武帝身边，汉武帝对他的才能了然于胸。

二是司马相如是蜀地人。安抚巴蜀百姓，司马相如有天然的优势，既能消除巴蜀百姓的排斥心理，又能拉近感情。

司马相如很珍惜这次机会，他深入百姓中间，了解民情，写成了一篇《喻巴蜀檄》，明大汉之威，明百姓之责，循循善诱，劝说百姓。檄文写就，在巴蜀百姓间流传甚广。百姓们受其感染，放下心中不满，愿意支持朝廷战略。

一场潜在的危机，因为司马相如的檄文而消失得无影无踪，司马相如的政治才能展露无遗。他自己很满意，汉武帝更满意。

有了第一次的圆满完成任务，第二次的任命很快也来了。

第二次的任务，是以中郎将的身份出使西南夷，笼络西南夷。

这一次，司马相如又是不负所望，平定了西南夷，很多部族的君长都臣服于大汉。旧有的关隘被拆除，边关得以扩大。

汉武帝对此极为满意，司马相如再一次证明了自己。

值得一提的是，此次出使西南夷，司马相如终于在岳父面前挺起了腰板。

司马相如持节出使，蜀人深以为荣，组织了盛大的欢迎仪式，太守带领属官浩浩荡荡地到郊界迎接司马相如，县令亲自背负弓箭在前面开路，蔚为壮观。

这番景象，让司马相如的岳父卓王孙也欣羡不已，他钱财再多，也只是个商人，从来没有享受过如此待遇。不过，这次卓王孙心里很高兴，毕竟，司马相如是他的女婿，女婿为他长脸了，他能不开心吗！

卓王孙与临邛父老到了司马相如处，享受美酒佳肴，开怀畅谈。席间，卓王孙做起了“自我批评”：我老眼昏花，这么晚才认可文君与相如的婚事。为了表达自己的歉意，卓文孙直接划拨了一大笔财产给了卓文君，表示男女均等，女儿与儿子的财产数量相等。

卓王孙态度的转变，昭示了一个道理：一个人真正被认可，靠的不是花言巧语，靠的不是阴谋诡计，而是实实在在的能力。

婚姻变奏曲

司马相如生活无忧，事业有成，家有贤妻，日子过得也算滋润。

回首往昔，似乎一切还在梦中。

或许是生活太单调了，或许是羡慕他人三妻四妾的生活，司马相如平静的生活也有了丝丝涟漪。根据《西京杂记》的记载，司马相如曾想聘一位茂陵（今陕西兴平）女子为妾。

他的这个想法，对于卓文君来说，无异于晴天霹雳。

想当初，她不顾世俗唾骂，深夜私奔，以身相许，为的只是一个“懂”字。

想当初，他家徒四壁，她无从适应，还是咬牙坚持，为的只是一个“爱”字。

想当初，她不顾父亲脸面，当垆卖酒，逼父相助，为的只是一个“情”字。

她为他，与全世界作对，唯愿与他相依相偎，不离不弃。如今司马相如要纳妾，让她当初的付出显得那么可笑，难不成这情终究是错付了？

不过，卓文君不会哭哭啼啼，她敢爱敢恨，敢打敢拼，当初为了自己的幸福她不顾一切，如今定然不会眼睁睁地看着自己的幸福被别人插足，她要用她的方式捍卫她的地位，捍卫她心中的“爱情”。

当然，卓文君是个“知识女性”，她的婚姻保卫战，不是一哭二闹三上吊，而是以诗传情。这首诗就是《白头吟》。

《白头吟》，郭茂倩的《乐府诗集》有记载：

皑如山上雪，皎若云间月。
闻君有两意，故来相决绝。
今日斗酒会，明旦沟水头。
躞蹀（xié dié）御沟上，沟水东西流。
凄凄复凄凄，嫁娶不须啼。

愿得一心人，白首不相离。
竹竿何袅袅，鱼尾何簁（shāi）簁。
男儿重意气，何用钱刀为。

《乐府诗集》中的这首《白头吟》是否是卓文君作的《白头吟》，目前存在争议。但是这首《白头吟》却很符合卓文君的经历与心境。

卓文君的爱情是纯洁的，如同皑皑白雪，一尘不染；卓文君的爱情是纯粹的，只愿与一心人，共度白头。她的爱永恒存在，如云中明月，皎皎常在，但是她的爱也不容践踏，不许二心。一心一意与三心二意是不对等的，既然对方的爱已有杂质，那么不如离去。

卓文君的态度很坚决，坚决反对纳妾，坚决谴责变心。原则问题，半步不能让！

司马相如一见如此，立即紧急刹车，浪子回头，放弃了纳妾之心，重新回归。

一场情变，戛然而止，却令后世唏嘘不已。王子与公主的幸福生活，难道真的只是童话吗？

身后一卷书

司马相如身患糖尿病，也是因为这个病，他辞官在茂陵休养。

司马相如的病情越来越严重，汉武帝得知消息后，惋惜不已。司马相如是当时不可多得的文坛明星，其文其赋，篇篇精品，一旦丢失，就是永远的遗憾。因此，汉武帝专门派使者到司马相如家中，取回司马相如的全部著书，保存起来，以免遗失。这一举动，足以见出汉武帝对司马相如文才的认可，足以见出司马相如的文坛影响力。

等到使者赶到司马相如家中时，司马相如已经去世了，留下满脸悲伤的卓文君。

使者说明来意，卓文君却说家中并没有司马相如的遗著。原来，司马相如写作，时时写，时时有人取走，家中总是空空的。不过，司马相如临死前，曾经留下一卷书，并且交代卓文君，如果有使者前来索书，就把此书献上。

这卷书是写封禅之事的，后来称之为《封禅文》。文章颂扬大汉之德，一篇三致志，言说汉武帝最适宜封禅，是天意所示。

汉武帝读到此文，大为震惊，深受震撼。或许在那一刻，汉武帝的灵魂已经随着司马相如那瑰丽多姿的语言，走上了泰山，走到了梁父山，祭天祭地。

从此，封禅就成了汉武帝的一个梦，成了他魂牵梦萦的大事，催他奋进，促他努力。

终于，司马相如死后五年，汉武帝开始祭祀土地神。司马相如死后八年，汉武帝祭祀中岳嵩山，然后又到泰山封禅。

这就是文章的力量。

司马相如的文章，是大汉盛世的产物，代表的是大汉盛世的昂扬气概。

司马相如的文章，还是大汉发展的助推剂，某种程度上引领了时代战略。

西汉两司马

鲁迅《汉文学史纲要》提到："武帝时文人，赋莫若司马相如，文莫若司马迁。"这一说法，近似于晚清左宗棠提到的"文章西汉两司马"。

可见，在很多人心中，司马相如与司马迁是汉武帝时代文学的双子星座。

司马迁对于司马相如，极为佩服，在《史记·司马相如列传》中收录了司马相如的《上林赋》《喻巴蜀檄》《难蜀父老书》《谏猎疏》《哀二世赋》《大人赋》《封禅文》七篇文章，还有《子虚赋》有目无文。司马相如是《史记》中收录文章最多的文人。

如此篇章，足见司马迁对司马相如文章的认可。

这种认可，是出于实录，当时的司马相如确实是文坛巨子，引领了知识界的时代潮流。

这种认可，还源自二人思想的契合。司马相如的文章虽然辞藻华丽，但旨归于劝谏，归于节俭，归于一统，与《诗经》的讽谏之旨同，这是司马迁对司马相如关注政事的认可。司马相如的《封禅书》，提出盛世繁华，需修史明经，正天时，叙人事，明大义，润鸿文，使万世得以激清流，扬微波，这是司马迁写《史记》的精神引领。

或许基于此点，司马迁对司马相如与卓文君的婚姻之变，没有提及，对司马相如设计琴挑文君，也写得极为婉转。

（本篇主要依据《史记·司马相如列传》《西京杂记》）

原典

相如与俱之临邛，尽卖其车骑，买一酒舍酤[①]酒，而令文君当垆[②]。相如身自著犊鼻裈[③]，与保庸[④]杂作，涤器[⑤]于市中。卓王孙闻而耻之，为杜门不出。昆弟诸公[⑥]更谓王孙曰：“有一男两女，所不足者非财也。今文君已失身于司马长卿，长卿故倦游[⑦]，虽贫，其人材足依也，且又令客，独奈何相辱如此！”卓王孙不得已，分予文君僮百人，钱百万，及其嫁时衣被财物。文君乃与相如归成都，买田宅，为富人。

《史记·司马相如列传第五十七》节选

注释

①**酤：**音 gū，卖。

②**当垆：**主持卖酒。

③**犊鼻裈：**形似牛犊鼻子的围裙。裈，音 kūn。

④**保庸：**雇佣的仆役。

⑤**涤器：**洗刷酒器。

⑥**诸公：**父辈们。此处指临邛的年长者。

⑦**倦游：**对宦游已厌倦。

译文

司马相如和卓文君一起回到临邛，他们把车马卖掉，买下了一个小酒店卖酒，让卓文君站在柜台旁边卖酒。司马相如则系着围裙，和伙计们一起干活儿，在闹市里洗刷酒器。卓王孙得知后感到耻辱，插上门不敢出屋。他那些弟兄和长辈都来劝他说：“你有一个儿子两个女儿，你所缺少的不是钱财。现在文君已经嫁给司马相如，司马相如本是因厌烦官场才不做官，他虽然穷，但他的才能是靠得住的，而且又是咱们县令的朋友，你何必让他们受这样的委屈呢！”卓王孙没办法，只好给了卓文君一百个仆人，一百万钱，以及她第一次出嫁时的衣服被褥等财物。卓文君这才和司马相如又回了成都，在成都买了一些房屋土地，做起财主来。

发愤著书

汉武帝征和二年（前 91），一个羸弱的身影独坐案前，搁笔沉思，泪流满面。

他的面前，是一摞摞的竹简。

这些竹简，很厚重；更为厚重的，是竹简上的文字。这些文字，从远古中走来，穿越了三千年。

竹简上的文字，墨迹仿佛未干。更为鲜活的是，从文字中走出的每一个人，他们从远古穿越回来，各自讲述着自己的从前，喁（yú）喁诉说着不同的心事。

再一次，他的视线平静地扫过理得整齐的竹简，他的心儿却在颤抖。

十年过去了，他终于完成了父亲的遗愿，他没有辜负自己的忍辱苟活。

也只有他一个人明白。

他含血带泪，焚膏继晷（guǐ），只为记下人类的印迹。

他跨越千年，写着别人的故事，度着自己的劫。

如今，他无怨无悔，一切过往，皆成云烟。

如今，他了无牵挂，一生跌宕，尽消于此。

他像一粒珍珠，在历史的长河中闪耀了几下，忽地消弭在尘埃之中。

若干年后，尘埃终究没能淹没他的光彩，历史的风尘把他刻画成为一位伟大的历史学家。

透过尘埃，我们依稀看到了他不屈不挠的身影，隐约触摸到了那颗桀骜伟岸的心。

史官世家

黄河之水天上来，一路咆哮一路歌，流到今天陕西韩城这个地方后，两岸峭壁对峙，俨然门阙一般，因此古人把黄河岸边的这个地方起名叫龙门。

龙门有一小康之家，姓司马。司马原本是古代负责军事的官职，因为这个家族的先祖曾经做过司马，因此以官为氏，称司马氏。汉代的时候，姓和氏混同了，因此也可以说姓司马。大约在西汉景帝年间，司马家族再添新丁，一个男孩降生了。

他就是一代历史巨匠司马迁。

司马氏家族，有着悠久的文化传统，可谓文化世家。自西周时期，他们就负责记录国家的历史，诗书继世，家族鼎盛。春秋、战国、楚汉相争，战乱频仍，家族分散，辗转流离，逐渐衰落。即使如此，史官传统依然留存于家族每一个人心中，司马氏家族仍然以做史官为荣，将修史视为家族成员的神圣职责。

到汉文帝的时候，司马氏家族出了一个叫司马喜的成员。司马喜通过捐粮获得了“五大夫”的爵位。五大夫是汉代二十等爵位的第九级，可以免除徭役。司马喜倾尽全力培养儿子司马谈，终于把他培养成了太史令。

没落多年以后，司马氏家族终于重回史官一职。对于司马喜来说，这是他一生最大的荣耀。这位司马喜老先生，就是司马迁的祖父。太史令司马谈，就是司马迁的父亲。

史官级别虽不很高，但职责相当重要，主要掌管天文、历法，记录国家大事。

《周易》中说："天垂象，见吉凶。"古人认为天象运行变化与世间人事是有密切关系的，因此天象重要，负责天象的官员也重要。

中国是传统的农业国家，历法的制定直接关乎农业生产，否则冬行夏令，一切都玩儿完了，因此历法重要，负责历法的官员也重要。

无论如何客观，历史的记录总是有倾向性的，所谓"一字之褒，宠愈华衮之赠；一言之贬，辱过市井之挞"（范宁《春秋穀梁传集解序》）。一个字的褒奖，比赏赐一件"黄袍马褂"还值得骄傲；一个字的贬斥，比在众人面前被扇几个耳光还要耻辱。看看，这就是历史的重要，何况国家历史的记录关乎国体，关乎君王大臣名声，因此负责记录国史的官员重要。

西汉时期，太史令就集这些重要的职责于一身。当然，能够胜任，得需要知识、技能，来不得半点虚假，不是随便找个人就能干得了的。所以，古代的史官经常是家族之中代代相传，这样才能从小就接触、学习、掌握相关的专业技能。

当上了太史令的司马谈，没有放弃学习。他一直坚信，不能做到博闻多识，就不是合格的太史令。

他一直行走在汲取知识的路上。

他向黄子学习道家之学，他向唐都学习天文历法，他向杨何学习易学，他向董仲舒请教儒学。

从汉武帝建元年间到元封年间，司马谈做了三十年左右的太史令。当时很多学者被自己所学的有限知识遮蔽，不能深入理解其中的微言大义，又各守师承，不能贯通各家，司马谈对此痛心忧虑，于是撰写了《论六家要旨》。六家指的是阴阳家、儒家、墨家、名家、法家和道德家。这是一篇非常著名的论文，是司马谈对先秦百家争鸣以来各家学说的深入思考与反思，可谓切中肯綮、一针见血，至今仍然是研究先秦乃至汉初思想无法绕过去的一环。

此等研究，如若没有广博的学识、深邃的思想，是无法完成的。即使勉强完成，也不可能成为经典。

父母是最好的老师，家庭教育是一切教育的基础。很幸运，司马迁有一个好父亲，生在一个重视教育的家庭，生在一个史官世家。史官的家族传统、优秀的父亲，这是司马氏家族给予司马迁的馈赠，是司马迁得天独厚的精神养料。

耳濡目染中，司马迁对天文、历法、历史有了浓厚的兴趣。

潜移默化下，司马迁立志要做一位优秀的史官，做一个像孔子那样的史官。

读万卷书

司马谈很重视对儿子司马迁的教育，他用自己的学识、视野、能力，为儿子的未来铺路。

当然，这一切，都需要司马迁的亲力亲为，都需要司马迁的汗水。十岁时，司马迁已经能诵习《尚书》《左传》《国语》等古文。古书中的事件、人物、修身之道、治国之术，纷纷嵌入他的脑海，或深或浅，都留下了痕迹，促他启蒙，使其明智。

司马谈到京城担任太史令后，圈子扩大了，结识了很多经学大师，他自己受益匪浅，更为司马迁谋得了两位“大咖”老师。

第一位老师是董仲舒。

董仲舒自小酷爱学习，治学专一，留下了“三年不窥园”的典故，妥妥一枚“学霸”。

汉景帝时，董仲舒以通晓《公羊春秋》闻名于世，被拜为《春秋》学博士。

汉武帝即位后，董仲舒进呈《举贤良对策》，开启了儒运宏昌的进程。董仲舒修习儒学，他自己恪守儒家礼仪，出入行止，无一不合乎礼仪规矩，学生们都非常敬重他。

《春秋》一书，为中国第一部编年体史书，以“微言大义”“春秋笔法”见其理念。《春秋》之学，是在史实中明经世之道。司马迁跟随董仲舒学习，得其亲授，对历史有了更深刻的认识。

第二位老师是孔安国。

孔安国是孔子的第十世孙，家学渊源深厚。

据说，汉景帝的儿子鲁恭王刘余扩建宫室时，波及孔子故宅。在拆除孔子故宅时，无意中在墙壁间得到了孔子后裔所藏的竹简。这些竹简，上面的文字是蝌蚪文，也就是先秦古文，孔安国将其中的《尚书》用汉代通行的隶书摹写讲读，这就是历史上有名的《古文尚书》。孔安国也就成为汉代古文《尚书》学派的开山之祖。

司马迁跟随孔安国学习，颇得其真传，后来他写《史记》收录《尚书》文章，如《尧典》《禹贡》《洪范》《微子》《金縢》等，都是来自《古文尚书》。

一个人一生会遇到很多人，也会受其影响。与优秀的人交往，你也会变得越来越优秀。越来越优秀，就会遇到更多更优秀的人。

所以，你能走多远，取决于你与谁同行。

所以，一定要与优秀的人交往，或师或友。

所以，一定要永葆一颗向往优秀的心。

司马迁得名师指路，受名师影响，他一天天在进步，一天天走向优秀。

行千里路

这一年，司马迁二十岁，加冠成年了。

这一年，司马谈做了一个决定：让儿子走出去。

只有走出去，才能见得广，接触得多，领会得透，理解得深。这就是游历、游学。

读书，可以长智慧，大格局。读书之余，需自我体验，体验书中话，感受书中事。毕竟“物有甘苦，尝之者识。道有夷险，履之者知”（刘基《拟连珠》），毕竟“纸上得来终觉浅，绝知此事要躬行”（陆游《冬夜读书示子聿》）。

读万卷书，为的是胸中脱去尘浊；行万里路，为的是丘壑内营。

司马谈告诉儿子：走出去，是为了走得更远；走出去，是为了更好地走回来。

其实，这也是司马迁的愿望。

司马迁读书，认识了那么多彪炳史册的人物，他特别想到他们奋斗过的地方去看看，特别想知道是什么支撑他们创造了那么多的辉煌。

于是，他带着一种探险的心理，走出了京城，走过了大汉帝国的大半个版图。

在鲁地，他到了孔子的祠堂，瞻仰了当年孔子用过的车子、礼器，又观摩了儒生们演习的礼仪，敬仰之情油然而生，“高山仰止，景行行止”冲口而出，他徘徊流连，久久不能离去。

在齐地，他明白了何为“大国之风”。齐地沃土两千里，地理环境缔造了齐人的天性，他们心胸豁达，他们深沉多智，齐桓公“九召诸侯，一霸天下”，顺理成章。

在大梁旧址，他寻访当地人，追究夷门的位置，他听到了当地人对秦灭魏的认识，他听到了当地人对信陵君的尊崇，他不禁思考一个问题：魏国真的是因为魏王不用信陵君而亡国的吗?

在薛地，他感受到了一种暴戾之风，百姓多凶暴子弟。何以如此？他不禁疑惑，向当地百姓求教，这才明白是孟尝君多养乱法犯禁者的历史遗风。

在楚地，他观览了春申君的旧城，旧城中似乎走来了一个聪慧睿智的春申君，又走来了一个昏聩糊涂的春申君。一句“当断不断，反受其乱”，悲叹春申君之惨死！

到长沙，他特意去了屈原自沉的汨（mì）罗江畔，诵读屈原的作品，哀悼屈原，他禁不住流下了悲伤的泪水。那一刻，他忽然明白了屈原，理解了屈原，他更加清楚了屈原的为人。

在淮阴，他探寻到韩信早年的事情，又到韩信母亲的高冢前驻足，明白了布衣韩信的精神支撑。

在丰邑沛县，他拜访当地遗老，打听刘邦、萧何、曹参、樊哙、滕公的奇异故事，不由得感叹：命运真奇妙！

在北方边境，他观察了蒙恬修筑的长城、堡垒，他似乎看到了累累白骨，似乎听到了百姓哀号，如此种种，蒙恬、蒙毅兄弟遭受杀身之祸，理所当然。

在不同的地方，感受着不同的民风，裹挟着书本里没有的“活资料”，司马迁很兴奋。

在不同的地方，他有着不同的身份。有时他就是一个旁观者，遥想着历史人物的生死情仇；有时他俨然化身为历史中的“那一人”，感受着同样的喜怒哀乐；有时他又会变成历史的审判官，用一己之思，评价人物。

读过的书，走过的路，遇到的人，经历的事，这些都是人生中的宝贵财富。

自然，你的气质里，你的文字中，你的格局上，都留下了它们的印迹。轻轻一敲，它们又会与你再次相遇，如老朋友般熟悉，又如新朋友般新奇。

父亲的遗愿

一番游历后，司马迁回到了京城。他向父亲诉说着自己的见闻，他向父亲传递着自己的见解。

司马谈或沉默倾听，或补充意见，看着意气风发的儿子，司马谈很欣慰：儿子真的长大了！

不久，司马迁做了郎中，开始步入仕途。郎中是汉代宫廷的侍卫官，郎中作为医生的称呼是宋代的事情了。

当上郎中的司马迁，不久就接到朝廷的任务，以监军的身份，奉命西征巴蜀以南地区。任务顺利完成后，司马迁高兴地回京城复命。谁知，一个坏消息正在等着他！

司马谈病入膏肓了！

原来，这一年（汉武帝元封元年，前110）汉武帝要举行盛大的封禅典礼。

封是祭天，禅是祭地。祭天在泰山之上进行，祭地在泰山脚下进行。这是古代重大的典礼，不是哪个帝王都有资格举行的。汉武帝即位三十多年，大汉帝国在文治武功各个方面也的确登峰造极，他是有资格向天地汇报自己的功业的。

这是朝廷的大事，当然也是史官的大事。

躬逢盛世，作为太史令的司马谈，非常开心能见证大汉的恢宏气度，非常荣幸能参与到举世罕见的隆重仪式中，他也愿意用自己的笔，记录这一庄严的时刻。

然而，天有不测风云，身体不争气，他病倒了，不能跟从汉武帝前往泰山，无奈留在了洛阳养病。千载难逢的机会，就如此轻易错过了，司马谈憋闷、着急、遗憾，最后竟然一命呜呼了！

所幸的是，司马迁从西南出使回来，赶上了见父亲最后一面。

司马谈拉着司马迁的手，依依不舍，满脸泪痕。他不舍得就这样离开儿子，他更不舍得那未竟的事业。

一直以来，司马谈有一个宏大的愿望，就是为大汉帝国写一部大历史。

这既是史官家族的传统，也是他作为太史令的职责。为此，司马谈早就搜集了大量的历史文献，也着手开始写了。

奈何天不佑人，司马谈只能将这个宏伟志向托付给儿子，希望司马迁能够完成他最后的心愿。

司马谈提着一口气对儿子说，完成了这件事，就是“大孝”！

所谓“孝”，“始于事亲，中于事君，终于立身”，只有扬名于后世，光耀父母，才算得上是“大孝”。

司马迁从来没有想到，那个伟岸、给予他温暖与指引的父亲会这么匆忙地离他而去。看着父亲虚弱的面容，看着父亲期盼的眼神，他泪水止不住地流，用坚定的语气给了父亲一个安心的回答：谨遵教诲，一定完成您老人家的未竟事业。

“最是人间留不住，朱颜辞镜花辞树”，司马谈就这样撒手离去了。一颗种子，却深深地埋在司马迁的心中，生了根，发了芽。

一心著史

司马迁守孝三年，继承父职，做了太史令。

在为父守孝的三年时间里，他阅读了父亲搜集的材料，也阅读了父亲已经撰写的部分历史。他越读越对父亲肃然起敬，越读越佩服父亲的眼光独到。

当他伏案读书时，当他提笔写作时，他的耳边时时响起父亲的话语：“从周公死后五百年而有孔子，从孔子到现在又五百年了，是时候继承、光大孔子之道了，是时候续作《春秋》了。”

这是何等的自信！

这是何等的担当！

这种自信与担当，来自司马氏家族一脉相传的史官传统。

这种担当与自信，来自大汉帝国日增月盛的盛世景象。

自孔子作《春秋》，诸侯并起，纷乱争雄，史事缺少记录。如今海内一统，为明主贤君留名，为忠臣义士作传，理所当然，义不容辞。

历史是一种力量，一种隐藏而威力巨大的力量。

没有历史的记忆，人类只会在黑暗中迷茫，迷失方向。

因此，历史需要铭记，历史需要书写。

司马迁父子敬畏历史，胸怀天下，以“舍我其谁”的勇气，自觉自愿地做起了青史留人名、青史留己名的执笔人。

写史要真实。为了掌握第一手资料，司马迁废寝忘食地阅读汉朝的皇家藏书，这里面有萧何收藏起来的秦史资料，有诸子百家的传世经典，也有大汉王朝的相关史料。

为了得到一手资料，他又当起了记者，到处采风。利用在京城的机会，他拜访历史人物的后人，或者从他者口中获得了历史人物后人的转述，这些口传的“活的历史”，是在文献中见不到的，意义重大。

司马迁有个好朋友冯遂，他是冯唐的儿子。冯唐的为人处世之道、冯唐难封的种种细节，司马迁都是从冯遂那里听来的。

司马迁与平原君朱建的儿子关系很好，《史记》中有关平原君朱建的故事，有不少是来自他儿子的亲口讲述。

司马迁与樊哙的孙子樊他广也有交往。他从樊他广的讲述中，获得了汉初功臣们起家的故事。

荆轲刺秦之时，幸亏御医夏无且以药箱抛向荆轲，秦始皇才有了一线生机。夏无且是“荆轲刺秦王”事件的亲历者，他曾把这件事告知了公孙季功与董生，他们二人又将这些细节转述给了司马迁。

有大量文献，又有鲜活的口头资料，历史事件在司马迁那里，不再是干巴巴的条目罗列，而是有了丰富生动的细节；不再是毫无来由的主观评价，而是具备了坚实可靠的依据。

司马迁如饥似渴地读书、寻访、写史，废寝忘食，日夜思考着怎样撰写一部大历史。

他的生活很单调，他书写的事件一项接着一项，人物一个接一个，但他很充实，很快乐。

飞来横祸

平静而简单的生活，被一件事硬生生地撕破了。

这件事，是李陵投降了匈奴。

李陵是“飞将军”李广的孙子。

李陵继承了李广的优点，擅长骑射，爱护士兵。

但是，李陵似乎也有像李广一样的命运，运气不好！

汉武帝天汉二年（前 99），李陵协助贰师将军李广利进攻匈奴右贤王。李广利率领三万骑兵，负责正面攻击；李陵率领五千步兵，负责分散敌人兵力。

李陵按照预定计划，执行任务。到了预定时间，他准备要回兵了。不料，他的面前出现了单于的八万大军，一时间，尘土飞扬，李陵傻了眼。五千人对阵八万人，与他爷爷当年的遭遇，真是如出一辙。

李陵指挥士兵应战，场面很惨烈：箭都射光了，士兵死伤大半。不过，他们的战斗力也是可以的，冒着白刃箭雨，杀伤匈奴兵一万多人。李陵边退边战，连续战斗了八天，仍然在坚持。

最后，他的军队被匈奴军堵在了一处峡谷中，被截断了归路。

李陵此时真是叫天天不应，叫地地不灵，粮食也没了，救兵也不到，敌人还加紧了进攻的节奏。李陵此时心中闪过三个选择：一个是自尽，一个是逃亡，还有一个就是投降。

李陵不想死，但是逃跑又逃不掉，即便逃回去，他几近全军覆没，也是死路一条。投降，这是失节，但是，这是当时活命的唯一途径。在活命与失节的激烈交锋后，李陵还是投降了。

这是李陵形势所逼之下的无奈选择，他希望暂时委曲求全，瞅准机会再报答大汉朝廷。后来，被羁押在匈奴二十年的苏武被释放时，李陵送行，他明确提到当初之所以不死，之所以投降匈奴，是想效仿前辈，忍辱负重，有所作为。

但是，大汉将领投降匈奴，对于汉武帝来说，是一个莫大的耻辱，他宁愿李陵战死，成为烈士，他会大大表彰李氏一家。待确定了李陵投降后，汉武帝龙颜大怒，朝中大臣见风使舵，纷纷指责李陵，夸大他的罪责。这就是“职场潜规则”，要与最高领导意见一致。

司马迁一直没有说话，不表态本身也是一种态度。

汉武帝眼见如此，便主动询问司马迁的看法。

经历人事沧桑，司马迁还是学不会圆滑与势利，他在众人熟知的“职场潜规则”之外，更愿意恪守做人的底线。

他不愿意把人掀翻在地，再踏上一脚。

他看不惯大臣们的落井下石，他不愿意违背良知。

同时，为了消除汉武帝的怒气，司马迁客观地为李陵说了几句公道话。

一是李陵有国士之风，事亲孝，讲诚信，常常奋不顾身解救国家危难。

二是李陵投降，根本原因在于没有援军。援军不至，根本原因在于有人贪生怕死。

三是李陵的战绩，足以光耀天下，即便古代名将，也无法超越他。

四是李陵之所以不死，是想在适当的时机，报效朝廷。

他的回答很“另类”，是“不同的声音”。只是，他太天真了！

事与愿违，他不但没能灭火，反而引爆了威力十足的“情绪炸弹”。汉武帝的怒火再次被点燃，怒不可遏：司马迁不仅为逆臣争辩，而且还诋毁贰师将军李广利。要知道，李广利是他的宠妃李夫人的哥哥，岂是能随意泼脏水的！

更何况，诋毁贰师将军，就是指责汉武帝用人不当，这是赤裸裸的“诬上”，傲慢如汉武帝，怎么能忍受这样的批评？

是可忍，孰不可忍？

汉武帝将无法发泄的怒火，对准了司马迁，一股脑儿地烧到了司马迁身上。

于是，司马迁被投入牢狱，接受审查。

生还是死，这是个问题

司马迁很委屈。

他向来与李陵没有多少交往，他们的目标并不一致。他们甚至没有在一起喝过酒，联络过感情。他为李陵辩解，完全是出自公心，完全是出自客观的分析。

然而，再多的委屈，也到不了汉武帝的心里，汉武帝已然把司马迁视为李陵的“同伙”。

然而，再多的呼喊，也到不了汉武帝的耳朵里，汉武帝根本不给司马迁申辩的机会。

司马迁被关在牢狱之中，木枷绳索，棍打鞭笞。时间一长，威逼一久，他看见狱吏就叩头触地，看见牢卒就恐惧喘息。

审讯的结果，是司马迁犯了诬上罪，就是欺骗皇上。

审判的结果，是判处司马迁宫刑，这是令人耻辱的刑罚。

汉武帝余怒未消，看到法吏呈上的判决结果，同意了！

汉武帝根本不会想到，这一判决，改变了司马迁的命运，更缔造了新的历史。

当时朝中大臣，没有一个人，挺身而出为司马迁说一句话。

因为，他们怕引火烧身。

因为，他们怕殃及池鱼。

司马迁本身不就是这样的例子吗？

司马迁听到判决结果，如坠深渊，呆坐无语，似乎还无法相信这是真的。

但是，君无戏言，这就是现实。

司马迁顿了顿神，他得为自己的人生做出选择了。

他面前有三个选择：

第一，接受宫刑。这个选择最直接。

第二，拿钱赎罪。汉朝的律法规定，可以拿钱赎罪，即便是死罪，有足够的钱财也可以脱身。

第三，自我了断。为了士大夫的气节，为了家族的名节，在接受宫刑之前，以死殉节，留得一个完整的身躯，去黄泉之下，与父母相会。

但是，这三个选择，哪一个都很难。

一个男人，接受宫刑，对于家族是莫大的侮辱，对于父母是莫大的不孝，对于自己是身体的残缺与如影随形的耻辱，司马迁自然不愿意接受宫刑。他也想拿钱赎罪，奈何家境贫寒，微薄的钱财根本不足以赎罪，亲朋好友又无人援助，这个选择根本不具备操作性。

上帝为司马迁关上了一扇门，又关上了一扇窗！

司马迁很难，他只有一条路：死亡。

贪生怕死是人之常情，但在屈辱与死亡之间，很多人选择了死亡。司马迁也想过一死了之，死了一切就结束了，他便无须面对那潮涌般的嘲讽与耻辱。

就在司马迁要选择这一选项时，他的耳边又响起了父亲的话语：

今汉兴，海内一统，明主贤君忠臣死义之士，余为太史而弗论载，废天下之史文，余甚惧焉，汝其念哉！

自周公卒五百岁而有孔子。孔子卒后至于今五百岁，有能绍明世，正易传，继春秋，本诗书礼乐之际？

当初他答应了父亲，要替父亲完成未竟的事业；当初他以承圣人之志自居，要修成一部旷古史书。一旦死了，他的承诺，如何兑现？他的担当，从何体现？

况且，即便他死了，很多人也不会把他视为以死殉节之人，只会被认为罪有余辜。

“人固有一死，或重于泰山，或轻于鸿毛”，平平庸庸地死去，没有任何意义！

生与死，是一个问题。

屈辱地活，还是沉痛地死，这也是一个问题。

最终，司马迁选择了活着，屈辱地活着！

真正的勇敢不光是因为某件事壮烈地死去，有时还应包括因为某件事而“卑贱”地活着。司马迁说：“一个勇敢的人不一定要为名节去死，怯懦的人如果仰慕大义，什么地方不可以勉励自己去死节呢？我之所以忍受着屈辱苟且活下来，陷在污浊的监狱之中却不肯死，是遗憾我内心的志愿有未达到的，如果平平庸庸地死了，文章就不能再流传后世了。”支撑司马迁坚持活下来的是他的史官家族的责任，是完成他父亲司马谈遗愿的孝心，是他成就一家之言的不朽志向。

再回首，我心依旧

司马迁平静地接受了宫刑。

无奈而又无畏，勇敢而又坚定！

即便早有心理准备，即便他鼓励着自己勇敢向前，但当一切来临之时，他还是会痛，痛彻心扉！

“拳拳之忠，终不能自列”，忠心直谏，在帝王的权威面前，不值一钱！

活着，真的比死还难！

每每想到自己令父母蒙羞，他便“肠一日而九回”；每每想到这种极端的耻辱，他“汗未尝不发背沾衣也”，他在家心神不宁，他出门不知去往哪里。

接受宫刑后的司马迁，并没有被汉武帝“雪藏”，汉武帝反而升他做了中书令，负责宫中的诏诰文书之事。或许这是汉武帝冷静后的补偿，也或许是对司马迁继续的精神折磨，毕竟汉武帝时代是以宦官主中书。

不管是什么，这些都不重要了。

因为，司马迁的身体已然残缺，无法弥补。

因为，司马迁心中那个正直敢言的“少年”已然死去，留下的是隐忍苟活的“懦夫”。他不再多言，心中的痛，却一直在。

他唯有浸到历史当中，才能暂时忘却疼痛。

他在历史中，找到了人生的“同伴”，找到了精神的“向导”。

这些人，有被拘禁而推演出了《周易》的周文王，有被放逐写出《离骚》的屈原。

这些人，有失明而作《国语》的左丘明，有受了膑刑而写《兵法》的孙膑。

这些人，有编成《吕氏春秋》、被贬谪到蜀地的吕不韦。

这些人，有写就《说难》《孤愤》、被囚禁在秦国的韩非。

他们通过著书来抒发怨愤，通过著书让自己活下去。

司马迁的遭遇不是个案，他不是“孤独者”，他从一己之悲向外探寻到了一种普遍规律，他在黑暗中寻找着光明。

终于，他的眼睛又有了光！

那是一份渴望，渴望着扬名立世。

那是一份肯定，肯定了正义之举。

他再次拿起了笔，写历史，明历史成败，浇自己块垒。

他再次投入了情，写人物，道人世沧桑，诉群体悲愁。

写着写着，他似乎成了伯夷、叔齐，叩马而谏；他似乎成了屈原，忠而被谤。一个个正直的“弱者”，被

同情，被认可。

写着写着，他的情思时而昂扬，时而悲愤，包羞忍耻的伍子胥成功复仇之际，他分明也获得了一种“复仇”的快感。

写着写着，他跳出了一己之悲，站在史学家的高度，审视历史的天空。

写着写着，他的笔触走向了一个不同的路径，不再是为大汉“润色鸿业”，而是要“究天人之际，通古今之变，成一家之言”。

他夜以继日，他含血带泪，终于，他活着的唯一理由，完工了。

三千年的通史在他笔下缓缓展开，他不虚美，不隐恶，对得起司马氏家族的“良史”要求。

那一刻，他长歌当哭；那一刻，他淡然一笑，一切足矣！

藏之名山，宣之于世

司马迁一生最大的骄傲，就是完成了《太史公书》（《史记》）。

《史记》，是司马迁的珍宝。

为此，他隐忍苟活，他九死不悔！

他希望如此“珍宝”，能流传后世，能流入民间。

但是，在当时的环境下，《史记》传播有难度。

对此，司马迁心知肚明。

《史记》中有对皇权专制的讽刺指斥，“谤书”的恶名即源于此，那位专断独裁的汉武帝，怎么会允许这样的著作流传?

为了防止《史记》遭遇“厄运”，司马迁做了两手准备:

第一，副本留于京师。司马迁另外誊抄了一套《史记》，送给汉武帝审查。

第二，正本藏之名山。司马迁将正本秘密送到了华山脚下，他的女儿司马英的婆家。

家族的荣耀、父子两代人的努力，不能白白毁了!

事实证明，司马迁的两手准备太有必要了!

汉武帝拿到《史记》，读了《景帝本纪》与《今上本纪》，大怒!

因为，里面说了很多汉景帝、汉武帝的缺点，有太多触犯时忌的内容。

汉武帝当即削除了《景帝本纪》与《今上本纪》，其他的藏于秘府。

汉武帝的态度，决定了《史记》当时的命运，不可能也不允许让它大行于世。

《史记》公之于世，最初得益于正本系统，得益于司马迁的外孙杨恽（yùn）。

杨恽，是司马英与杨敞的次子。

司马英在杨恽很小的时候，就给他读《史记》，杨恽深深地被吸引，被感动，他为外祖父鸣不平，他为《史记》不能公之于世扼腕叹息。

那时候，杨恽就立誓，一旦有机会，他一定要弥补这一遗憾。

后来，霍光家族谋反，杨恽举报有功，被汉宣帝封为平通侯，升为中郎将，后又擢升为诸吏光禄勋，为朝廷九卿之一。

杨恽颇得汉宣帝信赖，时运正红，他感觉这就是他要的机会。

杨恽郑重上书，请求将《史记》公之于众。

汉宣帝是汉武帝的孙子，爷爷“削投”过的书，孙子会让它重见天日吗？

汉宣帝同意了！

汉宣帝同意，不单是杨恽当红，还与杨敞拥立汉宣帝有关。

当初杨敞是汉昭帝的丞相，汉昭帝驾崩后，昌邑王刘贺被立为继承人。刘贺即位后，整天笙歌燕舞，寻欢作乐，大将军霍光与大司马等人商量要废掉刘贺。

此事事关重大，霍光派人告诉杨敞，希望他能共同行事。

杨敞素来谨慎，一听此事，吓得汗流浃背，只会“嗯啊”了，没有明确表态。

司马英躲在门后，急得不行，趁着来人上厕所的机会，劝说杨敞做事要果断，听从大将军安排，犹犹豫豫，只会大祸临头。

杨敞听从劝说，与霍光等人一起，奏请皇太后废去刘贺，改立刘病已为皇帝，是为汉宣帝。

汉宣帝同意将《史记》公之于众，这是《史记》传播中非常重要的一环。此后，《史记》的单卷本、效仿之作、续补之作陆续出现，《史记》的影响越来越大，司马迁“藏之名山，传之其人，通邑大都”的愿望，在他身后成为现实。

斯人已逝，斯书长存！

（本篇主要依据《史记·太史公自序》《史记·齐太公世家》《史记·魏世家》《史记·孟尝君列传》《史记·魏公子列传》《史记·春申君列传》《史记·屈原贾生列传》《史记·蒙恬列传》《史记·李将军列传》《汉书·杨恽传》）

原典

于是论次其文。七年[①]而太史公遭李陵之祸[②]，幽于缧绁[③]。乃喟然而叹曰："是余之罪也夫！是余之罪也夫！身毁不用矣。"退而深惟曰："夫《诗》《书》隐约者，欲遂其志之思也。昔西伯拘羑里[④]，演《周易》；孔子厄陈蔡[⑤]，作《春秋》；屈原放逐，著《离骚》；左丘失明，厥有《国语》；孙子膑脚，而论兵法；不韦迁蜀，世传《吕览》；韩非囚秦，《说难》《孤愤》[⑥]；《诗》三百篇，大抵贤圣发愤之所为作也。此人皆意有所郁结，不得通其道也，故述往事，思来者。"于是卒述陶唐以来，至于麟止。

《史记·太史公自序第七十》节选

注释

①**七年**：指武帝天汉三年（前98）。

②**遭李陵之祸**：指武帝天汉二年（前99）李陵征匈奴兵败被俘，司马迁因议论李陵事而于天汉三年受宫刑事。

③**缧绁**：音 léi xiè，捆绑犯人的绳索，这里指牢狱。

④**羑里**：古邑名，今河南汤阴北。西伯曾被殷纣王囚禁于此。

⑤**陈蔡**：春秋时两个国家名。

⑥**《说难》《孤愤》**：《韩非子》中的篇目名。

译文

于是我（司马迁）开始评定编排这些史料，直到第七年，由于李陵事件，我遭了罪，被囚禁在了牢狱里。于是我伤心感叹：“这是我的灾难啊！这是我的灾难啊！我的身体已经毁伤，再也干不成什么事情了。”转念又深思：“《诗》《书》写得虽言简却意深，是作者为了表达他们的思想。当初周文王被囚禁在羑里，推演出了《周易》；孔子在陈蔡困顿时，修订了《春秋》；屈原被流放，创作了《离骚》；左丘明双目失明，这才写了《国语》；孙膑断了双腿，之后写了《兵法》；吕不韦流放巴蜀，才有《吕览》传世；韩非在秦国下狱，写了《说难》《孤愤》；《诗经》三百篇，大部分都是圣贤们宣泄悲伤而写出来的。这些人都是因为有抱负，而又得不到施展，所以才叙述往事，以给后世以启迪。”于是我就叙写了上起唐尧，下至汉武帝太始二年捕获白麟为止的漫长历史。

图书在版编目（CIP）数据

读史记，成大器．强汉盛世 / 王立群著．— 北京：东方出版社，2022.9
ISBN 978-7-5207-2774-7

Ⅰ．①读… Ⅱ．①王… Ⅲ．①《史记》—少儿读物
Ⅳ．① K204.2-49

中国版本图书馆 CIP 数据核字（2022）第 152115 号

读史记，成大器：强汉盛世
DU SHIJI, CHENG DAQI: QIANGHAN SHENGSHI

作　　者： 王立群
策　　划： 王莉莉
责任编辑： 王莉莉　赵　琳
产品经理： 赵　琳
出　　版： 东方出版社
发　　行： 人民东方出版传媒有限公司
地　　址： 北京市东城区朝阳门内大街 166 号
邮　　编： 100010
印　　刷： 鸿博昊天科技有限公司
版　　次： 2022 年 9 月第 1 版
印　　次： 2024 年 5 月第 4 次印刷
印　　数： 70001—100000 册
开　　本： 880 毫米 ×1230 毫米　1/32
印　　张： 6.625
字　　数： 122 千字
书　　号： ISBN 978-7-5207-2774-7
定　　价： 280.00 元（全六册）
发行电话：（010）85924663　85924644　85924641